Lern- und Übungsbuch Arbeitsrecht

von

Dr. Gert-Peter Reissner
Universitätsprofessor in Innsbruck

5. Auflage

Wien 2015
MANZ'sche Verlags- und Universitätsbuchhandlung

Zitiervorschlag: *Reissner,* Lern- und Übungsbuch Arbeitsrecht[5] (2015) [Seite].

ISBN 978-3-214-00781-2

Telefon: (01) 531 61-0
E-Mail: verlag@manz.at
www.manz.at
Bildnachweis: Hoffmann/Kleine Zeitung
Druck: FINIDR, s.r.o., Český Těšín

Vorwort

Das vorliegende Werk trägt die Bezeichnung „Lern- und Übungsbuch". Diese Wortwahl soll die Zielsetzung verdeutlichen, den Lernenden an und außerhalb der Universität eine Unterlage in die Hand zu geben, mit der der wesentliche Stoff des Arbeitsrechts möglichst präzise und problemorientiert erarbeitet werden kann. Es wird hierzu eine kombinierte Darstellung geboten: Abstrakte Inhalte stehen zwar im Mittelpunkt, diese sind aber durch verschiedene „anwendungsorientierte" Einschübe im Text aufgelockert. So werden aus didaktischer Perspektive aufbereitete Leitsätze wichtiger Gerichtsentscheidungen, gegebenenfalls mit zu Grunde liegenden Sachverhalten[1]), wiedergegeben, dazu sind Übungsfälle eingearbeitet, zu denen teilweise Musterlösungen vorgeschlagen werden. Weiters sind sonstige Beispiele und Praxisfragen eingefügt. Die Passagen mit Entscheidungen, Fällen, Beispielen und Praxisfragen werden dabei im Text hervorgehoben. Der Fußnotenapparat ist bewusst beschränkt und auf Nachweise konzentriert, die mit dem zu Erlernenden in engem Zusammenhang stehen und unmittelbar sowie ohne größere Zugangsschwierigkeiten weitere Aufschlüsse geben können. Am Ende jedes Kapitels schließlich finden sich Kontrollfragen[2]).

Für die Umsetzung dieses Konzepts ist einiger „Mut zur Lücke" vonnöten. Namentlich die Studierenden der Rechtswissenschaften seien in diesem Zusammenhang darauf hingewiesen, dass durch die Arbeit mit diesem Buch allein eine Beherrschung des Faches – und damit eine seriöse Prüfungsvorbereitung – nicht ohne weiteres gewährleistet ist. Es bedarf vielmehr der ergänzenden Lektüre einerseits – wie immer in juristischen Fächern – der Gesetzestexte und andererseits der systematischen Darstellungen des Arbeitsrechts[3]) durch Lehr- und Handbücher sowie der Kommentarliteratur.

---

[1]) Der Verfasser nimmt in Kauf, dass durch Kürzungen und Beleuchtung bestimmter Details die Authentizität von in Bezug genommenen Kausen leiden kann. Festzuhalten ist, dass jeweils besonders aufschlussreiche und nicht unbedingt die jüngsten Entscheidungen zum Thema ausgesucht wurden.

[2]) Diese sind bewusst einfach formuliert und entsprechen nicht unbedingt den Fragen bei einer mündlichen Diplomprüfung.

[3]) Dieses Buch folgt nicht der klassischen, vom Verfasser im Allgemeinen als sehr sinnvoll angesehenen Einteilung des Faches in Individualarbeitsrecht und Kollektivarbeitsrecht (vgl *Floretta/Spielbüchler/Strasser,* Arbeitsrecht I[4] und II[4]; *Marhold/Friedrich,* Arbeitsrecht[2]), sondern ordnet die Materie ungefähr nach dem Ablauf von Basislehrveranstaltungen so, dass innerhalb eines Semesters Prüfungsreife erreicht wird.

Folgende Gesetzesausgaben zum Arbeitsrecht sind in ihrer jeweils aktuellen Fassung verwendbar:

1) *Wachter* (Hrsg), Arbeitsrecht. Normensammlung für die betriebliche Praxis, Verlag des ÖGB
2) *W. Doralt* (Hrsg), Kodex Arbeitsrecht, Linde Verlag

Es werden vier Gesamtdarstellungen des österreichischen Arbeitsrechts, die die Form von Grundrissen bzw von Lehr- oder Handbüchern aufweisen, als weiterführende Literatur empfohlen:

1) *Floretta/Spielbüchler/Strasser,* Arbeitsrecht. Band I: Individualarbeitsrecht (Arbeitsvertragsrecht)[4] (1998); Band II: Kollektives Arbeitsrecht (Arbeitsverfassungsrecht)[4] (2001), Manz Verlag
2) *Löschnigg,* Arbeitsrecht[12] (2015), Verlag des ÖGB
3) *Marhold/Friedrich,* Österreichisches Arbeitsrecht[2] (2012), Springer-Verlag
4) *Kietaibl/Windisch-Graetz,* Arbeitsrecht. Band I: Gestalter und Gestaltungsmittel[8] (2014); Band II: Sachprobleme[8] (2013), Verlag new academic press

Ein umfassender Sammelkommentar zum Arbeitsrecht ist:

Neumayr/Reissner (Hrsg), Zeller Kommentar zum Arbeitsrecht[2] (2011), Manz Verlag

Die führenden, auf Arbeitsrecht (bzw Sozialrecht) spezialisierten Zeitschriften, die das Fach in Österreich auf höchstem wissenschaftlichem Niveau pflegen, sind:

1) Das Recht der Arbeit (DRdA), hrsg von der BAK
2) Zeitschrift für Arbeitsrecht und Sozialrecht (ZAS), Manz Verlag

Entscheidungen sind vor allem dann, wenn diese mit Besprechungsglossen abgedruckt werden, nach diesen beiden Quellen zitiert.

Für ihre wertvolle Hilfe bei den Fahnenkorrekturen und der Erstellung der Verzeichnisse danke ich dieses Mal Univ.-Ass. Mag. *Miriam Obristhofer,* Univ.-Ass. Mag. *Markus Schiechtl* sowie Univ.-Ass. Mag. *Tanja Schmadl.* Dank schulde ich weiters jenen zahlreichen Studierenden, die konstruktive Kritik und Verbesserungsvorschläge zu diesem Buch eingebracht haben.

Innsbruck, im August 2015 *Gert-Peter Reissner*

Inhaltsverzeichnis

Vorwort III

Abkürzungsverzeichnis XV

1. Arbeitsverhältnis - Arbeitnehmergruppen 1
1.1 Arbeitnehmerbegriff des Arbeitsvertragsrechts (Arbeitsvertrag) 2
1.1.1 Abgrenzung zu anderen Rechtsverhältnissen 5
1.1.1.1 Werkvertrag 6
1.1.1.2 Freier Dienstvertrag 7
1.1.1.3 Gesellschaftsvertrag 13
1.1.1.4 Mietvertrag 14
1.1.1.5 Vereinsmitarbeit 15
1.1.1.6 Familienmitarbeit 16
1.1.1.7 Sonstige Arbeitsverrichtungen 17
1.1.2 Sonderfragen 18
1.1.2.1 Die arbeitsrechtliche Stellung von Organmitgliedern 18
1.1.2.2 Arbeitnehmerähnlichkeit 19
1.2 Arbeitnehmerbegriff der Betriebsverfassung 20
1.3 Arbeitnehmerbegriff des Arbeitnehmerschutzrechts 21
1.4 Einteilung der AN 22
1.4.1 Arbeiter und Angestellte 23
1.4.1.1 Angestelltenbegriff 24
1.4.1.2 Angestellte kraft Vertrages 27
1.4.1.3 Leitende Angestellte 28

2. Beendigung des Arbeitsverhältnisses 31
2.1 Arten der Beendigung des Arbeitsverhältnisses 31
2.1.1 Einvernehmliche Lösung 31
2.1.2 Kündigung 33
2.1.2.1 Kündigungsfrist 38
2.1.2.2 Kündigungstermin 39
2.1.2.3 Zeitwidrige Kündigung 40
2.1.2.3.1 Arbeitgeberkündigung 41
2.1.2.3.2 Arbeitnehmerkündigung 45
2.1.3 Vorzeitige Auflösung aus wichtigem Grund 47
2.1.3.1 Entlassung 54
2.1.3.1.1 Gesetzliche Kataloge von Entlassungsgründen 54
2.1.3.1.2 Gestaltungsmöglichkeiten im Bereich des Entlassungsrechts . . . 63
2.1.3.1.3 Rechtsfolgen von Entlassungen 64
2.1.3.2 Austritt 67
2.1.3.2.1 Gesetzliche Kataloge von Austrittsgründen 67
2.1.3.2.2 Gestaltungsmöglichkeiten im Bereich des Austrittsrechts 70
2.1.3.2.3 Rechtsfolgen von Austritten 71
2.1.4 Rücktritt vom Arbeitsvertrag 72
2.1.5 Beendigungen kraft G 73
2.2 Sonstige Rechtsfolgen der Beendigung des Arbeitsverhältnisses 75

2.2.1 Freizeit während der Kündigungsfrist 75
2.2.2 Arbeitszeugnis 77
2.3 Kündigungs- und Entlassungsschutz 78
2.3.1 Allgemeiner Kündigungs- und Entlassungsschutz 79
2.3.1.1 Allgemeiner Kündigungsschutz 79
2.3.1.1.1 Betrieb mit BR 79
2.3.1.1.2 Betriebsratspflichtiger Betrieb ohne BR 87
2.3.1.2 Allgemeiner Entlassungsschutz 87
2.3.2 Besonderer Kündigungs- und Entlassungsschutz 90
2.3.2.1 Fälle des besonderen Bestandschutzes 90
2.3.2.1.1 Belegschaftsvertreter 90
2.3.2.1.2 Mütter bzw Karenz oder Teilzeit in Anspruch nehmende Väter 93
2.3.2.1.3 Präsenz-, Zivil- und Ausbildungsdiener 97
2.3.2.1.4 Begünstigte Behinderte 98
2.3.2.1.5 Lehrlinge 101
2.3.2.1.6 Familienhospizkarenz 103
2.3.2.2 Spezielle Probleme der Rechtsfolgenbestimmung 103
2.3.2.2.1 Das sog Wahlrecht des besonders bestandgeschützten AN 103
2.3.2.2.2 Die sog lange Kündigungsentschädigung 104
2.3.3 Individueller Kündigungs- und Entlassungsschutz 107
2.3.3.1 Diskriminierungsschutz 107
2.3.3.2 AVRAG 108
2.3.4 Sittenwidrige Kündigung 109
2.4 Beendigung des Arbeitsverhältnisses bei Insolvenz des AG 109
2.4.1 Lösungsrecht des Insolvenzverwalters 109
2.4.1.1 Bedenkfrist 109
2.4.1.2 Begünstigungen 110
2.4.1.3 Gesetzliche Kündigungsbeschränkungen 111
2.4.1.3.1 Kündigungsfrühwarnsystem 111
2.4.1.4 Rechtsfolgen 111
2.4.2 Austrittsrecht des AN 112
2.4.2.1 Bedenkfrist 112
2.4.2.2 Rechtsfolgen 113
2.4.3 Besonderheiten im Sanierungsverfahren mit Eigenverwaltung 113

3. Vertragsabschluss und Vertragsgestaltung 115
3.1 Probleme des Vertragsabschlusses 115
3.1.1 Ersatz von Vorstellungskosten 115
3.1.2 Fragerecht des AG, Offenlegungspflicht des AN 117
3.1.3 Gleichbehandlung bei der Einstellung 118
3.1.4 Allgemein-zivilrechtliche Aspekte des Vertragsabschlusses 119
3.1.4.1 Geschäftsfähigkeit – Kinder- und Jugendlichenbeschäftigung 120
3.1.4.2 Gesetz- oder sittenwidrige Arbeitsverträge 124
3.1.5 Dienstzettel 125
3.1.6 Arbeitsvertragsabschluss mit Ausländern 127
3.1.7 Behinderteneinstellung 128
3.2 Probleme der Vertragsgestaltung 129
3.2.1 Befristung des Arbeitsverhältnisses 129
3.2.1.1 Auflösende Befristung 129
3.2.1.1.1 Arten der Befristung 131
3.2.1.1.2 Rechtliche Schranken für Befristungsklauseln 132

3.2.1.1.2.1 Lang dauernde Befristungen . . . 132
3.2.1.1.2.2 Arbeitskräfteüberlassung . . . 132
3.2.1.1.2.3 Mutterschutzrecht . . . 133
3.2.1.1.2.4 Kettenarbeitsvertrag . . . 134
3.2.1.1.2.5 Diskriminierungsverbot . . . 136
3.2.1.1.3 Beendigung vor Fristablauf . . . 136
3.2.1.1.3.1 Kündigungsvereinbarung . . . 138
3.2.1.1.3.2 Kündigungsausschluss . . . 139
3.2.1.2 Aufschiebende Befristung . . . 140
3.2.2 Bedingung und Arbeitsverhältnis . . . 140
3.2.2.1 Auflösende Bedingung . . . 140
3.2.2.2 Aufschiebende Bedingung . . . 141
3.2.3 Probearbeitsverhältnis . . . 142
3.2.3.1 Arbeitsverhältnis zur Probe . . . 142
3.2.3.2 Arbeitsverhältnis auf Probe . . . 142
3.2.4 Arbeitsverhältnis zum vorübergehenden Bedarf . . . 144
3.2.5 Ausbildungskostenklausel . . . 144
3.2.5.1 Begriff der Ausbildungskosten . . . 144
3.2.5.2 Formvorschriften, allgemeine Vorschriften zur Vertragsgestaltung . . 147
3.2.5.3 Reglementierungen . . . 148

4. Arbeitspflicht . . . 152
4.1 Art und Umfang der Arbeitspflicht . . . 152
4.1.1 Weisungsrecht . . . 154
4.2 Versetzung . . . 155
4.2.1 Arbeitsvertragsrechtlicher Versetzungsschutz . . . 155
4.2.2 Betriebsverfassungsrechtlicher Versetzungsschutz . . . 158
4.2.3 Exkurs: Änderungskündigung . . . 162
4.2.3.1 Teilkündigung . . . 165
4.3 Karenzierung des Arbeitsverhältnisses . . . 165
4.3.1 Aussetzung des Arbeitsverhältnisses . . . 166
4.3.2 Interpretationsprobleme . . . 168
4.3.3 Besondere Arten von Karenzierungen . . . 170
4.4 Arbeitszeit . . . 172
4.4.1 Begriff der Arbeitszeit . . . 173
4.4.2 Lage der Arbeitszeit . . . 174
4.4.3 Höchstgrenzen der Arbeitszeit . . . 174
4.4.4 Die Normalarbeitszeit und ihre Verteilung . . . 175
4.4.5 Überstundenarbeit . . . 175
4.4.5.1 Überstundenbegriff . . . 176
4.4.5.2 Überstundenpauschale . . . 177
4.4.6 Ruhepausen . . . 178
4.4.7 Ruhezeiten . . . 179
4.4.7.1 Tägliche Ruhezeit . . . 179
4.4.7.2 Wöchentliche Ruhezeit . . . 179
4.4.7.3 Feiertagsruhe . . . 180
4.5 Mehrpersonenverhältnisse . . . 180
4.5.1 Arbeitskräfteüberlassung . . . 180
4.5.2 Gruppenarbeitsverhältnis . . . 184
4.6 Entsendung von AN im Rahmen der Erbringung von Dienstleistungen 184

5. Entgelt ... 187
5.1 Entgeltbegriff ... 187
5.1.1 Naturalentgelt ... 189
5.1.1.1 Dienstwohnung ... 190
5.1.2 Erfolgsabhängiges Entgelt ... 191
5.1.2.1 Akkord ... 191
5.1.2.2 Provision ... 192
5.1.2.3 Beteiligung am wirtschaftlichen Ergebnis ... 193
5.1.2.4 Prämie ... 193
5.1.2.5 Diensterfindungsvergütung ... 194
5.1.2.5.1 Exkurs: Das Recht am Arbeitsergebnis im Allgemeinen ... 196
5.1.3 Sonderzahlungen ... 197
5.1.4 Abfertigung ... 200
5.1.4.1 „Abfertigung alt" und „Abfertigung neu" im Vergleich ... 200
5.1.4.1.1 Das traditionelle Abfertigungsrecht ... 200
5.1.4.1.1.1 Rechtsgrundlagen ... 200
5.1.4.1.1.2 Voraussetzungen und Höhe des Anspruchs ... 200
5.1.4.1.1.3 Verlust oder Verminderung des Anspruchs ... 203
5.1.4.1.2 Schwächen der bisherigen Regelung aus sozial- bzw wirtschaftspolitischer Sicht ... 205
5.1.4.1.3 Grundlegende Unterschiede zwischen altem und neuem Abfertigungsrecht ... 205
5.1.4.2 Betriebliche Mitarbeitervorsorge ... 206
5.1.4.2.1 Geltungsbereich des BMSVG ... 206
5.1.4.2.1.1 Übergangsbestimmungen ... 206
5.1.4.2.2 Beitragsrecht ... 207
5.1.4.2.2.1 Beginn der Beitragszahlung ... 207
5.1.4.2.2.2 Dauer der Beitragszahlung ... 207
5.1.4.2.2.3 Höhe der Beitragszahlung ... 208
5.1.4.2.2.4 Beitragsabwicklung ... 208
5.1.4.2.2.5 Beitragsleistung für „entgeltfreie Zeiträume" ... 208
5.1.4.2.3 Betriebliche Vorsorgekasse ... 209
5.1.4.2.3.1 Auswahl und Wechsel der Betrieblichen Vorsorgekasse ... 209
5.1.4.2.3.2 Beitritt zu einer Betrieblichen Vorsorgekasse ... 210
5.1.4.2.3.3 Die Betriebliche Vorsorgekasse als solche ... 210
5.1.4.2.4 Leistungsrecht ... 210
5.1.4.2.4.1 Anspruch auf Abfertigung ... 210
5.1.4.2.4.2 Höhe der Abfertigung ... 211
5.1.4.2.4.3 Verfügungsmöglichkeiten ... 212
5.1.5 Betriebspension ... 212
5.1.5.1 Anspruchsgrundlagen ... 212
5.1.5.2 Konstruktion des Betriebspensionsanspruchs ... 213
5.1.5.3 Sicherungsmechanismen des BPG ... 214
5.2 Festlegung des Entgelts ... 217
5.2.1 Angemessenheit bzw Ortsgebrauch ... 220
5.2.2 Betriebliche Übung ... 221
5.3 Entgeltsicherung ... 225
5.3.1 Rückforderungssperre bei irrtümlicher Auszahlung von Überbezügen ... 227
5.3.2 Aufrechnungsbeschränkungen ... 228
5.3.3 Gleichbehandlung ... 229
5.3.3.1 Arbeitsrechtlicher Gleichbehandlungsgrundsatz ... 229

5.3.3.2 Gleichbehandlung in Entgeltfragen ... 230
5.3.3.3 Verfassungsrechtlicher Gleichheitssatz ... 233
5.3.4 Kautionsschutz ... 234
5.3.5 Entgeltschutz bei Insolvenz ... 235
5.3.5.1 Insolvenzrechtliche Forderungsqualifikation ... 235
5.3.5.2 Insolvenz-Entgeltsicherung ... 236
5.3.5.2.1 Anspruchsberechtigte ... 236
5.3.5.2.2 Sicherungstatbestände ... 237
5.3.5.2.3 Gesicherte Ansprüche ... 237
5.3.5.2.4 Gesicherter Zeitraum ... 238
5.3.5.2.5 Antragstellung ... 238
5.4 Zeitliche Grenzen der Geltendmachung von Entgelten ... 239
5.4.1 Fälligkeit ... 239
5.4.2 Verjährung und Verfall ... 240
5.5 Zweckverfehlende Arbeitsleistungen ... 243

6. Arbeitsverhinderungen ... 245
6.1 Arbeitgebersphäre ... 246
6.1.1 Fälle des § 1155 ABGB ... 247
6.1.2 Anrechnungsregel ... 249
6.1.3 Abdingbarkeit ... 250
6.2 Arbeitnehmersphäre ... 251
6.2.1 Krankheit und Unfall iwS ... 251
6.2.1.1 Angestellte ... 254
6.2.1.2 Arbeiter ... 256
6.2.1.3 Strukturunterschiede zwischen Angestellten- und Arbeiterregelungen 257
6.2.1.4 Krankheit und Kündigung ... 259
6.2.2 Sonstige wichtige Gründe ... 261
6.2.2.1 Pflegefreistellung ... 264
6.3 Neutrale Sphäre ... 266

7. Treuepflichten ... 269
7.1 Beistandspflicht ... 270
7.2 Anzeigepflicht ... 270
7.3 Verschwiegenheitspflicht ... 271
7.4 Geschenkannahmeverbot ... 273
7.5 Verbot abträglichen Privatlebens ... 274
7.6 Verbot anderweitiger Betätigung ... 276
7.6.1 Konkurrenzverbote ... 276
7.6.1.1 Einwilligung des AG ... 278
7.6.1.2 Arbeitsvertragliche Erweiterung ... 279
7.6.2 Konkurrenzklausel ... 279
7.6.2.1 Rechtsquellen und ihr Anwendungsbereich ... 279
7.6.2.2 Konkurrenzklauselbegriff ... 280
7.6.2.3 Rechtliche Erfassung von Konkurrenzklauseln ... 285
7.6.2.3.1 Interpretation der Konkurrenzklausel ... 285
7.6.2.3.2 Zulässigkeitsgrenzen ... 285
7.6.2.3.2.1 Fälle absoluter Unzulässigkeit ... 285
7.6.2.3.2.2 Fälle relativer Zulässigkeit ... 286
7.6.2.3.3 Geltendmachungsgrenzen ... 288
7.6.2.4 Karenzabgeltung ... 289

7.6.2.5 Beendigung des Konkurrenzklauselverhältnisses 289
7.6.2.6 Verstoß gegen die Konkurrenzklausel 290

8. Fürsorgepflicht – Arbeitnehmerschutzrecht 293
8.1 Die Fürsorgepflicht im Allgemeinen 293
8.1.1 Konkretisierungstheorie 295
8.2 Urlaub 297
8.2.1 Begriff und Rechtsnatur 297
8.2.2 Ausmaß 297
8.2.3 Erwerb 299
8.2.3.1 Umstellung des Urlaubsjahres 299
8.2.4 Verjährung 300
8.2.5 Festlegung des Urlaubsverbrauchs 301
8.2.5.1 Betriebsurlaub 304
8.2.5.2 Tageweiser Urlaubsverbrauch 305
8.2.5.3 Verbot der Urlaubsvereinbarung 306
8.2.6 Urlaubsentgelt 306
8.2.7 Krankheit im Urlaub 307
8.2.8 Kündigung im Urlaub 308
8.2.9 Abgeltung nicht verbrauchten Urlaubs 309
8.3 Anspruch auf Beschäftigung 309
8.3.1 Exkurs: Recht auf Arbeit 314
8.4 Beruflicher Aufstieg und Gleichbehandlung 315
8.5 Ausgewählte Fragen des Arbeitnehmerschutzrechts 316
8.5.1 Technischer Arbeitnehmerschutz 317
8.5.1.1 Ansatzpunkte der Schutzvorschriften 317
8.5.1.1.1 Arbeitsstätten und Baustellen 317
8.5.1.1.2 Arbeitsmittel und Arbeitsstoffe 318
8.5.1.1.3 Arbeitsplätze und Arbeitsvorgänge 318
8.5.1.2 Durchführung und Kontrolle des Arbeitnehmerschutzes 319
8.5.1.2.1 Pflichten der AG und der AN 319
8.5.1.2.2 Gesundheitsüberwachung 320
8.5.1.2.3 Sicherheitsvertrauenspersonen 320
8.5.1.2.4 Sicherheitsfachkräfte 320
8.5.1.2.5 Arbeitsmediziner 320
8.5.1.2.6 Arbeitsschutzausschuss 321
8.5.1.2.7 BR 321
8.5.2 Verwendungsschutz 321
8.5.2.1 Mutterschutz 322
8.5.2.1.1 Beschäftigungsverbote 322
8.5.2.1.2 Karenz, Teilzeitbeschäftigung und Änderung der Lage der Arbeitszeit 324

9. Schadenersatz im Arbeitsrecht 329
9.1 Haftung des AN 329
9.1.1 Schädigung des AG 331
9.1.1.1 Mankohaftung 334
9.1.2 Schädigung Dritter 336
9.1.3 Aufrechnung und DHG 339
9.1.4 Verfall und Verjährung 340
9.2 Haftung des AG 340
9.2.1 Sachschäden in der Sphäre des AN 340

9.2.2 Personenschäden des AN 345
9.3 Haftung unter Arbeitskollegen 347
9.4 Lohnfortzahlungsschaden 348

10. Arbeitsrecht und Rechtsordnung 350
10.1 Arbeitskollisionsrecht 350
10.2 Die arbeitsrechtlichen Kompetenzen des Unionsrechts 354
10.2.1 Freizügigkeit der AN 354
10.2.2 Gleichbehandlung im Arbeitsleben 355
10.2.3 Rechtsangleichung zur Gewährleistung des Gemeinsamen Marktes 355
10.2.4 Rechtsangleichung im Hinblick auf Gesundheit und Sicherheit der AN 356
10.2.5 Die Kompetenzlage nach dem „Abkommen über die Sozialpolitik“ 356
10.3 Arbeitsrecht und verfassungsrechtliche Kompetenzverteilung 357
10.3.1 Allgemeines Arbeitsrecht 357
10.3.2 Arbeitsrecht in der Land- und Forstwirtschaft 357
10.3.3 Öffentlicher Dienst 358
10.4 Stufenbau der Arbeitsrechtsordnung 358
10.4.1 Arbeitsrechtliche Normenpyramide 359
10.4.2 Wirkungsweise arbeitsrechtlicher Normen 360
10.4.2.1 Günstigkeitsprinzip 361
10.4.2.1.1 Günstigkeitsneutralität 362
10.4.2.1.2 Günstigkeitsvergleich 362
10.4.2.2 Ordnungsprinzip 364
10.4.2.3 Dispositives Arbeitsrecht 364
10.4.2.3.1 Rechtsquellenspezifische dispositive Wirkung 365
10.4.2.3.2 Zulassungsnormen 365
10.5 Zwingende Wirkung und Verzicht 366

11. KollV 369
11.1 Begriff 369
11.1.1 Schriftform 370
11.1.2 Vereinbarung 370
11.1.3 Abschlussparteien 370
11.1.4 Regelungsbefugnis 371
11.2 Rechtliche Einordnung 371
11.2.1 Rechtsnatur 371
11.2.2 Verfassungsrechtliche Beurteilung 372
11.2.3 Auslegung des KollV 372
11.3 Bekanntmachung 373
11.3.1 Hinterlegung 373
11.3.2 Kundmachung 373
11.3.3 Auflegung im Betrieb 374
11.4 Kollektivvertragsfähigkeit 374
11.4.1 Kollektivvertragsfähigkeit kraft G 374
11.4.1.1 Gesetzliche Interessenvertretungen der AN bzw der AG 374
11.4.1.2 Juristische Personen öffentlichen Rechts 375
11.4.1.3 Sonstige kraft G kollektivvertragsfähige Institutionen 376
11.4.2 Kollektivvertragsfähigkeit kraft Zuerkennung 376
11.4.2.1 Freiwillige Berufsvereinigungen der AN bzw der AG 376
11.4.2.2 Vereine mit maßgebender Bedeutung 378
11.4.3 Vorrang freiwilliger Berufsvereinigungen vor gesetzlichen Interessenvertretungen 379

11.5 Regelungsinhalte und Rechtswirkungen . . . 380
11.5.1 Schuldrechtlicher und normativer Teil . . . 380
11.5.1.1 Schuldrechtlicher Teil . . . 380
11.5.1.2 Normativer Teil . . . 382
11.5.1.2.1 Inhaltsnormen . . . 383
11.5.1.2.2 Normen bezüglich ausgeschiedener AN . . . 388
11.5.1.2.3 Sozialplannormen . . . 389
11.5.1.2.4 Betriebsverfassungsrechtliche Normen . . . 390
11.5.1.2.5 Institutionsnormen . . . 390
11.5.2 Geltungsbereich . . . 391
11.5.3 Geltungsdauer . . . 392
11.5.3.1 Nachwirkung . . . 393
11.6 Kollektivvertragsunterworfenheit . . . 393
11.6.1 Kollektivvertragsangehörigkeit . . . 393
11.6.2 Außenseiterwirkung . . . 394
11.7 Kollektivvertragskollision . . . 395
11.8 Surrogate des KollV . . . 400
11.8.1 Satzung . . . 400
11.8.2 Mindestlohntarif . . . 402
11.8.3 Sonstige Surrogate . . . 403

12. BV . . . 405
12.1 Begriff . . . 405
12.1.1 Schriftform . . . 405
12.1.2 Vereinbarung . . . 405
12.1.3 Abschlussparteien . . . 406
12.1.4 Regelungsbefugnis . . . 408
12.2 Bekanntmachung . . . 409
12.2.1 Hinterlegung . . . 409
12.2.2 Kundmachung . . . 409
12.3 Regelungsinhalte und Rechtswirkungen . . . 410
12.3.1 Schuldrechtlicher und normativer Teil . . . 410
12.3.1.1 Schuldrechtlicher Teil . . . 411
12.3.1.2 Normativer Teil . . . 412
12.3.1.2.1 Inhaltsnormen . . . 413
12.3.1.2.2 Normen bezüglich ausgeschiedener AN . . . 413
12.3.1.2.3 Sozialplannormen . . . 415
12.3.1.2.4 Betriebsnormen . . . 415
12.3.1.2.5 Betriebsverfassungsrechtliche Normen . . . 415
12.3.1.3 Geltungsbereich . . . 416
12.3.2 Geltungsdauer . . . 417
12.3.2.1 Nachwirkung . . . 417
12.4 Arten der BV . . . 418
12.4.1 Notwendige BV . . . 418
12.4.2 Notwendige BV mit Zwangsschlichtung . . . 420
12.4.3 Erzwingbare BV . . . 421
12.4.4 Fakultative BV . . . 422
12.4.5 Mischformen . . . 424
12.5 Unechte („freie“) BV . . . 425
12.6 Ausgewählte Rechtsfragen zu speziellen Inhalten von BV . . . 427
12.6.1 Kontrollmaßnahmen, die die Menschenwürde berühren . . . 427

12.6.2 Sozialplan ... 429
12.6.3 Betriebliche Wohlfahrtseinrichtungen ... 431

13. Organisation der Belegschaft – Mitwirkungsrechte ... 433
13.1 Organisation der Belegschaft ... 433
13.1.1 Ansatzpunkte des Betriebsverfassungsrechts ... 433
13.1.1.1 Betrieb ... 433
13.1.1.1.1 Betriebsbegriff ... 433
13.1.1.1.2 Feststellungsverfahren ... 436
13.1.1.1.3 Gleichstellungsverfahren ... 436
13.1.1.1.4 Tendenzbetrieb ... 437
13.1.1.2 Unternehmen ... 439
13.1.1.3 Konzern ... 439
13.1.2 Organe der Belegschaft ... 439
13.1.2.1 BR ... 441
13.1.2.1.1 Betriebsratswahl ... 442
13.1.2.1.2 Tätigkeitsdauer und Mitgliedschaft ... 446
13.1.2.1.3 Geschäftsführung ... 448
13.1.2.1.4 Betriebsratsfonds ... 448
13.1.2.2 Betriebsausschuss ... 449
13.1.2.3 ZBR ... 449
13.1.2.4 Konzernvertretung ... 450
13.1.2.5 Europäischer BR – SE-BR – SCE-BR ... 451
13.1.3 Rechtsstellung von Belegschaftsvertretern ... 453
13.1.3.1 Beschränkungs- und Benachteiligungsverbot ... 453
13.1.3.1.1 Versetzungsschutz ... 454
13.1.3.2 Freistellung von der Arbeitsleistung ... 454
13.2 Mitwirkungsrechte ... 456
13.2.1 Struktur der Mitwirkungsrechte ... 456
13.2.1.1 Überwachungsrechte ... 456
13.2.1.2 Interventionsrechte ... 457
13.2.1.3 Informationsrechte ... 457
13.2.1.4 Beratungsrechte ... 458
13.2.1.5 Imparitätische Mitentscheidung ... 459
13.2.1.6 Paritätische Mitentscheidung ... 459
13.2.2 Einteilung der Mitwirkungsrechte nach inhaltlichen Kriterien ... 459
13.2.2.1 Mitwirkung in sozialen Angelegenheiten ... 459
13.2.2.2 Mitwirkung in personellen Angelegenheiten ... 459
13.2.2.3 Mitwirkung in wirtschaftlichen Angelegenheiten ... 460
13.2.2.3.1 Mitwirkung der Belegschaft im Aufsichtsrat ... 460

14. Betriebsübergang ... 464
14.1 Rechtsquellensituation ... 464
14.2 Geltungsbereich der §§ 3–6 AVRAG ... 464
14.2.1 Ausnahmen vom Geltungsbereich ... 464
14.3 Ex-lege-Übergang der Arbeitsverhältnisse bei Betriebsübergang ... 467
14.3.1 Im Zeitpunkt des Übergangs bestehende Arbeitsverhältnisse ... 467
14.3.2 Begriff des Betriebsübergangs ... 468
14.3.2.1 Wirtschaftliche Einheit ... 468
14.3.2.2 Inhaberwechsel ... 468
14.3.2.3 Bewahrung der Identität ... 471
14.3.3 Die Rechtsfolgen im Einzelnen ... 473

14.4 Beendigung des Arbeitsverhältnisses bei Betriebsübergang 474
14.4.1 Arbeitgeberkündigung 474
14.4.1.1 Kündigung wegen des Betriebsübergangs 474
14.4.1.2 Rechtfertigungsgründe für die Arbeitgeberkündigung 476
14.4.2 Einvernehmliche Lösung 477
14.5 Insolvenz des Veräußerers 477
14.6 Betriebsübergang und KollV 478
14.6.1 Kollektivvertraglicher Bestandschutz 482
14.7 Betriebsübergang und BV 482
14.8 Betriebsübergang und betriebliche Pensionszusage 483
14.8.1 Ablehnungsrecht des Erwerbers 483
14.8.2 Folgen der Ablehnung einer betrieblichen Pensionszusage 484
14.9 Abwehrrechte des AN im Falle der Änderung von Arbeitsbedingungen 484
14.9.1 Anzeigepflicht des neuen Inhabers 484
14.9.2 Widerspruchsrecht 485
14.9.2.1 Nichtübernahme eines kollektivvertraglichen Bestandschutzes 485
14.9.2.2 Nichtübernahme einer einzelvertraglichen Pensionszusage 486
14.9.2.3 Weitere Widerspruchsrechte 486
14.9.3 Begünstigtes Kündigungsrecht 486
14.10 Haftung bei Betriebsübergang 487
14.10.1 Unterscheidung zwischen Altschulden und Neuschulden 488
14.10.2 Haftung für Altschulden 488
14.10.2.1 Haftung des Veräußerers 488
14.10.2.2 Haftung des Erwerbers 488
14.10.3 Haftung für Neuschulden 489
14.10.3.1 Haftung des Erwerbers 489
14.10.3.2 Haftung des Veräußerers 489
14.10.4 Regress zwischen Veräußerer und Erwerber 491
14.11 Betriebsübergang und Belegschaftsvertretung 492

15. Arbeitskampf 494
15.1 Begriff des Arbeitskampfes 494
15.1.1 Streik 494
15.1.2 Aussperrung 497
15.1.3 Boykott 497
15.2 Die Stellung des Arbeitskampfes in der Rechtsordnung 497
15.2.1 Verfassungsrechtliche Ausgangslage 498
15.2.2 Neutralität des Staates 500
15.3 Rechtliche Beurteilung der Gesamtaktion 501
15.3.1 Strafrecht 501
15.3.2 Zivilrecht 502
15.3.2.1 Schadenersatz infolge der Gesamtaktion 504
15.4 Rechtliche Beurteilung der individuellen Kampfteilnahme 505
15.4.1 Bestand des Arbeitsvertrags 505
15.4.2 Entgeltanspruch 506
15.4.3 Schadenersatz wegen Kampfbeteiligung 508

Stichwortverzeichnis 511

Abkürzungsverzeichnis

aA	anderer Ansicht
AB	Ausschussbericht
ABGB	Allgemeines bürgerliches Gesetzbuch JGS 946
ABl	Amtsblatt
Abs	Absatz
AEUV	Vertrag über die Arbeitsweise der Europäischen Union (früher: EG, EGV bzw EWGV)
aF	alte Fassung
AG	Arbeitgeber(in); Aktiengesellschaft
AHG	Amtshaftungsgesetz BGBl 1949/20
AKG	Arbeiterkammergesetz 1992 BGBl 1991/626
AktG	Aktiengesetz 1965 BGBl 98
allg	allgemein
AlVG	Arbeitslosenversicherungsgesetz BGBl 1977/609
aM	anderer Meinung
AMFG	Arbeitsmarktförderungsgesetz BGBl 1969/31
AMS	Arbeitsmarktservice
AN	Arbeitnehmer(in)
AngG	Angestelltengesetz BGBl 1921/292
Anm	Anmerkung
AP	Arbeitsrechtliche Praxis (deutsch)
APSG	Arbeitsplatz-Sicherungsgesetz BGBl 1991/683
ARÄG 2000	Arbeitsrechtsänderungsgesetz 2000 BGBl I 44
Arb	Sammlung arbeitsrechtlicher Entscheidungen
ArbAbfG	Arbeiter-Abfertigungsgesetz BGBl 1979/107
ArbG	Arbeitsgericht
ArbIG	Arbeitsinspektionsgesetz BGBl 1993/27
AR-Blattei	Arbeitsrecht-Blattei (deutsch)
ArbuR	Arbeit und Recht (deutsch)
ArbVG	Arbeitsverfassungsgesetz BGBl 1974/22
ARD	ARD-Betriebsdienst
ARG	Arbeitsruhegesetz BGBl 1983/144
Art	Artikel
ASchG	ArbeitnehmerInnenschutzgesetz BGBl 1994/450
ASG	Arbeits- und Sozialgericht
ASGG	Arbeits- und Sozialgerichtsgesetz BGBl 1985/104
ASoK	Arbeits- und Sozialrechtskartei
ASVG	Allgemeines Sozialversicherungsgesetz BGBl 1955/189
ATerrG	Antiterrorgesetz BGBl 1930/113
AUVA	Allgemeine Unfallversicherungsanstalt
AÜG	Arbeitskräfteüberlassungsgesetz BGBl 1988/196
AuslBG	Ausländerbeschäftigungsgesetz BGBl 1975/218
AVRAG	Arbeitsvertragsrechts-Anpassungsgesetz BGBl 1993/459
AZG	Arbeitszeitgesetz BGBl 1969/461
BäckAG	BäckereiarbeiterInnengesetz 1996 BGBl 410
BAG	Berufsausbildungsgesetz BGBl 1969/142; Bundesarbeitsgericht (deutsch)

BDG	Beamten-Dienstrechtsgesetz BGBl 1979/333
BEinstG	Behinderteneinstellungsgesetz BGBl 1970/22
Bekl	Beklagte(r)
bekl	beklagte(n)
BG	Bundesgesetz
BGB	Bürgerliches Gesetzbuch (deutsch)
BGBl	Bundesgesetzblatt
BI	Betriebsinhaber
BKA	Bundeskanzleramt
BlgHH	Beilagen zu den stenographischen Protokollen des Herrenhauses
BlgNR	Beilagen zu den stenographischen Protokollen des Nationalrats
BMASK	Bundesminister(ium) für Arbeit, Soziales und Konsumentenschutz
BMG	Bundesminister(ium) für Gesundheit
BMSVG	Betriebliches Mitarbeiter- und Selbständigenvorsorgegesetz BGBl I 2002/100
BPG	Betriebspensionsgesetz BGBl 1990/282
BPGG	Bundespflegegeldgesetz BGBl 1993/110
BR	Betriebsrat
BRD	Bundesrepublik Deutschland
BRF-V	Betriebsratsfonds-Verordnung BGBl 1974/524
BRWO	Betriebsrats-Wahlordnung BGBl 1974/319
BSchEG	Bauarbeiter-Schlechtwetterentschädigungsgesetz BGBl 1957/129
BS-V	Bildschirmarbeitsverordnung BGBl II 1998/124
BUAG	Bauarbeiter-Urlaubs- und Abfertigungsgesetz BGBl 1972/414
BUAK	Bauarbeiter-Urlaubs- und Abfertigungskasse
BV	Betriebsvereinbarung
B-VG	Bundes-Verfassungsgesetz StGBl 1920/450 idF 1929 BGBl 1930/1 (Wv)
BVwG	Bundesverwaltungsgericht
BWG	Bankwesengesetz BGBl 1993/532
bzw	beziehungsweise
ca	cirka
ccm	Kubikzentimeter
CEEP	Centre européen des entreprises publiques (Europäisches Zentrum öffentlicher Unternehmen)
d	deutsch (vor einer anderen Abkürzung)
DG	Dienstgeber(in)
dh	das heißt
DHG	Dienstnehmerhaftpflichtgesetz BGBl 1965/80
DN	Dienstnehmer(in)
DRdA	Das Recht der Arbeit
DSG	Datenschutzgesetz 2000 BGBl I 1999/165
E	Entscheidung
EA	Einigungsamt
EAS	Europäisches Arbeits- und Sozialrecht. Rechtsvorschriften. Systematische Darstellungen. Entscheidungssammlung (Loseblatt-Slg), hrsg von *Oetker/Preis*
EDV	elektronische Datenverarbeitung
EEG	Eingetragene Erwerbsgesellschaft
EFZG	Entgeltfortzahlungsgesetz BGBl 1974/399

EG	Vertrag zur Gründung der Europäischen Gemeinschaft (vor 2009; nunmehr: AEUV); Europäische Gemeinschaft(en)
EGB	Europäischer Gewerkschaftsbund
EGMR	Europäischer Gerichtshof für Menschenrechte
EGV	Vertrag zur Gründung der Europäischen Gemeinschaft (vor 1999; danach: EG; nunmehr: AEUV)
EKHG	Eisenbahn- und Kraftfahrzeughaftpflichtgesetz BGBl 1959/48
EMRK	Europäische Menschenrechtskonvention BGBl 1958/210
EO	Exekutionsordnung RGBl 1896/79
ErlRV	Erläuterungen zur Regierungsvorlage
ESC	Europäische Sozialcharta BGBl 1969/460
EStG	Einkommensteuergesetz 1988 BGBl 400
etc	et cetera (und die übrigen)
EU	Europäische Union
EuGH	Europäischer Gerichtshof
EUV	Vertrag über die Europäische Union
EvBl	Evidenzblatt der Rechtsmittelentscheidungen in der ÖJZ
EVU	Energieversorgungsunternehmen
EVÜ	Übereinkommen über das auf vertragliche Schuldverhältnisse anzuwendende Recht BGBl III 1998/208
EWG	Europäische Wirtschaftsgemeinschaft
EWR	Europäischer Wirtschaftsraum
EzA	Entscheidungen zum Arbeitsrecht (deutsch)
F	Fall
f	und der (die) folgende
ff	und die folgenden
FS	Festschrift
FSVG	BG über die Sozialversicherung freiberuflich selbständig Erwerbstätiger BGBl 1978/624
G	Gesetz
GAngG	Gutsangestelltengesetz BGBl 1923/538
gem	gemäß
GenG	Genossenschaftsgesetz RGBl 1873/70
GewO	Gewerbeordnung 1994 BGBl 194 (Wv)
GewO 1859	Gewerbeordnung 1859 RGBl 227
GKK	Gebietskrankenkasse
GlBG	Gleichbehandlungsgesetz BGBl 1979/108
GmbH	Gesellschaft mit beschränkter Haftung
GmbHG	G über Gesellschaften mit beschränkter Haftung RGBl 1906/58
GP	Gesetzgebungsperiode
GPA-djp	Gewerkschaft der Privatangestellten – Druck – Journalismus – Papier
GPS	Global Positioning System
GRC	Charta der Grundrechte der EU
GSVG	Gewerbliches Sozialversicherungsgesetz BGBl 1978/560
hA	herrschende Ansicht
HbG	Hausbesorgergesetz BGBl 1970/16
HeimAG	Heimarbeitsgesetz 1960 BGBl 1961/105 (Wv)
HGHAngG	Hausgehilfen- und Hausangestelltengesetz BGBl 1962/235
HIV	Human Immunodeficiency Virus (menschlicher Immunschwächevirus)

hL	herrschende Lehre
hM	herrschende Meinung
Hrsg	Herausgeber
hrsg	herausgegeben
HVertrG	Handelsvertretergesetz BGBl 1993/88
idF	in der Fassung
idR	in der Regel
ieS	im engeren Sinn
IESG	Insolvenz-Entgeltsicherungsgesetz BGBl 1977/324
infas	Informationen aus dem Arbeits- und Sozialrecht
insb	insbesondere
IO	Insolvenzordnung RGBl 1914/337
IPRG	BG über das Internationale Privatrecht BGBl 1978/304
IPWSK	Internationaler Pakt über wirtschaftliche, soziale und kulturelle Rechte BGBl 1978/590
iS	im Sinne
iSd	im Sinne der (des)
iVm	in Verbindung mit
iwS	im weiteren Sinn
JBl	Juristische Blätter
JGS	Justizgesetzsammlung
JN	Jurisdiktionsnorm RGBl 1895/111
JournG	Journalistengesetz StGBl 1920/88
KautSchG	Kautionsschutzgesetz BGBl 1937/229
KBGG	Kinderbetreuungsgeldgesetz BGBl I 2001/103
KFG	Kraftfahrgesetz 1967 BGBl 267
Kfz	Kraftfahrzeug
KG	Kommanditgesellschaft
KJBG	G über die Beschäftigung von Kindern und Jugendlichen BGBl 1987/599 (Wv)
KJBG-V	V über Beschäftigungsverbote und -beschränkungen für Jugendliche BGBl II 1998/436
Kl	Kläger(in)
kl	klagende(n)
km	Kilometer
KoalG	Koalitionsgesetz RGBl 1870/43
KollV	Kollektivvertrag
krit	kritisch
KSchG	Konsumentenschutzgesetz BGBl 1979/140
l	Liter
LAG	Landarbeitsgesetz BGBl 1984/287 (Wv)
leg cit	legis citatae (der zitierten Vorschrift)
lit	litera (Buchstabe)
LG	Landesgericht
Lkw	Lastkraftwagen
m	Meter
mE	meines Erachtens
min	Minute

MRG	Mietrechtsgesetz BGBl 1981/520
MSchG	Mutterschutzgesetz BGBl 1979/221 (Wv)
mwN	mit weiteren Nachweisen
NAG	Niederlassungs- und Aufenthaltsgesetz BGBl I 2005/100
nF	neue Fassung
Nr	Nummer
NRWO	Nationalrats-Wahlordnung BGBl 1992/471
ÖBB	Österreichische Bundesbahnen
ÖBl	Österreichische Blätter für gewerblichen Rechtsschutz und Urheberrecht
ÖFB	Österreichischer Fußballbund
OG	Offene Gesellschaft
ÖGB	Österreichischer Gewerkschaftsbund
OGH	Oberster Gerichtshof
ÖJZ	Österreichische Juristen-Zeitung
OLG	Oberlandesgericht
ORF	Österreichischer Rundfunk
ORF-G	BG über den Österreichischen Rundfunk BGBl 1984/379 (Wv)
OrgHG	Organhaftpflichtgesetz BGBl 1967/181
PatG	Patentgesetz 1970 BGBl 259 (Wv)
PC	personal computer
PKG	Pensionskassengesetz BGBl 1990/281
Pkw	Personenkraftwagen
PSG	Privatstiftungsgesetz BGBl 1993/694
PTSG	Poststrukturgesetz BGBl 1996/201
RdW	Recht der Wirtschaft
RGBl	Reichsgesetzblatt
RL	Richtlinie
Rs	Rechtssache
Rz	Randzahl
S	Schilling
s	siehe
SAE	Sammlung arbeitsrechtlicher Entscheidungen (deutsch)
SCE	Societas Cooperativa Europaea (Europäische Genossenschaft)
SchliSt-Geo	Schlichtungsstellen-Geschäftsordnung BGBl 1987/444
SE	Societas Europaea (Europäische Aktiengesellschaft)
Sess	Session
Slg	Sammlung; Sammlung der Rechtsprechung des Gerichtshofes und des Gerichts erster Instanz (der EG)
SMS	Short Message System
sog	so genannte (-r, -s)
SozM	Sozialrechtliche Mitteilungen
SpaltG	Spaltungsgesetz BGBl 1996/304
SpG	Sparkassengesetz BGBl 1979/64
SpuRt	Zeitschrift für Sport und Recht (deutsch)
St	Sankt
StGB	Strafgesetzbuch BGBl 1974/60
StGBl	Staatsgesetzblatt

StGG	Staatsgrundgesetz über die allgemeinen Rechte der Staatsbürger RGBl 1867/142
stRsp	ständige Rechtsprechung
SZ	Entscheidungen des OGH in Zivilrechtssachen
t	Tonne
TAG	Theaterarbeitsgesetz BGBl I 2010/100
ua	unter anderem; und andere
uÄ	und Ähnliche (-m, -n, -s)
udgl	und dergleichen
UG	Universitätsgesetz 2002 BGBl I 120
UGB	Unternehmensgesetzbuch dRGBl 1897, 219
UmwG	Umwandlungsgesetz BGBl 1996/304
UNICE	Union des industries de la Communauté Européenne (Industrieunion der EG)
UrhG	Urheberrechtsgesetz BGBl 1936/111
UrlG	BG betreffend die Vereinheitlichung des Urlaubsrechtes und die Einführung einer Pflegefreistellung BGBl 1976/390
usw	und so weiter
UWG	BG gegen den unlauteren Wettbewerb 1984 BGBl 448 (Wv)
V	Verordnung (nach österreichischem Recht)
VAAÖ	Verband Angestellter Apotheker Österreichs
VAG	Versicherungsaufsichtsgesetz BGBl 1978/569
VBG	Vertragsbedienstetengesetz 1948 BGBl 86
VerG	Vereinsgesetz 2002 BGBl I 66
VfGH	Verfassungsgerichtshof
vgl	vergleiche
VKG	Väter-Karenzgesetz BGBl 1989/651
VO	Verordnung (nach Unionsrecht)
VStG	Verwaltungsstrafgesetz BGBl 1991/52
VwGH	Verwaltungsgerichtshof
VwSlgNF	Sammlung der Erkenntnisse und Beschlüsse des VwGH, Neue Folge
wbl	Wirtschaftsrechtliche Blätter
WG	Wehrgesetz BGBl I 2001/146
WKG	Wirtschaftskammergesetz BGBl I 1998/103
wN	weitere Nachweise
WTBG	Wirtschaftstreuhandberufsgesetz BGBl I 1999/58
Wv	Wiederverlautbarung
Z	Ziffer; Zahl
ZAS	Zeitschrift für Arbeitsrecht und Sozialrecht
ZASB	Judikaturbeilage zur ZAS
zB	zum Beispiel
ZellKomm[2]	Zeller Kommentar zum Arbeitsrecht (2. Auflage 2011), hrsg von *Neumayr/Reissner*
ZIP	Zeitschrift für Wirtschaftsrecht (deutsch)
ZPMRK	Zusatzprotokoll zur Europäischen Menschenrechtskonvention
ZPO	Zivilprozessordnung RGBl 1895/113
zust	zustimmend

1. Arbeitsverhältnis – Arbeitnehmergruppen

Arbeitsrecht ist das **Sonderrecht des AN,** also des unselbständig Tätigen in seinen Beziehungen zum AG[1]).

Im Folgenden wird geklärt, wer als **AN** anzusehen ist oder – gleichbedeutend – in einem **Arbeitsverhältnis** steht[2]), für wen also das Arbeitsrecht gilt. Es ist dies eine Frage der Bestimmung des **subjektiven Geltungsbereichs** von G. Jene Normen, die in dieser Beziehung primär auf dem Begriff des AN aufbauen[3]), stellen den Katalog der arbeitsrechtlichen G dar (vgl zB §§ 1 ff AngG, § 1 UrlG, § 1 AVRAG, §§ 1, 33 ff ArbVG)[4]).

Anwendungsbereichsfragen gehen naturgemäß über das Problem des subjektiven Geltungsbereichs, im gegebenen Zusammenhang also des Vorliegens eines Arbeitsverhältnisses, hinaus. So weisen die Geltungsbereichsbestimmungen der einzelnen arbeitsrechtlichen G auch bedeutende **objektive Komponenten** auf: Das BäckAG beispielsweise ist gem § 1 Abs 1 leg cit auf AN in Backwaren-Erzeugungsbetrieben beschränkt, das BUAG gilt nur für die in § 2 leg cit aufgezählten Bereiche der Bauwirtschaft (zum objektiven Geltungsbereich der Betriebsverfassung vgl 13.1.1).

Der Arbeitnehmerbegriff zeichnet sich zwar in den einzelnen Materien des Arbeitsrechts – und auch darüber hinaus im Sozialversicherungsrecht (vgl insb § 4 Abs 2 ASVG) – zumeist durch Deckungsgleichheit aus, im Detail ist er aber je nach dem Zweck des Teilrechtsgebiets unterschiedlich weit abzugrenzen. Im Weiteren werden die wichtigsten für bestimmte Bereiche des Faches maßgeblichen Arbeitnehmerbegriffe vertieft, nämlich jener des Arbeitsvertragsrechts (vgl 1.1), jener des Betriebsverfassungsrechts (vgl 1.2) und jener des Arbeitnehmerschutzrechts (vgl 1.3).

Um die Relevanz dieser Bezeichnungen einschätzen zu können, müssen die genannten Unterteilungen des Arbeitsrechts genauer erklärt werden. Herkömmlicherweise wird das Fach in die beiden Teilgebiete des Individualarbeitsrechts einerseits und des Kollektivarbeitsrechts andererseits aufgespalten, wobei die zwei Bereiche eng miteinander verbunden sind. Das **Individualarbeitsrecht** betrifft die individuellen Rechtsbeziehungen zwischen AN und AG und umfasst einerseits das **Arbeitsvertragsrecht,** also das den Arbeitsvertrag und dessen Inhalte regelnde Recht (zB Entgeltrecht, vgl 5.; Urlaubsrecht, vgl 8.2; Recht der Beendigung des Arbeitsvertrags, vgl 2.), andererseits das

---

[1]) *Spielbüchler,* Arbeitsrecht I[4] 1.

[2]) Synonym wird für AN zuweilen der Begriff „DN“, für AG das Wort „DG“, für Arbeitsverhältnis die Bezeichnung „Dienstverhältnis“ und für Arbeitsvertrag der Terminus „Dienstvertrag“ verwendet. In diesem Buch werden im Allgemeinen die moderneren Begriffe, also die Zusammensetzungen mit dem Wort „Arbeit“, gebraucht.

[3]) Ganz ausnahmsweise geht die Anwendbarkeit des Arbeitsrechts über den Arbeitnehmerbegriff hinaus; vgl insb 1.1.1.2, 1.1.2.

[4]) Zu bedenken ist, dass auch in anderen Rechtsgebieten, insb im Sozialversicherungsrecht (vgl § 4 Abs 2 ASVG), am Begriff des DN angeknüpft wird.

Arbeitnehmerschutzrecht, dh jenes besondere Verwaltungsrecht, das die staatlichen Eingriffe zum Schutz von Leben, Gesundheit und sonstigen wichtigen Rechtsgütern des AN beinhaltet (zB technischer Arbeitnehmerschutz, vgl 8.5.1; Verwendungsschutz, insb für Kinder und Jugendliche bzw für Frauen während der Mutterschaft, vgl 3.1.4.1 d, 8.5.2; Arbeitszeitschutz, vgl 4.4). Das **kollektive Arbeitsrecht** zerfällt in das **Berufsverfassungsrecht,** das die Rechtsbeziehungen zwischen den Kollektiven der AN und der AG auf überbetrieblicher Ebene („Sozialpartner") betrifft (zB Recht des KollV, Arbeitskampfrecht; vgl 11., 15.), und in das **Betriebsverfassungsrecht,** welches das Verhältnis der Belegschaft bzw ihrer Vertretungen (insb BR) gegenüber dem BI („Betriebspartner") regelt (zB Betriebsratswahl, Mitbestimmung; vgl 12., 13.).

In diesem Kapitel wird noch ein weiteres Problem des subjektiven Geltungsbereichs arbeitsrechtlicher Vorschriften erörtert, nämlich die Frage nach dem **Begriff des Angestellten** im Kontrast zu jenem des Arbeiters (vgl 1.4).

Eingangs wurde das Arbeitsrecht als Sonderrecht charakterisiert. Trotz dieses Umstands bleiben je nach Materie **allgemeinere Vorschriften,** etwa des bürgerlichen Rechts, insoweit anwendbar, als sie vom Arbeitsrecht nicht ausgeschlossen werden (vgl zB 3., 9.).

1.1 Arbeitnehmerbegriff des Arbeitsvertragsrechts (Arbeitsvertrag)

Das **Arbeitsvertragsrecht** ist jenes Teilgebiet des Arbeitsrechts, in dem es um die Regelung der Vertragsbeziehungen zwischen AN und AG geht.

Das Arbeitsvertragsrecht ist von fundamentaler Bedeutung für das gesamte Arbeitsrecht, und es ist daher sinnvoll, zuerst den für dieses Rechtsgebiet maßgeblichen Arbeitnehmerbegriff zu erörtern.

Gem § 1151 ABGB entsteht ein Dienstvertrag, wenn jemand sich auf gewisse Zeit zur Dienstleistung für einen anderen verpflichtet. Aus dieser eher dürren gesetzlichen Vorgabe hat die Arbeitsrechtsdogmatik abgeleitet, dass sich ein AN iSd Arbeitsvertragsrechts durch **zwei Wesensmerkmale** auszeichnet[5]):

Erstens ist das Arbeitsverhältnis – die Begriffe „Arbeitsvertrag" und „Dienstvertrag" sind im gegebenen Zusammenhang als Synonyma verwendbar – ein **Dauerschuldverhältnis,** das die Erbringung von Arbeitsleistungen zum Gegenstand hat. Dauerschuldverhältnisse erlöschen – anders als Zielschuldverhältnisse (vgl auch 1.1.1.1) – nicht automatisch durch die Erfüllung, es bedarf vielmehr eines eigenen Beendigungsaktes (zB Kündigung, Befristung).

Beispiel: Wird in eine als „Werkvertrag"[6]) titulierte Vereinbarung eine Beendigungsregelung (zB Kündigungsvorschriften) aufgenommen, so ist das ein Hinweis darauf, dass in Wirklichkeit ein Dauerschuldverhältnis und damit möglicherweise ein Arbeitsvertrag vorliegt.

---

[5]) *Löschnigg,* Arbeitsrecht[12] 167 ff; *Spielbüchler,* Arbeitsrecht I[4] 48 ff; *Kietaibl,* Arbeitsrecht I[8] 16 ff.

[6]) Dieser ist ein Zielschuldverhältnis; vgl 1.1.1.1.

Kennzeichnend für ein Arbeitsverhältnis ist zweitens die **persönliche Abhängigkeit** des AN. Dieser Aspekt ist vielschichtig und anhand mehrerer Elemente zu prüfen:

- Der AN ist in fremde unternehmerische Strukturen eingegliedert: Er ist an Arbeitszeiten, den Arbeitsort und die Arbeitsabfolge gebunden.

  Die unter 1.1.1.1 und 1.1.1.2 beschriebenen Unternehmerverhältnisse ermöglichen es hingegen dem Arbeitenden, diese Umstände relativ frei zu bestimmen.

- Der AN unterliegt dem **Weisungsrecht** des AG (vgl auch 4.1.1). Er ist diesbezüglich der Kontrolle des AG unterworfen und diesem in gewisser Weise disziplinär verantwortlich.

  Im Gegensatz zu den unter 1.1.1.1 und 1.1.1.2 beschriebenen Unternehmerverhältnissen beziehen sich Weisungen im Arbeitsverhältnis nicht bloß auf die Sache, sondern primär auf die Person des AN. Der Werkvertragsnehmer etwa erhält Weisungen betreffend die Wünsche des Auftraggebers über die **Gestaltung des Werks,** der AN hingegen wird angewiesen, Arbeit nach den Vorgaben des AG zu erbringen, sein **persönliches Verhalten** also in einer bestimmten Art und Weise auszurichten.

- Der AN ist im Allgemeinen zur **persönlichen Arbeitsleistung** verpflichtet (§ 1153 ABGB); er kann sich daher nicht vertreten lassen.

  Diese Regel beschreibt ein Prinzip, von dem Ausnahmen möglich sind. Es ist somit denkbar, dass sich auch ein AN vertreten lassen kann, wenngleich dies typischerweise nur bei einem Unternehmer der Fall ist.

Beispiel: In einer mit „Werkvertrag" überschriebenen Vereinbarung findet sich der Passus, dass sich der Werkvertragsnehmer jederzeit von einer beliebigen Person bei der Ausführung der Arbeit vertreten lassen kann. In Wahrheit findet allerdings niemals eine Vertretung statt.
Das ASG dürfte hier nicht nur am Wortlaut des schriftlichen Vertrags kleben, sondern müsste prüfen, wie das Rechtsverhältnis tatsächlich „gelebt" wird. Stellt sich dabei heraus, dass die Übernahme der Arbeit durch eine andere Person im konkreten Fall nur nach Rücksprache bzw im Einvernehmen mit dem Vertragspartner möglich oder gar von vornherein unerwünscht ist, so ist daraus zu schließen, dass letztlich die für ein Arbeitsverhältnis typische persönliche Arbeitspflicht gegeben ist.

- Der **AN schuldet** seine **Arbeitskraft,** nicht einen bestimmten Arbeitserfolg.

  Dieser Aspekt darf nicht zu wörtlich genommen werden. Gemeint ist, dass der Arbeitsvertrag eine sog **Bemühensverbindlichkeit** ist. Es geht hier in erster Linie um die Abgrenzung zum Werkvertrag, der nur bei erfolgreicher Erstellung des Werks erfüllt wird und daher eine „Erfolgsverbindlichkeit" darstellt. Allerdings steht auch der AN mehr oder weniger unter Erfolgsdruck: Bemüht er sich zwar, ist aber seine Arbeitsleistung von der Qualität her nicht ansprechend, so wird er mit der Kündigung durch den AG zu rechnen haben. Einen Vertragsbruch hingegen, der zur Entlassung durch den AG führen kann, begeht er dann, wenn er sich nicht einmal bemüht oder – anders gesprochen – seine Arbeitspflicht erheblich verletzt (§ 27 Z 4 AngG, § 82 lit f GewO 1859; vgl 2.1.3.1.1 c).

- Der AN ist auch insofern fremdbestimmt, als das **Ergebnis der Arbeit** dem **AG** zukommt und dieser idR die **Arbeitsmittel** zur Verfügung stellt.

  Typischerweise lukriert der AG den unternehmerischen Gewinn, dafür muss er auch das Unternehmerrisiko tragen. Der AN erhält grundsätzlich – unbeschadet des Umstands, dass zB Gewinnbeteiligungen als Entlohnungsform möglich sind (vgl 5.1.2.3) – keinen Anteil vom Erfolg des Unternehmens, dafür genießt er sozialen Schutz, niedergelegt in den Bestimmungen des Arbeitsrechts.
  Im Allgemeinen hat der AG die Verfügungsmacht über die Arbeitsmittel, der AN gliedert sich in das Unternehmen des AG nicht zuletzt deshalb ein, weil er selbst keine diesbezüglichen Strukturen aufgebaut bzw in Verwendung hat. Hat der Arbeitende selbst Arbeitsmittel bereitzustellen, so spricht dies als ein Indiz gegen dessen Arbeitnehmereigenschaft.
  Das gegenständliche Element der persönlichen Abhängigkeit macht augenfällig, dass der AN insofern auch **wirtschaftlich abhängig** ist, als er sich in fremde unternehmerische Strukturen begeben muss, um seine Arbeitsleistung erbringen zu können. Er wird dies idR deshalb machen, weil er das Arbeitsentgelt zum Unterhalt für sich und allfällige Unterhaltsberechtigte benötigt. Trotzdem darf der Aspekt der wirtschaftlichen Abhängigkeit nur im obigen Sinn, nicht aber als Lohnabhängigkeit verstanden werden, würde man doch sonst Personen, die in persönlicher Abhängigkeit arbeiten, ohne auf das Arbeitsentgelt angewiesen zu sein, aus dem Arbeitsrecht ausgrenzen. Eine derartige Vorgangsweise, die die arbeitsrechtliche Schutzbedürftigkeit nicht abstrakt, sondern konkret nach der Bedürftigkeit bestimmt, würde zu unerträglicher Rechtsunsicherheit führen, könnte doch dann im Einzelfall argumentiert werden, dass eine Person dem Arbeitsrecht nicht unterliegt, weil sie das Arbeitsrecht „nicht braucht".

- Den **AN** treffen **Treuepflichten** (zB Konkurrenzverbot, Geheimnisschutzpflicht), der **AG** ist an die **Fürsorgepflicht** gebunden und hat daher wichtige Rechtsgüter des AN zu schützen (vgl allg 7., 8.).

  Dafür, dass dem AN sozialer Schutz gewährt wird, muss er Abstriche im Hinblick auf seine berufliche Entfaltungsfreiheit hinnehmen.

Beispiel: Wird einem als „freien DN" bezeichneten Unternehmer vertraglich ein umfassendes Nebentätigkeitsverbot auferlegt, so kann dies seine Unternehmerposition als solche in Frage stellen, besteht diese doch ua in der Freiheit, sich auf einem Markt entfalten zu können. Es wird hier also ein Aspekt geschaffen, welcher für ein ASG in Richtung Arbeitnehmerstellung zu Buche schlägt.

- Als Indizien für das Bestehen von Arbeitnehmereigenschaft sind weiters die Anmeldung zur **Sozialversicherung der Unselbständigen** nach ASVG[7]) und der **Lohnsteuerabzug** anzusehen.

---

[7]) Zu beachten ist, dass ganz ausnahmsweise zivil- bzw arbeitsrechtlich Selbständige nach ASVG sozialversichert sind, nämlich gewisse freie DN nach § 4 Abs 4 leg cit.

Der sozialversicherungsrechtliche Dienstnehmerbegriff (§ 4 Abs 2 ASVG) und die einkommensteuerrechtliche Umschreibung des Unselbständigen sind zwar dem Begriff des AN iSd Arbeits(vertrags)rechts sehr ähnlich, im Detail gibt es allerdings wegen der unterschiedlichen Rechtsgrundlagen und deren Zwecksetzung sowie auch infolge der unterschiedlichen höchstgerichtlichen Zuständigkeiten (OGH in Arbeitsrechtssachen, VwGH in Verwaltungssachen nach ASVG bzw im Bereich des EStG) Abweichungen. Die Sichtweise in den anderen Rechtsgebieten kann jedenfalls für das ASG nicht bindend sein, wenngleich die dort getroffene Entscheidung häufig eine Orientierungshilfe abgeben wird.

Ein **(qualitatives) Überwiegen der für das Arbeitsverhältnis typischen Elemente** gegenüber dagegen sprechenden Aspekten führt zur Anwendung des Arbeitsrechts, wobei der einzelne Faktor ein Indiz ist, das einmal stärker und einmal schwächer in Erscheinung tritt. Rechtstheoretisch betrachtet ist der Arbeitnehmerbegriff ein gesetzlich angeordnetes bewegliches System, bei dem der Tatbestand nicht nur dann erfüllt ist, wenn alle Tatbestandsmerkmale kumulativ gegeben sind, es vielmehr genügt, wenn einzelne Elemente entsprechend stark ausgeprägt sind, auch wenn andere Elemente fehlen. Nur **im Zweifel** ist hierbei die **Bezeichnung des Vertrags** von Bedeutung („die falsche Bezeichnung schadet nicht"). Auch **unentgeltliche Arbeitsverhältnisse** sind – anders als unentgeltliche Werkverträge (vgl 1.1.1.1) – juristisch möglich (vgl § 1152 ABGB), wenngleich praktisch auf Grund insb in KollV enthaltener zwingender Entgeltvorschriften (vgl 5.2, 11.) sehr selten (zB Praktikantenverhältnisse).

1.1.1 Abgrenzung zu anderen Rechtsverhältnissen

Aufbauend auf dem unter 1.1 Ausgeführten sind im Folgenden die wichtigsten Gestaltungen, auf deren Basis außerhalb eines Arbeitsverhältnisses durch eine Einzelperson Arbeit geleistet werden kann, darzustellen.

Kommt man nach Prüfung der maßgeblichen Gesichtspunkte zum Ergebnis, dass **keine Arbeitnehmereigenschaft** gegeben ist, so folgt daraus, dass das **Arbeitsrecht** mit seinen diversen Schutzbestimmungen (zB Mindestarbeitsbedingungen, insb Mindestlöhne nach KollV, Entgeltfortzahlung im Krankheitsfall, bezahlter Urlaub, Arbeitszeitschutz usw) grundsätzlich **nicht anwendbar** ist.

Ausnahmsweise sind spezielle Aspekte des Arbeitsrechts **kraft G** auch für von Arbeitsverhältnissen zu unterscheidende Rechtsverhältnisse maßgeblich (vgl 1.1.1.2, 1.1.2.2). Zudem ist es denkbar – und kommt auch praktisch vor –, dass Arbeitsrecht **vertraglich** für anwendbar erklärt wird.

Das Arbeitsrecht ist in weiten Bereichen das **Schutzrecht** des wirtschaftlich typischerweise unterlegenen **AN** und muss als solches seinen Anwendungsbereich sichern, insb auch gegenüber Versuchen, durch vordergründige Vertragsgestaltungen seine vor allem für den AG, allenfalls aber auch für den AN (vorerst) unerwünschten Rechtsfolgen zu umgehen. Ein AN wird in derartigen Konstellationen – dies ist das Wesen eines im Zivilrecht wurzelnden Schutzrechts – vor seinen eigenen (Willens-)Erklärungen geschützt.

Aus der Praxis: Für Vertragsgestalter stellt sich hier die Frage, welche Arten von Arbeitsleistungen außerhalb des Arbeitsrechts erbracht werden können und für welche Konstellationen das Arbeitsrecht de facto „unvermeidlich" ist. Die juristische Beratung kommt in diesem Zusammenhang zuweilen in eine Situation, in der sie die Risken einer bestimmten Gestaltung im Hinblick auf einen künftigen Rechtsstreit einschätzen muss.
Aus der Perspektive des ASG ist es häufig so, dass nach den unter 1.1 und im Weiteren darzustellenden Rechtsgrundlagen die Frage zu klären ist, ob sich Parteien der im Wirtschaftsleben vorgesehenen Freiheit der Vertragsgestaltung bedient oder „Formenmissbrauch" betrieben haben, indem sie zwecks Vermeidung gewisser Rechtsfolgen einen nicht passenden Vertragstyp verwenden wollten.

1.1.1.1 Werkvertrag

Ein Werkvertrag entsteht dann, wenn jemand die Herstellung eines Werkes gegen Entgelt übernimmt (§ 1151 ABGB).

Für einen Werkvertrag ist kennzeichnend, dass der Auftragnehmer das **Werk** und damit einen bestimmten Arbeitserfolg schuldet. Es kommt also auf das Ergebnis der Leistung an („Erfolgsverbindlichkeit"). Auch die Honorierung erfolgt dementsprechend weniger – wie typischerweise im Arbeitsvertrag – durch ein Fixum als vielmehr durch eine leistungsorientierte Abgeltung, den Werklohn. Der Auftragnehmer trägt das Unternehmerrisiko und leistet Gewähr für Mängel. Es handelt sich um eine selbständige Tätigkeit, die unter eigener Verantwortung durchzuführen ist; allfällige Weisungen sind nicht personen-, sondern sachbezogen (vgl auch 1.1).

Im Gegensatz zum Dienstvertrag ist der Werkvertrag ein **Zielschuldverhältnis** und erlischt daher mit der Erfüllung, ohne dass es dazu irgendeiner Willenserklärung bedarf (vgl auch 1.1).

Klassische **Beispiele** für Werkverträge sind die Verträge der „Handwerker" mit ihren Kunden, also etwa Verträge der Baumeister, Tischler, Schneider etc.

Problematisch wird die Abgrenzung des Werkvertrags vom Arbeitsvertrag mitunter bei **befristeten Arbeitsverhältnissen,** weil in gewissen Fällen die Befristung vom Erfolg bestimmt ist. Ein Arbeitsverhältnis auf bestimmte Zeit kann nicht nur durch einen kalendermäßig fixierten Termin, sondern auch durch einen objektiv feststellbaren, wenn auch vorerst kalendermäßig noch nicht zu ermittelnden Zeitpunkt begrenzt werden (objektiv bestimmbare Befristung; vgl 3.2.1.1.1). In derartigen Fällen bringt ein eintretender Erfolg (zB der Abschluss eines Projekts) auch ein Arbeitsverhältnis zum Erlöschen, sodass dieses Abgrenzungskriterium unbrauchbar wird. Zur Unterscheidung des Arbeitsvertrags vom Werkvertrag muss daher auf die übrigen, das Arbeitsverhältnis charakterisierenden Merkmale zurückgegriffen werden. Überwiegen sie, dann ist Selbständigkeit iSd Werkvertrags nicht gegeben und es liegt ein befristetes Arbeitsverhältnis vor[8]).

[8]) *Löschnigg,* Arbeitsrecht[12] 172.

1.1.1.2 Freier Dienstvertrag[9])

Es handelt sich um ein **Dauerschuldverhältnis ohne persönliche Abhängigkeit** des Auftragnehmers. Der Auftragnehmer ist einerseits in einer juristisch auf Dauer angelegten Beziehung zum Auftraggeber, bleibt dabei jedoch – anders als der AN – weitgehend frei von Beschränkungen des persönlichen Verhaltens. Es besteht daher keine Bindung an Arbeitszeit, Arbeitsort etc (vgl auch 1.1).

Beispiele für freie Dienstverträge sind die Rechtsverhältnisse von Steuerberatern, Rechtsanwälten udgl mit ihren Klienten („Freiberufler"). In Gesetzgebung und Rechtsprechung spielten weiters Betriebsärzte (vgl § 79 Abs 1 ASchG, insb Z 2 leg cit), Tierärzte als Vieh- und Fleischbeschauer, (selbständige) Vertreter, Stundenbuchhalter, sonstige „echte" freie Mitarbeiter – zB in der Medienbranche (vgl auch § 32 ORF-G) –, Heimarbeiter und Mitglieder von Organen juristischer Personen (vgl dazu auch 1.1.2.1) eine Rolle.

Entscheidung 1: Nachhilfelehrerinnen

Sachverhalt: Die Bekl leitet ein Unternehmen, das Lernhilfen für Mittelschüler veranstaltet. Die ErstKl und die DrittKl werden 1984, die ZweitKl wird 1981 aufgenommen. In Vorstellungsgesprächen werden ihnen ua eine Empfehlungsliste für Lehrer, Lehrhinweise für Kleinstgruppenkurse und Organisationshinweise vorgelegt. Es wird ihnen gesagt, dass sich der Unterricht bei der Bekl so wie in diesen Unterlagen abspiele, wie die Kurse ablaufen und dass sie sich an die schulischen Gegebenheiten halten, Tests durchführen und die Skripten der Bekl verwenden müssen. In den Jahren 1985 bis 1988 unterrichtet die ErstKl jährlich über 500, die ZweitKl jährlich rund 300, die DrittKl im ersten Jahr 376, in den folgenden beiden Jahren über 600 und in der ersten Hälfte des Jahres 1988 204 Stunden. Sie werden mit unterschiedlicher Stundenzahl beinahe jeden Monat tätig. Eine Mindeststundenzahl wird ihnen nie zugesagt. Sie erhalten ihr Entgelt auf der Basis der Honorarabrechnung, und zwar üblicherweise zum Monatsende, egal wann die Honorarnote gelegt wird. Im Verhinderungsfall des Lehrers ist es üblich, sich eine Vertretung aus dem Kollegenkreis zu suchen und dies dem Sekretariat zu melden. Ist das Sekretariat einverstanden, wird die Vertretung durchgeführt. Nach einer generellen Weisung der Bekl ist dann, wenn nur ein Schüler am Unterricht teilnimmt, nur eine halbe Stunde zu unterrichten, wofür der Lehrer auch nur das halbe Honorar erhält. Die Kursstunden sind eingeteilt, Verschiebungen sind nur schwer möglich; diese sind dem Sekretariat zu melden und werden von dort aus organisiert. Verkürzungen der Unterrichtszeit,

[9]) *Strasser,* Abhängiger Arbeitsvertrag oder freier Dienstvertrag, DRdA 1992, 93; *Rebhahn* in ZellKomm² § 1151 ABGB Rz 126 ff mwN.

Verschiebungen und Vertretungen erfolgen nicht nur aus Gründen in der Person des Lehrers, sondern auch aus anderen Gründen (Schülerexkursionen, Feiertage, Schülerwünsche). Die in den Lehrerzimmern ausgehängte, für die Lehrer verbindliche Pausenregelung stammt von der Sekretärin der Bekl. Sie kümmert sich um die Einhaltung der Pausen und der von den Lehrern zu besorgenden Pausenaufsicht. Die gehaltenen Stunden – ebenso die durchgemachten Stoffbereiche – werden in Lehrermappen eingetragen, die nach jeder Stunde im Sekretariat abgegeben werden. Die Mappen dienen auch der Abrechnung. Halten sich die Lehrer nicht an die Empfehlungslisten für Lehrer, Lehrhinweise für Kleinstgruppenkurse, Organisationshinweise usw, dann rügt dies die Bekl und fordert die Lehrer zur Einhaltung auf.

Die Bekl löste allenfalls bestehende Dienstverhältnisse mit den Kl mit Eventualkündigung auf, und zwar das der ErstKl zum 30. 6. 1990, das der ZweitKl zum 31. 12. 1988 und das der DrittKl zum 31. 3. 1989. Die Kl fordern restliches Entgelt, Urlaubsentgelt (Urlaubsabgeltung) und Abfertigungen.

Leitsätze: Hat ein Kurslehrer feste Arbeitszeiten am bestimmten Arbeitsort einzuhalten und unterliegt er auch nur diesbezüglich der Kontrolle des AG, sind die Voraussetzungen für einen freien Dienstvertrag nicht gegeben, sondern liegt ein echter Arbeitsvertrag iSd § 1151 ABGB vor.

Dazu ist auch in Betracht zu ziehen, dass der Lehrer nicht nur bezüglich der Einhaltung fester Arbeitszeiten, sondern – durch die von ihm zu führenden und abzugebenden Lehrermappen – auch bezüglich des Inhalts seiner Tätigkeit der laufenden Kontrolle durch den AG unterlegen ist.

Hinsichtlich der Vertretungsmöglichkeit ist nur derjenige, der übernommene Arbeiten nach Gutdünken – ohne Rücksprache mit dem Vertragspartner – generell an andere Personen delegieren darf, in der Durchführung der Arbeiten nicht fremdbestimmt und daher kein AN.

Wird durch die ausschließlich an dem sich jeweils ergebenden Bedarf des AG orientierte Gestaltung der Arbeitsverhältnisse das gesamte Beschäftigungsrisiko auf den AN überwälzt, mit dem nicht einmal eine bestimmte, jedenfalls abzugeltende Mindestarbeitszeit vereinbart und der nur nach der tatsächlich vom AG in Anspruch genommenen Arbeitszeit honoriert worden ist, spricht weder die unterschiedliche Intensität der Beschäftigung noch das Fehlen einer Vereinbarung über eine Mindestarbeitszeit gegen das Vorliegen eines Arbeitsverhältnisses.

Die jeweils für einen Kurs abgeschlossenen Verträge, mit denen der Lehrer während des größten Teils des Jahres beschäftigt worden ist, sind als Kettendienstvertrag zu qualifizieren[10]), durch den das Unter-

[10]) Zu den Lehren über den Kettenarbeitsvertrag vgl 3.2.1.1.2.4.

nehmerrisiko in unzulässiger Weise auf den Lehrer überwälzt worden ist, und Arbeitnehmerrechte, wie jene auf bezahlten Urlaub, Abfertigung und Kündigungsschutz, beschnitten worden sind.

OGH 26. 6. 1997, 8 ObA 2158/96b, infas 1997 A 118

Entscheidung 2: Sprachlehrer

Wird die Verpflichtung zur Arbeitsleistung jeweils am Vortag für den nächsten Tag vereinbart und kann sich der Sprachlehrer bis dahin nur zu bestimmten Stunden oder überhaupt nicht zur Verfügung halten, ohne dass dies zu Konsequenzen führt, handelt es sich um einen freien Dienstvertrag. Die Anwendung der vom Auftraggeber vorgegebenen Methode, der Gebrauch der zur Verfügung gestellten Lernbehelfe, die Ortsgebundenheit (von der Schule zur Verfügung gestellter Raum), die beschränkte Vertretungsmöglichkeit (nur dem Auftraggeber bekannte Personen) und die zwei- bis drei Mal jährlich stattfindende Kontrolle durch Methodentrainer reichen alleine nicht aus, um die persönliche Abhängigkeit zu begründen.

OGH 5. 5. 1999, 9 ObA 10/99g, RdW 1999, 673

Auf den ersten Blick erscheint es widersprüchlich, dass der OGH das Rechtsverhältnis einer Nachhilfelehrerin als Arbeitsverhältnis und jenes eines Sprachlehrers als freies Dienstverhältnis qualifiziert. ME sind beide E zutreffend[11]), die rechtlich relevanten Unterschiede ergeben sich aus der Betrachtung im Detail. So hat der Sprachlehrer relativ große Freiheiten bei der Bestimmung seiner Einsatzzeiten. Wesentlich anders gelagert dürften die zu beurteilenden Sachverhalte auch im Hinblick auf ein im Bereich von Lehrenden zentrales Element des anzuwendenden beweglichen Systems sein: Während bei der Nachhilfelehrerin die Arbeitsabfolge genau vorgegeben und damit ihre **„Lehrfreiheit"** sehr stark beschränkt ist, dürfte der Sprachlehrer trotz Vorgaben im Bereich der Methode diesbezüglich viel größere Gestaltungsspielräume haben.

Entscheidung 3: Journalistin

Eine Journalistin, die als „freiberufliche Mitarbeiterin" ein relativ geringes Fixum in Kombination mit einem eher hohen Zeilenhonorar vereinbart und zwecks Ermöglichung der Kinderbetreuung keine Anwesenheitspflicht und keine festen Arbeitszeiten hat, steht in einem freien Dienstvertrag. Das Zurverfügungstellen eines Parkplatzes in der Nähe der Redaktion sowie das Volumen der Arbeitsleistung sind für die vorzunehmende Abgrenzung neutral.

OGH 7. 8. 1997, 8 ObA 210/97h, ARD 4893/14/97

[11]) Zu Lehrenden zB auch OGH 23. 3. 2010, 8 ObA 57/09d, ASoK 2010, 382.

Der freie Dienstvertrag wurde seit jeher als ein Rechtsinstitut angesehen, welches Basis für die Erbringung qualifizierter bzw spezialisierter Arbeiten sein kann[12]). Es ist daher mE fürs Erste Skepsis angebracht, wenn zB Tätigkeiten in der Gastronomie („Kellnerpool"), in einem Call-Center oder als Zeitungsausträger[13]) als freie Mitarbeiterverhältnisse ausgewiesen werden.

Entscheidung 4: Expeditaushilfe

Haben die Vertragsparteien eine umfassende und unbefristete Vereinbarung über die Erbringung aushilfsweiser Expeditarbeiten (Einlegen von Werbematerial und Sonntagsbeilagen in Zeitungen) geschlossen, bei der sich die AN jedenfalls beim jeweiligen Arbeitseinsatz in persönlicher Abhängigkeit befindet (organisatorische Gebundenheit hinsichtlich Arbeitsort und Arbeitszeit durch die Schichten, funktionelle Einbindung der Dienstleistung in das betriebliche Weisungsgefüge des AG), und ist das einzige Merkmal, das gegen die Beurteilung des Rechtsverhältnisses als echter Arbeitsvertrag spricht, die vereinbarte Möglichkeit für die AN, Beschäftigungsanbote des AG auszuschlagen, so kann dies das Vorliegen eines Arbeitsvertrags iSd § 1151 ABGB nicht in Frage stellen.

Nach dem „gelebten" Vertragsverhältnis ist davon auszugehen, dass die Parteien ein durchgehendes Dauerschuldverhältnis anstrebten. Die vereinbarte einvernehmliche Festlegung des konkreten Arbeitseinsatzes steht dieser Beurteilung im Hinblick darauf, dass schon die als Rahmenvertrag zu wertende, beim erstmaligen Arbeitsbeginn ausgehändigte „Information" eine fortgesetzte Erbringung und Entgegennahme von Arbeitsleistungen beabsichtigte, nicht entgegen. Dies wird auch durch das „gelebte Vertragsverhältnis" manifestiert, zumal die AN in fixen Schichten tätig war.

Die Vereinbarung einer generellen Vertretungsbefugnis schließt die persönliche Abhängigkeit und Arbeitnehmereigenschaft nur dann aus, wenn das Vertretungsrecht tatsächlich genutzt wird oder bei objektiver Betrachtung zu erwarten ist, dass eine solche Nutzung erfolgt. Erfolgt eine fixe Einteilung in Schichten, die die AN mit Ausnahme von festgestellten Krankenständen immer verrichtete, war bei objektiver Betrachtung nicht zu erwarten, dass das Vertretungsrecht tatsächlich genutzt wird.

OGH 13. 11. 2003, 8 ObA 86/03k, infas 2004 A 24

---

[12]) Die locatio conductio operarum, auf die der freie Dienstvertrag zurückgeführt werden kann (s dazu gleich), war die vertragliche Basis der **gehobenen** Arbeitsleistungen des römischen Bürgers.

[13]) Zu OGH 25. 11. 2003, 8 ObA 44/03h, ARD 5479/8/2004 vgl *Reissner,* Im Straßenverkauf tätige Zeitungskolporteure sind Arbeitnehmer iSd Arbeitsrechts, JAP 2004/05, 38.

Problematisch ist, dass der freie Dienstvertrag weder im allgemeinen Zivilrecht noch im Arbeitsrecht grundlegend geregelt ist. Der Vertragstyp hat zwar weit zurückreichende Wurzeln in der römisch-rechtlichen locatio conductio operarum[14]), war zwischenzeitlich allerdings ziemlich in Vergessenheit geraten und ist daher auch im ABGB nicht hervorgehoben. In den letzten Jahrzehnten wurde das Rechtsinstitut im Zuge der Ausdifferenzierung der Wirtschaftsordnung und der Verrechtlichung von Arbeitsbeziehungen „wiederentdeckt". Es stellt sich die Frage, **welches Recht für** den **freien Dienstvertrag** herangezogen werden kann.

Entscheidung 5: Sozial Schwächerer

Auf den freien Dienstvertrag sind jene arbeitsrechtlichen Normen anwendbar, die nicht von einer persönlichen Abhängigkeit ausgehen und den sozial Schwächeren schützen sollen. Es sind daher die Bestimmungen des ABGB über die Beendigung des Arbeitsverhältnisses auf freie Dienstverträge analog anwendbar, nicht aber die Bestimmungen des UrlG oder des AZG.

OGH 26. 3. 1997, 9 ObA 54/97 z, DRdA 1998, 36 *(Mazal)*

Das bedeutet, dass alle Bestimmungen des Arbeitsrechts, die soziale Schutzanliegen zu Gunsten des AN verfolgen – dies ist die große Mehrzahl (zB Urlaubsrecht, Arbeitszeitrecht, Entgeltfortzahlung im Krankheitsfall, Abfertigungsrecht etc; zum BMSVG vgl aber 5.1.4.2.1) –, für den freien Dienstvertrag nicht in Frage kommen[15]) (vgl schon 1.1.1). Analog anzuwenden sind nur jene Normen, die **technische Fragen der Abwicklung des Dauerschuldverhältnisses** namens freier Dienstvertrag betreffen. Derartige Vorschriften ergeben sich zum Teil schon per Rechtsanalogie aus den einzelnen Regelungen des ABGB zu diversen Dauerschuldverhältnissen (zB die Regel, wonach sich Befristung und Kündigung ausschließen; vgl auch 3.2.1.1.3), darüber hinaus sind die Beendigungsvorschriften des Dienstvertragsrechts des ABGB (26. Hauptstück; §§ 1151 ff leg cit) heranzuziehen. Daraus folgen zB Kündigungsfristen von 14 Tagen (§ 1159 b ABGB) oder, sofern das Rechtsverhältnis Dienste höherer Art zum Gegenstand hat, die Erwerbstätigkeit des Arbeitenden hauptsächlich in Anspruch nimmt und schon drei Monate gedauert hat, von vier Wochen (§ 1159 a Abs 1 ABGB). Weiters heißt das, dass dem freien DN im Falle rechtswidriger Lösung durch den Vertragspartner eine Kündigungsentschädigung (§ 1162 b ABGB) gebührt (dazu allg 2.1.2.3.1 a und b, 2.1.3.1.3 b, 2.1.3.2.3 a; zur Anwendbarkeit des IESG auf freie DN iSd § 4 Abs 4 ASVG vgl 5.3.5.2.1).

---

[14]) Allg dazu zB *Hausmaninger/Selb,* Römisches Privatrecht[9] (2001) 250 f.

[15]) Anderes gilt naturgemäß dann, wenn deren Anwendung vertraglich festgelegt wurde.

Fall 1: Schischule

Sachverhalt: *Der Kl, ein Sportstudent, ist in einer Schischule „für die Saison 2014/15" als Schi- und Snowboardlehrer tätig. Über das zwischen dem Kl und der Schischule bestehende Rechtsverhältnis werden keinerlei schriftliche Aufzeichnungen geführt, der Schischulleiter bezeichnet es zuweilen als „Werkvertrag". Der Kl muss sich außer Samstag täglich am Schischulsammelplatz vor der Schischulhütte einfinden, wo die Gruppenzuteilung erfolgt. Die Schikurse dauern von 9–12 sowie von 14–16 Uhr, zwei Mal pro Woche wird der Kl auch zur Betreuung der Schischulkinder während der Mittagszeit herangezogen. Der Kl erhält einen Tageslohn von € 120,–, wovon ihm die Kosten der Unterkunft im „Schilehrer-Selbstversorgerhaus" abgezogen werden; seine Einnahmen hat er laut Schischule selbst zu versteuern. Zusätzliche Einkünfte ergeben sich für den Kl durch die Vermittlung sog Privatstunden (das sind Stunden für Einzelpersonen bzw Kleingruppen, die besser bezahlt werden) durch die Schischule, die er, sofern er Interesse hat, während seiner Freizeit übernehmen kann. Die Schischule hat auch nichts dagegen, wenn der Kl sich selbst für seine Freizeit Aufträge beschafft; er darf diese auch selbst abrechnen. Die Schischule stellt dem Kl den Schilehreranzug sowie auf Wunsch auch Schier bzw Snowboards zur Verfügung. Es besteht weiters die Möglichkeit, Sportgeräte über die Schischule stark verbilligt zu beziehen.*

Am 15. 3. 2015 erkrankt der Kl an einer schweren Lungenentzündung, die ihn bis Ende April ans Bett fesselt. Er verlangt die Weiterzahlung des Tageslohnes für die Zeit seiner Krankheit. Die Schischule lehnt dies ab; der Kl hätte „sich selbst versichern sollen", außerdem sei der Schibetrieb wegen Schneemangels ohnehin schon am 31. 3. 2015 eingestellt worden. Wie ist die Rechtslage?

Lösung: Der Schilehrer ist AN, da er in persönlicher Abhängigkeit (dezidierte Bindung an Arbeitszeit, Arbeitsort, Arbeitsabfolge, Weisungen der Schischule, Betriebsmittel vom Vertragspartner, Fixum; dagegen sprechende Aspekte sind viel schwächer ausgeprägt, nämlich Lockerungen gegenüber den üblichen Treuepflichten, kein Abzug von Lohnsteuer und Sozialversicherungsbeiträgen) in einem Dauerschuldverhältnis (Befristung für die Saison) tätig ist[16]). Von einem Werkvertrag kann keine Rede sein (kein Werk ersichtlich, auch kein Zielschuldverhältnis), die – wenn überhaupt – falsche Bezeichnung schadet nicht, wäre nur im Zweifel entscheidend.

Das Arbeitsverhältnis ist objektiv bestimmbar befristet (dazu 3.2.1.1.1), als „Ende der Saison" erweist sich laut Sachverhalt der 31. 3. 2014.

Schilehrer sind nach der Rechtsprechung idR Arbeiter, da im Allgemeinen nicht vorwiegend höhere Dienste erbracht werden; es geht weniger um eine echte pädagogische Tätigkeit als vielmehr um die Vermittlung einer „körperlichen Geschicklichkeit" (vgl allg 1.4.1.1). Die Entgeltfortzahlung im Krankheitsfall richtet sich daher nach § 2 Abs 1 EFZG (vgl 6.2.1.2 a), es gebührt das (fiktive) Entgelt, welches der AN bei Wegdenken der Arbeitsverhin-

[16]) Zur sozialversicherungsrechtlichen Qualifikation von Schilehrern als DN iSd § 4 Abs 2 ASVG vgl VwGH 21. 4. 2004, 2000/08/0113, ARD 5515/12/2004.

derung bezogen hätte, allerdings nur bis zum Ende des Arbeitsverhältnisses am 31. 3. 2015. Eine Verlängerung des Entgeltbezugs iSd § 5 EFZG kommt angesichts der Art der Beendigung nicht in Frage.

1.1.1.3 Gesellschaftsvertrag

Abgrenzungsprobleme zwischen Arbeitsvertrag und Gesellschaftsvertrag bestehen einerseits deshalb, weil sich zB die Verpflichtung aus einem Gesellschaftsvertrag bei der Gesellschaft bürgerlichen Rechts und bei Personengesellschaften (OG, KG) auf die Erbringung von Arbeitsleistungen beziehen kann (sog **Arbeitsgesellschafter**). Andererseits ist vor allem bei AN in gehobenen Positionen die **Gewinnbeteiligung** als Entlohnungsform geläufig.

Während im Arbeitsverhältnis zwischen AG und AN ein Verhältnis der Über- bzw Unterordnung besteht **(Subordinationsprinzip),** beruht der Gesellschaftsvertrag auf dem Prinzip der Gleichordnung **(kooperatives Prinzip);** eine Unterordnung der Gesellschafter erfolgt nur hinsichtlich der Interessen der Gesellschaft als solchen.

Der AN setzt seine Arbeitskraft ein, um dafür Entgelt zu bekommen; ein Arbeitsgesellschafter hingegen bringt sozusagen seine Arbeit in die Gesellschaft ein, leistet dadurch seinen Beitrag zur Erreichung des gemeinsamen Zwecks. Gesellschafter bilden eine Organisation, die den Beteiligten Mitwirkung in allen wesentlichen Fragen des gemeinsamen Unternehmens gewährt. Indiz für das Vorliegen eines Gesellschaftsverhältnisses ist daher insb der Umstand, dass einem Mitarbeiter neben einer Gewinnbeteiligung **echte Dispositions- und Kontrollrechte** gewährt werden[17]).

Fall 2: Gasthaus

Der Kl und der Bekl arbeiten gemeinsam in der familieneigenen Gastwirtschaft. Der Bekl ist „formell" als Gastwirt und Unternehmer tätig; sein Bruder, der Kl, ist als Hilfskraft angemeldet. Diese Regelung war von der Mutter der Parteien vor allem aus familiären Gründen getroffen worden. Der Kl ist nämlich krank und will sozialversichert sein. Ein Arbeitsvertrag wird zwischen den Parteien „formell" nicht abgeschlossen. Beide Parteien sowie deren Eltern hatten im Gasthaus Kost und Quartier. Intern besteht folgende Aufgabenteilung: der Bekl ist für die Küche zuständig, der Kl für den Gastraum, die Getränke und die gemeinsame Kasse. Die unternehmerischen Funktionen werden gemeinsam ausgeübt. Der Kl nimmt die notwendigen Einkäufe vor, ohne den Bekl zu fragen und ohne von diesem bevollmächtigt zu sein. Wichtige Betriebsentscheidungen werden gemeinsam getroffen. Eine Entgeltvereinbarung ist nicht zustande gekommen; es wird nie eine Lohnabrechnung erstellt. Der Kl verwaltet die gemeinsame Kasse, in die das von ihm im Betrieb eingenommene Geld gegeben wird und aus der alle betrieblichen Ausgaben bestritten werden. Beide

[17]) OGH 15. 9. 1994, 8 ObS 15/94, wbl 1995, 36 = infas 1995 A 37; 25. 4. 1996, 8 ObS 44/95, infas 1996 A 139.

Parteien entnehmen der Kasse auch die für ihren persönlichen Bedarf benötigten Beträge.

Der Kl begehrt vom Bekl mit der Behauptung, er sei als Hilfskraft beschäftigt gewesen, den rückständigen kollektivvertraglichen Lohn für die letzten drei Jahre. Zu Recht?

(Nach OGH 3. 6. 1986, 14 Ob 79/86, infas 1987 A 33)

Neben der Abgrenzung von Arbeitsvertrag und Gesellschaftsvertrag iS eines Entweder-oder treten im gegebenen Zusammenhang weitere Problemlagen auf: So ist es denkbar, dass ein **Gesellschafter** einen **Arbeitsvertrag mit seiner Gesellschaft** abschließt (zum Gesellschafter-Geschäftsführer bei der GmbH vgl 1.1.2.1). In derartigen Fällen ist **zu prüfen,** ob nicht die **konkrete Gesellschafterstellung** die **persönliche Abhängigkeit** (vgl 1.1) **ausschließt;** Abhängigkeit von sich selbst ist im juristischen Sinn undenkbar.

Daraus folgt für die Personengesellschaften, dass ein geschäftsführungsberechtigter persönlich haftender Gesellschafter nicht gleichzeitig AN der betreffenden Gesellschaft sein kann. Andererseits können jene Gesellschafter, die kraft G – wie zB Kommanditisten – keine Geschäftsführungsbefugnisse haben, ebenso in einem Arbeitsverhältnis stehen wie ein zwar persönlich haftender, aber durch den Gesellschaftsvertrag von der Geschäftsführung ausgeschlossener Gesellschafter. Bei Kapitalgesellschaften lässt insb eine maßgebliche Kapitalbeteiligung durch den damit verbundenen Einfluss auf die Geschäftsführung die Arbeitnehmereigenschaft entfallen.

1.1.1.4 Mietvertrag

Wird im Zusammenhang mit der Verrichtung von Arbeitsleistungen eine Wohnung beigestellt, so können sich Abgrenzungsschwierigkeiten zwischen Arbeitsvertrag und Mietvertrag ergeben: Eine **Wohnung** kann einen Naturalbezug aus dem **Arbeitsverhältnis** darstellen, ist diesfalls also Bestandteil des arbeitsvertraglichen Entgelts des AN (vgl 5.1.1, 5.1.1.1). Umgekehrt besteht aber auch die Möglichkeit, dass in einem **Mietvertrag** als Gegenleistung für die Überlassung der Wohnung gewisse **Dienstleistungen** vereinbart werden (vgl § 28 MRG). Ausschlaggebend für die Frage, ob ein Arbeitsvertrag oder ein Mietvertrag Grundlage des Rechtsverhältnisses ist, sind in diesen Fällen die **Absicht der Parteien** und der **wirtschaftliche Zweck des Vertrags**[18]).

Zu prüfen ist, ob die Überlassung der Wohnung oder die Verpflichtung zur Arbeitsleistung Hauptursache für das Zustandekommen des Vertrags war. Diese Entscheidung nach dem Überwiegen mietrechtlicher oder arbeitsrechtlicher Komponenten beinhaltet ein gewisses quantitatives Element, das in der Inanspruchnahme der Arbeitszeit zum Ausdruck kommt: Wird diese verhältnismäßig geringfügig in Anspruch genommen, so handelt es sich eher um ein Mietverhältnis. Auch ein relativ hoch veranschlagter Benützungswert der Wohnung bildet ein Indiz für die Eigenständigkeit des Mietvertrags. Letztlich ist wiederum auf die persönliche Abhängigkeit als Wesensmerk-

[18]) OGH 10. 7. 1979, 4 Ob 7/79, Arb 9803.

mal des Arbeitsvertrags zurückzugreifen; fehlt diese und sind unter Wahrung der wirtschaftlichen Selbständigkeit nur einzelne Arbeitsleistungen als (Teil der) Gegenleistung für die Vermietung vereinbart, liegt ein Mietvertrag vor.

Eine Wohnung, die auf Grund eines Arbeitsverhältnisses oder im Zusammenhang mit einem solchen als **Dienst-, Natural- oder Werkswohnung** überlassen wird, fällt **nicht** unter das **MRG** (§ 1 Abs 2 Z 2 leg cit). Das Recht zur Wohnungsbenützung erlischt daher grundsätzlich mit dem Ende des Arbeitsverhältnisses (dazu 5.1.1.1).

Vor dem Hintergrund der oben genannten Konstellationen betrifft die Ausnahme vom MRG alle Fälle, in denen der Arbeitsvertrag Basis der Wohnungsbenutzung ist. Weiters angesprochen sind die Werkswohnungen, bei denen neben dem Arbeitsvertrag ein eigener, mit diesem zusammenhängender Mietvertrag geschlossen wird. Sehr wohl dem MRG unterliegen kann hingegen der Mietvertrag, in dem als Mietzins iSd § 28 leg cit (auch) Arbeitsverrichtungen stattfinden.

1.1.1.5 Vereinsmitarbeit[19])

Ähnlich wie beim Gesellschaftsvertrag (vgl 1.1.1.3) stellt das **kooperative Prinzip** das zentrale Kriterium zur Abgrenzung des Arbeitsvertrags von der Vereinsmitarbeit dar. Das Fehlen von Fremdbestimmung satzungsmäßiger Mitarbeit ist anhand der Mitwirkungsrechte des Vereinsmitglieds zu prüfen.

Es kommt also darauf an, ob gegenüber dem Verein Dienste in persönlicher Abhängigkeit zu leisten sind oder ob die Erbringung bestimmter Tätigkeiten unmittelbar aus der Kooperation im Rahmen der Vereinsmitgliedschaft resultiert. Die Kriterien für das Vorliegen eines Arbeitsvertrags bei Vereinsmitarbeit sind auch dann dieselben, wenn die Mitarbeit im Verein nicht primär wirtschaftliche, sondern zB soziale, karitative oder religiöse Ziele verfolgt. Im Zweifel werden derartige Motive allerdings gegen das Vorliegen eines Arbeitsvertrags sprechen.

Analoge Erwägungen sind bei **sportlichen Betätigungen im Rahmen eines Vereins** anzustellen. Für viele ist Sport Hobby und Spiel, für den „Profi“ hingegen wird er zur Arbeit. Ausgangspunkt der rechtlichen Beurteilung ist wiederum die Frage nach der persönlichen Abhängigkeit des Sportlers (vgl allg 1.1): Besteht eine Einordnung in den Sportbetrieb (insb Trainingspflicht), verbunden zB mit Repräsentationsaufgaben zu Gunsten des Vereins oder seines Sponsors, so wird idR Arbeitnehmereigenschaft vorliegen. Die verbandsinterne Qualifikation als „Amateur“, „Lizenzspieler“, „Kadermitglied“ ist irrelevant, die Anmeldung zur Sozialversicherung ist bloßes Indiz.

Entscheidung 6: Kärntner Landesliga

Der Fußballspieler eines Vereins der Kärntner Landesliga, dem neben einer Prämie von S 800,– pro in der Meisterschaft erzieltem Punkt nur

[19]) *Holzer,* Arbeits- und sozialversicherungsrechtliche Konsequenzen der Mitarbeit von Vereinsmitgliedern im Rahmen wirtschaftlicher Vereinstätigkeit, in *Korinek/Krejci* (Hrsg), Der Verein als Unternehmer (1988) 347.

eine (nicht überhöhte) Aufwandsentschädigung zusteht, ist Freizeitsportler und nicht AN des Vereins.

OGH 13. 3. 1997, 8 ObS 69/97y, RdW 1997, 620 = infas 1997 A 107

Entscheidung 7: Fußballtrainer

Ein Fußballtrainer, der zwecks Täuschung von Finanzamt bzw Sozialversicherungsträger einen „Werkvertrag" mit dem Verein abschließt und aus diesem ein höheres Monatseinkommen als aus seinem Beruf als Hauptschullehrer erzielt, ist als AN anzusehen.

OGH 12. 2. 1998, 8 ObA 42/98d, ARD 4945/9/98

In diesen E schließt der OGH offenbar von der Höhe des Entgelts auf die – im Grunde maßgebliche – Fremdbestimmtheit. Auf den ersten Blick erstaunt diese Vorgangsweise, sind doch im Allgemeinen die Höhe des Entgelts bzw die Lohnabhängigkeit keine Kriterien der persönlichen Abhängigkeit (vgl allg 1.1). **Richtigerweise** muss insb die Frage der Eingliederung in fremde Strukturen in Bezug auf Arbeitszeit, -ort und -abfolge im Mittelpunkt der Beurteilung stehen. Der Ansatz des OGH ermöglicht aber eine pragmatische Vorgangsweise für die Beurteilung von Einzelfällen: Relativ hohe Geldleistungen an einen Sportler sind ein Indiz dafür, dass sein Rechtsverhältnis starke personenbezogene Bindungen iS einer persönlichen Abhängigkeit aufweisen wird.

Fußball- oder Eishockeyspieler der höchsten Spielklassen sind in aller Regel als AN zu qualifizieren. Zu beachten ist aber, dass auch Sportler in unteren Ligen in persönlicher Abhängigkeit tätig werden können[20]).

1.1.1.6 Familienmitarbeit[21])

Werden im Familienverband oder in einer Lebensgemeinschaft Arbeiten geleistet, sind für die Beantwortung der Frage, ob ein Arbeitsverhältnis vorliegt, die allgemeinen Kriterien der **persönlichen Abhängigkeit** heranzuziehen (vgl 1.1); **im Zweifel** ist allerdings **nicht** von **Arbeitnehmereigenschaft** auszugehen. Besteht ein ausdrücklicher Arbeitsvertrag, so ist insb dessen Ernstlichkeit zu prüfen.

Entscheidung 8: Fremdvergleich

Hält das Arbeitsverhältnis eines Angehörigen des Mehrheitsgesellschafters einer GmbH einem Fremdvergleich stand – findet also eine Ent-

[20]) *Holzer,* Das Dienstrecht der Lizenzfußballer im österreichischen Fußballbund, DRdA 1972, 64 ff; *Tomandl/Schrammel,* Die Rechtsstellung von Vertrags- und Lizenzfußballern, JBl 1972, 235 ff; *Reissner,* Hobbysportler, Arbeitnehmer oder freier Dienstnehmer – Rechtsbeziehungen von Sportlern aus arbeitsrechtlicher Sicht, in *Reissner* (Hrsg), Sport als Arbeit (2008) 11 ff.

[21]) *Holzer,* Zivilrechtliche Konsequenzen der Angehörigenmitarbeit, in *Ruppe* (Hrsg), Handbuch der Familienverträge (1985) 159.

lohnung statt, wie sie bei vergleichbaren Arbeitsverhältnissen üblich ist –, so kann weder aus dem Umstand der Übernahme einer Bürgschaft noch aus dem vorübergehenden „Stehenlassen" von fälligem Entgelt zwingend auf das Vorliegen von Familienmitarbeit geschlossen werden.
Es liegt Arbeitnehmereigenschaft iSd § 1 Abs 1 IESG vor, sodass die Ansprüche des Kl nach diesem G gesichert sind[22]).
OGH 16. 10. 1997, 8 ObS 156/97t, ARD 4924/13/98

Bei der Arbeitsleistung eines **Ehegatten** im Betrieb des anderen Ehegatten ist zu unterscheiden, ob diese im Rahmen der persönlichen Rechtswirkungen der Ehe, insb der Beistandspflicht, oder im Rahmen eines Vertrags (Arbeitsvertrag, Werkvertrag, freier Dienstvertrag, Gesellschaftsvertrag) erfolgt (zu den genannten Vertragstypen vgl 1.1, 1.1.1.1 bis 1.1.1.3). Gem § 90 Abs 2 ABGB hat der Ehegatte im Erwerb des anderen mitzuwirken, soweit ihm dies zumutbar und nach den Lebensverhältnissen der Ehegatten üblich ist (sog **Beistandspflicht**). § 98 ABGB räumt dem mitarbeitenden Ehegatten einen Anspruch auf angemessene, nach Art und Dauer der Leistungen sowie den Lebensumständen zu bestimmende Abgeltung dieser Mitwirkung ein, gleichgültig, ob sich diese im Rahmen des § 90 Abs 2 ABGB hält – der Ehegatte also dazu verpflichtet ist[23]) – oder über den Rahmen der Beistandspflicht hinausgeht. Durch diese Art der Mitwirkung entsteht zwischen den Ehegatten **kein Arbeitsverhältnis.** Haben jedoch die Ehegatten die Mitwirkung im Erwerb des anderen auf eine **vertragliche Grundlage** (s oben) gestellt, so gelten gem § 100 ABGB die vertraglichen Bestimmungen. Im Allgemeinen schließt eine derartige vertragliche Regelung die Anwendung des § 98 ABGB aus. Bei **Arbeitsverhältnissen,** also bei auf Dauer angelegter Tätigkeit in persönlicher Abhängigkeit (vgl 1.1), spielt die Bestimmung mittelbar insofern eine Rolle, als sich die Ansprüche zwar **grundsätzlich** nach dem **Arbeitsvertrag** richten, dem mitarbeitenden Ehegatten jedoch **mindestens** das zukommen muss, worauf er gem **§ 98 ABGB** Anspruch hätte.

1.1.1.7 Sonstige Arbeitsverrichtungen

Der Arbeitsvertrag ist das prägende Element des Arbeitsverhältnisses. Daher scheiden Arbeitsverrichtungen, die auf Grund anderer Rechtsgrundlagen oder faktischer Gegebenheiten erbracht werden, von vornherein aus der arbeitsrechtlichen Betrachtung aus (zur Problematik von Arbeitsleistungen bei nichtigen Arbeitsverträgen vgl 3.1.4.2 und auch 3.1.6). In keinem Arbeitsverhältnis stehen somit Beamte (vgl aber 1.2), Ordensmitglieder oder Strafgefangene.

---

[22]) Zur Insolvenz-Entgeltsicherung allg 5.3.5.2.
[23]) Dies ist zumeist eine Frage der Quantität der Arbeitsleistungen.

Beamte werden von einer Gebietskörperschaft per Hoheitsakt **bestellt.** Ihre rechtliche Stellung richtet sich nach dem BDG des Bundes (für Bundesbeamte) sowie den BeamtenG der Länder (für Landes- und Gemeindebeamte). Demgegenüber stehen **Vertragsbedienstete** in einem **Arbeitsvertrag** zur Gebietskörperschaft; dieser Vertrag wird in erster Linie durch das VBG des Bundes bzw VertragsbediensteteG der Bundesländer gestaltet (zur verfassungsrechtlichen Kompetenzverteilung vgl 10.3, insb 10.3.3).

Dienstleistungen von Nachbarn im Rahmen der Nachbarschaftshilfe sowie sonstige aus bloßer Gefälligkeit oder besonderer (altruistischer) Motivationslage erbrachte Tätigkeiten sind häufig durch spezielle Bindungen gekennzeichnet und daher der arbeitsrechtlichen Beurteilung entzogen (vgl auch 1.1.1.5, 1.1.1.6; zum Problem der zweckverfehlenden Arbeitsleistungen vgl 5.5). Auch Tätigkeiten von Menschen mit Behinderung in geschützten Werkstätten erfolgen nicht auf Basis von Dienstverträgen iSd § 1151 ABGB[24]).

1.1.2 Sonderfragen

1.1.2.1 Die arbeitsrechtliche Stellung von Organmitgliedern[25])

Mitglieder des Organs einer juristischen Person, das zur gesetzlichen Vertretung derselben berufen ist, haben qualifizierte Führungsaufgaben wahrzunehmen, sodass sich die Frage stellt, ob neben dem im Außenverhältnis erfolgten, nach Gesellschaftsrecht udgl notwendigen Bestellungsakt im **Innenverhältnis** ein **Arbeitsvertrag oder ein anderes Vertragsverhältnis** (zB freier Dienstvertrag, Werkvertrag; s 1.1.1.1, 1.1.1.2) vorliegt. Nur im erstgenannten Fall ist Arbeitsrecht anzuwenden. Bei fehlender Arbeitnehmereigenschaft ist Arbeitnehmerähnlichkeit (vgl 1.1.2.2) denkmöglich.

Im Einzelnen ist eine differenzierte Beurteilung vonnöten:

- **Vorstandsmitglieder von AG** (vgl §§ 70 ff AktG) bzw **Sparkassen** (vgl §§ 14 ff SpG) sind nach hM im sog Innenverhältnis **niemals** als **AN** iSd Arbeitsvertragsrechts zu qualifizieren, weil ihnen nach Aktien- bzw Sparkassenrecht im Verhältnis zu den anderen Organen (Hauptversammlung, Aufsichtsrat; Sparkassenrat) völlige Weisungsfreiheit zukommt[26]).
- Bei **Geschäftsführern von GmbH** (vgl §§ 15 ff GmbHG) wie auch bei **Vorstandsmitgliedern von Genossenschaften** (vgl §§ 15 ff GenG) ist die Frage der Arbeitnehmereigenschaft anhand der Situation **im Einzelfall** zu beurteilen, aus gesellschafts- bzw genossenschaftsrechtlichen Gründen ist die persönliche Abhängigkeit nicht ausgeschlossen.

Der sog Gesellschafter-Geschäftsführer bei der GmbH, also jener Geschäftsführer, der auch Gesellschaftsanteile hält, kann dann nicht AN sein, wenn er die Möglichkeit

---

24) OGH 29. 10. 2009, 9 ObA 105/09 w, ASoK 2010, 236 = infas 2010 A 49.

25) *Löschnigg,* Arbeitsrecht[12] 216 ff; *Runggaldier/Schima,* Manager-Dienstverträge[4] (2014) 1 ff.

26) OGH 3. 7. 1975, 2 Ob 356/74, Arb 9371; 15. 6. 1988, 9 ObA 117/88, DRdA 1990, 333 (*Floretta); Geppert,* Der „Anstellungs"vertrag des Vorstandsmitglieds einer AG, DRdA 1980, 1; aA die ältere Rechtsprechung, zB OGH 14. 12. 1949, 1 Ob 57/49, SZ 22/96; *Marhold,* ZAS 1981, 36.

hat, Beschlüsse der Generalversammlung in den für seine persönliche Abhängigkeit wesentlichen Angelegenheiten zumindest zu verhindern[27]). Häufig als AN anzusehen ist hingegen der sog Fremdgeschäftsführer.

- Ebenfalls **in concreto** zu qualifizieren sind die Rechtsverhältnisse der **Vorstandsmitglieder von Vereinen** (vgl § 5 Abs 3 VerG) sowie **Privatstiftungen** (vgl §§ 15 ff PSG).

1.1.2.2 Arbeitnehmerähnlichkeit[28])

Als arbeitnehmerähnlich ist eine Person zu qualifizieren, die, **ohne in einem Arbeitsverhältnis zu stehen,** im Auftrag und für Rechnung bestimmter Personen Arbeit leistet und diesbezüglich als **wirtschaftlich unselbständig** anzusehen ist (vgl insb § 51 Abs 3 Z 2 ASGG).

Es handelt sich um eine Art Mittelstellung zwischen Unternehmer und AN, bei der zwar rechtlich Selbständigkeit, wirtschaftlich aber Unselbständigkeit vorliegt. Der Verpflichtete ist bezüglich der ausgeübten Beschäftigung in seiner Entschlussfähigkeit auf ein Minimum beschränkt, seine Unternehmensstruktur ist – falls überhaupt vorhanden – völlig von den wirtschaftlichen Beziehungen zum Auftraggeber geprägt.

Typische **Beispiele** sind (selbständige) Vertreter, die nur für einen oder für sehr wenige Auftraggeber arbeiten, Franchisenehmer, die wirtschaftlich betrachtet nicht von Filialleitern zu unterscheiden sind, Pächter von (sehr kleinen) Tankstellen, EDV-Betreuer sowie Heimarbeiter.

Auf arbeitnehmerähnliche Personen **finden (einige wenige) Teile des Arbeitsrechts** Anwendung: Gem § 51 Abs 3 Z 2 ASGG sind sie prozessual den AN gleichgestellt, können also die Rechtswohltat des **arbeitsgerichtlichen Verfahrens** in Anspruch nehmen. Weiters erstreckt sich der Geltungsbereich des **DHG** (§ 1 Abs 1) auch auf arbeitnehmerähnliche Personen, sodass die in diesem G vorgesehenen Haftungserleichterungen zur Anwendung kommen können (vgl 9.1). Auch vom **Gleichbehandlungsrecht** werden sie erfasst (§§ 1 Abs 3, 16 Abs 3 GlBG, § 7a Abs 2 Z 3 und 4 BEinstG). Das **KautSchG** sowie das **Judikat 33 neu** betreffend die Rückforderungssperre bei gutgläubigem Verbrauch von Überbezügen (vgl 5.3.4, 5.3.1) werden von der Rechtsprechung auf diese grundsätzlich außerhalb der Schutzbestimmungen des Arbeitsrechts stehende Gruppe erweitert.

Entscheidung 9: Transportunternehmer

Ein Transportunternehmer, welcher neben seiner Gattin als Buchhalterin zwei Lkw-Fahrer beschäftigt und gemeinsam mit Letzteren Aufträge ausschließlich für eine Firma ausführt (Milchlieferungen mit Tankwägen für eine Molkerei), ist keine arbeitnehmerähnliche Person, weil in Anbetracht der ausgeprägten eigenen Unternehmensstruktur als

---

[27]) Vgl zB OGH 15. 1. 1992, 9 ObS 21/91, RdW 1992, 249 = infas 1993 A 16; VwGH 14. 12. 1979, 2920/78 ZAS 1981, 31 *(Rechberger).*

[28]) *Löschnigg,* Arbeitsrecht[12] 210 ff.

„Zulieferer" von Dienstleistungen zwar wirtschaftliche Abhängigkeit, nicht aber die maßgebliche wirtschaftliche Unselbständigkeit vorliegt.
OGH 8. 2. 1996, 8 ObS 1, 10/96, ZASB 1996, 19 = infas 1996 A 114

Zwecks Vorbeugung von Umgehungsstrategien erfassen auch **AuslBG** (§ 2 Abs 2 lit b) und **AÜG** (§§ 1 Abs 1, 3 Abs 4) das Tätigwerden bzw die Überlassung von arbeitnehmerähnlichen Personen.

Für die dem Kreis der arbeitnehmerähnlichen Personen zuzuordnenden **Heimarbeiter** gibt es ein eigenes, sozialpolitische Anliegen verfolgendes G, das HeimAG.

1.2 Arbeitnehmerbegriff der Betriebsverfassung

Bei der diesbezüglichen Geltungsbereichsbestimmung geht es im Wesentlichen um die Frage, wer von einem BR vertreten wird und daher ua an der Betriebsratswahl mitwirken darf (vgl 13., insb 13.1.2.1.1), den allgemeinen Kündigungs- und Entlassungsschutz (vgl 2.3.1) bzw den Versetzungsschutz (vgl 4.2.2) in Anspruch nehmen kann oder von BV erfasst wird (vgl 12.).

Gem § 36 Abs 1 ArbVG sind als AN iSd II. Teiles des ArbVG, also der Betriebsverfassung, alle im Rahmen eines Betriebs beschäftigten Personen einschließlich der Lehrlinge und Heimarbeiter ohne Unterschied des Alters anzusehen. Diese Definition stellt nach hA einerseits auf die **persönliche Abhängigkeit** iSd Arbeitsvertragsrechts (vgl 1.1), andererseits auf die **Eingliederung** in den Betrieb ab. Die Wortfolge „im Rahmen eines Betriebs beschäftigt" muss – nicht zuletzt wegen der ausdrücklichen Einbeziehung von Heimarbeitern – weit interpretiert werden; auch Außendienstmitarbeiter[29]) sowie zur Dienstleistung von einer Gebietskörperschaft zugewiesene Beamte oder Vertragsbedienstete[30]) können beispielsweise dieses Tatbestandsmerkmal erfüllen.

Zur Frage, was Basis des Arbeitsverhältnisses bzw des Arbeitnehmerbegriffs sein soll, werden traditionell zwei Anknüpfungspunkte vorgeschlagen: Nach der **Vertragstheorie** ist etwas Rechtliches, nämlich der Arbeitsvertrag, Basis des Arbeitsverhältnisses, nach der **Eingliederungstheorie** hingegen ist etwas Faktisches, die Eingliederung in den Betrieb, entscheidend, der Vertrag stellt nach diesem Ansatz nur mehr die Verpflichtung des AG zur Aufnahme in den Betrieb dar[31]). Das österreichische Arbeitsrecht folgt im Kern, insb im Arbeitsvertragsrecht, der Vertragstheorie (vgl 1.1), im Betriebsverfassungsrecht und im Arbeitnehmerschutzrecht (vgl 1.3) sind jedoch auch Einflüsse der Eingliederungstheorie zu konstatieren.

Gem § 36 Abs 2 ArbVG sind bestimmte Arbeitnehmergruppen ausdrücklich vom Anwendungsbereich der Betriebsverfassung ausgenommen. Hervorzuheben sind insb **Mitglieder von Organen,** die zur gesetzlichen Vertretung von juristischen Personen berufen sind – derartigen Personen kann es

[29]) Zu Auslandsmitarbeitern OGH 26. 3. 1997, 9 ObA 88/97z, DRdA 1998, 163 *(Hoyer)*.

[30]) Vgl OGH 12. 7. 2006, 9 ObA 121/05t, DRdA 2007, 473 *(Löschnigg)* = ASoK 2007, 159; 28. 4. 2008, 8 ObA 78/07i, DRdA 2009, 518 *(Burger)* = Arb 12.745.

[31]) *Löschnigg*, Arbeitsrecht[12] 258 f.

schon an der persönlichen Abhängigkeit mangeln (vgl 1.1.2.1) –, und **leitende Angestellte,** denen **maßgebender Einfluss auf die Führung des Betriebs** zusteht (vgl auch 1.4.1.3). Zweck dieser Bestimmungen ist es, den die Betriebsverfassung durchziehenden Interessengegensatz zwischen Belegschaft und BI zu gewährleisten und AN, die auf Grund ihrer Position bereits eher auf der Arbeitgeberseite stehen, aus der Belegschaft iSd II. Teiles des ArbVG herauszulösen.

Der Arbeitnehmerbegriff des Arbeitsvertragsrechts und jener des Betriebsverfassungsrechts verhalten sich wie zwei einander schneidende Kreise[32]). In weiten Bereichen stimmen die Begriffe überein. Zum Teil ist der arbeitsvertragsrechtliche Arbeitnehmerbegriff weiter (zB bei den oben genannten leitenden Angestellten), in anderen Bereichen ist er enger als jener der Betriebsverfassung (zB im Falle nichtiger Arbeitsverträge, etwa bei Ausländern ohne Beschäftigungsbewilligung).

Aus der Praxis: In vielen Betrieben, die auch mit sog Leasingpersonal arbeiten, stellt sich die Frage, ob überlassene AN zur Belegschaft iSd Betriebsverfassungsrechts zählen. Diese AN haben zwar einen Arbeitsvertrag nur mit dem Arbeitskräfteüberlasser, sind aber in den Betrieb des Beschäftigers eingegliedert, was für die Erfüllung des Arbeitnehmerbegriffs gem § 36 ArbVG ausreicht.
In der Praxis wird das Problem meist so behandelt, dass – dies ist eine gesetzlich wohl nicht gedeckte Reaktion auf das Faktum der großen Fluktuation von überlassenen AN – jedenfalls ab einer Überlassungsdauer von mehr als sechs Monaten Belegschaftszugehörigkeit angenommen wird.
Geht man von der Zugehörigkeit eines überlassenen AN zur Belegschaft des Beschäftigerbetriebs aus, so kann der Fall eintreten, dass zur Vertretung der Interessen des Betroffenen zwei BR – jener des Überlassers und jener des Beschäftigers – in Frage kommen. Dieser Kompetenzkonflikt wird so zu lösen sein, dass im Allgemeinen, insb in allen Angelegenheiten, die im Bereich des Arbeitsvertrags angesiedelt sind, der ÜberlasserBR zuständig ist. Für die Interessenvertretung vor Ort kommt der BeschäftigerBR in Frage (vgl auch 4.5.1). Existiert einer dieser BR nicht, so kann es insb nicht zu einer Kompetenzverschiebung hin zum BeschäftigerBR kommen, weil diesem die Nähe zur arbeitsvertragsrechtlichen Situation des jeweiligen AN fehlt.

1.3 Arbeitnehmerbegriff des Arbeitnehmerschutzrechts

Gem § 2 Abs 1 ASchG sind unter AN iS dieses Rechtsgebiets alle jene Personen zu verstehen, die im Rahmen eines Beschäftigungs- oder Ausbildungsverhältnisses tätig sind.

Der Arbeitnehmerbegriff des ASchG knüpft – wie jener des Betriebsverfassungsrechts – prinzipiell an der **persönlichen Abhängigkeit** an, lässt davon abgesehen aber die Tatsache der **Beschäftigung** genügen.

Es scheint nach dem Zweck der Regelungen, in denen es um den Schutz von Leben, Gesundheit und weiterer zentral bedeutsamer Rechtsgüter des AN geht (vgl

[32]) *Löschnigg,* Arbeitsrecht[12] 185.

allg 8.5.1), nicht sinnvoll, auf einen mangelfrei vorhandenen Arbeitsvertrag abzustellen[33]).

Der gegenständliche Arbeitnehmerbegriff ist jedenfalls insofern weiter als jener der Betriebsverfassung, als er Ausbildungsverhältnisse offenbar auch bei Nichtvorliegen persönlicher Abhängigkeit – dies ist insb bei Volontären der Fall, aber auch bei Praktikanten denkbar – in den Schutzbereich des G einbezieht.

1.4 Einteilung der AN

Das österreichische Arbeitsrecht ist historisch gewachsen und dementsprechend zersplittert. Es gibt **keine Kodifikation** iS eines Arbeitsgesetzbuches.

Dies ist in einer entwickelten Demokratie nichts Ungewöhnliches. Arbeitsrecht betrifft zentrale Fragen der Gesellschafts- und Wirtschaftsordnung, die für verschiedene Interessengruppen von entscheidender Bedeutung sind. Etwas zynisch könnte man daher sagen, dass Gesamtreformen dieses Rechtsgebiets vor allem dann leicht gelingen werden, wenn der demokratische Diskussionsprozess nicht oder nur unzureichend funktioniert, wie dies etwa in Zeiten von Diktaturen oder politischen Umbrüchen der Fall ist.

Ein als Teilkodifikation anzusehendes Gesetzeswerk ist für wichtige Bereiche des **Kollektivarbeitsrechts** das **ArbVG**[34]). Auch das **ASchG** hat für den Sektor des **technischen Arbeitnehmerschutzes** eine grundlegende, rechtsbereinigende Funktion.

Davon abgesehen gibt es vor allem für das Gebiet des Arbeitsvertragsrechts zahlreiche **EinzelG.** SonderG bestehen zB für bestimmte **Berufsgruppen,** etwa das JournG für Journalisten[35]), das TAG für AN in Theatern oder das BäckAG für Bäckereiarbeiter[36]). Hervorgehoben werden in diesem Sinne auch **Arbeitnehmergruppen mit besonderer Schutzbedürftigkeit,** wie zB Mütter bzw Karenz oder Elternteilzeit in Anspruch nehmende Väter durch MSchG und VKG, Präsenz-, Zivil- und Ausbildungsdiener durch das APSG oder begünstigte Behinderte durch das BEinstG. Schließlich gibt es spezielle G, die **einzelne arbeitsrechtliche Materien** ausregeln; so ist beispielsweise das UrlG die wichtigste Rechtsquelle des Urlaubsrechts, das BPG hat entsprechende Bedeutung im Betriebspensionsrecht.

Insb nach den beiden erstgenannten Kriterien, also den Geltungsbereichsbestimmungen des Sonderrechts von Berufsgruppen bzw speziell schutzbedürftigen AN, kann eine Einteilung in Arbeitnehmergruppen vorgenommen werden und zB die Bäckereiarbeiter, die Journalisten und die be-

---

33) *Löschnigg,* Arbeitsrecht[12] 185 f.

34) Dieses G beinhaltet allerdings insb keine Regelungen über den Arbeitskampf; zu diesem Rechtsgebiet vgl 15.

35) Ein wichtiger Regelungsinhalt ist der Schutz der Meinungsfreiheit von Journalisten.

36) Im Vordergrund stehen hier Fragen der Arbeitszeit, die in dieser Branche ungewöhnlich gelagert ist.

günstigten Behinderten unterschieden werden[37]). Praktisch von besonderer Bedeutung und Problematik ist allerdings die Differenzierung zwischen Arbeitern und Angestellten (vgl 1.4.1), die im Folgenden ausgehend insb vom Begriff des Angestellten (vgl 1.4.1.1) genauer zu beleuchten ist:

1.4.1 Arbeiter und Angestellte[38])

Die traditionelle Unterscheidung zwischen Arbeitern und Angestellten durchzieht große Teile des Arbeitsrechts. Ausgangspunkt sind die **arbeitsvertragsrechtlichen** Spezialregelungen im **AngG 1921,** die der Gruppe der Angestellten nach wie vor in gewissen Bereichen (zB Kündigungsrecht, Entgeltfortzahlung im Krankheitsfall und bei sonstigen wichtigen Gründen; vgl 2.1.2.1, 2.1.2.2, 6.2.1, 6.2.2) eine privilegierte Stellung verschaffen. AN hingegen, die nicht Angestellte sind, verfügen häufig über keine vergleichbaren eigenen G (vgl auch 1.4); so sind insb gewerbliche Arbeiter auf die Bestimmungen über den Dienstvertrag in der alten GewO 1859[39]) (§§ 73 ff) und im 26. Hauptstück des ABGB (§§ 1151 ff) angewiesen. Auch im **Kollektivarbeitsrecht** wird zwischen Arbeitern und Angestellten differenziert: Einerseits sieht die **Betriebsverfassung** im Allgemeinen getrennte Vertretungen der beiden Arbeitnehmergruppen vor (vgl dazu 13.1.2), andererseits baut die kollektivvertragliche Praxis in weiten Bereichen auf den unterschiedlichen arbeitsvertragsrechtlichen Gesetzesgrundlagen auf und kennt Arbeiter- und AngestelltenKollV.

Seit langer Zeit wird versucht, die **rechtliche Verschiedenbehandlung** von Arbeitern und Angestellten **zu überwinden** und einen in dieser Beziehung einheitlichen Arbeitnehmerbegriff zu schaffen, zumal die Unterscheidung nicht mehr zeitgemäß und **rechts- bzw sozialpolitisch unverständlich** ist. In der Literatur wird auch festgehalten, dass zahlreiche differenzierende Bestimmungen vor dem Hintergrund des Gleichheitssatzes (Art 2 StGG, Art 7 BVG) **verfassungsrechtlich bedenklich** erscheinen[40]). Erste Ansätze zu einer völligen Gleichstellung der beiden Gruppen sind in den Ministerialentwürfen zur Kodifikation des Arbeitsrechts aus dem Jahr 1960[41]) enthalten, die jedoch keine Chance auf Verwirklichung hatten. In weiterer Folge verlegte man sich auf eine Politik der kleinen Schritte: So wurde etwa in den Jahren 1974 und 2000 die Situation der Arbeiter im Recht der Entgeltfortzahlung verbessert (EFZG 1974 idF ARÄG 2000), 1976 erfolgte mit dem UrlG die Gleichstellung im Urlaubsrecht, Anfang der Achtzigerjahre erhielten die Arbeiter mit dem ArbAbfG das gesetzliche Abfertigungsrecht der Angestellten. In Zukunft sind weitere gesetzgeberische Aktivitäten in diese Richtung, vielleicht sogar ein „großer Wurf " zu erwarten. Sozialpolitisch betrachtet sprechen zum einen Interessen der AG gegen die Vereinheitlichung, würde doch etwa ein „ArbeitsvertragsG" die Beschäftigung von AN, die nach derzeitigem Arbeitsrecht als Arbeiter zu qualifizieren sind, eher teurer machen – wobei zu sagen ist, dass ein Teil dieser Kosten wohl durch Rationalisierungsmöglichkeiten im Bereich der Personalver-

37) Vgl etwa *Löschnigg,* Arbeitsrecht[12] 186 ff.

38) *Löschnigg,* Arbeitsrecht[12] 186 ff; *Spielbüchler,* Arbeitsrecht I[4] 77 ff; *Kietaibl,* Arbeitsrecht I[8] 46 ff; *Drs* in ZellKomm[2] §§ 1 ff AngG.

39) Die GewO 1859 ist als solche schon vor langer Zeit außer Kraft getreten, das „Hilfsarbeiterrecht" ist allerdings gem § 376 Z 47 GewO 1994 weiter anzuwenden.

40) Dazu *Drs,* Arbeiter und Angestellte (1999) insb 65 ff.

41) Abgedruckt in DRdA 1961, 49 mit Erläuterungen von *Martinek/W. Schwarz.*

waltung ausgeglichen werden würde. Zum anderen gibt es auch faktisch-politische Hemmnisse auf Seiten der Arbeitnehmersozialpartner: So ist im Verein ÖGB eine eigene „Sektion“, nämlich die Gewerkschaft der Privatangestellten (GPA, nunmehr GPA-djp), allein für die Interessenvertretung im Bereich von Angestellten zuständig, die einer Vereinheitlichung des Arbeitnehmerbegriffs in der Vergangenheit manchmal eher skeptisch gegenüberstand. In jüngerer Zeit versuchen allerdings Angestellten- und Arbeitergewerkschaften gemeinsam, ihre KollV aneinander anzugleichen. Dies könnte auf ein steigendes Interesse der Gewerkschaftspolitik an der Schaffung allgemeiner gesetzlicher Grundlagen im Arbeitsvertragsrecht und damit verbunden im Betriebsverfassungsrecht hindeuten.

1.4.1.1 Angestelltenbegriff

Wer Angestellter ist und daher in gewissen Bereichen eine für ihn günstigere arbeitsrechtliche Behandlung in Anspruch nehmen kann, richtet sich nach den Geltungsbereichsbestimmungen des AngG in den §§ 1 ff, Art II leg cit.

Die genannten Bestimmungen stellen einmal auf **gewisse AG** ab, bei denen der AN angestellt sein muss. § 1 AngG erfasst die Tätigkeit „im Geschäftsbetrieb eines Kaufmanns“, nimmt also auf einen Fachausdruck aus dem mittlerweile durch das UGB ersetzten Handelsgesetzbuch Bezug, der im geltenden Unternehmensrecht nicht mehr relevant ist. § 2 AngG zählt weitere AG auf, so etwa Gewerbetreibende, Vereine, Versicherungsanstalten, Rechtsanwaltskanzleien und Ziviltechniker, Art II AngG nennt gesondert die Wirtschaftstreuhänder.

Diese Strategie des Gesetzgebers ist aus legistischer Sicht alles andere als geglückt: Einerseits muss der Kaufmannsbegriff anhand des Diskussionsstands zu außer Kraft getretenen Regelungen des seinerzeitigen Handelsrechts ermittelt werden. Andererseits werden zwar sehr viele AG erfasst, in Randbereichen (zB bei von Ländern errichteten Fonds, gewissen bundesnahen Einrichtungen, Diözesen) fallen jedoch Arbeitsverhältnisse durch, und auf diese ist dann in erster Linie das ABGB anzuwenden.

Wichtige Anwendungsfragen stellen sich im Bereich der im engeren Sinn inhaltlichen Anforderungen an die Angestellteneigenschaft. Es kommt hier auf eine gewisse Art von Tätigkeiten an, und zwar muss ein AN, um nach dem G Angestellter zu sein, **vorwiegend zur Leistung kaufmännischer Dienste, höherer nicht kaufmännischer Dienste** oder **Kanzleiarbeiten verpflichtet** sein.

Für die Entscheidung, ob ein bestimmter AN als Arbeiter oder Angestellter anzusehen ist, muss im Allgemeinen auf die **tatsächlich** von diesem **ausgeübte Beschäftigung** geachtet werden. Der Inhalt des Vertrags kann damit korrespondieren. Weicht das Rechtliche vom Faktischen ab, so bleibt es jedenfalls dann, wenn trotz eines Arbeitervertrags Angestelltendienste geleistet werden, beim Angestelltenrecht. Aus dem Passus **„zur Leistung verpflichtet“** ist aber auch abzuleiten, dass eine Person, die **vertraglich** Angestelltentätigkeiten schuldet, auch dann als Angestellter zu qualifizieren ist, wenn de facto Arbeitertätigkeiten erbracht werden[42]).

[42]) *Löschnigg,* Arbeitsrecht[12] 192. Diese Lehren implizieren, dass das Angestelltenrecht – was nicht unbedingt der Fall sein muss – in allen Punkten günstiger ist als

Aus der Praxis: Zu beachten ist hier, dass ein AN, der sich auf eine derartige Situation einlässt, eine konkludente Vertragsänderung iS von § 863 ABGB in Richtung eines Arbeitervertrags riskiert, wenn er sich nicht ausreichend gegen die Leistung nicht geschuldeter Arbeit verwahrt.

Das Tatbestandsmerkmal **„vorwiegend"** ist grundsätzlich quantitativ zu bestimmen, es kommt also auf das zeitliche Überwiegen der die Angestellteneigenschaft begründenden Tätigkeit an. Es reicht jedoch auch aus, dass die nicht zeitlich überwiegenden höherwertigen Aktivitäten für den AG die ausschlaggebende Bedeutung haben[43]).

- **„Kaufmännische Dienste"** sind ein Ausschnitt jener Tätigkeiten, die normalerweise von Kaufleuten verrichtet werden und einer gewissen Ausbildung bedürfen, also nicht so einfach und anspruchslos sind, dass sie von jedem AN nach kurzer Einschulung bewältigt werden können. Zum einen geht es um den **Ein- und Verkauf** und die damit zusammenhängenden Tätigkeiten, die eine selbständige Anpassung an konkrete (Markt-)Situationen zur Hebung des wirtschaftlichen Erfolgs erfordern, wie Kundenwerbung bzw -beratung, Preisfestsetzung, Lagerhaltung bzw -ergänzung sowie Entwicklung von Verkaufsstrategien. Zum anderen sind auch die sog **kaufmännischen Nebentätigkeiten** erfasst, das sind gehobene betriebswirtschaftliche Verwaltungstätigkeiten wie Buchführung, Geldgebarung, Kontrolle oder Personalwesen[44]).

Fall 3: Blumenverkäuferin

Die Hauptbeschäftigung der Kl besteht einerseits im Verkauf von Blumen samt Inkasso, andererseits in der Warenbetreuung und -besorgung (Auspacken und Reinigen der gelieferten Ware, Aufstellen und Verteilen auf Vasen, Pflanzenschalen udgl, Ergänzen des Wassers, Schneiden der Stängel, Aussortieren usw). Jeweils am Montag wird von den gerade anwesenden AN das Geschäft samt Nebenräumen, jedoch ohne Auslagen und Fenster, gründlich gereinigt (Dauer drei bis vier Stunden); an den anderen Wochentagen wird je nach Notwendigkeit einmal oder mehrmals, insb nach dem Ende der Geschäftszeit, aufgewaschen. Die Kundenberatung spielt keine große Rolle. Die Preise aller im Geschäftslokal vorhandenen Schnittblumen und Blumenstöcke sind ausgezeichnet. Es wird nur manchmal nach den Namen der Blumen und nach ihrer Pflege und Haltbarkeit gefragt; bei Blumenstöcken wird den Kunden ein Kärtchen

---

das Arbeiterrecht, sodass die Einräumung eines Angestelltenvertrags bei Arbeitertätigkeit eine Besserstellung gegenüber dem G darstellt, während im Falle eines Arbeitervertrags bei Angestelltentätigkeit eine Umgehung zwingender Angestelltenstandards vermutet wird.

[43]) Vgl zB OGH 6. 3. 1973, 4 Ob 11/73, Arb 9090.

[44]) Vgl die Judikaturübersicht bei *Löschnigg* in *Löschnigg* (Hrsg), Angestelltengesetz[9] (2012) § 1 Rz 100 f. Zur Angestellteneigenschaft einer AN in einer Selbstbedienungstankstelle mit Waschstraße samt Shop und Bistro jüngst OGH 25. 9. 2014, 9 ObA 81/14 y, ZAS 2015, 182 *(Schmeidl).*

mit einer Pflegeanleitung ausgefolgt. Im Geschäftslokal gibt es nur eine Kassenlade, in welche das eingenommene Geld hineingelegt wird. Ein Teil der Schnittblumen wird von der nahen Stiftsgärtnerei bezogen, deren Fahrverkäufer jeweils montags, mittwochs und freitags die Blumenhandlung besucht. In diesen Fällen bestellt die Kl oder eine ihrer zwei Kolleginnen jene Mengen, die seit dem letzten Besuch des Fahrverkäufers umgesetzt worden sind. Die Kl wird Ende Mai zum 30. 6. gekündigt. Sie begehrt ua Kündigungsentschädigung bis 30. 9. mit der Behauptung, in einem Angestelltenverhältnis zu stehen[45]). *Zu Recht?*

(Nach OGH 20. 10. 1981, 4 Ob 157/80, DRdA 1984, 43 *[Löschnigg]* = ZAS 1982, 181 *[Andexlinger]*)

Betrachtet man AN in diversen Sparten des Einzelhandels (zB in Warenhäusern, Supermärkten), so zeigt sich, dass hier häufig bloße Arbeitertätigkeiten verrichtet werden; traditionell wird hierfür die Bezeichnung „Ladner" verwendet, in jüngerer Zeit ist vermehrt von „Regalbetreuern" die Rede.

- **„Höhere Dienste"** liegen vor, wenn Arbeit zu leisten ist, „die, ohne dass gerade ein bestimmter Studiengang vorausgesetzt wird, doch in der Richtung der Betätigung entsprechende Vorkenntnisse und Schulung verlangt, Vertrauen und eine gewisse fachliche Durchdringung der Arbeitsaufgabe erfordert, also nicht rein mechanisch geübt wird und nicht von einer zufälligen Ersatzkraft geleistet werden kann" (sog *Grünberg*'sche Formel[46])).

Von diesen Formulierungen ausgehend hat sich eine umfangreiche Judikatur entwickelt[47]), die ua stark darauf achtet, dass eher „Kopfarbeit" als körperliche Arbeit zu leisten ist[48]). Daraus folgt, dass beispielsweise in der Industrie oder der Bauwirtschaft der Angestellte erst beim Meister oder Polier beginnt, sofern mit diesen Bezeichnungen anspruchsvolle Aufgaben in Bereichen wie Personalführung und Arbeitsplanung verbunden sind, während Partieführer oder – hier ist häufig schon der Name aussagekräftig – Vorarbeiter keine höheren Dienste leisten, weil sie noch zu sehr „am Stück" arbeiten. Bei Berufssportlern (Schilehrern, Profifußballern) wird mit eben diesen Grundgedanken – körperliche Arbeit – größtenteils Arbeitereigenschaft angenommen. Bei Musikern wird zB nach dem „künstlerischen Wert" des Gebotenen differenziert und der Orchestermusiker – dieser leistet offenbar „Kopfarbeit" – als Angestellter, der Heurigenmusiker hingegen als Arbeiter qualifiziert.

Fall 4: Technischer Kontrollor

Der Kl ist in der Abteilung Fertigungskontrolle und Abnahme einer Maschinenfabrik mit technischen Kontrollarbeiten beschäftigt. Er muss technische

[45]) Zum Kündigungsrecht vgl 2.1.2.

[46]) Nach *Siegmund Grünberg*, einem Arbeitsrechtler des beginnenden 20. Jahrhunderts.

[47]) Vgl insb die Zusammenstellung bei *Löschnigg* in *Löschnigg* (Hrsg), Angestelltengesetz[9] (2012) § 1 Rz 108 f.

[48]) Die *Grünberg*'sche Formel wird dabei im Grunde missverstanden, stellt diese doch auf das Mitdenken bei der Arbeit und auf für diese nötige Qualifikationen ab.

Zeichnungen lesen und nachvollziehen und technische Skizzen fallweise selbst anfertigen. Im Rahmen der Kontrolle von Fertigteilen muss der Kl über die Eignung des Produktes selbständig entscheiden; ihm obliegt die Befundaufnahme bei Kontrollbeanstandungen. Er hat weiters die Abnahmemitarbeiter der Kunden zu betreuen und die Abnahme von Werkstücken der Lieferfirmen durchzuführen.

Der Kl begehrt die Feststellung, dass auf sein Arbeitsverhältnis das AngG anzuwenden ist. Wie ist die Rechtslage?

(Nach OGH 14. 12. 1982, 4 Ob 139/81, *Holzer,* Case Book Arbeitsrecht[5] [2004] 28)

- Unter **„Kanzleiarbeiten"** versteht man zum einen Schreibarbeiten, mit der gewisse, wenn auch nicht weitgehende geistige Tätigkeiten verbunden sind, die also über das bloße Abschreiben von Texten hinausgehen. Ebenso Kanzleiarbeiten sind sonstige administrative Tätigkeiten, die nicht bloß mechanischer oder manueller Art sind und daher nicht als untergeordnete Verrichtungen bezeichnet werden können[49]).

Während der Begriff der höheren Dienste relativ eng ist, wird jener der Kanzleiarbeiten sehr weit interpretiert, sodass etwa hoch qualifizierte Facharbeiter nicht, durchschnittliche Büromitarbeiter jedoch sehr wohl als Angestellte anzusehen sind. Dies zeigt, wie fragwürdig die vorzunehmende Unterscheidung aus rechtspolitischer Sicht ist[50]).

Fall 5: Computerarbeit

Der Kl ist bei der Bekl auf Grund eines Inserates, worin ein „Mitarbeiter mit PC-Kenntnissen für Operatortätigkeit" gesucht wurde, beschäftigt; er wurde von der Bekl als Arbeiter eingestuft. Der Kl ist mit Eingabearbeiten am PC, dem Versand von Computerausdrucken, der Kontrolle von Bestelllisten und Meldungen von etwa 100 Filialen, der Bildung von Gesamtsummen aus den Kassen-PC der Filialen, den Eintragungen in Formulare, der Übertragung von Diktaten, der Entgegennahme von telefonischen Bestellungen sowie dem Ausbau und der Verbesserung eines Computerprogramms befasst.

Der Kl verlangt die Behandlung nach Angestelltenrecht. Wie ist die Rechtslage?

(Nach OGH 12. 1. 2000, 9 ObA 259/99 z, ecolex 2000, 810)

1.4.1.2 Angestellte kraft Vertrages

Es gibt AN, bei denen nach den unter 1.4.1.1 aufgestellten Kriterien jedenfalls **Arbeitereigenschaft iSd G** vorliegt, weil sie weder faktisch Angestell-

[49]) Vgl die Judikaturübersicht bei *Löschnigg* in *Löschnigg* (Hrsg), Angestelltengesetz[9] (2012) § 1 Rz 114 f.

[50]) Treffend *Kietaibl,* Arbeitsrecht I[8] 48 f.

tentätigkeiten ausüben noch vertraglich dazu verpflichtet sind. In der Praxis kommt es vor, dass mit derartigen Arbeitern die Anwendung des **Angestelltenrechts** (AngG, AngestelltenKollV) **im** einzelnen **Arbeitsvertrag vereinbart** wird. Man spricht hier – im Gegensatz zu den Angestellten kraft G („ex lege") – von Angestellten kraft Vertrages („ex contractu"; früher auch „Ehrenangestellte").

Es ist im Rahmen der Vertragsfreiheit möglich, das gesamte Angestelltenrecht oder auch nur Teile davon zu vereinbaren, die an sich nicht anwendbaren Rechtsquellen also als Vertragsschablonen zu benützen. Vorausgesetzt ist, dass durch die Vertragsgestaltung **nicht gegen zwingendes,** im Stufenbau der Arbeitsrechtsordnung **übergeordnetes Recht** verstoßen wird. Das bedeutet idR, dass die Vorgangsweise dann gültig ist, wenn die vertragliche Heranziehung von Angestelltenrecht für den AN günstiger ist als das an sich anwendbare Arbeiterrecht (zum Günstigkeitsprinzip vgl allg 10.4.2.1).

Beispiel: Ein ArbeiterKollV sieht Jubiläumsgelder vor, ua gebührt für das Dienstjubiläum bei Vollendung des 20. Dienstjahres eine Zahlung von zwei Monatsentgelten. Mit einem diesem KollV unterliegenden Arbeiter wird die generelle Anwendung des Angestelltenrechts vereinbart, wobei der einschlägige AngestelltenKollV keine Regelung über Jubiläumsgelder enthält.
Da das zwingende Arbeiterrecht in der Regelungsgruppe Jubiläumsgelder für den AN günstiger ist als das vertraglich vereinbarte Angestelltenrecht, bleibt es insoweit beim Arbeiterrecht. Die Vertragsgestaltung verstößt gegen den KollV und ist daher nach § 879 Abs 1 ABGB (teil-)nichtig.

Der Angestellte kraft Vertrages ist auch im Bereich der **Betriebsverfassung** relevant. Es stellt sich hier die Frage, ob ein derartiger AN der Belegschaftsgruppe der Arbeiter oder jener der Angestellten zuzuordnen ist. Grundsätzlich ist nach § 41 Abs 3 Satz 1 ArbVG die arbeitsvertragsrechtliche Stellung für die Gruppenzugehörigkeit maßgeblich. Ausnahmsweise sieht allerdings § 41 Abs 3 Satz 2 ArbVG vor, dass – nach ihrer gesetzlichen Position **an sich** als **Arbeiter** anzusehende – Angestellte kraft Vertrages, mit denen die Anwendung des **gesamten Angestelltenrechts,** dh des AngG und des AngestelltenKollV zuzüglich Einstufung in die Gehaltsordnung dieses KollV, **unwiderruflich vereinbart** wurde, in die **Gruppe der Angestellten** fallen.

1.4.1.3 Leitende Angestellte[51])

Leitende Angestellte sind AN, die in der betrieblichen Hierarchie so weit oben eingeordnet sind, dass ihnen durch ihre Funktion eine arbeitgeberähnliche Position zukommt. Die arbeitsrechtliche Bedeutung dieses Begriffs be-

[51]) *Runggaldier/Schima,* Manager-Dienstverträge[4] (2014) 24 ff.

steht darin, dass **gewisse leitende Angestellte vom Anwendungsbereich** einiger **arbeitsrechtlicher Schutzbestimmungen ausgenommen** sind:

Gem § 36 Abs 2 Z 3 ArbVG gelten leitende Angestellte, denen **maßgebender Einfluss** auf die **Führung des Betriebs** zukommt, **nicht** als AN iSd II. Teiles des ArbVG, also der **Betriebsverfassung** (vgl auch 1.2).

Das bedeutet, dass die Bestimmungen über die Wahl von Belegschaftsvertretungen und die Mitbestimmung der Belegschaft für diese Personengruppe nicht relevant sind. Leitende Angestellte iSd § 36 Abs 2 Z 3 ArbVG nehmen daher nicht an der Betriebsratswahl teil und werden nicht vom BR vertreten, es gelten für sie beispielsweise weder dessen BV noch die Schutzvorschriften im Falle von Versetzungen (§ 101 ArbVG) oder Kündigungen bzw ungerechtfertigten Entlassungen (§§ 105 ff ArbVG). Der **Zweck** der Ausnahme ist darin zu sehen, dass Personen, die faktisch dem BI näher stehen als der Arbeitnehmerseite, keine Rolle im Aufgabenbereich des die Arbeitnehmerinteressen repräsentierenden BR spielen sollen.

Gem § 1 Abs 2 Z 8 **AZG** unterliegen leitende Angestellte, denen **maßgebende Führungsaufgaben selbstverantwortlich übertragen** sind, **nicht** dem Geltungsbereich des genannten G. § 1 Abs 2 Z 5 **ARG** nimmt dieselbe Arbeitnehmergruppe aus.

Der Arbeitszeitschutz iwS, also jener des AZG (Höchstarbeitszeit, Überstundenzuschlag usw) und jener des ARG (wöchentliche Ruhezeit, Arbeitsruhe an Feiertagen), ist somit für die genannte Arbeitnehmergruppe nicht maßgeblich. Derartige leitende Angestellte bedürfen dieser Schutzbestimmungen nicht, sondern können ihre Interessen gegenüber dem AG ohne gesetzliche Hilfestellungen durchsetzen. Außerdem sollen sie hinsichtlich ihres Arbeitszeitausmaßes flexibler agieren können als ein Durchschnittsarbeitnehmer.

Gem § 10 Abs 2 Z 2 AKG gehören leitende Angestellte in Unternehmen, die nicht Kapitalgesellschaften sind, denen dauernd **maßgebender Einfluss** auf die **Führung des Unternehmens** zusteht, **nicht** der **Arbeiterkammer** an.

Diese Bestimmung ist enger als jene des § 36 Abs 2 Z 3 ArbVG, weil sie nur Personen ausnimmt, die nicht nur maßgebenden Einfluss auf die Betriebsführung, sondern darüber hinaus auf die Führung des Unternehmens als Ganzes haben.

Schließlich kann gem § 23 Abs 2 ArbIG ein AN nur dann rechtswirksam zum **verantwortlichen Beauftragten** gem § 9 Abs 2 und 3 VStG für die Einhaltung von Arbeitnehmerschutzvorschriften und des ArbIG bestellt werden, wenn er leitender Angestellter ist, dem **maßgebliche Führungsaufgaben selbstverantwortlich übertragen** sind.

Sollten AN bestellt werden, die diese Anforderungen nicht erfüllen, so trifft sie die verwaltungsstrafrechtliche Verantwortung nicht, diese bleibt vielmehr beim AG.

Die genannten gesetzlichen Regelungen ähneln einander zwar, sind aber nicht ganz deckungsgleich, sondern nach ihrem Wortlaut und Zweck gegebenenfalls unterschiedlich weit zu interpretieren[52]). Grundsätzlich sind die diversen Begriffe von leitenden Angestellten eher eng zu verstehen und auf Personen beschränkt, die berufen sind, auf irgendeinem Gebiet des Manage-

---

[52]) OGH 17. 6. 1992, 9 ObA 110/92, DRdA 1993, 38 *(Mosler)*.

ments, insb im betriebstechnischen, kaufmännischen oder personalpolitischen Bereich, aber auch in sonstigen administrativen Angelegenheiten, unter eigener Verantwortung Verfügungen zu treffen, die für die Betriebs- oder Unternehmensführung von entscheidender Bedeutung sind.

Im Detail ist etwa die Ausnahmebestimmung des ArbVG restriktiv zu interpretieren, während die Regelungen im Arbeitszeitbereich auf größere Gruppen von leitenden Angestellten zutreffen. Zum Personenkreis iSd § 36 Abs 2 Z 3 ArbVG gehören kaufmännische oder technische Direktoren, Leiter des Rechnungswesens oder der Personalstelle, sofern sie entsprechend selbständig agieren können. Ein Bankfilialleiter ist in aller Regel nicht als leitender Angestellter iSd ArbVG anzusehen. Personalchefs in kleineren oder mittleren Unternehmen etwa werden, da sie in ihrem Bereich häufig größere Dispositionen nicht ohne Rücksprache mit dem Unternehmer vornehmen können, zwar nicht vom ArbVG ausgenommen sein, könnten aber § 1 Abs 2 Z 8 AZG, § 1 Abs 2 Z 5 ARG erfüllen.

Kontrollfragen zu Kapitel 1.

1. Anhand welcher Kriterien ist der Arbeitsvertrag vom Werkvertrag bzw vom freien Dienstvertrag abzugrenzen?
2. Wie ist der Arbeitsvertrag vom Gesellschaftsvertrag abzugrenzen? Was ist ein Arbeitsgesellschafter, in welchen Gesellschaftsformen kann er vorkommen?
3. Wie ist die Familienmitarbeit von der Arbeit auf Grund eines Arbeitsvertrags zu unterscheiden? Können zwischen Ehegatten Arbeitsverträge geschlossen werden?
4. Was ist der rechtliche Unterschied zwischen AN, Beamten und Vertragsbediensteten?
5. Wie sind die Vertragsverhältnisse der Organmitglieder von AG bzw GmbH arbeitsrechtlich zu qualifizieren? Welche Rechtsbeziehungen bestehen bei Organmitgliedern im sog Außenverhältnis, welche im Innenverhältnis?
6. Was bedeutet der Begriff „arbeitnehmerähnliche Person"? Inwiefern spielt dieser in arbeitsrechtlichen Zusammenhängen eine Rolle?
7. Wie verhalten sich die Arbeitnehmerbegriffe des Arbeitsvertragsrechts, des Betriebsverfassungsrechts und des Arbeitnehmerschutzrechts zueinander?
8. Welche Tätigkeiten begründen kraft G die Angestellteneigenschaft?
9. Was bedeutet der Begriff „Angestellter ex contractu"? Wie ist der Angestellte ex contractu betriebsverfassungsrechtlich einzuordnen?
10. Wer ist leitender Angestellter? Welche arbeitsrechtlichen Besonderheiten gelten für leitende Angestellte? Unterliegt der leitende Angestellte mit maßgeblichen Betriebsführungsaufgaben iSd § 36 Abs 2 Z 3 ArbVG einem allfälligen KollV? Unterliegt er einer BV?

2. Beendigung des Arbeitsverhältnisses

Es mag überraschen, dass bereits im zweiten Kapitel einer Arbeitsrechtsdarstellung auf die Fragen der Beendigung des Arbeitsverhältnisses eingegangen wird. Diese Vorgangsweise ist damit zu rechtfertigen, dass Rechtsprobleme im Zusammenhang mit der Beendigung häufig im Mittelpunkt von arbeitsgerichtlichen Streitigkeiten zu den in anderen Kapiteln behandelten Materien stehen. Es ist also gerade in einem Lern- und Übungsbuch wie dem vorliegenden didaktisch sinnvoll, diese Kernfragen der arbeitsrechtlichen Diskussion früh anzusprechen, sodass im weiteren Ablauf immer wieder auf bereits vorhandenem Grundwissen aufgebaut werden kann.

2.1 Arten der Beendigung des Arbeitsverhältnisses

Das Arbeitsverhältnis ist ein Dauerschuldverhältnis, es bedarf zur Auflösung des Rechtsverhältnisses daher eines eigenen Beendigungsaktes (vgl 1.1). Als mögliche Arten der Beendigung sind insb zu nennen:

- Einvernehmliche Lösung
- Kündigung durch einen Vertragspartner
- Vorzeitige Lösung durch einen Vertragspartner aus wichtigem Grund
- Ablauf einer (auflösenden) Befristung
- Eintritt einer (auflösenden) Bedingung
- Lösung während der Probezeit
- Lösung eines Arbeitsverhältnisses zum vorübergehenden Bedarf
- Rücktritt vom Arbeitsvertrag
- Beendigung kraft G

Im Folgenden wird auf Beendigungsarten im Detail eingegangen (vgl 2.1.1 bis 2.1.5). Befristung, Bedingung sowie Probe- bzw Bedarfsarbeitsverhältnis finden sich im Kapitel über die Vertragsgestaltung (vgl 3.2.1.1, 3.2.2.1, 3.2.3.2, 3.2.4).

2.1.1 Einvernehmliche Lösung[1])

Die einvernehmliche Lösung ist die rechtsgeschäftliche Beendigung des Arbeitsverhältnisses durch **Aufhebungsvertrag.** Im Gegensatz zu den einseitigen Beendigungsakten Kündigung und vorzeitige Lösung aus wichtigem Grund ist die einvernehmliche Lösung vom Willen beider Vertragspartner getragen. Es bedarf also übereinstimmender, fehlerfreier Willenserklärungen, das Arbeitsverhältnis zu beenden.

Die einvernehmliche Lösung ist **grundsätzlich formfrei,** ein Formerfordernis kann sich aus einem entsprechenden Vorbehalt im Arbeitsvertrag oder

---

[1]) *Löschnigg,* Arbeitsrecht[12] 743 ff; *Windisch-Graetz,* Arbeitsrecht II[8] 242; *Knallnig* in *Reissner/Neumayr* (Hrsg), Zeller Handbuch Arbeitsvertrags-Klauseln (2010) Rz 13.01 ff.

im KollV ergeben. Für besonders kündigungs- und entlassungsgeschützte AN gibt es spezielle Formvorschriften. Zweck dieser Regelungen ist es, die AN vor übereiltem Verzicht auf ihre Schutzbestimmungen (zu diesen vgl 2.3.2) zu bewahren.

Die einvernehmliche Auflösung des Arbeitsverhältnisses mit einer **Mutter** während der nach MSchG geschützten Zeit (bzw einem **Vater** in der nach VKG geschützten Zeit; vgl dazu 2.3.2.1.2 a) bedarf zu ihrer Rechtswirksamkeit der Schriftform; bei Minderjährigen ist eine Belehrung über den Kündigungsschutz vorzunehmen und von einem ASG oder einer Arbeiterkammer zu bescheinigen (vgl § 10 Abs 7 MSchG, § 7 Abs 3 VKG). Gleiches gilt für **Präsenz-, Zivil- und Ausbildungsdiener** iSd APSG (vgl 2.3.2.1.3), die Belehrung ist hier allerdings auch bei Volljährigkeit vonnöten (vgl § 16 APSG). Ebenso ist bei **Lehrlingen** Schriftform und bescheinigte Belehrung gefordert (vgl § 15 Abs 5 BAG). Zu beachten ist beim Lehrvertrag weiters, dass Minderjährige hier – weitergehend als beim „gewöhnlichen" Arbeitsvertrag – nicht geschäftsfähig sind (vgl § 12 Abs 1 Satz 3 BAG, § 171 ABGB; dazu 3.1.4.1 b), sodass es zur Auflösung des Lehrvertrags der Zustimmung der gesetzlichen Vertreter bedarf (§ 15 Abs 2 BAG; zum Lehrlingsrecht vgl auch 2.3.2.1.5, 3.2.3.2).

Ganz allgemein ist gerade bei der einvernehmlichen Lösung des Arbeitsverhältnisses aus Gründen der **Beweiserleichterung** für beide Parteien die **Schriftform empfehlenswert.** Die einvernehmliche Lösung zieht ja in verschiedensten arbeitsrechtlichen Zusammenhängen andere Rechtsfolgen nach sich als die Kündigung durch eine der beiden Seiten. So kommt es etwa bei Kündigung durch den AN, nicht aber bei einvernehmlicher Lösung zum Verlust der Abfertigung gem § 23 Abs 1 und 7 AngG (s unten F 6 sowie 5.1.4.1.1.3), eine Konkurrenzklausel kann bei einvernehmlicher Lösung, sofern sie nicht im Rahmen des Aufhebungsvertrags für obsolet erklärt wurde, geltend gemacht werden, während es im Falle der Arbeitgeberkündigung zur Aufrechterhaltung der Verpflichtungen der Erklärung, eine Karenzabgeltung zu zahlen, bedarf (vgl § 37 AngG, insb Abs 2 leg cit; dazu 7.6.2.3.3, 7.6.2.4).

Zu beachten ist die sog **Vereinbarungssperre** gem § 104 a ArbVG: Ist im Unternehmen ein BR errichtet, so hat er ein Mitwirkungsrecht bei einvernehmlichen Lösungen. Wenn der AN gegenüber dem BI nachweislich verlangt, sich mit dem BR über die beabsichtigte einvernehmliche Auflösung zu beraten, kann innerhalb von zwei Arbeitstagen nach diesem Verlangen eine einvernehmliche Auflösung nicht rechtswirksam vereinbart werden (Abs 1 leg cit).

Die Rechtsunwirksamkeit einer entgegen der Vereinbarungssperre getroffenen Einigung ist innerhalb einer Woche nach Ablauf der Sperrfrist von zwei Arbeitstagen schriftlich geltend zu machen. Eine gerichtliche Geltendmachung hat innerhalb von drei Monaten ab Ende der Zweitagesfrist zu erfolgen (§ 104 a Abs 2 ArbVG).

Fall 6: Abfertigungsverzicht

Sachverhalt: *Der Kl ist seit sieben Jahren bei der Bekl als Buchhalter beschäftigt. Er möchte den Sprung in die Selbständigkeit wagen und sein Arbeitsverhältnis beenden. Um im Notfall leichter in seinen Beruf zurückkehren zu können, will der Kl nicht selbst kündigen, sondern strebt eine einvernehmliche Lösung an. Die Arbeitgeberseite erklärt sich schließlich dazu bereit, sofern der Kl auf seine Abfertigung, die laut Arbeitsvertrag sechs Monatsentgelte ausmacht, verzichtet. Am 30. 6. 2008 wird eine entsprechende Vereinbarung abgeschlossen.*

Im Juli 2010 verunfallt der Kl mit dem Auto. Am Kfz tritt ein Totalschaden ein, der Kl benötigt finanzielle Mittel zur Anschaffung eines Ersatzwagens. Er macht gegenüber der Bekl die Abfertigung aus dem seinerzeitigen Arbeitsverhältnis geltend. Wie ist die Rechtslage?

Lösung: Die gesetzliche Abfertigung gem § 23 AngG ist ein laut § 40 AngG zwingender Anspruch, der auf arbeitsvertraglicher Ebene nicht beseitigt werden kann. Die Abfertigung des Kl basiert allerdings nur im Ausmaß von drei Monatsentgelten auf dem G (vgl § 23 Abs 1 AngG), darüber hinaus liegt eine einzelvertragliche Besserstellung vor, die durch Vertragsänderung disponibel ist.

Eine individuelle Verfügung über zwingende Abfertigungsansprüche ist in Fällen wie dem vorliegenden nur dann gültig, wenn der Ablauf als vergleichsmäßige Bereinigung strittiger entlassungsabhängiger Ansprüche zu sehen ist[2]), dh mE, dass der AG im späteren Streitfall nachweisen wird müssen, dass er an sich einen Entlassungsgrund zur Verfügung gehabt hätte. Im Sachverhalt ergeben sich keine Anhaltspunkte für ein derartiges Szenario. Dass der AG in derartigen Konstellationen höchstwahrscheinlich auf das Entlassungsrecht selbst verzichtet hat (vgl 2.1.3), bleibt insoweit irrelevant.

Ein zwingender gesetzlicher Anspruch ist nicht nur unabdingbar, sondern in gewissen Konstellationen auch unverzichtbar. Es wird hier nämlich bereits ein Verzichtsvertrag des AN auf einen entstandenen und fälligen Anspruch vorliegen (dazu 10.5). Ein unabdingbarer Anspruch ist nach der sog Drucktheorie dann unverzichtbar, wenn der AN unter dem typischen Druck der persönlichen Abhängigkeit steht, was jedenfalls bei aufrechtem Arbeitsverhältnis und im Zuge der Beendigung eines solchen der Fall ist. Der Verzichtsvertrag über die drei Monatsentgelte Abfertigung ist daher nichtig.

Der Abfertigungsanspruch ist ein Entgeltanspruch (vgl 5.1) und verjährt daher gem § 1486 Z 5 ABGB, sofern nicht eine Verkürzung der Verjährungszeit iSd § 1502 ABGB etwa durch eine kollektivvertragliche oder einzelvertragliche Verfallsklausel vorliegt (dazu allg 5.4.2), drei Jahre nach Fälligkeit des Anspruchs. Die Abfertigung im Sachverhalt ist daher noch einklagbar.

2.1.2 Kündigung[3])

Das Arbeitsverhältnis kann von jedem der beiden Vertragspartner durch Kündigung beendet werden. Die Kündigung ist eine **einseitige, empfangsbedürftige Willenserklärung,** die im Allgemeinen **formfrei** und **ohne Angabe eines Grundes** getätigt werden kann und rechtsgestaltend insofern wirkt, als sie das Arbeitsverhältnis idR nach Ablauf einer bestimmten **Kündigungszeit** zur Auflösung bringt. Im Folgenden sind die in dieser Umschreibung enthaltenen **Begriffsmerkmale** genauer zu betrachten:

---

[2]) Vgl OGH 16. 1. 1991, 9 ObA 315/90, DRdA 1991, 470 *(Ch. Klein).*

[3]) *Löschnigg,* Arbeitsrecht^{12} 615 ff; *Grillberger,* Arbeitsrecht I^{4} 365 ff; *Windisch-Graetz,* Arbeitsrecht II^{8} 243 ff.

- Die Kündigung ist – anders als etwa die einvernehmliche Lösung (vgl 2.1.1) – ein **einseitiges Rechtsgeschäft.** Als solches kommt sie durch die Willenserklärung einer Partei zustande. Es bedarf für die rechtsgestaltende Wirkung der Kündigung keiner Willenserklärung des Erklärungsgegners iS einer Zustimmung zur Kündigung.

  Sagt zB ein AN, er nehme die Kündigung nicht an, so ist dies juristisch unerheblich. Eine Erklärung des von der Kündigung Betroffenen zur Kündigung ist nicht gefordert.

- Die Kündigung ist somit zwar nicht annahmebedürftig, sie ist jedoch sehr wohl **empfangsbedürftig.** Das bedeutet, dass es zum Wirksamwerden einer Kündigung notwendig ist, dass sie dem Adressaten der Erklärung zugeht. Der bloße Ausspruch der Kündigung ist demnach zu wenig. Von einem **Zugang** ist dann zu sprechen, wenn die Erklärung in die „persönliche Sphäre", in den „Machtbereich" des Empfängers gelangt, sodass er von ihr Kenntnis nimmt oder zumindest Kenntnis nehmen könnte[4]).

  Kein **rechtliches** Problem ergibt sich im Hinblick auf den Zugang der Kündigung, wenn diese **gegenüber dem anwesenden Vertragspartner** erfolgt, indem diesem die Lösung mündlich mitgeteilt oder ein die Erklärung begleitendes Kündigungsschreiben übergeben wird.

> **Aus der Praxis:** In diesen Konstellationen ist vorrangig die Sicherung der Beweisbarkeit des Zugangs ein Thema. In der Praxis wird hierzu zB die mündliche Erklärung vor Zeugen abgegeben oder eine schriftliche Bestätigung der Übernahme des Schriftstücks abverlangt; bei Verweigerung der Bestätigung werden der Übergabe wiederum Zeugen beigezogen.

Bei **Beendigungserklärungen unter Abwesenden,** dh Einschaltung von **Mittlern** zwischen den Arbeitsvertragspartnern (zB Post, Botendienst, Arbeitskollege, Familienangehöriger), trägt derjenige, der sich dieser Art der Weiterleitung seiner Erklärung bedient, das Risiko eines Unterbleibens oder einer Verzögerung des Zugangs. Dadurch kann es zu rechtlich bedeutsamen Konsequenzen kommen, insb kann eine Kündigung auf diese Weise zeitwidrig werden (vgl 2.1.2.3). Zu unterscheiden sind im Weiteren zwei Fragen: Zuerst ist zu prüfen, wann die Erklärung unter Abwesenden objektiv zugeht, danach ist festzulegen, unter welchen Voraussetzungen ein im Verhältnis zum tatsächlichen, objektiven Zugang früherer Empfang anzunehmen ist.
Der **Zugang tritt objektiv** betrachtet dann **ein,** wenn die **Erklärung** in die **persönliche Sphäre** des Erklärungsgegners gelangt und dieser die Erklärung **zur Kenntnis nimmt** oder **nehmen könnte.**

---

[4]) Vgl zB OGH 25. 2. 2004, 9 ObA 147/03p, infas 2004 A 41; zum Thema auch *Reissner,* Eine unfreiwillige Urlaubsverlängerung, DRdA 1995, 527f mwN.

Wirft der **Briefträger** den Kündigungsbrief zur üblichen Zeit der Postzustellung in den Postkasten des Empfängers und nimmt dieser das Schreiben auch aus dem Postkasten, so tritt der Zugang wie vom Absender gewünscht ein (zum Nichtentleeren des Postkastens s unten). Kommt es allerdings durch interne Probleme der Post erst zur Zustellung am nächsten oder übernächsten Tag, so geht die Kündigung entsprechend später zu. Dasselbe gilt, wenn ein Briefträger das Schreiben so spät am Abend einwirft, dass der AN den Postkasten erst am nächsten Tag entleert. Zu beachten ist, dass bei unüblich später Zustellung ein Zugang sehr wohl dann eintritt, wenn der Empfänger trotzdem den Brief aus dem Postkasten holt. Bei der Frage des Zugangs einer Lösungserklärung kommt es nämlich im Grunde vorerst auf den tatsächlichen Verlauf der Dinge an (zu Zugangsfiktionen s gleich). Es ist aber auch klar, dass der Erklärende in derartigen Konstellationen häufig Beweisprobleme haben wird.
Im Falle von **Einschreibbriefen** ist der Zugang gegeben, wenn diese vom Postboten unmittelbar übergeben werden. Wird der Brief jedoch wegen Abwesenheit des Adressaten beim Postamt hinterlegt, so ist zu bedenken, dass der AN die Behebung zumeist erst am nächsten Tag vornehmen kann; das Schreiben geht damit entsprechend verzögert zu (zur Nichtabholung des Einschreibbriefes s gleich).
Auch Kündigungsschreiben per **E-Mail** oder **SMS** können dem Erklärungsgegner zugehen, wenn dieser den elektronischen Brief tatsächlich abruft oder zumindest abrufen kann. Ist er allerdings nicht in der Lage, einen vernetzten Computer zu benützen, oder hat er das Mobiltelefon irgendwo zurückgelassen, so kann es zu nicht vorwerfbaren Verzögerungen beim Zugang kommen (zur Vorwerfbarkeit vgl unten).

Als **persönliche Sphäre** ist ein Bereich anzusehen, in dem der von der Erklärung Betroffene eine gewisse Einflussnahme auf das weitere Schicksal der Erklärung hat. Es kann sein, dass ein Kündigungsschreiben – wie etwa in den obigen Beispielen zu den Kommunikationstechnologien oder einfach bei Abwesenheit des Betroffenen vom gewöhnlichen Aufenthaltsort – die Sphäre des Erklärungsgegners verfehlt. Ebenso ist der Fall denkbar, dass ein Schreiben zwar die Sphäre erreicht, aber vom Erklärungsgegner ohne dessen Verschulden nicht zur Kenntnis genommen werden kann.

Entscheidung 10: Krankenanstalt

Eine Differenzierung ist zwischen den postrechtlichen Bestimmungen, die die Zustellung regeln, und der Frage, wann nach materiellem Recht vom Zugang einer Willenserklärung auszugehen ist, geboten. Nicht in jedem Fall, in dem postrechtlich die Abgabe der Sendung an eine andere Person als den Empfänger zulässig ist, kann unterstellt werden, dass die Sendung damit dem Empfänger auch zugegangen ist. Verlangt wird, dass die Sendung in die persönliche Sphäre des Kündigungsgegners gelangt.
Mit der Abgabe einer Sendung an den Angehörigen einer Krankenanstalt ist das Poststück noch keineswegs in den Machtbereich des Empfängers gelangt. Es kann daher nicht davon ausgegangen werden, dass

der zu Kündigende mit dem Zeitpunkt der Übernahme des Briefes durch die Anstaltsleitung von dessen Inhalt bereits Kenntnis erlangt hätte.

OGH 26. 4. 1995, 9 ObA 55/95, DRdA 1995, 419

Im wiedergegebenen Fall scheitert der Zugang daran, dass die Lösungserklärung die **Sphäre** des AN **nicht erreicht.** Es hätte aber – gerade bei schweren Erkrankungen – auch dazu kommen können, dass der Betroffene die **Erklärung nicht zur Kenntnis nehmen** kann, weil er zB bewusstlos oder völlig geschäftsunfähig iSd § 865 Satz 1 ABGB ist (zur Geschäftsfähigkeit allg 3.1.4.1). In derartigen Fällen muss die Kündigung dem gesetzlichen Vertreter (etwa dem Sachwalter) zugehen, genauso wie bei Unauffindbarkeit des Betroffenen ein Abwesenheitskurator zu bestellen sein wird.

Eine Beendigungserklärung unter Abwesenden wird auch **bei Nichtvorliegen der** oben umschriebenen **objektiven Voraussetzungen als zugegangen angesehen,** wenn bei Betrachtung der subjektiven Situationen von Erklärendem und potenziellem Empfänger der Erklärung das **Unterbleiben** des Zugangs dem **Adressaten erheblich vorwerfbar** ist. Der Zugang der Beendigungserklärung wird daher in diesen Konstellationen **fingiert.**

Die Zugangsfiktion beginnt bei einfachen Fällen der sog **Zugangsvereitelung,** bei denen etwa ein AN, weil er ahnt, dass er gekündigt werden wird, die Weisung, ins Personalbüro zu kommen, nicht befolgt, den Hauspostkasten nicht entleert oder einen Einschreibbrief trotz Hinterlegungsanzeige nicht behebt. Ebenso erheblich vorwerfbar handelt ein AG, der wegen wirtschaftlicher Probleme untertaucht, sodass am Sitz des Unternehmens niemand erreichbar ist.

Entscheidung 11: Fehlen des Gesellschaftsorgans

Der Zugang einer Beendigungserklärung an den AG wird fingiert, wenn eine Kapitalgesellschaft vorübergehend über kein vertretungsbefugtes Organ verfügt.

OGH 30. 4. 1997, 9 ObA 78/97d, DRdA 1998, 118 *(Geist)*

Schwieriger zu beurteilen sind Fälle, in denen der AN zwischenzeitlich seinen **Wohnort gewechselt** hat. Die Pflicht zur Bekanntgabe eines Wohnungswechsels folgt bei gewissen AN aus Treuepflichten (Beistandspflicht von AN, bei denen die jederzeitige Erreichbarkeit vorauszusetzen ist, wie zB von Betriebsleitern), daneben kann eine solche im Arbeitsvertrag verankert sein. In derartigen Fällen ist der Sorgfaltsmaßstab für den AN erhöht, wobei die Zugangsfiktion aber auch hier nicht unbedingt anzunehmen ist, so etwa dann nicht, wenn dem AG das Ausforschen des tatsächlichen Aufenthaltsortes leicht möglich und damit zumutbar gewesen wäre, während dem AN die Gesetzes- oder Vertragsverletzung nicht besonders vorwerfbar ist.

Ähnlich zu behandeln sind Fälle des Nichtzugangs wegen **vorübergehender Abwesenheit von Wohnung** oder **gewöhnlichem Aufenthaltsort.** Eine Zugangsfiktion ist beispielsweise keinesfalls vertretbar, wenn der AN dienstbedingt nicht zu Hause ist. Im Falle einer Urlaubsreise ist zu prüfen, ob der AN aus Beistandspflicht oder Vertrag zur Bekanntgabe einer Urlaubsadresse verhalten ist; ist dies nicht der Fall, kommt eine Zugangsfiktion nicht in Betracht, ansonsten kann sich, muss sich aber nicht eine Interessenlage ergeben, die die Annahme eines Zugangs rechtfertigt (zur Kündigung im Urlaub vgl 8.2.8).

- Die Kündigung ist eine **Willenserklärung.** Der Lösende ist daher, sofern nicht **Willensmängel** vorliegen, gegenüber dem Erklärungsgegner **an die Kündigung gebunden** und kann diese und die mit ihr einhergehende rechtsgestaltende Wirkung nicht von sich aus ungeschehen machen.

Eine Rücknahme der Kündigung ist nur sofort im Zuge der Erklärung oder im Einvernehmen mit dem Vertragspartner möglich, ein (späterer, einseitiger) **Widerruf** ist **rechtsunwirksam.** Denkbar ist aber zB, dass ein Vertragspartner die Lösungserklärung in einem erregten Zustand auf eine Art ausspricht, bei der die Ernstlichkeit der Willenserklärung (§ 869 ABGB) nicht gegeben ist.
Neben **Willensmängeln** iSd § 869 ABGB sind auch andere Fehler dieser Art nicht auszuschließen. So könnte jemand durch rechtswidrige Druckausübung gem § 870 ABGB zur Kündigung genötigt werden, einem Kündigenden könnte ein aufgreifbarer Irrtum (§§ 871 ff ABGB) unterlaufen sein (vgl auch 2.1.2.3), schließlich kann eine Kündigung, insb wegen der ihr zu Grunde liegenden Motive, sittenwidrig iSd § 879 ABGB sein (vgl 2.3.4, 14.4.1).
Die **Kündigung** ist – wie alle einseitigen empfangsbedürftigen Willenserklärungen (zB vorzeitige Lösung aus wichtigem Grund; vgl 2.1.3) – im Allgemeinen **bedingungsfeindlich** (zur Änderungskündigung vgl aber 4.2.3). Sie darf sich grundsätzlich auch nicht bloß auf einen Teil des Arbeitsvertrags beziehen (Teilkündigungsverbot; vgl 4.2.3.1).

- An sich ist die Kündigung **formfrei,** das Erfordernis der Schriftform ergibt sich jedoch zuweilen aus dem KollV oder dem Arbeitsvertrag. Schriftform bedeutet in aller Regel „Unterschriftlichkeit“[5]).

Auch in SonderG wird die Kündigung an die Schriftform gebunden (vgl zB § 19 GAngG, § 25 Abs 3 TAG).

- Die Kündigung ist – anders als die vorzeitige Lösung aus wichtigem Grund – „frei“, dh als quasi „natürliches“ einseitig herbeigeführtes Ende eines Dauerschuldverhältnisses im Allgemeinen **nicht an Gründe gebunden.**

Kündigungsgründe können sich aus SonderG (zB VBG), dem KollV oder dem Arbeitsvertrag ergeben. Weiters gibt es AN, die besonderen Kündigungsschutzbestimmungen unterliegen, welche die Angabe von Gründen notwendig machen (vgl 2.3.2.1). Schließlich kommt es im Rahmen des allgemeinen und des individuellen Kündigungsschutzes zu einer Situation, in der der AG die Motivationen für seine Kündigung offen legen bzw diese rechtfertigen muss (vgl 2.3.1.1, insb 2.3.1.1.1 c, 2.3.3).

- Die Kündigung erfolgt regelmäßig unter Einhaltung von **Kündigungszeiten.** Im Folgenden sollen die Regelungen über Kündigungsfristen

[5]) Vgl OGH 7. 2. 2008, 9 ObA 96/07 v (zum BAG) sowie OGH 3. 3. 2008, 9 ObA 14/08 m (zum VBG) ASoK 2008, 277 *(Marhold-Weinmeier).*

und -termine vorrangig anhand der gesetzlichen Situation für Angestellte und der GewO 1859 unterliegende Arbeiter vertieft werden (vgl 2.1.2.1 bis 2.1.2.3; zu Sonderregelungen bei Insolvenz des AG vgl 2.4.1, 2.4.3).

2.1.2.1 Kündigungsfrist

Die Kündigungsfrist ist als jener Zeitraum definiert, der mindestens zwischen Ausspruch (genauer: Zugang; vgl 2.1.2) der Kündigung und von dieser herbeigeführter Beendigung des Arbeitsverhältnisses liegen muss.

Im Rahmen dieser Darstellung werden nur die allgemeinen gesetzlichen Grundlagen für Angestellte (vgl a) und Arbeiter (vgl b) hervorgehoben.

Aus KollV, BV (§ 97 Abs 1 Z 22 ArbVG), Arbeitsverträgen, verschiedenen SonderG (zB § 17 GAngG, § 4 JournG, § 13 HGHAngG) und dem ABGB (§§ 1159 ff) ergeben sich weitere Kündigungsfristen.

a) Angestellte

In § 20 AngG, der für alle Angestellten bei Vorliegen der in der Bestimmung angegebenen Mindestarbeitszeit gilt, sind für den AG abhängig von der Dauer des Arbeitsverhältnisses nachstehende Kündigungsfristen vorgesehen:

Dienstjahre	**Frist**
0 – 2	6 Wochen
2 – 5	2 Monate
5 – 15	3 Monate
15 – 25	4 Monate
ab 25	5 Monate

Für den **Angestellten** sieht § 20 Abs 4 AngG eine Kündigungsfrist von einem Monat vor. Nach § 20 Abs 4 AngG kann die Kündigungsfrist, die vom Angestellten einzuhalten ist, vertraglich verlängert werden; dabei darf aber die vom Angestellten einzuhaltende Frist nicht länger sein als die vom AG zu beachtende Frist und höchstens sechs Monate betragen.

Eine vertragliche **Besserstellung des Angestellten** durch **Verkürzung seiner Kündigungszeit** im Verhältnis zu den gesetzlichen Vorgaben ist nach allgemeinen Grundsätzen (Günstigkeitsprinzip) naturgemäß ohne weiteres **möglich.** Dies kann nicht nur über die Kündigungsfrist, sondern auch durch Vermehrung der zur Verfügung stehenden Kündigungstermine (vgl 2.1.2.2) bewerkstelligt werden.

b) Arbeiter

Für (gewerbliche) Arbeiter richtet sich die Kündigungsfrist mangels anders lautender Regelungen in KollV, BV oder Arbeitsvertrag nach § 77 GewO 1859 und beträgt **für beide Seiten** 14 Tage. Die Kündigungsfrist kann sowohl verlängert als auch verkürzt werden, allerdings müssen dann nach hA die von AG und AN einzuhaltenden Fristen gleich lang sein (§ 1159 c ABGB).

2.1.2.2 Kündigungstermin

Kündigungstermin ist der in einer arbeitsrechtlichen Rechtsquelle vorgesehene Zeitpunkt, zu dem eine Kündigung rechtmäßig ihre das Arbeitsverhältnis auflösende Wirkung entfalten kann.

a) Angestellte

Nach § 20 AngG stehen dem **AG** grundsätzlich nur vier Kündigungstermine zur Verfügung, und zwar jeweils das Quartalsende, also der 31. 3., 30. 6., 30. 9. und 31. 12. des Jahres (sog **Quartalskündigung**). Es kann aber gem § 20 Abs 3 AngG vereinbart werden, dass die Kündigungsfrist am 15. oder Letzten eines Monats endet.

Der **Angestellte** kann sein Arbeitsverhältnis mangels anderer Vereinbarung (vgl 2.1.2.1) zum Letzten eines Monats kündigen (§ 20 Abs 4 AngG).

b) Arbeiter

Für Arbeiter gibt es nach der GewO 1859 keinen gesetzlichen Kündigungstermin.

Aus der Praxis: Manche ArbeiterKollV sehen vor, dass die Kündigung ohne Kündigungszeit möglich ist und daher sofort mit Zugang Lösungswirkung entfaltet. Dies ist nach der GewO 1859 (vgl auch 2.1.2.1 b) zulässig.

c) Sonderbestimmungen

In SonderG finden sich weitere einschlägige Vorschriften (zB § 17 GAngG, § 13 Abs 2 HGHAngG). Kündigungstermine können auch in KollV, BV oder Arbeitsverträgen geregelt sein. So sehen etwa ArbeiterKollV überhaupt erst einen Kündigungstermin vor, in AngestelltenKollV wird zB die Vereinbarungsmöglichkeit nach § 20 Abs 3 AngG unter gewissen Voraussetzungen wie Erreichen einer Dienstzeitgrenze ausgeschlossen und die Quartalskündigung als ausnahmsloser zwingender Mindeststandard vorgeschrieben.

Fall 7: Festlegung des Endzeitpunktes bei Kündigungen

Zu welchem Zeitpunkt kann das Arbeitsverhältnis rechtlich korrekt enden, wenn die Arbeitsvertragsparteien wie in den folgenden Situationen Kündigungserklärungen zugehen lassen wollen (bei Fehlen einer ausdrücklichen Bezugnahme auf KollV, BV oder Arbeitsvertrag sind nur die gesetzlichen Normen maßgeblich):

a) Der AG will eine Angestellte mit 18 Dienstjahren am 12. 1. 2015 kündigen.

b) Sachverhalt wie a). Im Arbeitsvertrag ist vereinbart, dass die Kündigungsfrist am Fünfzehnten oder am Letzten des Kalendermonats endigt.

c) Sachverhalt wie a) und b). Im Arbeitsvertrag ist vereinbart, dass die Kündigungsfrist zwischen vollendetem 15. und vollendetem 20. Dienstjahr drei Monate beträgt.

d) Ein Angestellter mit 16 Dienstjahren möchte am 12. 1. 2015 kündigen.

e) Der AG will einen Bauarbeiter (18 Dienstjahre) am 12. 10. 2015 kündigen.

f) Sachverhalt wie e). Der anzuwendende KollV schließt eine Kündigungsfrist bis zu einer Betriebszugehörigkeit von 20 Jahren zur Gänze aus.

g) Die AG will eine Friseurin am Freitag, dem 19. 6. 2015, kündigen. Der einschlägige KollV für das Friseurgewerbe sieht die Möglichkeit der Kündigung „zum Wochenende“ vor.

Entscheidung 12: Vereinbarung von Kündigungszeiten

Eine Kündigung zum 15. eines Kalendermonats ist unzulässig, wenn mit einem Angestellten eine gleich lange Kündigungsfrist, wie sie für den AG zu gelten hat, vereinbart wurde. Nach übereinstimmender Judikatur besteht ausgehend von § 20 Abs 4 AngG, § 1159c ABGB, wonach Kündigungsfristen gleich lang sein müssen, der Grundsatz, dass insgesamt die Kündigungsfreiheit des AN nicht stärker eingeschränkt werden darf als die Kündigungsmöglichkeiten des AG. Wurden gleich lange Kündigungsfristen vereinbart, so wäre dieses Kündigungsgleichheitsgebot nicht gewährleistet, wenn der AN bei den möglichen Kündigungsterminen benachteiligt wird.

Ausgehend von der Teilnichtigkeit der Vereinbarung von für den AN ungünstigeren Kündigungsterminen bei gleichen Kündigungsfristen legt jedoch § 1159c ABGB ausdrücklich fest, dass bei Vereinbarung ungleicher „Fristen“ für beide Teile die längere „Frist“ gilt. Ist die Vereinbarung der allein dem AG eingeräumten zusätzlichen Kündigungstermine zu jedem 15. des Kalendermonats unwirksam, ist auch bei der Berechnung der Kündigungsentschädigung ein Kündigungstermin zum Letzten des Kalendermonats zu Grunde zu legen.

OGH 23. 10. 2000, 8 ObA 174/00x, DRdA 2001, 179 = ARD 5186/29/2001

2.1.2.3 Zeitwidrige Kündigung

Wird die Kündigungsfrist bzw der Kündigungstermin vom die Lösung erklärenden Vertragspartner nicht eingehalten und damit der Ablauf des Arbeitsverhältnisses früher als vorgesehen herbeigeführt, so ist nach stRsp und hL nach der sog **Schadenersatztheorie** vorzugehen (zu anderen Theorien vgl 2.1.2.3.1 c): Demnach **endet** das **Arbeitsverhältnis zum angegebenen Zeitpunkt,** den AN trifft daher keine Arbeitspflicht mehr. Was die damit eingetretene Verkürzung anlangt, so ist der Erklärungsgegner so zu stellen, als wäre die Kündigung ordnungsgemäß zum nächstmöglichen Termin erfolgt; er hat also im Hinblick auf die Verkürzung Anspruch auf **Schadenersatz.**

2.1.2.3.1 Arbeitgeberkündigung

a) Allgemeines

Der Schadenersatz des AN bei zeitwidriger Arbeitgeberkündigung wird als sog **Kündigungsentschädigung** geleistet (§ 29 AngG, § 1162 b ABGB etc).

Juristisch betrachtet werden die Regelungen über die Rechtsfolgen der vorzeitigen Auflösung des Arbeitsverhältnisses in § 29 AngG bzw § 1162 b ABGB (vgl 2.1.3.1.3 b, 2.1.3.2.3 a) analog auf die rechtswidrige Verkürzung der Kündigungszeit durch den AG angewendet[6]). Im umgekehrten Fall, nämlich wenn der AN die von ihm einzuhaltende Kündigungszeit missachtet, sind demgemäß § 28 AngG, § 1162 a ABGB udgl heranzuziehen (vgl 2.1.2.3.2).

b) Die Kündigungsentschädigung im Detail

Als Kündigungsentschädigung gebührt dem AN nach den zitierten Gesetzesbestimmungen eine Entschädigungszahlung, die sich nach dem **Entgelt für** jenen **Zeitraum** bemisst, der **bis zur Beendigung des Arbeitsverhältnisses** durch Ablauf der bestimmten Vertragszeit (bei Bestehen einer Befristung; vgl 3.2.1.1.3) oder durch ordnungsgemäße Kündigung **durch den AG** hätte verstreichen müssen (zu den Kündigungszeiten des AG vgl 2.1.2.1, 2.1.2.2), unbeschadet weitergehenden Schadenersatzes (zu diesem gleich unten). In Bezug auf eine Kündigungsentschädigung ist eine schadenersatzrechtliche **Vorteilsausgleichung** nur beschränkt vorzunehmen: Bei einer Verkürzung der Kündigungszeit von **bis zu drei Monaten** erfolgt **keine Anrechnung,** auf die darüber hinaus zustehende Kündigungsentschädigung muss sich der AN anrechnen lassen, was er sich durch das Unterbleiben der Arbeitsleistung erspart, anderweitig tatsächlich verdient oder absichtlich zu verdienen versäumt hat[7]).

In das als **Berechnungsbasis** für die Entschädigungszahlung heranzuziehende (fiktive) „Entgelt" sind die aliquoten Teile der Sonderzahlungen (vgl 5.1.3), die Entgelte für regelmäßig geleistete Überstunden, eine Überstundenpauschale, welche im Zeitpunkt der Auflösung des Arbeitsverhältnisses gebührt, von dritter Seite zufließende Arbeitsentgelte sowie im Fall des Anspruchs auf Provision in wechselnder Höhe ein auf den Monat bezogener Provisionsdurchschnitt – im Zweifel aus jenen Provisionen, die der AN im letzten Jahr vor der Auflösung des Arbeitsverhältnisses erwirbt – einzubeziehen[8]).

Was die **Anrechnung** ab dem vierten Monat der Zahlung anlangt, so kommen für die **Ersparnisanrechnung** vor allem nicht aufgewendete Fahrtkosten in Betracht. Praktisch am wichtigsten ist die Anrechnung **eines aus** einer **anderen,** durch das Unterbleiben der Arbeitsleistung möglich gewordenen **Beschäftigung erlösten Entgelts.** Nicht als anderweitiger Verdienst gelten Arbeitslosengeld, Krankengeld und Leistungen aus der Pensionsversicherung. Im vom G letztgenannten Anrechnungsfall sind nur **absichtlich unterlassene konkrete** und **zumutbare Verdienstmöglichkeiten** anrechenbar. Die Beweislast in Bezug auf die Anrechnungstatbestände trifft den ehemaligen AG.

---

[6]) Zur dogmatischen Grundlegung insb *Grillberger,* Arbeitsrecht I^4 372.

[7]) Allg *Grillberger,* Arbeitsrecht I^4 416 ff.

[8]) Vgl zB OGH 23. 5. 1997, 8 ObS 52/97 y, ZASB 1997, 46 = infas 1997 A 130.

Als **weitergehender Schadenersatz** kommen ua jene Ansprüche auf Abfertigung (alt) und Urlaubsersatzleistung in Frage, die entstanden wären, wenn das Arbeitsverhältnis nicht durch zeitwidrige Kündigung vorzeitig beendet worden wäre[9]).

Die ersten drei Monatsbeträge der Kündigungsentschädigung sind sofort **fällig,** die Beträge der Folgemonate können zur vereinbarten oder gesetzlichen Zeit geltend gemacht werden.

Für den letzteren Teil der Zahlung sind demnach die für das als Berechnungsbasis dienende Entgelt fiktiv maßgeblichen Fälligkeitszeitpunkte relevant (zur Fälligkeit von Entgelten allg 5.4.1).

Der Anspruch auf Kündigungsentschädigung **verfällt,** wenn er nicht innerhalb von sechs Monaten ab Entstehung, dh ab Ende des Arbeitsverhältnisses, gerichtlich geltend gemacht wird (§ 34 AngG, § 1162 d ABGB).

Für die Berechnung der Verfallsfrist ist hinsichtlich von später fällig werdenden Teilbeträgen (s oben) der für diese maßgebliche Fälligkeitstermin Ausgangspunkt[10]).

Entscheidung 13: Hinausgeschobener Kündigungstermin

Ist für den Ausspruch der Kündigung die Einhaltung einer Kündigungsfrist und eines Kündigungstermins vorgeschrieben, dann sind beide Beschränkungen unabhängig voneinander zu beachten.

Erfolgt eine Kündigung zwar rechtzeitig vor dem nächstmöglichen Kündigungstermin, doch wird nicht dieser, sondern ein späterer, rechtlich nicht vorgesehener Endtermin beim Kündigungsausspruch genannt, so ist diese Kündigung rechtswidrig und führt zu Schadenersatzansprüchen bis zum nächsten ordnungsgemäßen Kündigungstermin.

OGH 11. 8. 1993, 9 ObA 223/93, ZAS 1994, 25 (krit *Holzer)*

Diese E ist zu kritisieren, ist doch eine Kündigungsentschädigung wesensmäßig nur dann denkbar, wenn es zu einer **Verkürzung** der Dauer des Arbeitsverhältnisses kommt. Im Falle der Verwendung zu langer Kündigungszeiten durch den AG wird die Verlängerung des Arbeitsverhältnisses gegenüber der rechtmäßigen Vorgangsweise als relativ zu Gunsten des AN teilnichtige Verfügung des AG zu qualifizieren sein. Der AN wird also die Wahl haben, entweder das Arbeitsverhältnis bis zum vom AG gesetzten Endzeitpunkt weiterlaufen zu lassen oder sich auf die Nichtigkeit zu berufen und damit das Arbeitsverhältnis früher zu beenden; im letzteren Fall stehen ihm für die Zeit des Unterbleibens der Arbeit naturgemäß keine Entgelt- oder sonstigen Zahlungen zu[11]).

---

[9]) Vgl OGH 25. 1. 1989, 9 ObS 15/88, DRdA 1989, 214 = infas 1989 A 51; zur Abfertigung auch OGH 5. 2. 1985, 4 Ob 13/85, DRdA 1987, 305 *(Migsch).*

[10]) OGH 21. 6. 1966, 4 Ob 41/66, Arb 8255.

[11]) *Holzer,* ZAS 1994, 26 f.

c) Theorienstreit zu den Rechtsfolgen der zeitwidrigen Arbeitgeberkündigung

Die unter 2.1.2.3, 2.1.2.3.1 a und b wiedergegebene Schadenersatztheorie wurde für die zeitwidrige Kündigung von Seiten des AG – in diesem Bereich basiert ihre Anwendung auf einer Analogie (vgl 2.1.2.3.1 a) – von Teilen der Lehre kritisiert[12]).

Die analoge Anwendung der Regeln über die unberechtigte Entlassung (vgl 2.1.3.1.3 b) sei nicht vorzunehmen, zumal das Fehlverhalten des AG nicht mit jenem bei der ungerechtfertigten Entlassung zu vergleichen sei.

Als Alternative wurde zB die sog **Konversionstheorie**[13]) vorgeschlagen[14]). Die Vertreter dieser Theorie sehen das Problem vorrangig darin, dass aus der Sicht des Erklärungsempfängers bei Angabe eines falschen Endes des Arbeitsverhältnisses eher ein Versehen angenommen werden müsse, sodass die zeitwidrige Kündigung in eine zeitgerechte umgedeutet werden könne.

Diese Theorie krankt daran, dass sie auf die Interessen des AN, der Sicherheit über das Ende seines Arbeitsverhältnisses haben soll, zu wenig Rücksicht nimmt: Soll dieser mit dem falschen Termin die Arbeit einstellen oder muss er sich leistungsbereit erklären, um nicht den Entlassungsgrund der Arbeitspflichtverletzung zu setzen (vgl 2.1.3.1.1 c) oder zumindest den Entgeltanspruch gem § 1155 ABGB zu behalten (vgl 6.1)? Derartige **Unsicherheiten** für den AN schaffen nicht nur eine unzumutbare Situation, sie sind nach der ratio legis der einschlägigen Grundsätze auch unerwünscht. In der Konversionstheorie ist darüber hinaus ein grundlegendes Dilemma angelegt, ermöglicht sie doch genau betrachtet dem kündigenden AG den **risikolosen Versuch eines Rechtsbruchs:** Akzeptiert der AN die rechtswidrige Verkürzung, so tritt faktisch eine Lohnkostenersparnis ein, setzt er sich zur Wehr, kann die Verkürzung korrigiert werden und der AN muss, obwohl von einem rechtswidrigen Lösungsversuch betroffen, seine Verpflichtungen so erfüllen, als ob nichts gewesen wäre. Dies erscheint unbillig, sodass die Konversionstheorie abzulehnen ist.

Ein weiterer Lösungsvorschlag zum Thema ist die sog **Wissenserklärungstheorie**[15]). Demnach seien Angaben über Kündigungsfristen und -termine, da diese kein Wesensmerkmal der Kündigung seien, als bloße Meinungsäußerungen, als Wissenserklärungen auszudeuten, die damit keine rechtliche Bedeutung haben. Damit ist die falsche Zeitangabe jederzeit korrigierbar.

Diese Theorie ist im Allgemeinen abzulehnen, weil es bei Anlegung der Grundsätze der §§ 914 f ABGB **kaum einmal plausibel** erscheinen wird, dass der Erklärende ein in sich geschlossenes, sehr eindimensionales Rechtsgeschäft in einen **konstitutiven und einen deklaratorischen Teil zerlegen** wollte. Rechtlich gesehen kann die Angabe des Endzeitpunktes im Übrigen auch unterbleiben; in der Praxis wird bei Unsicherhei-

---

[12]) Dazu *Löschnigg,* Arbeitsrecht[12] 623 ff.

[13]) Es geht hier nicht um Konversion (Umdeutung) im technischen Sinn, also nicht um jenes im allgemeinen Zivilrecht verankerte Prinzip, wonach unter bestimmten Voraussetzungen ein Rechtsgeschäft in ein anderes umgedeutet werden kann; dazu zB *Koziol/Welser,* Grundriss des bürgerlichen Rechts II[13] (2007) 492 f.

[14]) Vgl insb *Mayer-Maly* in *Mayer-Maly/Marhold,* Arbeitsrecht I (1987) 170 f mwN. Nunmehr aber *Marhold/Friedrich,* Arbeitsrecht[2] (2012) 298 f.

[15]) *Schrank,* Möglichkeiten und Grenzen der einseitigen Berichtigung zeitwidriger Kündigungen, FS Strasser (1983) 309 ff.

ten über die richtige Kündigungszeit beispielsweise zunächst „unter Einhaltung aller arbeitsrechtlichen Vorgaben" odgl gekündigt und der korrekte Endzeitpunkt erst nach Klärung der Rechtslage nachgereicht. Die Lösung mittels Annahme einer Wissenserklärung ist somit zumindest für die Situation im Durchschnittsfall nicht brauchbar[16]).

Vertreter der **Schadenersatzlösung** haben in weiterer Folge **Verfeinerungen** dieser Theorie vorgenommen. Ansatzpunkt sind dabei die auch auf die Kündigung anzuwendenden Irrtumsregeln der §§ 871 ff ABGB.

Diese müssen allerdings teilweise teleologisch reduziert werden. So erscheint es nicht tragbar, eine gerichtliche Anfechtung samt dazugehöriger Verjährungsfrist in einer Situation vorzusehen, in der zur Gewährleistung von Rechtssicherheit schnell gehandelt werden muss. Während somit diese Grundsätze des Irrtumsrechts zurückgenommen werden müssen, bleiben insb die vom ABGB vorgesehenen Gründe für die Beachtlichkeit eines Irrtums im gegebenen Zusammenhang relevant[17]).

Das bedeutet, dass bei einer zeitwidrigen Kündigung eine Berichtigung nur möglich ist, wenn sie **ohne unnötigen Verzug** – bei längerer Kündigungszeit etwa im ersten Drittel, berechnet nach den vom Kündigenden gesetzten Vorgaben – erfolgt und der Fehler **vom Gekündigten veranlasst** war, diesem **offenbar auffallen musste** oder noch **rechtzeitig aufgeklärt** wurde.

Fall 8: Gute Qualifikationen[18])

Sachverhalt: *Anna ist seit 1. 3. 1996 im Betrieb der B-AG als Chemikerin beschäftigt; ihr aktuelles Entgelt beträgt € 3.800,– pro Monat. A wird am 14. 12. 2013 zum 31. 1. 2014 gekündigt. Auf Grund ihrer guten Qualifikationen beginnt sie bereits am 1. 2. 2014 mit einem Monatsentgelt von € 3.600,– bei einer Konkurrenzfirma zu arbeiten. Dennoch begehrt sie „Entgelt bis 30. 9. 2014", eine Abfertigung von zwölf Monatsbeträgen sowie eine Abgeltung der offenen drei Jahresurlaube sowie eines vereitelten weiteren Jahresurlaubs. Die B-AG bestreitet die Ansprüche und wendet ua die Konkurrenzierung durch A ein. Wie ist die Rechtslage?*

Lösung: Eine Chemikerin ist Angestellte gem § 1 AngG (AG ist Formkaufmann iSd ehemaligen § 6 Handelsgesetzbuch, A leistet höhere Dienste; vgl 1.4.1.1). Die Kündigung durch den AG richtet sich nach § 20 Abs 2 AngG: Es liegen über 15 Dienstjahre vor, die Frist beträgt daher vier Monate, dazu tritt als Termin das Quartalsende, sodass der 30. 6. 2014 das korrekte Ende des Arbeitsverhältnisses wäre. Die Kündigung ist demnach zeitwidrig, es greift die Schadenersatztheorie: Das Arbeitsverhältnis ist am 31. 1. 2014 beendet,

[16]) Nur unter ganz besonderen Umständen könnte im gegebenen Zusammenhang eine Wissenserklärung vorliegen, so etwa dann, wenn ein AG im Zuge einer Diskussion auf die Frage des AN den seiner Meinung nach richtigen Endtermin nennt. Vgl auch OGH 3. 3. 2010, 9 ObA 1/10b, DRdA 2010, 424.

[17]) *Holzer,* Irrtumsanfechtung bei zeitwidriger Kündigung im Arbeitsverhältnis, JBl 1985, 82.

[18]) In die genannten Beträge an „Entgelt" sind in größeren Abständen gebührende oder schwankende Bezugsteile bereits einbezogen; zur Berechnungsbasis beispielsweise für die Kündigungsentschädigung vgl allg b.

Kündigungsentschädigung gebührt dem Grunde nach vom 1. 2. bis 30. 6. 2014, die Anrechnung des anderweitigen Verdienstes von € 3.600,– ist ab dem vierten Monat der Zahlung, also ab 1. 5. 2014, möglich. Für diese Monate gebühren somit nur je € 200,–.

Die Abfertigung richtet sich nach § 23 AngG, es gebühren somit sechs Monatsentgelte (vgl dazu 5.1.4.1.1.2).

Was die Abgeltung nicht verbrauchten Urlaubs iSd § 10 UrlG anlangt, so ist keiner der offenen Urlaube nach § 4 Abs 5 Satz 1 UrlG verjährt. Es geht um den Urlaub, der für das Urlaubsjahr vom 1. 3. 2013 bis 28. 2. 2014 gebührt, weiters um die entsprechenden Urlaube 2012/13 und 2011/12. Betrachtet man den ältesten Urlaub vor dem Hintergrund des § 4 Abs 5 Satz 1 UrlG, so würde dieser zwei Jahre nach Ende des Urlaubsjahres, in dem er entstanden ist, also mit 28. 2. 2014, verjähren. Dieser Zeitpunkt liegt nach Beendigung des Arbeitsverhältnisses und damit nach Entstehen des Anspruchs auf Urlaubsersatzleistung. Damit kann Urlaubsersatzleistung auch für diesen Jahresurlaub – und erst recht für die „jüngeren" Jahresurlaube – verlangt werden.

In Bezug auf den vereitelten Urlaub ist zu sagen, dass in der rechtmäßigen Kündigungszeit am 1. 3. 2014 ein neuer Jahresurlaub entstanden wäre. Die Abgeltung desselben kann als weitergehender Schadenersatz, als Teil der Kündigungsentschädigung aliquot für die Monate März bis Juni, also im Ausmaß von ca vier Zwölftel des in Geld umgerechneten Jahresurlaubs verlangt werden. Genau genommen ist auch ein Teil des Urlaubs 2013/14, nämlich der dem Monat Februar entsprechende, als weitergehender Schadenersatz anzusehen (zu den urlaubsrechtlichen Fragen vgl allg 8.2.3, 8.2.9).

Der Einwand einer Konkurrenzierung ist – im Hinblick etwa auf das UWG – nicht substantiiert und geht somit ins Leere: Arbeitsrechtlich betrachtet ist das Arbeitsverhältnis beendet, damit auch allfällige Treuepflichten. Eine Konkurrenzklausel ist nicht vereinbart und steht somit ebenfalls nicht zur Debatte (vgl allg 7., 7.6.2).

2.1.2.3.2 Arbeitnehmerkündigung

Verletzt der AG seine arbeitsvertragsrechtlichen Pflichten, indem er ein Arbeitsverhältnis vor der vorgesehenen Zeit beendet (vgl 2.1.2.3.1, aber auch 2.1.3.1, 3.2.1.1.3), so steht dem AN Kündigungsentschädigung (§ 29 AngG, § 1162b ABGB) zu (vgl 2.1.2.3.1 b). Im gegengleichen Fall gibt es für den geschädigten AG keinen entsprechend pauschalierten Schadenersatz. Bei der **zeitwidrigen Arbeitnehmerkündigung** gebührt vielmehr **Schadenersatz** nur **nach den Regeln des allgemeinen Zivilrechts** (§ 28 Abs 1 AngG, § 1162a ABGB; zum ungerechtfertigten Austritt bzw zur vorzeitigen Lösung eines befristeten Arbeitsverhältnisses vgl 2.1.3.2.3 b, 3.2.1.1.3).

Zu beachten ist, dass das Arbeitsverhältnis – es gilt ja die Schadenersatztheorie (vgl 2.1.3.2) – wie in der Kündigungserklärung vorgesehen beendet wird, sodass der AN nicht gegen seinen Willen zum Weiterarbeiten aufgefordert werden kann. Der erste

Satzteil des § 1162 a Satz 1 ABGB wird in diesem Zusammenhang als unanwendbar beiseite geschoben.

Macht der AG daher Schadenersatzansprüche geltend, muss er das **Verschulden des AN** und insb den durch die vorzeitige Auflösung verursachten **Schaden beweisen.** Die schadenersatzrechtlichen Grundsätze (zB Schadensminderungspflicht des Geschädigten) sind heranzuziehen.

Aus der Praxis: Dieser Schadensbeweis ist in der Praxis oft schwierig. In Frage kommt die Verrechnung von Zusatzkosten im Zusammenhang mit der Einstellung einer Ersatzkraft, wenn etwa deren Rekrutierung mehr kostet, als dies bei ordnungsgemäßer Kündigung des AN der Fall gewesen wäre[19]), oder diese nur zu einem höheren Entgelt als der rechtswidrig ausgeschiedene AN verpflichtet werden kann. Im letzteren Fall kann die Entgeltdifferenz bis zu jenem Zeitpunkt, zu dem der AN korrekterweise kündigen hätte müssen, eingefordert werden.

Angesichts dieser gesetzlichen Situation erscheint es für AG erwägenswert, mit dem AN eine **Konventionalstrafe für den Fall einer rechtswidrigen Lösung** festzulegen.

Derartige Vertragsklauseln beziehen idR neben der zeitwidrigen Kündigung den unberechtigten Austritt (vgl 2.1.3.2, insb 2.1.3.2.3 b) und die vom AN verschuldete Entlassung (vgl 2.1.3.1, insb 2.1.3.1.3 a) ein.

Der Zweck einer Konventionalstrafenvereinbarung iSd § 1336 ABGB liegt primär in der **Pauschalierung** des wegen Nicht- oder Schlechterfüllung eines Vertrages eintretenden künftigen **Schadens;** dem Gläubiger wird der vielfach schwer zu erbringende Nachweis des Schadens erspart.

Aus der Sicht des AN besteht **wenig Bedarf** nach einer Konventionalstrafenvereinbarung, weil ohnehin die Kündigungsentschädigung gebührt. Zu beachten ist, dass eine Abdingung der Kündigungsentschädigung durch die Festlegung einer niedrigeren Vertragsstrafe zwingendem Recht (vgl § 40 AngG, § 1164 ABGB) widerspricht und insofern unzulässig ist.

Entscheidung 14: Konventionalstrafe bei rechtswidriger Lösung

Auch die im G begründete Schadenersatzpflicht des grundlos ausgetretenen AN kann durch eine Konventionalstrafe abgesichert werden. Eine nur zu Lasten des AN getroffene Vereinbarung ist keine unzulässige Benachteiligung des wirtschaftlich schwächeren Vertragspartners, da sich auf Grund des G auch für den anderen Vertragspartner ein entsprechender Schadenersatz in Form der Kündigungsentschädigung ergibt. Eine ausreichende Berücksichtigung der Interessen des AN ist in jedem Fall durch das richterliche Mäßigungsrecht gewährleistet.

OGH 10. 5. 1983, 4 Ob 45/83, ZAS 1984, 107 *(Kohlmaier)*

[19]) Dazu zB OGH 10. 6. 1998, 9 ObA 127/98 m, DRdA 1998, 443.

Zu betonen ist, dass das **richterliche Mäßigungsrecht** bei Vertragsstrafen (§ 1336 Abs 2 ABGB) im Arbeitsrecht **zwingend** besteht (vgl § 38 AngG, § 2c Abs 6 AVRAG ua) und daher durch Vereinbarung zu Lasten des AN nicht außer Kraft gesetzt werden kann.

Wird die (bislang erbrachte) **Arbeitsleistung** des AN durch dessen vorzeitigen Abgang für den AG ganz oder zum größten Teil **wertlos,** so hat der AN auf das noch **nicht fällige Entgelt keinen Anspruch** (§ 28 Abs 2 AngG, § 1162a Satz 3 ABGB; zur Fälligkeit des Entgelts allg 5.4.1).

Beispiel[20]): Ein Informatiker ist mit der Erarbeitung eines komplexen Programms befasst. Während des von Februar bis Juli anberaumten Projekts erhält der AN ein lukratives Angebot eines anderen Unternehmens und kündigt am Mittwoch der zweiten Maiwoche zum Wochenende. Da die bisherige Arbeit damit unbrauchbar wird, verweigert der AG die Auszahlung des April- und des Maigehalts.
Nach § 28 Abs 2 AngG – der Informatiker ist zweifellos mit höheren Diensten befasst, sodass diese Bestimmung anwendbar ist – kann das noch nicht fällige Entgelt für Mai einbehalten werden. Das Entgelt für April ist auf Grund der gem § 40 AngG zwingenden Anordnung des § 15 AngG jedenfalls fällig, sodass die Auszahlung mit Hinweis auf § 28 Abs 2 AngG nicht unterbleiben darf.

2.1.3 Vorzeitige Auflösung aus wichtigem Grund[21])

Während die Kündigung das „natürliche", das „ordnungsgemäße" einseitige Ende eines Dauerschuldverhältnisses darstellt, ist die vorzeitige Lösung aus wichtigem Grund eine einseitige Art der Beendigung, die quasi unvorhergesehen und überraschend gesetzt wird.

Kündigung und vorzeitige Lösung aus wichtigem Grund sind keine Besonderheiten des Arbeitsrechts, sondern **dem Wesen jedes Dauerschuldverhältnisses immanent.** Obzwar die Dogmatik zu diesen Rechtsinstituten gerade im Arbeitsrecht wegen dessen großer praktischer Bedeutung besonders ausgereift ist, ist es immer wieder notwendig, in einschlägigen arbeitsrechtlichen Zusammenhängen auf allgemeine zivilrechtliche Grundsätze zum Dauerschuldverhältnis zurückzugreifen. Dies zeigt sich gleich im Folgenden beim Begriff des „wichtigen Grundes" (zu einem Beispiel im Recht der Befristung vgl 3.2.1.1.3).

Wird eine vorzeitige Auflösung aus wichtigem Grund vom AG vorgenommen, so nennt man dies **Entlassung** (vgl 2.1.3.1), eine entsprechende Erklärung durch den AN ist ein **Austritt** (vgl 2.1.3.2).

---

[20]) Nach *Löschnigg,* Arbeitsrecht[12] 707.

[21]) *Löschnigg,* Arbeitsrecht[12] 681ff; *Grillberger,* Arbeitsrecht I[4] 409ff; *Windisch-Graetz,* Arbeitsrecht II[8] 247ff; *Friedrich* in *Marhold/G. Burgstaller/Preyer* (Hrsg), Kommentar zum Angestelltengesetz (2005ff) §§ 25ff; *Kuras* in *Marhold/G. Burgstaller/Preyer* (Hrsg), Kommentar zum Angestelltengesetz (2005ff) §§ 28ff; *Pfeil* in ZellKomm[2] §§ 25ff AngG, §§ 82ff GewO 1859.

Im Einzelnen sind folgende wesentliche **Merkmale** der vorzeitigen Lösung aus wichtigem Grund hervorzuheben:

- Wie die Kündigung ist die vorzeitige Lösung aus wichtigem Grund eine **einseitige, empfangsbedürftige Willenserklärung.** Sie ist im Allgemeinen formfrei (zum Schriftformerfordernis im Lehrlingsrecht vgl aber § 15 Abs 2 BAG). Das in diesem Zusammenhang bei der Kündigung Ausgeführte (vgl 2.1.2) gilt auch hier sinngemäß.
- Der zentrale Unterschied zur Kündigung liegt darin, dass bei der vorzeitigen Lösung jedenfalls ein Grund für die Beendigung des Arbeitsverhältnisses im Raum steht, und zwar in der Form, dass sich der **Lösende auf einen wichtigen Grund** zur Beendigung **stützt oder** zumindest **stützen will.**

  Die Kündigung ist demgegenüber im Allgemeinen begründungsfrei (vgl 2.1.2).

  Der Passus **„stützen will"** soll darauf hinweisen, dass die Frage, ob bei Ausspruch einer vorzeitigen Lösung aus wichtigem Grund **tatsächlich** ein wichtiger Grund vorliegt, möglicherweise erst auf einer anderen Ebene, nämlich durch das ASG, geklärt wird. Es kann also sein, dass ein Vertragspartner irrigerweise davon ausgeht, über einen wichtigen Grund zu verfügen. Tätigt er in dieser Situation eine vorzeitige Lösung, so liegt dennoch ein Beendigungsakt dieser Art vor. Während im Normalfall jedoch eine **begründete** vorzeitige Lösung gegeben ist, spricht man bei tatsächlichem Nichtvorliegen des wichtigen Grundes von **unbegründeter** (ungerechtfertigter, unberechtigter) vorzeitiger Lösung.

  Zu beachten ist, dass ein an sich gegebener wichtiger Grund wegfallen kann, wenn er nicht zeitgerecht zur Rechtfertigung einer Lösungserklärung herangezogen wird (s dazu unten).
  Die Unterscheidung zwischen begründeter und unbegründeter vorzeitiger Lösung hat entsprechende Konsequenzen auf der Ebene der Rechtsfolgen (vgl 2.1.3.1.3, 2.1.3.2.3).

  Ein zur Rechtfertigung einer vorzeitigen Lösung tauglicher **„wichtiger Grund"** muss so schwer wiegend sein, dass die Aufrechterhaltung des Arbeitsverhältnisses für einen Vertragspartner bis zum Ablauf der Kündigungszeit oder bis zur vereinbarten Beendigung **nicht zumutbar** ist (zu den von den arbeitsrechtlichen G vorgesehenen wichtigen Gründen im Einzelnen s unten sowie 2.1.3.1, 2.1.3.2).

  Der unbestimmte Rechtsbegriff „Unzumutbarkeit" ist unter Prüfung aller Umstände des Einzelfalles zu konkretisieren. Trotz des subjektiv gefärbten Begriffs geht es um die **Abwägung von** einander widerstreitenden **Interessen,** die man als **Auflösungsinteressen** des Erklärenden und als **Bestandinteressen** des Erklärungsgegners bezeichnen kann. Um die **vorzeitige Lösung zu rechtfertigen,** müssen die **Auflösungsinteressen deutlich überwiegen.**

- Aus dieser Definition des wichtigen Grundes, in deren Mittelpunkt die Unzumutbarkeit jedweder Vertragsfortsetzung steht, folgt, dass eine vorzeitige Lösung aus wichtigem Grund in aller Regel **fristlos** erfolgen muss. Durch das Fehlen einer Lösungsfrist unterscheidet sich diese Beendigungsart wiederum von der Kündigung, welche zumeist mit der Einhaltung von Fristen und Terminen verbunden ist (vgl 2.1.2.1, 2.1.2.2).

Im Volksmund wird die im Arbeitsleben getätigte vorzeitige Lösung aus wichtigem Grund ja auch, insb wenn der AG den Lösungsakt setzt, „die Fristlose“ genannt.

Zu beachten ist, dass es auch Kündigungen ohne Kündigungszeiten gibt, etwa im Arbeiterrecht (vgl 2.1.2.1, 2.1.2.2). In solchen Fällen müssen vorzeitige Lösung und Kündigung auf andere Art als durch die Frage der Beendigungszeit voneinander unterschieden werden. Im Zentrum der Bemühungen muss dann die Frage, ob der Lösende einen wichtigen Grund verwenden oder ohne arbeitsrechtlich relevanten Grund einseitig beenden wollte, stehen. Die Zuordnung zu einer der beiden Beendigungsarten kann wichtig werden, wenn an die eine Lösungsform andere Rechtsfolgen geknüpft werden als an die andere.

Dies ist etwa beim allgemeinen Kündigungs- und Entlassungsschutz (§ 105 bzw § 106 ArbVG) der Fall: Nach § 105 ArbVG ist ein Vorverfahren unter Einbeziehung des BR vorgesehen, nach § 106 ArbVG hingegen kann der BR im Nachhinein verständigt werden (vgl 2.3.1.2).

Die vorzeitige Lösung unter Setzung einer Ablaufzeit (**„befristete“ vorzeitige Lösung**) ist grundsätzlich problematisch, weil der Lösende durch das Setzen der Frist in aller Regel zu erkennen gibt, dass die in seinem Bereich gegebene **Interessenlage nicht so ausgeprägt** ist, **dass Unzumutbarkeit** der Vertragsfortsetzung **vorliegt.** Es kommt somit in diesen Fällen typischerweise zur Annahme einer ungerechtfertigten vorzeitigen Lösung mit entsprechenden rechtlichen Konsequenzen.

Eine **Ausnahme** wird im Einzelfall dann anerkannt, wenn das Setzen der Frist **im überwiegenden Interesse des Erklärungsempfängers** liegt. Dies kann etwa auf einen AN zutreffen, dessen sofortiges Ausscheiden zu einem erheblichen Schaden für das Unternehmen führen würde, für den der AN ersatzpflichtig wäre.

Fall 9: Oldie-Abend[22])

Bei der Vorbereitung des Oldie-Abends kommt es zum Streit zwischen dem Gastwirt Christian und dem Discjockey DJ D. Die Situation eskaliert, und schließlich ohrfeigt der DJ den Gastwirt vor versammelter Belegschaft. C spricht daraufhin „mit Wirkung ab morgen, 8 Uhr“ die Entlassung aus, für die Zeit des stark frequentierten Oldie-Abends – der ansonsten abgesagt werden müsste – soll D weiterarbeiten.

Eine Woche später macht D Kündigungsentschädigung geltend. Zu Recht?
(Nach OGH 14. 9. 1982, 4 Ob 81/82, DRdA 1985, 200 *[Csebrenyak]*)

[22]) Gewisse für die Falllösung notwendige Materien werden unter 2.1.3.1 dargestellt.

Ähnlich problematisch sind im Allgemeinen **bedingte** vorzeitige Lösungen aus wichtigem Grund. Zulässig ist hier nur die Setzung einer Potestativbedingung etwa in der Form, dass dem von der Lösung Betroffenen die Möglichkeit gegeben wird, innerhalb einer bestimmten Frist sein zur Beendigung führendes Verhalten zu erklären[23]).

- Ebenfalls aus dem Wesen des wichtigen Grundes folgt, dass die **Auflösungserklärung unverzüglich,** dh unmittelbar nachdem der zur Auflösung Berechtigte vom wichtigen Grund Kenntnis erlangt hat, erfolgen muss.

Wartet ein Arbeitsvertragspartner in einer entsprechenden Situation ohne Rechtfertigung zu, so ist daraus zu schließen, dass aus der Sicht des Berechtigten der an sich wichtige Grund gar nicht bedeutsam war. Der wichtige Grund wurde damit sozusagen **„verwirkt“.** Zuweilen werden nicht nur derartige faktische Abläufe, sondern sogar rechtsgeschäftliche Äußerungen eines Auflösungsberechtigten iS eines **Verzichtsvertrags** im Hinblick auf das Lösungsrecht zu konstatieren sein, so etwa dann, wenn ein AG keine Entlassung ausspricht, sondern mit dem AN eine einvernehmliche Auflösung vereinbart (vgl auch 2.1.1 F 6).

Entscheidung 15: Kulturwissenschaftlerin

Sachverhalt: Die Kl, eine ausgebildete Kulturwissenschaftlerin, steht bei der Bekl, die akademische Ausbildungen in Kultur- und Medienmanagement organisiert, in einem befristeten Arbeitsverhältnis als Angestellte. Die Kl verwahrt sich gegen die Verwendung ihres Fotos auf einer Internetseite der Bekl und begehrt dessen Entfernung. Darüber entbrennt ein Streit. Im Zuge dessen erklärt die Kl am 2. 6. 1998 abends dem Obmann der Bekl, mit dem sie trotz zeitweise heftiger sachlicher Diskussionen in einem persönlich freundschaftlichen Verhältnis steht, Folgendes: „Du bist für alles zu blöd. Du verstehst wirklich nur das Arbeitsgericht.“ Dieser ist hierüber gekränkt. Er erklärt der Kl, dass er nicht mehr mit ihr arbeiten werde. Anlässlich einer Teamsitzung aller Mitarbeiter am Folgetag teilt er mit, dass er sich von ihr trennen werde; die Art und Weise der Trennung werde er aber mit seinem Anwalt besprechen. Er lässt die Kl am 3. und 4. 6. 1998 weiterarbeiten. Am 4. 6. 1998 kontaktiert er den Anwalt, dessen Sitz mehr als 100 km vom Sitz des AG entfernt ist, und trifft sich mit diesem am Abend persönlich. Am 5. 6. 1998 entlässt er die Kl, als diese um einen Termin zur Bereinigung der Angelegenheit bittet, um sich für ein von ihr zwar nicht als solches verstandenes, aber vom Obmann so empfundenes Fehlverhalten zu entschuldigen. Zum Ausspruch der Entlassung ist der Obmann allein befugt. Die Kl macht entlassungsabhängige Ansprüche geltend.

---

[23]) Vgl zB OGH 25. 9. 1979, 4 Ob 78/79, DRdA 1981, 299 *(Fenyves)* = ZAS 1981, 100 *(Schrank);* zur vorsorglichen Entlassung für den Fall des Unterliegens in einem Kündigungs- oder Entlassungsanfechtungsprozess gem §§ 105 ff ArbVG (vgl 2.3.1) s OGH 27. 6. 1978, 4 Ob 21/78, Arb 9707, zur vorsorglichen Kündigung für diesen Fall OGH 13. 2. 2003, 8 ObA 4/03 a, infas 2003 A 52.

Leitsätze: Wenn der Sachverhalt von vornherein vollständig geklärt ist und der Vertreter des AG, dem gegenüber die beleidigende Äußerung erfolgt ist, allein in Personalangelegenheiten entscheidungsbefugt ist, so ist ihm lediglich zuzubilligen, neben einer – bei einem unkomplizierten und offenkundigen Sachverhalt nur kurzen – Überlegungsfrist vor Ausspruch der Entlassung eine Rechtsauskunft einzuholen. Auch dies muss aber unverzüglich vonstattengehen.

Bei einem völlig geklärten Sachverhalt und einer keineswegs diffizilen Rechtsfrage genügt auch eine telefonische Kontaktaufnahme mit dem Rechtsanwalt, sodass es außer Betracht bleiben kann, dass der Sitz des beigezogenen Rechtsanwalts weiter entfernt liegt und somit ein persönliches Treffen möglicherweise nicht sofort zu bewerkstelligen war.

Eine Suspendierung bis zum Ausspruch der Entlassung hätte der AN weitaus deutlicher vor Augen geführt, dass sie nicht auf einen Verzicht auf die Ausübung des Entlassungsrechts vertrauen darf, als die Mitteilung, dass man sich „trennen" werde, die Art und Weise der Trennung aber noch mit dem Rechtsanwalt besprochen werden solle.

Gibt ein AG ohne Rückfrage das Bild der AN ins Internet und weigert er sich, dieses zu entfernen, liegt ein Verstoß gegen den Bildnisschutz (§ 78 UrhG) vor. Aus der Treuepflicht der AN kann eine Duldungspflicht nicht abgeleitet werden[24]).

OGH 5. 10. 2000, 8 ObA 136/00h, infas 2001 A 20

Der Lösungsberechtigte hat eine **angemessene Überlegungsfrist** zur Klärung unklarer Sachverhalte bzw zur Einschätzung schwierig zu beurteilender Rechtsfragen.

Stehen etwa einen Entlassungsgrund darstellende Handlungen gegen die wirtschaftlichen Interessen des AG im Raum, so kann zwecks Klärung des Sachverhalts mit dem Ausspruch der Entlassung zugewartet werden, allerdings nur für eine angemessene Frist, also für jenen Zeitraum, den ein durchschnittlicher AG unter den vorliegenden Umständen für eine Kontrolle benötigt[25]). Sofern dies angezeigt erscheint, kann auch der Ausgang eines diesbezüglichen strafgerichtlichen Verfahrens abgewartet werden[26]).

---

[24]) Angesichts dieser und anderer im Sachverhalt angesprochener Umstände würde das Fehlverhalten der AN unbeschadet des verspäteten Ausspruchs der Entlassung mE wohl nicht so schwer wiegen, dass ein Entlassungstatbestand wie „erhebliche Ehrverletzung" gem § 27 Z 6 AngG (vgl auch 2.1.3.1.1) gegeben wäre. Die Entlassung wäre daher auch so gesehen ungerechtfertigt gewesen, sodass die Kl den Prozess jedenfalls gewonnen hätte.

[25]) Vgl dazu zB OGH 21. 12. 2009, 8 ObA 46/09m, ASoK 2010, 234; 29. 5. 2012, 9 ObA 35/12f, ARD 6248/3/2012. Zu letzterer E auch *Rück/Vinzenz,* OGH: Cannabiskonsum macht vertrauensunwürdig, JAP 2012/13, 97ff.

[26]) OGH 30. 3. 1982, 4 Ob 98/81, DRdA 1984, 233 *(Apathy);* 6. 9. 1988, 6 Ob 685/87, DRdA 1989, 213.

Während solcher zur Klärung des Sachverhalts bzw der Rechtslage notwendigen Zeiträume kann ein AN **suspendiert** werden. Wie aus E 15 ersichtlich, bringt der AG damit auch zum Ausdruck, dass den zu Grunde liegenden Vorfällen nachgegangen wird. Eine derartige Dienstfreistellung kann per Weisung herbeigeführt werden, es handelt sich jedoch um einen Fall des § 1155 ABGB, sodass der AG im Allgemeinen zur Entgeltfortzahlung verpflichtet ist (vgl allg 6.1, 6.1.1).

Entscheidung 16: Schecks

Gibt der AG dem AN Gelegenheit, den Entlassungsgrund dadurch zu beseitigen, dass dieser den Gegenwert von Schecks, die er selbst unberechtigt eingelöst hat, unverzüglich abliefern soll, so ist auch eine nach dem Scheitern dieser Möglichkeit ausgesprochene Entlassung nicht verspätet.

OGH 10. 9. 1985, 4 Ob 97/85, infas 1986 A 34

Es gibt im Recht der vorzeitigen Lösung aus wichtigem Grund auch **Dauerzustände,** die so lange geltend gemacht werden können, als sie andauern.

Solche Gründe finden sich in erster Linie im Bereich des Austrittsrechts (vgl 2.1.3.2.1), etwa bei den Austrittsgründen „Schmälern oder Vorenthalten des Entgelts" oder „Gesundheitsgefährdung", daneben aber auch im Entlassungsrecht, beispielsweise beim fortgesetzten unberechtigten Fernbleiben von der Arbeit. An sich nimmt die Unzumutbarkeit der Weiterführung des Vertrags mit weiterer Dauer des Zustandes zu. Es kann aber bei gewissen Dauerzuständen unter den Voraussetzungen des § 863 ABGB auch zu konkludenten Rechtsgeschäften kommen, die den wichtigen Grund entfallen lassen. So wird sich etwa ein AG, der die verbotene Nebentätigkeit des AN längere Zeit toleriert, eine konkludente Einwilligungserklärung entgegenhalten lassen müssen (vgl allg 7.6.1.1), sodass der an sich als Dauerzustand denkbare Entlassungsgrund gem § 27 Z 3 AngG bzw § 82 lit e Fall 2 GewO 1859 nicht mehr gegeben ist[27]). An konkludente Willenserklärungen des AN sind mE im gegebenen Zusammenhang hohe Anforderungen zu stellen; der AG kann nicht ohne weiteres von Vertrauenstatbeständen iSd § 863 ABGB ausgehen.

Fall 10: Allergie[28])

Die Kl ist Reinigungskraft in einer Sparkasse. Im Laufe der Zeit bildet sich bei ihr eine Allergie gegen bestimmte in Putzmitteln enthaltene Chemikalien heraus. Bereits im Jahr 2011 hat sie alle Symptome einer schweren Allergie. Dennoch erklärt die Kl erst am 17. 12. 2014 ihren Austritt wegen Gesundheitsgefährdung. Die bekl AG wendet Verwirkung des Austrittsrechts ein. Wie ist die Rechtslage?

[27]) *Kuderna,* Entlassungsrecht[2] (1994) 19.

[28]) Gewisse für die Falllösung notwendige Materien werden unter 2.1.3.2 dargestellt.

- Schließlich ist noch eine weitere zeitliche Dimension des wichtigen Grundes zu erörtern. Bei Ausspruch der vorzeitigen Lösung muss dem Erklärungsgegner der wichtige Grund nicht genannt werden, er muss aber zu diesem Zeitpunkt bereits vorhanden sein. Später eingetretene Umstände können zur Rechtfertigung einer Erklärung, die das Arbeitsverhältnis schon aufgelöst hat, nicht ins Treffen geführt werden. Bei der vorzeitigen Lösung vorhandene, aber erst später entdeckte wichtige Gründe können somit auch nachträglich eine Rechtfertigung der Lösungserklärung abgeben (sog **Nachschieberecht**)[29]).

Die wichtigen Gründe zur vorzeitigen Lösung von Seiten des AG (Entlassung) bzw des AN (Austritt) sind **in diversen arbeitsrechtlichen G konkretisiert** (vgl zB §§ 25 ff AngG, §§ 82 f GewO 1859, §§ 25 f GAngG, §§ 31 f TAG usw). Die Tatbestände sind dabei einerseits im Detail verschieden formuliert, andererseits verwenden die einzelnen Rechtsquellen unterschiedliche Regelungsstrategien insofern, als sich sowohl (einleitende) Generalklauseln (vgl zB § 25 AngG) als auch demonstrative (vgl zB §§ 26 f AngG) oder gar taxative Aufzählungen (vgl zB §§ 82 f GewO 1859) finden. Dies zieht einige Anwendungsprobleme nach sich[30]).

Ziel der Rechtsanwendung sollte es, nicht zuletzt vor dem Hintergrund des verfassungsrechtlichen Gleichheitssatzes (Art 2 StGG, Art 7 BVG), sein, die zwischen den diversen die vorzeitige Lösung aus wichtigem Grund ausregelnden Rechtsquellen bestehenden Divergenzen durch Auslegung (§ 6 ABGB), insb systematische Interpretation, und durch Lückenfüllung (§ 7 ABGB), also vor allem durch Analogien und teleologische Reduktionen, zu überwinden, um so einheitliche Standards für alle Arbeitnehmergruppen zu schaffen. Im Detail ist dies jedoch angesichts der Zersplitterung und Widersprüchlichkeit des geltenden Rechts schwierig. So konnte sich die Rechtsprechung aus Respekt vor dem G etwa bislang nicht dazu durchringen, die in der GewO 1859 enthaltenen taxativen Aufzählungen durch großzügigere Analogien, etwa zum Katalog des AngG, aufzubrechen. Dies, obwohl man es hier mit dem Torso einer über 150 Jahre alten Rechtsgrundlage zu tun hat, welche aus heutiger Sicht zum Teil völlig unangebrachte Formulierungen und nicht sinnvolle Regelungsstrategien verwendet (vgl auch 2.1.3.1, 2.1.3.2).

Entscheidung 17: Gerichtlich strafbare Vertrauensunwürdigkeit

Dem § 82 GewO 1859 ist ein allgemeiner Entlassungsgrund der Vertrauensunwürdigkeit nicht zu entnehmen. Ist daher ein Verhalten des AN nicht, wie dies § 82 lit d GewO 1859 verlangt, gerichtlich strafbar, so ist eine Entlassung nach dieser Bestimmung nicht gerechtfertigt.

OGH 14. 9. 1995, 8 ObA 293/95, ZAS 1996, 196 *(Radner)*

Mittlerweile ist das Höchstgericht dazu übergegangen, auch bloß verwaltungsrechtlich strafbares Verhalten als ausreichend anzusehen, wobei natürlich daneben auch die Vertrauensunwürdigkeit zu bejahen sein muss[31]).

---

29) Zum Austritt zB OGH 11. 11. 1999, 8 ObA 90/99 i, infas 2000 A 107.

30) Dazu *Löschnigg*, Arbeitsrecht[12] 684 f mwN.

31) Vgl zB OGH 28. 7. 2010, 9 ObA 58/10 k, infas 2011 A 3.

Klar ist jedenfalls, dass jedem der im G aufgezählten oder aus dem G entwickelten wichtigen Gründe als allgemeines Merkmal die oben beschriebene **Unzumutbarkeit der Vertragsfortsetzung innewohnt.** Je nach Formulierung der gesetzlichen Anordnung wird der allgemeine Gedanke der Unzumutbarkeit argumentativ eine größere oder geringere Rolle spielen.

2.1.3.1 Entlassung[32])

2.1.3.1.1 Gesetzliche Kataloge von Entlassungsgründen

Entlassungsgründe finden sich in **§ 27 AngG demonstrativ** und in **§ 82 GewO 1859 taxativ** aufgezählt[33]):

§ 27 AngG	§ 82 GewO 1859
• Untreue im Dienst (Z 1 Fall 1)	• Vorzeigen falscher oder gefälschter Zeugnisse bei Abschluss des Arbeitsvertrags (lit a Fall 1)
• Verbotene Geschenkannahme (Z 1 Fall 2)	• Irreführung über ein bestehendes Arbeitsverhältnis bei Abschluss des Arbeitsvertrags (lit a Fall 2)
• Vertrauensunwürdigkeit (Z 1 Fall 3)	• Arbeitsunfähigkeit (lit b)
• Arbeitsunfähigkeit (Z 2)	• Trunksucht bei wiederholter Verwarnung (lit c)
• Verstoß gegen das Konkurrenzverbot des § 7 AngG (Z 3)	• strafbare Handlungen, die vertrauensunwürdig machen (lit d)
• Arbeitspflichtverletzung (Z 4 Fall 1)	• Verrat von Geschäfts- und Betriebsgeheimnissen (lit e Fall 1)
• Verleitung zu Ungehorsam gegen den AG (Z 4 Fall 2)	• Betreiben eines abträglichen Nebengeschäfts (lit e Fall 2)
	• Arbeitspflichtverletzung (lit f Fall 1)

[32]) Terminologisch gesehen wird „Entlassung" im österreichischen Arbeitsrecht enger verstanden als anderswo: In Österreich ist damit die vom AG getätigte vorzeitige Lösung des Arbeitsverhältnisses aus wichtigem Grund gemeint, während der Begriff etwa in Deutschland für verschiedene von der Arbeitgeberseite ausgehende Lösungsformen, nämlich für Kündigungen, vorzeitige Lösungen aus wichtigem Grund und sogar einvernehmliche Lösungen verwendet wird. Nach moderner österreichischer Begriffsbildung genügt das Wort „Entlassung"; das Hinzufügen von „fristlos" oder „vorzeitig" ist nicht notwendig.

[33]) Die in SonderG enthaltenen Entlassungstatbestände werden beiseite gelassen, da eine Darstellung derselben mE aus didaktischer Sicht zum Verständnis der Materie nicht notwendig ist; dazu und zum Folgenden allg insb *Kuderna,* Entlassungsrecht[2] (1994) 144 ff; s auch *Löschnigg,* Arbeitsrecht[12] 689 ff.

§ 27 AngG	§ 82 GewO 1859
• lang dauernde Arbeitsverhinderung, ausgenommen wegen Krankheit oder Unfalls (Z 5)	
• Tätlichkeiten, Verletzungen der Sittlichkeit, erhebliche Ehrverletzungen (Z 6)	• Verleitung zu Ungehorsam, unordentlichem Lebenswandel oder unsittlichen bzw gesetzwidrigen Handlungen (lit f Fall 2)
	• grobe Ehrenbeleidigung, Körperverletzung oder gefährliche Drohung (lit g Fall 1)
	• unvorsichtiges Umgehen mit Feuer und Licht (lit g Fall 2)
	• Behaftung mit abschreckender Krankheit (lit h Fall 1)
	• Arbeitsunfähigwerden durch eigenes Verschulden (lit h Fall 2)
	• Gefängnisaufenthalt für länger als 14 Tage (lit i)

In der vorstehenden Übersicht – Ähnliches findet sich auch im weiteren Verlauf des Kapitels – werden die gesetzlichen Tatbestände gekürzt bzw umformuliert und damit in gewisser Weise interpretiert. Dies kann jedoch hingenommen werden, weil hier nur eine erste Information über die tauglichen Entlassungsgründe gegeben werden soll.

Aus den wiedergegebenen Aufzählungen sind leitende Grundsätze des Entlassungsrechts ersichtlich. Eines dieser Prinzipien besteht darin, dass **wirtschaftliche Probleme auf Seiten des AG** diesen **niemals** zur **Entlassung** berechtigen; ein allfälliger Personalüberhang ist Teil des wirtschaftlichen Risikos, das ein Unternehmer zu tragen hat und dem etwa durch Kündigungen oder einvernehmliche Lösungen (vgl 2.1.2, 2.1.1) begegnet werden müsste. Ein anderer Grundsatz besagt, dass Arbeitsunfähigkeiten infolge **Krankheit oder Unfall nicht** zur **Entlassung** berechtigen (vgl aber insb c). Dies wurde im Jahre 1975 ausdrücklich durch eine Novelle ins AngG[34]) eingefügt (vgl § 27 Z 5 leg cit). Daraus wird abgeleitet, dass gewisse Tatbestände in § 82 GewO 1859, insb lit b, c und h, äußerst restriktiv zu interpretieren bzw teleologisch zu reduzieren sind.

Die Qualifikation der „Behaftung mit einer abschreckenden Krankheit“ als Entlassungsgrund (§ 82 lit h Fall 1 GewO 1859) beispielsweise entspricht in keiner Weise mehr den sozialpolitischen Vorstellungen des heutigen Gesetzgebers. Man wird daher eine nachträglich entstandene verdeckte Regelungslücke, also das planwidrige Fehlen einschränkender Tatbestandsmerkmale, zu konstatieren und eine teleologische Reduk-

[34]) BGBl 1975/418.

tion in der Form vorzunehmen haben, dass in die gesetzliche Formulierung subjektive Elemente einer erheblichen Vorwerfbarkeit gegenüber dem AN hineingelesen werden müssen. Ein Entlassungsgrund kann daher mE nur dann gegeben sein, wenn ein AN bei der Einstellung eine ansteckende Krankheit verschweigt und damit in weiterer Folge, etwa bei Tätigwerden in einem Krankenhaus, Arbeitskollegen oder dritte Personen gefährdet.

Es gilt nun, einige wichtige Entlassungstatbestände ohne Anspruch auf Vollständigkeit zu vertiefen. Hinzuweisen ist darauf, dass an späterer Stelle immer wieder Entlassungsrecht ins Spiel kommen wird. So wird etwa im Bereich der sog Treuepflichten des AN ua das Konkurrenzverbot bzw das Verbot abträglicher Nebengeschäfte (§ 27 Z 3 AngG, § 82 lit e Fall 2 GewO 1859) angesprochen (vgl 7., insb 7.6.1).

a) Untreue und Vertrauensunwürdigkeit

Gem § 27 Z 1 AngG liegt ein Entlassungsgrund vor, wenn der Angestellte im Dienst untreu ist, sich in seiner Tätigkeit ohne Wissen oder Willen des AG von dritten Personen unberechtigte Vorteile zuwenden lässt, insb entgegen § 13 AngG eine Provision oder sonstige Belohnung annimmt, oder wenn er sich einer Handlung schuldig macht, die ihn des Vertrauens des AG unwürdig erscheinen lässt.

In dieser Bestimmung sind zwei Entlassungstatbestände, nämlich Untreue und Vertrauensunwürdigkeit, enthalten, das Verbot der Geschenkannahme (zu diesem vgl 7.4) ist – ebenso wie der nur in § 82 lit e Fall 1 GewO 1859 genannte „Verrat von Betriebs- und Geschäftsgeheimnissen", sofern vorsätzlich begangen (vgl 7.3) – ein Unterfall der Untreue.

Untreue im Dienst setzt ein **bewusstes Handeln** voraus, welches während der Dienstausübung oder **im Zusammenhang mit der Dienstleistung** oder dem Arbeitsverhältnis getätigt wird. Inhaltlich geht es um vorsätzliche, im erheblichen Ausmaß gegen die Interessen des AG gerichtete Vorgangsweisen des AN[35]).

Entscheidung 18: Kreditwesen

Die dienstliche Untreue um eigenen Vorteils willen – der Kl, ein einzelvertretungsbefugter Geschäftsführer, veranlasste eine vorzeitige Prämienzahlung, um an Stelle von Kilometergeld noch in den Genuss einer Kraftfahrzeugspesenvergütung zu kommen – wiegt unabhängig von der absoluten Höhe der beabsichtigten und tatsächlich bewirkten Schädigung und unabhängig vom Verhältnis dieses Betrags zum Monats- oder Jahresbezug eines Geschäftsführers wegen der in der strafgerichtlich geahndeten Verhaltensweise zum Ausdruck gekommenen Neigung objektiv als schwer vertrauenserschütternd und entspricht daher dem § 27 Z 1 Fall 1 AngG.

[35]) Vgl zB OGH 13. 7. 1982, 4 Ob 73, 74/82, DRdA 1985, 204 *(Mörkelsberger)*.

Eine Schadensgutmachung nach erfolgter Strafanzeige und während der vom AG für sich in Anspruch genommenen Frist zur Sachverhaltsbeurteilung und Entscheidung über dienstrechtliche Folgen vermag an der Untergrabung des erforderlichen Vertrauensverhältnisses eines im Kreditwesen tätigen AG gegenüber seinem Geschäftsführer mit Einzelvertretungsbefugnis nichts mehr zu ändern.

OGH 6. 9. 1988, 6 Ob 685/87, DRdA 1989, 213

Im Gegensatz zur Untreue genügt für **Vertrauensunwürdigkeit** ein **fahrlässiges Handeln** des AN, auch kann diese auf Umstände zurückzuführen sein, die mit dem Arbeitsverhältnis in keinem unmittelbaren Zusammenhang stehen. Es ist zu prüfen, ob infolge des Verhaltens des AN vom Standpunkt vernünftigen dienstlichen und geschäftlichen Ermessens für den AG eine **objektiv gerechtfertigte Befürchtung** besteht, **dass** seine **Interessen und Belange durch den AN gefährdet** sind[36]). Inhaltlich geht es demnach wiederum um erhebliche Illoyalitäten gegenüber dem AG, wobei die Vertrauensunwürdigkeit im Verhältnis zur Untreue als Auffangtatbestand bezeichnet werden kann.

Entscheidung 19: Bettglocke

Eine Krankenschwester, die während des Nachtdienstes von einer bettlägerigen, 86-jährigen Patientin mehrmals wegen minderwichtiger Angelegenheiten mit Hilfe der Bettglocke gerufen wird, diesen Rufen jeweils Folge leistet, aber danach, nachdem die Patientin in ihrer Anwesenheit die Klingel für ca fünf Minuten nicht losgelassen hat, die Glocke so hoch hängt, dass sie von der Patientin für die Dauer von ca zwei Stunden nicht erreicht werden kann, macht sich vertrauensunwürdig und kann daher berechtigt entlassen werden.

OGH 23. 12. 1998, 9 ObA 245/98 i, DRdA 1999, 231 = RdW 1999, 424

An dieser E zeigt sich, dass ein Höchstgericht mit seiner Judikatur zuweilen auch Verhaltensstandards für eine Berufsgruppe setzt. Hätte der OGH hier anders geurteilt und etwa eine Abmahnung bei erstmaligem Verstoß postuliert, hätte er die Vorgangsweise der Krankenschwester als weniger schwer vorwerfbar in der Branche eingeführt.

Entscheidung 20: Fahrerflucht

Sachverhalt: Der Kl ist als Datensachbearbeiter bei der bekl AUVA beschäftigt. In der Nacht vom 9. zum 10. 1. 1996 verschuldet er in alkoho-

[36]) Vgl zB OGH 10. 5. 1989, 9 ObA 75/89, DRdA 1991, 126 *(Mayer-Maly);* 20. 4. 1995, 8 ObA 337/94, Arb 11.382.

lisiertem Zustand zunächst einen Autounfall mit Sachschaden und begeht anschließend Fahrerflucht. Er wird jedoch von der Polizei gestellt, die ihm den Führerschein und die Fahrzeugschlüssel abnimmt. Anschließend besorgt sich der Kl seinen zuhause aufbewahrten Zweitschlüssel, konsumiert weitere alkoholische Getränke, nimmt sein Fahrzeug schließlich wieder in Betrieb und verschuldet einen zweiten Autounfall, bei dem zwei Fußgängerinnen schwer verletzt werden, wovon eine einige Tage später ihren schweren Kopfverletzungen erliegt. Der Kl leistet den Unfallopfern keine Hilfe, sondern begeht erneut Fahrerflucht, bis er schließlich von der Polizei gestellt wird. Der Blutalkoholgehalt beträgt zu diesem Zeitpunkt 1,94‰. Der Kl wird vom Strafgericht wegen des Vergehens der fahrlässigen Tötung unter besonders gefährlichen Verhältnissen nach § 81 Z 1 und 2 StGB und des Vergehens der fahrlässigen Körperverletzung nach § 88 Abs 1 und 4 Fall 2 (§ 81 Z 1 und 2) StGB zu einer Freiheitsstrafe von zwei Jahren verurteilt. Die Bekl spricht mit Schreiben vom 16. 1. 1996, das am 18. 1. 1996 zugeht, die Entlassung des Kl aus. Ist die Entlassung gerechtfertigt?

Leitsätze: Vertrauensunwürdigkeit kann auch auf Handlungen des Angestellten beruhen, die mit dem Arbeitsverhältnis in keinem oder keinem unmittelbaren Zusammenhang stehen. Das außerdienstliche Verhalten muss sich aber auf das Arbeitsverhältnis in der Weise auswirken, dass dadurch das dienstliche Vertrauen des AG verloren geht.

Die strafgerichtliche Verurteilung eines Angestellten wegen einer außerdienstlich begangenen Straftat bildet nicht zwangsläufig einen Entlassungsgrund. Eine strafgerichtliche Verurteilung wegen eines Verkehrsunfalls wird auch idR bei einem Kraftfahrer strenger zu beurteilen sein als bei einem anderen AN.

Auch wenn der AN bei der AG nicht als Kraftfahrer beschäftigt und auch nicht unmittelbar in einem Bereich der Unfallverhütung oder -behandlung tätig gewesen ist, so ist doch sein Verhalten – abgesehen vom Unfall selbst – sowohl vor als auch nach dem Unfall von einer derartigen Verantwortungslosigkeit und Rücksichtslosigkeit geprägt, dass letztlich auch die Interessen seiner AG so schwerwiegend beeinträchtigt worden sind, dass die Entlassung wegen Vertrauensunwürdigkeit gerechtfertigt ist.

OGH 24. 6. 1998, 9 ObA 115/98x, DRdA 1998, 443

Zu beachten ist, dass der Tatbestand der **Vertrauensunwürdigkeit im Arbeiterrecht** (§ 82 lit d GewO 1859) mit einem Diebstahl, einer Veruntreuung oder einem sonstigen **strafbaren Verhalten** einhergehen muss.

Dies stellt einen nach hA interpretativ nicht vollständig korrigierbaren Wertungswiderspruch zum Angestelltenrecht dar (vgl schon 2.1.3 E 17).

Entscheidung 21: Affekthandlung

Die gegenständliche vorsätzliche Sachbeschädigung stellt sich nur als einmalige, mit dem bisherigen Verhalten des AN in Widerspruch stehende Affekthandlung mit geringfügiger Schadensfolge dar und macht daher nicht vertrauensunwürdig iSd § 82 lit d GewO 1859.

OGH 22. 5. 1984, 4 Ob 65/84, infas 1984 A 84

Sehr zurückhaltend ist die Judikatur zu Recht in jenen Fällen, in denen AN – bei unklarer Haltung des AG zum Thema – Kleinstbeträge oder Gegenstände sehr geringen Wertes an sich nehmen. So hat der OGH[37]) die Entlassung eines AN, der Backwaren vom Vortag, die vom AG entweder entsorgt oder unentgeltlich zur Viehfütterung weitergegeben worden wären, teilweise an Kunden verschenkt und teilweise für sich mitgenommen hatte, wobei er davon ausgegangen war, dies tun zu dürfen („Salzstangerl"-Fall), als ungerechtfertigt qualifiziert.

b) Arbeitsunfähigkeit

Unfähigkeit zur Leistung der geschuldeten Arbeit iSd § 27 Z 2 AngG, § 82 lit b GewO 1859 liegt vor, wenn dem AN die dazu notwendigen geistigen, körperlichen oder rechtlichen Voraussetzungen während einer den Umständen nach erheblichen Zeit fehlen. Es gibt sowohl Fälle **anfänglicher** als auch solche **nachträglicher,** während des Arbeitsverhältnisses eingetretener Arbeitsunfähigkeit.

Damit Arbeitsunfähigkeit anzunehmen ist, reicht es nicht aus, dass der AN unterdurchschnittliche Arbeitsleistungen erbringt, er muss vielmehr zur Erfüllung seiner Pflichten **schlechthin unverwendbar** sein. Bei der – selten vorkommenden – anfänglichen Arbeitsunfähigkeit wird die Unzumutbarkeit der Vertragsfortsetzung häufig dadurch herbeigeführt, dass der AN bei der Einstellung maßgebliche Umstände verschweigt.

Entscheidung 22: Holzeinkäufer

Wird einem Holzeinkäufer, der während der Saison vorwiegend außerhalb des Betriebs tätig ist und diese Tätigkeit ihrer Art nach nur mit einem Kfz rationell bewältigen kann, der Führerschein für die Dauer von zehn Monaten abgenommen, so rechtfertigt dies seine Entlassung wegen Unfähigkeit iSd § 27 Z 2 AngG.
Der AG ist nicht gehalten, dem AN im Falle einer länger dauernden Arbeitsunfähigkeit eine andere, außerhalb der getroffenen Vereinbarung liegende Tätigkeit zuzuweisen.

OGH 4. 5. 1982, 4 Ob 50/81, DRdA 1985, 212 *(Mosler)*

---

[37]) OGH 22. 1. 2003, 9 ObA 251/02f, DRdA 2004, 149 (zust *Pfeil*).

Fall 11: Sprechtage

Der Kl ist vom 1. 2. 1990 bis zu seiner Entlassung am 21. 2. 1994 bei der Bekl beschäftigt, wobei er seit 1993 fast ausschließlich im Außendienst tätig ist und an verschiedenen Orten Sprechtage abzuhalten hat. Zur Erfüllung seiner Aufgaben wird ihm auch ein Firmenfahrzeug zur Verfügung gestellt. Am 12. 2. 1994 wird ihm von der Behörde wegen Alkoholisierung der Führerschein (erstmalig) für die Dauer von vier Wochen abgenommen. Hiervon informiert er die Bekl nicht, da er hofft, diese werde davon nichts erfahren. Er bittet einen Freund, ihn für die Dauer des Führerscheinentzugs zu chauffieren, und hält in der Folge alle dienstplanmäßigen Sprechtage ab. Am 21. 2. 1994 trifft bei der Bekl die Verständigung der Bundespolizeidirektion über die Führerscheinabnahme ein. Die Prokuristin, die intern zum Ausspruch von Entlassungen nicht ermächtigt ist, ruft den Kl, der sich bei einem auswärtigen Sprechtagstermin befindet, an. Dieser bestätigt ihr den Führerscheinentzug. Sie kündigt ihm an, dass dies zur Entlassung führen werde. Da ihr der Kl mitteilt, dass ein Freund das Firmenfahrzeug lenke, schickt sie von sich aus im Laufe des Tages per Fax eine Berechtigung für diesen, das Firmenfahrzeug für die Dauer des Führerscheinentzugs zu lenken. Noch am selben Tag informiert sie die geschäftsführende Gesellschafterin, die sie anweist, den Kl sofort zu entlassen. Die Entlassung wird noch am selben Tag ausgesprochen.

Der Kl begehrt die Zahlung entlassungsabhängiger Ansprüche. Wie ist die Rechtslage?

(Nach OGH 27. 9. 1995, 9 ObA 154/95, ZASB 1996, 9)

Bei **Arbeitsunfähigkeit** infolge von **Krankheit** oder **Unfall** ist der Entlassungsgrund in aller Regel nicht erfüllt. Dies ergibt sich aus der Gesetzesgeschichte und einer systematischen Interpretation vor dem Hintergrund des § 27 Z 5 AngG (vgl a). Aufgeweicht können diese Grundsätze allenfalls durch die aus § 82 lit h Fall 2 GewO 1859 zu entnehmende Wertung werden: Die Annahme eines Entlassungsgrundes könnte demnach dann argumentierbar sein, wenn den AN ein erhebliches Verschulden, dh **zumindest grobe Fahrlässigkeit,** im Zusammenhang mit der Herbeiführung seiner eigenen, **auf nicht absehbare Zeit** gegebenen Arbeitsunfähigkeit trifft. Alles, was darüber hinausgeht, ist mE nicht vertretbar[38]).

Fall 12: Querschnittslähmung

Der kl Profifußballer leidet an Verletzungsfolgen und vereinbart daher mit dem AG, unter Kostenübernahme ein individuelles Aufbautraining in einem Fitness-Studio durchzuführen. Dabei passiert ein schwerer Unfall, bei dem sich

[38]) In diese Richtung auch *Pfeil* in ZellKomm[2] § 27 AngG Rz 65 ff.

der Kl einen Lendenwirbelbruch zuzieht und in der Folge querschnittgelähmt bleibt. Der AG spricht die Entlassung aus. Zu Recht?

(Nach OGH 13. 10. 1993, 9 ObA 186/93, DRdA 1994, 320 [krit *Binder*])

c) Erhebliche Arbeitspflichtverletzung

Gem § 27 Z 4 Fall 1 AngG liegt ein Entlassungsgrund vor, wenn der Angestellte ohne rechtmäßigen Hinderungsgrund während einer den Umständen nach erheblichen Zeit die Arbeitsleistung unterlässt oder sich beharrlich weigert, seine Dienste zu leisten oder sich den durch den Gegenstand der Arbeitsleistung gerechtfertigten Anordnungen des AG zu fügen. Diese Formulierungen können zusammengefasst als Umschreibungen des Tatbestands der **„erheblichen Verletzung der Arbeitspflicht"** bezeichnet werden. Als damit konform gehend können auch die Formulierungen in § 82 lit f Fall 1 GewO 1859 („unbefugtes Verlassen der Arbeit", „beharrliche Vernachlässigung der Pflichten") angesehen werden.

Die Vorgangsweise des AN muss zum einen **pflichtwidrig** sein, also seinen konkreten arbeitsrechtlichen Verpflichtungen, insb aus dem Arbeitsvertrag und dem darauf gestützten Weisungsrecht des AG, widersprechen. Zum anderen muss **Verschulden** vorliegen, was nicht der Fall ist, wenn das Unterlassen der Arbeit durch Vorliegen eines wichtigen Grundes (Krankheit, sonstiger wichtiger Grund; vgl 6.2.1, 6.2.2) „gerechtfertigt" bzw entschuldigt ist. Schließlich muss **Erheblichkeit** gegeben sein; diese kann im längeren oder wiederholten Unterlassen der geschuldeten Arbeitsleistung bestehen, genauso aber in einer beharrlichen, also endgültigen oder zB nach Abmahnung wiederholten Weigerung, Weisungen zu befolgen, gesehen werden[39]).

Beispiel: Ein einmaliges Zuspätkommen oder Zufrühgehen im Minutenbereich wird mangels Erheblichkeit den Entlassungstatbestand nicht erfüllen, es sei denn, das Verhalten ist nach den Umständen des Einzelfalles als besonders einsichtslos zu qualifizieren. Wiederholte Unpünktlichkeit „verdichtet sich" zum Entlassungsgrund, aber nur dann, wenn der AG diese durch ein „Bündel" von Weisungen und – bei Zuwiderhandeln – von Abmahnungen zu unterbinden versucht und damit einen Verhaltensstandard setzt. Toleriert demnach der AG Unpünktlichkeit, so kann er nicht „plötzlich" zum schweren Mittel der Entlassung greifen, sondern muss das Abweichen von seiner bisherigen Praxis durch Weisungen bzw Abmahnungen signalisieren.

[39]) Dazu zB *Reissner,* Entlassung einer Flugbegleiterin, die sich weigert, mit einem nach einer „Rücklandung" reparierten Flugzeug mitzufliegen, ist gerechtfertigt, JAP 2004/05, 103.

Entscheidung 23: Urlaubsvertretung

Die beharrliche Weigerung eines nur allgemein als Filialleiter aufgenommenen Angestellten, die Urlaubsvertretung in einer Filiale mit anderen Waren zu übernehmen, stellt einen Entlassungsgrund nach § 27 Z 4 AngG dar.

OGH 30. 6. 1959, 4 Ob 74/59, SozM I A/d 379

In der Praxis bedeutsam sind zB auch Fragen im Zusammenhang mit Krankenständen des AN (dazu allg 6.2.1):

Entscheidung 24: Krankenstandsdrohung

Droht ein AN anlässlich einer Weisung einen ungerechtfertigten Krankenstand an, kommt in diesem Verhalten die vom G geforderte beharrliche Willensbildung zum Ausdruck. Der AN kann daher gem § 82 lit f GewO 1859 entlassen werden.

OGH 17. 10. 1996, 8 ObA 2157/96, RdW 1997, 294

Im Einzelfall ist darauf zu achten, ob die Ankündigung des Fernbleibens entsprechend endgültig erfolgt und das Fernbleiben selbst auch tatsächlich ungerechtfertigt ist. Eine alltägliche Meinungsverschiedenheit zwischen AN und unmittelbarem Vorgesetzten wird in diesem Zusammenhang kaum jemals die Erheblichkeitsschwelle überschreiten. Anders könnte zu urteilen sein, wenn der gegenständliche Ablauf mit sonstigen Disziplinwidrigkeiten zusammenfällt.

Entscheidung 25: Wespenstich

Das Fernbleiben des AN vom Dienst ist auch dann entschuldigt und daher kein Entlassungsgrund, wenn vom Arzt die Arbeitsunfähigkeit bejaht wurde, obwohl objektiv dazu keine Veranlassung gegeben war, der AN aber auf die Richtigkeit der ärztlichen Bestätigung vertrauen durfte. Der AG kann aber den Beweis dafür erbringen, dass der AN trotz Vorlage einer entsprechenden Arbeitsunfähigkeitsbestätigung arbeitsfähig war und davon auch Kenntnis hatte oder nach den Umständen des Falles offenbar haben musste. Mag ein Wespenstich auch nur eine leichte Schwellung am Fuß nach sich ziehen, so kann dies dennoch die Lenkereignung eines Lkw-Fahrers in Frage stellen.

Der Aufenthalt in einem Freibad als solcher zögert die Genesung nicht hinaus, sodass kein gröblicher Verstoß gegen medizinisch gebotene Verhaltenspflichten vorliegt.

OGH 14. 11. 1996, 8 ObA 2302/96d, DRdA 1997, 392 *(Resch)*

Im ersten Leitsatz von E 25 geht es um die Frage, welchen juristischen Wert das **ärztliche Gutachten über die Arbeitsunfähigkeit** hat. Im zweiten Leitsatz und auch in E 26 steht das Problem des sog **Krankenstandsmissbrauchs** zur Diskussion.

Entscheidung 26: Sonderangebot

Ein AN, der sich im Krankenstand befindet, ist grundsätzlich verpflichtet, den auf die Wiederherstellung seiner Gesundheit abzielenden Anordnungen des Arztes nach Tunlichkeit nachzukommen und ihnen jedenfalls nicht so schwer wiegend zuwider zu handeln, dass der Krankheitsverlauf negativ beeinflusst und/oder der Heilungsprozess verzögert werden könnte.

Die Entlassung wegen Vertrauensunwürdigkeit iSd § 27 Z 1 AngG (oder beharrlicher Pflichtenvernachlässigung iSd § 82 lit f GewO 1859) ist gerechtfertigt, wenn eine AN bereits am zweiten Tag ihres einwöchigen Krankenstands wegen eines grippalen Infekts entgegen dem ausdrücklichen ärztlichen Ausgehverbot eine nicht der Deckung eines lebensnotwendigen Bedarfs dienende Fahrt vom 2. Wiener Gemeindebezirk nach Klosterneuburg unternimmt, um das Sonderangebot eines Ausverkaufs zu nützen.

OGH 24. 2. 2000, 8 ObA 12/00y, ASoK 2000, 398

Entscheidung 27: Verspätete Krankmeldung

Die verspätete Krankmeldung ist idR kein Entlassungsgrund, sondern zieht nur den Verlust des Entgeltanspruchs für die Dauer der Säumnis nach sich (§ 8 Abs 8 AngG, § 4 EFZG, insb Abs 4 leg cit)[40].

Treten aber noch besondere Umstände hinzu (der AN weiß zB, dass dem AG durch die verspätete Krankmeldung ein wesentlicher Schaden erwachsen wird, und dem AN wäre die rechtzeitige Meldung leicht möglich gewesen), so kann der Entlassungstatbestand der beharrlichen Pflichtenvernachlässigung erfüllt sein.

OGH 16. 3. 1995, 8 ObA 325/94, RdW 1995, 397

2.1.3.1.2 Gestaltungsmöglichkeiten im Bereich des Entlassungsrechts

Das gesetzliche Entlassungsrecht hat zweiseitig zwingende Wirkung. Eine **Festlegung von Entlassungsgründen** durch KollV, BV oder Arbeitsvertrag ist daher **nur insoweit** möglich, als dies als **Konkretisierung des gesetzlichen Katalogs** aufgefasst werden kann.

[40]) Vgl dazu 6.2.1.

Dementsprechend ist auch ein **Ausschluss des Entlassungsrechts** durch die genannten Rechtsquellen **nur im Bereich unverschuldeter Entlassungsgründe** gültig[41]).

Möglich sind Vereinbarungen über die **Lösungswirkung** ungerechtfertigter Entlassungen. Hier könnte in Ergänzung zum Schadenersatzprinzip auch die **Rechtsunwirksamkeit** rechtswidriger Lösungsakte und damit die Möglichkeit, auf Vertragsfortsetzung zu bestehen, vereinbart werden (dazu auch 3.2.1.1.3.2).

2.1.3.1.3 Rechtsfolgen von Entlassungen

Die Rechtsfolgen von Entlassungen divergieren weitgehend danach, ob ein Entlassungsgrund gegeben ist oder nicht:

a) Gerechtfertigte Entlassung

Eine gerechtfertigte Entlassung macht den AN gem § 28 AngG bzw § 1162 a ABGB **schadenersatzpflichtig** (vgl 2.1.2.3.2), nach allgemeinen schadenersatzrechtlichen Grundsätzen allerdings nur, wenn die Entlassung vom AN **verschuldet** wurde.

Die verschuldete Entlassung führt zum **Verlust der Abfertigung alt** (§ 23 Abs 7 AngG; vgl allg 5.1.4.1.1.3). Nach § 14 Abs 2 Z 2 BMSVG kommt es bei verschuldeter Entlassung zur **Verfügungssperre** im Hinblick auf den angesparten Betrag der Abfertigung neu (vgl allg 5.1.4.2.4.1).

Urlaubsrechtlich gebührt zwar eine **Urlaubsersatzleistung** für nicht verbrauchten Urlaub (§ 10 Abs 1 Satz 1 und 2 UrlG). Urlaubsentgelt für einen überaliquot konsumierten Jahresurlaub ist allerdings bei vom AN verschuldeter Entlassung zurückzuzahlen (§ 10 Abs 1 Satz 3 Z 2 UrlG; vgl allg 8.2.9).

Auch bei **Sonderzahlungen,** bei denen die Anspruchsvoraussetzungen durch die diese regelnde Rechtsgrundlage (insb KollV) bestimmt werden, kommt es vor, dass bei berechtigter bzw vom AN verschuldeter Entlassung die Zahlung ausgeschlossen bzw eine Rückzahlungspflicht statuiert wird, was innerhalb eines gewissen Rahmens (bei Angestellten bis zum aliquoten Anteil, bei sonstigen AN auch darüber hinaus) zulässig ist (vgl 5.1.3).

Nach § 7 Abs 1 Z 1 BPG wird mangels einer für den AN günstigeren Vereinbarung im Falle der Beendigung des Arbeitsverhältnisses die **Anwartschaft** aus einer direkten Leistungszusage **auf Betriebspension** ua dann **nicht unverfallbar,** wenn das Arbeitsverhältnis durch vom AN verschuldete Entlassung endet (vgl 5.1.5.3 a).

Auf eine **Konkurrenzklausel** stützen kann sich der AG bei Verschulden des AN unbedingt, sonst mit Karenzabgeltungszusage (§ 37 Abs 2 AngG, § 2 c Abs 4 AVRAG; vgl allg 7.6.2.3.3, 7.6.2.4). Ebenso können **Ausbildungskostenklauseln** (vgl § 2 d Abs 4 AVRAG; dazu allg 3.2.5.3 b) geltend gemacht werden.

b) Ungerechtfertigte Entlassung

Bei ungerechtfertigter Entlassung ist der AN so zu stellen, als läge eine ordnungsgemäße Arbeitgeberkündigung oder ein planmäßiger Ablauf des Arbeitsverhältnisses vor. Der AN hat Anspruch auf Kündigungsentschädigung gem § 29 AngG bzw § 1162 b ABGB (vgl schon 2.1.2.3.1 b). Zu betonen ist, dass

[41]) *Löschnigg,* Arbeitsrecht[12] 730 mwN.

auch die **ungerechtfertigte Entlassung** das **Arbeitsverhältnis** im Allgemeinen **zur Auflösung bringt** (zu den Ausnahmen zB 2.1.3.1.2, 2.3.2, insb 2.3.2.1.4 c).

Gem § 23 Abs 1 AngG besteht bei Erfüllung der sonstigen Voraussetzungen des G (zB Erbringung von Mindestdienstzeiterfordernissen) Anspruch auf **Abfertigung.** Nach § 14 BMSVG ist im Hinblick auf eine Abfertigung aus der Betrieblichen Vorsorgekasse diese Art der Beendigung **kein Verfügungshindernis** (vgl 5.1.4.1.1.2, 5.1.4.1.1.3, 5.1.4.2.4.1).

Es gebührt **Urlaubsersatzleistung** für nicht verbrauchten Urlaub (§ 10 Abs 1 Satz 1 und 2 UrlG). Die Rückzahlungsregel betreffend überaliquot konsumiertes Urlaubsentgelt (vgl a) kommt nicht zur Anwendung (vgl 8.2.9).

Weiters kann zB eine **Konkurrenzklausel** vom AG **nicht** geltend gemacht werden (vgl allg 7.6.2.3.3). Eine mit dem AN vereinbarte **Rückzahlung von Ausbildungskosten** ist für den AG **nicht** einforderbar (vgl allg 3.2.5.3 b).

Kürzungs- bzw Rückzahlungsvorschriften in Bezug auf **Sonderzahlungen** sind idR nicht gegeben, gegebenenfalls könnten sie maximal bis zum aliquoten Anteil der Zahlungen reichen (vgl schon a) sowie allg 5.1.3). Eine **betriebspensionsrechtliche Anwartschaft** aus direkter Leistungszusage wird nicht verfallbar gestellt (vgl § 7 Abs 1 BPG; zu den beiden letzten Aspekten s auch oben a).

Fall 13: Autokauf[42])

Ein Autohändler beschäftigt im Verkauf seit sechs Jahren den Angestellten Ernst. Am 5. 7. 2008 wird dieser von einer Kundin eingehend über die Eigenschaften der verschiedenen Kfz konsultiert. Im Verlaufe des Gesprächs meint die Kundin, dass ihren Anforderungen wohl am besten eine Wagentype entsprechen würde, die die Firma nicht führt. Nach seiner persönlichen Meinung gefragt bejaht dies E. Der AG entlässt den Verkäufer daraufhin fristlos. Dies, obwohl E sehr mit dem Betrieb verbunden war und beispielsweise seit drei Jahren keinen Urlaub mehr konsumiert hat.

Nach fünf Wochen tritt E einen neuen Job an, verdient dort allerdings um 30% weniger als bei seiner alten Firma.

a) Erfolgte die Entlassung zu Recht?
b) Welche Rechtsfolgen treten ein, wenn die Entlassung
ba) gerechtfertigt
bb) ungerechtfertigt wäre?

c) Culpakompensation[43])

Die Frage, ob ein Entlassungsgrund (oder ein Austrittsgrund; vgl 2.1.3.2) vorliegt, ist häufig schwer zu beantworten. Es kommt vor, dass zB lang dauernde Arbeitsverhältnisse nach und nach in ein Zerrüttungsstadium getreten

---

[42]) Ein ähnlicher Fall mit Musterlösung findet sich bei *Reissner,* Klausur Kurs Individualarbeitsrecht, JAP 2003/04, 165 ff.

[43]) Dazu *Wachter,* Beiderseitiges Verschulden bei der vorzeitigen Auflösung des Arbeitsverhältnisses (1992); *Haider* in *Reissner* (Hrsg), Angestelltengesetz² (2015) § 32 Rz 1 ff.

sind, auch ist oft zu beobachten, dass im Zuge der vorzeitigen Beendigung beide Beteiligten problematische Verhaltensweisen setzen. Ein **ASG** ist allerdings – dies sollte auch in F 13 aufgezeigt werden – **grundsätzlich** angehalten, eine **Entweder-oder-Entscheidung** zu treffen und den wichtigen Grund zu bejahen oder zu verneinen.

In der Praxis kann dabei das Beweisergebnis eine entscheidende Rolle spielen. Im typischen Ablauf riskiert auch – wie oben aus a und b zu entnehmen – jede der Parteien relativ viel, sodass einschlägige Streitfälle oder Prozesse häufig mit Vergleichen enden.

Das G gibt aber auch die Möglichkeit, unter gewissen Voraussetzungen die **Entweder-oder-Situation** zu überwinden: Gem § 32 AngG, § 1162c ABGB etc hat das Gericht, wenn **beide Teile** ein **Verschulden an der vorzeitigen Lösung** des Arbeitsverhältnisses trifft, **nach freiem Ermessen** zu entscheiden, ob und in welcher Höhe ein **Ersatz** gebührt.

Diese sog Culpakompensation (Verschuldensausgleich, Verschuldensteilung) setzt **schuldhafte,** zueinander in einem Kausalzusammenhang stehende **Verhaltensweisen beider Parteien** voraus, wobei das Verschulden desjenigen, der Erklärungsgegner der vorzeitigen Lösung ist, nicht die Schwere eines eigenen wichtigen Grundes aufweisen muss. In den Verschuldensausgleich einbezogen werden nicht nur **Schadenersatzansprüche,** sondern – was mE zu kritisieren ist – auch **andere Ansprüche, die sich nach der Art der Beendigung des Arbeitsverhältnisses richten,** wie zB die Abfertigung nach § 23 AngG[44]).

Fraglich ist, ob die Culpakompensation auch dann vorgenommen werden kann, wenn die **vorzeitige Lösung als solche ungerechtfertigt** ist. In langjähriger Rechtsprechung hat der OGH[45]) als Voraussetzung für die Culpakompensation das Vorliegen eines wichtigen Grundes auf Seiten des Lösenden postuliert; es soll nicht einer ohne Grund erfolgenden Auflösungshandlung doch noch teilweise zum Erfolg verholfen werden. Diese Sichtweise wurde in der Lehre[46]) kritisiert: Es gebe im G keinen Anhaltspunkt für diese Einschränkung, sodass unter der Voraussetzung, dass eine genaue Prüfung der jeweiligen Verschuldenslage stattfinde, eine Anwendung auch bei ungerechtfertigten vorzeitigen Lösungen in Frage komme.

Das würde bedeuten, dass zB im Falle einer gerechtfertigten Entlassung ein Mitverschulden des AG die für den AN negativen Konsequenzen abschwächt (**anspruchsbegründende Wirkung des Verschuldensausgleichs),** während bei ungerechtfertigter Entlassung und Mitverschulden des AN diesem Beendigungsansprüche nur teilweise zustehen (**anspruchsmindernde Wirkung des Verschuldensausgleichs).**

Entscheidung 28: Anzipf oder Krankheit?

Sachverhalt: Der Kl, der vom 17. 1. bis 17. 3. 2003 bei der Bekl als Staplerfahrer beschäftigt war, trat am 14. 3. 2003 seinen Dienst an. Gegen 8.15 Uhr rief er bei der Bekl an und teilte der Sekretärin mit, dass er sich

[44]) Vgl zB OGH 17. 9. 1998, 8 ObA 116/98 m, infas 1999 A 124.

[45]) OGH 18. 10. 1977, 4 Ob 137/77, DRdA 1979, 116 (krit *Kramer*); 22. 2. 1983, 4 Ob 17/83, Arb 10.222.

[46]) *Kramer,* DRdA 1979, 121 f.

„nicht über den Tisch ziehen lasse". Dem Geschäftsführer der Bekl wiederholte er diese Äußerung telefonisch und gab überdies bekannt, dass er „nichts mehr tue, bis sie ihn heimschicken würden". Gegen 9 Uhr verließ der Kl seinen Arbeitsplatz, nachdem er zum Schichtleiter gesagt hatte, „es zipfe ihn an" und er werde kündigen. Von einer Krankheit bzw einem Krankenstand war nicht die Rede. Noch am selben Tag sprach der Geschäftsführer wegen dieses Verhaltens des Kl die Entlassung aus. Erst danach erfuhr der Geschäftsführer, dass der Kl noch am 14. 3. 2003 von seinem Hausarzt wegen einer Gastritis krankgeschrieben worden war.

Leitsätze: Den AN kann ein Mitverschulden an seiner (unberechtigten) Entlassung treffen, wenn er einen ihm bekannten Rechtfertigungsgrund für ein an sich pflichtwidriges Entfernen von der Arbeit, etwa eine Krankheit, dem AG trotz bestehender Möglichkeit nicht bekannt gibt[47]**) und wenn der AG bei Kenntnis des Rechtfertigungsgrundes die Entlassung aller Voraussicht nach nicht ausgesprochen hätte.**

Vom Grundsatz, dass die Mitverschuldensregel des § 1162 c ABGB nur bei berechtigter vorzeitiger Auflösung angewendet werden kann, darf nur dann abgewichen werden, wenn ein zusätzliches für den vorzeitigen Beendigungsausspruch kausales schuldhaftes Verhalten des anderen Teiles vorliegt.

Die Behauptungs- und Beweislast für ein Mitverschulden des Kl an seiner unberechtigten Entlassung trifft den bekl AG, wobei allerdings das Mitverschulden nicht ausdrücklich eingewendet werden muss, sondern das Aufstellen entsprechender Tatsachenbehauptungen genügt.

OGH 27. 5. 2004, 8 ObA 52/04 m, ASoK 2005, 29 = Arb 12.451

In dieser Entscheidungslinie[48]), in der die Entlassung ja als ungerechtfertigt qualifiziert wird, geht der OGH von seiner starren Interpretation der Culpakompensationsregel ab und gesteht dieser damit einen weiteren Anwendungsbereich zu.

2.1.3.2 Austritt[49])

2.1.3.2.1 Gesetzliche Kataloge von Austrittsgründen

Austrittsgründe sind in **§ 26 AngG demonstrativ,** in **§ 82 a GewO 1859 taxativ** aufgezählt[50]) (zum Zweck der folgenden Übersicht s schon 2.1.3.1.1; zum Austrittsrecht in der Insolvenz des AG 2.4.2):

---

[47]) Bei Angestellten könnte in besonders schwerwiegenden Fällen Vertrauensunwürdigkeit vorliegen; vgl dazu 2.1.3.1.1 a und c.

[48]) Erstmals OGH 25. 4. 1996, 8 ObA 2058/96 x, ZAS 1997, 55 *(Apathy).*

[49]) Nach moderner österreichischer Begriffsbildung genügt das Wort „Austritt"; das Hinzufügen von „fristlos" oder „vorzeitig" ist nicht notwendig.

[50]) Die in SonderG enthaltenen Austrittstatbestände werden – wie die entsprechenden Tatbestände im Entlassungsrecht (vgl 2.1.3.1.1) – beiseitegelassen; allg zB *Löschnigg,* Arbeitsrecht[12] 730 ff.

§ 26 AngG	§ 82 a GewO 1859
• Unfähigkeit zur Fortsetzung der Arbeitsleistung (Z 1 Fall 1)	• Gefährdung der Gesundheit (lit a)
• Gefährdung der Gesundheit (Z 1 Fall 2)	• Tätliche Misshandlung oder grobe Ehrenbeleidigung (lit b)
• Gefährdung der Sittlichkeit (Z 1 Fall 3)	• Verleitung zu unsittlichen oder gesetzwidrigen Handlungen (lit c)
• Ungebührliches Schmälern oder Vorenthalten des Entgelts (Z 2 Fall 1)	• Ungebührliches Vorenthalten der Bezüge (lit d Fall 1)
• Verletzung sonstiger wesentlicher Vertragsbestimmungen (Z 2 Fall 2)	• Verletzung sonstiger wesentlicher Vertragsbestimmungen (lit d Fall 2)
• Verletzung der dem Schutz des Lebens, der Gesundheit oder der Sittlichkeit des AN dienenden Verpflichtungen (Z 3)	• Außerstandesein oder Weigerung, dem AN Verdienst zu geben (lit e)
• Tätlichkeiten, Verletzungen der Sittlichkeit, erhebliche Ehrverletzungen (Z 4)	

a) Gefährdung der Gesundheit

Gem § 26 Z 1 Fall 2 AngG bzw – gleichbedeutend – § 82 a lit a GewO 1859 ist ein wichtiger Grund zum Austritt gegeben, wenn der AN seine Arbeitsleistung ohne Schaden für seine Gesundheit nicht fortsetzen kann.

Für die Erfüllung dieser Tatbestände genügt eine **konkrete Bedrohung der Gesundheit** des AN. Der Schaden an der Gesundheit muss noch nicht eingetreten sein[51]). Hat er sich durch die Arbeit bereits realisiert, so ist der wichtige Grund erst recht gegeben, die weiter anhaltende Gesundheitsgefährdung kann als **Dauerzustand** (vgl auch 2.1.3 F 10) grundsätzlich jederzeit (s aber gleich unten) aufgegriffen werden.

Entscheidung 29: Pendeln

Nur eine Gesundheitsgefährdung durch die Arbeitsleistung an sich berechtigt zum vorzeitigen Austritt, nicht jedoch eine solche, die wesentlich aus der Notwendigkeit des Pendelns zum Arbeitsort resultiert.

OGH 13. 3. 1984, 4 Ob 2/84, infas 1984 A 60

[51]) Vgl zB OGH 24. 9. 1974, 4 Ob 51/74, DRdA 1976, 70 *(Grillberger)* = Arb 9255.

Vor dem Austritt hat der **AN** den AG über die Gefährdung seiner Gesundheit durch die ihm zugewiesene Tätigkeit **aufzuklären,** um dem AG die Setzung von Entlastungsmaßnahmen, etwa auch durch eine vertragskonforme Versetzung, zu ermöglichen; ein Nachweis über die Gesundheitsbeeinträchtigung muss in dieser Phase nicht gegeben werden[52]). Bietet der **AG** dem AN innerhalb angemessener Frist eine **andere vertragskonforme und der Gesundheit nicht abträgliche Tätigkeit** an, so ist der Austrittsgrund nicht gegeben[53]). Der Austritt ohne Aufklärung ist berechtigt, wenn ein Ersatzarbeitsplatz nach den Umständen von vornherein nicht in Betracht kommt[54]).

b) Ungebührliches Schmälern oder Vorenthalten des Entgelts

Gem § 26 Z 2 Fall 1 AngG ist ein Austrittsgrund gegeben, wenn der AG das dem AN zukommende Entgelt ungebührlich schmälert oder vorenthält. Eine analoge Situation ergibt sich für Arbeiter aus § 82a lit d Fall 1 und lit e GewO 1859 (zur Situation im Zuge einer Insolvenz des AG vgl 2.4.2).

Vom Angestelltenrecht hervorgehoben wird ein Unterfall, nämlich die bei Naturalbezügen durch Gewährung ungesunder oder unzureichender Kost oder ungesunder Wohnung erfolgende Benachteiligung.

Unter **„Schmälerung"** ist die einseitige, rechtswidrige, dh unter Verletzung eines G, eines KollV, einer (ermächtigten) BV (vgl 12.1.4) oder eines Arbeitsvertrags erfolgende Herabsetzung des zustehenden Entgelts zu verstehen. **„Vorenthalten"** liegt vor, wenn der Anspruch dem Umfang nach zwar nicht bestritten, das Entgelt jedoch bei Fälligkeit nicht oder nicht zur Gänze geleistet wird; dem gleichzuhalten ist die bereits vor Fälligkeit abgegebene Erklärung, nicht zu zahlen. Die **Gründe** für das Schmälern oder Vorenthalten sind **irrelevant;** es ist egal, ob Nichtkönnen oder Nichtwollen, ob Schlamperei oder Benachteiligungsabsicht zu Grunde liegt[55]).

Ungebührliches Schmälern oder Vorenthalten des Entgelts ist ein **Dauerzustand** (vgl allg 2.1.3); eine Verwirkung des Austrittsgrundes kommt daher nicht in Frage (zur Stundung s gleich unten).

Im Allgemeinen kann der AN bei Vorliegen des ungebührlichen Schmälerns oder Vorenthaltens des Entgelts **sofort** den **Austritt erklären.** Zur Setzung einer **Nachfrist** ist er nur dann angehalten, wenn er ausdrücklich oder konkludent eine **Stundungsvereinbarung** geschlossen hat, indem er zB Zahlungsrückstände oder Ratenzahlungen akzeptiert hat[56]).

Die **Nachfrist** muss **angemessen** lang sein, dh dem AG die Chance geben, die Zahlung auf übliche Art und Weise abzuwickeln, also zB auf ein Konto zu überweisen. Eine Dauer von ca einer Woche ist normalerweise ausreichend[57]).

---

[52]) Ein solcher wäre spätestens bei einem Rechtsstreit über das Vorliegen des Austrittsgrunds erforderlich.

[53]) OGH 15. 9. 1999, 9 ObA 113/99d, DRdA 2000, 321 *(Mosler).*

[54]) OGH 17. 12. 1997, 9 ObA 196/97g, ARD 4944/11/98.

[55]) Vgl zB OGH 13. 2 1997, 8 ObA 2285/96d, RdW 1997, 687 = ASoK 1997, 287.

[56]) Vgl zB OGH 17. 2. 1987, 14 Ob 215/86, DRdA 1990, 131 *(Eypeltauer).*

[57]) Vgl zB OGH 17. 3. 1999, 9 ObA 356/98p, DRdA 1999, 393.

Aus der Praxis: Rechtsanwälte oder Juristen von Arbeiterkammern und Gewerkschaften wählen meistens auch bei (höchstwahrscheinlichem) Fehlen der Stundungsvereinbarung „weichere“ Vorgangsweisen und verfassen zB Interventionsschreiben zuerst ohne und dann mit Androhung des Austritts unter Nachfristsetzung. Dies ist nämlich dem AN in aller Regel lieber, will er doch typischerweise den Austritt vermeiden und seinen Arbeitsplatz behalten.
Der AN muss allerdings bei einer den AG betreffenden Insolvenzgefahr darauf hingewiesen werden, dass ihm im Falle der Insolvenzverfahrenseröffnung unter Umständen keine rechtmäßige Austrittsmöglichkeit offen steht (vgl 2.4.2).

Entscheidung 30: Objektive Rechtswidrigkeit

Der Austrittsgrund der Entgeltschmälerung oder -vorenthaltung ist gegeben, wenn der AG wusste oder wissen hätte müssen, dass seine Vorgangsweise unrechtmäßig ist.
Der Tatbestand ist daher nicht erfüllt, wenn nur eine objektive Rechtswidrigkeit vorliegt, insb also dann, wenn über das Bestehen des Anspruchs verschiedene Rechtsmeinungen vertreten werden können und daher der Ausgang eines diesbezüglichen Rechtsstreits nicht abgesehen werden kann.
OGH 25. 6. 1985, 4 Ob 73/85, Arb 10.471

Die Judikatur über die sog **objektive Rechtswidrigkeit** zwingt somit den AN in Fällen, in denen man über das Gebühren von Entgeltbestandteilen oder Zusatzentgelten objektiv nachvollziehbar verschiedene Rechtsansichten vertreten kann, mit **Leistungsklage** auf das Entgelt vorzugehen und nicht das Arbeitsverhältnis per Austritt aufzugeben. Es ist dies eine pragmatische Lösung: Einerseits ist das normalerweise berechtigte Argument, dass durch eine Prozessführung das Arbeitsverhältnis letztlich zu Lasten des AN unheilbar zerrüttet wird, hier nicht schlagend, zumal dem AN offenbar, wenn er mit Austritt spekuliert, nicht mehr so viel am Arbeitsverhältnis liegt. Andererseits dient diese Sichtweise der Missbrauchsvorbeugung, könnte doch ein schon zum Berufswechsel entschlossener AN zB geneigt sein, mittels Austritts seine ansonsten gem § 23 Abs 7 AngG gefährdete Abfertigung zu erhalten, obzwar die allfälligen Unstimmigkeiten im Entgeltbereich nicht die Dimension einer Unzumutbarkeit der Weiterführung des Arbeitsverhältnisses (vgl allg 2.1.3) aufweisen.

2.1.3.2.2 Gestaltungsmöglichkeiten im Bereich des Austrittsrechts

Auch die Kataloge der Austrittsgründe haben grundsätzlich zwingende Wirkung (vgl schon 2.1.3.1.2). Dementsprechend ist ein Ausschluss des Austrittsrechts durch KollV, BV oder Arbeitsvertrag höchstens im Bereich unverschuldeter Austrittsgründe gültig[58]).

Eine **Festlegung zusätzlicher Austrittsgründe** zu Gunsten des AN durch nachgeordnete Rechtsquelle ist nicht so problematisch wie diesbezügliche Dispositionen im Be-

[58]) *Löschnigg,* Arbeitsrecht[12] 730 mwN.

reich der Entlassungsgründe, kann man dies doch auch als Besserstellung des AN in seinen Möglichkeiten, das Arbeitsverhältnis zu beenden, auffassen. Hier scheint einer Qualifikation als einseitig zwingendes Recht – und damit einer Beurteilung von Dispositionen nach dem Günstigkeitsprinzip (vgl allg 10.4.2.1) – weniger entgegenzustehen als in den entsprechenden Problemlagen des Entlassungsrechts. Eine Einschränkung ergibt sich jedenfalls aus § 25b Abs 2 IO, wonach die Insolvenzverfahrenseröffnung nicht als Austrittsgrund vereinbart werden kann (zur Beendigung bei Insolvenz des AG allg 2.4).

2.1.3.2.3 Rechtsfolgen von Austritten

Die Rechtsfolgenbestimmung läuft hier grob gesprochen gegengleich zum Entlassungsrecht (vgl 2.1.3.1.3). Die Regeln über die Culpakompensation (vgl 2.1.3.1.3 c) gelten auch im Austrittsrecht.

Vorweg ist wiederum festzuhalten, dass **jeder Austritt** das Arbeitsverhältnis mit sofortiger Wirkung **auflöst.**

a) Gerechtfertigter Austritt

Bei einem berechtigten Austritt ist der AN schadenersatzrechtlich so zu stellen, als hätte der AG eine ordnungsgemäße Kündigung ausgesprochen bzw wäre eine Zeitbestimmung planmäßig abgelaufen, dh es besteht Anspruch auf **Kündigungsentschädigung.** Eine **Schadenersatzpflicht** trifft den AG aber **nur** dann, wenn ihm ein **Verschulden** am Austritt anzulasten ist.

Im Zusammenhang mit der im F 10 vorliegenden Putzmittelallergie wird dem AG nichts vorzuwerfen sein. Die AN bekommt daher keine Kündigungsentschädigung, sehr wohl aber andere Ansprüche (s gleich).

Es besteht gem § 23 Abs 1 AngG Anspruch auf **Abfertigung** alt. Nach § 14 BMSVG ist **kein Verfügungshindernis** gegeben (vgl 5.1.4.1.1.3, 5.1.4.2.4.1).

Es gebührt **Urlaubsersatzleistung** für nicht verbrauchten Urlaub (§ 10 Abs 1 Satz 1 und 2 UrlG). Die Rückzahlungsregel betreffend überaliquot konsumiertem Urlaubsentgelt kommt nicht zur Anwendung (vgl 8.2.9).

Eine **Konkurrenzklausel** kann vom AG **nicht** geltend gemacht werden, wenn er dem AN durch **schuldbares Verhalten** begründeten Anlass zur Lösung gegeben hat (vgl allg 7.6.2.3.3). Eine **Rückzahlung von Ausbildungskosten** ist für den AG **nicht** einforderbar (vgl allg 3.2.5.3 b).

Kürzungen oder Rückzahlungspflichten in Bezug auf **Sonderzahlungen** sind in den KollV idR nicht gegeben bzw jedenfalls – auch bei nicht dem § 16 AngG unterliegenden AN – nur bis zum aliquoten Ausmaß zulässig (vgl allg 5.1.3). Eine **betriebspensionsrechtliche Anwartschaft** aus direkter Leistungszusage wird nicht verfallbar gestellt (vgl § 7 Abs 1 BPG; allg dazu 5.1.5.3 a).

b) Ungerechtfertigter Austritt

Ein ungerechtfertigter Austritt macht den AN gem § 28 AngG bzw § 1162a ABGB **schadenersatzpflichtig** (vgl 2.1.2.3.2).

Es kommt zum **Verlust der Abfertigung** alt (§ 23 Abs 7 AngG; vgl allg 5.1.4.1.1.3). Nach § 14 Abs 2 Z 3 BMSVG greift die **Verfügungssperre** im Hinblick auf den in der Betrieblichen Vorsorgekasse vorhandenen Abfertigungsbetrag (vgl allg 5.1.4.2.4.1).

Es gebührt **keine Urlaubsersatzleistung** für das laufende Urlaubsjahr (§ 10 Abs 2 UrlG). Urlaubsentgelt für einen bereits verbrauchten Jahresurlaub ist allerdings nach dem Wortlaut des G nur aliquot zurückzuzahlen (§ 10 Abs 1 Satz 3 Z 1 UrlG; vgl allg 8.2.9).

Allfällige Verlust- bzw Rückzahlungsklauseln im Bereich von **Sonderzahlungen** können zur Anwendung kommen und bei AN, auf die nicht § 16 Abs 1 AngG anzuwenden ist, sogar zum gänzlichen Entfall der Zahlungen führen (vgl 5.1.3). Nach § 7 Abs 1 Z 1 BPG wird im Falle des unberechtigten Austritts die **Anwartschaft auf Betriebspension** grundsätzlich **nicht unverfallbar.** Der AG kann sich auf **Konkurrenzklauseln** oder **Ausbildungskostenklauseln** stützen (vgl auch 2.1.3.1.3 a).

2.1.4 Rücktritt vom Arbeitsvertrag[59])

Unter Rücktritt vom Vertrag versteht man im Arbeitsrecht das **einseitige Abgehen** von den eingegangenen Verpflichtungen **vor Eintritt des Erfüllungszustandes,** also vor Beginn der Arbeits- bzw Entgeltleistungen.

Diese Konstellation ist vor allem bei aufschiebend befristeten Arbeitsverträgen, die nicht unmittelbar mit Vertragsabschluss, sondern erst ab einem späteren Zeitpunkt wirksam werden sollen (vgl 3.2.1.2), denkbar.

Regelungen zum Thema finden sich insb in den §§ 30f AngG (vgl daneben §§ 30ff GAngG, §§ 34ff TAG, § 15 HGHAngG). Für den Fall der Insolvenz des AG (allg 2.4) ist auf § 30 Abs 4 AngG oder auf § 21 IO hinzuweisen.

Gem § 30 Abs 1 AngG kann der **AG** zurücktreten, wenn der AN unter der **ausdrücklichen Bedingung** aufgenommen wurde, die **Arbeit** an einem **festbestimmten Tag anzutreten,** und dies aus welchem Grund auch immer **nicht macht** („arbeitsrechtliches **Fixgeschäft**").

Davon abgesehen kann gem § 30 Abs 2 AngG der **AG** zurücktreten, wenn der AN, ohne dass ein unabwendbares Hindernis vorliegt, die **Arbeit nicht wie vereinbart antritt** oder sich der Arbeitsantritt **infolge eines unabwendbaren Hindernisses** um **mehr als 14 Tage** verzögert. Der **AN** kann dementsprechend zurücktreten, wenn sich aus **Verschulden des AG** oder wegen eines **ihn treffenden Zufalls** der Arbeitsantritt **um mehr als 14 Tage** verzögert (§ 30 Abs 3 Satz 2 AngG)[60]).

Sowohl **AG** als auch **AN** haben ein Rücktrittsrecht, wenn ein **wichtiger Grund** zur Entlassung bzw zum Austritt gegeben ist (§ 30 Abs 2 Satz 2 AngG, § 30 Abs 3 Satz 1 AngG; zum wichtigen Grund allg 2.1.3).

Wurde ab Arbeitsantritt ein **Arbeitsverhältnis auf Probe** vereinbart (vgl 3.2.3.2), so stellt sich die Frage, ob überhaupt noch das Vorliegen eines wichtigen Grundes für den Rücktritt zu fordern ist, können doch beide Vertragsparteien ohnehin in der Sekunde des Arbeitsantritts das Arbeitsverhältnis auflösen. Man wird die Möglichkeit, in dieser Konstellation **ohne Angabe von Gründen bereits vor Arbeitsantritt** zu lösen, anerkennen können[61]).

---

[59]) *Löschnigg,* Arbeitsrecht[12] 280f; *Windisch-Graetz,* Arbeitsrecht II[8] 265.

[60]) Hält der AN den Vertrag in diesen Fällen dennoch aufrecht und nimmt er die Arbeit nach Wegfall des Hindernisses auf, so hat er Anspruch auf Entgeltfortzahlung für die Zeit der Verzögerung (§ 30 Abs 3 Satz 3 AngG).

[61]) So auch OGH 2. 10. 2002, 9 ObA 211/02y, ASoK 2003, 277.

Spezielle Ansprüche im Falle eines Rücktritts regelt § 31 AngG. Ist der AG ohne wichtigen Grund zurückgetreten oder hat er dem AN aus Verschulden begründeten Anlass zum Rücktritt gegeben, so gebührt dem **AN** gem Abs 1 leg cit ein **pauschalierter Schadenersatz** ähnlich einer Kündigungsentschädigung (zu dieser allg 2.1.2.3.1 b).

Bei unbefristetem Arbeitsverhältnis gibt es abweichend von allgemeinen Grundsätzen **weder Anrechnungsregel noch später eintretende Fälligkeit.** Im Falle einer **Befristung** ist der Schadenersatz auf **maximal drei Monate** beschränkt.

Ist der AN ohne Grund zurückgetreten oder hat er dem AG aus Verschulden begründeten Anlass zum Rücktritt gegeben, so steht – wie nach § 28 AngG, § 1162 a ABGB – dem **AG Schadenersatz** zu (§ 31 Abs 3 AngG).

Fraglich ist die Rechtslage für **Arbeiter,** zumal sich weder in der GewO 1859 noch im ABGB Sonderregelungen befinden. Die Rechtsprechung verneint bislang – mE nicht überzeugend – die analoge Anwendung der §§ 30 f AngG. Damit ist grundsätzlich auf die allgemeine Regel des **§ 918 ABGB** über die Konsequenzen eines Vertragsbruches zurückzugreifen, was den Zurücktretenden zur Setzung einer **Nachfrist** verpflichtet, es sei denn, der Vertragspartner gibt deutlich zu erkennen, den Vertrag ohnehin nicht einhalten zu wollen[62]). Nur dann, wenn ein **wichtiger Grund** im Spiel ist, werden die **§§ 1162 ff ABGB** herangezogen.

2.1.5 Beendigungen kraft G[63])

Es gibt in der Arbeitsrechtsordnung mehrere Fälle, für die das G die automatische Beendigung des Arbeitsverhältnisses anordnet:

- Ein allgemein gültiger gesetzlicher Erlöschenstatbestand ist der **Tod des AN** (vgl ausdrücklich § 83 Abs 1 GewO 1859, § 14 Abs 2 lit a BAG). Grund dafür ist, dass das Arbeitsverhältnis in Bezug auf den AN stark personenbezogen ist.

  Zu beachten ist, dass in diesem Fall Ansprüche von Rechtsnachfolgern bzw Hinterbliebenen (vgl § 23 Abs 6 AngG, § 14 Abs 5 BMSVG; dazu 5.1.4.1.1.3, 5.1.4.2.4.1) in Frage kommen.

- Der **Tod des AG** hingegen ist **grundsätzlich kein Erlöschensgrund** kraft G. Es kommt zur Rechtsnachfolge von Todes wegen, soll das Arbeitsverhältnis dabei nicht fortgesetzt werden, muss es nach allgemeinen Regeln, also zB durch Kündigung oder einvernehmliche Lösung, beendet werden.

Entscheidung 31: Höchstpersönliche Arbeitsleistung

Ausnahmsweise bewirkt der Tod des AG als solcher die Beendigung des Arbeitsverhältnisses dann, wenn die Arbeitsleistung ausschließlich und unmittelbar auf die Person des Verstorbenen bezogen und ihr gegenüber zu erbringen war.

OGH 12. 7. 1977, 4 Ob 91/77, Arb 9604

---

[62]) OGH 27. 5. 1986, 14 Ob 81, 82/86, DRdA 1988, 346 *(Kerschner).*

[63]) *Löschnigg,* Arbeitsrecht[12] 746 ff.

Das **Lehrverhältnis** erlischt gem § 14 Abs 2 lit b BAG, wenn der Lehrberechtigte stirbt und kein Ausbilder vorhanden ist, es sei denn, dass ein solcher ohne unnötigen Aufschub bestellt wird.

- Gem § 83 Abs 1 GewO 1859 erlischt das Arbeitsverhältnis bei **„Aufhören des Gewerbebetriebs"**. Gemeint ist damit die endgültige und völlige Stilllegung des Unternehmens samt Zurücklegung der Gewerbeberechtigung.

Im Bereich anderer G stellt hingegen die Betriebsstilllegung grundsätzlich keinen Erlöschensgrund dar. Gem § 83 Abs 2 GewO 1859 steht dem betroffenen AN dann, wenn der AG das Gewerbe freiwillig, aus Verschulden oder infolge eines ihn treffenden Zufalls aufgibt, Schadenersatz iS einer Kündigungsentschädigung zu.

- Einige Erlöschensgründe kennt das **Berufsausbildungsrecht** (s schon oben). Das Lehrverhältnis erlischt beispielsweise, wenn die Lehrlingsstelle rechtskräftig die Eintragung des Lehrvertrags verweigert oder die Löschung desselben verfügt, der Lehrling die Lehrabschlussprüfung erfolgreich ablegt oder der Lehrberechtigte nicht mehr zur Berufsausübung (zB wegen Entzugs der Gewerbeberechtigung) bzw Lehrlingsausbildung (wegen eines Ausbildungsverbots gem § 4 BAG) befugt ist (vgl § 14 Abs 2 lit c–e BAG).

Praktische Bedeutung haben die Tatbestände betreffend den Verlust der Befugnis zur Berufsausübung im **Insolvenzfall,** zumal der Insolvenzverwalter (bzw der Schuldner) Lehrverhältnisse wegen Vorliegens einer „gesetzlichen Kündigungsbeschränkung" nicht nach § 25 IO kündigen kann (vgl auch 2.3.2.1.5 b, 2.4.1.2):

Entscheidung 32: Versiegelung der Geschäftsräume

Durch die Eröffnung des Konkurses über das Vermögen des Lehrberechtigten wird das Lehrverhältnis nicht beendet, der Insolvenzverwalter wird als Fortbetriebsberechtigter nach GewO auch Lehrberechtigter nach § 2 BAG.

Während des Insolvenzverfahrens berührt die Zurücklegung der Gewerbeberechtigung des Schuldners das Lehrverhältnis nicht. Erst der Verlust des Fortbetriebsrechts der Masse, das mit Eröffnung des Insolvenzverfahrens zusätzlich zur Gewerbeberechtigung des Schuldners entsteht, stellt den Endigungsgrund des § 14 Abs 2 lit d BAG her.

Verzichtet der Insolvenzverwalter innerhalb eines Monats ab Insolvenzverfahrenseröffnung auf das Fortbetriebsrecht, so gilt dieses gewerberechtlich als nicht entstanden. Das Lehrverhältnis endet in diesem Fall aber ex nunc im Zeitpunkt des Verzichts.

OGH 19. 12. 2012, 8 ObS 15/12 g, RdW 2013, 225 = infas 2013 A 36

Weitere Erlöschenstatbestände finden sich zB in § 29 TAG bzw ergeben sich aus den Regeln über das Nichtigwerden von Arbeitsverträgen, etwa nach dem AuslBG (vgl 3.1.6).

2.2 Sonstige Rechtsfolgen der Beendigung des Arbeitsverhältnisses

Im Zuge der Darstellung verschiedener Arten der Beendigung des Arbeitsverhältnisses unter 2.1 wurden bereits mehrere Rechtsfolgen von Beendigungen angesprochen. So wurde der **Schadenersatz wegen rechtswidriger Lösung** insb unter 2.1.2.3, 2.1.3.1.3, 2.1.3.2.3 und 2.1.4 abgehandelt. Nur erwähnt wurde bislang die **Abfertigung** nach den §§ 23f AngG sowie nach BMSVG (vgl insb 2.1.3.1.3, 2.1.3.2.3). Derartige Ansprüche stellen Entgelte aus der Beendigung des Arbeitsverhältnisses dar und werden daher im Abschnitt über das Entgelt vertieft (vgl 5.1.4). In ähnlichen Zusammenhängen ist die **Urlaubsersatzleistung** vorgekommen, auf die ausführlich im Urlaubsrecht eingegangen wird (vgl 8.2.9). Auch die beendigungsabhängigen Aspekte des Rechts der **Konkurrenzklausel,** der **Ausbildungskostenklausel** und des **Betriebspensionsrechts** werden in die jeweiligen Spezialkapitel verlegt (vgl 7.6.2.3.3, 3.2.5.3 b sowie 5.1.5.3 a).

Im Folgenden werden einige „sonstige" Punkte genauer behandelt:

2.2.1 Freizeit während der Kündigungsfrist[64])

Gem § 22 Abs 1 AngG, § 1160 Abs 1 ABGB ist dem AN bei Kündigung durch den AG während der Kündigungsfrist auf sein Verlangen wöchentlich mindestens ein Fünftel der regelmäßigen wöchentlichen Arbeitszeit ohne Schmälerung des Entgelts freizugeben (vgl auch § 20 GAngG, § 16 HGHAngG und § 26 TAG).

Der Anspruch auf Freizeit während der Kündigungsfrist **dient** in erster Linie dazu, dem gekündigten AN die Möglichkeit zu geben, eine **neue Arbeit zu suchen.** Die Freizeitgewährung ist jedoch – anders als früher – vom G nicht mehr an die Postensuche geknüpft. Damit ist der AN nicht gezwungen, Bewerbungsgespräche nachzuweisen bzw die kontaktierten Unternehmen bekannt zu geben.

Nach dem Wortlaut von § 22 Abs 1 AngG bzw § 1160 Abs 1 ABGB ist eine **Kündigung von Seiten des AG** für den Anspruch vorausgesetzt. Die nach einer alten Rechtslage anspruchsbegründende **Kündigung durch den AN** ist somit **nicht** mehr Basis für einen bezahlten Freistellungsanspruch[65]). Das grundlegende Problem, ob **bei anderen Beendigungsformen,** insb bei einvernehmlichen Auflösungen und Befristungen, ein Anspruch auf Freizeit zusteht, blieb von allen Novellierungen unberührt. Bei diesen Beendigungsformen wird daher weiterhin zu prüfen sein, wem die Auflösung eher zugerechnet werden kann, dh in wessen Interesse oder auf wessen Initiative hin die einvernehmliche Auflösung oder der Zeitablauf zustande gekommen ist. Wenn die **Auflösung** des Arbeitsverhältnisses **eher der Arbeitgebersphäre zugeordnet** werden kann, wird der **Anspruch auf Freizeit zu bejahen** sein, ansonsten nicht[66]).

---

[64]) *Löschnigg,* Arbeitsrecht[12] 773ff; *Drs* in ZellKomm[2] § 22 AngG.

[65]) Die seinerzeitigen Bestimmungen, wonach bei Kündigung von Seiten des AN die Hälfte des Freizeitanspruchs zustand, wurden durch das ARÄG 2000, BGBl I 44, in diesem Sinne geändert.

[66]) *Löschnigg,* Arbeitsrechtsänderungsgesetz 2000 – Dienstverhinderungen/Krankenstand und Freizeit während der Kündigungsfrist, in *Resch* (Hrsg), Aktuelle Neue-

Entsprechend der bisherigen Judikatur würde kein Anspruch entstehen, wenn die Beendigung des Arbeitsverhältnisses im Interesse beider Parteien gelegen ist. Auch bei überwiegendem Interesse des AG ist nach der Rechtsprechung[67]) bei kurzen Befristungen bis zu einer Dauer von drei Monaten eine Ausnahme zu machen und der Anspruch zu verneinen.

Die **Höhe** der Entgeltfortzahlung ist so zu bestimmen, dass dem AN während der Freistellung das Entgelt nicht geschmälert wird. Es ist also nach dem fiktiven Ausfallsprinzip (vgl allg 6.2.1.2 a) vorzugehen, sodass der AN das erhält, was er im Falle normaler Verrichtung der Arbeit verdient hätte.

Was das **Ausmaß** des Anspruchs anlangt, so wird von einem **Fünftel der regelmäßigen wöchentlichen Arbeitszeit** ausgegangen. Damit ist klargestellt, dass der Freizeitanspruch im Fall von Teilzeitarbeit zu aliquotieren ist.

Zu beachten ist, dass die Freistellungsansprüche nach den Formulierungen in § 22 AngG, § 1160 ABGB als **jedenfalls zu gewährende Mindestansprüche** konzipiert sind. Hat der AN einen Bedarf an Freistellung, der nicht vom gesetzlichen (oder von einem allfälligen kollektivvertraglichen) Mindestanspruch abgedeckt ist, so hat er diesen darzulegen, was zu einer weitergehenden Entgeltfortzahlung gem § 8 Abs 3 AngG, § 1154 b Abs 5 ABGB führen kann. Aus systematischer Sicht sind nämlich die einschlägigen Regelungen als Spezialregelungen im Verhältnis zu den allgemeinen Bestimmungen über die sonstigen in der Person des AN gelegenen Arbeitsverhinderungen (vgl 6.2.2) anzusehen.

Die Freizeit ist **auf Verlangen** des AN zu gewähren. Dieser muss daher von sich aus an den AG herantreten. Über die **Festlegung der freizugebenden Stunden** haben sich **AN und AG unter Abwägung der beiderseitigen Interessen zu verständigen.** Hat der AN Gründe für einen bestimmten Freistellungszeitraum, etwa ein Vorstellungsgespräch, so werden die Interessen des AG den Wunschtermin kaum jemals in Frage stellen können.

Entscheidung 33: Vorstellungstermin

Ein eigenmächtiges Fernbleiben von der Arbeit nach § 22 AngG berechtigt nicht zur Entlassung, wenn auf Seite des AN ein unverschiebbarer Vorstellungstermin und damit ein gewichtiger Grund für die Inanspruchnahme der Freizeit zu dem von ihm unter Bedachtnahme auf die Erfordernisse des Betriebs gewählten, wenngleich vom AG abgelehnten Zeitpunkt gegeben ist.

OGH 6. 4. 1976, 4 Ob 16/76, DRdA 1977, 153 *(Hengstler)* = ZAS 1977, 104 *(Schnorr)*

Lehnt also der AG einen Termin ab, so wird der AN, um den Vorwurf einer Arbeitspflichtverletzung hintanzuhalten, einen zeitgleichen Bewerbungstermin oÄ nachweisen müssen.

---

rungen im Arbeits- und Sozialrecht (2001) 26; weitergehend *Drs* in ZellKomm² § 22 AngG Rz 7.

[67]) OGH 10. 2. 1993, 9 ObA 604/92, DRdA 1993, 482 (krit *Eypeltauer*) = ZAS 1994, 92 (krit *Egger*).

Der Anspruch auf Freizeit während der Kündigungsfrist ist **in natura zu verbrauchen.** Eine Abschlagszahlung an Stelle der Freizeitgewährung widerspricht der gesetzlichen Zielsetzung und ist daher nicht möglich[68]).

Zu beachten ist aber, dass die gesetzliche Situation gem § 22 Abs 4 AngG, § 1160 Abs 4 ABGB durch KollV - nicht aber durch Arbeitsvertrag (vgl § 40 AngG, § 1164 ABGB) - auch zu Lasten des AN verändert werden kann. Die Regelungen sind also **kollektivvertragsdispositiv** (vgl allg 10.4.2.3.1). In diesem Zusammenhang könnte ein KollV ua die Ablöse in Geld an Stelle des Naturalanspruchs vorsehen.

Wird der Anspruch allerdings **bis zum Ablauf des Arbeitsverhältnisses trotz Verlangens des AN nicht gewährt,** so wandelt er sich - ähnlich wie im Urlaubsrecht (vgl 8.2.9) - in einen **Geldanspruch**[69]).

Eine eingeschränkte Anspruchsgewährung ergibt sich im Zusammenhang mit **gesetzlichen Pensionsansprüchen:** Ansprüche nach Abs 1 des § 22 AngG bzw des § 1160 ABGB bestehen nämlich gem Abs 2 leg cit nicht, wenn der AN Anspruch auf eine Pension aus der gesetzlichen Pensionsversicherung hat, sofern eine Bescheinigung über die vorläufige Krankenversicherung vom Pensionsversicherungsträger ausgestellt wurde.

2.2.2 Arbeitszeugnis

Die Pflicht des AG zur Ausstellung von Arbeitszeugnissen bei Beendigung des Arbeitsverhältnisses ergibt sich insb aus § 39 AngG, § 1163 ABGB (daneben zB § 39 GAngG, § 18 HGHAngG). Der AG muss nur auf Verlangen des AN handeln, das dieser allerdings mangels Sonderregelung 30 Jahre lang (allgemeine Verjährungsfrist) stellen kann[70]).

Neben dem **„Endzeugnis“** gibt es auch ein **„Zwischenzeugnis“.** Bei Ersterem hat der AG, bei Letzerem der AN die Kosten der Ausstellung zu tragen.

Für **Lehrlinge** ist nach § 16 BAG ein **Lehrzeugnis** vorgesehen, welches neben das **Prüfungszeugnis** über die Lehrabschlussprüfung gem § 26 BAG tritt.

Der AG ist nur verpflichtet, ein **einfaches Arbeitszeugnis** auszustellen, das schriftlich über die Dauer und die Art der Arbeitsleistung Bescheid gibt (Beschäftigungsbestätigung)[71]).

Was den Hinweis auf die **Art der Arbeitsleistung** betrifft, so darf sich dieser nicht in einer vagen Berufsbezeichnung erschöpfen, sondern muss einen guten Einblick in den tatsächlichen Aufgabenkreis des AN gewähren, ohne dabei völlig ins Detail gehen zu müssen. Ein Rechtsanwaltsanwärter beispielsweise kann daher die Angabe seines Spezialgebiets, nicht aber die Aufzählung sämtlicher Rechtsgebiete, mit denen er zu tun hatte, verlangen[72]). Firmeninterne Amtstitel müssen nicht erwähnt werden.

---

[68]) OGH 7. 9. 2000, 8 ObA 174/00x, DRdA 2001, 349 *(Drs).*

[69]) LG Wien 8. 9. 1969, 44 Cg 92/69, DRdA 1971, 66 *(Weisgram).*

[70]) Vgl zB OGH 8. 3. 2001, 8 ObA 217/00w, JBl 2001, 735.

[71]) Nach deutschem Recht ist hingegen ein qualifiziertes Arbeitszeugnis, ein „Verwendungs- bzw Qualifikationszeugnis“, vorgesehen.

[72]) OGH 30. 6. 2005, 8 ObA 16/05v, ZAS-Judikatur 2005/158, 255.

Der Zeugnistext muss den drei Grundprinzipien der **Wahrheit,** der **wohlwollenden Formulierung** und des **Verbots nachteiliger Formulierungen** entsprechen.

Aus letzterem Grundsatz ist abzuleiten, dass der AG zB keine Hinweise – auch keine Codes – in Richtung einer schlechten bzw unrentablen Arbeitsleistung aufnehmen darf. Auch das Fehlen einer sog Belobigungsformel kann erschwerend sein.

Gerade dabei zeigt sich, dass der Grundsatz der Zeugniswahrheit und das Erschwerungsverbot in einem gewissen Spannungsverhältnis zueinander stehen:

Entscheidung 34: Vollste Zufriedenheit

Die Wendung „zur vollsten Zufriedenheit" in Dienstzeugnissen ist gebräuchlich. Es ist zwar richtig, dass Komparativ- und Superlativformen bei jenen Adjektiven unüblich sind, die bereits einen höchsten oder geringsten Grad bezeichnen. Dennoch werden aber auch solche Adjektive gelegentlich gesteigert, wenn der höchste oder geringste Grad noch verstärkt werden soll. Gerade in der „Zeugnissprache" spielen Superlative eine besonders große Rolle. Die rechtliche Beurteilung des Berufungsgerichts, das gegenständliche Dienstzeugnis, wonach die AN alle ihr übertragenen Aufgaben „zur vollen Zufriedenheit" erledigt habe, sei nicht zweifelsfrei günstig für die AN, ist jedenfalls vertretbar.

Der Inhalt eines Dienstzeugnisses hat auch wahr zu sein. Hat die AN keineswegs alle ihr übertragenen Aufgaben „zur vollen Zufriedenheit" erledigt, sondern war vielmehr das Gegenteil der Fall, weshalb die AN auch zu Recht wegen beharrlicher Verletzung ihrer Pflichten nach § 82 lit f GewO 1859 entlassen wurde, so besteht (bloß) der Anspruch auf Ausstellung eines Dienstzeugnisses ohne Belobigung zu Recht.

OGH 17. 12. 2008, 9 ObA 164/08 w, ASoK 2009, 353

2.3 Kündigungs- und Entlassungsschutz

Zu unterscheiden ist zwischen allgemeinem (vgl 2.3.1), besonderem (vgl 2.3.2) und individuellem Kündigungs- und Entlassungsschutz (vgl 2.3.3). Ebenfalls systematisch hierher gezählt werden können die Fälle der sittenwidrigen Kündigung (vgl 2.3.4).

Der Kündigungs- und Entlassungsschutz schützt vor einseitigen Schritten des AG zur Lösung des Arbeitsverhältnisses. Vom Kündigungs- bzw Entlassungsschutz **nicht erfasst** werden **alle Beendigungsarten,** die **nicht** als **Kündigungen** des AG **bzw Entlassungen** zu qualifizieren sind, also insb

- einvernehmliche Lösung (vgl 2.1.1)
- Ablauf einer Befristung (vgl 3.2.1.1)
- begünstigte Lösung während der Probezeit (vgl 3.2.3.2)

Löst demnach ein AN sein Arbeitsverhältnis beispielsweise einvernehmlich auf, so begibt er sich eines allfälligen Kündigungs- und Entlassungsschutzes.

2.3.1 Allgemeiner Kündigungs- und Entlassungsschutz[73])

Der allgemeine Kündigungsschutz ergibt sich aus § 105 bzw § 107 ArbVG (vgl 2.3.1.1), der allgemeine Entlassungsschutz findet sich in § 106 bzw § 107 ArbVG (vgl 2.3.1.2).

Die Bezeichnung **„allgemein"** soll darauf hinweisen, dass von den einschlägigen Bestimmungen prinzipiell jeder AN erfasst ist, ohne dass es auf eine besondere Schutzbedürftigkeit ankommt (vgl hingegen 2.3.2).

Eine Besonderheit der österreichischen Rechtslage besteht darin, dass der allgemeine Kündigungs- und Entlassungsschutz im Rahmen der Betriebsverfassung (II. Teil des ArbVG) niedergelegt ist. Es kommt daher hinsichtlich des **subjektiven** Geltungsbereichs der Schutzbestimmungen auf den **Arbeitnehmerbegriff der Betriebsverfassung** an (vgl 1.2). Aus der Situierung im Betriebsverfassungsrecht folgen auch **objektive** Einschränkungen des Anwendungsbereichs: Da die §§ 105 ff ArbVG die tatsächliche oder zumindest potenzielle Mitwirkung eines BR voraussetzen (vgl 2.3.1.1 b, 2.3.1.2 b), kommen die Bestimmungen für den **Kleinbetrieb iSd Betriebsverfassungsrechts,** das ist vor dem Hintergrund des § 40 Abs 1 ArbVG ein Betrieb **mit weniger als fünf AN, nicht** in Frage (vgl allg 13.1.2).

Diese rechtspolitisch nicht ganz einleuchtende Schutzlücke wird durch die mehr als eigenartigen Bestimmungen des § 15 Abs 3–5 AVRAG zum Teil geschlossen. Es wird dort nämlich **AN in** von den Belegschaftsvertretungsregelungen nicht erfassten **Kleinbetrieben** ein den §§ 105 ff ArbVG **nachgezeichneter Kündigungs- und Entlassungsschutz** gewährt, beschränkt allerdings auf gewisse Geburtsjahrgänge, noch dazu nach Frauen und Männern altersmäßig differenziert. Es dürften hier sowohl der verfassungsrechtliche Gleichheitssatz als auch die unionsrechtlichen Vorschriften über die Gleichbehandlung von Frau und Mann im Arbeitsleben verletzt sein (zur Gleichbehandlung im Arbeitsrecht vgl ua auch 5.3.3, 8.4).

2.3.1.1 Allgemeiner Kündigungsschutz

Die Bestimmungen über den allgemeinen Kündigungsschutz unterscheiden danach, ob in einem betriebsratspflichtigen Betrieb tatsächlich ein BR besteht (§ 105 ArbVG; vgl 2.3.1.1.1) oder nicht (§ 107 ArbVG; vgl 2.3.1.1.2).

2.3.1.1.1 Betrieb mit BR[74])

a) Vorverfahren

Besteht ein BR, so ist gem § 105 Abs 1 und 2 ArbVG ein sog **Vorverfahren** einzuhalten: Beabsichtigt der BI die Kündigung eines AN, so muss er vor Ausspruch derselben den BR verständigen. Auf Verlangen hat sich der AG mit dem BR zum Thema zu beraten. Der BR hat innerhalb **einer Woche** zur Kündigungsabsicht Stellung zu nehmen.

---

[73]) *Löschnigg,* Arbeitsrecht[12] 632 ff, 712 ff; *Grillberger,* Arbeitsrecht I[4] 376 ff, 421 ff; *Marhold/Friedrich,* Arbeitsrecht[2] 299 ff, 366 ff; *Windisch-Graetz,* Arbeitsrecht II[8] 267 ff, 294 f; *Wolligger* in ZellKomm[2] §§ 105 ff ArbVG.

[74]) In diesem Kapitel wird die Darstellung des allgemeinen Kündigungs- und auch Entlassungsschutzes konzentriert, sodass in den folgenden Abschnitten immer wieder auf diesbezügliche allgemeine Ausführungen zurückverwiesen werden kann.

Die Verständigung an den BR muss sich auf ein konkretes Arbeitsverhältnis, auf einen namentlich genannten AN beziehen und in einem zeitlichen Zusammenhang mit dem Ausspruch der Kündigung stehen[75]). Die Erklärung ist gegenüber dem Betriebsratsvorsitzenden abzugeben (§ 71 ArbVG).

Wird die Kündigung vor Ablauf der Stellungnahmefrist ausgesprochen, so ist sie **rechtsunwirksam,** es sei denn, der BR hat seine Stellungnahme bereits abgegeben.

Erst recht ist die Kündigung dann rechtsunwirksam, wenn der BR übergangen und überhaupt nicht verständigt wurde.

Ist ein AN mit einer derart nichtigen Kündigung konfrontiert, so kann er sich zB auf das Aufrechtbestehen des Arbeitsverhältnisses über den gesetzten Kündigungstermin hinaus berufen und diesbezüglich Erfüllungsansprüche geltend machen, dh das Arbeitsentgelt, allenfalls gem § 1155 ABGB (vgl 6.1, 6.1.1), einfordern.

Der BR hat folgende **Möglichkeiten der Stellungnahme:**

- ausdrücklicher Widerspruch
- Zustimmung
- keine, verspätete oder neutrale Äußerung („schlichter Widerspruch")

Für die **Zustimmung** zur Kündigung bedarf es im Betriebsratsgremium der Erfüllung **qualifizierter Beschlussfassungserfordernisse,** nämlich der Mehrheit von zwei Drittel der abgegebenen Stimmen (§ 68 Abs 2 Satz 3 ArbVG) bei – dies ist immer Voraussetzung – Anwesenheit von mindestens der Hälfte der Mitglieder (§ 68 Abs 1 ArbVG).

Für den BI, der die Stellungnahme des BR von Seiten des Betriebsratsvorsitzenden übermittelt bekommt, ist ein **Mangel** in der Willensbildung des BR **irrelevant, es sei denn,** er **kannte** den Mangel oder **musste** diesen **kennen**[76]).

b) Anfechtungsberechtigung und Anfechtungsfristen

Die Kündigung ist, sofern das Vorverfahren eingehalten wurde (vgl a), unabhängig von der Stellungnahme des BR **rechtswirksam,** dh das Arbeitsverhältnis endet zum vorgesehenen Kündigungstermin. Die **Reaktion des BR** hat aber **Einfluss auf** die **Anfechtungsmöglichkeiten,** und zwar einerseits in materieller (Anfechtungsgründe; vgl allg c, d) und andererseits in formeller Hinsicht (Anfechtungsberechtigung, Anfechtungsfristen):

- Hat der BR der Kündigung **ausdrücklich widersprochen,** kommt primär ihm das Anfechtungsrecht zu, welches durch **Klage beim ASG** auszuüben ist. Der **BR** hat über Verlangen des AN die Kündigung **binnen einer Woche ab** vom BI vorzunehmender (§ 105 Abs 4 Satz 1 ArbVG) **Verständigung vom Ausspruch** beim ASG anzufechten. Nur wenn der BR die Anfechtungsklage nicht selbst einbringt, ist der **AN selbst** zur Anfechtung **innerhalb zweier weiterer Wochen** nach Ablauf der für

[75]) Zum zeitlichen Zusammenhang vgl OGH 21. 10. 1999, 8 ObA 256/99a, infas 2000 A 19 = RdW 2000, 663.

[76]) OGH 7. 7. 1981, 4 Ob 68/81, Arb 10.002; 8. 7. 1992, 9 ObA 117, 118/92 DRdA 1993, 122 *(Marhold)* = ZAS 1993, 136 *(Kirschbaum);* vgl auch VwGH 12. 12. 1978, 207/77, ZAS 1980, 106 *(Jabornegg).*

den BR geltenden Frist legitimiert. Materiell stehen alle Anfechtungsmöglichkeiten offen (s dazu unten).

Aus der Praxis: Die Fristen für die Anfechtungsklage in § 105 ArbVG sind knapp bemessen. Die Vertreter der Arbeitnehmerseite in Arbeiterkammern und Gewerkschaft versuchen daher, BR zu ausdrücklichen Widersprüchen zu motivieren, obzwar diese mangels juristischer Spezialkenntnisse eher selten selbst den Anfechtungsprozess führen. Damit besteht nämlich im Ergebnis die Anfechtungsmöglichkeit eine Woche länger (zur Anfechtungsfrist beim sog schlichten Widerspruch s unten).

- Hat der BR der Kündigung **zugestimmt,** kann der **AN innerhalb von zwei Wochen nach Zugang der Kündigung** die Anfechtungsklage selbst einbringen. Was die Anfechtungsgründe anlangt, so kann eine **Sozialwidrigkeit nicht** geltend gemacht werden (sog **Sperrrecht** des BR; § 105 Abs 3 Z 2 iVm Abs 6 ArbVG). Es ist daher nur die Anfechtung wegen eines verpönten Motivs nach § 105 Abs 3 Z 1 ArbVG möglich (zu den Gründen s gleich unten).

  Der BR bekommt es damit in die Hand, zu bestimmen, welche AN sozial schutzbedürftig sind und welche nicht. Derartige Beurteilungen sind schwierig und mit großer Verantwortung verbunden, sodass nur wenige BR in Extremfällen (zB bei Unternehmenskrisen) wohl überlegte Zustimmungen erteilen.
  Wird die eingeräumte Macht von einem BR missbraucht und eine Zustimmung aus sachfremden Gründen (zB „Rache" an einem ehemaligen Personalchef) erteilt, so ist laut OGH[77]) keine Sittenwidrigkeit nach § 879 ABGB gegeben, weil dies auf eine – unzulässige – richterliche Nachprüfung der demokratischen Willensbildung eines Organs der Betriebsverfassung hinauslaufen würde.

- Hat der BR einen **schlichten Widerspruch** getätigt, kann der **AN innerhalb zweier Wochen nach Zugang der Kündigung** die Anfechtungsklage einbringen. Materiell gesehen stehen beide Arten der Anfechtung zur Verfügung; anders als bei ausdrücklichem Widerspruch kann jedoch ein **Sozialvergleich nicht** beantragt werden (§ 105 Abs 3c ArbVG; s unten).

Die Anfechtungsfrist ist eine **formelle Frist,** dh die Klage muss innerhalb der Frist zur Post gegeben werden. Eine Wiedereinsetzung in den vorigen Stand ist möglich[78]).

Es gibt zwei Gruppen von **Anfechtungsgründen:**

- Verpönte Motive iSd § 105 Abs 3 Z 1 ArbVG
- Sozialwidrigkeit iSd § 105 Abs 3 Z 2 ArbVG

c) Anfechtung wegen eines verpönten Kündigungsmotivs

Die verpönten Motive sind in § 105 Abs 3 Z 1 ArbVG taxativ aufgezählt. Motive sind schwer zu beweisen. Es reicht daher, dass der AN einen derarti-

[77]) OGH 25. 6. 2013, 9 ObA 38/13y, ARD 6342/4/2013.

[78]) OGH 6. 12. 1989, 9 ObA 289/89, ZAS 1990, 166 *(Andexlinger)* = ARD 4143/14/90.

gen Grund **glaubhaft** macht; die Klage ist abzuweisen, wenn eine höhere Wahrscheinlichkeit für ein anderes vom AG glaubhaft gemachtes Motiv spricht (§ 105 Abs 5 ArbVG).

Ein enger **zeitlicher Zusammenhang** zwischen Motiv und Kündigungsausspruch stellt ein gewisses **Indiz** für das Vorliegen eines Kündigungsanfechtungsgrundes dar. Es genügt, dass ein Motiv für die Kündigung **wesentlich** ist; es ist nicht notwendig – ein derartiges Postulat wäre völlig unrealistisch –, dass das Motiv den alleinigen Beweggrund darstellt[79]).

Die **Anfechtungstatbestände** sind kurz zusammengefasst Folgende:

- Beitritt zu bzw Mitgliedschaft oder Tätigkeit in Gewerkschaften (lit a, lit b)
- Einberufung der Betriebsversammlung (lit c)
- Mitwirkung oder Kandidatur bei der Betriebsratswahl (lit d, lit e Fall 1)
- frühere Betriebsratstätigkeit (lit e Fall 2)
- Tätigkeit in einer Schlichtungsstelle (lit f)
- Tätigkeit als Sicherheitsvertrauensperson bzw im sicherheitstechnischen oder arbeitsmedizinischen Dienst (lit g)
- bevorstehender Präsenz-, Zivil- oder Ausbildungsdienst (lit h)
- offenbar nicht unberechtigte Geltendmachung von Forderungen aus dem Arbeitsverhältnis (sog **Vergeltungskündigung;** lit i)
- Tätigkeit als Sprecher im Zusammenhang mit der Schaffung einer europäischen Betriebsvertretung (lit j)

Entscheidung 35: Schweißcomputer

Ansprüche aus dem Arbeitsverhältnis iSd § 105 Abs 3 Z 1 lit i ArbVG umfassen nicht nur Geldleistungen, sondern alle anderen Leistungs- und Unterlassungsansprüche, die im Zusammenhang mit dem Arbeitsverhältnis stehen.

Sowohl durch die Weigerung, ohne ausreichende Einschulung einen Schweißcomputer zu bedienen, als auch durch die Einholung einer diesbezüglichen Auskunft bei seiner Interessenvertretung macht der AN derartige Ansprüche geltend, weshalb eine einseitige Beendigung durch den AG aus diesen Gründen gem § 105 Abs 3 Z 1 lit i ArbVG rechtsunwirksam ist.

OGH 22. 12. 1993, 9 ObA 223/93, DRdA 1994, 409 *(Anzenberger)*

Weitere Anfechtungsgründe finden sich in § 130 Abs 4 ArbVG im Zusammenhang mit dem Jugendvertrauensrat.

d) Anfechtung wegen Sozialwidrigkeit

Die Anfechtung der Kündigung wegen Sozialwidrigkeit gem § 105 Abs 3 Z 2 ArbVG setzt eine zum Zeitpunkt des Ausspruchs der Kündigung bestehende **Unternehmenszugehörigkeit von** zumindest **sechs Monaten** voraus.

[79]) OGH 14. 11. 1996, 8 ObA 2308/96 m, ASoK 1997, 197.

Kernpunkt ist, dass durch die Kündigung **wesentliche Interessen des AN beeinträchtigt** werden müssen. Sodann dürfen weder **Gründe in der Person des AN** (lit a leg cit) noch **betriebliche Gründe** (lit b leg cit) vorliegen, die die Kündigung rechtfertigen.

Sind auf beiden Seiten derartige Aspekte gegeben, ist eine **Interessenabwägung** zwischen den Arbeitnehmerinteressen und den Kündigungsgründen vorzunehmen. Für ältere, langjährig beschäftigte AN ist dabei ein erhöhter Schutz gegeben (vgl § 105 Abs 3b ArbVG), ebenso für langjährige Nachtschwerarbeiter (vgl § 105 Abs 3a ArbVG).

Eine **Beeinträchtigung wesentlicher Interessen des AN** liegt nach hA vor allem in zwei Situationen vor:

- Dem AN **droht** infolge der Kündigung **lang dauernde Arbeitslosigkeit.** Umso länger eine derartige Arbeitslosigkeit prognostiziert wird, umso stärker ist die Beeinträchtigung des AN in der Interessenabwägung zu veranschlagen.
- Dem AN **droht** infolge der Kündigung eine **erhebliche Einkommenseinbuße.** Je stärker diese Einbuße aller Voraussicht nach ausfallen wird, desto gewichtiger ist die Beeinträchtigung des AN in der Interessenabwägung anzusetzen.

Abgestellt wird dabei nicht auf die individuelle Situation des AN, sondern auf das **Familieneinkommen:**

Entscheidung 36: Ehegatte

Bei der Prüfung, ob eine Kündigung wesentliche Interessen des AN beeinträchtigt, ist nicht ausschließlich darauf abzustellen, ob dem gekündigten AN Arbeitslosigkeit droht. Es ist auf die gesamte wirtschaftliche Situation des AN und daher auch auf das Einkommen des Ehegatten Bedacht zu nehmen. Liegt eine fühlbare, ins Gewicht fallende Verschlechterung der wirtschaftlichen Lage nicht vor, werden wesentliche Interessen nicht beeinträchtigt.

OGH 12. 10. 1988, 9 ObA 206/88, DRdA 1991, 33 *(B. Schwarz)*

Die Beeinträchtigung wesentlicher Interessen des AN tritt nicht erst dann ein, wenn bei diesem eine existenzbedrohende Notlage entstehen würde. Es genügt, dass durch die Kündigung eine fühlbare finanzielle Schlechterstellung für die Zukunft zu erwarten ist. Dabei sind alle Umstände des Einzelfalles zu würdigen, also neben dem Familieneinkommen auch allenfalls vorhandenes Vermögen und insb **Sorgepflichten gegenüber Angehörigen** sowie **berücksichtigungswürdige Zahlungsverpflichtungen** (zB Kreditverpflichtungen im Zusammenhang mit der Beschaffung von Wohnraum für die Familie) in die Abwägung einzubeziehen.

Aus der Praxis: Unterlegt wird das entsprechende Vorbringen der Arbeitnehmerseite idR durch das Gutachten eines berufskundlichen Sachverständigen, welches dann besonderes Gewicht hat, wenn dem konkreten AN drohende lang dauernde Arbeitslosigkeit von mehr als sechs Monaten oder deutliche, im Durchschnittsfall einer österreichischen Mittelstandsfamilie zB über 20% hinausgehende Einbußen im Familieneinkommen für einen nicht unerheblichen Zeitraum bescheinigt werden.

Liegt keine wesentliche Beeinträchtigung des AN vor, ist die Anfechtungsklage abzuweisen (genauer dazu f).

Hat der AN die wesentliche Beeinträchtigung seiner Interessen dargestellt, so muss der **AG Rechtfertigungsgründe** ins Treffen führen.

Kann er dies nicht, ist der Anfechtungsklage ohne weiteres stattzugeben (zur Anfechtungsklage genauer f).

Das G sieht für den AG in § 105 Abs 3 ArbVG zwei Arten von Rechtfertigungsgründen vor:

- **Persönliche Gründe, die die betrieblichen Interessen nachteilig berühren (Abs 3 Z 2 lit a).** In Frage kommen hier Verletzungen von Vertragspflichten, die keinen Entlassungsgrund darstellen (zB nicht vorgesehene Rauchpausen oder Privattelefonate, ungerechtfertigte Verweigerung von Fortbildung), persönliche Differenzen mit dem AG, sonst mangelhafte Arbeitsleistung oder häufige Krankenstände.
- Die vom BI vorzubringenden persönlichen Gründe müssen derart gewichtig sein, dass im Falle einer Weiterbeschäftigung des AN die **Leistungsfähigkeit oder Ordnung des Betriebes gefährdet** wäre. Sie müssen zwar naturgemäß nicht die Schwere von Entlassungsgründen haben, es können aber Grundsätze des Entlassungsrechts maßgeblich werden, insb kann der AG angehalten sein, derartige Gründe unverzüglich aufzugreifen und zur Kündigung zu schreiten.

Sozialpolitisch besonders brisant ist der Rechtfertigungsgrund bei übermäßigen Krankenständen:

Entscheidung 37: Planbarkeit

Krankenstände im Ausmaß von rund 27% der möglichen Arbeitszeit sind wegen der mangelnden Planbarkeit des Einsatzes der Arbeitskraft sowie wegen des vertretungsweise nicht mehr bewältigbaren Leistungsausfalls und der damit einhergehenden Beeinträchtigung des Betriebsklimas als Rechtfertigung für die Kündigung aus persönlichen Gründen anzuerkennen.

OGH 19. 6. 1991, 9 ObA 120/91, DRdA 1992, 353 *(Runggaldier)*

Es zeigt sich, dass bei chronischen oder sonst lang dauernden Krankheiten – diesbezüglich ist ein Gutachten über die medizinische Prognose einzuholen[80]) – der Kündigungsschutz stark abgeschwächt ist.

[80]) Vgl zB OGH 30. 8. 2011, 8 ObA 53/11 v, DRdA 2012, 240 = infas 2012 A 3.

- **Betriebliche Gründe, die einer Weiterbeschäftigung des AN entgegenstehen (Abs 3 Z 2 lit b).** Hier kommen Einschränkungen der wirtschaftlichen Tätigkeit (Schließung von Betriebsteilen, zB Filialen, Aufgabe von Produktionsbereichen oder Vertriebsgebieten), Umstrukturierungen oder Rationalisierungen (zB angesichts technischer oder ökonomischer Entwicklungen), welche zum Wegfall von Arbeitsplätzen führen, in Betracht.

  Das ASG hat dabei zwar zu prüfen, ob derartige wirtschaftliche Aspekte vorliegen, es kann allerdings **nicht** über die **Sinnhaftigkeit oder Notwendigkeit der** vom Unternehmer gesetzten **betriebswirtschaftlichen Reaktionen** befinden, **ausgenommen** der **personalpolitischen Maßnahmen.**

Aus diesen Grundlegungen folgt, dass in Fällen, in denen ein **Abbau von AN aus anderen Gründen** als wegen wirtschaftlicher Anpassungserfordernisse stattfindet (zB zur Pflege eines „shareholder value"), mE von vornherein **keine** „betrieblichen Erfordernisse, die einer **Weiterbeschäftigung des AN entgegenstehen**" (arg § 105 Abs 3 Z 2 lit b ArbVG) vorliegen, sodass dann, wenn der AN die Beeinträchtigung wesentlicher Interessen dartut, nicht einmal zur Interessenabwägung geschritten werden muss.

Ist die wirtschaftliche Maßnahme als solche gerechtfertigt, so kann zwar über diese grundsätzlich nicht befunden werden. Den AG trifft aber in seinen Vorgangsweisen im Personalbereich eine sog **soziale Gestaltungspflicht:** Demnach ist zu schauen, ob es dem AG nicht zumutbar ist, für einen schutzwürdigen AN, dessen Arbeitsplatz wegfällt, einen nach allfälliger Umschulung passenden Ersatzarbeitsplatz im Betrieb oder – bei enger Verflechtung bzw früherer Tätigkeit des AN in anderen Betrieben – sogar im Unternehmensbereich[81]) bereitzustellen.

Kritisch zu betrachten ist die sog **Austauschkündigung,** bei der langjährige Mitarbeiter allenfalls auch systematisch durch jüngere, nach den bestehenden KollV zumeist geringer zu entlohnende AN ersetzt werden. Liegt tatsächlich eine bloße Austauschkündigung vor – werden also zB keinerlei Kompetenzen gefordert, die der gekündigte AN nicht aufweist –, so hat der AG keine „betrieblichen Erfordernisse, die der Weiterbeschäftigung des AN" entgegenstehen. Werden bisher nicht erforderliche Kompetenzen notwendig, so ist wiederum zunächst zu prüfen, ob der AN für den AG zumutbar aufgeschult werden kann.

e) Sozialvergleich

Hat der BR gegen eine Kündigung, die vom AG mit **betrieblichen Gründen** gerechtfertigt wird, **ausdrücklich Widerspruch** erhoben, so kann von der Arbeitnehmerseite ein sog **Sozialvergleich** beantragt werden (§ 105 Abs 3c ArbVG): Die Anfechtung ist diesfalls erfolgreich, wenn ein anderer AN des gleichen Betriebs und derselben Tätigkeitssparte genannt wird, dessen Arbeit der Gekündigte zu leisten fähig und willens ist und für den die Kündigung eine weniger große soziale Härte darstellen würde.

---

[81]) So zB OGH 31. 8. 1994, 8 ObA 236/94, ZAS 1996, 119.

Sind die genannten Voraussetzungen gegeben, so ist eine Interessenabwägung iSd § 105 Abs 3 Z 2 Satz 2 ArbVG (vgl d) nicht mehr vorzunehmen. Im Hinblick auf die geforderte Arbeitsfähigkeit kann der AN auch, sofern dies aus der Sicht des AG überhaupt Sinn macht, zur Absolvierung von Umschulungen angehalten sein.

Anders als bei der „gewöhnlichen" betriebsbedingten Kündigung (vgl d) wird der AG bei einem erfolgreichen Sozialvergleich veranlasst, einen Arbeitsplatz für den sozial schutzwürdigen AN „freizumachen".

Entscheidung 38: Substantiierung beim Sozialvergleich

Bei einem Sozialvergleich muss die Vergleichsperson namhaft gemacht und deren soziale Betroffenheit substantiiert werden. Es bedarf der genauen Beleuchtung der persönlichen, familiären und wirtschaftlichen Verhältnisse sowie der jeweiligen Beschäftigungszeit im Betrieb und den Schwierigkeiten bei der Wiedereingliederung in den Arbeitsprozess. Der bloße Hinweis, dass die Vergleichsperson jünger sei, reicht nicht aus. Es reicht auch nicht, dass die Vergleichsperson im selben Betrieb arbeitet, sondern sie muss auch in derselben Tätigkeitssparte arbeiten.

OGH 11. 5. 2010, 9 ObA 69/09a, ZAS-Judikatur 2010/120, 271

Sogar ein **„vertikaler" Sozialvergleich** mit minder qualifizierten und daher idR schlechter bezahlten AN ist möglich, sofern sich diese **in derselben Tätigkeitssparte** bewegen. Die Entlohnung des gekündigten, sich erfolgreich auf den Sozialvergleich berufenden AN hat sich dabei nicht an den aktuellen ziffernmäßigen Bezügen des zum Vergleich herangezogenen AN zu orientieren. Vielmehr sind die für den Vergleichsarbeitnehmer wirksamen Entgeltrichtlinien, zuzüglich der beim Gekündigten vorliegenden Kriterien (Alter, Betriebszugehörigkeit, Verwendungsgruppendauer) zu berücksichtigen[82]).

Aus der Praxis: Die im Falle von Betriebsratswiderspruch und betriebsbedingter Kündigung im Raum stehende Möglichkeit, im Anfechtungsprozess einen Sozialvergleich zu beantragen, wird AG häufig dazu veranlassen, sich bei der Wahrnehmung ihrer sozialen Gestaltungspflicht im Vorfeld mit der Belegschaftsvertretung zu verständigen, um bei notwendigen Kündigungen gemeinsam die sozial weniger schutzbedürftigen AN auszuwählen. Zur „Absicherung" der getroffenen Entscheidung könnten es BR dann etwa bei einem schlichten Widerspruch gegen die Kündigung belassen oder dieser gar zustimmen.

f) Prozessziel

Durch das Urteil des Gerichts, mit dem es die Anfechtung als berechtigt ansieht, wird die Kündigung für **rechtsunwirksam** erklärt (§ 105 Abs 7

[82]) OGH 22. 2. 1989, 9 ObA 39/89, infas 1989 A 87; *Marhold,* Grenzen vertikaler Austauschbarkeit im Sozialvergleich, ZAS 1993, 9.

ArbVG). Ist die Kündigungsfrist bereits abgelaufen, lebt das Arbeitsverhältnis rückwirkend wieder auf, der AN hat einen Anspruch auf Entgeltfortzahlung gem § 1155 ABGB (vgl 6.1, 6.1.1).

Derartige Prozesse sind sowohl für AN als auch AG relativ unangenehm: Der AN soll in ein Arbeitsumfeld zurückkehren, aus dem er durch Kündigung herausgerissen wurde. Für den AG ist durch die relativ lange Verfahrensdauer – es können aufwändige Beweisaufnahmen notwendig sein, die Rechtssache kann über drei Instanzen gehen – das wirtschaftliche Risiko ziemlich hoch. Nicht zuletzt aus diesen Gründen enden die meisten Anfechtungsverfahren durch Vergleich, in dem beispielsweise eine Zusatzabfertigung als Überbrückungshilfe vereinbart wird.

2.3.1.1.2 Betriebsratspflichtiger Betrieb ohne BR

In betriebsratspflichtigen Betrieben ohne BR, dh in Betrieben mit fünf oder mehr AN, in denen kein BR gewählt wurde, ist zwar die Abführung eines Vorverfahrens (vgl 2.3.1.1.1 a) von vornherein nicht möglich, der von einer Kündigung betroffene **AN** kann aber dennoch diese **binnen zweier Wochen ab ihrem Zugang** selbst beim ASG anfechten (§ 107 ArbVG).

Diese Möglichkeit ist dogmatisch-theoretisch betrachtet nicht selbstverständlich, ist doch der allgemeine Kündigungsschutz als Teil der Betriebsverfassung ein Mitbestimmungsrecht der Belegschaft. Anders als etwa im Betriebsvereinbarungsrecht (vgl 12.) oder beim Versetzungsschutz (vgl 4.2.2) gereicht hier die unterlassene Betriebsratswahl der Arbeitnehmerschaft nicht oder kaum (s dazu gleich) zum Nachteil.
Von den sonstigen Voraussetzungen her, insb im Hinblick auf die Anfechtungsgründe, ist nach § 105 Abs 3 ArbVG vorzugehen. Ein **Sozialvergleich** iSd § 105 Abs 3 c ArbVG (vgl 2.3.1.1.1 e) kommt **nicht** in Betracht, zumal es mangels BR einen ausdrücklichen Widerspruch desselben nicht geben kann.

2.3.1.2 Allgemeiner Entlassungsschutz

Gem § 106 ArbVG kann die Entlassung aus denselben Gründen (**verpöntes Motiv, Sozialwidrigkeit** einschließlich Sozialvergleich) angefochten werden wie eine Kündigung, sofern arbeitsvertragsrechtlich **kein Entlassungsgrund** vorliegt (vgl insb Abs 2 Satz 1 leg cit).

Die Anfechtung einer **gerechtfertigten Entlassung** ist **niemals** möglich.
Hat der BR einer (ungerechtfertigten) Entlassung ausdrücklich zugestimmt, ist – analog der Situation beim Kündigungsschutz – nur eine Motivanfechtung möglich (sog **Sperrrecht;** § 106 Abs 2 Satz 2 ArbVG). Ist im betriebsratspflichtigen Betrieb kein BR vorhanden, so kann eine Entlassungsanfechtung auf Grund des **§ 107 ArbVG** erfolgen (vgl auch 2.3.1.1.2). Auch die Abs 5 (Glaubhaftmachungsregel beim Motivschutz) und 7 (Rechtsunwirkamkeit der Lösungserklärung bei erfolgreicher Anfechtung) des § 105 ArbVG sind sinngemäß anzuwenden (§ 106 Abs 2 Satz 3 ArbVG).

Grundlegende Unterschiede zwischen allgemeinem Kündigungs- und allgemeinem Entlassungsschutz zeigen sich in der Frage der Einbindung des BR in die Diskussion über die einseitige Beendigung des Arbeitsverhältnisses durch den AG. Gem § 106 Abs 1 ArbVG ist der **BR von jeder Entlassung** unverzüglich **zu verständigen** und hat in der Folge eine **Stellungnahmefrist von drei Arbeitstagen.**

Im Gegensatz zur Situation bei der Kündigung (vgl 2.3.1.1.1 a) findet bei der Entlassung **kein Vorverfahren** statt; dies wäre angesichts des Wesens der Entlassung als unvorhergesehene, unverzüglich aufzugreifende Beendigungsart wegen Vorliegens eines wichtigen Grundes (vgl allg 2.1.3) auch nicht sinnvoll. Eine Entlassung kann folglich auch nicht wegen Rechtswidrigkeiten in dieser Phase rechtsunwirksam sein.

Unterlässt der **BI** die **Verständigung** von der Entlassung, so **beginnt** die **Stellungnahmefrist** und in der Folge die **Anfechtungsfrist** (s unten) **nicht zu laufen.** Der BI riskiert damit, nach längerer Zeit plötzlich mit einer Entlassungsanfechtung konfrontiert zu werden. Der **Verständigungsmangel** kann allerdings **geheilt** werden, wenn der **BR tatsächlich,** etwa durch den AN, **von der Entlassung erfährt und** eine **Stellungnahme** zu dieser **abgibt.**

Die Möglichkeiten des BR zur **Stellungnahme** sind iSd § 106 Abs 2 Satz 3 ArbVG dieselben **wie beim** allgemeinen **Kündigungsschutz** (vgl 2.3.1.1.1 b).

Hinsichtlich der **Anfechtungsfristen** ist gem § 106 Abs 2 Satz 3 ArbVG die Regelung des § 105 Abs 4 ArbVG sinngemäß anzuwenden. Dies erfordert genauere Überlegungen, zumal beim Entlassungsschutz die Lösungserklärung nicht – wie beim Kündigungsschutz – nach, sondern bereits vor der Stellungnahmefrist des BR stattfindet. Die sinngemäße Anwendung des § 105 Abs 4 ArbVG ist demnach so zu bewerkstelligen, dass die Dreitagesfrist in die Anfechtungsfrist nicht einzurechnen ist (so ausdrücklich § 63 Abs 5 BRGO), dh die **Anfechtungsfrist erst nach Ablauf der Stellungnahmefrist des BR zu laufen beginnt**[83]).

Aus dem Gesagten ist abzuleiten, dass ein von einer ungerechtfertigten Entlassung betroffener AN **zwei Möglichkeiten** iS eines Entweder-oder hat: Er kann, sofern er Anfechtungsgründe iSd § 105 Abs 3 Z 2 ArbVG hat, die Entlassung **anfechten,** er kann aber auch die das Arbeitsverhältnis zur Auflösung bringende unberechtigte Entlassung als solche unbekämpft lassen und **Beendigungsansprüche,** insb die Kündigungsentschädigung, **einfordern** (zu letzterer Option vgl 2.1.3.1.3 b). Zur Wahrung von Verfallsfristen (zur Kündigungsentschädigung vgl § 34 AngG, § 1162 b ABGB) kann es sinnvoll sein, eine Anfechtungsklage mit dem Eventualbegehren auf Zuspruch der Beendigungsansprüche zu verbinden.

Fall 14: Langsam, aber sorgfältig

Sachverhalt: *Friederike ist seit neun Jahren bei der Firma R, die 29 AN beschäftigt, als Angestellte tätig. Die Arbeitswoche in dieser Firma geht von Montag bis Freitag. In letzter Zeit ist dem AG aufgefallen, dass F ihre Dienstpflichten nur sehr langsam verrichtet. Daraufhin wird sie ermahnt, schneller zu arbeiten. Ihr Arbeitstempo bleibt jedoch gleich. Sie rechtfertigt sich dahingehend, dass sie vom Typ her eine langsame, aber sorgfältige AN wäre.*

Am 31. 3. 2011 ruft der AG F und den Vorsitzenden des gemeinsamen BR zu sich und erklärt ihnen, dass er F zum 31. 5. 2011 kündigen wolle. Der Vorsitzende stimmt noch im Laufe des Gesprächs zu, worauf die Kündigung sofort ausgesprochen wird. F ist 49 Jahre alt, alleinstehend, hat für ein minderjähriges Kind zu sorgen und kaum Chancen, in absehbarer Zeit einen gleichwertigen Arbeitsplatz zu finden.

---

[83]) Vgl *Floretta* in *Floretta/Strasser,* ArbVG-Handkommentar (1975) 677.

Am Montag, dem 5. 5. 2011, verlässt F 20 Minuten vor Dienstschluss ihren Arbeitsplatz, um noch schnell einkaufen zu gehen. Der AG entdeckt auf einem Kontrollgang ihre Abwesenheit und entlässt F am nächsten Tag, als sie zur Arbeit erscheint. F wendet sich noch am selben Vormittag an den BR und erzählt ihm von dem Vorfall. Der BR will eine Konfrontation mit dem BI vermeiden. Am Samstag, dem 10. 5. 2011, erklärt er deshalb, dass er der Entlassung zustimmt.

Welche Möglichkeiten stehen F offen? Kann sie Ansprüche geltend machen? Wenn ja, welche und in welcher Höhe?

Lösung: Hinsichtlich der Kündigung ist § 105 ArbVG zu relevieren. Nach Abs 1 leg cit hat der AG vor der Kündigung den BR, vertreten durch dessen Vorsitzenden, zu verständigen. Die Kündigung kann ausgesprochen werden, wenn die für den BR bestehende Stellungnahmefrist von einer Woche abgelaufen ist oder der BR bereits vor deren Verstreichen eine einschlägige Erklärung abgegeben hat (Abs 2 leg cit). Im Sachverhalt hat der an sich dafür zuständige Betriebsratsvorsitzende eine Stellungnahme gegenüber dem AG getätigt, er kann dafür allerdings keine Deckung durch einen im gegebenen Zusammenhang mit Zweidrittelmehrheit im Betriebsratsgremium, dh mit den Stimmen von zwei der bei 29 AN drei Mitglieder (§ 50 Abs 1 ArbVG), zu fassenden Beschluss (§ 68 Abs 2 ArbVG), haben. Fehler im Willensbildungsprozess des BR sind für den BI irrelevant, es sei denn, sie sind für ihn offensichtlich. Diese Offenkundigkeit ist hier gegeben. Damit wurde die Kündigung in der offenen Stellungnahmefrist ausgesprochen. Dieser Verstoß gegen das betriebsverfassungsrechtliche Vorverfahren macht die Kündigung rechtsunwirksam (§ 105 Abs 2 ArbVG).

Dass die Kündigung zudem zeitwidrig ist (vgl dazu 2.1.2.3), würde dann bedeutsam werden, wenn sich die AN nicht auf § 105 ArbVG beruft, sondern iS eines „Wahlrechts“ (vgl 2.3.2.2.1) aus der an sich rechtsunwirksamen Kündigung Beendigungsansprüche, insb Kündigungsentschädigung ab 1. 6. 2011, geltend macht.

Was die Entlassung betrifft, so ist hier zum einen die Möglichkeit der Anfechtung gem § 106 ArbVG zu prüfen. Materiell sind nach § 106 Abs 2 Satz 1 ArbVG zwei Anfechtungsvoraussetzungen zu erfüllen: Erstens darf arbeitsvertragsrechtlich kein Entlassungsgrund vorliegen, zweitens muss ein Kündigungsanfechtungsgrund iSd § 105 Abs 3 ArbVG gegeben sein. Als Entlassungsgrund kommt die erhebliche Arbeitspflichtverletzung in Frage (§ 27 Z 4 AngG; vgl 2.1.3.1.1 c). Das einmalige frühere Weggehen wird ohne besondere Begleitumstände die Erheblichkeitsschwelle nicht erreichen, die Entlassung ist daher ungerechtfertigt. Als Kündigungsanfechtungsgrund ist § 105 Abs 3 Z 2 ArbVG ins Auge zu fassen. Wesentliche Interessen der AN werden nach dem Sachverhalt beeinträchtigt sein, der AG wird persönliche Gründe iSd § 105 Abs 3 Z 2 lit a ArbVG ins Treffen führen. Die durchzuführende Interessenabwägung wird nach dem gegebenen Sachverhalt eher zu Gunsten der AN ausgehen, sodass sie das Prozessziel, nämlich Rechtsunwirksamkeit der Entlassung, erreichen könnte. Zu betrachten ist allerdings noch die formelle Seite des Falles, zumal der BR der Entlassung zugestimmt und damit an sich die Sozialanfechtung gesperrt hätte. Gem § 106 Abs 1 ArbVG hat der AG die Pflicht, den BR von der Entlassung zu verständigen; dies hat er nicht gemacht. Der Verständigungsmangel wurde allerdings geheilt, weil der BR von der AN über die Entlassung informiert wurde und auch eine Stellungnahme abgegeben hat. Diese ist allerdings außerhalb der Frist von drei Arbeitstagen ab Verständigung erfolgt, sodass im Hinblick auf die Anfechtungsmöglichkeiten von einem schlichten Widerspruch auszugehen ist. Das Sperrrecht greift nicht, die AN kann innerhalb einer Woche ab Ende der Stellungnahmefrist die Anfechtungsklage einbringen.

Will sie nicht anfechten, so kann sie alternativ Ansprüche aus der Beendigung (Kündigungsentschädigung, Abfertigung udgl) einfordern, wobei die Kündigungsentschädigung ohne Bedachtnahme auf die rechtsunwirksame Kündigung zu bemessen ist, also vom 6. 5. bis 30. 9. 2011 nach Maßgabe der Anrechnungsregel gebühren würde.

2.3.2 Besonderer Kündigungs- und Entlassungsschutz[84])

Für **besonders schutzwürdige Personengruppen** sieht der Gesetzgeber eine über den allgemeinen Kündigungs- und Entlassungsschutz hinausgehende Bestandsicherung vor (vgl 2.3.2.1.1 bis 2.3.2.1.6).

Kommt ein besonderer Bestandschutz zur Anwendung, dann tritt der allgemeine Kündigungs- und Entlassungsschutz (vgl 2.3.1) als lex generalis zurück und ist nicht heranzuziehen[85]) (ausdrücklich zB § 8 Abs 5 BEinstG).

Sind mehrere besondere Bestandschutzregeln angesprochen, so wird zuweilen die aus der Sicht des AN schwächere durch die stärkere verdrängt (vgl zB § 12 Abs 7 APSG, § 8 Abs 6 lit a BEinstG: Betriebsratsschutz geht vor), in manchen Fällen kommen die Bestimmungen kumulativ zur Anwendung (zB Elternschutz und Behindertenschutz)[86]).

2.3.2.1 Fälle des besonderen Bestandschutzes

2.3.2.1.1 Belegschaftsvertreter

a) Geschützter Personenkreis, Schutzdauer

Zum geschützten Personenkreis gehören in erster Linie **Mitglieder des BR,** und zwar vom Zeitpunkt der **Annahme der Wahl** bis zum Ablauf von **drei Monaten nach Erlöschen der Mitgliedschaft,** im Falle der dauernden Betriebseinstellung schon mit Ablauf der Tätigkeitsdauer des BR (vgl § 120 Abs 3 iVm §§ 62, 64 ArbVG).

---

[84]) *Löschnigg,* Arbeitsrecht[12] 651 ff, 716 ff; *Grillberger,* Arbeitsrecht I[4] 391 ff, 425 ff; *Marhold/Friedrich,* Arbeitsrecht[2] 321 ff, 370 ff; *Windisch-Graetz,* Arbeitsrecht II[8] 284 ff, 295 ff.

[85]) OGH 13. 1. 1987, 14 Ob 209/86, DRdA 1989, 123 *(Trost).*

[86]) *Löschnigg,* Arbeitsrecht[12] 680.

Den Betriebsratsmitgliedern **gleichgestellte Personen** ergeben sich aus § 120 Abs 4 ArbVG (zB aktiv werdende Ersatzmitglieder, Wahlwerber), aus § 130 Abs 1 ArbVG (zB Mitglieder des Jugendvertrauensrats) und aus § 22a Abs 10 BEinstG (zB Behindertenvertrauenspersonen).

Entscheidung 39: Wahlwerber

Der besondere Kündigungs- und Entlassungsschutz des Wahlwerbers gem § 120 Abs 4 Z 2 ArbVG ist dann gegeben, wenn nach Bestellung des Wahlvorstandes die Absicht, auf einem Wahlvorschlag zu kandidieren, ausreichend nach außen hin kundgetan wird, zB dadurch, dass der AN sich mit anderen AN des Betriebs wegen Aufstellung einer Wählerliste bespricht oder sich um Unterstützungsunterschriften bewirbt. Eine Kenntnis des AG von der Wahlwerbung ist nicht Voraussetzung für den Kündigungsschutz.

OGH 18. 12. 1991, 9 ObA 222/91, DRdA 1992, 274 *(Csebrenyak)*

b) Kündigungsschutz

Eine **Kündigung** ist **nur rechtswirksam,** wenn **vorher** die **Zustimmung des ASG** eingeholt wurde (§ 120 Abs 1 ArbVG). Die Zustimmung zur Kündigung darf nur bei Vorliegen eines der in § 121 ArbVG **taxativ aufgezählten Gründe** erteilt werden.

Diese Gründe sind:

- dauernde Einstellung oder Einschränkung des Betriebs oder Stilllegung einzelner Betriebsabteilungen ohne zumutbare anderweitige Beschäftigungsmöglichkeit im Unternehmen (§ 121 Z 1 ArbVG)
- dauernde Arbeitsunfähigkeit und Unzumutbarkeit der Weiterbeschäftigung oder eines Ersatzarbeitsplatzes (§ 121 Z 2 ArbVG)
- beharrliche Pflichtverletzungen (§ 121 Z 3 ArbVG)

Die **Grundsätze des Entlassungsrechts** (vgl 2.1.3) **gelten analog.** Die Kündigungsgründe müssen daher unverzüglich geltend gemacht werden, ein verspätet eingeleitetes Verfahren kann zum Verlust des Kündigungsrechts führen. Beim Entlassungsschutz (vgl c) gelten diese Prinzipien selbstverständlich auch.

Bei der dauernden **Betriebseinstellung** iSd § 121 Z 1 ArbVG ist klärungsbedürftig, warum dieser Fall als Kündigungszustimmungstatbestand ausgewiesen wird, obwohl es ohnehin gem § 62 Z 1 ArbVG zur vorzeitigen Beendigung der Tätigkeitsdauer des BR und damit zum Erlöschen der individuellen Mitgliedschaft zum Gremium gem § 64 Abs 1 Z 1 ArbVG kommt, wodurch der besondere Bestandschutz sein Ende findet. Die vordergründig in einem Spannungsverhältnis zueinander stehenden Bestimmungen sind zu harmonisieren, indem man die Abführung des **Verfahrens nach § 121 Z 1 ArbVG** im Falle einer **mit Sicherheit bevorstehenden Betriebsstillegung** entsprechend **früher** zulässt, sodass unter Beachtung der Kündigungszeiten des Betriebsratsmitglieds dessen Kündigung so rechtzeitig ausgesprochen werden kann, dass das Arbeitsverhältnis mit Betriebsstilllegung endet. In der Praxis spielen die Kündigungszustimmungsgründe des § 121 Z 1 ArbVG vor allem in Insolvenzfällen eine wichtige Rolle, kann doch der Insolvenzverwalter durch Betreiben eines entsprechenden Verfahrens die hier gegebene „gesetzliche Kündigungsbeschränkung" iSd § 25 IO außer Kraft setzen (vgl 2.4.1.3).

Zum Tatbestand der **beharrlichen Pflichtverletzung** ist auf die auch in einigen Entlassungszustimmungsfällen (vgl allg c) zu beachtende **„Mandatsschutzklausel"** des § 120 Abs 1 Satz 3 ArbVG hinzuweisen. Ganz allgemein hat das ASG bei der Prüfung von Kündigungs- oder Entlassungszustimmungsgründen den aus § 115 Abs 3 ArbVG resultierenden Schutz (Beschränkungs- und Benachteiligungsverbot; vgl 13.1.3.1) wahrzunehmen (§ 120 Abs 1 Satz 2 ArbVG). Darüber hinaus ist gem Satz 3 leg cit die Zustimmungsklage abzuweisen, wenn sie sich auf ein Verhalten des Betriebsratsmitglieds stützt, das von diesem in **Ausübung des Mandats** gesetzt wurde und unter Abwägung aller Umstände **entschuldbar** war.

Bemerkenswert ist, dass mit der beharrlichen Pflichtverletzung ein Kündigungszustimmungsgrund festgelegt wird, der im allgemeinen Arbeitsvertragsrecht ein **klassischer Entlassungsgrund** wäre (vgl 2.1.3.1.1 c). **Fraglich** ist, wie die entsprechende Kündigung arbeitsvertragsrechtlich in Bezug auf die **beendigungsabhängigen Ansprüche** zu behandeln ist. Ein Teil der Lehre[87]) postuliert, dass die Kündigung gem § 121 Z 3 ArbVG zwar unter Einhaltung der vorgesehenen Kündigungsfristen und -termine (vgl 2.1.2.1, 2.1.2.2) zu erfolgen hat, dass aber im Hinblick auf sonstige arbeitsvertragsrechtliche Rechtsfolgen so vorzugehen ist, als ob eine vom AN verschuldete Entlassung vorläge. Damit entfiele zB die Abfertigung gem § 23 Abs 7 AngG (vgl 5.1.4.1.1.3), ebenso wäre eine Befristungsklausel oder ein vertraglicher Kündigungsausschluss obsolet usw.

Auch die **Arbeitsunfähigkeit** (§ 121 Z 2 ArbVG) ist grundsätzlich ein Entlassungsgrund (vgl 2.1.3.1.1 b) und somit analog zu behandeln, zum Entfall der Abfertigung wird es aber deswegen häufig nicht kommen, weil hier die Entlassung auch ohne Verschulden des AN denkbar ist.

c) Entlassungsschutz

Eine **Entlassung** ist nur aus den in § 122 Abs 1 ArbVG genannten **Gründen** möglich.

Diese Gründe sind:

- Irreführung über für den Vertragsabschluss oder den Vollzug des Arbeitsverhältnisses wesentliche Umstände (Z 1 leg cit)
- vorsätzliche, mit mehr als einjähriger Freiheitsstrafe bedrohte oder mit Bereicherungsvorsatz begangene gerichtlich strafbare Handlung, sofern die Verfolgung von Amts wegen oder auf Antrag des BI zu erfolgen hat (Z 2)
- Untreue im Dienst (Z 3)
- Verrat eines Geschäfts- oder Betriebsgeheimnisses oder Betreiben eines abträglichen Nebengeschäfts (Z 4)
- Tätlichkeiten oder erhebliche Ehrverletzungen (Z 5)

Auch hier muss die **vorherige Zustimmung des Gerichts** eingeholt werden. Ausnahmsweise, nämlich bei schwereren Straftaten iSd § 122 Abs 1 Z 2 ArbVG sowie bei Tätlichkeiten oder erheblichen Ehrverletzungen iSd § 122 Abs 1 Z 5 ArbVG, genügt die **nachträgliche** Zustimmung (§ 122 Abs 3 ArbVG).

Im Falle der Möglichkeit der nachträglichen Zustimmung ist die ausgesprochene Entlassung vorerst **schwebend rechtswirksam.** Wird die Zustimmung vom ASG verweigert, verfällt die Entlassung von Anfang an der Rechtsunwirksamkeit.

---

[87]) *Löschnigg*, Arbeitsrecht[12] 758 mwN.

2.3.2.1.2 Mütter bzw Karenz oder Teilzeit in Anspruch nehmende Väter

Ein Aspekt des Elternschutzes ist der im Folgenden abzuhandelnde Kündigungs- und Entlassungsschutz. Insb der Mutterschutz weist aber auch bedeutsame andere Inhalte auf (vgl dazu 8.5.2.1).

a) Geschützter Personenkreis, Schutzdauer

Zum geschützten Personenkreis gehören **(werdende) Mütter** (s dazu gleich), **Väter** sind nur dann geschützt, wenn sie **Karenz** oder **Elternteilzeit** in Anspruch nehmen (vgl § 7 VKG).

Der besondere Bestandschutz **beginnt** bei Müttern mit dem Eintritt der Schwangerschaft, bei Vätern mit Bekanntgabe der Karenz oder Elternteilzeit, frühestens jedoch mit der Geburt des Kindes (vgl dazu auch den Motivanfechtungstatbestand des § 105 Abs 3 Z 1 lit i ArbVG).

Entscheidung 40: Befruchtung

Der Kündigungsschutz gem § 10 Abs 1 MSchG kommt nur zum Tragen, wenn im Zeitpunkt der Kündigung eine Schwangerschaft tatsächlich schon eingetreten ist. Entscheidend ist der Zeitpunkt der Befruchtung des Eies, nicht erst jener der Einnistung des Keims in die Gebärmutterschleimhaut (Nidation).

OGH 12. 4. 1995, 9 ObA 23/95, DRdA 1996, 145 *(Bernat)*

Der so normativ fixierte Zeitpunkt des Beginns der Schwangerschaft ist anhand des entsprechenden fachärztlichen Gutachtens, in dem der Eintritt der Schwangerschaft und der Geburtstermin errechnet werden, zu beurteilen.

Wann der Bestandschutz **endet,** hängt davon ab, ob Karenzen bzw Teilzeitbeschäftigungen in Anspruch genommen werden. Ist dies nicht der Fall, so besteht der Schutz bis zum Ablauf von **vier Monaten nach der Entbindung** (§ 10 Abs 1 MSchG). Bei Karenzen und Teilzeitbeschäftigungen hängt das Ende des Schutzes von der jeweiligen Gestaltung ab. Als Grundregel kann ein **„Nachschutz" von vier Wochen ab Ende der Karenz bzw Teilzeitbeschäftigung** angesehen werden (vgl zB §§ 15 Abs 4, 15a Abs 5, 15n Abs 2 MSchG, §§ 7 Abs 1, 8f Abs 1 VKG).

Nimmt beispielsweise die Mutter gem § 15 Abs 1 MSchG Karenz bis zum Ablauf des 2. Lebensjahres des Kindes in Anspruch, so muss sie nach diesem Zeitraum wieder zur Arbeit antreten. Der besondere Kündigungsschutz reicht vier Wochen über den 2. Geburtstag des Kindes hinaus. Danach ist die Kündigung von Seiten des AG unter Einhaltung der vorgesehenen Fristen und Termine (vgl 2.1.2.1, 2.1.2.2) nach Maßgabe bloß des allgemeinen (vgl 2.3.1) bzw individuellen Bestandschutzes (vgl 2.3.3, insb 2.3.3.1) möglich.

Im Falle einer Elternteilzeitbeschäftigung bei einem über vier Jahre alten Kind gibt es keinen besonderen Kündigungsschutz, sondern nur einen Motivanfechtungstatbestand (vgl § 15n Abs 2 MSchG, § 8f Abs 2 VKG).

Für die Frage, ob im konkreten Fall der besondere Kündigungs- und Entlassungsschutz nach MSchG bzw VKG greift, ist der **Zeitpunkt** des Ausspruchs oder – genauer – **des Zugangs der** vom AG getätigten **Lösungserklärung** maßgeblich (vgl allg 2.1.2, 2.1.3): Eine vor Beginn der Schwangerschaft zugegangene Kündigung oder Entlassung beispielsweise wird durch den Bestandschutz nicht berührt, die Lösung während der Schwangerschaft allerdings ist rechtsunwirksam. Auch ein bereits beendetes Arbeitsverhältnis lebt rückwirkend wieder auf, wenn der AG unmittelbar nach Kenntnis von der im Lösungszeitpunkt bestandenen Schwangerschaft benachrichtigt wird (s dazu gleich). Die AN hat diesfalls einen Entgeltfortzahlungsanspruch gem § 1155 ABGB[88]) (vgl 6.1, 6.1.1). Dass die Schwangerschaft später vorzeitig, etwa wegen einer Fehlgeburt, endet, ist irrelevant; die im geschützten Zeitraum zugegangene Lösungserklärung ist rechtsunwirksam.

Dem AG wird hier das Risiko aufgebürdet, dass er ohne jegliche Vorwerfbarkeit, wie auch die AN nicht von der eingetretenen Schwangerschaft wissend, mit einer rechtswidrigen, kraft G rechtsunwirksamen Kündigung von seiner Seite konfrontiert wird und die entsprechenden Konsequenzen zu tragen hat. Dies ist vom Gesetzgeber gewollt, geht es doch hier um eine für die Gesellschaft zentral bedeutsame Situation, in der auch dem AG gewisse „Bürgerpflichten" auferlegt sein sollen.

Damit der besondere Bestandschutz gegeben ist, trifft werdende Mütter gem § 10 Abs 1 und 2 MSchG eine **Informationspflicht**[89]). Die einschlägigen Regelungen sind folgendermaßen strukturiert:

- Weiß eine AN von einer Schwangerschaft, so hat sie den AG davon in Kenntnis zu setzen.

Dies folgt zum einen mittelbar aus § 10 Abs 1 und 2 MSchG, zum anderen auch aus § 3 Abs 4 MSchG, kann doch der AG den sonstigen Schutzbestimmungen des G ohne Wissen von der Schwangerschaft nicht entsprechen. Auf Verlangen des AG hat die AN nach den allgemeinen Bestimmungen eine ärztliche Bescheinigung über das Bestehen der Schwangerschaft und den voraussichtlichen Geburtstermin vorzulegen (§ 3 Abs 4 Satz 3 MSchG).

- Der **Bestandschutz greift** aber **auch dann,** wenn dem **AG binnen fünf Arbeitstagen nach Zugang** der Lösungserklärung die Schwangerschaft (bzw Entbindung) **bekannt gegeben** wird (§ 10 Abs 2 Satz 1 MSchG).

Die Bekanntgabe ist rechtzeitig, wenn sie innerhalb von fünf Arbeitstagen zur Post gegeben wird (§ 10 Abs 2 Satz 2 MSchG). Für den Begriff des **„Arbeitstages"** ist entscheidend, ob die AN am jeweiligen Tag auf Grund der üblichen Arbeitseinteilung tätig hätte werden müssen[90]). Gleichzeitig mit der Nachmeldung hat die AN durch eine ärztliche Bestätigung die Schwangerschaft (bzw durch die Geburtsurkunde die Entbindung) nachzuweisen (§ 10 Abs 2 Satz 3 MSchG).

---

[88]) OGH 15. 4. 1980, 4 Ob 78/80, ZAS 1981, 182 *(Mayer-Maly).*

[89]) Die diesbezüglichen Grundsätze gelten nach der Rechtsprechung (OGH 14. 3. 1996, 8 ObA 2003/96h, DRdA 1997, 106 *[Knöfler]*) nicht nur für den Kündigungsschutz, sondern per analogiam auch für den Entlassungsschutz gem § 12 MSchG (vgl allg c).

[90]) OGH 10. 10. 1990, 9 ObA 215/90, DRdA 1991, 299 *(Petrovic).*

- Die Bekanntgabe ist aber auch dann noch rechtzeitig, wenn sie zwar außerhalb der Fünftagefrist erfolgt, die AN aber **an der zeitgerechten Meldung** aus nicht von ihr zu vertretenden Gründen gehindert war und diese **unverzüglich** nach Wegfall des Hinderungsgrundes **nachholt** (vgl § 10 Abs 2 Satz 4 MSchG). Ohne unnötige Verzögerung ist auch eine ärztliche Bestätigung beizubringen[91]).

Der wichtigste Hinderungsgrund in diesem Zusammenhang ist die mangelnde Kenntnis von der Schwangerschaft. Dies ist nach einer höchstgerichtlichen E allerdings differenziert zu sehen:

Entscheidung 41: 17. Schwangerschaftswoche

Die Schwangere hat den Hinderungsgrund der Unkenntnis von ihrem Zustand iSd § 10 Abs 2 MSchG zu vertreten, wenn sie trotz gravierender Hinweise auf das Bestehen einer Schwangerschaft nicht umgehend für die Klarstellung ihres Zustandes sorgt.

Allein das Ausbleiben der regelmäßigen Monatsblutung muss für eine bereits zum dritten Mal schwangere AN, die im fraglichen Zeitpunkt keine gezielte Verhütung betrieben hat, ein ernst zu nehmendes Indiz für das Vorliegen einer Schwangerschaft darstellen. Wartet die AN trotzdem mehr als sechs Wochen bis zur 17. Schwangerschaftswoche zu, bis sie sich durch eine ärztliche Untersuchung über ihren Zustand Klarheit verschafft, kann nicht mehr gesagt werden, dass die Unmöglichkeit, dem AG die Schwangerschaft früher mitzuteilen, nicht von ihr zu vertreten ist. Die erst mehr als sechs Wochen nach dem Ausspruch der Kündigung erfolgte Bekanntgabe der Schwangerschaft ist daher nicht mehr rechtzeitig iSd § 10 Abs 2 MSchG.

OGH 20. 5. 1998, 9 ObA 82/98 v, infas 1998 A 145

Eine psychische Ausnahmesituation in Zusammenhang mit Ängsten nach drei Fehlgeburten und der von der Schwangeren in einem Fall hergestellten Verbindung mit einer vorangegangenen Arbeitgeberkündigung ist hingegen als rechtmäßiger Hinderungsgrund iSd § 10 Abs 2 MSchG anzusehen[92]).

- Die bloße **Vermutung einer Schwangerschaft** löst im Allgemeinen keine Informationspflicht aus.

Aus § 10 Abs 2 MSchG, wo auch von der vermuteten Schwangerschaft die Rede ist, wird abgeleitet, dass die AN im Falle der Beendigung durch den AG bei sonstigem Verlust des Bestandschutzes auch die Vermutung binnen fünf Arbeitstagen bekannt geben muss. Dies bewirkt die Rechtsunwirksamkeit der Lösungserklärung, wenn sich die Vermutung nachträglich bestätigt[93]).

---

[91]) OGH 23. 12. 1998, 9 ObA 303/98 v, ZASB 1999, 17.

[92]) OGH 29. 8. 2002, 8 ObA 2/02 f, ARD 5368/2/2003.

[93]) OGH 24. 1. 1984, 4 Ob 5/84, infas 1984 A 64; *Löschnigg*, Arbeitsrecht[12] 658 mwN.

b) Kündigungsschutz

Die **Kündigung** während des geschützten Zeitraumes ist nur mit **gerichtlicher Zustimmung** aus den in § 10 Abs 3 und 4 MSchG, § 7 Abs 3 VKG genannten **Gründen** möglich. Eine ohne Zustimmung des Gerichts ausgesprochene Kündigung ist rechtsunwirksam (§ 10 Abs 6 MSchG).

Jedenfalls gegebene Gründe sind:

- Einstellung oder Einschränkung des Betriebs oder Stilllegung einzelner Betriebsabteilungen ohne zumutbare anderweitige Beschäftigungsmöglichkeit im Unternehmen[94]) (§ 10 Abs 3 Satz 3 Fall 1 MSchG)
- Zustimmung durch die AN (den AN) in der mündlichen Streitverhandlung vor dem ASG nach Belehrung durch den Senatsvorsitzenden über den Kündigungsschutz (§ 10 Abs 3 Satz 3 Fall 2 MSchG)

Wurde die AN (der AN) **wegen Stilllegung** des Betriebs **gekündigt,** nimmt dieser **aber innerhalb von vier Monaten nach der Geburt des Kindes** die **Tätigkeit** wieder auf, so ist die seinerzeitige **Kündigung rechtsunwirksam,** wenn binnen zwei Monaten ab Wiederaufnahme ein diesbezüglicher **Antrag** beim AG gestellt und die Arbeit aufgenommen wird (vgl § 10 Abs 5 MSchG).

Nach Stilllegung des Betriebs ist die Zustimmung des ASG zur Kündigung nicht erforderlich (§ 10 Abs 3 Satz 4 MSchG), dh die **Kündigung** kann **frei** vorgenommen werden.

Diese Regelung ist vor allem im Insolvenzfall von Bedeutung, weil dadurch aus der Sicht des Insolvenzverwalters eine „gesetzliche Kündigungsbeschränkung" iSd § 25 IO wegfällt (vgl 2.4.1.3).

Bei **Karenz oder Teilzeitbeschäftigung über den 1. Geburtstag des Kindes hinaus** gibt es als **weitere Kündigungszustimmungsfälle** die **persönlichen** bzw die **betrieblichen Gründe,** die die Aufrechterhaltung des Arbeitsverhältnisses **unzumutbar** machen (§ 10 Abs 4 Satz 1 MSchG).

c) Entlassungsschutz

Eine **Entlassung** ist bei sonstiger Rechtsunwirksamkeit nur nach vorheriger **Zustimmung des ASG** aus den in § 12 Abs 2 MSchG aufgezählten **Gründen** zulässig; ausnahmsweise genügt die nachträgliche Zustimmung (vgl § 12 Abs 4 MSchG).

Die Entlassungszustimmungsgründe sind:

- erhebliche Arbeitspflichtverletzung (vgl § 12 Abs 2 Z 1 MSchG)
- Untreue im Dienst (vgl Z 2 leg cit)
- Verrat eines Betriebs- oder Geschäftsgeheimnisses oder Betreiben eines abträglichen Nebengeschäfts (Z 3)
- Tätlichkeiten oder erhebliche Ehrverletzungen (Z 4)
- vorsätzliche, mit mehr als einjähriger Freiheitsstrafe bedrohte oder mit Bereicherungsvorsatz begangene gerichtlich strafbare Handlung (Z 5)

[94]) Über den Wortlaut des G hinaus wird die Zumutbarkeitsbewertung wie beim Bestandschutz der Betriebsratsmitglieder (vgl 2.3.2.1 b) nicht auf die Betriebs-, sondern auf die Unternehmensebene bezogen; OGH 24. 6. 1998, 9 ObA 145/98 h, JBl 1998, 736.

In den Fällen der Z 1 und 4 ist der durch die Schwangerschaft bzw Entbindung der AN bedingte außerordentliche Gemütszustand zu berücksichtigen (§ 12 Abs 3 MSchG).

Entscheidung 42: Frage nach der Schwangerschaft[95])

Die Entlassungstatbestände des § 12 Abs 2 MSchG sind erschöpfend aufgezählt. Da die Vertrauensunwürdigkeit nicht genannt wird, bildet das Verschweigen einer bestehenden Schwangerschaft bei Dienstantritt keinesfalls einen Entlassungsgrund. Dies gilt auch dann, wenn die Aufnahmewerberin ausdrücklich danach gefragt wurde und bereits mit der Möglichkeit einer Schwangerschaft gerechnet hat.

OGH 26. 4. 1983, 4 Ob 44/83, Arb 10.264 = infas 1984 A 15

2.3.2.1.3 Präsenz-, Zivil- und Ausbildungsdiener

a) Geschützter Personenkreis, Schutzdauer

Den besonderen Bestandschutz nach APSG können **AN, die** den **Präsenz-, Zivil- oder Ausbildungsdienst absolvieren,** in Anspruch nehmen.

Präsenzdienst iSd APSG ist der Präsenzdienst gem § 19 WG (§ 3 Abs 1 APSG). Als **Zivildienst** ist der ordentliche und außerordentliche Zivildienst gem § 6a ZDG anzusehen (§ 3 Abs 3 APSG). **Ausbildungsdienst** iSd G ist der Ausbildungsdienst für Frauen nach den §§ 37 ff WG („Frauen beim Bundesheer"; § 3 Abs 2 APSG).

Der besondere Kündigungs- und Entlassungsschutz **beginnt** mit der Mitteilung über die Erlassung des Einberufungsbefehls, der allgemeinen Bekanntmachung der Einberufung oder der Zustellung des Zuweisungsbescheids (§ 12 Abs 1 APSG).

Damit korrespondieren **Mitteilungspflichten** des AN gem § 5 APSG: Er hat den AG unverzüglich nach Erlassung bzw Bekanntmachung des Einberufungsbefehls oder Zustellung des Zuweisungsbescheids zu informieren.

Eine **Nachmeldemöglichkeit** (vgl auch 2.3.2.1.2 a) ergibt sich aus § 12 Abs 2 APSG: Ist die einschlägige Beendigungserklärung bereits zugegangen, besteht der besondere Bestandschutz dann, wenn die Kündigung bzw Entlassung innerhalb von 14 Tagen ab Erlassung (Bekanntmachung) des Einberufungsbefehls bzw Zustellung des Zuweisungsbescheids erfolgt und der AN binnen drei Arbeitstagen nach Zugang der Beendigungserklärung seiner Mitteilungspflicht nachkommt.

Der Bestandschutz **endet** idR einen Monat nach Beendigung des Präsenz-, Zivil- oder Ausbildungsdienstes (§ 13 Abs 1 Z 3 APSG).

Bei einem Präsenz-, Zivil- oder Ausbildungsdienst, der kürzer als zwei Monate dauert, besteht nach Beendigung desselben Nachschutz im Ausmaß von dessen halber Dauer (§ 13 Abs 1 Z 1 und Abs 2 APSG). Im Falle von Präsenzdiensten als Zeitsoldat gem § 32 WG endet der besondere Bestandschutz jedenfalls nach einer ununterbrochenen Dienstzeit von vier Jahren (§ 13 Abs 1 Z 2 APSG).

---

[95]) Zu diesem Thema vgl auch 3.1.2.

b) Kündigungsschutz

Eine Kündigung kann ausnahmsweise aus bestimmten im G taxativ aufgezählten **Gründen** (zB bevorstehende Betriebsstilllegung ohne zumutbare Weiterbeschäftigungsmöglichkeit) mit vorheriger **Zustimmung des ASG** vorgenommen werden (vgl § 14 Abs 1 APSG).

Ähnlich wie nach MSchG bzw VKG (vgl 2.3.2.1.2 b) kann der AN, wenn eine **Betriebsstilllegung oder -einschränkung** in weiterer Folge während des (fiktiven) Zeitraumes des Bestandschutzes wieder **wegfällt,** innerhalb von 14 Tagen ab Verständigung oder Kenntnis von diesem Umstand durch **Mitteilung** an den AG, das **Arbeitsverhältnis fortsetzen** zu wollen, die Kündigung rechtsunwirksam werden lassen (vgl § 14 Abs 2 APSG).

Im Falle einer **bereits erfolgten Betriebsstilllegung** ist wiederum die **Einholung der Zustimmung** zur Kündigung (bzw Entlassung) **nicht** mehr **erforderlich,** wenn eine Weiterbeschäftigung des AN in einem anderen Betrieb des Unternehmens nicht möglich ist (§ 12 Abs 3 Satz 2 APSG).

In diesem Zusammenhang zu erwähnen ist auch die **Fortlaufhemmung** gem § 6 APSG: So werden ua bei Arbeitgeberkündigungen Kündigungsfristen, die zum Zeitpunkt der Erlassung des Einberufungsbefehls etc bereits laufen, gehemmt (§ 6 Abs 1 Z 3 APSG). Der Fristenlauf wird mit der Einberufung abgebrochen, die restliche Kündigungszeit wird mit dem auf die Entlassung aus dem Präsenzdienst folgenden Tag fortgesetzt.

Die Fortlaufhemmung tritt nicht ein, wenn der AG nicht fristgerecht von der Einberufung verständigt wurde oder wenn das ASG gem § 6 Abs 2 APSG feststellt, dass ein mit Betriebseinstellung oder -einschränkung verbundener Kündigungszustimmungsgrund vorliegt.

c) Entlassungsschutz

Eine Entlassung ist gem § 15 iVm § 12 Abs 3 und 5 APSG **bei sonstiger Rechtsunwirksamkeit** nur mit vorheriger **Zustimmung des ASG** aus den im G taxativ aufgezählten **Gründen** möglich.

2.3.2.1.4 Begünstigte Behinderte

a) Geschützter Personenkreis, Schutzdauer

Begünstigte Behinderte iSd BEinstG sind nach Maßgabe der im G genannten Ausnahmen österreichische Staatsbürger und diesen gleichgestellte Personen mit einem **Grad der Behinderung von mindestens 50%** (vgl § 2 BEinstG).

Als **Behinderung** gilt die Auswirkung einer mehr als voraussichtlich sechs Monate dauernden körperlichen, geistigen oder psychischen Funktionsbeeinträchtigung oder Beeinträchtigung der Sinnesfunktionen, die geeignet ist, die Teilhabe am Arbeitsleben zu erschweren (§ 3 BEinstG).

Bei der bescheidmäßigen **Einschätzung des Behindertengrades** (s dazu gleich) sind nicht einzelne Leiden zu addieren, es ist vielmehr eine Gesamtbeurteilung vorzunehmen[96]).

[96]) VwGH 1. 6. 1999, 94/08/0088, ARD 5174/13/2000.

Der besondere Kündigungs- und Entlassungsschutz setzt die **Feststellung der Zugehörigkeit zum Kreis der begünstigten Behinderten** voraus, die auf Antrag unter Mitwirkung von ärztlichen Sachverständigen durch **Bescheid des Bundesamtes für Soziales und Behindertenwesen** (kurz „Bundessozialamt" bzw „Sozialministeriumservice" genannt) zu erfolgen hat (vgl § 14 Abs 2 BEinstG).

Als **Nachweis** für die Zugehörigkeit zum Kreis der begünstigten Behinderten **gilt auch** der letzte rechtskräftige **Bescheid bestimmter** im G genannter **Institutionen** über die Einschätzung eines Grades der Minderung der Erwerbsfähigkeit mit mindestens 50%; dies entspricht einer Feststellung des selben Prozentsatzes von Behinderung. Der Betroffene muss dafür allerdings bei sonstigem Erlöschen der Zugehörigkeit zum Begünstigtenkreis binnen drei Monaten ab Rechtskraft des Bescheids dem Bundessozialamt gegenüber erklären, begünstigter Behinderter sein zu wollen (vgl § 14 Abs 1 BEinstG).

Aus der Praxis: Zu unterscheiden ist zwischen der Zuerkennung der Behinderteneigenschaft durch Bescheid und der bloßen Ausstellung eines Behindertenausweises, zB zwecks Inanspruchnahme von Vergünstigungen. Der Ausweis allein bedeutet nicht die – manchmal wegen der damit unter Umständen verbundenen Nachteile am Arbeitsmarkt nicht erwünschte – Zugehörigkeit zum Kreis der begünstigten Behinderten.

Der besondere Bestandschutz **beginnt,** sofern ein Antrag beim Bundessozialamt gestellt und positiv behandelt wurde, mit dem Zutreffen der Voraussetzungen für die Begünstigteneigenschaft, frühestens jedoch mit dem **Tag des Einlangens des Antrags beim Bundessozialamt.** Die Begünstigungen des BEinstG werden jedoch mit dem **Ersten des Monats** wirksam, **in dem** der **Antrag eingelangt** ist, wenn dieser **unverzüglich nach** dem **Eintritt der Behinderung** gestellt wird (§ 14 Abs 2 Satz 3 und 4 BEinstG).

Beispiel: Eintritt der Behinderung infolge einer schweren Gesundheitsstörung: 5. 1. 2015
Zugang der Kündigung durch den AG: 12. 1. 2015
Antragstellung beim Bundessozialamt: 13. 1. 2015,
Rechtskraft des Bescheides über die Feststellung der Behinderteneigenschaft: 7. 4. 2015
Grundsätzlich würde der Bescheid auf den Tag der Antragstellung, also auf den 13. 1. 2015, zurückwirken. Da die Antragstellung allerdings unverzüglich nach Eintritt der Behinderung erfolgte, bezieht sich die Rückwirkung auf den 1. 1. 2015 und macht die getätigte Kündigung rechtsunwirksam (vgl b).

Der Bestandschutz ist unabhängig von der Kenntnis des AG von der Behinderteneigenschaft. Während der **ersten vier Jahre des Arbeitsverhältnisses** besteht er trotz entsprechenden Bescheides jedoch **grundsätzlich nicht.** Die wichtigste Ausnahme hiervon ist, dass die Feststellung der Eigenschaft als begünstigter Behinderter innerhalb dieses Zeitraums erfolgt, wobei in den ersten sechs Monaten des Arbeitsverhältnisses nur die Feststellung der Behinderteneigenschaft infolge eines Arbeitsunfalls den Bestandschutz nach sich zieht (vgl § 8 Abs 6 lit b BEinstG).

Die Begünstigungen **erlöschen** mit Ablauf des Monats, der auf die Zustellung des Bescheides folgt, mit dem der Wegfall der Voraussetzungen für die Zugehörigkeit zum Kreis der begünstigten Behinderten rechtskräftig ausgesprochen wird (§ 14 Abs 2 Satz 4 BEinstG).

Entscheidung 43: Verzicht auf die Begünstigteneigenschaft

Es ist grundsätzlich der freien Disposition des Behinderten überlassen, ob er dem Kreis der begünstigten Behinderten angehören möchte. Ein Verzicht auf subjektive öffentlich-rechtliche Ansprüche ist zulässig, wenn nicht eine gesetzliche Bestimmung ausdrücklich etwas anderes anordnet oder öffentliche Interessen entgegenstehen. Die Voraussetzungen, unter welchen ein Verzicht auf solche Ansprüche rechtswirksam wird, richten sich nach der für den bestimmten Anspruch getroffenen gesetzlichen Regelung.

Unter der Überschrift „Feststellung der Begünstigung" regelt § 14 Abs 2 BEinstG, dass die Zugehörigkeit zum Kreis der begünstigten Behinderten mit Bescheid festzustellen ist. Davon ausgehend ist es folgerichtig, wenn der Beschwerdeführer – wie aus seinen selbstverfassten Eingaben erkennbar und in der Beschwerde klargestellt – eine bescheidmäßige Feststellung, dass er „nicht zum Kreis der begünstigten Behinderten zählt", begehrt, stellt diese doch den „contrarius actus" zur früher erfolgten Feststellung der Zugehörigkeit dar. Überdies ist im konkreten Fall im Hinblick auf die zwischen der Behörde und dem Beschwerdeführer strittige Frage der Wirksamkeit der Verzichtserklärung die Erlassung eines Feststellungsbescheides sowohl im Interesse des Beschwerdeführers als auch im öffentlichen Interesse zur Klarstellung, dass der Beschwerdeführer nicht mehr anspruchsberechtigt ist, notwendiges Mittel der Rechtsverfolgung.

VwGH 30. 9. 2011, 2009/11/0009, ARD 6202/3/2012

Diese E ist bahnbrechend, waren doch die vollziehenden Behörden davor immer davon ausgegangen, dass ein Verzicht auf die Eigenschaft als begünstigter Behinderter nicht zuletzt zum Schutz des Betroffenen vor diesbezüglicher Druckausübung vom G nicht vorgesehen ist.

b) Kündigungsschutz

Die Kündigung eines begünstigten Behinderten bedarf zu ihrer Rechtswirksamkeit der vorherigen **Zustimmung des Behindertenausschusses** (vgl § 8 Abs 2 BEinstG), einer beim Bundessozialamt eingerichteten Verwaltungsbehörde.

Ausnahmsweise kann auch nachträglich die Zustimmung zur Kündigung erteilt werden. Das G nennt den Fall, dass dem AG zum Zeitpunkt des Kündigungsausspruchs nicht bekannt war und auch nicht bekannt sein musste, dass der AN begünstigter Behinderter ist, die Rechtsprechung[97]) erkennt darüber hinaus Konstellationen an, in denen gerade noch kein Entlassungsgrund vorliegt.

Im G sind **demonstrativ Kündigungszustimmungsgründe** festgelegt. Die Behörde kann daher in Ermessensentscheidungen der gesetzlichen Aufzählung gleichgewichtige Gründe hinzuzufügen.

Die ausdrücklich genannten Zustimmungsgründe sind der Wegfall des Tätigkeitsbereichs des begünstigten Behinderten ohne Möglichkeit, ihn auf einem anderen Arbeitsplatz zu beschäftigen (§ 8 Abs 4 lit a BEinstG), die Arbeitsunfähigkeit auch auf dem AG zumutbaren Ersatzarbeitsplätzen (lit b leg cit) und die erhebliche Arbeitspflichtverletzung (lit c leg cit).

c) Entlassungsschutz

Zum Entlassungsschutz enthält das BEinstG keine Vorschriften. Das bedeutet, dass eine Entlassung bei Vorliegen eines Entlassungsgrundes uneingeschränkt möglich ist. Stellt sich aber heraus, dass ein Entlassungstatbestand nicht gegeben ist, ist die Entlassung rechtsunwirksam. Der Entlassungsschutz besteht im Bereich des BEinstG daher darin, dass **unbegründete Entlassungen** – anders als im allgemeinen Arbeitsrecht (vgl 2.1.3.1.3 b) – **keine Lösungswirkung** haben.

Würde man diese Konsequenz nicht ziehen, könnte der besondere Kündigungsschutz durch unbegründete Entlassungen umgangen werden.

2.3.2.1.5 Lehrlinge

a) Geschützter Personenkreis, Schutzdauer

Lehrlinge sind laut § 1 BAG Personen, die auf Grund eines Lehrvertrags (§ 12 BAG) zur Erlernung eines in der Lehrberufsliste (§ 7 BAG) angeführten Lehrberufs von einem Lehrberechtigten (§ 2 BAG) fachlich ausgebildet und im Rahmen dieser Ausbildung verwendet (§ 9 BAG) werden.

Der von KollV zuweilen gesondert ausgewiesene **„Anlernling"** ist genauso wie der **Volontär,** der zum Erwerb von Fertigkeiten für die Praxis ohne Arbeitspflicht und Entgeltanspruch beschäftigt wird, oder der **Praktikant,** der die praktische Tätigkeit in Ergänzung einer theoretischen, meist schulischen Ausbildung kennen lernen will[98]), kein Lehrling iSd BAG.

Der besondere Status des Lehrlings **beginnt** mit der Begründung des durch den Lehrvertrag geregelten Lehrverhältnisses, welche durch den **Eintritt in die fachliche Ausbildung und Verwendung** erfolgt (vgl § 12 Abs 1 BAG).

---

97) Vgl zB VwGH 4. 10. 2000, 99/11/0078, ARD 5210/11/2001.

98) Allg *Radner,* Die (arbeits-)rechtliche Stellung von Praktikanten und Volontären, DRdA 2001, 3, 128.

Der Bestandschutz **dauert bis** zum **Ende des Lehrverhältnisses.** Dieses bestimmt sich durch den Ablauf der im Lehrvertrag vereinbarten Dauer der Lehrzeit (§ 14 Abs 1 BAG).

Ein wichtiger Fall, in dem es zu einer früheren Beendigung des Lehrverhältnisses kommt, ist gegeben, wenn die Lehrabschlussprüfung schon vor Ablauf der Lehrzeit erfolgreich abgelegt wird. Hier endet das Lehrverhältnis mit Ablauf der Woche, in der die Prüfung absolviert wurde (vgl § 14 Abs 2 lit e BAG).

Von großer praktischer Bedeutung ist das in § 18 BAG vorgesehene Rechtsinstitut der **Behaltezeit.** Demnach ist der Lehrberechtigte verpflichtet, den Lehrling nach Beendigung des Lehrverhältnisses durch Ablauf der Lehrzeit oder positive Lehrabschlussprüfung (s oben) grundsätzlich **drei Monate im erlernten Beruf weiter zu verwenden.**

Es handelt sich hier um eine **gesetzlich** zwingend **angeordnete Kontrahierungspflicht** des ehemaligen Lehrberechtigten. Bei Verstoß gegen diese Pflicht steht dem Lehrling ein Anspruch auf Erfüllung, gegebenenfalls auch auf Schadenersatz, oder – bei Abstandnahme von der Berechtigung – auf Schadenersatz wegen Nichterfüllung zu. Den besonderen Bestandschutz des Lehrlings hat der in der Behaltezeit befindliche AN nicht mehr.

Entscheidung 44: Kündigungsentschädigung für die Behaltezeit

Die Behaltepflicht erlegt dem AG lediglich die Verpflichtung auf, dem Lehrling nach Beendigung der Lehrzeit den Abschluss eines Arbeitsverhältnisses für die vorgesehene Mindestfrist anzubieten. Daher hat ein Lehrling, der vor dem Ende des Lehrverhältnisses berechtigt austritt, Anspruch auf Kündigungsentschädigung bis zum Ablauf der fiktiven Behaltezeit; eine daran anschließende fiktive Kündigungszeit des AG ist nicht dazu zu rechnen.

OGH 23. 3. 2010, 8 ObS 4/10m, wbl 2010, 356 = infas 2010 A 51

b) Kündigungsschutz

Das Lehrverhältnis ist eine besondere Form eines befristeten Dienstverhältnisses. Es endet normalerweise mit Ablauf der vereinbarten Lehrzeit (§ 14 BAG; vgl a). Eine **Kündigung** ist vom BAG **nicht vorgesehen.** Der Kündigungsschutz besteht daher darin, dass eine Kündigung von Seiten des Lehrberechtigten gesetzwidrig und folglich nichtig ist.

Die **einvernehmliche Lösung** während der Lehrzeit ist unter den dafür vorgesehenen Kautelen möglich (vgl 2.1.1).

Zudem gibt es nach dem BAG ausnahmsweise eine **gesetzlich vorgesehene Probezeit** mit jederzeitiger fristloser Lösbarkeit grundsätzlich in den ersten drei Monaten des Lehrverhältnisses (vgl 3.2.3.2).

Gem § 15a BAG kann weiters eine einseitige **„außerordentliche Auflösung"** nach einem bzw unter Umständen auch zwei Lehrjahren stattfinden. Eine derartige Lösung ist, sofern sie der Lehrberechtigte vornimmt, nur dann gültig, wenn dieser innerhalb gewisser Fristen die beabsichtigte Auflösung und die geplante Aufnahme eines Mediationsverfahrens dem Lehrling (sowie der Lehrlingsstelle und weiteren Institutionen) anzeigt und vor der Erklärung der außerordentlichen Auflösung das Mediationsverfahren durchgeführt und ohne Bereitschaft des Lehrberechtigten zur Fortsetzung des Lehrverhältnisses beendet wurde (zur **Ex-lege-Beendigung** von Lehrverträgen schließlich vgl 2.1.5).

c) Entlassungsschutz

In § 15 Abs 3 BAG sind **taxativ Gründe** zur vorzeitigen Auflösung des Lehrverhältnisses von Seiten des Lehrberechtigten aufgezählt. Der besondere Entlassungsschutz besteht darin, dass – ähnlich wie im Bereich des BEinstG (vgl 2.3.2.1.4 c) – **nur** eine **begründete Entlassung Lösungswirkung** hat.

2.3.2.1.6 Familienhospizkarenz

Gem § 15 a AVRAG kann der AN **ab Bekanntgabe** einer Sterbebegleitung oder einer Begleitung schwersterkrankter Kinder (sog Familienhospizkarenz; vgl 4.3.3 c) und **bis** zum Ablauf von **vier Wochen nach deren Ende** weder gekündigt noch entlassen werden. Eine entsprechende Lösungserklärung ist nur **rechtswirksam,** wenn vorher die **Zustimmung des ASG** eingeholt wurde.

Das Gericht hat über eine **Kündigung** unter Berücksichtigung der betrieblichen Erfordernisse und der Interessen des AN zu entscheiden (§ 15 a Satz 3 AVRAG).

Über die **Entlassung** enthält das G keine weiteren Ausführungen. ME bedeutet das, dass das ASG das Vorliegen eines Entlassungsgrundes nach allgemeinem Arbeitsrecht zu prüfen hat. Liegt ein solcher nicht vor, ist die Zustimmung nicht zu erteilen. Eine dennoch – oder überhaupt ohne Befassung des Gerichts – ausgesprochene Entlassung ist rechtsunwirksam.

2.3.2.2 Spezielle Probleme der Rechtsfolgenbestimmung

Die im Folgenden skizzierten Grundsätze können im Allgemeinen auch dann herangezogen werden, wenn ein entsprechender Kündigungsausschluss nicht durch G, sondern durch KollV oder Arbeitsvertrag herbeigeführt wird.

2.3.2.2.1 Das sog Wahlrecht des besonders bestandgeschützten AN

Wie unter 2.3.2.1 gezeigt, ist die Rechtsfolge bei einer gegen besondere Bestandschutzvorschriften verstoßenden Lösungserklärung des AG die **Rechtsunwirksamkeit** der Kündigung bzw Entlassung. Das bedeutet, dass das Arbeitsverhältnis aufrecht bleibt und der AN zur weiteren Leistungserbringung verpflichtet ist.

Wird er trotz Rechtsunwirksamkeit der Lösungserklärung nicht beschäftigt, so gebührt Entgeltfortzahlung gem § 1155 ABGB (vgl 6.1, 6.1.1).

Es kann aber sein, dass der **AN** selbst **gar nicht mehr am Arbeitsverhältnis festhalten will,** etwa weil die Beziehung zum AG völlig zerrüttet ist. Hier gewährt die Rechtsprechung das sog Wahlrecht:

Entscheidung 45: Konsumation des Wahlrechts

Im Falle einer unwirksamen Auflösung des Arbeitsverhältnisses wegen eines bestehenden besonderen Kündigungs- oder Entlassungsschutzes

besteht ein Wahlrecht des AN zwischen der Geltendmachung der Unwirksamkeit der Auflösung und der Geltendmachung der Ansprüche aus der Beendigung des Arbeitsverhältnisses (Abfertigung, Kündigungsentschädigung etc).

Hat ein begünstigter Behinderter nach einer unwirksamen Kündigung sein Wahlrecht mit der Einbringung einer Feststellungsklage betreffend den aufrechten Bestand des Arbeitsverhältnisses konsumiert, kann er einseitig davon nicht mehr abgehen.

OGH 29. 1. 2014, 9 ObA 146/13 f, RdW 2014, 353

Eine Kündigungsentschädigung kommt naturgemäß nur in Frage, wenn durch die rechtswidrige Lösungserklärung eine Verkürzung des Arbeitsverhältnisses im Verhältnis zur Situation bei (fiktiver) ordnungsgemäßer Beendigung eintritt (vgl allg 2.1.2.3.1 b). Hält zB der AG bei der (an sich rechtsunwirksamen) Kündigung eines Betriebsratsmitglieds die vorgesehenen Kündigungsfristen und -termine ein, so besteht kein Anspruch auf Kündigungsentschädigung. Der AN kann aber die rechtsunwirksame Lösungserklärung iSd Wahlrechts **„gegen sich gelten lassen"** und **aus dem Arbeitsverhältnis,** allenfalls mit Anspruch auf die sonstigen Beendigungsansprüche (zB Abfertigung nach § 23 AngG), **ausscheiden.**

2.3.2.2.2 Die sog lange Kündigungsentschädigung

Bei der Bemessung der Kündigungsentschädigung nimmt die Judikatur bei besonders bestandgeschützten Arbeitsverhältnissen, die durch vom AG verschuldeten Austritt (vgl 2.1.3.2.3 b) oder durch die Ausübung des Wahlrechts nach (an sich rechtsunwirksamer) Entlassung oder zeitwidriger Kündigung enden (vgl 2.3.2.2.1), auf die **Dauer des Bestandschutzes** Bedacht. So wurde einem Betriebsratsmitglied iS einer Wortinterpretation des § 29 AngG bzw § 1162 b ABGB die Kündigungsentschädigung bis zum Erlöschen des Mandats zuzüglich des dreimonatigen Nachschutzes (vgl § 120 Abs 3 ArbVG) sowie der danach beginnenden Kündigungsfrist zuerkannt (arg „Zeitraum, der bis zur Beendigung des Dienstverhältnisses ... durch ordnungsgemäße Kündigung durch den DG hätte verstreichen müssen").

Dazu ist zu sagen, dass die rechtliche Stellung eines Betriebsratsmitglieds nicht nur in der Beziehung zwischen Arbeitsvertragspartnern zu sehen ist, sondern in erheblichem Maß durch die Verpflichtung gegenüber der Belegschaft geprägt wird. Wird es zu Unrecht entlassen, so ist ihm zuzumuten, nicht gleich sein Mandat aufzugeben und rein vermögensrechtliche Interessen zu verfolgen. Dies umso mehr, als die Betriebsverfassung seine rechtliche Position wesentlich festigt (vgl 2.3.2.1.1, 13.1.3).

Dann allerdings, wenn **nicht nur vom arbeitsvertragsrechtlichen, sondern auch vom betriebsverfassungsrechtlichen Standpunkt** aus die Beziehungen zum BI als **endgültig zerrüttet** angesehen werden müssen (der VwGH sprach in diesem Zusammenhang von einem „Hinausekeln" durch den AG[99]), kann das Betriebsratsmitglied eine die gesamte Funktionsperiode

---

[99]) VwGH 19. 11. 1986, 84/11/0238, DRdA 1987, 218 *(Ziniel).*

plus Nachschutz und Kündigungsfrist umfassende Kündigungsentschädigung fordern. Andernfalls gebührt lediglich die normale, „kurze" Kündigungsentschädigung[100]).

Fall 15: Objekt der Rache, Objekt der Begierde

Der Industrielle Thomas hatte in seinem betriebsratspflichtigen Betrieb jahrelang durch Einschüchterungsmanöver die Installierung eines BR verhindert. Als es nun doch zur Wahl kam, versprach T einerseits, den „Drückebergern" die Hölle heiß zu machen, förderte andererseits aber die Kandidatur der attraktiven Angestellten Monika, die er gern als Betriebsratsvorsitzende gesehen hätte.

Zum Vorsitzenden wurde jedoch der langjährige Buchhalter und rührige Gewerkschafter Hans (19 Dienstjahre) gewählt, der in der Folge bevorzugtes Objekt der Rache des T war. Planmäßig verzögerte dieser die Gehaltszahlungen an H um durchschnittlich zehn Tage. Er provozierte den Vorsitzenden bei jeder Gelegenheit durch Beleidigungen mit Bezugnahme auf dessen Betriebsratstätigkeit. H versuchte diesen Zustand mit Hilfe von Interventionsschreiben der Arbeiterkammer und Androhung gerichtlicher Schritte abzustellen. Als er damit keinen Erfolg hatte, trat er im Jänner 2013 entnervt aus.

Die in den BR gewählte M war seit ihrem Eintritt im Jänner 2002 als bevorzugtes Objekt der Begierde des T dauernden unsittlichen Annäherungsversuchen desselben ausgesetzt. Im Februar 2013 wurde es ihr zu bunt. Sie machte wahr, was sie T schon mehrmals angedroht hatte, und trat aus.

Wie sind die Ansprüche beider Betriebsratsmitglieder zu bemessen? Die Tätigkeitsdauer des BR endet am 30. 6. 2015.

In der Praxis ist die gegenständliche Problematik in erster Linie bei dem eine Kündigungsentschädigung nach sich ziehenden **Austritt nach § 25 IO** bedeutsam (vgl allg 2.4.2.2).

Auch bei den **sonstigen besonders bestandgeschützten Gruppen** stellt sich die Frage nach der „langen", den Schutzzeitraum berücksichtigenden bzw der „kurzen", diesen Aspekt vernachlässigenden Kündigungsentschädigung. Nach aktueller Judikatur wird in diesen Fällen die **„lange Kündigungsentschädigung"** dann gewährt, wenn das **geschützte Rechtsgut trotz der Lösung des Arbeitsverhältnisses weiter besteht.** Dies ist zB bei Mutterschaft[101]) oder Behinderteneigenschaft – ganz im Gegensatz zur Situation beim oben angesprochenen Betriebsratsmitglied – der Fall.

Entscheidung 46: Austritt des begünstigten Behinderten

Tritt ein begünstigter Behinderter nach Insolvenzrecht aus, dann sind seine Ansprüche auf Kündigungsentschädigung in analoger Anwen-

[100]) OGH 20. 4. 1994, 9 ObA 59/94, DRdA 1994, 522 = Arb 11.180.
[101]) OGH 16. 12. 1992, 9 ObS 13/92, DRdA 1993, 389 = infas 1993 A 130.

dung des § 1158 Abs 3 ABGB bzw des § 21 AngG unter Bedachtnahme auf eine Kündigungsfrist von sechs Monaten zu berechnen, selbst wenn das Arbeitsverhältnis noch nicht fünf Jahre gedauert hat.

OGH 16. 12. 1992, 9 Ob 902–904/92, DRdA 1993, 466 *(Wachter)*

Die Kündigungsentschädigung beim Austritt des begünstigten Behinderten nach § 25 IO, welche im Gegensatz zur im Allgemeinen gegebenen Rechtslage (vgl § 29 Abs 2 AngG, § 1162 b letzter Satz ABGB; allg 2.1.2.3.1 b) sofort zur Gänze fällig gestellt wird[102]), ist nach den gesetzlichen Vorgaben kaum zu bemessen, zumal das Ende des besonderen Schutzes, also das Erlöschen der Zugehörigkeit zum Begünstigtenkreis nach entsprechendem Bescheid (vgl 2.3.2.1.4 a), an welches die fiktive Kündigungszeit anzuhängen wäre, zumeist überhaupt nicht absehbar ist. In der E 46 behilft sich das Höchstgericht mit einer dogmatisch völlig unhaltbaren „Analogie", enthalten doch die in Bezug genommenen Vorschriften **Kündigungsmöglichkeiten für den AN** bei langen Befristungen (vgl 3.2.1.1.2.1), während eine Kündigungsentschädigung nach den **Vorgaben für die Arbeitgeberkündigung** zu bemessen ist. Man kann diese an sich ausgewogene Lösung für das Dilemma der langen Kündigungsentschädigung bei begünstigten Behinderten dadurch retten, dass man von einer höhenmäßigen Festlegung eines dem Grunde nach zustehenden Schadenersatzes nach billigem Ermessen des Richters iSd § 273 ZPO spricht.

Entscheidung 47: Austritt der werdenden Mutter

Im Falle eines besonderen Kündigungsschutzes nach MSchG ist die Kündigungsentschädigung unter Bedachtnahme auf diesen zu berechnen. Bei Austritt nach Insolvenzrecht während der Schwangerschaft oder Schutzfrist gebührt daher die Kündigungsentschädigung für den Zeitraum von vier Monaten nach der Entbindung bzw vier Wochen nach Beendigung der Karenz zuzüglich der individuellen Kündigungsfrist unter Beachtung des Kündigungstermins.

Der Zeitraum für die Kündigungsentschädigung ist grundsätzlich nach den im Zeitpunkt der Auflösungserklärung vorliegenden Umständen zu bestimmen. Eine Ausnahme besteht zur sachgerechten Begrenzung der fiktiv berechneten Ansprüche nur für nachträgliche Ereignisse, aus denen sich eine schon frühere Beendigung des Arbeitsverhältnisses vor dem Ende der fiktiven Kündigungsfrist ergibt. Durch eine weitere Schwangerschaft einer nach § 25 IO begünstigt ausgetretenen AN, die zum Zeitpunkt der Auflösungserklärung noch nicht bestanden hat, wird der Zeitraum für die Kündigungsentschädigung nicht verlängert.

OGH 26. 7. 2012, 8 ObS 4/12 i, Arb 13.064

[102]) Die Probleme bei der Bemessung der Kündigungsentschädigung sind im allgemeinen Arbeitsrecht durch die angesprochene Fälligkeitsregel entschärft: Es ist ja ab dem vierten Monat der Zahlung jeweils die vereinbarte oder gesetzliche Zeit (§ 15 AngG) der Fälligkeit maßgeblich, sodass idR monatlich eine Gegenüberstellung von Schadenersatzzahlung und Erspartem bzw tatsächlichem oder absichtlich versäumtem Einkommen stattfinden kann.

Dem OGH kann insoweit gefolgt werden, als er für den Sonderfall der langen Kündigungsentschädigung der konkreten Schadensberechnung das Wort redet, also auf später eintretende Umstände, zB eine Betriebsstilllegung, mit der der besondere Bestandschutz wegfällt, Bedacht nimmt[103]). Inkonsequent ist es aber, nur jene Ereignisse einzubeziehen, die den Anspruch verkürzen, währenddessen eine nachträglich eintretende (fiktive) Verlängerung des Kündigungsschutzes – hier durch die neuerliche Schwangerschaft – nicht berücksichtigt wird. Für diese Differenzierung gibt es keine Begründung[104]).

2.3.3 Individueller Kündigungs- und Entlassungsschutz

Unter dem Begriff „individueller Kündigungs- und Entlassungsschutz" werden außerhalb der Betriebsverfassung (vgl 2.3.1.1.1 c) stehende, also nicht im Kollektivarbeitsrecht, sondern **individuell gewährte Motivanfechtungstatbestände** zusammengefasst. Regelungen zum Thema finden sich einerseits im Diskriminierungsschutz des GlBG bzw des BEinstG (vgl 2.3.3.1), andererseits im AVRAG (vgl 2.3.3.2).

In diesen Fällen ist nur der AN selbst, nicht aber der BR klagslegitimiert. Ziel einer derartigen Prozessführung ist es, die Kündigung bzw Entlassung für rechtsunwirksam erklären zu lassen. Im Falle des Obsiegens des AN wird die jeweilige Beendigungserklärung ex tunc beseitigt. Die Bestimmungen des allgemeinen Kündigungs- und Entlassungsschutzes kommen neben der Individualanfechtungsmöglichkeit zum Tragen.

2.3.3.1 Diskriminierungsschutz

Wird das Arbeitsverhältnis vom AG **wegen** des **Geschlechts** des (der) AN, insb unter Bezugnahme auf den Familienstand oder den Umstand, ob jemand Kinder hat, oder wegen der nicht offenbar unberechtigten Geltendmachung von Ansprüchen nach dem GlBG **gekündigt, vorzeitig gelöst** oder **im Probemonat beendet** (dazu auch 3.2.3.2), so kann der (die) AN die Lösung gem § 12 Abs 7 GlBG beim ASG anfechten.

Dasselbe gilt gem § 26 Abs 7 GlBG dann, wenn das Arbeitsverhältnis vom AG **wegen** der **ethnischen Zugehörigkeit,** der **Religion** oder **Weltanschauung,** des **Alters** oder der **sexuellen Orientierung** des AN oder wegen der nicht offenbar unberechtigten Geltendmachung von Ansprüchen nach dem G beendet wird.

Wird ein Arbeitsverhältnis, welches nicht dem besonderen Kündigungsschutz nach § 8 BEinstG unterliegt (zu diesem 2.3.2.1.4), vom AG **wegen** einer **Behinderung** des AN oder wegen der nicht offenbar unberechtigten Geltendmachung von Ansprüchen nach dem BEinstG beendet, so ist dies gem § 7 f Abs 1 und 3 BEinstG anfechtbar.

Die Anfechtungsfrist beträgt **14 Tage ab Zugang** der Lösungserklärung (§§ 15 Abs 1 Satz 4, 29 Abs 1 Satz 4 GlBG, § 7k Abs 2 Z 2 BEinstG). Das verpönte **Motiv** ist

---

[103]) OGH 12. 9. 1996, 8 ObA 2092/96x, ARD 4813/22/97.

[104]) Insoweit krit *Reissner/Sundl,* Bemessung der Kündigungsentschädigung bei Austritt besonders geschützter Arbeitnehmer nach § 25 IO, ZIK 2012, 202ff.

nur **glaubhaft** zu **machen** (vgl §§ 12 Abs 12, 26 Abs 12 GlBG, § 7p BEinstG; s auch 2.3.1.1.1 c).

Lässt jemand die Beendigung gegen sich gelten, so hat er Anspruch auf Ersatz des Vermögensschadens und auf eine Entschädigung für die erlittene persönliche Beeinträchtigung (§ 12 Abs 7 Satz 3 GlBG etc).

2.3.3.2 AVRAG

In diesem G lassen sich zwei Gruppen spezieller Anfechtungsmöglichkeiten unterscheiden[105]):

a) Aktivitäten im Bereich des Arbeitnehmerschutzrechts

Gem § 8 Abs 2 AVRAG kann ein AN, der wegen **Verlassens eines Gefahrenbereichs** oder **Ergreifens von Maßnahmen zur Gefahrenabwehr** mit einer Kündigung oder Entlassung durch den AG konfrontiert wird, diese Lösungsakte beim ASG anfechten.

Gem § 9 Abs 2 AVRAG können **Sicherheitsvertrauenspersonen** und **AN in betriebseigenen sicherheitstechnischen bzw arbeitsmedizinischen Diensten,** die nicht dem Kündigungsschutz nach § 105 Abs 3 Z 1 lit g ArbVG unterliegen und gekündigt oder entlassen werden, die Kündigung bzw Entlassung anfechten, wenn sie **wegen** der **Tätigkeit für** die **Sicherheit und** den **Gesundheitsschutz der AN** erfolgt ist.

Als Anfechtungsfrist steht dem AN **eine Woche ab Zugang** der Kündigung bzw Entlassung zur Verfügung. Der Gesetzgeber hat nach dem Vorbild des § 105 Abs 5 ArbVG und anderer einschlägiger Regelungen (vgl 2.3.1.1.1 c, 2.3.3.1) das Beweismaß dahingehend herabgesetzt, dass der AN im Zuge des gerichtlichen Verfahrens den **Anfechtungsgrund** lediglich **glaubhaft** zu **machen** hat.

b) Inanspruchnahme von Freistellungen im Zusammenhang mit der Arbeitsmarktförderung oder der Pflege bzw Betreuung naher Angehöriger

Gem § 15 Abs 1 AVRAG kann eine Kündigung, die wegen einer beabsichtigten oder tatsächlich in Anspruch genommenen Maßnahme nach den §§ 11–14, 14c oder 14d AVRAG (**Bildungskarenz, Pflegekarenz etc;** vgl auch 4.3.3 a, b) ausgesprochen wird, bei Gericht angefochten werden.

§ 105 Abs 5 ArbVG gilt sinngemäß, sodass das verbotene **Motiv** nur **glaubhaft** zu **machen** ist. Das G nennt keine Anfechtungsfrist, eine solche wird per Rechtsanalogie aus den sonstigen Anfechtungstatbeständen abzuleiten und als **Aufgriffsobliegenheit innerhalb angemessener Frist** festgelegt werden können (vgl auch 2.3.4). Keine Erwähnung findet die Konstellation, dass der AG aus dem verpönten Motiv an Stelle der Kündigung eine **unbegründete Entlassung** ausspricht. Dieser Fall, der vom Gesetzgeber in allen anderen Motivanfechtungstatbeständen mitberücksichtigt wird (vgl zB § 106 ArbVG, §§ 12 Abs 7, 26 Abs 7 GlBG, §§ 8f AVRAG), ist per Rechtsanalogie auch in die vorliegende Kündigungsschutzregelung einzubeziehen.

---

105) *Holzer/Reissner*, Arbeitsvertragsrechts-Anpassungsgesetz² (2006) § 8 Rz 19 ff, § 9 Rz 18 ff; *Mosler* in ZellKomm² § 8 AVRAG Rz 25 ff; § 9 AVRAG Rz 10; *Wolligger* in ZellKomm² § 15 AVRAG Rz 3 ff.

2.3.4 Sittenwidrige Kündigung

Auch eine Kündigung kann sittenwidrig iSd § 879 ABGB sein. Der Sittenverstoß ergibt sich hierbei ausschließlich aus den **Motiven** des Kündigenden. Rechtsfolge ist die Nichtigkeit der Kündigung[106]).

Erfasst werden damit jene Fälle mit sittenwidriger Motivation, für die **keine Sonderregelungen** (zB § 105 Abs 3 Z 1 ArbVG, GlBG) bestehen:

- Zum einen können die **verpönten Motive des allgemeinen Bestandschutzes** (zB Lösung wegen Gewerkschaftsbeitritts) auch **außerhalb der Betriebsverfassung** – etwa im Kleinbetrieb mit weniger als fünf AN iSd § 36 ArbVG (vgl 1.2) – sanktioniert werden.
- Zum anderen können **sonstige, insb grundrechtswidrige Motive,** zB im Zusammenhang mit politischer Betätigung iwS, der Eheschließung bzw Scheidung[107]) sowie der Ausübung sonstiger Freiheiten in Bereichen wie Medien, Wissenschaft oder Kunst für die Nichtigkeit des Lösungsakts ins Treffen geführt werden.

In (rechts-)analoger Anwendung der Anfechtungstatbestände des allgemeinen und individuellen Bestandschutzes (vgl 2.3.1.1.1 c, 2.3.3) wird eine **Aufgriffsobliegenheit in angemessener Frist** bestehen, die verpönten **Motive** werden nur **glaubhaft zu machen** sein[108]).

2.4 Beendigung des Arbeitsverhältnisses bei Insolvenz des AG[109])

Gem § 25 IO besteht einerseits ein Lösungsrecht des Insolvenzverwalters (vgl 2.4.1) und andererseits ein Austrittsrecht des AN (vgl 2.4.2). Besonderheiten gibt es im Sanierungsverfahren mit Eigenverwaltung (vgl 2.4.3).

2.4.1 Lösungsrecht des Insolvenzverwalters

2.4.1.1 Bedenkfrist

Diese sog **außerordentliche Kündigung** ist innerhalb einer **Bedenkfrist von einem Monat** vorzunehmen. Diese Frist ist unterschiedlich situiert, je nachdem, ob es sich um ein Schuldenregulierungsverfahren (vgl a) oder eine Unternehmensinsolvenz handelt, wobei im letzteren Fall noch entscheidend ist, ob das Unternehmen (vorerst) fortgeführt wird oder nicht (vgl b, c).

---

[106]) OGH 11. 8. 1993, 9 ObA 200/93, DRdA 1994, 134 *(Floretta)* = ZAS 1995, 58 *(Reissner).*

[107]) Sofern sich dahinter nicht eine Diskriminierung auf Grund des Geschlechts verbirgt. Diesfalls wäre § 3 GlBG einschlägig; vgl 2.3.3.1 sowie allg *Windisch-Graetz* in ZellKomm² § 3 GlBG Rz 9 ff mwN.

[108]) Dazu *Reissner,* ZAS 1995, 63 f.

[109]) *Reissner,* Arbeitsrechtsbezogene Bestimmungen der IO – Arbeitgeberposition, Beendigung von Arbeitsverhältnissen und Forderungsqualifikation, in *Nunner-Krautgasser/Reissner* (Hrsg), Praxishandbuch Insolvenz und Arbeitsrecht (2012) 63 ff.

Zur Wahrung der für den Insolvenzverwalter bestehenden Begünstigungen muss dieser einen Zugang der Kündigung innerhalb der Bedenkfrist bewerkstelligen (vgl allg 2.1.2).

a) Schuldenregulierungsverfahren

Die Lösung nach § 25 IO ist innerhalb eines Monats ab **Insolvenzverfahrenseröffnung** vorzunehmen.

b) Nicht fortgeführte Unternehmen(sbereiche)

Als Lösungsfrist steht ein Monat **ab öffentlicher Bekanntmachung des Beschlusses,** mit dem die Schließung festgestellt, angeordnet oder bewilligt wird, zur Verfügung.

c) Fortgeführte Unternehmen(sbereiche)

Die Lösung muss innerhalb eines Monats **ab Berichtstagsatzung** vorgenommen werden, wenn in dieser ein Beschluss auf Schließung des Unternehmens(bereichs) ergeht. Ausnahmsweise gilt dieselbe Frist auch bei Beschluss auf Fortführung, jedoch nur bezüglich „einzuschränkender Bereiche".

Fraglich ist, was bei einer Fortführung unter jenen **Bereichen** verstanden werden soll, **die „einzuschränken" sind,** in denen also trotz Fortführung dem Insolvenzverwalter das Lösungsrecht nach § 25 IO zukommen soll. Keinesfalls wird man von einzuschränkenden Bereichen sprechen können, wenn ohne Reduktion bei den Betriebsmitteln nur Personal abgebaut werden soll. Dies käme nämlich der generellen Freigabe des begünstigten Lösungsrechts nach § 25 IO in fortgeführten Unternehmen(sbereichen) gleich. Es kann ja logisch gesehen die Vornahme begünstigter Lösungserklärungen nicht gleichzeitig die Voraussetzung für ihre Zulässigkeit abgeben.

Tätigt der Insolvenzverwalter eine begünstigte Kündigung in einem einzuschränkenden Bereich, steht dem betroffenen AN nach § 25 Abs 1 b Satz 3 IO ein sog **„nachschießendes", begründetes Austrittsrecht** zu.

Hier geht es darum, eine raschere Beendigung der Arbeitsverhältnisse von nicht mehr benötigten AN zu ermöglichen und damit die Masse – letztlich auf Kosten des Insolvenz-Entgelt-Fonds (dazu allg 5.3.5.2) – zu entlasten.

Kommt es zu einer **Schließung des Unternehmens nach** (einstweiliger) **Fortführung** (vgl § 115 Abs 4 IO), wird mit deren **öffentlicher Bekanntmachung** wiederum der Beginn der Monatsfrist für begünstigte Kündigungen ausgelöst.

2.4.1.2 Begünstigungen

Die Begünstigung durch § 25 IO liegt einmal darin, dass die außerordentliche Kündigung auch bei **befristeten Arbeitsverhältnissen** zulässig ist. Der Insolvenzverwalter ist zudem weder an Arbeitsverträge, bei denen dem AN **vertraglich Unkündbarkeit** zugesichert wurde, noch an **vertragliche Kündigungsfristen,** die länger als die gesetzlichen bzw kollektivvertraglichen sind, gebunden. Irrelevant sind auch **Kündigungstermine.**

2.4.1.3 Gesetzliche Kündigungsbeschränkungen

Die Ausübung der außerordentlichen Kündigung seitens des Insolvenzverwalters muss unter Bedachtnahme auf die „gesetzlichen Kündigungsbeschränkungen" erfolgen. Als solche kommen der **allgemeine Kündigungsschutz** (vgl 2.3.1), der **besondere Kündigungsschutz** (vgl 2.3.2) und das **Kündigungsfrühwarnsystem** gem § 45 a AMFG (vgl 2.4.1.3.1) in Betracht.

2.4.1.3.1 Kündigungsfrühwarnsystem

Nach dem Kündigungsfrühwarnsystem – dieses ist nach der sog MassenentlassungsRL[110]) unionsrechtlich vorgeschrieben – besteht für AG die Pflicht, **Reduzierungen des Beschäftigtenstands,** die über ein gewisses Maß hinausgehen, der regionalen Geschäftsstelle des zuständigen **AMS** durch schriftliche Anzeige **mitzuteilen.**

Eine Reduzierung des Beschäftigtenstandes ist anzeigepflichtig, wenn innerhalb von 30 Tagen der Beschäftigtenstand

- in Betrieben mit idR mehr als 20 und weniger als 100 AN um mindestens fünf AN oder
- in Betrieben mit 100 bis 600 AN um mindestens 5%
- in Betrieben mit idR mehr als 600 AN um mindestens 30 AN oder
- um mindestens fünf AN, die das 50. Lebensjahr vollendet haben,

verringert werden soll. Anzuzeigen ist die Verringerung des Beschäftigtenstands **zumindest 30 Tage vor Ausspruch der ersten** erfolgenden **Kündigung.**

Wesentliche Konsequenz einer Nichteinhaltung des Frühwarnsystems bildet die **Rechtsunwirksamkeit der Kündigungen** (vgl § 45 a Abs 5 AMFG).

Das Kündigungsfrühwarnsystem ist naturgemäß nicht nur bei Insolvenz relevant. Gem § 45 a Abs 2 AMFG trifft die Anzeigepflicht im Falle der Insolvenz grundsätzlich den Insolvenzverwalter.

Diesbezüglich zu beachten ist § 25 Abs 1 a IO. Diese Bestimmung enthält **Erleichterungen** sowohl bei besonders kündigungsgeschützten AN als auch in Bezug auf die Einhaltung des Kündigungsfrühwarnsystems.

2.4.1.4 Rechtsfolgen

Die außerordentliche Kündigung durch den Insolvenzverwalter zieht alle Rechtsfolgen nach sich, die **mit einer Arbeitgeberkündigung üblicherweise verbunden** sind (Abfertigung, Urlaubsersatzleistung etc; vgl auch 2.2).

Weiters entsteht ein **Schadenersatzanspruch des AN** iS einer Eingriffshaftung für die Zeit zwischen Lösungswirkung der Insolvenzverwalterkündigung und Wirkung einer (fiktiven) nicht begünstigten Kündigung nach allgemeinem Arbeitsrecht.

---

[110]) RL 98/59/EG des Rates vom 20. 7. 1998 zur Angleichung der Rechtsvorschriften der Mitgliedstaaten über Massenentlassungen, ABl L 225 vom 12. 8. 1998, 16.

Eine Zeit lang vertrat die Rechtsprechung[111]) die problematische Auffassung, dass dieser Schadenersatz in gewissen Punkten, insb im Hinblick auf die Anrechnungsregel des § 29 AngG, § 1162b ABGB, nicht den Regeln über die Kündigungsentschädigung (vgl insb 2.1.2.3.1 b) unterliege. Nunmehr hat sich der OGH wieder der zutreffenden überwiegenden Lehre angeschlossen:

Entscheidung 48: Insolvenzrechtlicher Schadenersatz

Der Schadenersatzanspruch des DN nach § 25 Abs 2 Konkursordnung (nunmehr: IO) ist als Kündigungsentschädigung zu qualifizieren. Die Anrechnungsfreiheit für die ersten drei Monate findet daher Anwendung.

OGH 6. 10. 2005, 8 ObS 16/04t, DRdA 2007, 52 *(Grießer)*

Fall 16: Kündigungsregelung

Der Insolvenzverwalter will eine Angestellte mit 13 Dienstjahren am 18. 2. 2014 nach § 25 IO kündigen. Wann endet das Arbeitsverhältnis bzw welche Ansprüche stehen der AN zu, wenn im Arbeitsvertrag eine von beiden Seiten einzuhaltende Kündigungsfrist von sechs Monaten sowie Kündigungstermine jeweils zum 15. oder Letzten des Kalendermonats festgelegt wurden und die AN am 1. 4. 2014 einen neuen Job antritt, bei dem sie mehr verdient als beim bisherigen AG?

2.4.2 Austrittsrecht des AN

2.4.2.1 Bedenkfrist

Auch der begründete Austritt nach § 25 IO ist innerhalb einer **Bedenkfrist von einem Monat** vorzunehmen. Was die Lage der Frist anlangt, gilt das zur Lösung durch den Insolvenzverwalter Ausgeführte (vgl 2.4.1.1), mit dem einzigen Unterschied, dass bei **Fortführung** ein **Austrittsrecht** des AN **nicht** in Betracht kommt.

Eine spezielle Rechtslage besteht im Bereich des nach allgemeinem Arbeitsrecht vorgenommenen Austritts wegen vorenthaltenen Entgelts (vgl allg 2.1.3.2.1 b) im Zuge der Insolvenz. Wurde demnach dem AN **vor Verfahrenseröffnung** fälliges **Entgelt ungebührlich geschmälert oder vorenthalten,** so ist ein diesbezüglicher, nur darauf gestützter **Austritt während des Insolvenzverfahrens unwirksam** (vgl § 25 Abs 3 IO).

Vor Verfahrenseröffnung hingegen ist das Austrittsrecht im Allgemeinen gegeben. Aber auch danach kann ein Austritt getätigt werden, wenn der Insolvenzverwalter **während des Verfahrens fällig werdende Entgelte** nicht bezahlt.

[111]) Vgl OGH 29. 8. 1996, 8 ObS 2080/96, ZASB 1997, 6 = infas 1997 A 15; 13. 2. 1997, 8 ObS 14/97, ARD 4882/38/97.

Davon abgesehen kann der AN einen **sonstigen Austrittsgrund** nach § 26 AngG, § 82a GewO 1859 etc selbstverständlich auch während des Insolvenzverfahrens **aufgreifen,** dies aber nach den allgemeinen Regeln (zB Unverzüglichkeit; vgl 2.1.3).

2.4.2.2 Rechtsfolgen

Der Austritt gem § 25 IO löst alle mit dieser Auflösungsform **üblicherweise verbundenen Rechtsfolgen** aus (vgl allg 2.1.3.2.3 a). Insb gebührt dem AN ein **verschuldensunabhängiger Schadenersatzanspruch** in Form der Kündigungsentschädigung (vgl auch 2.4.1.4, insb E 48).

ME ist bei der Bemessung derselben nach allgemeinen Grundsätzen an einer fiktiven Lösungsdauer für den AG anzusetzen. Dass der Insolvenzverwalter seinerseits die begünstigte Kündigung zur Verfügung hat, kann die Bemessungsdauer nicht verkürzen, knüpft sich doch an diese Lösungsmöglichkeit eine aus einer Eingriffshaftung resultierende Schadenersatzpflicht.

Besondere Brisanz kommt der Festlegung des Entschädigungszeitraums bei **Austritt besonders kündigungsgeschützter Personen** zu (vgl allg 2.3.2.2.2).

2.4.3 Besonderheiten im Sanierungsverfahren mit Eigenverwaltung

Im Sanierungsverfahren mit Eigenverwaltung kann gem § 25 Abs 1 c IO der **Schuldner** AN, die in einzuschränkenden Bereichen (dazu allg 2.4.1.1 c) beschäftigt sind, innerhalb eines Monats nach der öffentlichen Bekanntmachung des Eröffnungsbeschlusses mit Zustimmung des Sanierungsverwalters nach § 25 Abs 1 IO kündigen, wenn die Aufrechterhaltung des Arbeitsverhältnisses das Zustandekommen oder die Erfüllbarkeit des Sanierungsplans oder die Fortführung des Unternehmens gefährden könnte.

Dieses begünstigte Kündigungsrecht **tritt** zu jenen des § 25 Abs 1 IO **hinzu** (arg „überdies").

Was die **Begünstigungen** anlangt, die mit dieser Lösungsform einhergehen, kann auf die Ausführungen zu den sonstigen Insolvenzverfahren verwiesen werden. Auch das begünstigte Lösungsrecht nach § 25 Abs 1 c IO hat auf **gesetzliche Kündigungsbeschränkungen** Bedacht zu nehmen (vgl 2.4.1.2, 2.4.1.3).

Die außerordentliche Kündigung durch den Schuldner zieht alle jene **Rechtsfolgen** nach sich, die **mit einer Arbeitgeberkündigung üblicherweise verbunden** sind (vgl 2.4.1.4). Dem AN steht wiederum ein „nachschießendes Austrittsrecht" zu (vgl 2.4.1.1 c).

Ein **„spiegelgleiches" Austrittsrecht des AN** entsprechend jenem in den Insolvenzverfahren ohne Eigenverwaltung (vgl 2.4.2) ist hingegen **nicht gegeben.**

Kontrollfragen zu Kapitel 2.

1. Was sind nach hA die Konsequenzen einer zeitwidrigen Kündigung? Welche weiteren Theorien werden zu diesem Thema vertreten?
2. Was sind die Wesensmerkmale einer vorzeitigen Lösung aus wichtigem Grund? Wie unterscheidet sich diese von einer Kündigung? Was versteht

man unter „Verwirkung“ des vorzeitigen Lösungsrechts? Was ist das Nachschieberecht? Was ist im Recht der vorzeitigen Lösung ein „Dauerzustand“?

3. Wo sind Entlassungsgründe geregelt? Was bedeutet „Untreue“, was bedeutet „Vertrauensunwürdigkeit“? Kann ein Arbeiter wegen Vertrauensunwürdigkeit entlassen werden? Was bedeutet „objektive Rechtswidrigkeit“ beim Entlassungsgrund „Schmälern oder Vorenthalten des Entgelts“?
4. Was sind die Rechtsfolgen von gerechtfertigten bzw ungerechtfertigten Entlassungen? Was sind die Rechtsfolgen von gerechtfertigten bzw ungerechtfertigten Austritten?
5. Was bedeutet „Culpakompensation“?
6. Wann wird das Arbeitsverhältnis kraft G beendet? Wann führt der Tod des AG zur automatischen Beendigung?
7. Was sind die Strukturunterschiede zwischen dem allgemeinen Kündigungs- und dem allgemeinen Entlassungsschutz? Wann ist eine Kündigung sozial ungerechtfertigt? Wann sind wesentliche Interessen des AN beeinträchtigt? Wann hat der AG betriebliche Gründe für die Kündigung? Was bedeutet Sozialvergleich bzw vertikaler Sozialvergleich, unter welchen Voraussetzungen kommen diese Phänomene in Frage?
8. Welche Elemente zeichnen einen besonderen Kündigungs- und Entlassungsschutz aus? Wann beginnt der Kündigungs- und Entlassungsschutz der werdenden Mutter? Wer kann die einschlägigen Bestimmungen des BEinstG in Anspruch nehmen?
9. Was versteht man unter dem Wahlrecht des besonders bestandgeschützten AN? Was versteht man unter langer bzw kurzer Kündigungsentschädigung?
10. Welche besonderen Lösungsmöglichkeiten sind im Falle der Insolvenz des AG vorgesehen? Worin bestehen die Begünstigungen des Insolvenzverwalters nach § 25 IO?

3. Vertragsabschluss und Vertragsgestaltung

3.1 Probleme des Vertragsabschlusses

Rechtsfragen ergeben sich hier schon in der Phase der Vorbereitung eines Vertragsabschlusses (vgl 3.1.1 bis 3.1.3). Beim Vertragsabschluss selbst treten zum einen die allgemein-zivilrechtlichen Probleme auf (vgl 3.1.4), zum anderen sind spezielle Aspekte des Arbeitsrechts zu erörtern (vgl 3.1.5 – 3.1.7).

3.1.1 Ersatz von Vorstellungskosten

Im Arbeitsrecht gibt es keine spezielle Regelung zur Frage, ob und inwieweit einem Stellenbewerber ein Anspruch auf Ersatz seiner Vorstellungskosten gegenüber einem potenziellen zukünftigen AG zusteht.

Entscheidung 49: Vorstellungskosten

Stellt sich der Stellenwerber nach zweifelsfreier Aufforderung durch den AG vor, besteht Grund zur Annahme, dieser habe sich gem § 863 ABGB stillschweigend zum Kostenersatz verpflichten wollen.

Der Erstattungsanspruch ergibt sich auch durch analoge Anwendung des im § 1014 ABGB normierten grundsätzlichen Anspruchs auf Auslagenersatz bei aufgetragener Tätigkeit auf den Arbeitsvertrag.

Der ausdrückliche Ausschluss des Kostenersatzes anlässlich der Einladung zu einem Vorstellungsgespräch ist zulässig.

OGH 12. 7. 1989, 9 ObA 111/89, DRdA 1991, 145 *(Egger)* = ZAS 1990, 134 *(Reidinger)*

Aus dieser Leitentscheidung ist zu entnehmen, dass eine Verpflichtung des Unternehmers zur Übernahme der mit einer Vorstellung verbundenen Kosten aus einem **diesbezüglichen Vertragsabschluss** resultieren kann. Dieser kann nicht nur **ausdrücklich** zustande kommen, eine vertragliche Kostenübernahme kann auch **konkludent** nach Maßgabe des § 863 ABGB festgelegt worden sein.

Bei ausdrücklichen Kostenübernahmen wird sich zuweilen aus einer Vertragsinterpretation nach Maßgabe der §§ 914f ABGB ergeben, dass der Unternehmer zwar gewisse Kosten tragen will, andere Kosten jedoch gerade nicht zu refundieren beabsichtigt. Es ist mangels zwingender arbeitsrechtlicher Normen zum Thema auch möglich, zu vereinbaren, dass kein Kostenersatz erfolgen soll.

Für einen konkludenten Vertragsabschluss darf der eine Teil, hier also der Bewerber, keinen vernünftigen Grund daran zu zweifeln übrig haben, dass sich der andere Teil, der potenzielle AG, zu einer Kostenübernahme verpflichten will. Ein entsprechender Vertrauenstatbestand wird sich zB aus dem Verhalten eines Unternehmers ableiten lassen, der jemanden „nach erfolgreicher Vorauswahl“ auffordert, sich als „künftiger Mitarbeiter“ vorzustellen und an einer Informationsveranstaltung über Details der künftigen Tätigkeit teilzunehmen (so der Sachverhalt zu E 49).

Ein zweiter vom Höchstgericht genannter Ansatzpunkt für einen Ersatz von Vorstellungskosten ergibt sich aus der analog im Arbeitsrecht anzuwendenden, aus dem Auftragsrecht stammenden Bestimmung des § 1014 ABGB, wonach derjenige, der einen **Auftrag** erteilt, dem Adressaten den **„notwendig oder nützlich gemachten Aufwand“** sowie einen allfälligen „mit der Erfüllung des Auftrags verbundenen Schaden“ zu vergüten hat (vgl auch 5.1, 9.2.1). Gibt es etwa im Zusammenhang mit einer Personalauswahl die eindeutige Aufforderung, gewisse Aktivitäten zu entfalten, ist der Tatbestand des § 1014 ABGB erfüllt.

§ 1014 ABGB kann als dispositives Recht durch anderweitige vertragliche Einigung außer Kraft gesetzt werden.

Als dritte Rechtsgrundlage für einen Ersatz von Vorstellungskosten kommt die Haftung aus **culpa in contrahendo** in Betracht[1]). Der Unternehmer hat demnach Kosten eines Stellenwerbers zu tragen, wenn er diesem gegenüber vorvertragliche Aufklärungs- und Sorgfaltspflichten verletzt.

Fall 17: Maturaniveau

Die Bekl, eine Vertriebsfirma in Salzburg, inseriert in einer Tageszeitung folgendes Stellenangebot: „Für unseren Außendienst suchen wir eine(n) verlässliche(n) Mitarbeiter(in). Flexibilität, Belastbarkeit und Fähigkeiten im Umgang mit Menschen Voraussetzungen. Wir erwarten Maturaniveau, einschlägige Berufserfahrung von Vorteil. Schriftliche Bewerbungen an unsere Personalabteilung.“

Der in Wien wohnhafte Kl bewirbt sich daraufhin unter Beilage diverser Unterlagen. Einige Tage später wird er telefonisch von einer Mitarbeiterin der Personalabteilung kontaktiert, die einen persönlichen Termin vereinbaren möchte.

Man einigt sich auf ein Treffen in Linz, etwa auf halbem Weg zwischen Wien und Salzburg. Im Rahmen des Vorstellungsgesprächs in Linz stellt sich heraus, dass die Bekl einen freien Mitarbeiter sucht, der Kl aber einen Arbeitsvertrag abschließen möchte. Man einigt sich auf eine Woche Bedenkzeit. Innerhalb dieser Frist erreicht den Kl ein Brief aus Salzburg, in dem ihm mitgeteilt wird, dass „von einer Beschäftigung leider Abstand genommen werden muss“.

Der Kl begehrt die ihm entstandenen Kosten für Kopien, Porto und Fahrt in Höhe von € 160,–. Wie ist die Rechtslage?

[1]) *Löschnigg*, Arbeitsrecht[12] 239 f.

3.1.2 Fragerecht des AG, Offenlegungspflicht des AN[2])

Im Zuge der Aufnahme von AN haben Stellenwerber häufig diverse von potenziellen AG gestellte Fragen zu beantworten, gewisse Umstände haben sie sogar von sich aus, ohne Frage von Seiten des AG, aufzuklären. Rechtlich problematisch sind Fragen (bzw Aufklärungspflichten), die die Privatsphäre des zukünftigen AN betreffen. Im Hintergrund stehen hier **Persönlichkeitsrechte** (§§ 16 f ABGB), in die nur dann eingegriffen werden darf, wenn sich nach **Abwägung der beiderseitigen Interessen** ein **deutliches Überwiegen der Bedürfnisse des Unternehmers** nach Information im Verhältnis zu den Anliegen des Stellenwerbers auf Geheimhaltung seiner Daten feststellen lässt.

Generell unzulässig ist die im Zuge einer Bewerbung gestellte Frage nach einer bestehenden **Schwangerschaft.** Diese Frage betrifft die Intimsphäre der zukünftigen AN, und es ist kein Interesse eines zukünftigen AG denkbar, das in einer Interessenabwägung so schwer wiegen könnte, dass es zur Offenlegung des Faktums der Schwangerschaft kommen müsste.

Ist eine Frage unzulässig und daher ohne rechtliche Grundlage gestellt, so kann auch eine Beantwortung derselben nach Belieben erfolgen. Die wahrheitswidrige Verneinung der Frage nach der bestehenden Schwangerschaft ist daher nicht rechtswidrig. Damit korrespondiert auch die Situation im Mutterschutzrecht (vgl 2.3.1.2.2 c), welches für diesen Fall keinen Entlassungszustimmungsgrund vorsieht.

Was den **Gesundheitszustand** des Stellenwerbers anlangt, so kann aus den Normen des öffentlich-rechtlichen Arbeitnehmerschutzrechts kein detailliertes Fragerecht und kein Recht auf Vorlage ärztlicher Befunde abgeleitet werden. Im Einzelnen muss wiederum anhand einer Interessenabwägung festgestellt werden, welche Informationen zu geben sind bzw welche Fragen der AG stellen darf und der AN wahrheitsgemäß beantworten muss.

Entsprechende Rechte des AG werden etwa dann bestehen, wenn bei Tätigwerden eines kranken AN Leben oder Gesundheit von anderen im Arbeitsbereich befindlichen Personen gefährdet werden. So wird etwa ein Stellenwerber, der an einer sehr ansteckenden Krankheit leidet, diese offenlegen müssen, erst recht zB dann, wenn er sich um eine Stelle in einem Krankenhaus bewirbt. Wird die Krankheit verschwiegen, so erfüllt der AN den Entlassungstatbestand der Vertrauensunwürdigkeit (§ 27 Z 1 AngG; vgl 2.1.3.1.1 a) bzw der „Behaftung mit einer abschreckenden Krankheit" (§ 82 lit h GewO 1859; vgl 2.1.3.1.1). Für die Tätigkeit in Arbeitsbereichen, in denen eine Erkrankung keine Gefahrenquelle darstellt, ist kein Informationsrecht des AG gegeben. Demgemäß stellt das Geheimhalten der Krankheit keine rechtswidrige Vorgangsweise des AN dar.

Beispiel: Ein für Kanzleiarbeiten eingestellter AN wird eine Ansteckung mit HIV nicht offenlegen müssen, zumal bei dieser Art der Arbeitsleistung eine Übertragungsgefahr nicht vorhanden ist.

Allgemein gesprochen wird man Informationsrechte des AG in Bezug auf **Tatsachen, die einer Verwendung des AN am angestrebten Arbeitsplatz entgegenstehen,**

---

[2]) *Löschnigg*, Arbeitsrecht[12] 236 f.

annehmen müssen. Das können auch nicht bloß vorübergehende schwere Erkrankungen, zB auch Suchterkrankungen sein. Die Frage, ob ein Stellenwerber im Privatbereich zuweilen Alkohol oder andere Substanzen konsumiert, wird so gesehen nicht durch ein entsprechendes konkretes Interesse des AG gerechtfertigt sein.

Ohne seine Zustimmung muss sich der Bewerber **weder medizinischen Eingangsuntersuchungen noch ähnlichen Tests** (etwa Drogentests) stellen.

Die Frage nach den **Vermögensverhältnissen** des AN wird in aller Regel unzulässig sein. Eine Ausnahme wird man dann anerkennen müssen, wenn der AG mittels dieser Frage aus der Rechtsordnung resultierende Pflichten, etwa im Zusammenhang mit der Lohnpfändung (vgl 5.3), erfüllt.

Die Frage nach **Vorstrafen** des potenziellen AN kann nur dann gültig sein, wenn zwischen dem begangenen Delikt und der in Aussicht genommenen Arbeit ein besonderer innerer Zusammenhang besteht, der es einem Unternehmer unzumutbar macht, den Betroffenen unter diesen Umständen zu beschäftigen. Fragen nach getilgten Vorstrafen sind jedenfalls unzulässig[3]).

Es wird sich daher beispielsweise eine Person, die sich um eine Stelle in einer Bank bewirbt, die Frage nach Vorstrafen im Bereich von Wirtschaftsdelikten gefallen lassen müssen, bei Ausschreibung einer Stelle für einen Bauarbeiter hingegen ist diese Frage unzulässig. Hätte ein Bankangestellter die entsprechende Frage bei Einstellung falsch beantwortet, so wird wiederum der Entlassungstatbestand der Vertrauensunwürdigkeit (s oben) gegeben sein.

Fall 18: Schwangerschaft[4])

Gabriele ist Juristin und bewirbt sich als Mitarbeiterin der Rechtsabteilung eines Unternehmens. Im Einstellungsfragebogen findet sich die Frage nach einer bestehenden Schwangerschaft. G hat den ernsten Verdacht, dass sie schwanger ist, beantwortet die Frage aber dennoch mit Nein.

Nach Ablauf des Probemonats sucht G einen Frauenarzt auf, der feststellt, dass sie sich in der 14. Schwangerschaftswoche befindet. Sie meldet dies unverzüglich dem AG. Dieser meint, dass ihr das Bestehen der Schwangerschaft im Zeitpunkt des Ausfüllens des Fragebogens bewusst gewesen sein musste und spricht die Entlassung aus. Wie ist die Rechtslage?

3.1.3 Gleichbehandlung bei der Einstellung

Bei der Einstellung von AN bestehen **Gleichbehandlungsgebote:** Nach den §§ 3 Z 1, 17 Abs 1 Z 1 GlBG darf niemand **auf Grund** des **Geschlechtes,** insb unter Bezugnahme auf den Familienstand oder den Umstand, ob jemand Kinder hat, der **ethnischen Zugehörigkeit,** der **Religion** bzw **Weltanschauung,** des **Alters** oder der **sexuellen Orientierung** bei der **Begründung von Arbeitsverhältnissen** unmittelbar oder mittelbar diskriminiert werden. Weiters besteht ein entsprechendes Verbot einer Diskriminierung auf Grund einer

[3]) OGH 18. 10. 1994, 10 ObS 218/94, DRdA 1995, 397 *(Mazal).*

[4]) Für die Falllösung notwendige Materien sind auch unter 2.3.1.2.2 c dargestellt.

Behinderung (§ 7b Abs 1 Z 1 BEinstG; zu anderen Fragen der Gleichbehandlung im Arbeitsleben vgl 2.3.3.1, 5.3.3.2, 8.4).

Kommt es im Zusammenhang mit der Einstellung von AN zu einer Verletzung des Gleichbehandlungsgebotes, so ist der AG gegenüber den diskriminierten Stellenwerbern zum **Ersatz des Vermögensschadens** und zu einer **Entschädigung für die erlittene persönliche Beeinträchtigung** verpflichtet. Der Ersatzanspruch beträgt mindestens zwei Monatsentgelte, wenn der Bewerber bei diskriminierungsfreier Auswahl die Stelle erhalten hätte. Kann der AG nachweisen, dass der dem Stellenwerber durch die Diskriminierung entstandene Schaden nur in der Nichtberücksichtigung der Bewerbung besteht, gebührt ein Ersatzanspruch bis € 500,– (§§ 12 Abs 1, 26 Abs 1 GlBG, § 7e Abs 1 BEinstG).

Als Vermögensschaden können etwa Vorstellungskosten und Kosten für den eingeleiteten Wohnungswechsel geltend gemacht werden. Darüber hinaus bestehen Ansprüche auf Ersatz eines immateriellen Schadens.

Mit diesen Regelungen wird die österreichische Rechtslage an die unionsrechtlichen Vorgaben der (überarbeiteten) GleichbehandlungsRL (wN s 10.2.2) und der AntirassismusRL[5]) angepasst.

3.1.4 Allgemein-zivilrechtliche Aspekte des Vertragsabschlusses[6])

Wie jeder Vertrag kommt der Arbeitsvertrag durch **übereinstimmende Willenserklärungen** der beiden Vertragspartner (Angebot und Annahme; vgl § 861 ABGB) zustande. In diesem Zusammenhang gelten grundsätzlich die allgemein-zivilrechtlichen Vorschriften der §§ 859 ff ABGB.

Im Falle eines Dissenses kommt es – außer bei verstecktem, dh einer Partei nicht bewusstem Dissens über nicht entscheidende Nebenpunkte – überhaupt nicht zum Vertragsabschluss[7]). Zu beachten ist, dass im Arbeitsrecht gem § 1152 ABGB (bzw § 6 AngG) bei Nichtfestlegung des Hauptpunktes Entgelt durch die Fiktion der Vereinbarung eines angemessenen Entgelts das Vorliegen von Dissens vermieden wird (zu § 1152 ABGB allg 5.2.1).

Willenserklärungen können nicht nur **ausdrücklich,** sondern auch **konkludent** insofern erfolgen, als sich ein Teil so verhält, dass der andere Teil keinen vernünftigen Grund zu zweifeln daran übrig hat, dass eine vertragliche Bindung gewollt wird (vgl § 863 ABGB).

Fall 19: Frau des Gefangenenhauswartes[8])

Die Gattin des Gefangenenhauswartes führte seit 1945 die Küche des Gefangenenhauses unter Aufsicht und Weisung des Gerichtsvorstehers. Sie leistete

[5]) RL 2000/43/EG des Rates vom 29. 6. 2000 zur Anwendung des Gleichbehandlungsgrundsatzes ohne Unterschied der Rasse oder ethnischen Herkunft, ABl L 180 vom 19. 7. 2000, 22.

[6]) *Löschnigg,* Arbeitsrecht[12] 242 ff; *Spielbüchler,* Arbeitsrecht I[4] 115 ff; *Windisch-Graetz,* Arbeitsrecht II[8] 31 ff.

[7]) Vgl zB OGH 4. 3. 1986, 14 Ob 12/86, ZAS 1987, 92 *(Dullinger).*

[8]) Dazu auch *Pircher,* Repetitorium Arbeitsrecht (1999) 31 f.

täglich sieben Stunden Kocharbeit. Darüber hinaus vertrat sie ihren Mann ca fünf Stunden wöchentlich und führte Leibesvisitationen bei Einlieferung weiblicher Häftlinge durch. Diese Arbeiten waren dem Gerichtsvorsteher, dem Präsidenten des LG und dem OLG-Präsidium bekannt.

Im Jahre 1961 begehrt sie die Feststellung, dass sie seit 1945 Vertragsbedienstete des Bundes sei, und verlangt die entsprechende Entlohnung nach dem VBG. Zu Recht?

(Nach OGH 28. 11. 1961, 4 Ob 133/61, SozM I D 314)

Der Abschluss eines Arbeitsvertrages ist im Allgemeinen an keine bestimmte **Form** gebunden. Der Vertragsabschluss kann daher mündlich, schriftlich oder durch schlüssige Handlungen erfolgen (zur Dienstzettelpflicht vgl 3.1.5).

Nur in einigen SonderG sind Formvorschriften für Arbeitsverträge vorgesehen, so etwa in § 12 Abs 1 BAG für Lehrverträge.

In KollV oder BV vorgesehene Formvorschriften sind als sog Abschlussnormen nicht von der Kompetenz der kollektiven Rechtsquellen zur Normsetzung erfasst und daher nicht normativ wirksam (vgl 11.5.1.2.1 a, 12.3.1.2.1 a).

Die Vertragsparteien können auch eine bestimmte Form wählen. Liegt ein solcher **vereinbarter Formvorbehalt** vor, dann wird vermutet, dass die Parteien vor Erfüllung dieser Form nicht gebunden sein wollen (§ 884 ABGB). Von der vereinbarten Form können die Parteien allerdings jederzeit einvernehmlich, und zwar auch gem § 863 ABGB konkludent, wieder abgehen[9]).

Bestimmte Klauseln in Arbeitsverträgen bedürfen zu ihrer Gültigkeit der **Schriftform.** Dies gilt zB für Ausbildungskostenklauseln (§ 2d Abs 2 AVRAG; vgl 3.2.5.2), Kautionsbestellungen zur Sicherung von Schadenersatzansprüchen gegen den AN (§ 1 Abs 2 KautSchG; vgl 5.3.4) und die Überlassung künftiger Diensterfindungen an den AG (§ 7 Abs 1 PatG; vgl 5.1.2.5.1).

Willenserklärungen müssen gem § 869 ABGB frei, ernstlich, bestimmt und verständlich sein. Die Bindung an einen Vertragsschluss ist bekämpfbar, wenn **Willensmängel,** zB ein aufgreifbarer Irrtum (§§ 871 ff ABGB) oder List bzw Zwang (§ 870 ABGB), gegeben sind.

Weitere Willensmängel sind die fehlende Geschäftsfähigkeit (vgl 3.1.4.1) und die Gesetz- bzw Sittenwidrigkeit eines Vertrags (vgl 3.1.4.2).

3.1.4.1 Geschäftsfähigkeit – Kinder- und Jugendlichenbeschäftigung

In engem Zusammenhang mit Fragen der Geschäftsfähigkeit im Arbeitsvertragsrecht (vgl a – c) stehen die Regelungen des KJBG (vgl d).

Unter **Geschäftsfähigkeit** versteht man die Fähigkeit, Rechtsgeschäfte abschließen zu können. Rechtsgeschäfte von Geschäftsunfähigen sind grundsätzlich **unwirksam** (vgl im Einzelnen §§ 170 ff, 865 ABGB).

[9]) OGH 25. 5. 1994, 9 ObA 76/94, RdW 1994, 359.

a) Individuelle Voraussetzung

Wer im Geschäftszeitpunkt den entsprechenden **„Gebrauch der Vernunft nicht hat"**, ist für **dieses** Geschäft geschäftsunfähig, gleich, welchen Alters er ist (§ 865 Satz 1 ABGB).

Diese **individuelle Voraussetzung** gilt nicht nur für dauernd geistig Beeinträchtigte, sondern auch für Personen, die im Abschlusszeitpunkt nur vorübergehend ohne Vernunftgebrauch sind (zur gegebenen Geschäftsfähigkeit nach § 170 Abs 3 ABGB vgl b, zum Behindertensachwalter vgl c).

b) Generelle Voraussetzung

Die generelle Voraussetzung ist nach **Altersstufen** eingeteilt. **Volljährige** (ab 18 Jahren) sind bei vollem Vernunftgebrauch unbeschränkt geschäftsfähig.

Kinder unter sieben Jahren sind grundsätzlich geschäftsunfähig (§ 865 Satz 1 ABGB), auch für sie begünstigende Geschäfte. Für Kinder handelt der „gesetzliche Vertreter" (Eltern oder Obsorgeberechtigter).

Geschäftsfähigkeit besteht nach § 170 Abs 3 ABGB für alterstypische Geschäfte der Kinder über geringfügige Angelegenheiten des täglichen Lebens, die mit der Erfüllung der vom Kind übernommenen Verpflichtung rückwirkend wirksam werden.

Unmündige (das sind Personen von sieben bis 13 Jahren) können selbständig nur solche Geschäfte abschließen, aus denen sie bloß Rechte ohne Pflichten erwerben (zB nicht belastende Schenkungen). Für alle **verpflichtenden Geschäfte** braucht der Unmündige gem § 865 ABGB die vorherige oder nachträgliche Zustimmung des gesetzlichen Vertreters.

Bis zur nachträglichen Zustimmung des gesetzlichen Vertreters ist das vom Unmündigen abgeschlossene Geschäft „schwebend unwirksam" (dh beide Parteien sind zwar gebunden, die Rechtsfolgen des Geschäftes stehen aber nicht in Kraft).

Für **mündige Minderjährige** (14 – 17 Jahre) gilt dasselbe wie für Unmündige. Darüber hinaus können sie selbständig **Arbeitsverträge** (nicht aber Lehrverträge und sonstige Ausbildungsverträge) abschließen, die der gesetzliche Vertreter allerdings vorzeitig aus wichtigen Gründen lösen kann (§ 171 ABGB; zur vorzeitigen Lösung durch den Jugendlichen selbst s unten).

Ferner sind sie über die ihnen **zur freien Verfügung** (nicht bloß zum Gebrauch) **überlassenen Sachen** und über ihr **Erwerbseinkommen** insoweit verfügungs- und verpflichtungsfähig, als dadurch nicht die Befriedigung ihrer Lebensbedürfnisse gefährdet wird (§ 170 Abs 2 ABGB).

Dass sich zB ein Jugendlicher im Alter von 15 Jahren ohne Eltern als ungelernter Arbeiter betätigen kann, während er für einen Lehrvertrag deren Zustimmung bedarf, ist ein Wertungswiderspruch: Die Eltern können ihr Kind zwar davon abhalten, einen Beruf zu erlernen und damit für die Zukunft vorzusorgen, sie können aber nichts dagegen unternehmen, wenn es, ohne an eine Berufskarriere zu denken, irgendwelche einfachen Arbeiten übernimmt, um kurzfristig zu Geld zu kommen.

Der **Abschluss** eines **Lehrvertrags** bedarf **bei Minderjährigkeit** der Zustimmung eines gesetzlichen Vertreters (§ 12 Abs 1 Satz 3 BAG, §§ 170 f ABGB). Für die **vorzeitige Auflösung** des Lehrvertrags, etwa durch einvernehmliche Lösung (vgl 2.1.1), vorzeitige Lösung aus wichtigem Grund (vgl

2.3.1.2.5 c) oder Auflösung während der Probezeit (vgl 3.2.3.2), ist die **Zustimmung** aller gesetzlichen Vertreter, also zB – wenn vertretungsbefugt – **beider Eltern,** vonnöten (§ 15 Abs 2 BAG, § 167 Abs 2 ABGB; zu weiteren Formbindungen vgl 2.1.1, 3.1.4).

Die Zustimmung des anderen Elternteils ist **Wirksamkeitsvoraussetzung** für die vorzeitige Lösung. Ihr Fehlen bedeutet schwebende Unwirksamkeit der Erklärung, die durch nachträgliche Genehmigung von Seiten des zweiten Elternteils zwar behoben werden kann, mangels einer solchen allerdings von vornherein rechtsunwirksam ist[10]).

Auch die **vorzeitige Lösung** des **Arbeitsvertrags** durch den Jugendlichen – den dieser gem § 171 ABGB selbständig abschließen konnte (s oben) – unterliegt den Kautelen des § 167 Abs 2 ABGB.

c) Psychisch Kranke und geistig Behinderte

Psychisch Kranke oder geistig Behinderte, die ihre Angelegenheiten nicht ohne Selbstgefährdung besorgen können und die keine andere Hilfe haben, sind gerichtlich unter **Behindertensachwalterschaft** zu stellen (§§ 268, 273 ff ABGB).

Der bestellte Sachwalter übernimmt je nach den Bedürfnissen die Personen- und Vermögenssorge; im Rahmen der **Vermögenssorge** ist er **gesetzlicher Vertreter** des Behinderten. Der Sachwalter kann entweder für **einzelne Angelegenheiten,** für eine **Gruppe von Angelegenheiten** oder für **alle Angelegenheiten** des Behinderten bestellt werden (§ 268 Abs 3 ABGB). Innerhalb des sachwalterschaftlichen Wirkungsbereiches ist der Behinderte in der Geschäftsfähigkeit einem Unmündigen (vgl b) gleichgestellt (§ 280 ABGB). Die selbständige Geschäftsfähigkeit des Behinderten kann aber gerichtlich erweitert werden.

Außerhalb des sachwalterschaftlichen Wirkungsbereiches ist der Behinderte aber nur dann geschäftsfähig, wenn ihm nicht durch einen pathologischen Zustand der **erforderliche Vernunftgebrauch** (§ 865 Satz 1 ABGB) fehlt (individuelle Voraussetzung; vgl a).

Fall 20: Manisch-depressive Erkrankung

Der Kl ist seit vielen Jahren bei der Bekl beschäftigt. Am 13. 10. 2014 verfasst sein unmittelbarer Vorgesetzter einen Aktenvermerk an die Personalabteilung, in welchem festgehalten wird, dass der Kl seine Arbeit nicht ordnungsgemäß verrichtet. Tatsächlich geht dieser ständig im Betriebsgebäude umher und telefoniert trotz wiederholter Ermahnungen sehr viel. Seine Arbeit muss daher zum Teil von Arbeitskollegen miterledigt werden. Bei der Arbeit selbst ist er unkonzentriert, sodass ihm Fehler passieren. Andere Mitarbeiter hält er durch Erzählungen von der Arbeit ab. Am 17. 10. 2014 wird er deshalb von leitenden Angestellten der Bekl zur Rede gestellt und unter Androhung der Entlassung verwarnt. An den beiden folgenden Arbeitstagen erscheint er unentschuldigt nicht zur Arbeit. Die Geschäftsleitung beschließt daher, ihn zu entlassen. Am 23. 10. 2014 erscheint der Kl unerwartet gegen 15.30 Uhr im Personalbüro. Dort wird ihm das Entlassungsschreiben überreicht. Auf Betreiben des Kl wird

[10]) OLG Graz 7. 1. 1993, 8 Ra 98/92, Arb 11.054.

im weiteren Verlauf die einvernehmliche Lösung des Arbeitsverhältnisses angeboten, weil man bereit ist, dem Kl nicht zuletzt in Bezug auf die Abfertigung entgegenzukommen. Es wird folgendes Schreiben verfasst: „Betrifft: einvernehmliche Lösung. Sehr geehrte Herren! Aus gesundheitlichen Gründen ersuche ich Sie höflich um eine einvernehmliche Lösung meines Arbeitsverhältnisses mit Wirkung vom 23. 10. 2014 . . .". Dieses Schreiben unterfertigen der Kl und der Vertreter der Bekl, Letzterer mit dem Beisatz „Einverstanden". Das Gespräch mit dem Kl verläuft ruhig und freundschaftlich; die Vertreter der Bekl finden keinen Hinweis auf einen regelwidrigen Geisteszustand. Der Kl leidet bereits einige Zeit vor dem 23. 10. 2014 und auch an diesem Tage an einer manisch-depressiven Erkrankung, welche bewirkt, dass er in seinem Realitätsbezug gestört ist. Auf Grund dessen wird er in der Folge in ein psychiatrisches Krankenhaus aufgenommen.

Mit Beschluss vom 17. 3. 2015 wird für den Kl dessen Vater gem § 268 ABGB zum Sachwalter bestellt, und zwar für einen bestimmten Kreis von Angelegenheiten, darunter die „Vertretung des Betroffenen in allen die einvernehmliche Auflösung des Arbeitsverhältnisses betreffenden Angelegenheiten".

Der Kl begehrt die Feststellung, dass sein Arbeitsverhältnis zur Bekl über den 23. 10. 2014 hinaus aufrecht fortbesteht. Wie ist die Rechtslage?

(Nach OGH 22. 6. 1995, 8 ObA 223/95, DRdA 1996, 224 *[Dullinger]*)

d) KJBG[11])

Zu den Geschäftsfähigkeitsregelungen treten jene – dem öffentlich-rechtlichen Teil des Arbeitsrechts zugehörigen – Beschränkungen von Arbeitsleistungen Minderjähriger hinzu, die sich aus dem **Kinder- und Jugendlichenbeschäftigungsrecht** ergeben.

In gewissen Bereichen bestehen **Ungereimtheiten zwischen zivilrechtlichen und öffentlich-rechtlichen Schranken.** So wäre etwa ein Jugendlicher mit knapp über 14 Jahren zwar im Hinblick auf Arbeitsverträge gem § 171 ABGB unbeschränkt geschäftsfähig, er darf aber nach KJBG, weil er dort noch als „Kind" gilt, viele Arbeiten nicht übernehmen (s dazu gleich).

Gem § 5 KJBG ist die Heranziehung von **Kindern** (das sind nach diesem G „Minderjährige bis zur Vollendung des 15. Lebensjahres oder bis zur späteren Beendigung der Schulpflicht") zu Arbeitsleistungen **grundsätzlich verboten.**

Nicht als **Kinderarbeit** gelten zB Beschäftigungen zu Zwecken des Unterrichts bzw der Erziehung, die Heranziehung eigener Kinder zu leichten Tätigkeiten von geringer Dauer im Haushalt sowie sonstige vereinzelte, geringfügige, aus Gefälligkeit erwiesene leichte Hilfeleistungen von kurzer Dauer ohne Unfallgefahr und Gesundheits- oder Sittlichkeitsgefährdung (vgl §§ 4 Abs 2, 1 Abs 2 KJBG). Nach Vollendung des 13. Lebensjahres dürfen Kinder darüber hinaus ua mit Arbeiten in von nahen Verwandten geführten Familienbetrieben, mit Arbeiten im Haushalt sowie mit Handreichungen auf Sport- und Spielplätzen beschäftigt werden; vorauszusetzen ist dabei im-

---

[11]) *Löschnigg,* Arbeitsrecht[12] 572 ff.

mer, dass nur leichte und vereinzelte Arbeiten zu verrichten sind, das Kind dadurch weder einer Gesundheits-, Entwicklungs- oder Sittlichkeitsgefährdung ausgesetzt noch im Schulbesuch behindert wird und die Arbeitsleistung maximal zwei Stunden lang an einem Werktag zwischen 8 und 20 Uhr stattfindet (vgl § 5a KJBG).

Jugendliche (das sind nach dem KJBG Personen, die nach diesem G nicht als Kinder gelten, bis zur Vollendung des 18. Lebensjahres) dürfen laut der auf § 23 Abs 2 KJBG basierenden KJBG-V mit oder bei Arbeiten, die im Hinblick auf ihre Konstitution und Körperkräfte oder infolge der Art der Arbeit mit besonderen Gefahren für Gesundheit oder Sittlichkeit verbunden sind, nicht oder nur unter bestimmten Bedingungen beschäftigt werden.

Verboten sind demgemäß bestimmte **Betriebe** (zB Sexshop, Striptease-Lokal, Peep-Show, Wettbüro) und bestimmte **Arbeiten** (zB mit gesundheitsgefährdenden oder explosionsgefährlichen Stoffen, unter besonderer physischer oder psychischer Belastung).

Schließlich besteht ein **Arbeitszeitschutz** für Jugendliche (zB stärkere Beschränkungen bei der Überstundenleistung, Arbeitsverbot zwischen 20 und 6 Uhr; vgl §§ 10ff KJBG).

3.1.4.2 Gesetz- oder sittenwidrige Arbeitsverträge

Ein Arbeitsvertrag, der gegen ein gesetzliches Verbot oder gegen die guten Sitten verstößt, ist – wie alle derart mangelhaften Rechtsgeschäfte – nichtig (§ 879 Abs 1 ABGB). Diese Anordnung ist eher programmatisch und kann als solche nur im Ausnahmefall eine sachgerechte Rechtsfolgenbestimmung gewährleisten. Soweit Unklarheiten auftreten, ist die **Wirkung jeder Ungültigkeit** gesondert festzustellen, wobei jene **niemals weiter reichen** soll, als sie durch den **Zweck der Verbotsnorm gerechtfertigt** erscheint[12]) (zum Arbeitsvertragsabschluss mit Ausländern vgl 3.1.6).

Die nach dem Verbotszweck getroffenen Einschränkungen sind in mehrere Richtungen ausgeprägt: Einerseits sollen nicht sämtliche Inhalte (sog **Totalnichtigkeit**), sondern nur Teile einer Vereinbarung von der Nichtigkeit erfasst werden (sog **Teilnichtigkeit**), andererseits kann die Möglichkeit, sich auf die Nichtigkeit zu berufen, nicht jedem zustehen (sog **absolute Nichtigkeit**), vielmehr auf einen bestimmten Personenkreis beschränkt sein (sog **relative Nichtigkeit**). Eine weitere Differenzierung kann zwischen anfänglicher, also schon im Moment des Vertragsabschlusses eintretender, und nachträglicher, zB erst im Zeitpunkt der Berufung auf die Unerlaubtheit anzunehmender Ungültigkeit (**Nichtigkeit „ex tunc“** bzw **„ex nunc“**), getroffen werden[13]).

Gewisse Gesetz- oder Sittenwidrigkeiten bewirken nach dem Normzweck nur **Teilnichtigkeit,** was zur Ungültigkeit einzelner Vertragspassagen bei Aufrechtbleiben des Vereinbarten dem Grunde nach führt. Ein Beispiel für diese im Arbeitsrecht häufig vorkommende Konstellation ist eine Entgeltabrede, die den kollektivvertraglichen Min-

---

[12]) Allg *Gschnitzer* in *Klang* (Hrsg), Kommentar zum Allgemeinen bürgerlichen Gesetzbuch IV/1^2 (1968) 167.

[13]) Allg *Krejci* in *Rummel* (Hrsg), Kommentar zum Allgemeinen bürgerlichen Gesetzbuch^3 (2000) § 879 Rz 251.

deststandard unterschreitet. Damit wird ein G im materiellen Sinn verletzt (vgl allg 11.2.1, 11.5.1.2), an die Stelle der nichtigen Entgeltvereinbarung tritt die Vorgabe des KollV.

Ein Beispiel für eine **relative Nichtigkeit,** dh eine Nichtigkeit, die nur von einem der beiden Betroffenen aufgegriffen werden kann, findet sich beim Kettenarbeitsvertrag (vgl 3.2.1.1.2.4): Auf die (Teil-)Nichtigkeit der Befristungsklausel kann sich nur der AN berufen, zumal nur er durch das Verbot der Kettenbefristung geschützt werden soll.

Insb im Falle eines total nichtigen Arbeitsvertrags ist zwischen anfänglicher und später eintretender Ungültigkeit zu unterscheiden: **Nichtigkeit ex tunc** ist anzunehmen, wenn etwa das Arbeitsverhältnis **seinem gesamten Zweck nach sittenwidrig** ist (zB Beschäftigung zwecks Schmuggels von Waren oder als Schlepper). Daneben gibt es Arbeitsverträge, bei denen eine Gesetzwidrigkeit zwar zur Totalnichtigkeit führt, diese aber nach der ratio legis nicht rückwirkend, sondern nur **ex nunc** stattfinden soll. Als Beispiel für diese Konstellation sei die Beschäftigung eines Jugendlichen in einem Wettbüro genannt, was gem § 2 Z 3 KJBG-V – ebenfalls ein G im materiellen Sinn (s oben) – verboten ist (vgl 3.1.4.1 c). Die genannte Vorschrift verfolgt zwar den Zweck, den rechtswidrigen Zustand frühestmöglich abzustellen, will dabei aber eher den AG als den AN, zu dessen Schutz die Norm geschaffen wurde, treffen. Daraus ergibt sich die Konsequenz, dass das Arbeitsverhältnis so lange als wirksam anzusehen ist, bis sich einer der Vertragspartner auf die Nichtigkeit beruft; Letzteres bewirkt die Beendigung des Arbeitsverhältnisses für die Zukunft (vgl dazu auch 3.1.6).

Fall 21: Talent

Der talentierte Herr Riepel wird beauftragt, in einer entsprechenden Werkstatt 50-€-Scheine herzustellen. Als Entlohnung für die mühevolle Arbeit wird ihm pro Stück ein Zehn-Dollar-Schein, zwar „schmutzig", aber echt, zugesagt. Bereits beim ersten Versuch, die €-Blüten in Verkehr zu bringen, werden die Fälschungen von der Filialleiterin eines Drogeriemarktes mit Hilfe einer „€-Lampe" entdeckt. Nach diesem Vorfall werden R die Dollars vorenthalten. Kann dieser die Bezahlung verlangen?

3.1.5 Dienstzettel[14])

Rechtliche Basis des Arbeitsverhältnisses ist der **Arbeitsvertrag.** Für diesen sind im Allgemeinen keine Formvorschriften vorgesehen (vgl 3.1.4).

Unter **Dienstzettel** ist eine schriftliche Aufzeichnung über die wesentlichen Rechte und Pflichten aus dem Arbeitsvertrag zu verstehen.

Das Dienstzettelrecht ist auf Grund der sog NachweisRL 91/533/EWG[15]) unionsrechtlich vorgegeben.

Der AG hat dem AN die schriftliche Aufzeichnung gem § 2 Abs 1 AVRAG unverzüglich nach Beginn des Arbeitsverhältnisses auszuhändigen. Die

[14]) *Holzer/Reissner,* Arbeitsvertragsrechts-Anpassungsgesetz^2 (2006) § 2; *Binder,* Arbeitsvertragsrechts-Anpassungsgesetz^2 (2010) § 2.

[15]) RL 91/533/EWG des Rates vom 14. 10. 1991 über die Pflicht des AG zur Unterrichtung des AN über die für seinen Arbeitsvertrag oder sein Arbeitsverhältnis geltenden Bedingungen, ABl L 288 vom 18. 10. 1991, 32.

für den Dienstzettel jedenfalls vorgeschriebenen Inhalte – diese sind **Mindestinhalte,** zumal alle „wesentlichen Rechte und Pflichten aus dem Arbeitsvertrag" wiederzugeben sind – ergeben sich aus § 2 Abs 2, 3 und 5 AVRAG.

Im Allgemeinen sind die Mindestinhalte gem § 2 Abs 2 AVRAG maßgeblich (zum Auslandseinsatz vgl § 2 Abs 3 AVRAG, zur Verweisungsmöglichkeit vgl § 2 Abs 5 AVRAG). Diese sind:

- Name und Anschrift des AG (§ 2 Abs 2 Z 1 AVRAG)
- Name und Anschrift des AN (Z 2 leg cit)
- Beginn des Arbeitsverhältnisses (Z 3)
- bei Arbeitsverhältnissen auf bestimmte Zeit das Ende des Arbeitsverhältnisses (Z 4)
- Dauer der Kündigungsfrist, Kündigungstermin (Z 5)
- gewöhnlicher Arbeits(Einsatz)ort, erforderlichenfalls Hinweis auf wechselnde Arbeits(Einsatz)orte (Z 6)
- allfällige Einstufung in ein generelles Schema (Z 7)
- vorgesehene Verwendung (Z 8)
- Anfangsbezug (Grundgehalt, -lohn, weitere Entgeltbestandteile wie zB Sonderzahlungen), Fälligkeit des Entgelts (Z 9)
- Ausmaß des jährlichen Erholungsurlaubes (Z 10)
- vereinbarte tägliche oder wöchentliche Normalarbeitszeit des AN (vgl Z 11)
- Bezeichnung der auf den Arbeitsvertrag allenfalls anzuwendenden Normen der kollektiven Rechtsgestaltung und Hinweis auf den Raum im Betrieb, in dem diese zur Einsichtnahme aufliegen (vgl Z 12)
- Name und Anschrift der Betrieblichen Vorsorgekasse bzw Bauarbeiter-Urlaubs- und Abfertigungskasse (vgl Z 13)

Ein Dienstzettel muss ua dann **nicht ausgestellt** werden, wenn ein **schriftlicher Arbeitsvertrag alle** nach Dienstzettelrecht **notwendigen Angaben** enthält (vgl § 2 Abs 4 AVRAG, insb Z 2).

Schon aus der oben wiedergegebenen Definition des § 2 Abs 1 AVRAG sowie auch aus § 2 Abs 4 Z 2 AVRAG ist zu ersehen, dass der **Dienstzettel** als deklaratorisches Schriftstück dem konstitutiv das Arbeitsverhältnis begründenden **Arbeitsvertrag gegenüberzustellen** ist. Der Dienstzettel ist etwas „Faktisches", das vom rechtlichen Phänomen des Arbeitsvertrags, der aus übereinstimmenden Willenserklärungen, mit denen Rechtsfolgen herbeigeführt werden sollen, besteht, streng zu unterscheiden ist.

Ob im konkreten Fall von einem (schriftlichen) Arbeitsvertrag oder bloß von einem Dienstzettel die Rede sein kann, ist ausgehend von diesen allgemeinen Überlegungen zu beurteilen. In der Praxis hilfreich kann dabei eine ausdrückliche Bezeichnung des Schriftstückes sein. Für eine (Arbeits-)Vertragsurkunde spricht, wenn beide Vertragspartner mindestens eine Ausfertigung unterschreiben oder jede Partei ein vom anderen Teil unterschriebenes Exemplar erhält (vgl auch § 886 ABGB). Wird mit der Unterschrift allerdings bloß die Entgegennahme einer einschlägigen Aufzeichnung bestätigt, liegt ein Dienstzettel vor. Als Aufzeichnung des AG bedarf der Dienstzettel ja grundsätzlich keiner Unterfertigung durch den AN.

Der **Inhalt des Dienstzettels** kann trotz Anpassungsverpflichtung (§ 2 Abs 6 AVRAG) des AG **von jenem des Arbeitsvertrags abweichen.** Maßgeblich ist naturgemäß die im Arbeitsvertrag (allenfalls auch mündlich oder konkludent) statuierte Situation.

Problematisch ist, dass ein nicht korrekt ausgefertigter Dienstzettel dem AN den Beweis von entgegen diesem bestehenden arbeitsvertraglichen Ansprüchen erschwert. Andererseits geben Dienstzettel nur etwas bereits Vereinbartes wieder und vermögen daher gemachte Vereinbarungen auch dann nicht abzuändern oder zu ersetzen, wenn der AN seine Unterschrift unter den Dienstzettel setzt; diese bestätigt nämlich wie gesagt nur den Erhalt des Dienstzettels und ist keine Willenserklärung. Solange der AG den AN nicht auf die ursprüngliche Vertragsgestaltung abändernde Passagen des Dienstzettels hinweist und ihn zB über daraus erfließende Nachteile im Unklaren lässt, kommt eine Vertragsänderung nicht in Betracht.

3.1.6 Arbeitsvertragsabschluss mit Ausländern[16])

Ein Arbeitsvertragsabschluss mit Ausländern ist nur dann gültig, wenn die Beschäftigung des Ausländers dem AuslBG entspricht.

Als **Ausländer** iSd G gilt, wer nicht die österreichische Staatsbürgerschaft besitzt. Die Bestimmungen des AuslBG sind allerdings ua nicht auf gewisse EU- und EWR-Bürger anzuwenden (vgl § 1 Abs 2 lit l AuslBG). Letztere Ausnahme hat mit der unionsrechtlichen Freizügigkeit der AN gem Art 45 AEUV zu tun.

Das AuslBG erfasst die Beschäftigung als **AN** sowie als **arbeitnehmerähnliche Person** (vgl § 2 Abs 2 lit a und b AuslBG; zu den Begriffen des AN und der arbeitnehmerähnlichen Person vgl 1.1, 1.1.2.2).

Ein AG darf einen Ausländer iSd AuslBG **nur beschäftigen,** wenn ihm für diesen eine **Beschäftigungsbewilligung** (s unten) ausgestellt wurde, es sei denn, der Ausländer erfüllt **andere Voraussetzungen,** ist also beispielsweise eine Schlüsselkraft bzw ein „aufenthaltsverfestigter Ausländer" (s dazu unten) oder der AG verfügt in Bezug auf seine Person über eine Anzeigebestätigung (für Volontäre und Praktikanten; vgl § 3 Abs 5 AuslBG) oder eine Entsendebewilligung bzw EU-Entsendebestätigung (für kürzerfristig betriebsentsandte Ausländer; vgl § 18 AuslBG).

Eine Beschäftigung von Ausländern **ohne Beschäftigungsbewilligung (oder sonstige Legitimation)** ist gesetzwidrig und führt zur **Nichtigkeit des Arbeitsvertrags** (s dazu unten) sowie zu verwaltungsrechtlichen Sanktionen.

Die **Beschäftigungsbewilligung** (§§ 4 ff AuslBG) wird von der regionalen Geschäftsstelle des AMS über Antrag des AG für einen **bestimmten Arbeitsplatz** ausgestellt und gilt für das gesamte Bundesgebiet (vgl § 6 Abs 1 AuslBG).

Die Beschäftigungsbewilligung ist befristet und darf jeweils längstens für die Dauer eines Jahres erteilt werden (§ 7 Abs 1 AuslBG). Beschäftigungsbewilligungen sind nur bei Vorliegen bestimmter Voraussetzungen zu erteilen. Die wichtigste Voraussetzung ist darin zu sehen, dass die Lage und Entwicklung des Arbeitsmarktes die Beschäftigung ausländischer AN zulässt und dieser wichtige öffentliche oder gesamtwirtschaftliche Interessen nicht entgegenstehen (vgl § 4 Abs 1 AuslBG).

In Abschnitt III des AuslBG wird die **„Zulassung von Schlüsselkräften, Künstlern und niedergelassenen Ausländern"** zum Arbeitsmarkt geregelt.

[16]) *Löschnigg*, Arbeitsrecht[12] 247 ff, 277 ff.

So sind gem § 12 AuslBG **„besonders hochqualifizierte Ausländer"**, welche eine erforderliche Mindestpunkteanzahl für die in Anlage A zum AuslBG angeführten Kriterien erreichen, zu einer Beschäftigung als Schlüsselkraft zuzulassen, wenn die beabsichtigte Beschäftigung ua ihrer Qualifikation und den sonstigen für die Erreichung der Mindestpunktezahl maßgeblichen Kriterien entspricht; die Arbeitsmarktprüfung im Einzelfall entfällt. Ähnlich konzipierte Regelungen gibt es weiters zB für **„Fachkräfte in Mangelberufen"** (vgl § 12a AuslBG) und für **„sonstige Schlüsselkräfte und Studienabsolventen"** (vgl § 12b AuslBG).

In Abschnitt IIIa der AuslBG wird der Arbeitsmarktzugang **„aufenthaltsverfestigter Ausländer"** geregelt.

In Harmonisierungs mit dem fremdenrechtlichen Niederlassungsrecht gewährt § 17 Abs 1 AuslBG Ausländern, welche über eine **„Rot-Weiß-Rot-Karte plus"** (§ 41a NAG), einen Aufenthaltstitel **„Familienangehöriger"** (§ 47 NAG) bzw **„Daueraufenthalt - EU"** (§ 45 NAG) oder eine **„Aufenthaltsberechtigung - plus"** gem § 54 Abs 1 Z 1 AsylG verfügen, unbeschränkten Zugang zum Arbeitsmarkt ohne zusätzliche arbeitsmarktbehördliche Genehmigung.

Die **zivilrechtlichen Konsequenzen** einer dem AuslBG widersprechenden Beschäftigung ergeben sich insb aus **§ 29 AuslBG.** Der **Arbeitsvertrag** ist demnach zwar **nichtig,** dem gesetzwidrig beschäftigten Ausländer stehen jedoch gegen den ihn beschäftigenden AG **für die Dauer der Beschäftigung** die **gleichen Ansprüche wie auf Grund eines gültigen Arbeitsvertrags** zu (vgl Abs 1 leg cit).

Beruht zudem das **Fehlen** der Beschäftigungsbewilligung auf einem **Verschulden des AG,** dann ist der Ausländer auch bezüglich der **Ansprüche aus der Beendigung** des Beschäftigungsverhältnisses so zu stellen, als ob er auf Grund eines gültigen Arbeitsvertrags beschäftigt gewesen wäre (vgl Abs 2 leg cit). Der Ausländer, dessen Arbeitsverhältnis wegen **Wegfalls** der Beschäftigungsbewilligung endet, hat Anspruch auf Schadenersatz wie auf Grund eines berechtigten vorzeitigen Austritts, wenn der Wegfall der Beschäftigungsbewilligung auf einem **Verschulden des AG** beruht (vgl Abs 3 leg cit).

In beiden Fällen ist jedoch bei der Bemessung des Schadenersatzanspruchs aus der Beendigung auf die Bestimmungen eines allfälligen besonderen Kündigungs- und Entlassungsschutzes (vgl dazu allg 2.3.2, insb 2.3.2.2.2) nicht Bedacht zu nehmen.

3.1.7 Behinderteneinstellung

Das BEinstG sieht eine **Pflicht von AG zur Einstellung bestimmter AN** vor. Gem § 1 Abs 1 BEinstG sind alle AG, die 25 oder mehr AN beschäftigen, verpflichtet, auf je 25 AN mindestens einen begünstigen Behinderten (zum Begriff vgl 2.3.2.1.4a) einzustellen.

Kommt ein AG dieser Einstellungspflicht nicht nach, so hat er für jeden aufzunehmenden Behinderten eine (jährlich valorisierte) **Ausgleichstaxe** zu zahlen (vgl § 9 BEinstG).

Die Ausgleichstaxen fließen einem Ausgleichstaxfonds, der beim BMASK eingerichtet ist, zu. Die Mittel des Fonds sind für die Behindertenförderung zweckgewidmet.

Beschäftigt ein AG **in Ausbildung stehende** begünstigte Behinderte, so erhält er für jeden derartigen Behinderten gem § 9a BEinstG eine **Prämie** in Höhe der Ausgleichstaxe.

3.2 Probleme der Vertragsgestaltung

Im Folgenden werden einige wichtige Vertragsklauseln behandelt. Zunächst geht es um Klauseln, die primär eine leichte Lösbarkeit von Arbeitsverhältnissen insb in deren früher Phase ermöglichen sollen (vgl 3.2.1 – 3.2.4). Danach wird auf die den AN in seiner Kündigungsfreiheit beschränkende Ausbildungskostenklausel eingegangen (vgl 3.2.5). Andere typische Vertragsklauseln werden im Zusammenhang mit jenen Materien besprochen, denen sie dogmatisch zuzuordnen sind (zur Konkurrenzklausel vgl zB 7.6.2).

3.2.1 Befristung des Arbeitsverhältnisses

Zu unterscheiden ist zwischen auflösenden (resolutiven; vgl 3.2.1.1) und aufschiebenden (suspensiven) Befristungen (vgl 3.2.1.2).

Praktisch bedeutsam sind vor allem Rechtsfragen im Zusammenhang mit **auflösenden Befristungen.** Wenn von „Befristung“ die Rede ist, ist fast immer die auflösende Befristung gemeint.

3.2.1.1 Auflösende Befristung[17])

Das (auflösend) befristete **Arbeitsverhältnis endet mit Ablauf der Zeit,** für das es eingegangen wurde (§ 19 Abs 1 AngG, § 1158 Abs 1 ABGB).

Wird nach Ablauf einer Befristung weitergearbeitet, ohne dass eine neuerliche zeitliche Begrenzung vereinbart wird, ist das Arbeitsverhältnis in aller Regel nach Maßgabe des § 863 ABGB als durchgehend auf unbestimmte Zeit anzusehen[18]).

Fall 22: Spielervertrag

Sachverhalt: *Der bei der Bekl seit über vier Jahren ununterbrochen als Berufsfußballspieler beschäftigte Kl begehrt auf Grund des Ablaufs des befristeten Spielervertrags eine Abfertigung.*

Zwischen den Streitteilen wurden immer Einjahresverträge beginnend mit 1. 7. und befristet bis 30. 6. abgeschlossen. Vor Ablauf der vereinbarten Befristung übermittelte der Kl jeweils ein Schreiben, in dem er die Fortsetzung des Spielervertrags ablehnte. In der Folge fanden vor Ablauf der Befristung zwischen den Parteien Gehaltsverhandlungen statt. Es kam immer wieder zum Abschluss eines neuen befristeten Arbeitsverhältnisses. Der letzte Arbeitsvertrag wurde befristet mit 30. 6. 1996 abgeschlossen. Einen Monat vor Vertragsablauf übersandte der Kl ein Schreiben, in dem er mitteilte, den Spielervertrag entsprechend den Bestimmungen des ÖFB-Regulativs, Abschnitt I, § 23 und § 27, nicht fortsetzen zu wollen, sodass das Dienstverhältnis mit Zeitablauf ende. Die Gel-

[17]) *Löschnigg,* Arbeitsrecht[12] 259ff; *Windisch-Graetz,* Arbeitsrecht II[8] 44ff; *Reissner* in ZellKomm[2] § 19 AngG Rz 4ff.

[18]) Vgl zB OGH 3. 4. 1984, 4 Ob 39/84, infas 1985 A 31.

tung des Regulativs wurde von beiden Streitteilen akzeptiert. Die maßgeblichen Bestimmungen lauten:

„§ 23. . . .

2) Spielerverträge sind zeitlich befristet und sollen grundsätzlich jeweils per 30. 6. eines Jahres enden.

. . .

5) Spielerverträge verlängern sich jeweils um ein weiteres Jahr, wenn nicht eine der beiden Parteien. . . bis spätestens einen Monat vor Vertragsablauf erklärt, das Vertragsverhältnis nicht fortsetzen zu wollen (s § 27).

. . .

§ 27. Ablauf und Kündigung von Spielerverträgen

1) Beide Parteien können spätestens einen Monat vor Ablauf des Vertrages am 30. 6. erklären, dass sie das Vertragsverhältnis nicht fortsetzen wollen.

2) Diese Erklärung muss schriftlich abgegeben werden."

Wie ist die Rechtslage?

Lösung: Eine Befristungsklausel muss laut §§ 19 Abs 1, 20 Abs 1 AngG bzw – hier – § 1158 Abs 1 und 4 ABGB ua vereinbart sein und ist dadurch charakterisiert, dass das Arbeitsverhältnis „mit Ablauf" der durch die Vereinbarung bestimmten Zeit zur Auflösung gebracht wird, dh das Erreichen des festgelegten Termins als solches die Beendigung auslöst und es keinerlei weiteren Beendigungsschritts – zB in Gestalt einer (Willens-)Erklärung – bedarf. Das unbefristete Arbeitsverhältnis enthält hingegen keine Vereinbarung einer Zeitbestimmung in der Form, dass es durch bloßen Zeitablauf beendet wird; dazu ist vielmehr – sofern nicht besondere Lösungsakte (einvernehmliche Beendigung, vorzeitige Lösung aus wichtigem Grund; vgl 2.1.1, 2.1.3) gesetzt werden – eine Erklärung mit dem Charakter einer Kündigung (vgl 2.1.2) vonnöten. Betrachtet man die vorliegende, mit Hilfe einer mitvereinbarten Vertragsschablone herbeigeführte Vertragsgestaltung, so zeigt sich, dass von einem automatischen Ende des Arbeitsverhältnisses jeweils am 30. 6. keine Rede sein kann. Nur dann, wenn einer der Beteiligten „erklärt, das Vertragsverhältnis nicht fortsetzen zu wollen", kommt es zur Beendigung des Arbeitsverhältnisses. Es handelt sich somit um ein unbefristetes Arbeitsverhältnis mit einem Kündigungstermin pro Jahr, die notwendige „Nichtverlängerungserklärung" ist eine Kündigung.

Auf den ersten Blick wäre damit die Klage auf Grund des § 23 Abs 7 AngG (Abfertigungsverlust bei Selbstkündigung; vgl 5.1.4.1.1.3) abzuweisen. Dieses eigenartige, in der Branche übliche Vertragskonzept ist aber mE gem § 914 ABGB so zu interpretieren, dass die Nichtverlängerungserklärung abfertigungsrechtlich als Beendigungsart außerhalb der den Anspruchsverlust auslösenden Tatbestände aufgefasst werden muss. Dies ist eine nach den §§ 2f ArbAbfG iVm § 23 AngG günstigere und damit wirksame Regelung auf der Ebene des Einzelvertrags.

(Nach OGH 10. 2. 1999, 9 ObA 330/98i, DRdA 2000, 41 [zust *Holzer*] = ZAS 2000, 149 [krit *Reissner*])

Im Gegensatz zur Situation im Falle einer auflösenden **Bedingung** (vgl 3.2.2.1) ist es bei einer resolutiven Befristungsklausel immer sicher, dass der in Aussicht genommene Endzeitpunkt eintreten wird.

Strukturen von auflösender Befristung bzw Bedingung:		
dies (Ereignis)	certus quando (sicher wann)	incertus quando (unsicher wann)
certus an (sicher dass)	kalendermäßig fixierte Befristung (vgl 3.2.1.1)	objektiv bestimmbare Befristung (vgl 3.2.1.1)
incertus an (unsicher ob)	reduziert unsichere Bedingung (vgl 3.2.2.1)	völlig unsichere Bedingung (3.2.2.1)

3.2.1.1.1 Arten der Befristung

Die Befristung kann **kalendermäßig** fixiert sein, dh der Endtermin wird als Datum in die Vereinbarung aufgenommen.

Beispiel: In einem Arbeitsvertrag findet sich die Klausel, dass das Arbeitsverhältnis „bis zum 31. 12. 2015" dauern soll, ein anderer Arbeitsvertrag soll „am Ostermontag 2016" ablaufen.

Zulässig ist auch eine Befristung, die an ein **objektiv bestimmbares** Ereignis, das der willkürlichen Beeinflussung durch die Vertragspartner entzogen ist, anknüpft, zB

- für die Dauer der Saison
- für die Zeit einer Arbeitsspitze
- bis zur Beendigung der Karenzierung eines Mitarbeiters
- bis zum Tod einer Person

Entscheidung 50: Holzarbeiten

Die Übernahme von Schlägerungsarbeiten bis zum „Eintritt des Schneefalles" stellt ein Arbeitsverhältnis auf bestimmte Zeit dar.

OGH 17. 12. 1957, 4 Ob 87/57, Arb 6786

Es handelt sich in dieser E um eine Befristung und keine Bedingung (vgl 3.2.2), weil bei Arbeiten in einer Gebirgsregion (Bezirk Murau) mit juristischer Sicherheit davon ausgegangen werden kann, dass es jedes Jahr im Spätherbst oder Winter zu Schneefällen dergestalt kommen wird, dass weitere Holzarbeiten – nach damaligem Stand der Technik – wirtschaftlich betrachtet unsinnig werden.

Zu beachten ist, dass bei derartigen Klauseln **Bestimmbarkeit** gegeben sein muss. Die oben genannte Arbeitsspitze muss daher genauer umschrieben werden, bei der Karenzvertretung werden Name des Vertretenen und Grund von dessen Karenz anzugeben sein[19]).

Einige KollV, insb in der Tourismusbranche, lassen nur kalendermäßige Befristungen zu.

Im Hintergrund derartiger Beschränkungen stehen vor allem arbeitsmarktpolitische Überlegungen, werden doch durch das Verbot von Saisonbefristungen die Arbeitsverhältnisse typischerweise verlängert.

3.2.1.1.2 Rechtliche Schranken für Befristungsklauseln

3.2.1.1.2.1 Lang dauernde Befristungen

Gem § 21 AngG, § 1158 Abs 3 ABGB kann ein auf die **Lebenszeit einer Person** oder auf **länger als fünf Jahre befristetes** Arbeitsverhältnis vom **AN nach Ablauf von fünf Jahren** unter Einhaltung einer **Kündigungsfrist von sechs Monaten** gekündigt werden.

Dieses zwingende (§ 40 AngG, § 1164 ABGB) gesetzliche Kündigungsrecht steht **nur** dem **AN,** nicht aber dem AG zu. Zweck der Bestimmungen ist der **Schutz** des AN **vor „Knebelungen"**, dh vor übermäßig starken Bindungen an das konkrete Arbeitsverhältnis. Wird nämlich eine Befristung vereinbart – auch das Arbeitsverhältnis auf Lebenszeit einer Person (des AG, des AN oder eines Dritten) ist objektiv bestimmbar befristet (vgl 3.2.1.1.1) –, so ist eine Kündigung vor Befristungsablauf im Allgemeinen nicht rechtmäßig (vgl 3.2.1.1.3). Die gegenständliche Bestimmung ermöglicht dem AN **ab einer Dauer** des Arbeitsverhältnisses **von fünf Jahren** den **ordnungsgemäßen Ausstieg** unter Einhaltung von **sechs Monaten Kündigungsfrist** (zum Arbeitsverhältnis auf Lebenszeit des AN vgl auch 3.2.2.1.3.2).

Der **AG** hingegen wird **nicht geschützt.** Bindet er sich in dieser Art und Weise, so begibt er sich für die gesamte Zeitbestimmung seiner Kündigungsfreiheit bzw gewährt dem AN einen Bestandschutz insofern, als dieser für die Zeit der Befristung vor Kündigungen gefeit ist (zur – rechtswidrigen – Kündigung im befristeten Arbeitsverhältnis vgl 3.2.1.1.3, zur Kündigungsvereinbarung bei Befristung vgl 3.2.1.1.3.1).

3.2.1.1.2.2 Arbeitskräfteüberlassung

Eine spezielle Schranke im Hinblick auf Befristungsklauseln enthält § 11 Abs 2 Z 4 AÜG. Nach dieser Bestimmung ist eine **Befristung unzulässig, wenn** sie **sachlich nicht gerechtfertigt** ist.

Nach AÜG ist auf Grund der in diesem Bereich besonders großen Schutzbedürftigkeit des AN **jede** Befristung sachlich zu rechtfertigen.

Eine **sachliche Rechtfertigung** kann dann angenommen werden, wenn die Befristung nicht die Abwälzung des Unternehmerrisikos auf den AN bezweckt. Es wird daher zB eine Befristung zur Vertretung eines auf Karenz befindlichen Mitarbeiters möglich sein, nicht aber die Befristung für die Ausführung eines bestimmten Auftrags des Beschäftigers.

---

[19]) Vgl OGH 3. 4. 2008, 8 ObA 79/07m, ZAS 2009, 37 (*Krömer); Reissner* in ZellKomm² § 19 AngG Rz 12 mwN.

3.2.1.1.2.3 Mutterschutzrecht

§ 10a MSchG sieht zwar kein Verbot der Befristung an sich vor, ordnet aber eine **Ablaufhemmung** an, wenn die Befristung nicht sachlich gerechtfertigt werden kann: Der Ablauf eines auf bestimmte Zeit eingegangenen Arbeitsverhältnisses wird von der Meldung der Schwangerschaft **bis zum Beginn des absoluten** (§ 3 Abs 1 MSchG) **bzw** auf Dauer ausgesprochenen **individuellen Beschäftigungsverbots** (§ 3 Abs 3 MSchG) gehemmt (zu den Beschäftigungsverboten vgl 8.5.2.1.1).

Läuft die Befristung laut Vereinbarung nach Beginn einer (gemeldeten) Schwangerschaft ab, so verlängert sich das Arbeitsverhältnis kraft G für den Zeitraum bis zum Beginn der Schutzfrist bzw eines individuellen Beschäftigungsverbots. Das Mutterschutzrecht gewährt demnach nur **partiellen Schutz vor Befristungen,** weil das Arbeitsverhältnis im an sich geschützten Zeitraum (vgl 2.3.2.1.2a) ohne weiteres enden kann (vgl auch 2.3). Die Ablaufhemmung führt unter bestimmten Voraussetzungen nur zu einem späteren Ende der Befristung. **Zweck** der Bestimmung ist es, einerseits den **Entgeltanspruch** der werdenden Mutter über das Vereinbarte hinaus zu verlängern und andererseits die sozialrechtliche Absicherung durch Bezug von **Wochengeld** nach § 162 ASVG bzw **Kinderbetreuungsgeld** nach KBGG **im unmittelbaren Anschluss an das Arbeitsverhältnis** zu ermöglichen.

Die Hemmung tritt nicht ein, wenn die Befristung gesetzlich vorgesehen oder aus sachlich gerechtfertigten Gründen erfolgt ist. Eine **sachliche Rechtfertigung** ist dann gegeben, wenn die Befristung **im** (überwiegenden) **Interesse der AN** liegt oder das Arbeitsverhältnis für die Dauer der **Vertretung** eines abwesenden Mitarbeiters, zu **Ausbildungszwecken,** für die Zeit der **Saison** oder zur notwendigen **Erprobung** abgeschlossen wurde.

Entscheidung 51: Butterschmalz

Das Vorliegen einer zeitlich begrenzten, genau definierten und in ihrem Umfang über die üblichen Produktionsschwankungen hinausgehenden Mehrarbeit (im konkreten Fall: Auspacken der im Rahmen der einmal jährlich stattfindenden Butterverbilligungsaktion von den Händlern retournierten Aktionsbutter zwecks Verarbeitung zu Butterschmalz) ist der vom Gesetzgeber in § 10a MSchG ausdrücklich genannten Saisonarbeit vergleichbar.

Es schadet nicht, dass die die Befristung begründende Mehrarbeit nicht ständig ausgeübt wurde, da der diesbezügliche Arbeitsanfall zwar zeitlich, nicht aber im Umfang verlässlich prognostiziert werden konnte.

OGH 18. 1. 1996, 8 ObA 288/95, DRdA 1996, 498 *(Knöfler)*

In dieser E interpretiert der OGH den Rechtfertigungsgrund der Saisonarbeit weit. „Saisonarbeit" bedeutet witterungsabhängige Arbeit (vgl auch E 55) und wird daher beispielsweise in der Landwirtschaft bzw – wie hier – in landwirtschaftsnahen Bereichen sowie im Tourismus vorkommen. „Witterungsabhängig" ist die gegenständliche Arbeit insofern, als die „Aktionsbutter" mit dem Umstand zu tun hat, dass im

Sommer durch die besseren Weidemöglichkeiten (zB Almwirtschaft) mehr Milch und in der Folge mehr Butter produziert wird. Die zusätzliche, billiger verkaufte Butter wird ja auch „Sommerbutter“ genannt.

Entscheidung 52: Milchprodukte

Wird eine Verkäuferin zunächst an der Kasse und schließlich in der Milchproduktabteilung eingesetzt, wo sie für die Bestellungen, die ordentliche Verräumung der Lieferungen sowie das Achten auf Ablaufdaten zuständig war, ist keine sachliche Rechtfertigung einer die Probezeit übersteigenden Befristung iSd § 10a MSchG gegeben. Ob die AN die für derartige Tätigkeiten erforderlichen Fähigkeiten mitbringt, kann durch Erprobung während der Probezeit mit hinreichender Sicherheit festgestellt werden.

OGH 28. 2. 2001, 9 ObA 326/00g, ARD 5259/14/2001

E 52 bringt eine Klarstellung zum Verständnis des § 10a MSchG im Bereich des Einzelhandels. Zum Grund der „notwendigen Erprobung“ wird gesagt, dass bei den einfachen Arbeiten einer „Regalbetreuerin“ ein Testen der AN über den gesetzlich ermöglichten Probemonat (vgl 3.2.3) hinaus in aller Regel nicht erforderlich ist. Anders kann dies bei qualifizierteren Tätigkeiten zu sehen sein.

3.2.1.1.2.4 Kettenarbeitsvertrag

Befristete Arbeitsverhältnisse enden durch Zeitablauf, ohne dass es einer Aufkündigung bedarf (vgl auch 3.2.1.1 F 22). Der AN **verliert** daher durch die Befristung seinen **Kündigungsschutz** (vgl auch 3.2.1.1.2.3).

Außerdem können sich Schwierigkeiten hinsichtlich jener Ansprüche ergeben, die von der Dauer des Arbeitsverhältnisses abhängen.

Eine Aneinanderreihung mehrerer befristeter Arbeitsverträge (Kettenarbeitsvertrag) ist daher als **Umgehung** der zwingenden Vorschriften des Kündigungsschutzrechts anzusehen und nur zulässig, wenn sachliche Gründe dies rechtfertigen (s dazu gleich). Ohne derartige Begründung sind die Befristungsvereinbarungen des Kettenarbeitsvertrages **relativ teilnichtig,** die Rechtsbeziehungen sind als zusammenhängendes unbefristetes Arbeitsverhältnis zu qualifizieren[20]).

Teilnichtig bedeutet in diesem Zusammenhang, dass auf Grund des verfolgten Schutzzwecks nur die jeweilige Befristungsklausel, nicht aber sonstige Inhalte des Arbeitsverhältnisses als rechtsunwirksam auszuscheiden sind. **Relativ nichtig** heißt, dass nur der AN als vom Kettenarbeitsvertragsverbot geschützter Vertragspartner die Rechtsunwirksamkeit der Befristung aufgreifen und vom Vorliegen eines unbefristeten Arbeitsverhältnisses ausgehen kann. Es steht ihm daher auch offen, die an sich rechtswidrige Befristung auslaufen zu lassen und das Arbeitsverhältnis nicht fortzuführen, ohne dass der AG etwas dagegen unternehmen kann.

[20]) OGH 27. 5. 1986, 14 Ob 86/86, DRdA 1987, 452 *(Pfeil).*

Die **sachliche Rechtfertigung** ist **bereits bei der ersten Verlängerung** darzutun[21]), die Beweislast trifft den AG. Als Rechtfertigungsgründe kommen insb die im Mutterschutzrecht ausdrücklich aufgezählten Tatbestände (einerseits **soziale Gründe,** andererseits bestimmte betriebswirtschaftliche Gründe wie **Vertretung, Ausbildung, Erprobung, Saison**) in Frage (vgl 3.2.1.1.2.3).

Entscheidung 53: Flugzeugtyp

Die Ungewissheit über den Zeitpunkt des Abbaus der Flugzeuge des vom AN geflogenen Typs stellt ein typisches Unternehmerrisiko dar, dessen Überwälzung auf den AN im Wege der Aneinanderreihung befristeter Dienstverträge bis zum letztendlichen Verkauf der Flugzeuge unzulässig ist.

OGH 30. 10. 1996, 9 ObA 2220/96, infas 1997 A 25

Entscheidung 54: Versicherungsvertreter

Wird ein Versicherungsvertreter auf drei Monate zur Probe angestellt, dann zur weiteren notwendigen Erprobung um drei Monate verlängert und unter Hinweis auf seine familiären Schwierigkeiten noch einmal drei Monate beschäftigt, liegt kein unzulässiger Kettenarbeitsvertrag vor, weil jede der drei Befristungen[22]) sachlich gerechtfertigt ist.

OGH 14. 9. 1982, 4 Ob 75/82, DRdA 1985, 126 *(Pfeil)*

Auch **Unterbrechungen zwischen den Verträgen** verhindern nicht, dass ein Kettenarbeitsverhältnis anzunehmen ist. Voraussetzung für ein Inbeziehungsetzen einzelner Verträge ist ein **nicht unerheblicher innerer Zusammenhang** zwischen diesen.

Wie lange eine Unterbrechung dauern muss, damit nicht mehr von einem Kettenarbeitsvertrag die Rede sein kann, lässt sich nur am Einzelfall beurteilen. Der geforderte innere Zusammenhang ist dann gegeben, wenn der AG mit der Wiedereinstellung desselben AN eindeutig von dessen in der früheren Beschäftigung gewonnenen Erfahrungen und erworbenen Kenntnissen profitiert. Ein wichtiger Maßstab ist auch das Verhältnis zwischen Dauer der befristeten Arbeitsverhältnisse und Dauer der Unterbrechung. So stehen beispielsweise Unterbrechungen von Lehrerarbeitsverhältnissen während der Schulferien der Anwendung der Regeln über den Kettenarbeitsvertrag nicht im Wege.

---

[21]) OGH 3. 4. 1973, 4 Ob 26/73, ARD 2564/13/73; 4. 9. 2002, 9 ObA 89/02g, RdW 2003, 160 = ARD 5402/1/2003.

[22]) Festzuhalten ist, dass die erste Befristung nach den Regeln über den Kettenarbeitsvertrag gar keiner sachlichen Rechtfertigung bedürfte.

Entscheidung 55: Volksoper

Eine durch Befristungen herbeigeführte Unterbrechung des Arbeitsvertrags eines Billeteurs der Volksoper während der Theaterferien schließt ein einheitliches Arbeitsverhältnis nach den Regeln über den Kettenarbeitsvertrag nicht aus.

Da andere AN während der Theaterferien Arbeitsleistungen erbringen, liegt keine Stilllegung des Betriebs während der „toten Saison" vor. Es geht nicht um Saisonarbeit, zumal auch keine witterungsbedingten Gründe vorliegen. Eine starke Fluktuation von AN führt zu keinem Saisonbetrieb.

Bei künstlerischen Tätigkeiten, insb bei Solisten, Dirigenten udgl, kann – ebenso wie im Berufsmannschaftssport – das Abwechslungsbedürfnis des Publikums eine sachliche Rechtfertigung für Befristungen darstellen.

OGH 25. 5. 1994, 9 ObA 67/94, DRdA 1995, 144 *(A. Burgstaller)* = ZAS 1995, 165 *(Ziehensack)*

3.2.1.1.2.5 Diskriminierungsverbot

Gem § 2b AVRAG dürfen **AN** mit einem **auf bestimmte Zeit** abgeschlossenen Arbeitsverhältnis **gegenüber** AN mit einem Arbeitsverhältnis **auf unbestimmte Zeit nicht benachteiligt** werden, es sei denn, sachliche Gründe rechtfertigen eine unterschiedliche Behandlung.

§ 2b AVRAG stellt eine Umsetzungsvorschrift zur sog **BefristungsRL** 1999/70/EG[23]) dar.

Es wird nach dieser Bestimmung verboten sein, einem auf Zeit beschäftigten AN weniger zu bezahlen als einem vergleichbaren, mit gleicher Dienstzeit in einem unbefristeten Arbeitsverhältnis stehenden AN. Sachlich gerechtfertigt wird es hingegen sein, dem AN im befristeten Arbeitsverhältnis gewisse auf langfristige Beschäftigung abstellende Fortbildungsmaßnahmen nicht zu gewähren.

3.2.1.1.3 Beendigung vor Fristablauf

Vor Ablauf der Befristung kann das Arbeitsverhältnis ohne weiteres durch einvernehmliche Auflösung oder durch vorzeitige Auflösung aus wichtigem Grund beendet werden.

Befristung und Kündigung hingegen **schließen einander** grundsätzlich **aus.** Wird ein befristetes Arbeitsverhältnis vom AG gekündigt, so gilt nach hA das **Schadenersatzprinzip** (insb § 29 AngG, § 1162b ABGB; vgl schon 2.1.2.3, insb 2.1.2.3.1 b). Das Arbeitsverhältnis endet zum in der Kündigung angegebenen Zeitpunkt, den AN trifft daher keine Arbeitspflicht mehr. Der AN erhält eine **Kündigungsentschädigung** bis zum Ablauf der im Vertrag vorgesehenen Zeit.

[23]) RL 1999/70/EG des Rates vom 28. 6. 1999 zu der EGB-UNICE-CEEP-Rahmenvereinbarung über befristete Arbeitsverträge, ABl L 175 vom 10. 7. 1999, 43.

Entscheidung 56: Leerformel

Wird ein auf drei Jahre befristetes Arbeitsverhältnis zum Ende des ersten Jahres gekündigt, so hat dies Lösungswirkung, führt aber zu Schadenersatzansprüchen für die restliche Vertragszeit.

Die Vertragsparteien können allerdings eine Kündigungsmöglichkeit zu einem früheren Termin vereinbaren. Dies ist nur bei längeren Befristungen zuzulassen, um die Vorteile der Bestandfestigkeit des Arbeitsverhältnisses durch eine Kündigung nicht zu gefährden[24]).

Eine Kündigungsvereinbarung liegt nicht vor, wenn sich in einem Arbeitsvertrag weit nach der Befristungsklausel ein Passus findet, in dem hinsichtlich der Kündigung auf die einschlägigen Bestimmungen des anzuwendenden KollV verwiesen wird. Ein solcher Verweis ist angesichts der Befristungsvereinbarung als Leerformel des Vertrags zu verstehen, die versehentlich nicht gestrichen wurde.

OGH 8. 6. 1994, 9 ObA 88–90/94, ZAS 1995, 193 *(Reissner)*

Was die **Kündigung** des befristeten Arbeitsverhältnisses **durch den AN** betrifft, so ist die Situation wie bei der zeitwidrigen Arbeitnehmerkündigung im Allgemeinen (vgl 2.1.2.3.2): Das Arbeitsverhältnis ist gelöst, der AN wird nach § 28 AngG, § 1162a ABGB oder auf Grund einer Konventionalstrafenvereinbarung schadenersatzpflichtig.

Eine **ungerechtfertigte vorzeitige Lösung** des befristeten Arbeitsverhältnisses durch einen der Vertragspartner ist wie die jeweilige zeitwidrige Kündigung (s oben) mit den entsprechenden Schadenersatzfolgen verbunden.

Einzelne Stimmen in der Lehre lehnen das Schadenersatzprinzip ab und vertreten die Ansicht, dass die Kündigung des befristeten Arbeitsverhältnisses – wie allgemein die Kündigung des befristeten Dauerschuldverhältnisses – rechtsunwirksam sei **(Rechtsunwirksamkeitstheorie)**[25]).

Dies würde dem AN die Möglichkeit geben, **entweder** auf der **Fortsetzung** des Arbeitsverhältnisses zu beharren **oder iSd Wahlrechts Beendigungsansprüche** geltend zu machen (vgl auch 3.2.1.1.3.2; zum Wahlrecht allg 2.3.2.2.1). Nach hA hat er im Allgemeinen nur die zweite Variante zur Verfügung. Dies wird damit gerechtfertigt, dass § 29 AngG bzw § 1162b ABGB keinen Erfüllungsanspruch, sondern mit Bedacht nur einen Schadenersatzanspruch vorsähen, weil es nicht sinnvoll sei, Vertragsparteien eines zerrütteten Arbeitsverhältnisses prinzipiell weiter aneinander zu binden. Will der AN den Vertrag erfüllen, so stehe ihm die Kündigungsanfechtung nach den §§ 105, 107 ArbVG (vgl 2.3.1) zur Verfügung.

ME könnte bei grundsätzlicher Beibehaltung der Schadenersatztheorie eine Zwischenlösung insofern Platz greifen, als man **AN mit** einem **Anspruch auf** tatsächliche **Beschäftigung** (vgl 8.3) neben dem Schadenersatzanspruch **auch** den **Erfüllungsanspruch** einräumen sollte[26]).

[24]) Dazu allg 3.2.1.1.3.1.

[25]) *Mayer-Maly,* Arbeitsrecht I (1987) 170; *Marhold,* Die Wirkung ungerechtfertigter Entlassungen – Eine Kritik des so genannten Schadenersatzprinzips, ZAS 1978, 5, 13f.

[26]) *Reissner,* ZAS 1995, 196f.

3.2.1.1.3.1 Kündigungsvereinbarung

Befristung und Kündigung vertragen sich zwar grundsätzlich nicht, die Vereinbarung einer Kündigungsmöglichkeit (sog Kündigungsvereinbarung) wird aber als zulässig angesehen, wenn die **zwingenden Bestimmungen über die Kündigung beachtet** werden und die Vereinbarung **auch sonst nicht unbillig** ist, indem sie insb auf ein angemessenes Verhältnis zwischen Dauer des Arbeitsvertrags und Anzahl der Kündigungsmöglichkeiten Bedacht nimmt.

Die Kündigungsvereinbarung muss **im Vertragstext entsprechend deutlich** zum Ausdruck kommen (vgl 3.2.1.1.3 E 56).

Rechtswidrig ist also zB eine Kündigungsvereinbarung, die zwingende Kündigungsfristen und -termine (vgl insb § 20 Abs 2 und 3 AngG) missachtet oder nur dem AG eine Kündigungsmöglichkeit einräumt. Im ersteren Fall sind korrekte Kündigungszeiten zugrunde zu legen, dem AN ist insoweit Kündigungsentschädigung zuzusprechen[27]). In der letzteren Konstellation ist – dies folgt aus dem Kündigungsgleichheitsgebot gem § 20 Abs 4 AngG, § 1159c ABGB (vgl 2.1.2.1, 2.1.2.2) – die Kündigungsvereinbarung zur Gänze zu streichen[28]), dem AN steht nach allgemeinen Grundsätzen (vgl 3.2.1.1.3) Kündigungsentschädigung bis zum Ablauf der Vertragszeit zu.

Entscheidung 57: Saisonarbeitsverhältnis

Auch bei typischen Saisonarbeitsverhältnissen kann eine zusätzliche Kündigungsmöglichkeit vereinbart werden, sofern nur kein Missverhältnis zwischen der Gesamtdauer und der Kündigungsmöglichkeit besteht.

Ein Missverhältnis liegt nicht vor, wenn die vereinbarte Kündigungsfrist der des einschlägigen KollV bei Arbeitsverhältnissen auf unbestimmte Zeit entspricht und eine Vertragsbestimmung aufgenommen wird, wonach im letzten Monat des Arbeitsverhältnisses kein Kündigungsrecht besteht. Diese Gestaltung schützt den AN mehr als die bloße Anwendung der kollektivvertraglichen Kündigungsvorschriften; sie bewahrt ihn nämlich davor, knapp vor Saisonende, also in einem Zeitraum, in dem er kaum noch einen anderen Arbeitsplatz finden kann, gekündigt zu werden.

OGH 12. 9. 1996, 8 ObA 2206/96m, DRdA 1997, 328 *(Krapf)*

Fraglich ist, wie das **„angemessene Verhältnis zwischen Dauer der Befristung und Anzahl der Kündigungsmöglichkeiten“** in einem **Angestelltenverhältnis** herbeizuführen ist. ME wird man die von § 20 Abs 3 AngG gegebenen Möglichkeiten nicht voll wie bei einem unbefristeten Arbeitsverhältnis ausreizen können. Beträgt etwa die Befristung ein halbes Jahr, so wird es, wenn überhaupt, nur offen stehen, einen Kündigungstermin, zB zum Ende des vierten oder des fünften Monats des Arbeitsverhältnisses, zu setzen. Bei einem Arbeitsverhältnis auf ein Jahr wird beispielsweise das vom AngG grundsätzlich vorgesehene Kündigungsrecht, also die Kündigung des AG mit Sechswochenfrist zum Quartal und des AN mit Monatsfrist zum Ende des Monats, an-

[27]) OGH 23. 7. 2014, 8 ObA 3/14w, ARD 6417/7/2014.

[28]) OGH 10. 9. 1985, 4 Ob 105/85, DRdA 1986, 323 *(Petrovic)*.

gemessen sein. Ist eine Befristung für drei Jahre vorgesehen, so wird man die Vereinbarung von ca sechs bis zwölf Kündigungsterminen pro Jahr für den AG billigen können, nicht aber die Maximalvariante mit 24 Terminen.

Fall 23: Lagerverwalter[29])

Sachverhalt: *Der Kl wird ab 1. 1. 2013 für die Dauer von zwei Jahren als Lagerverwalter aufgenommen und verdient € 1.900,–. Nach seinem Arbeitsvertrag ist eine Kündigung durch den AG „unter Einhaltung der gesetzlichen Bestimmungen" möglich.*

Der Kl wird am 14. 12. 2013 zum Jahresende gekündigt. In der Folge kann er erst ab 1. 7. 2014 einen Halbtagsjob mit einem Monatsentgelt von € 1.100,– finden. Er klagt das „Entgelt bis Vertragsende" ein. Zu Recht?

Lösung: Die Kündigung eines befristeten Arbeitsverhältnisses ist grundsätzlich rechtswidrig, es sei denn, es gibt eine taugliche Kündigungsvereinbarung. Eine Kündigungsvereinbarung besteht zwar, gibt aber nur dem AG eine Kündigungsmöglichkeit, sodass ein Verstoß gegen das sog „Fristengleichheitsgebot" vorliegt. Die Vereinbarung ist daher in Bezug auf die Kündigungsmöglichkeit (teil-)nichtig.

Die darauf gestützte Kündigung ist folglich rechtswidrig. Es gilt das Schadenersatzprinzip, dh es gebührt Kündigungsentschädigung für die Rahmenzeit bis 1. 1. 2015; eine Anrechnung ist ab dem 1. 4. 2014 möglich und kann ab 1. 7. 2014 tatsächlich stattfinden, sodass der AN nur mehr die Differenz von € 800,– erhält.

3.2.1.1.3.2 Kündigungsausschluss

Die Vereinbarung eines Kündigungsausschlusses im befristeten Arbeitsverhältnis wirkt für den AN ähnlich wie ein besonderer Kündigungs- und Entlassungsschutz, führt also zur **Rechtsunwirksamkeit** von Kündigungen und ungerechtfertigten Entlassungen. Dem AN steht aber das sog **Wahlrecht** zu, dh er kann die an sich nichtige Lösungserklärung gegen sich gelten lassen und Ansprüche aus der Beendigung des Arbeitsverhältnisses, insb die Kündigungsentschädigung (vgl 3.2.1.1.3), geltend machen.

Im Unterschied zur Situation beim „gewöhnlichen" befristeten Arbeitsverhältnis (vgl 3.2.1.1.3) ist der AN nicht auf die Geltendmachung der Schadenersatzansprüche beschränkt, sondern kann auch gegen den Willen des AG auf Fortsetzung des Arbeitsverhältnisses bestehen. Macht er Letzteres und wird er nicht beschäftigt, so gebührt ihm während des Unterbleibens der Arbeitsleistung Entgeltfortzahlung gem § 1155 ABGB (vgl 6.1, 6.1.1).

Das **Arbeitsverhältnis auf Lebenszeit des AN** ist ebenfalls als befristetes Arbeitsverhältnis mit Kündigungsausschluss aufzufassen. Auf den ersten Blick erscheint die objektiv bestimmbare Befristung mit dem Tod des AN überflüs-

---

[29]) In die genannten Beträge an „Entgelt" sind die in größeren Abständen gebührenden oder schwankenden Bezugsteile bereits einbezogen; vgl schon F 8.

sig, zumal dieser ohnehin ein Erlöschenstatbestand kraft G ist (vgl 2.1.5). Man kann eine derartige Vertragsgestaltung aber so interpretieren, dass man in der Bezugnahme auf den Tod des AN eine Betonung der speziellen Bestandfestigkeit des Arbeitsverhältnisses erblickt, die einer Kündigung wie ein besonderer Bestandschutz entgegensteht[30]).

3.2.1.2 Aufschiebende Befristung

Im Falle eines aufschiebend befristeten Arbeitsverhältnisses wird ein **Arbeitsvertrag** abgeschlossen, der **erst zu** einem bestimmten oder objektiv bestimmbaren **späteren Termin in den Erfüllungszustand treten** soll.

Diese Konstellation wurde bereits im Zusammenhang mit dem Rücktritt vom Arbeitsvertrag angesprochen (vgl 2.1.4). Sie ist als solche im Allgemeinen rechtlich unproblematisch. Bei bloß objektiv bestimmbarem Arbeitsbeginn könnte es angezeigt sein, dem AN für das Bereitstehen während der Wartezeit eine angemessene Abgeltung zuzugestehen (vgl 3.2.2.2).

3.2.2 Bedingung und Arbeitsverhältnis[31])

Wie die Befristung ist auch die Bedingung dadurch charakterisiert, dass der Bestand des Rechtsverhältnisses vom **Eintritt eines Ereignisses** abhängig gemacht wird. Während aber bei der Befristung (juristisch betrachtet) feststeht, dass dieses Ereignis kommen wird, ist dies bei der Bedingung **nicht sicher** (vgl 3.2.1.1).

Zu unterscheiden ist zwischen auflösend (resolutiv; vgl 3.2.2.1) und aufschiebend (suspensiv) bedingten Arbeitsverträgen (vgl 3.2.2.2).

3.2.2.1 Auflösende Bedingung

In diesem Fall beginnen die **Rechtswirkungen** des Arbeitsverhältnisses sofort, **sollen** jedoch **mit Bedingungseintritt** automatisch **erlöschen.**

Entscheidung 58: Einjähriger Krankenstand

Die zeitliche Limitierung durch auflösende Bedingung ist unwirksam, wenn ein für die Beurteilung des Eintritts oder Nichteintritts der Bedingung maßgeblicher Stichtag nicht auch nur annähernd feststeht.

Die Klausel, wonach bei einjährigem Krankenstand das Arbeitsverhältnis automatisch endet, ist daher als nicht beigesetzt zu betrachten, und das Arbeitsverhältnis wird so behandelt, als sei es von vornherein auf unbestimmte Zeit abgeschlossen worden.

OGH 15. 9. 1991, 9 ObA 158/91, ZAS 1992, 160 *(Grassl-Palten)*

Der Grund für die **prinzipielle Bedingungsfeindlichkeit des Arbeitsvertrags** ist darin zu sehen, dass der Endzeitpunkt des Rechtsverhältnisses nicht

[30]) *Löschnigg,* Arbeitsrecht[12] 746.

[31]) *Löschnigg,* Arbeitsrecht[12] 270 ff; *Windisch-Graetz,* Arbeitsrecht II[8] 49 f.

mit entsprechender Klarheit fixiert ist und der AN dadurch in eine Unsicherheit über die für sein berufliches Fortkommen notwendigen Dispositionen gerät.

Auflösende Bedingungen werden aus dieser Überlegung heraus daher ausnahmsweise dann für zulässig erachtet, wenn deren Erfüllung ausschließlich vom Willen des von der Bedingung betroffenen AN abhängt, also keine Zufallsbedingung, sondern eine sog **Willens- oder Potestativbedingung** vorliegt.

Derartige Bedingungen dürfen aber nicht inhaltlich sittenwidrig sein, was etwa der Fall wäre, wenn sich eine AN verpflichtet, nicht schwanger zu werden oder nicht zu heiraten.

Auch **reduziert unsichere Bedingungen,** bei denen im Gegensatz zu völlig unsicheren Bedingungen ein Zeitpunkt gegeben ist, zu dem sich herausstellen wird, ob das bedingte Ereignis eintritt (vgl 3.2.1.1), werden als gültig anerkannt.

Beispiel: Das auf unbestimmte Zeit abgeschlossene Arbeitsverhältnis eines Fußballtrainers soll enden, wenn sich der Verein nicht für einen internationalen Bewerb qualifizieren kann[32]).
Es handelt sich um eine zulässige reduziert unsichere Bedingung, kann doch der Trainer gegen Ende der Meisterschaftssaison im Frühling abschätzen, ob sein Arbeitsverhältnis enden wird oder nicht.

3.2.2.2 Aufschiebende Bedingung

In dieser Konstellation soll die **Wirksamkeit des Arbeitsverhältnisses erst dann** beginnen, wenn das in der Bedingung angesprochene **Ereignis eintritt.**

Beispiel: Der AN hat die Arbeit aufzunehmen, wenn der Großauftrag der Fa X einlangt.

Eine völlig unsichere Zufallsbedingung in dieser Form wird gegen § 879 ABGB verstoßen und ungültig sein, weil der AN zwischenzeitlich über seine Arbeitskraft nicht verfügen kann. Manche Autoren halten die Vereinbarung dann, wenn dem AN für das Bereitstehenmüssen ein entsprechendes Entgelt zugestanden wird, für zulässig[33]) (vgl auch 3.2.1.2). Reduziert unsichere Bedingungen und erst recht Willensbedingungen sind auch hier eher unproblematisch.

---

[32]) Vgl auch den Sachverhalt von OGH 9. 11. 1982, 4 Ob 85/82, ZAS 1984, 227 *(Schrammel).*

[33]) *Windisch-Graetz,* Arbeitsrecht II^8 33.

3.2.3 Probearbeitsverhältnis[34])

Was die Erprobung von AN im Hinblick auf zukünftige Verwendungen anlangt, sind arbeitsrechtlich zwei Gestaltungen möglich: ein Arbeitsverhältnis **zur** Probe (vgl 3.2.3.1) und ein Arbeitsverhältnis **auf** Probe (vgl 3.2.3.2).

3.2.3.1 Arbeitsverhältnis zur Probe

Das Arbeitsverhältnis zur Probe ist ein gewöhnliches **befristetes Arbeitsverhältnis** mit der Zwecksetzung, den AN zu erproben (vgl auch die Rechtfertigungsmöglichkeiten unter 3.2.1.1.2.3, 3.2.1.1.2.4).

Es stehen daher nur die Lösungsmöglichkeiten befristeter Arbeitsverhältnisse zur Verfügung (vgl 3.2.1.1.3).

3.2.3.2 Arbeitsverhältnis auf Probe

Das Arbeitsverhältnis auf Probe („Probemonat", Probearbeitsverhältnis im eigentlichen Sinn) ist in diversen arbeitsrechtlichen Rechtsquellen (§ 19 Abs 2 AngG, § 1158 Abs 2 ABGB etc) vorgesehen und im Wesentlichen dadurch charakterisiert, dass während eines bestimmten Zeitraums am Beginn des Arbeitsverhältnisses – idR **während eines Monats – jeder Vertragsteil** das Rechtsverhältnis **jederzeit ohne Einhaltung von Terminen und Fristen und ohne Vorliegen von Gründen lösen** kann.

Die spezifische Lösung eines Probearbeitsverhältnisses ist eine **Beendigungsform eigener Art** und keine Kündigung, sodass Kündigungsschutzvorschriften nicht zur Anwendung kommen (vgl 2.3).

An sich lässt die Rechtsprechung bei der Lösung während der Probezeit die **Motivation des Erklärenden unberücksichtigt.** So wurde es als unproblematisch angesehen, dass ein AG das Arbeitsverhältnis löst, wenn der AN in der Probezeit erkrankt[35]). Auch wenn der AN einen Arbeitsunfall erleidet, soll das einer Lösung im Probemonat nicht hinderlich sein[36]). Das Höchstgericht[37]) hat aber anerkannt, dass die Auflösung eines Probearbeitsverhältnisses gegenüber einer schwangeren AN eine unmittelbare **Diskriminierung** wegen des Geschlechts analog § 12 Abs 7 (aF) GlBG darstellen kann. Der Gesetzgeber hat darauf reagiert und die Lösung des Probearbeitsverhältnisses ausdrücklich ins Gleichbehandlungsrecht aufgenommen (vgl allg 2.3.3.1).

Über die Probezeit hinausgehend kann ein **Arbeitsverhältnis auf bestimmte** oder **auf unbestimmte Zeit** vorgesehen sein. Es kann daher zB auch ein Arbeitsverhältnis auf Probe mit einem solchen zur Probe kombiniert werden.

Der Probemonat muss **vereinbart** werden, auch der KollV kann eine derartige Vereinbarung beinhalten. Nur für **Lehrverhältnisse** gilt die Besonderheit, dass die skizzierte Lösungsmöglichkeit **kraft G** grundsätzlich in den ersten drei Monaten besteht. Bei in diese Zeit fallenden Abwesenheiten wegen

---

34) *Löschnigg,* Arbeitsrecht[12] 268 ff; *Windisch-Graetz,* Arbeitsrecht II[8] 50 ff; *Reissner* in ZellKomm[2] § 19 AngG Rz 54 ff.

35) Vgl OGH 28. 8. 1991, 9 ObA 161/91, DRdA 1992, 215 *(Mosler)* = Arb 10.967.

36) Vgl OGH 21. 1. 2004, 9 ObA 154/03 t, DRdA 2005, 52 *(Eypeltauer)* = Arb 12.392.

37) OGH 31. 8. 2005, 9 ObA 4/05 m, ASoK 2006, 119 = ARD 5637/6/2005.

Besuchs der lehrgangsmäßigen Berufsschule besteht das Lösungsrecht in den ersten sechs Wochen der Ausbildung im Betrieb (vgl § 15 Abs 1 BAG).

Bei der Berechnung der einmonatigen Frist wird der Tag mitgerechnet, an dem der Probemonat beginnt. Hat ein solcher zB am 1. 6. begonnen, so endet er demgemäß am 30. 6. Alle nach diesem Zeitpunkt zugekommenen Lösungserklärungen sind keine Auflösungen eines Arbeitsverhältnisses auf Probe.

Entscheidung 59: Sonntag

§ 903 Satz 3 ABGB, wonach dann, wenn der für die Abgabe einer Erklärung oder für eine Leistung bestimmte letzte Tag auf einen Sonntag oder einen anerkannten Feiertag fällt, an dessen Stelle der nächstfolgende Werktag tritt, ist beim Arbeitsverhältnis auf Probe nicht anwendbar.

So wie dem Angestellten die Kündigungsfrist nach § 20 AngG zur Gänze gewahrt werden muss, sodass eine Kündigung, die spätestens an einem Sonntag oder gesetzlichen Feiertag ausgesprochen und dem AN zukommen muss, nicht noch am nachfolgenden Werktag erklärt werden kann, kann auch, wenn das Ende der Probezeit auf einen Sonntag oder Feiertag fällt, nur bis zu diesem Zeitpunkt und nicht am folgenden Werktag die Lösung des Probearbeitsverhältnisses erklärt werden.

OGH 10. 11. 1994, 8 ObA 286/94, DRdA 1995, 322 *(Wachter)*

Wurde ein **längerer als der gesetzlich vorgesehene Maximalzeitraum** als Probezeit fixiert, so ist dies nach § 914 ABGB regelmäßig als **Arbeitsverhältnis zur Probe** auszudeuten.

Beispiel: Mit der Festlegung, „es einmal auf drei Monate zu probieren", meinen die Parteien nicht die jederzeitige fristlose Lösbarkeit und damit ein Arbeitsverhältnis auf Probe, sondern eine Befristung für diesen Zeitraum. Eine vorherige Kündigung wäre in der Folge rechtswidrig (vgl 3.2.1.1.3).

Ein **Arbeitsverhältnis auf Probe** für den zulässigen kürzeren Zeitraum wird nur dann angenommen, wenn die **jederzeitige fristlose Lösbarkeit** in der zu Grunde liegenden Vereinbarung **ausdrücklich betont** wurde. Deutlich genug kann es auch sein, wenn die Parteien einen „zweiten Probemonat" festlegen.

Fall 24: Elektriker[38])

Heimo, ein Elektriker, wird von einer Elektroinstallationsfirma am 3. 3. 2014 „probeweise für ein halbes Jahr" aufgenommen. Weil er nicht voll ent-

[38]) Für die Falllösung brauchbare Erläuterungen finden sich auch unter 3.2.1.1.3.

spricht, wird H am 9. 5. 2014 mitgeteilt, dass die Zusammenarbeit mit sofortiger Wirkung beendet sei.

H will sich zur Wehr setzen. Wie ist die Rechtslage?

3.2.4 Arbeitsverhältnis zum vorübergehenden Bedarf

Aus § 20 Abs 5 AngG, § 1158 Abs 2 ABGB usw ergibt sich die Rechtsfigur eines Arbeitsverhältnisses für die Zeit eines vorübergehenden Bedarfs.

Gem § 20 Abs 5 AngG kann ein nur zum vorübergehenden Bedarf vereinbartes Arbeitsverhältnis **während des ersten Monats von beiden Teilen jederzeit** unter Einhaltung einer einwöchigen Frist gelöst werden. Nach § 1158 Abs 2 ABGB ist dies unter sonst gleichen Voraussetzungen ohne Einhaltung einer Frist möglich.

Die Lösung eines Arbeitsverhältnisses zum vorübergehenden Bedarf ist eine Beendigungsform eigener Art und keine Kündigung (vgl auch 3.2.3.2).

Das Rechtsinstitut ist praktisch kaum von Bedeutung, zumal den Vertragspartnern die Vereinbarung eines Probearbeitsverhältnisses für dieselbe Zeit offen steht.

3.2.5 Ausbildungskostenklausel[39])

Als spezielle Klauseln im Arbeitsvertrag oder im Vorfeld desselben finden sich vielfach Vereinbarungen über die „Rückerstattung"[40]) von Ausbildungskosten. Der AG bietet dem AN, idR um dessen Arbeitskraft besser nutzen zu können oder diesen zu motivieren, die Möglichkeit, auf Kosten des Unternehmens zusätzliche spezielle Kenntnisse und Fähigkeiten zu erwerben. Damit der getätigte Aufwand dem AG auch langfristig zugutekommt, wird der AN verpflichtet, sich für eine gewisse Zeit an das Unternehmen zu binden, und zwar in der Weise, dass er im Falle seines vorzeitigen Ausscheidens dem AG die Ausbildungskosten zu erstatten hat. Derartige Abreden sind gem § 2d AVRAG innerhalb gewisser Grenzen zulässig:

3.2.5.1 Begriff der Ausbildungskosten

Gem § 2d Abs 1 AVRAG sind Ausbildungskosten „die vom AG tatsächlich aufgewendeten Kosten für jene erfolgreich absolvierte Ausbildung, die dem AN Spezialkenntnisse theoretischer und praktischer Art vermittelt, die dieser auch bei anderen AG verwerten kann." Ausbildungskosten iSd G können nach Maßgabe des § 2d AVRAG auf den AN überwälzt werden (zu den Einschulungskosten s unten).

Der Rückforderungsanspruch kann sich nur auf **„tatsächlich aufgewendete Kosten"** der Ausbildung beziehen.

---

[39]) *Radner* in *Reissner/Neumayr* (Hrsg), Zeller Handbuch Arbeitsvertrags-Klauseln (2010) Rz 34.01 ff; *Reissner*, Rückzahlung von Ausbildungskosten, in *Resch* (Hrsg), Arbeitsvertrag und betriebliche sowie außerbetriebliche Weiterbildung (2015) 71 ff.

[40]) So die Terminologie in § 2d AVRAG. Genau genommen geht es um die Vereinbarung einer anderen Verteilung von Ausbildungskosten für den Fall der Beendigung des Arbeitsverhältnisses.

Förderungen von Seiten öffentlicher Stellen oder **Steuervorteile des AG** sind daher abzuziehen, würde doch der AG vom AN sonst mehr als seine tatsächlichen Kosten erhalten.

Nach der Formulierung des G sind „Kosten für . . . jene Ausbildung" erfasst, „die dem AN Spezialkenntnisse vermittelt". Fraglich ist dabei, wie die **Rahmenkosten einer Ausbildung,** etwa Ausgaben für Hotel, Reise und Nächtigung, zu beurteilen sind. Grundsätzlich können diese Rahmenkosten überwälzt werden. Die Judikatur hat aber etwa Kosten für die Beziehung eines Quartiers am Kursort, „um die Kommunikation zu verbessern", als nicht erstattungsfähig angesehen[41]). Im Einzelfall wird also zu prüfen sein, **ob bzw inwieweit die durch den AG getroffene Auswahl** hinsichtlich des konkreten Quartiers, der Anreiseart und sonstiger Nebenaspekte **für die Ausbildung notwendig und nützlich** war oder nicht[42]).

Fraglich ist, was der Gesetzgeber mit dem Erfordernis der **„erfolgreich absolvierten Ausbildung"** meint. Offensichtlich soll nur dann von einer Ausbildung iSd G gesprochen werden können, wenn die Maßnahme **einem erfolgreichen Abschluss** überhaupt **zugänglich** ist. Dieser Umstand kann bei einigen Phänomenen sehr schwach ausgeprägt bzw fragwürdig sein, man denke etwa an Veranstaltungen zur Persönlichkeitsentwicklung wie Selbsterfahrungskurse, Coachings oder Supervisionen. Zum anderen kommt man nicht umhin, eine Rückzahlungspflicht grundsätzlich nur bei **tatsächlich erfolgreichem Abschluss** der Ausbildung zuzulassen. Jene Fälle, in denen dem AN ein „Vereiteln" des erfolgreichen Abschlusses zur Last zu legen ist, werden freilich die Rückzahlungspflicht bestehen lassen.

Ausbildungskosten liegen nach dem G nur dann vor, wenn die Ausbildung **Spezialkenntnisse theoretischer oder**[43]) **praktischer Natur** vermittelt.

Der Ausdruck **„Spezialkenntnisse"** ist **weit** zu verstehen. Auch die Vermittlung relativ allgemeiner Kenntnisse ist rückersatzfähig, sofern solche Kenntnisse auf dem Arbeitsmarkt verwertbar sind (zB auch Erwerb eines Führerscheins). Die typischen, mit dem Vollzug eines Arbeitsverhältnisses erworbenen Kenntnisse und Fähigkeiten zählen nicht zum Ausbildungsbegriff. So ist zB das Mitmachen eines Sportlers beim Training keine Ausbildung. Anders wäre dies bei Trainerkursen udgl.

Entscheidung 60: Privatpilotenschein

Für den Begriff der Ausbildungskosten ist ausschlaggebend, ob die dem AN vermittelten Kenntnisse auf dem Arbeitsmarkt verwertbar sind bzw ob er dadurch einen wirtschaftlichen Vorteil erlangt, wenn seine Fähigkeiten zunehmen und seine Berufschancen auf dem Arbeitsmarkt steigen. Vergleichbar dem Erwerb eines Führerscheins stellt auch der Erwerb eines Privatpilotenscheins für den AN einen Mehrwert dar, der ihm – jedenfalls in gewissen Bereichen des Arbeitsmarkts – bessere Chancen eröffnet. Darauf, ob der AG selbst von diesen Möglichkeiten, die er

---

[41]) OGH 16. 11. 1994, 9 ObA 211/94, RdW 1995, 152 = Arb 11.336.

[42]) OGH 29. 1. 2013, 9 ObA 151/12i, RdW 2013, 484 = ARD 6319/5/2013.

[43]) Das Wort „und" in Abs 1 des § 2d AVRAG ist korrigierend als „oder" zu lesen.

dem AN eröffnet hat, Gebrauch macht, stellt das G ebenso wenig ab wie auf die Motive, die den AG dazu bewogen haben, dem AN die Ausbildung zu ermöglichen. Die Kosten für den Erwerb des Privatpilotenscheins stellen daher Ausbildungskosten iSd § 2d AVRAG dar.

OGH 16. 11. 2009, 9 ObA 53/09y, infas 2010 A 32

Es ist dabei nicht entscheidend, dass der AN in seiner derzeitigen Tätigkeit nichts mit der Fliegerei zu tun hat.

Das in E 60 betonte Merkmal, dass der AN die erworbenen Kenntnisse auch „bei anderen AG verwerten kann“, prägt den Ausbildungskostenbegriff des § 2d AVRAG mE in entscheidender Weise. Es kommt also auf die **Verwertbarkeit am Arbeitsmarkt** an. Die erworbenen Kenntnisse müssen zu besseren Berufschancen am Arbeitsmarkt führen. Derartige bessere Chancen müssen abstrakt gegeben sein. Sie können darin bestehen, dass sich dem AN auf Grund seiner nunmehrigen Kompetenz bessere Verdienstmöglichkeiten oder interessantere Berufsbilder eröffnen.

Gerade bei den oben angesprochenen Persönlichkeitsentwicklungsseminaren kann auch die Arbeitsmarktrelevanz schwach ausgeprägt sein, was insgesamt zum Nichtvorliegen einer Ausbildung führen kann.

Nicht überwälzbar sind **Einschulungskosten** (vgl § 2d Abs 1 Satz 2 AVRAG). Darunter sind jene Aufwendungen des AG zu verstehen, die dadurch entstehen, dass der AN mit den Eigenheiten seiner betrieblichen Tätigkeit vertraut gemacht wird.

Die Einschulung erfolgt regelmäßig innerbetrieblich oder zumindest im Unternehmens- oder Konzernbereich. Ein Beispiel wäre das Vertrautmachen mit im Betrieb bestehenden Produktions- oder Verwaltungsabläufen (Bedienen einer Maschine, Einhaltung sog Dienstwege).

Entscheidung 61: Reisebüro

Die Kosten von Informationsreisen, die lediglich der Verschaffung eines Wissensvorsprungs zur Vermarktung der Angebote von Reiseveranstaltern dienen, sind keine rückforderbaren Ausbildungskosten.

Eine Ausbildung ist eine mehr oder minder intensive, nicht durch bloße Unterweisung oder Zurkenntnisbringung von Fakten erfolgende theoretische oder praktische Vermittlung spezieller, auf Dauer ausgerichteter Kenntnisse in einer zeitlich nicht zu vernachlässigenden Dimension. Das Vertrautmachen mit der Produktpalette des AG entspricht der Vermittlung eines „Einschulungswissens“ und verschafft keinen dauernden Nutzen.

OGH 5. 3. 1997, 9 ObA 36/97b, DRdA 1997, 403

Gem § 2d Abs 2 zweiter Satz AVRAG ist auch die Vereinbarung der Rückforderung des während einer Ausbildung **fortgezahlten Entgelts** zulässig, sofern der AN während der Ausbildung von der Dienstleistung freigestellt ist.

Man wird dies so verstehen müssen, dass der AN während der Ausbildung **aus seinem üblichen Arbeitsbereich abgezogen** sein muss, dh er mit den ihm grundsätzlich obliegenden Verpflichtungen nichts bzw nur ganz ausnahmsweise, etwa im Notfall, zu tun hat. Ein Indiz hierfür kann der Einsatz einer Ersatzkraft sein. Dieses Szenario einer „Freistellung" ist vor allem dann wahrscheinlich, wenn die entsprechende Ausbildung relativ viel Zeit in Anspruch nimmt und/oder relativ intensiv ist. Typischerweise ist Derartiges bei länger dauernden Ausbildungen der Fall. Eine in diesem Sinne „längere Ausbildung" muss nicht in einem Zug über einen ununterbrochenen Zeitraum erfolgen, sondern kann zB auch in (durch mehr oder weniger große Zeiträume unterbrochenen) Abschnitten von jeweils meist drei bis fünf Tagen absolviert werden[44]).

3.2.5.2 Formvorschriften, allgemeine Vorschriften zur Vertragsgestaltung

Gem § 2d Abs 2 AVRAG muss die Rückerstattungsverpflichtung zwischen AN und AG **vereinbart** sein. Ohne Vereinbarung ist eine Überwälzung derartiger Kosten – etwa mit Argumenten aus dem Bereicherungsrecht – nicht möglich.

Die Vereinbarung bedarf gem § 2d Abs 2 AVRAG bei sonstiger Unwirksamkeit der **Schriftform.**

Für die Gültigkeit einer Ausbildungskostenklausel ist gem § 2d Abs 3 Z 1 AVRAG bei **Minderjährigen** die **Zustimmung des gesetzlichen Vertreters** nötig.

Dass mit der Formulierung „des gesetzlichen Vertreters" die Zustimmung des anderen Elternteils bzw insb die pflegschaftsgerichtliche Genehmigung gem § 167 Abs 3 ABGB – Letztere ist dann nötig, wenn die Festlegung der Rückzahlungsverpflichtung nicht zum ordentlichen Wirtschaftsbetrieb des Minderjährigen gehört – obsolet sind, ist mE nicht anzunehmen. Eine nachträgliche Genehmigung durch den AN nach Erreichung der Volljährigkeit ist möglich.

Es gibt zum einen Klauseln, die **zu Beginn oder während des Arbeitsverhältnisses vereinbart** werden, zum anderen finden sich aber auch Abmachungen, die **bereits vor Beginn des Arbeitsverhältnisses** im Hinblick auf eine für die zukünftige Tätigkeit als AN vorgesehene Ausbildung statuiert werden.

Insb letztere Klauseln sind angesichts der im Hintergrund stehenden grundrechtlichen Positionen besonders genau anhand von § 879 ABGB zu überprüfen. Der OGH[45]) hat beispielsweise die Vereinbarung eines aus Vorarlberg stammenden Krankenpflegeschülers hinsichtlich der vom Land Vorarlberg übernommenen Ausbildungskosten in einer Krankenpflegeschule in Tirol mit Verweis auch auf die Grundrechte der Freiheit der Berufswahl und der Erwerbstätigkeit gem Art 6 und Art 18 StGG als rechtsunwirksam qualifiziert, wenn die Ausbildung im Rahmen einer Anstellung beim

[44]) OGH 3. 4. 2008, 8 ObA 73/07d, ASoK 2008, 402 = infas 2008 A 67.

[45]) OGH 21. 12. 2000, 8 ObA 144/00k, DRdA 2001, 555 *(Mayr).*

Tiroler Krankenhausträger erfolgt, der Ausgebildete sich jedoch – ohne einen Anspruch auf Anstellung zu haben – verpflichten muss, im Anschluss an die Ausbildung in einem Betrieb des Landes Vorarlberg für eine bestimmte Zeit tätig zu sein. Einschlägige Vereinbarungen im Zusammenhang mit der von einer Fluglinie mitfinanzierten Pilotenausbildung wurden demgegenüber dem Grunde nach anerkannt[46]).

Die **Kosten der Ausbildung** müssen **in der Vereinbarung möglichst genau festgelegt** werden, um dem AN jederzeit eine Einschätzung der im Falle einer Beendigung des Arbeitsverhältnisses bestehenden Zahlungsverpflichtung zu eröffnen (zur Notwendigkeit der Festlegung einer sog Aliquotierungsregel s 3.2.5.3).

Entscheidung 62: Transparenz

Der AG muss mit dem AN noch vor einer bestimmten Ausbildung eine schriftliche Vereinbarung über die Pflicht des AN zum Kostenrückersatz erzielen; aus der Vereinbarung hat auch die konkrete Höhe der zu ersetzenden Ausbildungskosten hervorzugehen.
Der Zweck einer solchen schriftlich abzuschließenden Vereinbarung kann nur darin gesehen werden, für den AN Transparenz über die Bedingungen für den Rückersatz der Kosten seiner Ausbildung zu schaffen.

OGH 21. 12. 2011, 9 ObA 125/11 i, ASoK 2012, 279

Der OGH verlangt sog **spezielle Ausbildungskostenklauseln,** es ist also auf eine bestimmte Ausbildung abzustellen. Vorwegvereinbarungen einer Erstattungspflicht für den Fall einer Ausbildung („allgemeine Ausbildungskostenklausel") sind also unzulässig. Möglich ist mE aber eine „Vorwegvereinbarung" eines Ausbildungskostenersatzes für ihrer Art nach genannte, inhaltlich zusammengehörige Ausbildungen (Ausbildungsserien).

3.2.5.3 Reglementierungen

Ausbildungskostenklauseln werden gem § 2 d Abs 3 und 4 AVRAG nach mehreren Gesichtspunkten einer Billigkeitskontrolle unterzogen. Folgende Aspekte sind hervorzuheben:

a) Bindungsdauer, Aliquotierung

Als höchstzulässige **Bindungsdauer** legt § 2 d Abs 3 Z 2 AVRAG **fünf Jahre,** in besonderen Fällen **acht Jahre** ab Beendigung der Ausbildung fest. Es sind dies **absolute Höchstgrenzen,** bei deren Überschreitung die Ausbildungskostenklausel von vornherein unwirksam ist. Die Fünf- bzw Achtjahresgrenze ist ein Maximum und keine Richtschnur für den Normalfall. Bei weniger nachhaltigen Ausbildungen ist eine kürzere Bindungsdauer anzusetzen.

---

[46]) OGH 9. 5. 2001, 9 ObA 39/01 b, infas 2001 A 90.

Diesbezüglich hat das Gericht eine Vertragskorrektur auf ein angemessenes Ausmaß vorzunehmen, auch die Aliquotierungsregel (dazu gleich) ist entsprechend anzupassen.

Wann fünf und wann acht Jahre als Höchstgrenze maßgeblich sind, sagt der Gesetzgeber nicht. Die **Achtjahresgrenze** wird **nur in Extremfällen** besonders wertvoller und nachhaltiger Ausbildungen (zB Ausbildung zum Linienflugpiloten mit Typenflugberechtigung) in Frage kommen.

Wird **keine Aliquotierung** in der Klausel niedergelegt, dann gibt es **keine** Verpflichtung zur **Kostenerstattung:**

Entscheidung 63: Fehlende Aliquotierungsregel

Eine Verpflichtung zur Rückerstattung von Ausbildungskosten besteht insb dann nicht, wenn die Höhe der Rückerstattungsverpflichtung nicht aliquot, berechnet vom Zeitpunkt der Beendigung der Ausbildung bis zum Ende der zulässigen Bindungsdauer, vereinbart wird. Wortlaut und Materialien lassen kein anderes Verständnis des § 2d Abs 3 Z 3 AVRAG zu.

OGH 1. 4. 2009, 9 ObA 126/08g, infas 2009 A 50

Wie die **Aliquotierung** festzulegen ist, sagt das G nur insofern, als sie im Zeitpunkt der Beendigung der Ausbildung anzusetzen hat. Es wird nötig sein, relativ kurze „Abarbeitungsstufen" zu vereinbaren, zumal man etwa bei jährlichen Ermäßigungssprüngen (zB Kündigung im ersten Jahr: Zahlung der vollen Kosten, Kündigung im zweiten Jahr: Zahlung von 2/3 der Kosten usw) wohl nicht mehr von „Aliquotierung" iSd im Arbeitsrecht üblichen Verständnisses sprechen kann[47]).

b) Überwälzungsschädliche Beendigungsarten

Die eine Überwälzung ausschließenden Beendigungsarten sind an sich in § 2d Abs 4 AVRAG aufgezählt. Systematisch an falscher Stelle ist in § 2d Abs 3 Z 2 AVRAG statuiert, dass bei **Ablauf eines befristeten Arbeitsverhältnisses** die Verpflichtung zur Rückerstattung **nicht** besteht.

Auch in **Lehrverhältnissen** kann daher zumindest im Regelfall des Ablaufs der Lehrzeit keinesfalls eine Ausbildungskostenerstattung gebühren.

Aus § 2d Abs 4 AVRAG folgt, dass Rückzahlungsverpflichtungen beispielsweise bei **Kündigung durch den AN, einvernehmlicher Lösung, begründeter Entlassung,** ausgenommen jener wegen Arbeitsunfähigkeit (vgl § 2d Abs 4 Z 2 und 4 leg cit), und **ungerechtfertigtem Austritt** (vgl § 2d Abs 4 Z 3 leg cit) **geltend gemacht** werden können.

Unvereinbar ist die Rückzahlungspflicht mit der **Kündigung durch den AG,** es sei denn, diese ist durch gewichtige, vom AN durch schuldhaftes Verhalten gesetzte Gründe veranlasst (§ 2d Abs 4 Z 5 AVRAG). Ebenfalls nicht kompatibel ist eine Rückersatzpflicht mit der spezifischen Lösungsmöglichkeit im **Arbeitsverhältnis auf Probe**

---

[47]) AA OGH 28. 6. 2011, 9 ObA 74/11i, DRdA 2012/8, 52 (krit *Reissner*), bestätigt durch OGH 21. 12. 2011, 9 ObA 125/11i, ASoK 2012, 279.

(§ 2d Abs 4 Z 1 AVRAG), und zwar egal, ob diese von AG oder AN in Anspruch genommen wird[48]).

Fall 25: Typeratings

Der bekl Pilot hat im Frühjahr 2013 bei der kl Luftlinie zu arbeiten begonnen. Der schriftliche Arbeitsvertrag enthält ua folgende Passage:

„7. Die AG hat für die notwendige Ausbildung (Typeratings) zu sorgen. Die dafür aufgewendeten Kosten werden unter der Voraussetzung einer mindestens 36 Monate dauernden Beschäftigung von der AG getragen. Diese Kosten werden einvernehmlich mit € 85.000,– festgesetzt. Sollte der AN nach Ablauf der ersten drei Monate (oder nach Ablauf einer allenfalls einvernehmlich verlängerten Ausbildungszeit) die Fortsetzung des Arbeitsverhältnisses ablehnen oder sollte die oben vorausgesetzte Beschäftigungsdauer zufolge Kündigung seitens des AN oder zufolge vorzeitigen Austritts ohne wichtigen Grund oder seitens des AG zufolge begründeter Entlassung des AN nicht erreicht werden, so ist der AN unverzüglich nach Beendigung des Arbeitsverhältnisses zur Rückzahlung eines aliquoten Anteiles der für ihn aufgewendeten Ausbildungskosten verpflichtet. Zurückzuzahlen ist jener Anteil an den Gesamtkosten (€ 2.361,– pro Monat), der dem Verhältnis der tatsächlich zurückgelegten Dienstzeit zur bedungenen Mindestdienstzeit (36 Monate) entspricht."

Grund für die Vereinbarung des Punktes 7. war die notwendige Ausbildung des Bekl auf der Boeing 737. Nach Abschluss dieses Typeratings flog er für die Kl. Am 18. 1. 2015 kündigte der Pilot per 31. 1. 2015; er hatte einerseits Differenzen mit anderen AN, andererseits ein Angebot einer anderen Fluglinie ab 1. 2. 2015. Nach Rücksprache mit einem Rechtsanwalt erklärte der Pilot am 9. 2. 2015 seinen Austritt und begründete diesen mit Intrigen von Seiten der Arbeitskollegen sowie einseitigen Entgeltkorrekturen durch den AG im Juni 2014. Die AG klagt auf Rückzahlung von Ausbildungskosten in Höhe von € 33.054,–. Wie ist die Rechtslage?

Kontrollfragen zu Kapitel 3.

1. Was sind mögliche Rechtsgrundlagen für einen Ersatz von Vorstellungskosten?
2. Darf der AG im Zuge der Einstellung des AN nach Krankheiten, Vorstrafen oder einer bestehenden Schwangerschaft fragen?
3. Was ist die Rechtsfolge, wenn zB fünf Stellenwerberinnen nicht berücksichtigt werden, weil sich ein am schlechtesten für den Arbeitsplatz qualifizierter Mann beworben hat und zum Zug kommt?
4. Darf ein 14-Jähriger selbständig Arbeitsverträge schließen? Wie verhält sich seine Geschäftsfähigkeit zu den Bestimmungen des KJBG?

[48]) So zu Recht OLG Wien 25. 7. 2008, 9 Ra 82/08g, ARD 5900/6/2008.

5. Was ist der Unterschied zwischen einem schriftlichen Arbeitsvertrag und einem Dienstzettel?
6. Welchen rechtlichen Beschränkungen unterliegen Befristungsklauseln?
7. Was bedeutet Kettenarbeitsvertrag? Inwieweit ist ein solcher zulässig?
8. Was ist die Konsequenz, wenn der AG vor Ablauf eines befristeten Arbeitsverhältnisses kündigt?
9. Welche Möglichkeiten bestehen, um einen AN im Hinblick auf künftige Verwendungen zu erproben?
10. Was ist eine Ausbildungskostenklausel? Welchen Beschränkungen unterliegt eine derartige Vereinbarung?

4. Arbeitspflicht

Die Arbeitspflicht ist die **Hauptpflicht des AN** aus dem Arbeitsverhältnis (zur Entgeltpflicht des AG vgl 5.).

4.1 Art und Umfang der Arbeitspflicht

Die **Art** der Arbeitsleistung ist nach § 6 AngG, § 1153 ABGB zu bestimmen. Primär ist für deren Festlegung die **Einzelvereinbarung** maßgeblich.

Demnach ist grundsätzlich in den Arbeitsvertrag zu schauen. Ist in diesem eine Regelung über die Art der Arbeitsleistung zu finden, so ist diese Festlegung, gegebenenfalls nach Maßgabe der §§ 914f ABGB interpretiert, zu Grunde zu legen. Zur Art der Arbeitsleistung wird auch häufig eine konkludent zustande gekommene Vereinbarung zu ermitteln sein; gewisse Kompetenzaufteilungen oder Tätigkeitszuweisungen werden sich nämlich aus langdauernder Übung ergeben[1]). Anhaltspunkte können sich dabei auch aus den Gepflogenheiten in einer Branche oder aus dem Berufsbild ergeben.

Ist aus dem Arbeitsvertrag keine Bestimmung der Art der zu leistenden Arbeit zu entnehmen, so ist diese nach dem **„Ortsgebrauch"** festzulegen, in Ermangelung eines solchen sind **„den Umständen nach angemessene Dienste"** zu leisten. Die Konkretisierung dieser unbestimmten Rechtsbegriffe läuft auf eine **Interessenabwägung,** aus der Sicht des AN auf eine Zumutbarkeitsbewertung, hinaus.

Zur Beantwortung der Frage, ob der AN bestimmte per Weisung des AG angeordnete Arbeiten zu erledigen hat oder nicht, ist im Falle des Fehlens vertraglicher Grundlagen also anhand aller Umstände des Einzelfalles zu prüfen, ob dem AN die Erbringung der entsprechenden Leistungen zumutbar ist. Wiederum wird dabei auch auf Branchenüblichkeit und Berufsbild zu schauen sein.

Entscheidung 64: Fortbildungskurs

Ein Versicherungsvertreter darf die Teilnahme an einem dreitägigen Fortbildungskurs, der die Kenntnis der für den Abschluss von Versicherungsverträgen maßgebenden Bestimmungen über die verschiedenen Versicherungszweige sowie der betriebsinternen Vorschriften betreffend Prämien, Versicherungsleistungen etc vermittelt, nicht ablehnen, selbst wenn ihm dadurch Provisionen entgehen.

OGH 18. 4. 1978, 4 Ob 24/78, ZAS 1979, 142 *(Schön)*

---

[1]) OGH 12. 9. 1996, 8 ObA 2108/96z, DRdA 1997, 379 *(B. Schwarz).*

Die vertragsrechtliche Beurteilung des **Umfangs** der Arbeitspflicht hat ebenfalls an § 6 AngG, § 1153 ABGB anzusetzen und daher – wie bei der Art der Arbeitsleistung (s oben) – in erster Linie von der **Vereinbarung** und subsidiär vom **Ortsgebrauch** bzw der **„Angemessenheit"** auszugehen.

Das Problem des zu erbringenden Arbeitsausmaßes wird stark durch die öffentlich-rechtlichen Vorgaben insb des AZG und des ARG geprägt (vgl 4.4, insb 4.4.3, 4.4.7).

Bei der Frage, welcher **Arbeitsort** geschuldet wird – dies ist genau genommen eine Facette der oben angesprochenen Art der Arbeitsleistung –, ist von den Vorgaben des § 905 ABGB betreffend den Erfüllungsort des Schuldverhältnisses auszugehen. Demnach ist grundsätzlich in den **Arbeitsvertrag** zu schauen; ist in diesem auch nach Vertragsinterpretation (§§ 914f ABGB) nichts zu finden, so ist der Arbeitsort nach **„Natur und Zweck des Geschäfts"** einzugrenzen. Die Konkretisierung dieses unbestimmten Rechtsbegriffs bedeutet wiederum eine **Interessenabwägung** bzw Zumutbarkeitsbewertung.

Der in § 905 ABGB als Bestimmungsfaktor angegebene Wohnsitz des Schuldners ist für das Arbeitsverhältnis in aller Regel unbrauchbar und wird daher in arbeitsrechtlichen Zusammenhängen nicht ins Auge gefasst.

Eine einschlägige Vereinbarung über den Arbeitsort liegt vor, wenn die Arbeitsvertragsparteien übereinstimmende Willenserklärungen über die Lokalisierung der Arbeitsleistung abgegeben haben. Typischerweise werden sich derartige Willenserklärungen aus einem schriftlichen Arbeitsvertrag ergeben, in dem zB von einer Erbringung der Arbeit in einem bestimmten Betrieb, einer bestimmten Filiale, einer bestimmten Stadt etc die Rede sein kann. Verfehlt ist diesbezüglich die Tendenz in der Rechtsprechung[2]), derartige Festlegungen des Arbeitsortes regelmäßig als bloß demonstrative, rechtlich unerhebliche Maßnahmen der technischen Abwicklung des Arbeitsverhältnisses aufzufassen. Richtigerweise wird es so sein, dass bei derartigen Inhalten eines Vertragswerkes grundsätzlich von einer Vereinbarung im technischen Sinn auszugehen ist, nur ausnahmsweise – dies wird idR der AG dartun wollen – ist keine Willenserklärung, sondern eine bloße Wissenserklärung (Vorstellungsmitteilung) anzunehmen.

Im Allgemeinen hat ein AN **ausschließlich** die inhaltlich und umfangmäßig **vereinbarten** bzw nach obigen Bestimmungsfaktoren **festgelegten Arbeiten** zu verrichten. Nur **ausnahmsweise** kann sich aus **Treuepflichten,** insb aus der Beistandspflicht (vgl 7., 7.1), also aus der gesetzlichen Ausformung von Interessenwahrungspflichten des AN, ergeben, dass nicht nur die an sich geschuldeten, sondern auch andere Arbeiten zu erbringen sind.

---

[2]) Vgl insb OGH 9. 7. 1999, 9 ObA 51/99m, ZAS 2001, 78 *(Korn);* 14. 6. 2000, 9 ObA 48/00z, DRdA 2001, 244 *(Pfeil);* krit dazu *Goricnik,* Zur Folgepflicht des AN bei Betriebsverlegung, RdW 2000, 547; *Gerlach,* Neues zum Arbeitsort? ecolex 2001, 131; *Wachter,* Grenzen des Weisungsrechtes in Bezug auf Art und Ort der Tätigkeit, DRdA 2001, 504f; *Löschnigg,* Arbeitsrecht[12] 294f.

Beispiel: Über Nacht fallen 2 m Schnee. Die Produktion kann nicht in Gang gesetzt werden, weil das Betriebsgebäude wegen der Schneelast einzustürzen droht und viele Arbeiter auf Grund behördlicher Straßensperren den Arbeitsort nicht erreichen können[3]).
In einer solchen Situation müsste möglicherweise auch ein leitender Angestellter, etwa der Betriebsleiter, auf Grund der Beistandspflicht beim Schneeschaufeln helfen, obwohl er im Allgemeinen nicht zur Erbringung von Tätigkeiten eines ungelernten Arbeiters verpflichtet ist.
Genauso könnte ein Arbeiter verpflichtet sein, bei Wiederaufnahme der Produktion die Position des wegen der Schneefälle nicht anwesenden Vorarbeiters oder Meisters zu übernehmen, um dadurch noch größere Ausfälle verhindern zu helfen. Eine Übernahme der höher qualifizierten Tätigkeit wird idR allerdings nur dann geschuldet sein, wenn der AN im Hinblick auf durch Überforderung verursachte Schäden haftungsfrei gestellt wird[4]).

4.1.1 Weisungsrecht

Die nach Vertrag oder gesetzlichen Vorgaben bestimmte Arbeitspflicht bedarf in aller Regel weiterer Konkretisierungen. Das hierfür vorgesehene Rechtsinstitut ist das Weisungsrecht (Direktionsrecht) des AG (zur Einordnung desselben in den Stufenbau der Arbeitsrechtsordnung vgl 10.4.1).

Das Weisungsrecht ist nach hA ein **einseitiges Gestaltungsrecht** des AG, also ein einseitiges, aus einer Willenserklärung bestehendes Rechtsgeschäft. Es können damit die allgemeinen Grundsätze der Rechtsgeschäftslehre angewendet werden, allerdings unter Berücksichtigung der speziellen Ausprägung und Konzeption des Weisungsrechts.

Entscheidung 65: Unkündbares Arbeitsverhältnis

Das Weisungsrecht des AG betreffend die Verwendung des AN darf bei unkündbaren Arbeitsverhältnissen nicht zu eng umgrenzt werden. Wenn der AG aus wichtigen Gründen zu einer Umorganisation seines Betriebs genötigt ist und es ihm nicht zugemutet werden kann, den bisherigen Zustand unverändert aufrecht zu halten, muss der AN im Rahmen einer weiten Auslegung des Arbeitsvertrages auch andere, gleichwertige Dienste leisten.

OGH 13. 1. 1987, 14 Ob 198/86, DRdA 1989, 395 *(Apathy)* = ZAS 1987, 130 *(Tomandl)*

---

[3]) Zur Frage des Entgeltfortzahlungsanspruchs dieser AN vgl 6.3.

[4]) *W. Schwarz/Holzer,* Die Treuepflicht des Arbeitnehmers und ihre künftige Gestaltung (1975) 131 ff.

4.2 Versetzung[5])

Unter **Versetzung** versteht man herkömmlicherweise eine nicht unerhebliche Änderung des **Arbeitsortes** oder des **Tätigkeitsbereiches** oder **beider** genannter **Aspekte.**

Der Passus **„nicht unerheblich“** deutet an, dass bei der Klärung des Vorliegens einer Versetzung eine Bagatellgrenze einzuziehen ist. Der Versetzungsbegriff wird zB in aller Regel nicht angesprochen sein, wenn ein AN an Stelle eines Büros im 1. Stock eines Bürotrakts ein solches im 3. Stock desselben beziehen soll. Geht es allerdings um eine Übersiedlung von der Innenstadt in den Vorort einer Großstadt, so ist eine Versetzung gegeben.

Fraglich ist, ob nicht auch grundlegende **Änderungen in der Arbeitszeitgestaltung** in den Versetzungsbegriff und damit in den Versetzungsschutz einbezogen werden sollten[6]).

Fall 26: Schichtarbeit

Im Rahmen von Umstrukturierungsmaßnahmen stellt die Stahlbau-GmbH eine Abteilung auf Zweischichtbetrieb um. Die betroffenen AN, allesamt Pendler, verrichten in Zukunft zwar dieselben Tätigkeiten an denselben Maschinen, kommen jedoch vom bisherigen Tagdienst (6 – 14 Uhr) in einen wechselweisen Schichtdienst (6 – 14 bzw 14 – 22 Uhr).

Die AN wollen sich mit Hilfe des BR zur Wehr setzen. Wie ist die Rechtslage?

Beim Versetzungsschutz ist zwischen einer arbeitsvertragsrechtlichen (vgl 4.2.1) und einer betriebsverfassungsrechtlichen Komponente (vgl 4.2.2) zu unterscheiden (zum speziellen Versetzungsschutz von Betriebsratsmitgliedern vgl 13.1.3.1.1). Beide Aspekte sind völlig **getrennt** zu betrachten, dh der AG muss, um eine gültige Versetzung zu erreichen, die allenfalls in beiden Bereichen bestehenden Voraussetzungen erfüllen.

4.2.1 Arbeitsvertragsrechtlicher Versetzungsschutz

Eingangs ist festzuhalten, dass folgende Erwägungen im Wesentlichen auch dann gelten würden, wenn im gegebenen Zusammenhang keine Versetzung vorläge. Es geht nämlich um allgemeine vertragsrechtliche Fragen, dh um die Auslotung der auf der Ebene des Arbeitsvertrags festgelegten Arbeitspflicht (vgl 4.1).

Zu unterscheiden ist zwischen **direktorialer** und **vertragsändernder** Versetzung; Erstere ist im bestehenden Arbeitsvertrag gedeckt und kann daher einseitig durch Weisung des AG angeordnet werden, Letztere kann nur dann stattfinden, wenn der AN einer diesbezüglichen Änderung seines Arbeitsvertrags zustimmt. Der arbeitsvertragsrechtliche Versetzungsschutz be-

---

[5]) *Löschnigg,* Arbeitsrecht[12] 296 ff; *Windisch-Graetz,* Arbeitsrecht II[8] 67 ff; *Reissner* in ZellKomm[2] § 101 ArbVG.

[6]) Vgl dazu OGH 10. 12. 1997, 9 ObA 275/97 z, DRdA 1998, 212 = infas 1998 A 50; *Drs,* Versetzungsschutz bei veränderter Arbeitszeit? RdW 2000, 287 f.

steht in der Möglichkeit des AN, die Zustimmung zur Vertragsänderung zu verweigern.

Zu beachten ist, dass einem AN, der sich widerspruchslos einer vertragswidrigen und damit an sich rechtsunwirksamen Weisung des AG fügt, nach Maßgabe des § 863 ABGB eine konkludente Zustimmung zu einer entsprechenden Vertragsänderung unterstellt werden kann.

Ob eine direktoriale oder eine vertragsändernde Versetzung vorliegt, richtet sich in erster Linie nach dem **Inhalt des Arbeitsvertrags.** Ist aus diesem nichts ersichtlich, so bestimmt sich der Arbeitsort nach „Natur und Zweck des Geschäfts“ (§ 905 ABGB), der Tätigkeitsbereich ist jener, der dem „Ortsgebrauch“ entspricht bzw „den Umständen nach angemessen“ ist (§ 6 AngG, § 1153 ABGB). Die Konkretisierung dieser Maßstäbe läuft im Ergebnis auf eine Interessenabwägung, eine Zumutbarkeitsbewertung hinaus: Ist dem AN die konkrete Versetzung **zumutbar,** so ist sie direktorial, ist sie nicht zumutbar, so ist sie vertragsändernd (vgl 4.1).

Entscheidung 66: Verkehrsverbindungen

Aus der Lage des Betriebs des AG im Zeitpunkt des Vertragsabschlusses ergibt sich auch im Hinblick auf die grundsätzliche Betriebsbezogenheit der Arbeit nicht, dass der AN auch für den Fall der Verlegung dieses Betriebs an einen anderen Ort nur zur Leistung der Arbeit an der bisherigen Betriebsstätte verpflichtet ist. Entscheidend ist, ob dem AN die Tätigkeit an der neuen Betriebsstätte zumutbar ist.

Dabei stehen Verkehrsverbindungen und nicht Gemeindegrenzen im Vordergrund. Unzumutbar ist dem AN der Wechsel des Einsatzortes vor allem dann, wenn er den vom Arbeitsvertrag vorausgesetzten persönlichen Lebensbereich verlassen müsste. Erhöhen sich lediglich die täglichen Anreisezeiten, hängt die Unzumutbarkeit vom Verhältnis der neuen Anreisezeit zur bisherigen und zur täglichen Arbeitszeit ab. Steht einer längeren Gesamtfahrzeit und den erhöhten Fahrkosten eine nicht ganz unerhebliche Erhöhung des Stundenlohnes gegenüber, dann erscheint auch unter Bedachtnahme auf die Verkehrssitte dem AN die Leistung der bedungenen Arbeit an der neuen Betriebsstätte noch zumutbar.

OGH 14. 9. 1994, 9 ObA 133/94, ZAS 1995, 131 *(Vogt)*

Dass der OGH auch in Fällen, in denen eine **Festschreibung des Arbeitsortes ausdrücklich aus dem Arbeitsvertrag herauszulesen** war, diesen Umstand als bloß deklarative Bestimmung eines „ersten Einsatzortes“ beiseite geschoben und eine „Folgepflicht“ des AN zu darüber hinausgehenden Arbeitsorten nach Maßgabe einer Interessenabwägung angenommen hat, ist vor dem Hintergrund der §§ 905, 1153 ABGB unhaltbar (vgl 4.1).

Weigert sich ein **AN,** einer im Vertrag nicht gedeckten, also **vertragsändernden Versetzung zuzustimmen** bzw **Folge zu leisten,** so befindet er sich mit seiner Vorgangsweise **im Recht.**

Spricht der AG deswegen eine Entlassung aus, so ist diese ungerechtfertigt, zumal die Entlassungstatbestände gem § 27 Z 4 AngG, § 82 lit f GewO 1859 (vgl 2.1.3.1.1 c) nicht erfüllt sind.

Erscheint dem AG die Fortführung des Arbeitsverhältnisses wie bisher nicht sinnvoll, so müsste er, um rechtmäßig zu handeln, zum Mittel einer **Kündigung** des Arbeitsverhältnisses greifen.

Nach Kündigung oder Änderungskündigung von Seiten des AG entsteht insb ein Anspruch auf Abfertigung, im letzteren Fall selbstverständlich nur dann, wenn der AN die in der Änderungskündigung gesetzte Bedingung (Akzeptieren der Vertragsänderung im Hinblick auf den neuen Standort) nicht erfüllt (zur Änderungskündigung vgl 4.2.3).

Wird nicht gelöst, kann es zu folgendem Ablauf kommen: Der **AN** kann **weiter** seinem Vertrag gemäß **arbeiten,** wird er nicht beschäftigt, gebührt ihm, sofern er sich leistungsbereit erklärt, **Entgeltfortzahlung gem § 1155 ABGB** (vgl allg 6.1, 6.1.1). Er kann auch unter Protest die vom AG gewollte Arbeit erbringen und **auf Feststellung klagen,** dass zur Arbeit unter den neuen Bedingungen keine Verpflichtung besteht.

Fall 27: Hall in Tirol

Die Kl steht beim Bekl zuletzt vom 11. 9. 1995 bis 2. 4. 1996 als Angestellte in einem Teilzeitbeschäftigungsverhältnis. Sie hat ihre Arbeitsleistung am Dienstort Schwaz, in den Geschäftsräumlichkeiten des Bekl, zu erbringen. In diesem Haus hat die Kl mit ihrem Mann und ihrer am 6. 8. 1988 geborenen Tochter auch ihre Wohnung. Infolge dieser räumlichen Situation ist eine großteils problem- und komplikationslose Betreuung der Tochter auch während der Arbeitszeit gewährleistet. Der Bekl zeigt in diesem Zusammenhang durchwegs großes Entgegenkommen, sodass sich die Tochter der Kl auch in den Geschäftsräumlichkeiten aufhalten, die Kl aber ebenso kurzzeitig während der Arbeitszeit in ihre Wohnung gehen und nach der Tochter sehen kann. Die Kl hat immer deponiert, dass ihr die Möglichkeit der Betreuung der Tochter neben der Arbeit sehr wichtig sei. Anfang 1996 wird betriebsintern davon gesprochen, dass der Bekl seinen Betriebsort nach Hall in Tirol verlegen wird. In der ersten Märzwoche 1996 teilt der Bekl definitiv den Angestellten, auch der Kl, mit, dass die Anmietung der neuen Räumlichkeiten fixiert sei und mit der Übersiedlung des Betriebs begonnen werde. Die Kl spricht unter Hinweis auf die Notwendigkeit der Betreuung ihrer Tochter den Bekl wegen der Bedingungen am neuen Arbeitsort an. Dieser stellt ihr in Aussicht, einen Firmen-Pkw zur Verfügung zu stellen, den sie für die Fahrten von und zur Arbeitsstätte verwenden könne (Fahrtdauer für eine Strecke: ca 15 min). Die Kl würde dieses Fahrzeug auch zur Mittagszeit zur Verfügung haben. Ihre Arbeitszeit würde wie auch am bisherigen Betriebsort von 8 – 12 Uhr dauern. Die Kl führt bei der Übersiedlung mehrfach Büchertransporte durch und erklärt am 22. 3. 1996 dem Bekl in einem Gespräch, dass sie sich entschlossen habe, nicht in der neuen Betriebsstätte in Hall weiter zu arbeiten.

Mit Schreiben vom 26. 3. 1996 teilt der Bekl der Kl mit, dass sich ihr Arbeitsplatz ab Mittwoch, dem 27. 3. 1996, in Hall befinde. Die Kl tritt weder am 27. 3. 1996 noch in den folgenden Tagen ihren Dienst in der neuen Betriebsstätte an. Mit Schreiben vom 1. 4. 1996 wird sie wegen unentschuldigten Fernbleibens von der Arbeit entlassen.

Die Kl begehrt mit der Behauptung, ungerechtfertigt entlassen worden zu sein, ihr restliches Gehalt sowie Kündigungsentschädigung, Abfertigung und weitere entlassungsabhängige Ansprüche. Zu Recht?

(Nach OGH 11. 6. 1997, 9 ObA 121/97b, DRdA 1997, 505 = RdW 1998, 298)

4.2.2 Betriebsverfassungsrechtlicher Versetzungsschutz

Der betriebsverfassungsrechtliche Versetzungsschutz ergibt sich aus § 101 ArbVG. Aus dieser Bestimmung sind folgende Tatbestandsvoraussetzungen zu entnehmen:

- § 101 ArbVG sieht Mitbestimmungsrechte für den **BR** vor. Ist demnach kein BR vorhanden, so gibt es auch keinen diesbezüglichen Schutz (vgl hingegen 2.3.1.1.2).
- Die Bestimmung setzt am Phänomen einer „Einreihung auf einen anderen Arbeitsplatz“ an, dh auf dieser Ebene muss – anders als im Vertragsrecht (vgl 4.2.1) – wirklich eine **Versetzung im technischen Sinn** (vgl 4.2) vorliegen.
- Ist diese **auf Dauer,** also auf voraussichtlich mindestens 13 Wochen (§ 101 Satz 2 ArbVG), angelegt, so bestehen jedenfalls „schwächere“ Mitbestimmungsrechte, nämlich ein **Informations- und** ein **Beratungsrecht** des BR (§ 101 Satz 1 ArbVG).

  Wird eine Versetzung **ohne zeitliche Begrenzung** vorgenommen, so wird **vermutet,** dass diese **für 13 Wochen oder länger** erfolgen soll. Ist eine Versetzung **vorerst** für **weniger als 13 Wochen** vorgesehen, bleibt **in der Folge** der AN allerdings **länger** als diese Mindestzeit am anderen Arbeitsplatz, so wird die Versetzung unter Berücksichtigung der Gesamtdauer – **ausnahmsweise im Nachhinein** (s unten) – **mitbestimmungspflichtig,** sobald die Überschreitung der 13-Wochen-Frist absehbar ist.

  Bei **Aneinanderreihung kurzfristiger Versetzungen** wird bei einer insgesamt vorliegenden Überschreitung der 13-Wochen-Grenze das Bestehen von Mitbestimmungsrechten dann anzunehmen sein, wenn der AG – ähnlich wie beim Kettenarbeitsvertrag (vgl 3.2.1.2.4) – den Verdacht der Umgehung des § 101 ArbVG nicht durch sachliche Rechtfertigungen entkräften kann[7]).

- Ist eine Versetzung iSd § 101 ArbVG überdies **verschlechternd,** so ist sie **zustimmungspflichtig,** bedarf also der Zustimmung des BR. Eine Verschlechterung iSd G ist gegeben, wenn entweder die **Entgeltbedingun-**

[7]) *W. Schwarz,* Probleme sozialer und personeller Mitbestimmung im Betrieb, DRdA 1975, 73f.

gen oder die **sonstigen Arbeitsbedingungen** oder **beide Aspekte schlechter** werden.

Der Begriff der **Verschlechterung** ist **weit zu interpretieren,** sodass bereits relativ geringfügige mit einer Versetzung einhergehende Änderungen die Zustimmungspflichtigkeit auslösen. Eine Verschlechterung von **Entgeltbedingungen** tritt in der Praxis häufig durch den Wegfall von Zulagen ein. Bei den **sonstigen Arbeitsbedingungen** kommen verschiedene Aspekte, angefangen vom Arbeitsweg über mit der Arbeit zusammenhängende Umweltbedingungen bis hin zur sozialen Stellung im Betrieb[8]), in Betracht.

Entscheidung 67: Verantwortung

Die Versetzung einer AN von einem Arbeitsplatz, an dem sie neben Schreibarbeiten auch mit einer gewissen Verantwortung, Selbständigkeit und Eigeninitiative verbundene Arbeiten verrichtet, auf einen Arbeitsplatz, an dem sie nur Schreibarbeiten nach Diktat durchzuführen hat, ist mit einer Verschlechterung der sonstigen Arbeitsbedingungen iSd § 101 ArbVG verbunden.

Auch wenn die Versetzung keinen vertragsändernden Charakter hat, weil die AN als Kanzleiangestellte aufgenommen worden ist, ist sie, weil sie eine Verschlechterung der sonstigen Arbeitsbedingungen darstellt, mangels Zustimmung des BR rechtsunwirksam.

OGH 4. 3. 1986, 14 Ob 7/86, infas 1986 A 100

Die Verschlechterung **eines der beiden Elemente** reicht. Eine Verschlechterung des einen Aspekts kann nicht durch eine Verbesserung des anderen Aspekts aufgewogen werden; eine **Kompensation über** die vom G gezogenen **Grenzen zwischen Entgelt und sonstigen Arbeitsbedingungen,** also ein Aufwiegen der Verschlechterung von Arbeitsbedingungen durch eine Verbesserung von Entgeltbedingungen und umgekehrt, ist **nicht möglich. Sehr wohl** ist eine **Abwägung** von Verbesserungen und Verschlechterungen jedoch **innerhalb der Gruppe** der Entgeltbedingungen oder jener der sonstigen Arbeitsbedingungen vorzunehmen[9]).

- Eine Stellungnahme des BR muss, um tauglich zu sein, **im Vorhinein** unmittelbar vor der Versetzung (Prinzip der **Zulässigkeitsvoraussetzung**) und **konkret** auf ein Arbeitsverhältnis hin formuliert abgegeben werden.

  Bei **Nichtzustimmung** kann das **ASG** die Versetzung genehmigen, wenn diese **sachlich gerechtfertigt** ist (vgl § 101 Satz 4 und 5 ArbVG). Der AG muss hier den BR klagen.

[8]) OGH 21. 10. 1975, 4 Ob 49/75, DRdA 1977, 98 *(Prankl)* = ZAS 1978, 219 *(Migsch).*

[9]) *Schrammel,* Die Verschlechterung der Entgelt- und sonstigen Arbeitsbedingungen beim Versetzungsschutz, ZAS 1978, 203.

- Ist die notwendige Zustimmung des BR nicht wie skizziert eingeholt oder vom ASG ersetzt worden, so ist die Versetzung gem § 101 Satz 3 ArbVG **rechtsunwirksam.** Der AN hat die gleichen Möglichkeiten wie bei der im Vertrag nicht gedeckten Versetzung (vgl 4.2.1).

Obwohl der Versetzungsschutz als Mitbestimmungsrecht konstruiert ist, hat der BR, dessen Mitbestimmungsrecht ignoriert wird, laut OGH[10]) nicht die Möglichkeit, das ASG zum Thema anzurufen. Aktiv legitimiert ist nur der AN, dem es – wohl innerhalb angemessener Frist (zur Aufgriffsobliegenheit vgl auch 14.4.1) – offen steht, sich gegen die Rechtsunwirksamkeit der Versetzung etwa mittels Klage auf Feststellung, dass er zur Arbeit in der neuen Stellung nicht verpflichtet ist, zur Wehr zu setzen (zu den weiteren Möglichkeiten vgl 4.2.1).

Entscheidung 68: Triebfahrzeugführer

Sachverhalt: Der Kl wurde am 18. 6. 2001 von der Bekl nach einem Eisenbahnunfall vom 10. 6. 2001 und davor vorgefallener mehrfacher Fehlleistungen als Triebfahrzeugführer vom Fahrdienst abgezogen und seither trotz Freispruchs im Strafverfahren wegen (von der Bekl angenommener) Vertrauensunwürdigkeit nicht wieder zum Fahrdienst zugelassen. Zuletzt wurde sein Wunsch nach Wiederzulassung trotz Bereitschaft, sich einer entsprechenden Nachprüfung zu unterziehen, von der Bekl am 10. 5. 2002 ausdrücklich abgelehnt und diese ablehnende Haltung seither beibehalten. Eine Zustimmung des BR zu dieser Vorgangsweise wurde nicht eingeholt bzw von diesem verweigert.

Leitsätze: Von der Versetzung iSd § 101 ArbVG ist nicht nur ein Wechsel des Arbeitsorts, sondern auch eine wesentliche Änderung des dem AN zugewiesenen Tätigkeitsbereichs erfasst.

Die von der Bekl vorgenommene Versetzung des Kl ist sowohl „verschlechternd" als auch „dauernd" iSd § 101 ArbVG. Verschlechterung iS dieser Bestimmung ist jede Änderung zum Nachteil des AN. Maßgebend ist dabei ein Vergleich der Situation des AN vor der Versetzung mit der Lage, die infolge der Versetzung eintreten würde bzw eingetreten ist. Entgelt ist dabei im weitesten Sinn zu verstehen. Eine Verschlechterung der Entgeltbedingungen iSd § 101 ArbVG liegt etwa vor, wenn der AN auf dem neuen Arbeitsplatz eine bisher gewährte Zulage verliert, was beim Kl der Fall ist (Fahrdienstzulagen im Ausmaß von ca € 500,– monatlich). Wird eine Versetzung wie im vorliegenden Fall ohne nähere Zeitangabe, also ohne Befristung, vorgenommen, so ist sie als „dauernd" iSd § 101 ArbVG anzusehen.

Auch wenn die Versetzung im Einzelfall durch noch so wichtige Gründe gerechtfertigt, ja vielleicht sogar unumgänglich geworden sein sollte, muss die zwingende Bestimmung des § 101 ArbVG eingehalten werden. Das Interesse der Bekl an der Sicherheit des Eisenbahnver-

[10]) OGH 9. 4. 1997, 9 ObA 2291/96v, DRdA 1998, 114 *(Trost).*

kehrs und der Wahrung ihrer damit im Zusammenhang stehenden Pflichten wird dabei weder verkannt noch steht es in einem unlösbaren Widerspruch zum Prozedere nach § 101 ArbVG.

OGH 6. 4. 2005, 9 ObA 88/04p, ASoK 2005, 341

Fall 28: Nebenerwerbslandwirt[11])

Sachverhalt: *Ignaz aus Eggersdorf, Bezirk Graz-Umgebung, ist Arbeiter in einem milchverarbeitenden Betrieb in Graz-Gösting. Im Zuge einer Neustrukturierung des Unternehmens wird ein Großbetrieb in St. Michael in der Obersteiermark errichtet. I soll in Hinkunft mit höherem Lohn im neuen Betrieb arbeiten, was für ihn als Nebenerwerbslandwirt wegen des längeren Arbeitsweges eine erhebliche Mehrbelastung darstellt. Der AG spricht die entsprechende Weisung am 26. 5. 2014 aus, der BR hat schon im März 2013 erklärt, dass er bei Zurverfügungstellung eines Werksbusses ab Graz-Hauptbahnhof (Fahrzeit: ca 40 min) mit allen einschlägigen Maßnahmen einverstanden ist.*

I will sich zur Wehr setzen. Welche rechtlichen Möglichkeiten stehen ihm offen?

Lösung: Die Vorgangsweise stellt eine Versetzung, dh eine nicht unerhebliche Änderung des Arbeitsortes und/oder Tätigkeitsbereichs (hier: Arbeitsort), dar. Zu unterscheiden ist zwischen individualarbeitsrechtlichem und betriebsverfassungsrechtlichem Versetzungsschutz; diese beiden Phänomene sind völlig getrennt voneinander zu prüfen.

Individualarbeitsrecht: Es stellt sich die Frage, ob eine direktoriale Versetzung, die im Arbeitsvertrag gedeckt und daher per Weisung durchführbar ist, oder eine vertragsändernde Versetzung, welche der Zustimmung des AN bedarf, vorliegt. Die Beurteilung hat von den Vorgaben des § 905 ABGB auszugehen. Da im Arbeitsvertrag keine genaue Festlegung des Arbeitsorts vereinbart wurde, ist der Arbeitsort nach „Natur und Zweck des Geschäfts" einzugrenzen. Die Konkretisierung dieser Anordnung läuft auf eine Interessenabwägung hinaus: Ist es einem Nebenerwerbslandwirt zumutbar, eine Verlängerung der arbeitsgebundenen Zeit von ca 40 (Eggersdorf – Graz und retour) auf 120 min hinzunehmen, auch wenn für den zusätzlichen Weg ein Werksbus ab Graz geht? ME ist dies nicht der Fall; so gesehen würde eine vertragsändernde Versetzung vorliegen, die Weisung wäre rechtsunwirksam.

Betriebsverfassung: § 101 ArbVG: Die dauernde Versetzung ist verschlechternd und daher zustimmungspflichtig. Eine Verschlechterung iSd G ist gegeben, wenn entweder die Entgeltbedingungen oder die sonstigen Arbeitsbedingungen oder beide Aspekte schlechter werden. Das Entgelt wird erhöht, die sonstigen Arbeitsbedingungen werden schlechter. Die Verschlechte-

[11]) Eine weitere Fallstudie zum Thema findet sich bei *Reissner,* Arbeitsrechtliche Probleme im Zusammenhang mit Ausgliederung und Standortverlegung, DRdA 2002, 248, 252f.

rung eines der beiden Elemente reicht. Eine Stellungnahme des BR ist zwar erfolgt, diese ist aber keine taugliche Zustimmung, da sie über ein Jahr vor der Versetzung und nur pauschal formuliert abgegeben wurde. Daher ist die Versetzung auch aus der Sicht des § 101 ArbVG rechtsunwirksam.

Der AN kann weiter im Betrieb in Graz arbeiten; wird er dort nicht beschäftigt, gebührt ihm das Entgelt gem § 1155 ABGB. Er kann auch auf Feststellung klagen, dass zur Arbeit am neuen Arbeitsort keine Verpflichtung besteht.

Fraglich ist, welcher Zeitraum nach einer Versetzung verstreichen muss, damit der **neue Arbeitsplatz** wiederum **Basis für einen Versetzungsschutz** nach § 101 ArbVG wird. Man wird hier grundsätzlich per analogiam auf die in § 101 ArbVG an anderer Stelle vorkommende 13-Wochen-Frist zurückgreifen können. Der AG kann aber sachliche Rechtfertigungen dafür vorbringen, dass trotz Verstreichens der genannten Frist ein Versetzungsschutz noch nicht stattfinden kann (zB Vertretungsstelle)[12]).

Fall 29: Aufstiegschancen

Julia, seit 16 Jahren als Sachbearbeiterin bei der K-Versicherung angestellt, bewirbt sich auf die Stelle einer Referatsleiter-Stellvertreterin. Mit Wirkung ab 1. 4. wird J provisorisch auf sechs Monate zur Einarbeitung auf die ausgeschriebene Stelle versetzt. Entlohnungsmäßig besteht zwischen ihrem früheren Arbeitsplatz und dem neuen kein Unterschied. Ende September ersucht sie um Verlängerung der Einarbeitungszeit. Dies wird jedoch abgelehnt, und J wird mit 1. 10. wieder auf ihre frühere Position zurückversetzt.

Der BR wird mit diesem Fall nicht befasst. J will der Rückversetzung nicht Folge leisten, und zwar mit der Begründung, dass die dadurch eintretende Verminderung ihrer Aufstiegschancen die Arbeitsbedingungen verschlechtere. Wie ist die Rechtslage?

(Nach OGH 4. 9. 1973, 4 Ob 64/73, ZAS 1975, 15 *[Fischer]*)

4.2.3 Exkurs: Änderungskündigung[13])

Im Folgenden soll das Phänomen der Änderungskündigung behandelt werden, weil dieses mit dem Versetzungsschutz iSd § 101 ArbVG wie auch mit dem allgemeinen Kündigungsschutz (vgl 2.3.1.1) in Zusammenhang stehen kann.

Unter einer **Änderungskündigung** versteht man eine idR vom AG ausgehende Kündigung, die mit einer an den AN gerichteten Potestativbedin-

[12]) Vgl *Löschnigg,* Arbeitsrecht[12] 299 f mwN.

[13]) *Löschnigg,* Arbeitsrecht[12] 629 ff; *A. Ritzberger-Moser,* Änderungskündigung, in *Reissner/Herzeg* (Hrsg), Arbeits- und sozialrechtliche Strategien zur Krisenbewältigung (2010) 199 ff.

gung verbunden ist. Es wird die Rücknahme der Kündigung im Falle der Annahme einer Arbeitsvertragsänderung (idR Verschlechterung oder gänzliche Herausnahme eines Vertragsteils zu Lasten des AN) statuiert (zur Abgrenzung von der Teilkündigung vgl 4.2.3.1).

Im Allgemeinen ist die **Kündigung** – wie alle einseitigen empfangsbedürftigen Willenserklärungen (zB Entlassung, Austritt, Rücktritt) – **bedingungsfeindlich** (vgl 2.1.2). Dies gilt jedenfalls für sog Zufallsbedingungen. Kündigungen, die mit einer Zufallsbedingung versehen werden, sind daher rechtsunwirksam. Zweck dieser Beschränkung der Vertragsfreiheit ist es, die Rechtslage im Zuge einer Auflösung von Arbeitsverhältnissen für den AN klar erkennbar zu gestalten. Dieses Problem stellt sich bei vom AN zu erfüllenden Potestativbedingungen nicht, es sei denn, sie sind sittenwidrigen Inhalts.

Beispiel: Eine Kündigung unter der Bedingung, dass der AN nicht heiratet oder sich scheiden lässt, greift in Grundrechtspositionen (zB Freiheit der Eheschließung) bzw entsprechende Persönlichkeitsrechte ein und ist daher rechtsunwirksam.

Bei der Änderungskündigung ist eine Verknüpfung von Kündigung und Bedingung auf zweierlei Weise denkbar:

- Zum einen gibt es die **auflösend bedingte Änderungskündigung.** Die Kündigung wird dabei ausgesprochen, verfällt aber der Rechtsunwirksamkeit, wenn der Änderung zugestimmt wird. Die Kündigung ist daher schwebend wirksam, Fristen wie zB Kündigungsfristen oder auch die Anfechtungsfrist nach § 105 ArbVG (s auch unten) laufen.
- Die zweite mögliche Konstruktion ist die **aufschiebend bedingte Änderungskündigung.** Hier wird eine Kündigung ausgesprochen, die erst dann wirksam werden soll, wenn der AN innerhalb bestimmter Zeit einer Vertragsänderung nicht zustimmt. Eine derartige Änderungskündigung ist vorerst schwebend unwirksam.

In der Praxis häufig ist ein damit verwandtes Phänomen, nämlich die bloße **Androhung einer Kündigung** für den Fall, dass der AN einer Änderung des Arbeitsvertrags – aus seiner Sicht in aller Regel einer Verschlechterung – nicht beitreten will.

Weder Änderungskündigungen noch Drohungen mit einer Kündigung durch den AG sind im Allgemeinen rechtlich angreifbar, zumal auch § 870 ABGB mangels Rechtswidrigkeit der angedrohten Maßnahme nicht greift.

Natürlich sind immer Extremfälle denkbar, in denen die Druckausübung von Seiten des AG derart massiv ist, dass von einer sittenwidrigen Vorgangsweise iSd § 879 ABGB ausgegangen werden muss.

Zu fragen ist nun, wie sich die **Mitbestimmungsrechte,** also der allgemeine Kündigungsschutz und der Versetzungsschutz, **zur Änderungskündigung verhalten.** Auszugehen ist davon, dass diese Phänomene zweifellos auch im Falle einer Änderungskündigung zur Anwendung zu gelangen haben. Ob die eine oder die andere Art von Schutzbestimmungen schlagend wird, hängt von der Gestaltung der Änderungskündigung und der Reaktion des AN auf die Änderungskündigung ab:

- Der **allgemeine Kündigungsschutz** wird relevant, sobald die Änderungskündigung wirkt. Das bedeutet, dass § 105 ArbVG bei der auflösend bedingten Änderungskündigung sofort zum Tragen kommt und relevant bleibt, wenn der AN die Bedingung nicht erfüllt. Bei der aufschiebend bedingten Änderungskündigung kommt der allgemeine Kündigungsschutz dann ins Spiel, wenn der AN der Bedingung nicht entspricht und die Kündigung damit in Kraft tritt.

Ob eine Anfechtung erfolgreich sein kann, hängt vor allem vom Ausmaß der vom AG gewünschten Entgeltsenkung ab (zur 20-%-Regel für den Durchschnittsfall einer Mittelstandsfamilie allg 2.3.1.1.1 d).

> **Aus der Praxis:** Es kommt vor, dass von Arbeitgeberseite insb bei der auflösend bedingten Änderungskündigung das Vorverfahren gem § 105 ArbVG (vgl allg 2.3.1.1.1 a) verletzt wird. Die Änderungskündigung ist damit schon in dieser Phase rechtsunwirksam, das Projekt des AG ist als (vorerst) gescheitert anzusehen.

- Der **Versetzungsschutz** wird dann schlagend, wenn die Änderung des Arbeitsvertrags vom AN akzeptiert und damit eine Versetzung verwirklicht wird (zum Versetzungsbegriff vgl 4.2). Auch hier ist der Versetzungsschutz des § 101 ArbVG anzuwenden, dh der BR kann – trotz Zustimmung des AN – im Falle der typischerweise vorliegenden verschlechternden Versetzung nicht zustimmen und somit die Maßnahme blockieren. Im Effekt ist damit die Kündigung zwar ausgeräumt – der AN hat ja zugestimmt –, die Versetzung wird jedoch ebenfalls verhindert.

Fall 30: Chefbuchhalter

In einem vertraulichen Gespräch erklärt der AG dem Chefbuchhalter Lukas, dass er ihn kündigen werde, wenn er sich nicht mit dem schlechteren Posten als Lagerleiter zufrieden gibt. Die Kündigung wird ausgesprochen. Dem von der Kündigungsabsicht rechtzeitig verständigten BR, der widersprochen hat, erklärt L, dass ihm unter diesen Umständen das Risiko, sich an entsprechenden Schritten gegen die Kündigung zu beteiligen, zu groß sei und er daher mit dem neuen Arbeitsplatz vorlieb nehme. Er tritt diesen Arbeitsplatz während der Kündigungsfrist auch an, worauf der AG die Kündigung zurücknimmt. In der Folge ist L jedoch auf Grund der schlechteren Arbeits- und Entgeltbedingungen mit dem neuen Arbeitsplatz sehr unzufrieden. Er wendet sich neuerlich an den BR. Kann ihm dieser helfen?

Bei **besonders geschützten AN** (vgl 2.3.2.1) ist eine Änderungskündigung erst dann möglich, wenn davor die Zustimmung des ASG oder der zuständigen Behörde zur Kündigung eingeholt wurde.

4.2.3.1 Teilkündigung

Von der Änderungskündigung zu unterscheiden ist die sog Teilkündigung des Arbeitsvertrags. Es liegt hier keine bedingte Kündigung vor, vielmehr wird ein Teil des gesamten Arbeitsvertrags unmittelbar gekündigt.

Beispiel: Der AG kündigt eine im Arbeitsvertrag niedergelegte Provisionsvereinbarung, während alle anderen Inhalte des Vertrags aufrechtbleiben sollen.

Eine Teilkündigung des Arbeitsvertrags ist **grundsätzlich unzulässig.** Dieses Prinzip ist in zweierlei Hinsicht abgeschwächt:

- Wird hinsichtlich bestimmter Ansprüche ein sog **Widerrufsvorbehalt** im Arbeitsvertrag niedergelegt, so wird damit quasi eine Teilkündigung ermöglicht. Die „Teilkündigung" kann dann also vertraglich vorgezeichnet sein. Zu beachten ist aber, dass Widerrufsvorbehalte **nur nach billigem Ermessen ausgeübt** werden können (vgl 5.2 sowie auch 4.4.5.2, 5.2.2).
- Ohne vertragliche Grundlegung soll die Teilkündigung **bei besonders eigenständigen Vertragsinhalten** möglich sein:

Entscheidung 69: Hausverwalter

Eine Teilkündigung des Arbeitsvertrages ist dann zulässig, wenn eine zwischen den Vertragspartnern abgeschlossene Zusatzvereinbarung, die selbständig bestehen könnte, gekündigt wird. Das Teilkündigungsverbot verfolgt den Zweck, dem AN kein Arbeitsverhältnis aufzuzwingen, das er so nie gewollt und vereinbart hat.

Die Tätigkeit eines Hausverwalters ist idR Gegenstand eines selbständigen Bevollmächtigungsvertrags iSd §§ 1002 ff ABGB. Wird eine diesbezügliche Arbeitsleistung, die gegenüber den Vertragsverpflichtungen des AN – dieser ist Landesleiter der Versicherung – eine gewisse Eigenständigkeit aufweist und demgemäß auch gesondert entlohnt wird, im Rahmen eines bestehenden Arbeitsverhältnisses zusätzlich vereinbart, so ist eine Teilkündigung möglich.

OGH 29. 9. 1981, 4 Ob 168/80, DRdA 1983, 266 *(Jabornegg)* = ZAS 1982, 217 *(Mayer-Maly)*

4.3 Karenzierung des Arbeitsverhältnisses[14])

„Karenzierung" bedeutet die zwischen AN und AG vereinbarte Dienstfreistellung unter Entfall des Entgelts, wobei das Arbeitsverhältnis dem Grunde nach aufrecht besteht (zur Aussetzung vgl demgegenüber 4.3.1).

[14]) *Reissner,* Karenzierung und Aussetzung (Beendigung) des Arbeitsvertrags. Arbeitsrechtliche Fragen, in *Resch* (Hrsg), Karenzierung und Aussetzung (Beendigung) des Arbeitsvertrags (2002) 13.

Praktische Bedeutung erlangen Karenzierungen – wie auch Aussetzungen – in **saisonabhängigen** Branchen (zB Bauwirtschaft, Land- und Forstwirtschaft, Tourismus) sowie bei Unternehmen in **wirtschaftlichen Krisen.** Zuweilen strebt der **AN** aus Gründen, die in seinem persönlichen Bereich liegen (zB Aus- oder Fortbildung, private Unternehmungen, Hausbau), eine einschlägige Gestaltung an.

Bei Karenzierungen werden typischerweise die **Hauptpflichten** aus dem Arbeitsverhältnis, also die Arbeitspflicht einerseits und die Entgeltpflicht andererseits (zu Letzterer vgl 5.), **stillgelegt,** während gewisse **Nebenpflichten,** zB Treuepflichten wie Verschwiegenheitspflicht oder Konkurrenzverbot (vgl 7.1 – 7.6.1), **aufrecht bleiben.**

Zeiten einer Karenzierung sind im Hinblick auf **zwingende arbeitsrechtliche Ansprüche, die sich nach** gewissen **Dienstzeitgrenzen erhöhen,** voll **anzurechnen.**

Dies betrifft etwa den **Urlaubsanspruch** (§ 2 Abs 2 Satz 3 UrlG; vgl 8.2.3), die **Abfertigung** nach den §§ 23f AngG (vgl hingegen § 7 BMSVG; dazu 5.1.4.2.2.5), **Vorrückungsregelungen in KollV** und die **Entgeltfortzahlung** im Fall von Krankheit oder Unfall iSd § 8 Abs 1 und 2 AngG, § 2 Abs 1 und 5 EFZG (vgl 6.2.1).

Der Erwerb von Anwartschaftszeiten im Hinblick auf **abdingbare** Ansprüche könnte hingegen im Zuge der Karenzierungsvereinbarung ausgeschlossen werden.

Da wegen des aufrechten Vertragsbandes die Arbeitnehmereigenschaft gem § 36 ArbVG während der Karenzierung nicht verloren geht – das ArbVG stellt nicht allein auf die Eingliederung in den Betrieb ab (vgl 1.2) –, stehen dem AN diverse Rechte aus der **Betriebsverfassung** zur Verfügung.

Er kann zB an Betriebsversammlungen und Betriebsratswahlen teilnehmen (vgl 13.1.2, 13.1.2.1.1b). Wird der AN während der Karenzierung gekündigt oder ungerechtfertigt entlassen, so kommt der allgemeine Kündigungs- und Entlassungsschutz nach den §§ 105 – 107 ArbVG zur Anwendung (vgl 2.3.1; zur Situation im Falle eines Betriebsübergangs vgl 14.3.1.1).

4.3.1 Aussetzung des Arbeitsverhältnisses

Ähnliche Zwecke wie die Karenzierung (vgl 4.3) verfolgt das von dieser streng zu unterscheidende Rechtsinstitut der Aussetzung.

Im Gegensatz zur Karenzierung versteht man unter **„Aussetzung“** die Beendigung des Arbeitsverhältnisses iVm der Zusicherung des AG, in Zukunft ein neues Arbeitsverhältnis zu begründen.

Im Zuge einer Aussetzung kommt es demnach zur (rechtlichen) **Beendigung des Arbeitsverhältnisses.** Diese erfolgt in aller Regel durch einvernehmliche Auflösung (vgl allg 2.1.1). Mit der Beendigung verbunden ist die **Festlegung einer Wiedereinstellung,** das ist entweder die Zusage des AG oder die Abrede zwischen den Parteien, zu einem in der Zukunft liegenden Zeitpunkt ein neues Arbeitsverhältnis zu begründen.

Eine (zweiseitige) Wiedereinstellungsvereinbarung kann verschieden konstruiert sein: Möglich ist einmal der Abschluss eines **vollwertigen** neuen **Arbeitsvertrags** mit einem zukünftigen Anfangstermin. Dieser wird idR **(aufschiebend) befristet** sein (vgl allg 3.2.1.2). Weiters ist es denkbar, insb dem AN eine **Option** (§ 861 ABGB) einzuräumen, ihm also das Recht vorzubehalten, durch einseitige Erklärung einen inhaltlich vorherbestimmten neuen Arbeitsvertrag in Wirksamkeit zu setzen und die Arbeit wieder aufzunehmen.

Hinsichtlich der rechtlichen Einordnung der Aussetzung ist davon auszugehen, dass im Rahmen eines entsprechenden Vertrags regelmäßig ein **Ausschluss** gewisser **Rechtsfolgen** vereinbart wird, **die mit der Beendigung** des Arbeitsverhältnisses **verbunden sind.**

Der AN lässt etwa die Abfertigung alt stehen, der AG sichert im Gegenzug eine Anrechnung der Vordienstzeiten für das in Aussicht genommene zukünftige Arbeitsverhältnis zu. Wird allerdings überhaupt keine Endabrechnung gemacht, spricht dies gegen eine Beendigung und damit gegen eine Aussetzung (vgl 4.3.2).

Ein **Verzicht auf unabdingbare Ansprüche** im Zuge der Aussetzung ist **nichtig.** Dies folgt aus der sog Drucktheorie (vgl 10.5).

Verzichtet der AN daher zB auf die Abfertigung, so ist diese Handlungsweise rechtsunwirksam. In aller Regel geht es allerdings nicht um einen Totalverzicht, es wird vielmehr vereinbart, dass Ansprüche wie insb die Abfertigung nicht im Aussetzungszeitpunkt entstehen bzw fällig werden sollen, vielmehr eine **Mitnahme des Anspruchs oder der Anwartschaft darauf ins nachfolgende Arbeitsverhältnis** erfolgen soll. Derartige Abmachungen sind zulässig, wenn dem AN dadurch seine **Rechtsstellung** abgesehen von der Aussetzung **unbeeinträchtigt gewährleistet** wird.

Im **Arbeitslosenversicherungsrecht** gibt es hierzu arbeitsrechtlich bedeutsame **Sonderbestimmungen.** § 9 Abs 5 Satz 3 AlVG bestimmt, dass Ansprüche aus einem früheren Arbeitsverhältnis, auf die der Arbeitslose anlässlich der Beendigung nur wegen der Wiedereinstellungszusage oder -vereinbarung „verzichtet" hat, wieder aufleben, wenn der Arbeitslose dem früheren AG sein Abstandnehmen vom Wiederantritt der Beschäftigung vor dem Wiederantrittstermin bekannt gibt.

Gem § 9 Abs 6 AlVG werden Ansprüche aus dem beendeten Arbeitsverhältnis, die wegen einer Wiedereinstellungsfestlegung nicht oder nicht zur Gänze erfüllt worden sind, spätestens zu jenem Zeitpunkt **fällig,** zu dem der AN seine Beschäftigung gem der Wiedereinstellungsfestlegung aufnehmen hätte müssen, sofern durch G nicht Anderes bestimmt ist; **Verjährungs- und Verfallfristen verlängern sich** um den Zeitraum zwischen Beendigung des Arbeitsverhältnisses und dem vereinbarten Zeitpunkt der Wiederaufnahme der Beschäftigung.

Was die Auswirkungen von Aussetzungen auf **dienstzeitabhängige Ansprüche** betrifft, so ist grundsätzlich festzuhalten, dass die **Zeiträume des Nichtbestehens des Arbeitsverhältnisses** selbst **nicht zählen** können, es sei denn, es ist anderes vereinbart.

Die Zeiten aus den **vorangegangenen Arbeitsverhältnissen** müssen für zwingende Ansprüche schon wegen des oben dargestellten Verzichtsverbots Berücksichtigung finden (zur Abfertigung alt vgl auch § 23 Abs 1 Satz 3 AngG).

Ein Bruch der Wiedereinstellungsvereinbarung durch den AN macht an sich schadenersatzpflichtig. Gem § 9 Abs 5 Satz 1 AlVG ist allerdings der **Arbeitslose zum Ersatz eines** allfälligen **Schadens,** der aus der **Nichterfüllung der Einstellungsvereinbarung wegen Antritts einer anderen Beschäftigung** entstanden ist, **nicht verpflichtet.** Dem betroffenen AG „soll" die Abstandnahme rechtzeitig bekannt gegeben werden (§ 9 Abs 5 Satz 2 AlVG).

Diese Freistellung von Schadenersatzansprüchen setzt voraus, dass der AN einen Antrag auf Arbeitslosengeld gestellt hat. Wie er die neue Arbeit gefunden hat, ist unmaßgeblich. Verletzt der AN allerdings eine gültige Wiedereinstellungsfestlegung, mit der ihm eine Pflicht zum Arbeitsantritt auferlegt wird, ohne eine neue Beschäftigung gefunden zu haben, so ist der Schadenersatzanspruch des ehemaligen AG gegeben. Eine Option auf Wiedereinstieg begründet keine derartige Verpflichtung des AN. Grundsätzlich wird ein Vertragsbruch damit nur vor dem Hintergrund von **Pflichtenbindungen aus dem Bereich der Arbeitslosenversicherung** entschuldigt.

Die aufgeschobenen Ansprüche auf Abfertigung etc sind nach Bruch der Wiedereinstellungsvereinbarung nach der im Zuge der Aussetzung stattgefundenen Beendigung zu beurteilen (vgl hingegen oben).

Im Falle eines **Betriebsübergangs** während der Phase der Aussetzung kann die Rechtsfolge des § 3 Abs 1 AVRAG, wonach alle vorhandenen Arbeitsverhältnisse automatisch auf den neuen Inhaber übergehen (vgl allg 14., insb 14.3.3) mangels aufrecht bestehenden Arbeitsverhältnisses ins Leere gehen[15]). Zu beachten ist aber, dass es im Zusammenhang mit Aussetzungsvereinbarungen häufig bereits im Zuge der Beendigung zum Abschluss eines vollwertigen, aufschiebend befristeten neuen Arbeitsverhältnisses kommt, womit diesfalls die Tatbestandsvoraussetzungen des § 3 Abs 1 AVRAG erfüllt sind[16]).

4.3.2 Interpretationsprobleme

Die entsprechenden Gestaltungen werden in der Praxis häufig ziemlich unpräzis bewerkstelligt, sodass es zu erheblichem Interpretationsbedarf im Hinblick auf die Abgrenzung zwischen Karenzierung und Aussetzung kommt. Die Abgrenzung ist aber ua deswegen von zentraler Bedeutung, weil im Falle einer Aussetzung der Bezug von Arbeitslosengeld möglich ist, während dies bei Karenzierung mangels Vorliegens von Arbeitslosigkeit iSd § 12 Abs 1 AlVG ausgeschlossen ist.

Die **Vertragsinterpretation** ist nach den Regeln der §§ 914 f ABGB, also insb auch nach der „Absicht der Parteien", durchzuführen (zu diesen Bestimmungen vgl auch 7.6.2.3.1).

Entscheidung 70: Dieselbe Arbeitsstelle

Soll der AN auf Grund einer Absprache nur vorübergehend mit der Arbeit aussetzen, sodass der AG auf ihn zu einem späteren Zeitpunkt wieder zurückgreifen und der AN ab diesem Zeitpunkt an derselben Arbeitsstelle weiterarbeiten kann, liegt eine bloße Ruhendstellung des Arbeitsverhältnisses vor. Selbst wenn ausdrücklich von Lösung und späterer Neubegründung die Rede ist, gilt nichts anderes, wenn das

[15]) Zum Problem OGH 12. 7. 2000, 9 ObA 93/00 t, ZAS 2001, 82 *(Jöst).*

[16]) Vgl auch *Jöst,* ZAS 2001, 85.

Rechtsverhältnis nicht abgewickelt wird und eine Vollanrechnung der Dienstzeiten stattfindet.

OGH 13. 4. 1988, 9 ObA 73/88, Arb 10.738

Diese **erste Leitentscheidung** zum Thema ist **zu kritisieren,** weil sie im Effekt die Differenzierung zwischen Karenzierung und Aussetzung verwischt und von diesen Gestaltungen mehr oder weniger nur die Erstere zulässt. Das Augenmerk sollte weniger auf die Absicht der Parteien, die Zusammenarbeit aufrecht zu erhalten, gelegt werden, ist dieser Aspekt doch für die gegenständliche Auslegungsfrage neutral.

Entscheidung 71: Saisonale Unterbrechungen

Ob eine Beendigung des Arbeitsverhältnisses oder eine bloße Karenzierung vorliegt, ist auf Grund der wahren Parteienabsicht und einer Gesamtwürdigung aller Umstände des Einzelfalles zu beurteilen.

Werden zB im Zuge saisonaler Unterbrechungen immer die aliquoten Sonderzahlungen und die Urlaubsabgeltung ausgezahlt, so ist damit der Beendigungswille dokumentiert und eher von Aussetzung auszugehen.

Ergibt die Erforschung des Parteiwillens keinen eindeutigen Sinn, ist aus der Absicht, dem AN mit dessen Einverständnis den Bezug von Arbeitslosengeld zu ermöglichen, und der Abmeldung bei der GKK nach der Übung des redlichen Verkehrs auf die Beendigung des Arbeitsverhältnisses zu schließen.

OGH 3. 11. 1999, 9 ObA 249/99 d, DRdA 2000, 521 *(Brodil)*

Auszugehen ist somit zutreffenderweise vom **Gesamtverhalten der Parteien im Zuge des Freistellungsvorgangs**[17]).

Als Indiz aufschlussreich ist dabei die Frage, ob bzw inwieweit das **Arbeitsverhältnis im Zuge der Gestaltung abgewickelt** wird[18]). Als eher neutral sind die Abmeldung bei der Sozialversicherung und das Ausstellen einer Arbeitsbescheinigung anzusehen[19]).

Ein für das Vorliegen einer Aussetzung sprechender Umstand wird auch darin gesehen, dass die **Parteien** die **Inanspruchnahme von Arbeitslosengeld durch den AN im Auge** haben[20]): Die Absicht des AG, den AN mit dessen Einverständnis „stempeln" zu schicken, korrespondiere mit einer Aussetzung, weil die Inanspruchnahme von Arbeitslosengeld die Beendigung des Arbeitsverhältnisses voraussetze und nicht anzunehmen sei, dass sich die Parteien wegen Errichtung einer „Lugurkunde" iSd

[17]) So zB OGH 14. 1. 1998, 9 ObA 222/97 f, infas 1998 A 81 = Arb 11.688; 11. 2. 1998, 9 ObA 216/97 y, infas 1998 A 80; 26. 1. 2010, 9 ObA 13/09 s, ASoK 2010, 230.

[18]) Vgl zB OGH 15. 5. 1996, 9 ObA 105/95, DRdA 1997, 212 *(Brodil);* 13. 6. 1996, 8 ObA 216/96, RdW 1996, 597.

[19]) Vgl OGH 26. 1. 1995, 8 ObA 305/94, infas 1995 A 75.

[20]) Vgl zB OGH 15. 11. 2001, 8 ObS 257/01 d, ZASB 2002, 28 = infas 2002 A 53; 26. 1. 2010, 9 ObA 13/09 s, ASoK 2010, 230.

§ 239 StGB strafbar und gem § 25 AlVG regresspflichtig machen wollten[21]). Dieser mE treffende Aspekt ist kein Rückschluss von der sozialversicherungsrechtlichen Behandlung des Falles auf die arbeitsrechtliche Beurteilung; es wird nur der diesbezügliche Horizont der Parteien für die Interpretation ihrer Vereinbarung zu Hilfe genommen.

4.3.3 Besondere Arten von Karenzierungen

Im Folgenden werden die Freistellungen mit arbeitsmarktpolitischer Zwecksetzung (vgl a, b) sowie die Familienhospizkarenz (vgl c) und die Pflegekarenz (vgl d) beschrieben. Die praktisch sehr bedeutsame Elternkarenz wird im Zusammenhang mit dem Mutterschutzrecht unter 8.5.2.1.2 dargestellt.

a) Bildungskarenz

Nach einer Dienstzeit von sechs Monaten kann **zwischen AN und AG** eine Bildungskarenz gegen Entfall des Arbeitsentgelts unter Rücksichtnahme auf die Interessen des AN und auf die Erfordernisse des Betriebs für die Dauer von mindestens zwei Monaten bis zu einem Jahr **vereinbart** werden. Eine neuerliche Bildungskarenz kann frühestens nach dem Ablauf von vier Jahren ab dem Antritt der letzten Bildungskarenz (Rahmenfrist) vereinbart werden. Die Bildungskarenz kann auch in Teilen vereinbart werden, wobei die Dauer eines Teils mindestens zwei Monate zu betragen hat und die Gesamtdauer der einzelnen Teile innerhalb der Rahmenfrist, die mit Antritt des ersten Teils der Bildungskarenz zu laufen beginnt, ein Jahr nicht überschreiten darf (vgl § 11 Abs 1 AVRAG).

Sonderregelungen mit erleichterten Zugangsvoraussetzungen gibt es für befristete Arbeitsverhältnisse in Saisonbetrieben (vgl § 11 Abs 1 a AVRAG). Während der Beschäftigungsverbote nach MSchG, einer Elternkarenz oder des Präsenz-, Ausbildungs- oder Zivildienstes ist die Vereinbarung einer Bildungskarenz rechtsunwirksam (vgl § 11 Abs 3 AVRAG).

Sonstige Bezüge (zB 13. und 14. Monatsgehalt) gebühren nur aliquot für Teile des Dienstjahres ohne Bildungskarenz, sofern nicht für den AN günstigere Regelungen bestehen. Bei dienstzeitabhängigen Ansprüchen (zB Abfertigung, Entgeltfortzahlung im Krankheitsfall, Länge von Kündigungsfristen) bleibt die Zeit einer Bildungskarenz außer Betracht, es sei denn, es wurde anderes vereinbart. Was den Urlaubsanspruch betrifft, so gebührt ein solcher dann, wenn in das jeweilige Dienstjahr Zeiten einer Bildungskarenz fallen und der Urlaub nicht vor der Karenz verbraucht wurde, nur in dem Ausmaß, das dem um die Dauer der Bildungskarenz verkürzten Dienstjahr entspricht (vgl § 11 Abs 2 AVRAG; zur analogen Situation im Mutterschutzrecht vgl 8.2.3).

§ 11 Abs 4 AVRAG befasst sich mit der Bemessung von Ansprüchen aus einer während der Bildungskarenz eintretenden Beendigung des Arbeitsverhältnisses. Es wird festgelegt, dass der Berechnung von gesetzlicher Abfertigung sowie Urlaubsersatzleistung das für den letzten Monat vor Antritt der Bildungskarenz gebührende Entgelt zu Grunde zu legen ist. Analoges gilt – jedenfalls dann, wenn einer rechtswidrigen Lösung von Seiten des AG ein nach § 15 Abs 1 AVRAG verpöntes Motiv zu Grunde liegt (vgl § 15 Abs 2 AVRAG) – auch für die Kündigungsentschädigung.

---

[21]) Vgl auch OGH 15. 5. 1996, 9 ObA 105/95, DRdA 1997, 212 *(Brodil).*

Während der Bildungskarenz besteht Anspruch auf **Weiterbildungsgeld** nach § 26 AlVG, wenn die arbeitslosenversicherungsrechtliche Anwartschaft erfüllt und die Teilnahme an einer Weiterbildungsmaßnahme nachgewiesen wird.

Neben der Bildungskarenz gibt es gem § 11a AVRAG die **Bildungsteilzeit,** welche mit dem **Bildungsteilzeitgeld** nach § 26a AlVG verbunden ist.

b) Freistellung gegen Entfall des Arbeitsentgelts

Gem § 12 AVRAG ist eine Freistellung gegen Entfall des Arbeitsentgelts für die Dauer von mindestens sechs Monaten bis zu einem Jahr, für die eine Förderung aus Mitteln der Arbeitslosenversicherung oder des AMS in Anspruch genommen wird, **zwischen AG und AN** zu **vereinbaren.**

Was die Aliquotierung sonstiger Bezüge und des Urlaubsanspruchs, die grundsätzliche Nichtanrechnung auf die Dienstzeit und die Bemessung von Beendigungsansprüchen betrifft, kann auf die zur Bildungskarenz getätigten Ausführungen verwiesen werden (vgl a).

Auch hier kommt als Förderung insb das **Weiterbildungsgeld** gem § 26 AlVG in Frage.

c) Familienhospizkarenz

Nach den §§ 14a f AVRAG kann der **AN** schriftlich eine Herabsetzung, eine Änderung der Lage der Normalarbeitszeit oder einen gänzlichen Entfall der Arbeitspflicht gegen Entfall des Arbeitsentgelts[22]) zum Zwecke der Sterbebegleitung eines nahen Angehörigen (§ 14a leg cit) oder Begleitung eines schwersterkrankten Kindes (§ 14b leg cit) **verlangen** (sog Familienhospizkarenz). Die Maßnahme kann für einen bestimmten Zeitraum unter Bekanntgabe von Beginn und Dauer in Anspruch genommen werden, wobei dieser bei der Sterbebegleitung drei Monate und bei der Begleitung eines schwersterkrankten Kindes fünf Monate nicht übersteigen darf.

Der AN kann eine Verlängerung der Maßnahme verlangen, wobei die Gesamtdauer bei der Sterbebegleitung maximal sechs Monate und bei der Begleitung eines schwersterkrankten Kindes maximal neun Monate betragen kann. Die **Maßnahme** wird **wirksam, sofern nicht** der **AG** binnen fünf Arbeitstagen – bei einer Verlängerung binnen zehn Arbeitstagen – ab Zugang der Bekanntgabe **Klage beim ASG** erhebt (vgl § 14a Abs 3 AVRAG).

Der AN hat den Wegfall der Begleitung unverzüglich bekannt zu geben und kann nach zwei Wochen die Rückkehr zur ursprünglich vereinbarten Arbeitspflicht verlangen. Auch der AG kann nach Maßgabe einer Interessenabwägung ein entsprechendes Verlangen stellen (vgl § 14a Abs 4 AVRAG).

Der Urlaub im laufenden Urlaubsjahr sowie Sonderzahlungen werden aliquotiert (vgl § 14a Abs 5 und 6 AVRAG), im Falle einer Beendigung des Arbeitsverhältnisses während der Karenz ist die gesetzliche Abfertigung sowie die Urlaubsersatzleistung, letztere aber nur bei gänzlicher Arbeitsfreistellung, auf Basis der früheren Arbeitszeit zu berechnen (vgl § 14a Abs 7 AVRAG).

---

[22]) Auch hier gibt es somit eine Teilzeitvariante (vgl schon a). Bei bloßer Änderung der Lage der Arbeitszeit muss es zu keiner Entgelteinbuße kommen.

Während der Hospizkarenz stehen dem AN gewisse **Leistungen aus der Arbeitslosenversicherung** zu (§§ 29ff AlVG).

d) Pflegekarenz

Gem § 14c AVRAG können **AN und AG,** sofern das Arbeitsverhältnis ununterbrochen drei Monate gedauert hat, schriftlich eine Pflegekarenz gegen Entfall des Arbeitsentgelts zum Zwecke der Pflege oder Betreuung eines nahen Angehörigen iSd § 14a AVRAG (vgl c), dem zum Zeitpunkt des Antritts der Pflegekarenz Pflegegeld nach BPGG gebührt, für die Dauer von mindestens einem Monat bis zu drei Monaten **vereinbaren.** Eine solche Vereinbarung darf grundsätzlich nur einmal pro zu betreuendem nahen Angehörigen geschlossen werden, im Fall einer wesentlichen Erhöhung des Pflegebedarfs ist jedoch einmalig eine neuerliche Vereinbarung der Pflegekarenz zulässig (vgl Abs 1 leg cit).

Die Aliquotierung sonstiger Bezüge und des Urlaubsanspruchs, die grundsätzliche Nichtanrechnung auf die Dienstzeit und die Bemessung von Beendigungsansprüchen ist wie bei den anderen speziellen Karenzierungen geregelt (vgl a – c).

Daneben gibt es gem § 14d AVRAG auch eine sog **Pflegeteilzeit.**

Personen, die Pflegekarenz oder -teilzeit iSd §§ 14c f AVRAG vereinbaren, haben Anspruch auf **Pflegekarenzgeld** nach den §§ 21c ff BPGG.

4.4 Arbeitszeit[23])

Vorschriften über die Arbeitszeit finden sich in erster Linie im AZG und im ARG. Neben den gesetzlichen Bestimmungen kommt vor allem dem **KollV** und der **BV** erhebliche Bedeutung bei der Regelung der Arbeitszeit zu. Der Gesetzgeber bedient sich hierbei teilweise des Instruments der sog Zulassungsnormen (vgl allg 10.4.2.3.2). Durch den **Arbeitsvertrag** schließlich wird die Arbeitszeit im Rahmen der übergeordneten Rechtsquellen individuell gestaltet.

Vor allem das Ausmaß der Arbeitszeit (zB Vollzeit- oder Teilzeitbeschäftigung) ist typischerweise Gegenstand arbeitsvertraglicher Einigung. Im Falle der Teilzeitbeschäftigung gibt es auch Sonderformen mit arbeitsmarktpolitischem Hintergrund, insb die sog **Altersteilzeit** (vgl §§ 27f AlVG; zur Bildungsteilzeit vgl 4.3.3a).

Das Verhältnis zwischen den öffentlich-rechtlichen Vorschriften des Arbeitszeitschutzrechts und dem Arbeitsvertragsrecht ist so zu sehen, dass aus ersteren zu entnehmen ist, was gesetzlich **erlaubt bzw verboten** ist, während letzteres besagt, zu welchen Arbeitsleistungen in zeitlicher Hinsicht der AN **verpflichtet** ist (vgl insb 4.4.5).

Bei den arbeitsschutzrechtlichen Normen wird der Schutzzweck des G besonders deutlich: Es sollen die Höchstgrenzen der Arbeitszeit und gewisse Mindestruhezeiten festgelegt werden, damit dem AN ausreichend Freizeit zur Verfügung steht und Selbst-

---

[23]) *Löschnigg,* Arbeitsrecht[12] 404ff; *Spielbüchler,* Arbeitsrecht I[4] 171ff; *Windisch-Graetz,* Arbeitsrecht II[8] 153ff; *Grillberger* (Hrsg), Arbeitszeitgesetz[3] (2011); *Ch. Klein/Heilegger/B. Schwarz,* Arbeitszeitgesetz[3] (2011); *Schrank,* Arbeitszeitgesetze[3] (2015).

ausbeutung hintan gehalten wird. Die Normen haben daneben aber durchaus auch arbeitsmarkt- und verteilungspolitische Zwecksetzungen.

4.4.1 Begriff der Arbeitszeit

Arbeitszeit iSd § 2 Abs 1 Z 1 AZG ist die Zeit vom Beginn bis zum Ende der Arbeit ohne die Ruhepausen. Die Arbeitszeit beginnt mit der Aufnahme der vereinbarten Arbeit bzw mit dem Zeitpunkt, ab dem der AN dem AG zur Verfügung steht.

Zur Vertiefung dieses Arbeitszeitbegriffs sind einige besondere Phänomene hervorzuheben:

- Unter **„Wegzeit"** ist jene Zeit zu verstehen, die der AN für den Weg von der Wohnung (oder dem sonstigen privaten Aufenthaltsort) zur Arbeitsstätte und zurück aufwendet.

  Diese Zeit **zählt nicht zur Arbeitszeit iwS,** weil jene erst beginnt, wenn der AN dem AG an der Arbeitsstätte zur Verfügung steht. Wo sich der AN einzufinden hat, entscheidet der Arbeitsvertrag bzw „Natur und Zweck" der zu leistenden Arbeit (vgl allg 4.1).

- Gem § 20b Abs 1 AZG liegt **Reisezeit** vor, wenn der AN über Auftrag des AG vorübergehend seinen Dienstort (Arbeitsstätte) verlässt, um an anderen Orten seine Arbeit zu erledigen, sofern der AN während der Reisebewegung keine Arbeitsleistung zu erbringen hat.

  Fraglich ist, was unter **„Arbeitsleistung während der Reisebewegung"** zu verstehen ist. Man wird auf die Intensität der Inanspruchnahme des AN durch den AG abzustellen haben. Zwei Aspekte sind dabei zu unterscheiden: Zum einen ist zu prüfen, wie stark der AN durch die Dienstreise belastet wird, sodass damit unmittelbar der Schutzzweck des AZG angesprochen ist; zum anderen ist zu klären, inwieweit die Dienstreise an sich oder die in diesem Zusammenhang erbrachten Leistungen mit der normalen Tätigkeit des AN vergleichbar sind.

- Für **Arbeitsbereitschaft** ist entscheidend, dass sich der AN an einem durch den AG bestimmten Ort aufzuhalten hat, um im Bedarfsfall jederzeit die Arbeitsleistung aufnehmen zu können.

  Die Arbeitsbereitschaft umfasst auch die Fälle des Bereitschaftsdienstes, bei dem der AN zwar einsatzbereit sein muss, sich aber zwischenzeitlich durchaus ausruhen und sogar schlafen darf.

Zur Präzisierung des Arbeitszeitbegriffs hilfreich sind insb die Begriffe „Reisezeit" und „Arbeitsbereitschaft". Diese Phänomene werden vom Arbeitszeitrecht an sich als Arbeitszeit aufgefasst und nur in Bezug auf bestimmte Rechtsfolgen gesondert behandelt (vgl zB 4.4.3); sie fallen also unter den Terminus **Arbeitszeit iwS.** Davon ausgehend kann die Arbeitszeit als jene Zeit betrachtet werden, in der **dem AN zu Gunsten des AG** die **Selbstbestimmungsmöglichkeit über seine Zeit in erheblichem Ausmaß genommen** ist und er daher keine Gelegenheit hat, diese Zeit nach seinem Gutdünken zu verwenden. **Arbeitszeit ieS („Vollarbeit")** ist dabei jener Teil der Arbeitszeit, der **nicht** als **Reisezeit** oder **Arbeitsbereitschaft** zu qualifizieren ist.

Zu beachten ist, dass Dienstreisezeiten ohne weiteres als Arbeitszeit ieS zu qualifizieren sein können. Zur Arbeitszeit zählt ja nicht nur die Zeit der tatsächlichen und normalerweise zu leistenden Arbeit, sondern auch jene Zeit, in der der AG die Freizeit des AN für seine Zwecke in Anspruch nimmt. Es werden daher das Arbeiten im Zug oder besonders belastende Autofahrten Arbeitszeit ieS sein. Soweit die Reisetätigkeit zum ständigen Aufgabenkreis des AN gehört (zB Zusteller, Vertreter), ist die Reisezeit immer als Arbeitszeit ieS zu qualifizieren.

Bei Vorliegen von Arbeitszeit ieS kommen die Schutzbestimmungen des AZG in voller Schärfe zur Anwendung.

4.4.2 Lage der Arbeitszeit

Gem § 19c Abs 1 AZG ergibt sich die Lage der Arbeitszeit grundsätzlich aus dem **Arbeitsvertrag.**

Sie ist daher vertraglich zu vereinbaren, dh ausdrücklich oder konkludent nach Maßgabe des § 863 ABGB (dauernde Übung, objektiv gerechtfertigtes Vertrauen des AN) festzulegen.

Es ist aber auch möglich, dass sich die Lage der Arbeitszeit unmittelbar aus einem **KollV** (§ 2 Abs 2 Z 2 ArbVG; vgl 11.5.1.2.1) oder – dieser Fall ist häufiger – aus einer **BV** (§ 97 Abs 1 Z 2 ArbVG) ergibt.

Die kollektiven Rechtsquellen gehen dem Arbeitsvertrag als höherrangig vor (vgl allg 10.4).

Gem § 19c Abs 2 AZG kann der **AG** die **Lage der Arbeitszeit einseitig verändern,** wenn die im G vorgesehenen Bedingungen erfüllt werden können:

- Erstes Erfordernis hierbei ist, dass in der die Lage der Arbeitszeit regelnden, anwendbaren Rechtsquelle ein **Veränderungsvorbehalt** vorgesehen ist[24]).
- Weitere Voraussetzungen für eine einseitige Abänderung der Arbeitszeit sind, dass dies erstens aus objektiven Gründen **sachlich gerechtfertigt** ist, zweitens **berücksichtigungswürdige Interessen des AN nicht entgegenstehen** und drittens dem AN – außer in Notfällen oder wegen in KollV oder BV zum Ausdruck gebrachter Spezifika der Tätigkeit – die **Lage der Normalarbeitszeit für die jeweilige Woche mindestens zwei Wochen im Vorhinein mitgeteilt** wird.

Bei vorliegendem Veränderungsvorbehalt muss also eine Praxis etabliert werden, die die andere Einteilung mindestens zwei Wochen im Vorhinein gewährleistet.

4.4.3 Höchstgrenzen der Arbeitszeit

Als Höchstgrenzen sieht das AZG im Allgemeinen eine **Tagesarbeitszeit** von **zehn Stunden** und eine **Wochenarbeitszeit** von **50 Stunden** vor (§ 9 Abs 1 AZG).

Diese dürfen auch bei anderer Verteilung der Normalarbeitszeit (vgl 4.4.4) oder Überstundenanfall (vgl 4.4.5) nicht überschritten werden. Das G sieht allerdings Ausnahmen vor (vgl § 9 Abs 2 ff AZG).

---

[24]) OGH 19. 8. 1998, 9 ObA 187/98k, DRdA 1999, 280 *(Löschnigg).*

Bei Vorliegen von **Reisezeiten** iSd § 20b AZG (vgl 4.4.1) können die Höchstgrenzen der Arbeitszeit überschritten werden (§ 20b Abs 2 AZG). Fällt in die Arbeitszeit des AN regelmäßig und in erheblichem Ausmaß **Arbeitsbereitschaft,** so kann gem § 5 AZG unter den dort genannten Voraussetzungen die tägliche Normalarbeitszeit auf bis zu zwölf und die wöchentliche Normalarbeitszeit auf bis zu 60 Stunden ausgedehnt werden, was auch eine Erhöhung der Höchstgrenzen der Arbeitszeit impliziert. Bei außergewöhnlichen Fällen iSd § 20 AZG sind die Höchstgrenzen sistiert.

4.4.4 Die Normalarbeitszeit und ihre Verteilung

Gem § 3 Abs 1 AZG darf die tägliche Normalarbeitszeit acht Stunden und die wöchentliche Normalarbeitszeit 40 Stunden nicht überschreiten. Das G sieht allerdings zahlreiche Möglichkeiten einer anderen Verteilung der Normalarbeitszeit vor (vgl §§ 4ff AZG):

So kann zB gem § 4 Abs 2 AZG zur Erreichung einer längeren Freizeit im Zusammenhang mit der wöchentlichen oder täglichen Ruhezeit (vgl 4.4.7.1, 4.4.7.2) die Normalarbeitszeit an einzelnen Tagen regelmäßig gekürzt und die ausfallende Normalarbeitszeit auf die übrigen Tage der Woche verteilt werden.

Beispiel: Montag bis Donnerstag je neun Stunden (8 - 12 Uhr, 13 - 18 Uhr), Freitag vier Stunden weniger (8 - 12 Uhr).

Gem § 4 Abs 3 AZG kann zur Einarbeitung von Werktagen, die in Verbindung mit Feiertagen eine längere zusammenhängende Freizeit ergeben (sog Fenstertage), die ausfallende Normalarbeitszeit auf die Werktage von höchstens 13 zusammenhängenden, die Ausfallstage einschließenden Wochen verteilt werden. Der KollV kann den Einarbeitungszeitraum verlängern.

Die neunte Stunde im Beispiel sowie die einzuarbeitenden Stunden nach § 4 Abs 3 AZG (zu beachten dabei: § 4 Abs 3 Z 1 und 2 AZG) sind dann insb keine Überstunden (vgl 4.4.5).

§ 4b AZG ermöglicht die Statuierung von **gleitender Arbeitszeit** durch BV oder - mangels BR - individuellen Gleitzeitvereinbarungen nach Maßgabe bestimmter Voraussetzungen.

4.4.5 Überstundenarbeit

- Bei der Frage, ob der AN Überstundenarbeit zu leisten hat, ist einerseits zu prüfen, ob die Überstundenarbeit zulässig ist. Dies ist ein Problem des öffentlich-rechtlichen AZG, insb auch der Höchstgrenzen der Arbeitszeit (vgl 4.4.3).
  Im Allgemeinen erlaubt das AZG Überstundenarbeit bei Vorliegen eines erhöhten Arbeitsbedarfs. Grundsätzlich darf die Arbeitszeit **wöchentlich höchstens** um **fünf Überstunden** (zum Begriff vgl 4.4.5.1) und **darüber hinaus** um **höchstens 60 Überstunden innerhalb eines Kalenderjahres** verlängert werden (§ 7 Abs 1 AZG).

Daneben kennt das AZG zahlreiche weitere Möglichkeiten, die Überstunden zulässig machen (vgl §§ 7 Abs 2ff, 8 AZG). Hervorzuheben ist § 20 AZG, der in

außergewöhnlichen Fällen unter den gesetzlichen Voraussetzungen sämtliche Beschränkungen des Arbeitszeitschutzes aufhebt.

- Andererseits muss geklärt werden, ob der AN arbeitsvertragsrechtlich zur Überstundenarbeit **verpflichtet** ist.
  Als Rechtsgrundlage für eine derartige Verpflichtung des AN kommen – eher selten – SonderG, weiters der **Arbeitsvertrag,** der **KollV** (Inhaltsnorm gem § 2 Abs 2 Z 2 ArbVG; vgl 11.5.1.2.1) sowie die **BV** (§ 97 Abs 1 Z 13 ArbVG ermöglicht eine fakultative BV über die „vorübergehende Verlängerung der Arbeitszeit") in Frage. In Fällen von **Treuepflichten** (Beistandspflichten; vgl 7.1) kann ebenfalls eine – diesfalls gesetzliche – Verpflichtung zur Überstundenleistung bestehen.

  Ein AN ist trotz Erlaubnis und an sich gegebener Verpflichtung zur Überstundenleistung nicht angehalten, wenn seine berücksichtigungswürdigen Interessen entgegenstehen.

- Die dritte Facette im Recht der Überstunde ist die Frage der Abgeltung derselben (vgl 4.4.5.1, 4.4.5.2). Hierzu muss der Begriff der Überstunde präzisiert werden:

4.4.5.1 Überstundenbegriff

Überstundenarbeit liegt vor, wenn entweder die Grenzen der zulässigen wöchentlichen Normalarbeitszeit überschritten werden oder über die tägliche Normalarbeitszeit, die sich auf Grund der Verteilung der wöchentlichen Normalarbeitszeit ergibt, hinaus gearbeitet wird (§ 6 Abs 1 AZG).

> **Beispiel:** Verteilung der Normalarbeitszeit wie im Beispiel unter 4.4.4.
> In der ersten Woche arbeitet ein AN am Montag und am Mittwoch jeweils um eine Stunde länger bis 19 Uhr. Es ist jeweils eine Überstunde wegen Überschreitung der täglichen Normalarbeitszeit gegeben.
> In der zweiten Woche arbeitet der AN nur am Freitag um eine Stunde länger bis 13 Uhr. Es liegt eine Überstunde wegen Überschreitung der wöchentlichen Normalarbeitszeit vor.

Wird eine Überstunde geleistet, so ist diese nach § 10 AZG mit einem **Zuschlag von 50%,** ausgehend von einer Grundstundenvergütung, abzugelten. An Stelle der Überstundenabgeltung kann **Zeitausgleich** im selben Verhältnis (1 : 1,5) **vereinbart** werden.

Mehrarbeit ist hingegen gegeben, wenn nur Arbeitsleistungen über das vereinbarte Arbeitsausmaß hinaus erbracht werden. Die Arbeitsleistung von Teilzeitbeschäftigten innerhalb des bei Vollzeitbeschäftigung gegebenen Rahmens ist daher keine Überstundenarbeit.

Für die Mehrarbeit von Teilzeitbeschäftigten gibt es unter gewissen Voraussetzungen einen **Zuschlag von 25%** pro Mehrarbeitsstunde (vgl § 19d Abs 3a ff AZG).

4.4.5.2 Überstundenpauschale

Eine Vergütung der geleisteten Überstunden kann auch durch die Vereinbarung einer Überstundenpauschale erfolgen.

Eine pauschalierte Abgeltung von Überstunden muss vereinbart sein. Allein aus einer überkollektivvertraglichen Entlohnung des AN kann nicht auf eine Überstundenpauschale geschlossen werden. Kann aus den Umständen auch nicht auf eine konkludente Vereinbarung geschlossen werden, sind die Überstunden einzeln zu vergüten.

Entscheidung 72: All-In-Vereinbarung

Eine arbeitsvertragliche Regelung, wonach die von einem AN im Rahmen der vom AZG festgelegten Obergrenze zu erbringenden Überstunden auf Grund der Berücksichtigung bei der Festsetzung des Gesamtbezuges nicht zu honorieren, sondern bereits durch diesen abgegolten sind (sog All-In-Vereinbarung), stellt eine zulässige Vereinbarung über eine Pauschalabgeltung der Überstunden dar. Auf die konkrete Bezeichnung kommt es dabei nicht an, sofern nur dem AN bei Vertragsabschluss erkennbar ist, dass mit dem gewährten Entgelt auch die Überstunden abgegolten sein sollen.

Sind die vom AN im Monatsdurchschnitt erbrachten Überstunden durch die Überzahlung des kollektivvertraglichen Mindestlohnes zuzüglich des ihm gewährten Sachbezuges gedeckt, hat er keinen Anspruch auf eine über die All-In-Vereinbarung hinausgehende Überstundenvergütung.

OGH 11. 7. 2001, 9 ObA 161/01 v, ASoK 2002, 58

Durch eine Überstundenpauschale darf **nicht in zwingende** zu Gunsten des AN bestehende **Mindeststandards der Entlohnung eingegriffen** werden.

Für AN, die dem AZG unterliegen (zur Ausnahme von leitenden Angestellten vgl 1.4.1.3), ist zunächst klar, dass für die Entlohnung einer Überstunde gem § 10 Abs 1 AZG eine Grundstundenvergütung plus ein **Zuschlag** von mindestens 50% gebührt (vgl 4.4.5.1). Bei der Ermittlung dieser Zahlungen ist vom vereinbarten laufenden Lohn oder Gehalt bzw – sofern kein überkollektivvertragliches laufendes Entgelt festgelegt wurde – vom **Mindestlohn des** auf das Arbeitsverhältnis anzuwendenden **KollV** auszugehen. Insb bei der All-In-Vereinbarung, einer radikalen Form von Überstundenpauschalierung, ist ein derartiger Mindestlohn auch im Dienstzettel oder schriftlichen Arbeitsvertrag auszuweisen (vgl § 2 Abs 2 Z 9 AVRAG; zum Dienstzettelrecht allg 3.1.5).

Eine **Pauschale** darf **nicht unter jene Vergütung** sinken, die sich durch eine **durchschnittliche Berechnung der tatsächlich erbrachten Überstunden zuzüglich der Zuschläge** ergeben würde:

Entscheidung 73: Überstundenpauschale

Der Anspruch auf eine vereinbarte Überstundenpauschale gebührt auch dann, wenn der AN im Durchschnitt weniger Überstunden als durch die Pauschale gedeckt leistet.

Erbringt der AN hingegen eine die Pauschale übersteigende Überstundenarbeit, so kann er damit nicht gedeckte Ansprüche nachträglich geltend machen.
Für die Durchschnittsberechnung der durch die Pauschale umfassten Überstunden ist mangels Vereinbarung eines kürzeren Zeitraums ein Jahr zu Grunde zu legen.

OGH 6. 6. 1995, 9 ObA 98/95, RdW 1996, 23

Entscheidung 74: Verfallsfrist bei Überstundenpauschale

Eine zweimonatige Verfallsfrist für die Geltendmachung von Überstundenentgelt ist im Falle der Vereinbarung einer die tatsächlich geleisteten Überstunden nicht deckenden Überstundenpauschale sittenwidrig, weil bei einer Überstundenpauschale ein erheblich größerer Zeitraum für die anzustellende Durchschnittsberechnung erforderlich ist[25]**.**

OGH 14. 3. 1990, 9 ObA 42/90, 4177/15/90

Wurde eine Überstundenpauschale (ieS) **ohne Vorbehalt des Widerrufs** (allg 5.2) vereinbart, so kann der AG im Falle der Verringerung des Überstundenanfalls die Vereinbarung **nicht** einseitig **widerrufen.** Ein bestehender Widerrufsvorbehalt darf nur **nach billigem Ermessen,** also zB bei tatsächlich nicht mehr vorhandenem Überstundenanfall, ausgeübt werden.

4.4.6 Ruhepausen

Ruhepausen sind Unterbrechungen der Arbeitszeit zum Zweck der Erholung des AN. Der AN muss in dieser Zeit von jeder Art der Arbeitsleistung befreit sein.

Gem § 11 Abs 1 AZG muss eine Ruhepause von **mindestens einer halben Stunde** dann eingehalten werden, wenn die Tagesarbeitszeit mehr als sechs Stunden beträgt. Im Interesse des AN oder aus betrieblichen Gründen kann die halbstündige Pause auf **zwei Pausen zu je 15 Minuten** oder **drei Pausen zu je zehn Minuten** aufgeteilt werden. Eine derartige Pausenänderung bedarf **bei Vorhandensein eines BR** des Abschlusses einer **BV** (§ 11 Abs 2 AZG iVm § 97 Abs 1 Z 2 ArbVG).

Eine andere Teilung der Ruhepause kann im Interesse des AN oder aus betrieblichen Gründen durch BV bzw in Betrieben ohne BR durch das Arbeitsinspektorat zugelassen werden. Ein Pausenteil muss diesfalls jedenfalls 15 Minuten betragen (§ 11 Abs 5 AZG). Auch eine Verkürzung der Ruhepause auf mindestens 15 Minuten kann durch BV bzw Arbeitsinspektorat bei Vorliegen der erwähnten Gründe erfolgen. Bei erschwerten Arbeitsbedingungen, zB Fließbandarbeiten, kann das Arbeitsinspektorat auch Ruhepausen über das obige Ausmaß hinaus anordnen (§ 11 Abs 6 AZG).

---

[25]) Zu Verfallsfristen in KollV allg 5.4.2.

Ausnahmeregelungen existieren für Schichtbetriebe und für Nachtschwerarbeit (vgl § 11 Abs 3 und 4 AZG).

Ruhepausen gelten prinzipiell **nicht** als **Arbeitszeit.** Die Anrechnung von Ruhepausen auf die Arbeitszeit kann aber im Arbeitsvertrag oder im KollV vorgesehen werden.

Ausnahmsweise als Arbeitszeit anzusehen und daher zu bezahlen sind insb die vom Arbeitsinspektorat gem § 11 Abs 6 AZG angeordneten, über das gesetzliche Ausmaß hinausgehenden Ruhepausen (vgl § 11 Abs 7 AZG).

4.4.7 Ruhezeiten

Zu unterscheiden ist zwischen der täglichen Ruhezeit (vgl 4.4.7.1), der wöchentlichen Ruhezeit (vgl 4.4.7.2) und der Feiertagsruhe (vgl 4.4.7.3).

4.4.7.1 Tägliche Ruhezeit

Gem § 12 Abs 1 AZG ist dem AN nach Beendigung der Tagesarbeitszeit grundsätzlich eine ununterbrochene Ruhezeit von **mindestens elf Stunden** zu gewähren.

Ausnahmen können im KollV vorgesehen sein (vgl § 12 Abs 2 AZG). Andere Abweichungen bestehen bei Schichtarbeit (vgl § 12 Abs 2a AZG) und bei Arbeitsbereitschaft (vgl § 12 Abs 2b AZG).

4.4.7.2 Wöchentliche Ruhezeit

Die wöchentliche Ruhezeit ist im ARG geregelt. Grundsätzlich hat der AN gem § 3 ARG Anspruch auf **Wochenendruhe,** das ist eine ununterbrochene Ruhezeit von 36 Stunden, in die der Sonntag zu fallen hat.

Die Wochenendruhe hat idR spätestens am Samstag um 13 Uhr zu beginnen. Ausnahmen bestehen zB für unbedingt notwendige Abschluss-, Reinigungs-, Instandhaltungs- oder Instandsetzungsarbeiten; hier kann sich der Beginn auf Samstag, 15 Uhr, verschieben (vgl § 3 Abs 2 ARG).

Während der Zeit des Wochenendes darf der AN nur beschäftigt werden, wenn eine der Ausnahmeregelungen der §§ 10ff ARG oder eine der Sonderbestimmungen für bestimmte Betriebe bzw für bestimmte Arbeitnehmergruppen in den §§ 16ff ARG zum Tragen kommen.

Wird ein AN zur Wochenendarbeit herangezogen, so hat er ersatzweise Anspruch auf **Wochenruhe,** das ist eine ununterbrochene Ruhezeit in einem 36-stündigen Zeitraum, der nicht mit dem Wochenende zusammenfällt und einen ganzen Wochentag einzuschließen hat (vgl § 4 ARG).

Jeder AN hat also in jeder Arbeitswoche, dh zwischen Montag und Sonntag, entsprechend der für ihn geltenden Arbeitszeiteinteilung entweder Anspruch auf Wochenendruhe oder auf Wochenruhe. Ob Wochenendarbeit zu leisten ist, ist einerseits eine Frage der öffentlich-rechtlichen Zulässigkeit (s auch oben) und andererseits – davon unabhängig – eine Frage der privatrechtlichen Verpflichtung des AN zu deren Leistung.

Ersatzruhe gem § 6 ARG gebührt dem AN dann, wenn er **während** seiner **planmäßigen wöchentlichen Ruhezeit** (Wochenend- oder Wochenruhe) beschäftigt wird.

Die Ersatzruhe ist im Ausmaß der während der wöchentlichen Ruhezeit geleisteten Arbeit zu gewähren, die innerhalb von 36 Stunden vor dem Arbeitsbeginn der nächsten Arbeitswoche erbracht wurde.

4.4.7.3 Feiertagsruhe

Der AN hat an Feiertagen iSd § 7 Abs 2 und 3 ARG Anspruch auf eine ununterbrochene Ruhezeit von mindestens 24 Stunden, die frühestens um 0 Uhr und spätestens um 6 Uhr des Feiertages beginnen muss (§ 7 Abs 1 ARG). Gem § 9 Abs 1 ARG behält der AN seinen Entgeltanspruch, wenn wegen eines Feiertags nicht gearbeitet wird.

Der AN erhält das Entgelt weiter bezahlt, das er verdient hätte, wenn die Arbeit nicht wegen des Feiertags ausgefallen wäre (§ 9 Abs 2 ARG). Bei Leistungsentgelten ist der Durchschnitt der letzten 13 voll gearbeiteten Wochen zu Grunde zu legen (vgl § 9 Abs 3 ARG).

Feiertagsarbeit, also die Arbeit am – an sich arbeitsfreien – Feiertag, ist zusätzlich zu entlohnen (§ 9 Abs 5 ARG). Dazu tritt ein allfälliger im KollV vorgesehener Sonn- und Feiertagszuschlag.

Wird etwa am Feiertag gearbeitet und werden dabei auch Überstunden geleistet, so gebühren mindestens das regelmäßige Entgelt („Feiertagsentgelt"), der Lohn für die tatsächlich geleistete Arbeit („Feiertagsarbeitsentgelt") und der Überstundenzuschlag (zum Überstundenproblem vgl 4.4.5).

Der Unterschied zwischen Arbeiten während der wöchentlichen Ruhezeit (vgl 4.4.7.2) und der Arbeit an Feiertagen besteht darin, dass aus letzterer kein Ersatzanspruch, sondern nur ein Entgeltanspruch erwächst.

Die zulässigen Ausnahmen von der Feiertagsruhe ergeben sich aus den Regelungen der §§ 10 ff ARG sowie aus den Sonderbestimmungen für bestimmte Betriebe bzw Arbeitnehmergruppen in den §§ 16 ff ARG.

4.5 Mehrpersonenverhältnisse

Die Arbeit kann ausnahmsweise einem Dritten gegenüber zu leisten sein:

4.5.1 Arbeitskräfteüberlassung[26])

Unter Überlassung von Arbeitskräften ist jede **Zurverfügungstellung von Arbeitskräften zur Arbeitsleistung an Dritte** zu verstehen. Schutzbestimmungen zu diesem Thema enthält das AÜG.

Das AÜG spricht von Arbeitskräfteüberlassung und nicht von Arbeitnehmerüberlassung, da es auch **arbeitnehmerähnliche Personen** (vgl allg 1.1.2.2) einbezieht.

Überlasser ist, wer Arbeitskräfte zur Arbeitsleistung an Dritte vertraglich verpflichtet. **Beschäftiger** ist, wer Arbeitskräfte eines Überlassers zur Arbeitsleistung für betriebseigene Aufgaben einsetzt (§ 3 Abs 2 und 3 AÜG).

Arbeitskräfteüberlassung ist **keine Arbeitsvermittlung,** weil bei Letzterer den Überlasser nicht die Pflichten eines AG treffen.

---

[26]) *Löschnigg,* Arbeitsrecht[12] 781 ff.

Zweck des AÜG ist einerseits der Schutz der überlassenen Arbeitskräfte, andererseits aber auch der Schutz des Arbeitsmarktes, dh insb der Stammbelegschaften in den Beschäftigerbetrieben (vgl § 2 Abs 1 und 3 AÜG).

Was die **Arbeitsvertragsbeziehungen** betrifft, so bleibt der **Überlasser,** also die Zwischenperson, die mit dem AN den Arbeitsvertrag abgeschlossen hat, auch **AG.**

Der Beschäftiger steht in Vertragsbeziehungen nur mit dem Überlasser, nicht aber mit dem AN. Der AN hat sich bloß mit einer Delegation des Weisungsrechts (vgl allg 4.1.1), welche ausdrücklich zu vereinbaren ist (§ 2 Abs 2 AÜG), einverstanden erklärt.

Das bedeutet, dass die Entgeltpflicht, aber auch die Fürsorgepflicht in erster Linie den Überlasser treffen, genauso wie der AN dem Überlasser Treupflichten schuldet. § 6 Abs 1 – 3 AÜG sieht allerdings **auch** ausdrücklich vor, dass der **Beschäftiger** für die Dauer der Überlassung die Arbeitgeberpflichten nach den Arbeitnehmerschutzvorschriften (vgl allg 8.5.1) sowie die Fürsorgepflicht (allg 8.1) zu tragen hat. Das DHG (vgl 9.1) gilt sowohl zwischen dem Überlasser und der überlassenen Arbeitskraft als auch zwischen dem Beschäftiger und der überlassenen Arbeitskraft. Auch § 332 Abs 5 ASVG (Legalzessionsregelung für Arbeitskollegen; vgl 9.3) kommt zur Anwendung (vgl § 7 AÜG).

Wichtige **Schutzbestimmungen** zu Gunsten der AN bei Arbeitskräfteüberlassung finden sich in den §§ 10 ff AÜG:

Die zentrale Bestimmung bezüglich des **Entgelts** der überlassenen Arbeitskraft ist § 10 Abs 1 AÜG. Nach dieser Bestimmung hat der AN unabhängig vom vertraglich vereinbarten Entgelt einen Anspruch auf ein angemessenes, ortsübliches Entgelt (vgl Satz 1 leg cit). Bei der Beurteilung der Angemessenheit des Entgelts ist **für die Dauer der Überlassung** auf das **kollektivvertragliche** (oder gesetzlich festgelegte) **Entgelt des Beschäftigerbetriebs** Bedacht zu nehmen (vgl Satz 3 leg cit).

Der überlassenen Arbeitskraft stehen somit zwingend die in diesem KollV vorgesehenen Mindestentgelte zu, nicht jedoch gebührt ein Entgelt, das sich nach dem im Beschäftigerbetrieb gezahlten Istlohnniveau orientiert. Auch Istlohnerhöhungen in diesem KollV sind nicht maßgeblich[27]) (zum Begriff Istlohn vgl 11.5.1.2.1 e).

Ist für den **Überlasserbetrieb** ein **KollV** maßgeblich – es gibt in dieser Branche einen KollV –, dann bleibt dieser gem § 10 Abs 1 Satz 2 AÜG **unberührt.**

Entscheidung 75: Bedachtnahme

§ 10 Abs 1 Satz 3 AÜG, wonach bei der Beurteilung der Angemessenheit des Arbeitsentgelts der Arbeitskraft für die Dauer der Überlassung auf das im Beschäftigerbetrieb vergleichbaren AN für vergleichbare Tätigkeiten zu zahlende kollektivvertragliche Entgelt „Bedacht zu neh-

[27]) OGH 24. 3. 2014, 8 ObA 18/14 a, ARD 6402712/2014.

men ist", kommt unabhängig davon zur Anwendung, ob im Überlasserbetrieb ein KollV existiert.

OGH 31. 3. 1993, 9 ObA 60/93, DRdA 1994, 29 *(Geppert)*

Der ÜberlasserKollV hat daher vor allem dann Bedeutung, wenn der BeschäftigerKollV ein niedrigeres Entgeltniveau als der ÜberlasserKollV aufweist. Auch für jene Zeiträume, in denen der AN nicht an Dritte überlassen wird (sog Stehzeiten), ist der ÜberlasserKollV anzuwenden.

Da der KollV des Beschäftigerbetriebs nicht unmittelbar, sondern nur über den Umweg der Angemessenheit einwirkt, ist fraglich, ob die überlassene Arbeitskraft Anspruch auf spezifische Zulagen, Prämien, Sonderzahlungen etc dieses KollV besitzt. Der Rechtsprechung zufolge sind sämtliche mit dem kollektivvertraglichen Anspruch verbundene Nebenabreden im BeschäftigerKollV (zB Verfallsfristen, Gründe für eine Kürzung bzw Rückzahlung von Sonderzahlungen) mit zu berücksichtigen[28]). Diese zusätzlichen Entgeltbestandteile haben somit im Entgelt des überlassenen AN entsprechenden Niederschlag zu finden.

Kommt **weder im Überlasser- noch im Beschäftigerbetrieb** ein **KollV** zur Anwendung, dann ist das Entgelt nach den im AÜG zwingend vorgesehenen Kriterien der **Angemessenheit** und **Ortsüblichkeit** zu bestimmen (vgl § 10 Abs 1 Satz 1 AÜG).

Diese Bestimmung ist derzeit in der Praxis durch das Bestehen eines KollV für die Überlassungsbranche nicht relevant.

Fall 31: Ein Kärntner in der Steiermark

Die M-GmbH, die die Arbeitskräfteüberlassung gewerbsmäßig betreibt und auch die dazu erforderliche gewerberechtliche Berechtigung besitzt, hat ihren Firmensitz in Kärnten. Sie stellt den Montagefacharbeiter Norbert ein und vereinbart mit ihm die Bezahlung eines dem KollV X des Bundeslandes Kärnten entsprechenden Mindeststundenlohns von € 12,–. Die O-AG, der N für die Dauer eines Jahres überlassen wird, liegt in der Steiermark. Der nach dem in der Steiermark für die O-AG geltenden KollV gebührende Mindeststundenlohn beträgt € 14,–. Tatsächlich erhält aber jeder bei der O-AG beschäftigte AN einen Stundenlohn von € 17,–. In der Steiermark „überzahlt" die O-AG die kollektivvertraglichen Löhne am höchsten. Die meisten vergleichbaren Betriebe bezahlen lediglich den durch den KollV festgesetzten Mindeststundenlohn, nur vereinzelt werden Überzahlungen von € 1,– pro Stunde gewährt. N fordert die Bezahlung eines Stundenlohnes von € 17,–. Wie ist die Rechtslage?

Was das **Arbeitszeitrecht** (vgl allg 4.4) und das **Urlaubsrecht** (allg 8.2) betrifft, so gelten während der Überlassung die im Beschäftigerbetrieb auf vergleichbare AN anzuwendenden gesetzlichen, kollektivvertraglichen oder sons-

[28]) Vgl zB OGH 20. 9. 2000, 9 ObA 188/00p, DRdA 2001, 343 *(Weiß)*.

tigen verbindlichen Vorschriften allgemeiner Art auch für die überlassene Arbeitskraft (§ 10 Abs 3 AÜG).

§ 11 AÜG schreibt bestimmte **Mindestinhalte** der Vereinbarung zwischen Arbeitskraft und Überlasser vor, die ausdrücklich niederzulegen sind (vgl Abs 1 leg cit), gewisse **Vertragsinhalte** werden dezidiert **verboten** (vgl Abs 2 leg cit).

Zum Mindestinhalt gehören zB die Einstufung, der Anfangsbezug sowie die Fälligkeit des Entgelts (vgl § 11 Abs 1 Z 7 und 9 AÜG), das Urlaubsausmaß (Z 10 leg cit) sowie die Kündigungsfristen und -termine (Z 5 leg cit).

Verboten ist die Vereinbarung, wonach der Anspruch auf Arbeitsentgelt auf die Dauer der Beschäftigung im Betrieb des Beschäftigers eingeschränkt wird (§ 11 Abs 2 Z 1 AÜG). Weiters verboten ist die Befristung ohne sachliche Rechtfertigung (§ 11 Abs 2 Z 4 AÜG; vgl 3.2.1.1.2.2) und die Bindung der überlassenen Arbeitskräfte durch Konkurrenzklauseln sowie Klauseln, die ihr das Tätigwerden im ehemaligen Beschäftigerbetrieb nach Beendigung des Arbeitsverhältnisses untersagen (vgl § 11 Abs 2 Z 6 und 7 AÜG).

Ungeregelt bleibt die **betriebsverfassungsrechtliche Situation der überlassenen Arbeitskraft.** Hier wird nach allgemeinen Grundsätzen des Betriebsverfassungsrechts vorzugehen sein.

Fall 32: Losentscheid[29])

Zur Wahl des ArbeiterBR der P-AG bewerben sich drei wahlwerbende Gruppen. In die Wählerliste werden fünf überlassene Arbeitskräfte nicht aufgenommen. Bei der Ermittlung des Wahlergebnisses kommt es zum Losentscheid zwischen der Liste Q und der Liste R, der späteren Kl, welcher zu Ungunsten der letzteren ausgeht. Die fünf überlassenen AN sind zum Teil schon weit mehr als sechs Monate im Betrieb der P-AG beschäftigt. Alle sind in die dortige Arbeitszeitregelung eingebunden und erhalten Weisungen über den Arbeitsablauf und die Beschäftigung nur vom Beschäftigerbetrieb. Auch Urlaubsansuchen müssen grundsätzlich an dieses Unternehmen herangetragen werden.

Die Kl ficht die Betriebsratswahl an. Wie ist die Rechtslage?

(Nach OGH 13. 2. 1991, 9 ObA 22/91, DRdA 1991, 352 *[Geppert]*)

Durch die Arbeitnehmereigenschaft der überlassenen Arbeitskraft einerseits im Überlasser- und andererseits im Beschäftigerbetrieb kann es zu einer **Zuständigkeit zweier BR** für den AN kommen. Die Kompetenz dieser BR ist sodann anhand von Zweckmäßigkeitsüberlegungen zu bestimmen und je nach Materie voneinander (vgl schon 1.2).

So wird beispielsweise der ÜberlasserBR für Fragen des Kündigungsschutzes zuständig sein, zumal Kündigungen von Seiten des Vertragspartners, also des Überlassers, erfolgen müssen. Für die Überwachung der Einhaltung der Rechtsvorschriften (vgl § 89 ArbVG) oder für die Versetzung innerhalb des Beschäftigerbetriebs wird hingegen der BeschäftigerBR kompetent sein.

[29]) Zum Arbeitnehmerbegriff des Betriebsverfassungsrechts vgl 1.2, zur mangelhaften Betriebsratswahl vgl 13.1.2.1.1 c.

4.5.2 Gruppenarbeitsverhältnis

Ein von der Arbeitskräfteüberlassung zu unterscheidendes Gruppenarbeitsverhältnis liegt vor, wenn mehrere AN einem AG gegenüber zur gemeinsamen Erbringung der Arbeitsleistung verpflichtet sind (zB Musikkapelle, Arbeitspartie in der Bauwirtschaft).

Charakteristisch ist, dass die Arbeitsverhältnisse zueinander in einem Abhängigkeitsverhältnis stehen. Dieses äußert sich häufig in der Vereinbarung eines **Gesamtentgelts,** was bedeutet, dass dieser Gesamtanspruch als solcher, je nach Vertragsgestaltung vom Leiter der Gruppe oder einem Mitglied, geltend gemacht werden muss und die weitere Auseinandersetzung nach dem Innenverhältnis der Gruppe (zB Gesellschaft bürgerlichen Rechts) vorzunehmen ist[30]).

Bei Künstlergruppen ist die Abhängigkeit der Arbeitsverhältnisse oft so eng, dass zB die Setzung eines Entlassungsgrundes durch ein Gruppenmitglied zur **Entlassung der gesamten Gruppe** berechtigen kann, sofern diese nicht einen vollwertigen Ersatz beistellt.

4.6 Entsendung von AN im Rahmen der Erbringung von Dienstleistungen

Die Arbeitspflicht des AN kann auch Entsendungen an andere Dienstorte enthalten (vgl allg 4.1). Zu problematisieren ist in diesem Zusammenhang die Entsendung im Rahmen der länderübergreifenden Erbringung von Dienstleistungen. Dabei kann es bei der Entsendung vom Ausland nach Österreich aus mehrerlei Gründen zu „Sozialdumping", dh zum Unterbieten von österreichischen durch fremde AN insb im Hinblick auf die Entgelthöhe, kommen: So bleibt nach Internationalem Privatrecht grundsätzlich das Recht des ursprünglichen Arbeitsorts maßgeblich (vgl allg 10.1), weiters würden etwa in Österreich wegen des § 8 ArbVG die KollV nicht für AG gelten, die keine Einbindung ins System der österreichischen Sozialpartnerschaft aufweisen (dazu allg 11.6.1).

Zu diesem Thema kam es im Bereich der EU im Zusammenhang mit der unionsrechtlichen Dienstleistungsfreiheit zu einer Schärfung des Problembewusstseins, welches letztlich zur Verabschiedung der **EntsendeRL** 96/71/EG (wN s 10.2.5) führte. Adressaten der RL sind Unternehmen mit Sitz in einem Mitgliedstaat, die AN in das Hoheitsgebiet eines Mitgliedstaates entsenden; eine Entsendung in diesem Sinne kann auch konzernintern oder im Wege der Arbeitskräfteüberlassung erfolgen. Unternehmen mit Sitz in einem Nichtmitgliedstaat darf keine günstigere Behandlung zuteil werden. In der RL wird ein **„harter Kern"** von Arbeitnehmerrechten, zu deren Beachtung der entsendende AG im Gastland verhalten wird, festgeschrieben. Es handelt sich dabei zB um die Höchstarbeits- und Mindestruhezeiten, den bezahlten Mindestjahresurlaub und die Mindestlohnsätze einschließlich Überstundensätze. Dieser Katalog von Arbeits- und Beschäftigungsbedingungen ist allerdings nur dann zwingend beachtlich, wenn die entsprechenden Regeln auf staatlichen Vorschriften oder auf KollV der Bau-

---

[30]) Vgl zB OGH 1. 7. 1980, 4 Ob 52/80, ZAS 1983, 172 *(Selb);* 24. 5. 1989, 9 ObA 95/89, DRdA 1991, 129 *(Schnorr);* 29. 8. 2002, 8 ObA 130/02d, DRdA 2003, 360 *(Mayr).*

branche beruhen. Es besteht für die Mitgliedstaaten jedoch die Möglichkeit, die Beachtung von Arbeitsbedingungen vorzuschreiben, die in KollV anderer Wirtschaftsbereiche festgelegt sind.

Österreichische Umsetzungsvorschriften zur EntsendeRL finden sich insb in den §§ 7a ff AVRAG, wobei diese Bestimmungen auf dem allgemeineren § 7 leg cit aufbauen:

Regelungsinhalt des § 7 AVRAG sind Ansprüche von **AN mit gewöhnlichem Arbeitsort im Inland,** wobei aber der **AG weder Sitz noch Mitgliedschaft bei einer kollektivvertragsfähigen Körperschaft in Österreich** hat. Derartigen AN steht zwingend **zumindest** jenes gesetzliche, verordnungsmäßige oder kollektivvertragliche **Entgelt** zu, das **am Arbeitsort vergleichbaren AN** von vergleichbaren AG gebührt.

Dasselbe gilt gem § 7a Abs 1 AVRAG unbeschadet des auf das Arbeitsverhältnis anzuwendenden Rechts für einen AN, der von einem **AG ohne Sitz in einem Mitgliedstaat der EU** oder **des EWR** zur Erbringung einer Arbeitsleistung nach Österreich **entsandt** wird. Der AN hat darüber hinaus mindestens Anspruch auf **Urlaub** iSd UrlG sowie auf Einhaltung der **kollektivvertraglich festgelegten Arbeitszeitregelungen** (vgl § 7a Abs 3 AVRAG; zum Urlaubsrecht allg 8.2).

Der AG und dessen Auftraggeber haften solidarisch für die geschützten Entgeltansprüche (vgl § 7a Abs 2 AVRAG). Gewisse Ausnahmen von diesen Regelungen bestehen für kurzzeitige Montagearbeiten, Reparaturen und Inbetriebnahmen gelieferter Anlagen und Maschinen (sog **Montageprivileg;** vgl § 7a Abs 4 AVRAG).

§ 7b AVRAG betrifft die Ansprüche gegen **ausländische AG mit Sitz in einem EU- oder EWR-Mitgliedstaat.** Gem Abs 1 leg cit hat ein AN, der von einem derartigen AG zur Erbringung einer Arbeitsleistung nach Österreich **entsandt** wird, für die Dauer der Entsendung jedenfalls Anspruch auf das auch in den §§ 7, 7a Abs 1 AVRAG umschriebene **Entgelt, Urlaub** iSd UrlG, die Einhaltung der **kollektivvertraglich festgelegten Arbeitszeitregelungen** sowie die Bereithaltung des **Dienstzettels.**

§ 7b Abs 2 AVRAG enthält wiederum ein Montageprivileg, die restlichen Regelungen in den Abs 3–9 leg cit (vgl auch §§ 7d ff AVRAG) betreffen Meldepflichten, die Bereithaltung gewisser Unterlagen, Überwachungsrechte von Behörden, die Pflicht der Kollektivvertragsparteien zur Zugänglichmachung ihrer KollV sowie eine Verwaltungsstrafbestimmung.

§ 7c AVRAG statuiert eine **Haftung des Generalunternehmers,** das ist derjenige, der im Rahmen einer Unternehmertätigkeit Leistungen durch Subunternehmer erbringen lässt.

In gewissen Fällen wird hierbei dem Generalunternehmer eine (gesetzliche) Bürgschaft, in anderen Konstellationen eine Ausfallsbürgschaft zu Gunsten des AN auferlegt.

Kontrollfragen zu Kapitel 4.

1. Wann kann der AN verpflichtet sein, Arbeiten zu verrichten, die er vertraglich nicht schuldet? Wie ist eine derartige Verpflichtung einzugrenzen?

2. Was versteht man unter einer Versetzung? Welche Phänomene können als Versetzungsschutz iwS bezeichnet werden?
3. Wie ist die Mitbestimmung nach § 101 ArbVG konzipiert? Ist für eine dauernde Versetzung, die zwar die Arbeitsbedingungen verschlechtert, allerdings dafür das Entgelt deutlich anhebt, die Zustimmung des BR notwendig?
4. Was bedeutet Änderungskündigung? Wie kann es im Zusammenhang mit einer Änderungskündigung zum Greifen des allgemeinen Kündigungsschutzes bzw des betriebsverfassungsrechtlichen Versetzungsschutzes kommen?
5. Worin besteht der Unterschied zwischen Karenzierung und Aussetzung? Wie können die Phänomene in der Praxis auseinandergehalten werden?
6. Welche besondere Formen der Karenzierung gibt es?
7. Ist Wegzeit, Reisezeit bzw Arbeitsbereitschaft Arbeitszeit? Welche rechtlichen Besonderheiten bestehen bei Vorliegen bloßer Reisezeit bzw Arbeitsbereitschaft?
8. Unter welchen Voraussetzungen ist Überstundenarbeit zu leisten? Wie ist Überstundenarbeit abzugelten? Kann der AG eine Überstundenpauschale widerrufen?
9. Nach welchen Grundsätzen sind überlassene Arbeitskräfte zu entlohnen?
10. Was sind die Grundanliegen der EntsendeRL? Wie verhalten sich diese zur unionsrechtlichen Dienstleistungsfreiheit?

5. Entgelt[1])

Die Entgeltpflicht ist die **Hauptpflicht des AG** aus dem Arbeitsverhältnis (zur Arbeitspflicht des AN vgl 4.).

5.1 Entgeltbegriff

Der Begriff des **Entgelts** ist weit auszulegen und umfasst jede Art der Leistung, die der **AN für die Zurverfügungstellung seiner Arbeitskraft erhält.** Es kommt auf die Funktion der jeweiligen Leistung als Abgeltung der Arbeit an; die Bezeichnung ist irrelevant (zu Aufwandsentschädigungen und Zulagen s unten).

Zum Entgelt gehören neben dem laufenden **Grundentgelt** („Fixum" oder – hier in einem engeren Sinn als „Entgelt" gebraucht – „Lohn" bzw „Gehalt"; zu diesen Begriffen s auch unten) auch die **übrigen** regelmäßigen oder sonstigen ordentlichen und außerordentlichen **Leistungen,** wie etwa Akkordlöhne, Provisionen, regelmäßige Prämien, Gewinnbeteiligungen und Jubiläumsgelder[2]). Diese können auf die tatsächliche Mehrleistung des einzelnen AN abgestellt und daher – wie insb Akkord und Provision – variabel sein (vgl 5.1.2).

Auch die idR in KollV enthaltenen Sonderzahlungen (insb 13. Monatsgehalt: Weihnachtsremuneration, 14. Monatsgehalt: Urlaubsremuneration) sind dem Entgeltbegriff zuzuordnen (vgl 5.1.3). Neben Geldlohn gibt es auch Naturalentgelte (vgl 5.1.1). Weiters hier einzuordnen sind Abfertigung (vgl 5.1.4) und Urlaubsersatzleistung (vgl 8.2.9) als Entgelte aus der Beendigung (vgl auch 2.2) sowie Betriebspensionen (vgl 5.1.5).

Als **Gehalt** bezeichnet man üblicherweise das Entgelt der Angestellten, als **Lohn** das der Arbeiter. Die Unterscheidung hat keine normative Bedeutung.

Leistungen Dritter sind dem Arbeitsentgelt nur dann zuzurechnen, wenn zwischen AN und AG entsprechende vertragliche Vereinbarungen getroffen werden oder wenn sich eine Zuordnung der Leistungen aus den sonstigen Umständen ergibt, die Leistungen etwa für arbeitsvertraglich geschuldete Tätigkeiten gewährt werden.

Im Kontrast dazu stehen Zahlungen, die dem AN bloß gelegentlich des Arbeitsverhältnisses von Dritten zufließen, ohne Bestandteil des geschuldeten Entgelts zu sein. So gesehen sind **Trinkgelder** zwar sozialversicherungsrechtlich (vgl § 49 Abs 1 ASVG), im Allgemeinen aber nicht arbeitsrechtlich als Entgelt anzusehen[3]).

---

[1]) *Löschnigg,* Arbeitsrecht[12] 326 ff; *Spielbüchler,* Arbeitsrecht I[4] 225 ff; *Marhold/Friedrich,* Arbeitsrecht[2] 126 ff; *Windisch-Graetz,* Arbeitsrecht II[8] 79 ff.

[2]) Vgl zB OGH 15. 7. 1986, 14 Ob 114/86, Arb 10.543; 29. 2. 1996, 8 Ob 31/95, EvBl 1996/137.

[3]) Vgl zB OGH 11. 1. 1995, 9 ObA 249/94, ZAS 1996, 29 *(Spitzl).*

Im Gegensatz zum Entgelt sind **Aufwandsentschädigungen** (Aufwandersätze) dafür gedacht, bestimmte unmittelbar mit der **Arbeitsleistung zusammenhängende Aufwendungen** zu **ersetzen.** Die Abgrenzung der beiden Begriffe ist nach der Funktion der jeweiligen Zahlung vorzunehmen.

Typische Aufwandersätze sind zB Kilometergelder, Diäten, Nächtigungsgelder oder Zahlungen zur Abdeckung von Reinigungskosten („Schmutzzulagen").

Mögliche Rechtsgrundlagen für den Ersatz von Aufwendungen sind der KollV (§ 2 Abs 2 Z 2 ArbVG; allg 11.5.1.2.1), die BV (§ 97 Abs 1 Z 12 ArbVG; vgl 12.3.1.2.1, 12.4.4), der Arbeitsvertrag und – prinzipiell abdingbar – § 1014 ABGB analog[4]) (zu dieser Bestimmung auch 3.1.1, 9.2.1).

Überhöhte Aufwandsentschädigungen sind im Ausmaß der Überhöhung als Entgelt anzusehen[5]).

Die sog **Lohnzuschläge** (Zulagen) stellen eine Begriffsvermischung dar. Zu unterscheiden sind Leistungszulagen, Aufwandszulagen (zB Werkzeugzulagen, Wegzulagen, Schmutzzulagen), Erschwerniszulagen (Staubzulagen, Hitzezulagen, Nachtzulagen) und Sozialzulagen (zB Kinderzulagen). Man wird wiederum jeweils aus der Funktion der Zulage auf den Entgeltcharakter oder auf die Aufwandsentschädigung zu schließen haben.

Eine Aufwandsentschädigung kann nur dann vorliegen, wenn unmittelbar mit der Arbeitsleistung zusammenhängende Kosten ersetzt werden. Dies wird am ehesten bei Wegzulagen und Schmutzzulagen der Fall sein (s auch oben).

Fall 33: Schmutzzulage

Sachverhalt: *In einem Gießereibetrieb wird zwischen BI und BR eine schriftliche Übereinkunft geschlossen und am schwarzen Brett kundgemacht, die jedem AN eine Schmutzzulage von monatlich € 50,– gewährt. Die tatsächlichen Reinigungskosten betragen € 20,– pro Monat.*

Drei Jahre später heben die abschließenden Parteien die Regelung einvernehmlich auf. Dennoch verlangen einige AN vom AG die Weiterzahlung der Schmutzzulage. Zu Recht?

Lösung: Bei der Übereinkunft handelt es sich der Form nach um eine BV (vgl 12.1). Damit von einer BV im technischen Sinn gesprochen werden kann, bedarf es auch einer gesetzlichen Ermächtigung zur Regelung der hier aufgegriffenen Inhalte (vgl insb den Katalog der Ermächtigungstatbestände in den §§ 96 ff ArbVG). Eine Schmutzzulage kann Regelungsgegenstand einer fakultativen BV gem § 97 Abs 1 Z 12 ArbVG sein, wenn sie von der Funktion her tatsächlich eine Aufwandsentschädigung, dh eine Zahlung zur Abgeltung von unmittelbar mit der Arbeitsleistung zusammenhängenden Aufwendungen, ist. Dies ist insoweit der Fall, als die Leistung den anfallenden Reinigungskosten entspricht. Im Ausmaß von € 30,– pro Monat steht den gewährten Zahlungen kein direkt aus der Arbeit resultierender Aufwand gegenüber. Es handelt sich daher insoweit um eine überhöhte Aufwandsentschädigung,

---

4) OGH 18. 10. 2006, 9 ObA 92/06 d, DRdA 2008, 248 *(Kerschner).*

5) Vgl zB OGH 28. 11. 1996, 8 ObA 2312/96 z, ASoK 1997, 228.

und diese ist als Entgelt zu qualifizieren. Für Entgelt allerdings findet sich im Betriebsvereinbarungsrecht im Allgemeinen, so auch hier, keine Ermächtigungsgrundlage (zu den Ausnahmen vgl 12.3.1.2.1). Die Regelung ist daher keine BV und als solche rechtsunwirksam.

Die Parteien können die BV über die Aufwandsentschädigung von € 20,– pro Monat aufheben. Die BV erlischt, es kommt zu keiner Nachwirkung (vgl § 32 Abs 3 Satz 1 und 2 ArbVG) – eine solche wäre nur bei Kündigung gegeben. Die AN können die € 20,– nicht verlangen.

Was die € 30,– betrifft, so ist es durch die jahrelange Gewährung durch den AG zu einer Vertrauenssituation auf Seiten des einzelnen AN iSd § 863 ABGB gekommen, dieser hat also keinen vernünftigen Grund, am rechtsgeschäftlichen Willen des AG zu zweifeln. Mit der Entgegennahme der Zahlung hat der AN das schlüssige Anbot iSd § 863 ABGB angenommen. Die anfangs rechtsgrundlos gewährte Zahlung wird also zum Anspruch aus den individuellen Arbeitsverträgen nach Maßgabe der als Vertragsschablone aufzufassenden nichtigen Abmachung zwischen den Betriebspartnern (Lehren über die sog „freie BV"; vgl 12.5). In die Arbeitsverträge können jedoch BI und BR nicht eingreifen, sodass den von der langjährigen Praxis erfassten AN die € 30,– weiterhin aus den Verträgen zustehen.

In den folgenden Kapiteln werden spezielle Entgeltformen besprochen (vgl 5.1.1 bis 5.1.5). Auf einige weitere Arten von Entgelten wird an systematisch passender Stelle in späteren Abschnitten eingegangen (zur Urlaubsersatzleistung vgl zB 8.2.9).

5.1.1 Naturalentgelt

Naturalentgelt ist alles, was nicht Geldlohn, also in Geld ausgedrücktes Arbeitsentgelt, ist (zur Fälligkeit von Naturalien vgl 5.4.1).

In Frage kommen Waren aller Art, wie Nahrungsmittel, Kleidung, Heizung bzw Heizmaterial, Energie bzw Beleuchtung, allenfalls auch diesbezügliche Warengutscheine. Weiters geläufig ist die Beistellung von Kost oder Wohnung (vgl 5.1.1.1) sowie die Überlassung von Nutzland oder – heute weit verbreitet – von Dienstwagen bzw Mobiltelefon zur privaten Verwendung. In der Tourismusbranche gibt es Freiflüge oder Gratisreisen, in der traditionellen Produktionswirtschaft findet man die Beistellung, Reinigung und Instandhaltung von Arbeitskleidung.

Fall 34: Milch- und Käsedeputat[6])

Der KollV für Molkereiarbeiter sieht zusätzlich zum Geldlohn ein monatlich zu beziehendes Milch- und Käsedeputat vor.

Der Kl, ein Studierender, ist im Sommer zwei Monate lang als Lkw-Beifahrer mit der Auslieferung der Milchprodukte beschäftigt. Die bekl Molkerei verweigert die Gewährung des Deputats an den Kl mit dem Hinweis, dass die-

[6]) Eine für die Falllösung relevante Materie wird unter 3.2.1.1.2.5 behandelt.

ses generell an die vorübergehend beschäftigten Ferialarbeiter nicht ausgefolgt werde. Wie ist die Rechtslage?

Variante: *Würde sich etwas ändern, wenn der KollV selbst „Ferialarbeiter in einem auf weniger als drei Monate befristeten Arbeitsverhältnis" vom Bezug des Naturalentgelts ausnehmen würde?*

Eine klassische arbeitsrechtliche Materie ist das **Barzahlungsgebot** und damit das **Verbot des sog Trucksystems,** welches den AN zwingt, Waren beim AG zu beziehen, die an Stelle des Geldlohnes geliefert bzw auf das künftige Entgelt kreditiert werden (vgl § 78 GewO 1859, insb Abs 1 und 4 leg cit).

Das Trucksystem ist eine krasse Variante der Verlagerung von Unternehmerrisiko auf den AN. Diesem wird das „Absatzrisiko" aufgebürdet.

Das Truckverbot wird idR auf den vereinbarten Geldlohn bezogen, sodass die Vereinbarung von Naturalien neben dem Geldlohn nicht beschränkt wird. Dies ist nicht unbedenklich[7]), doch sind Missbräuche im Hinblick auf den Umstand, dass die lohngestaltenden Vorschriften primär den Geldlohn zwingend festlegen, kaum zu verzeichnen.

5.1.1.1 Dienstwohnung

Eine Dienstwohnung iwS kann **Naturalentgelt aus dem Arbeitsverhältnis** sein, sie kann aber auch im Zusammenhang mit dem Arbeitsverhältnis im Rahmen eines **Mietverhältnisses** vergeben werden (vgl 1.1.1.4). Im Folgenden sollen typische Gestaltungen herausgearbeitet und rechtlich eingeordnet werden.

Nach hA[8]) werden drei Kategorien von **Dienstwohnungen iwS** unterschieden: Eine **Dienstwohnung (ieS)** ist eine vom AG beigestellte Wohngelegenheit, die zur zweckentsprechenden Verrichtung der vom AN geschuldeten Arbeit erforderlich ist (zB Hausbesorgerdienstwohnung iSd § 13 HbG); Indizwirkung wird vor allem einer „Residenzpflicht" zukommen. Unter **Naturalwohnung** ist eine Wohnung zu verstehen, bei der die Gebrauchsüberlassung am Wohnraum ein Naturalentgelt darstellt; eine Residenzpflicht besteht nicht. Als **Werkswohnung** wird eine Wohnung qualifiziert, welche dem AN zwar entgeltlich, aber gegen ein bloß geringfügiges, wesentlich unter dem ortsüblichen Mietzins liegendes Entgelt zeitlich parallel zum Arbeitsverhältnis überlassen wird.

Wohnungen, die auf Grund eines Arbeitsverhältnisses oder im Zusammenhang mit einem solchen als Dienst-, Natural- oder Werkswohnung überlassen werden, **fallen nicht unter** das **MRG** (§ 1 Abs 2 Z 2 leg cit). Es besteht daher keinesfalls (Kündigungs-)Schutz nach diesem G. Zu fragen ist, ob und

---

[7]) Vgl *Spielbüchler,* Arbeitsrecht I^4 266 f.

[8]) *Wachter,* Dienst-, Natural-, Werks- und Mietwohnungen^2 (1983) 7 ff. Der genannte Autor bildet auch eine vierte Kategorie der „Werksmietwohnung", auf welche seiner Meinung nach wegen der Ähnlichkeit zu einer „normalen" Mietwohnung das MRG anwendbar sein soll; ähnlich auch OGH 28. 1. 2009, 9 ObA 106/08 s, ARD 5982/1/2009.

gegebenenfalls wie der AN auf andere Weise vor dem Verlust der Wohngelegenheit geschützt wird.

- Stellt die Wohnung einen Bestandteil des **Arbeitsvertrags** dar, wie dies im Falle der **Dienstwohnung ieS** und der **Naturalwohnung** anzunehmen ist, so ist das Wohnrecht mit dem Arbeitsverhältnis und dessen Schicksal verbunden. Eine Entziehung des Wohnrechts durch den AG während aufrechten Bestandes des Arbeitsverhältnisses bedarf einer Vertragsänderung und damit der Zustimmung des AN. Ein im Arbeitsvertrag eingeräumtes diesbezügliches Gestaltungsrecht kann nur nach billigem Ermessen ausgeübt werden. Im Falle der Beendigung des Arbeitsverhältnisses geht der AN auch der Wohnmöglichkeit verlustig. Diese hängt also an der Frage des Bestehens eines entsprechenden Kündigungs- und Entlassungsschutzes (vgl allg 2.3 sowie speziell zum vor 30. 6. 2000 eingetretenen Hausbesorger § 18 HbG).
- Beruht die Wohnmöglichkeit – dies ist bei der **Werkswohnung** der Fall – auf einem eigenen **Mietvertrag** und fällt der Arbeitsvertrag weg, so verbleibt ein „nachwirkendes" Benützungsrecht, welches mangels anderweitiger vertraglicher Gestaltung der außergerichtlichen Kündigung nach allgemeinem Bestandrecht (§ 1116 ABGB, § 560 ZPO) zugänglich ist. Für die Zeit des aufrechten Arbeitsverhältnisses allerdings ist zu bedenken, dass einschlägige Wohnrechte idR mit diesem Vertragsverhältnis verknüpft werden. Das Arbeitsverhältnis ist diesfalls Angelpunkt für die Annahme einer (objektiv bestimmbaren) Befristung des Mietverhältnisses, welche eine (ordentliche) Kündigung vor Ablauf rechtsunwirksam macht (zur entsprechenden Befristung des Arbeitsvertrags vgl 3.2.1.1.1, 3.2.1.1.3).

Entscheidung 76: Werkswohnung

Die Vereinbarung einer Kündigungsmöglichkeit im für die Dauer des Arbeitsverhältnisses befristeten Mietverhältnis betreffend eine Werkswohnung ist als sittenwidrig auszuscheiden, da dadurch jedweder Bestandschutz unterlaufen würde.

OGH 9. 6. 1993, 9 ObA 62/93, DRdA 1994, 156 *(Kürner)*

5.1.2 Erfolgsabhängiges Entgelt

Im Gegensatz zum Zeitlohn (Stundenlohn, Wochenlohn, Monatslohn, Jahreslohn) stehen die verschiedenen Formen erfolgsabhängiger Entgelte (vgl 5.1.2.1 – 5.1.2.5). Diese sind von bestimmten Leistungen des AN oder auch von wirtschaftlichen Kennzahlen im Bereich des Unternehmens abhängig.

5.1.2.1 Akkord

Der typische Leistungslohn des Arbeiters ist der Akkord. Beim modernen Akkord begnügt man sich nicht mit der Festsetzung eines Akkordsatzes pro Leistungseinheit **(Geldakkord)**, sondern es werden im Rahmen des sog **Zeitakkords** zwei Elemente getrennt ausgeworfen, nämlich der Zeitfaktor und der Geldfaktor. Der **Geldfaktor** errechnet sich folgendermaßen: Der kollektivvertragliche (Zeit-)Lohn pro Stunde wird um einen gewissen Prozentsatz, den sog Akkordzuschlag, erhöht. Dies ergibt den Akkordrichtsatz. Teilt man den Akkordrichtsatz durch 60, erhält man den Geldfaktor (Minutenfaktor = Lohn pro Minute). Der **Zeitfaktor,** das ist die pro Leistungseinheit erforderliche und vorgegebene Zeit in Minuten, wird nach arbeitswissenschaftlichen Kriterien ermittelt, wobei für die angenommene Normalleistung eine gewisse Zeitspanne „vorgegeben" wird (Vorgabezeit). Der Akkordverdienst (Zeitakkord) errechnet sich nach der Formel: Zeitfaktor mal Geldfaktor mal Zahl der erbrachten Leistungseinheiten[9]).

5.1.2.2 Provision

Bei Angestellten weit verbreitet ist die Provision, also die meist in Prozenten ausgedrückte Beteiligung am Wert jener Geschäfte des AG, die durch die Tätigkeit des AN zustande gekommen sind.

Die Provision ist einerseits von der Leistung des AN, andererseits aber auch von der Markt- und Geschäftslage abhängig.

Das AngG hebt aus dem Kreis der Provisionsempfänger einerseits **Vermittlungs**- und andererseits **Abschlussvertreter** hervor. Erstere leiten das Geschäft ein, das der AG genehmigen oder ablehnen kann; das Geschäft gilt als genehmigt, wenn der AG nicht ohne Verzug widerspricht (§ 10 Abs 2 AngG). Letztere schließen selbst ab, sind also Handlungsbevollmächtigte.

Im Zweifel besteht nach § 11 Abs 1 AngG auch Anspruch aus sog **Direktgeschäften.** Dies sind Geschäfte, die ohne die unmittelbare Mitwirkung des Angestellten zwischen der ihm zugewiesenen oder von ihm zugeführten Kundschaft und dem AG zustande gekommen sind.

Wenn der Angestellte zum alleinigen Vertreter für einen bestimmten Bezirk bestellt wurde **(Gebietsschutz),** dann gebührt ihm die Provision für alle Geschäfte, die mit einem Kunden dieses Bezirks abgeschlossen wurden (§ 11 Abs 2 AngG).

Ist die Ausführung des Geschäfts infolge Verhaltens des AG unterblieben, ohne dass hierfür wichtige Gründe in der Person des Dritten vorlagen, so kann der Angestellte die volle Provision verlangen (§ 11 Abs 3 AngG).

Der Anspruch auf Provision gilt **mangels Vereinbarung** als **erworben,** wenn bei **Verkaufsgeschäften** eine Zahlung eingeht, und zwar **nach Maßgabe dieser Zahlung;** bei **anderen Geschäften** mit **Abschluss** derselben (§ 10 Abs 3 AngG). Die **Fälligkeit** tritt (dispositiv) **vierteljährlich bzw mit Lösung des Arbeitsverhältnisses** ein (§ 10 Abs 4 AngG; zur Fälligkeit von Entgelten allg 5.4.1).

Die gegenständlichen Regelungen sind zwar durch Vereinbarung veränderbar, ein unsachliches Verschieben von Erwerbs- und Fälligkeitsterminen durch den AG, insb

[9]) *Löschnigg,* Arbeitsrecht[12] 335 mit Beispiel.

auch in Zusammenwirken mit dem Geschäftspartner, wäre aber als sittenwidrig zu qualifizieren.

5.1.2.3 Beteiligung am wirtschaftlichen Ergebnis

Zu erwähnen ist hier insb die **Gewinnbeteiligung.** Diese ist eine besondere Entgeltform, die in der Beteiligung am gesamten oder an einem Teil des Geschäftsgewinns eines Unternehmens besteht. Zum Tragen eines Verlustes kann der AN – im Gegensatz zum Gesellschafter (vgl 1.1.1.3) – nicht verhalten werden.

Mangels Vereinbarung findet die Abrechnung für das abgelaufene Geschäftsjahr auf Grund der Bilanz statt (§ 14 Abs 1 AngG). Soweit es zur Prüfung der Richtigkeit der Abrechnung erforderlich ist, kann der AN die Einsicht in die Geschäftsbücher verlangen, unabhängig davon, ob er Zweifel an den in der Abrechnung enthaltenen Angaben hegt.

Neben der Gewinnbeteiligung kommen auch Entlohnungssysteme in Betracht, die sich am Umsatz **(Umsatzbeteiligung)** oder allgemein an einer Kennzahl des wirtschaftlichen Unternehmenserfolgs orientieren.

Fall 35: Teamarbeit[10])

Stefan ist Angestellter in einer Arbeitskräfteüberlassungsfirma. In seinem Arbeitsvertrag findet sich die Regelung, dass an alle Teammitglieder der Niederlassung Steiermark ein Anteil des von dieser pro Monat erwirtschafteten Gewinns ausgeschüttet wird. Die Verteilung dieses Gewinnanteils auf die einzelnen Teammitglieder ist von der Kostenstellenleiterin nach einem von dieser festzulegenden Aufteilungsschlüssel vorzunehmen.

S hat zur Kostenstellenleiterin kein gutes Verhältnis, weil diese mit seinem Arbeitsstil nicht einverstanden ist. Er ist aber als Disponent durchaus erfolgreich und kann zahlreiche Personalüberlassungsverträge mit Kunden unter Dach und Fach bringen.

Die Kostenstellenleiterin nimmt eine Aufteilung des Gewinnanteils nach Köpfen vor, wobei sie als Grundvoraussetzung für eine Ausschüttung die Teilnahme an von ihr monatlich anberaumten, abendlichen „Teamsitzungen" in einem Gasthaus, in denen sie über allgemeine, zum Teil private „Befindlichkeiten" im Bereich der Niederlassung referiert, bestimmt. Da S bei diesen Sitzungen nicht anwesend war, wird die Zusatzleistung an ihn nicht zur Auszahlung gebracht. Er will sich zur Wehr setzen. Wie ist die Rechtslage?

5.1.2.4 Prämie

Prämien sind zusätzliche Vergütungen für einen besonderen Erfolg der Arbeitsleistung, wobei die Quantität, die Qualität, aber auch andere Kriterien wie Güte und Genauigkeit der Arbeit, besondere Ausnutzung der Roh- und

[10]) Für die Falllösung notwendige Inhalte finden sich in 5.2, 5.3.3.1.

Werkstoffe oder sonstige Einsparungen anspruchsbegründend wirken können[11]).

Problematisch sind sog **Anwesenheitsprämien.** Es sind dies Zahlungen, die dem AN zusätzlich zum laufenden Entgelt gewährt werden, wobei das **Wesen der Leistungen** darin besteht, dass sie der AN überhaupt oder jedenfalls in voller Höhe nur dann erhalten soll, wenn er **während eines bestimmten Zeitraums tatsächlich und ununterbrochen gearbeitet** hat. Ein Verlust des Anspruchs tritt dabei unabhängig davon ein, aus welchem Grund der AN nicht gearbeitet hat; auch berechtigte Fehlzeiten (zB infolge von Krankheiten, Unfällen oder sonstigen wichtigen Gründen in der Person des AN; vgl 6.2.1, 6.2.2) sollen zum Entfall der Prämie führen.

Aus Arbeitgebersicht verfolgen derartige Vertragsgestaltungen **zwei Ziele:** Einerseits sollen aus betriebswirtschaftlichen Überlegungen Fehlzeiten oder – anders gesagt – „Nichtleistungsentgelte“ gering gehalten werden. Andererseits soll ein möglicher Missbrauch jener sozialen SchutzG, die im Krankheits- oder Verunglückungsfall für einen bestimmten Zeitraum die Fortzahlung des vollen Entgelts vorsehen, durch finanzielle Anreize für den AN eingedämmt werden.

Problematisch erscheint, dass die Klauseln zB auch wirklich kranke AN treffen und diese dazu verleiten könnten, sich ihren sozialen Schutz quasi „abkaufen“ zu lassen. Es ist dies ein Szenario, welches letztlich auch volkswirtschaftlich unerwünscht sein könnte.

Entscheidung 77: Bedingte Zusatzabfertigung

Die Suspensivbedingung der ununterbrochenen Tätigkeit im Betrieb für den Anspruch auf eine zusätzliche Abfertigung ist unzulässig und widerspricht dem Lohnausfallprinzip des EFZG. § 3 EFZG stellt sicher, dass der AN durch eine Arbeitsverhinderung gem § 2 EFZG keinen wirtschaftlichen Nachteil hat. Dieser Schutzzweck ist nicht erreicht, wenn der erkrankte AN letztlich eine Entgelteinbuße dadurch erleidet, dass er die Prämie nicht erhält.

Das Interesse des AG, Missbräuchen bei Krankmeldungen vorzubeugen, vermag eine Vertragsgestaltung der vorliegenden Art nicht zu rechtfertigen.

OGH 16. 11. 1988, 9 ObA 283/88, DRdA 1991, 23 *(Grillberger)*

5.1.2.5 Diensterfindungsvergütung

Eine besondere Art von Prämie ist die Diensterfindungsvergütung. Gem § 8 Abs 1 PatG gebührt dem AN in jedem Fall für die Überlassung einer von ihm gemachten Erfindung an den AG (vgl 5.1.2.5.1) sowie für die Einräumung eines Benützungsrechts eine angemessene Vergütung.

---

[11]) Vgl OGH 2. 6. 1981, 4 Ob 135/80, DRdA 1982, 403 *(Holzer).*

Wenn der AN ausdrücklich zur Erfindertätigkeit angestellt wird, so gebührt die Vergütung nur insoweit, als sie nicht bereits in einem entsprechend höheren Entgelt enthalten ist (§ 8 Abs 2 PatG).

Die **Bemessung der Vergütung** ist nach den Maßstäben der §§ 9f PatG vorzunehmen:

- Gem § 9 PatG ist bei der Bemessung der Vergütung auf die **Umstände des Einzelfalles** Bedacht zu nehmen, insb auf die wirtschaftliche Bedeutung der Erfindung, auf eine sonst etwa erfolgte Verwertung der Erfindung oder auf den Anteil, den Anregungen, Erfahrungen, Vorarbeiten oder Hilfsmittel des AG sowie Weisungen am Zustandekommen der Erfindung gehabt haben.
- Gem § 10 Abs 1 PatG kann die Vergütung **nachträglich** auf Antrag (bzw Klage) eines der Beteiligten **nach billigem Ermessen** adaptiert werden, wenn eine wesentliche Änderung der für die Angemessenheit maßgeblichen Verhältnisse eingetreten ist.

Der Anspruch auf Änderung der Vergütung steht dem AN auch im Fall der Übertragung der Erfindung auf einen Dritten durch den AG dann zu, wenn der vom AG bei dieser Übertragung oder bei entsprechenden Gestaltungen erzielte Erlös in auffälligem Missverhältnis zu der dem AN gewährten Vergütung steht (§ 10 Abs 2 PatG).
Ein „Antrag" iSd § 10 Abs 1 oder 2 PatG kann erst nach Ablauf eines Jahres nach der letzten Festsetzung der Vergütung gestellt werden (§ 10 Abs 3 PatG).

Entscheidung 78: Sportschuhe

Sachverhalt: Der Kl hat der Bekl während seines Arbeitsverhältnisses eine Diensterfindung überlassen, hinsichtlich der die Bekl 1976 in Österreich ein Patent erwirkt hat. Die Erfindung erstreckt sich auf ein Verfahren, mit dem die Sohle von aus Kunststoff hergestellten Sportschuhen durch Hochfrequenzerhitzung nahtlos mit dem Schaft des Schuhes verbunden wird. Für die Überlassung der Diensterfindung zahlt die Bekl an den Kl in den Jahren 1974 bis 1980 eine Vergütung.

Der Kl begehrt für 1980 und 1981 eine Nachzahlung von ca S 966.000,–, die sich ergibt, weil auf seine Vergütung eine vereinbarte Wertsicherung nicht angewendet worden ist. Die Bekl wendet ua ein, dass der Kl auf die Wertsicherungsklausel durch Nichtgeltendmachung konkludent verzichtet habe. Überdies habe sie mit Schreiben vom 4. 11. 1981 die Herabsetzung der Vergütung auf die bezahlten Beträge begehrt und diesbezüglich auch eine Klage eingebracht. Auch sei mit der Auflösung des Arbeitsverhältnisses die Grundlage für die Vergütung weggefallen.

Leitsätze: Die Nichtgeltendmachung der Wertsicherung ist kein konkludenter Verzicht auf diese.

Die Auflösung des Arbeitsverhältnisses hat gem § 16 PatG keinen Einfluss auf die Diensterfindungsvergütung.

Herabsetzungsanträge nach § 10 PatG können sich nur auf erst nach diesbezüglicher gerichtlicher Geltendmachung (klags- oder einredeweise) fällige Vergütungsbeträge beziehen, nicht aber auf bereits in der Vergangenheit fällig gewordene.

OGH 26. 6. 1984, 4 Ob 77/84, ZAS 1985, 74 *(Collin)*

5.1.2.5.1 Exkurs: Das Recht am Arbeitsergebnis im Allgemeinen

Im Allgemeinen haben AN auch für die von ihnen während des Bestandes des Arbeitsverhältnisses gemachten Erfindungen den Anspruch auf die Erteilung des Patents (vgl § 6 Abs 1 PatG). **Will** der **AG über** die **Erfindung verfügen,** so bedarf es einer diesbezüglichen **Vereinbarung.**

Gem § 7 Abs 1 PatG haben Vereinbarungen zwischen AG und AN, nach denen künftige Erfindungen des AN dem AG gehören sollen oder dem AG ein Benützungsrecht an solchen Erfindungen eingeräumt werden soll, nur dann rechtliche Wirkung, wenn die Erfindung eine **Diensterfindung** ist. Die Vereinbarung bedarf zu ihrer Gültigkeit der **Schriftform.**

Eine Diensterfindung ist die **Erfindung eines AN,** wenn sie ihrem Gegenstand nach in das **Arbeitsgebiet des Unternehmens,** in dem der AN tätig ist, fällt und wenn entweder die Tätigkeit, die zur Erfindung geführt hat, zu den **Dienstpflichten** des AN gehört oder der AN die **Anregung** zur Erfindung **durch** seine **Tätigkeit** erhalten hat bzw das **Zustandekommen** der Erfindung durch die Benützung der Erfahrungen oder Hilfsmittel des Unternehmens **wesentlich erleichtert** worden ist (vgl § 7 Abs 3 PatG).

Der Schriftform (vgl allg 3.1.4) ist auch dann Genüge getan, wenn ein **KollV** Regelungen zum Thema vorsieht (§ 7 Abs 1 Satz 2 PatG).

Jede Erfindung, die nicht als Diensterfindung anzusehen ist, ist eine **„freie Erfindung"** des AN. Davon zu unterscheiden sind die sog **frei gewordenen Diensterfindungen,** das sind jene Diensterfindungen, die dem AG als solche anzubieten waren (s unten), von ihm aber nicht in Anspruch genommen wurden.

Auch bei Überlassung einer freien Erfindung – über die eine Vorwegvereinbarung nicht möglich ist (s oben) und die der AN auch nicht etwa auf Grund von Treuepflichten anbieten muss – steht dem AN eine angemessene Vergütung zu (vgl 5.1.2.5).

Gem § 12 Abs 1 PatG ist der AN im Fall einer **Vorausverfügung** über Diensterfindungen zu Gunsten des AG verpflichtet, **jede** gemachte **Erfindung** dem AG **mitzuteilen,** es sei denn, die Erfindung fällt offenbar nicht unter die Vereinbarung. Der **AG** hat dann innerhalb von vier Monaten nach der Mitteilung dem AN gegenüber zu **erklären,** ob er die Diensterfindung für sich in Anspruch nimmt.

Wird diese Erklärung, die Diensterfindung in Anspruch zu nehmen, nicht abgegeben, so ist die Diensterfindung „frei geworden" (vgl § 12 Abs 2 Satz 2 PatG).

In Bezug auf den **Urheberrechtsschutz** etwa von literarischen bzw künstlerischen Werken oder Computerprogrammen ist gem § 10 Abs 1 UrhG derjenige als Urheber anzusehen, der das Werk geschaffen hat. Dies kann auch ein AN sein. Der AN kann Nutzungsrechte am geschützten Werk auf den AG übertragen, eine Verpflichtung dazu besteht jedoch ohne gesetzliche oder vertragliche Grundlage nicht.

Wird allerdings ein **Computerprogramm** von einem AN in Erfüllung seiner dienstlichen Obliegenheiten geschaffen, so steht dem AG hieran kraft G ein unbeschränktes Werknutzungsrecht zu, wenn er mit dem Urheber nichts anderes vereinbart hat (§ 40b Satz 1 UrhG).

5.1.3 Sonderzahlungen

Unter Sonderzahlungen (Remunerationen) versteht man Leistungen, die aus besonderem Anlass geleistet werden.

Neben Jubiläumszuwendungen für langdauernde Betriebszugehörigkeit sind vor allem Weihnachts- (häufig 13. Monatsgehalt genannt), Urlaubs- (14. Monatsgehalt) und Bilanzzuschüsse (15. Monatsgehalt) geläufig.

Ob ein Anspruch auf Sonderzahlungen besteht, unter welchen Voraussetzungen bzw in welchem Umfang er gewährt wird und wann er fällig ist, bleibt grundsätzlich der **jeweiligen Rechtsgrundlage** (idR KollV, zum Teil auch Arbeitsvertrag bzw bei Jubiläumsgeldern BV; vgl aber § 9 Abs 2 HGHAngG), allenfalls dem Ortsgebrauch überlassen (zur Fälligkeit vgl auch 5.4.1).

Meistens werden Sonderzahlungen in regelmäßigen, insb jährlichen Abständen gewährt und dem „laufenden Lohn" bzw „Gehalt" gegenübergestellt. Juristisch betrachtet sind sie aber Teil des laufenden Entgelts mit besonderem Fälligkeits- und unter Umständen auch Entstehungszeitpunkt (zum dafür relevanten Stichtags- bzw Anwartschaftsprinzip s unten).

Entscheidung 79: Langdauernde Krankheit

Der möglicherweise früher motivierende Zusammenhang von Urlaub und Weihnachten mit den Sonderzahlungen ist weitestgehend weggefallen. Die ursprünglich zweckorientierten Sonderzahlungen sind nichts anderes als ein besonderer Teil des Entgelts. Es bedarf daher keiner weiteren Rechtfertigung dafür, dass bei Enden des (laufenden) Entgeltanspruchs, etwa bei langdauernder Krankheit, auch der Anspruch auf Sonderzahlungen endet bzw in Übergangsperioden aliquotiert wird, während umgekehrt es eines besonderen Rechtsgrundes bedürfte, dass ein Sonderzahlungsanspruch bestehen sollte, wenn der sonstige Entgeltanspruch nicht besteht.

OGH 28. 3. 1996, 8 ObA 2019/96m, DRdA 1997, 190 *(Schindler)*

Diese sozialpolitisch **umstrittene E**[12]) betrifft insb lang erkrankte AN und nimmt diesen nach Ablauf der Entgeltfortzahlungszeiträume (vgl 6.2.1.1a, 6.2.1.2a) neben dem Grundentgelt auch das 13. und 14. Monatsgehalt (zur Situation im Abfertigungs-

[12]) Mittlerweile stRsp; zB OGH 3. 3. 2010, 9 ObA 151/09k, infas 2010 A 55.

recht vgl 5.1.4.1.1.2, zum Urlaubsrecht vgl 8.2.3). Rechtsdogmatisch ist die Ansicht des Höchstgerichts insofern fundiert, als Sonderzahlungen in verschiedenen Zusammenhängen, so etwa bei der Bemessung des sozialversicherungsrechtlichen Krankengeldes (vgl § 125 Abs 3 ASVG) und der Forderungsqualifikation im Insolvenzverfahren (vgl 5.3.5.1), dem laufenden Entgelt zugeschlagen werden. Der OGH weist selbst den Weg zu ausgewogenen Lösungen, indem er betont, dass die Parteien des KollV in deutlicher Art und Weise ein Weiterbestehen des Sonderzahlungsanspruchs trotz Fehlen des Grundentgelts festlegen können.

Sonderzahlungen können insb nach dem Anwartschafts- oder nach dem Stichtagsprinzip konstruiert sein. Beim **Anwartschaftsprinzip** wird der Anspruch mit Zeitablauf aliquot erworben, mag auch die Fälligkeit zB nur an zwei Terminen im Jahr eintreten. Im Falle des **Stichtagsprinzips** ist das Aufrechtbestehen des Arbeitsverhältnisses am Stichtag Bedingung für den Erwerb des Anspruchs, der dann zur Gänze oder überhaupt nicht erworben und fällig wird.

Während somit bei Zugrundelegung des Anwartschaftsprinzips der Anspruch sukzessive anwächst, stimmt beim Stichtagsprinzip der Entstehungszeitpunkt mit dem Fälligkeitstermin überein.

Bei der Interpretation der jeweiligen Rechtsgrundlage wird man die üblichen Urlaubs- und Weihnachtsremunerationen regelmäßig dem Anwartschaftsprinzip zuordnen können, während für Jubiläumsgelder auch das Stichtagsprinzip in Betracht kommt. Ein Anhaltspunkt für die Ermittlung einer Anwartschaftskonstruktion kann darin liegen, dass bezüglich der im laufenden Jahr begründeten bzw gelösten Arbeitsverhältnisse der Anspruch auf jährliche Remunerationen **schon auf Grund des KollV** aliquotiert wird.

Für Angestellte ist gem **§ 16 Abs 1 AngG** von vornherein **zwingend vorgesehen,** dass „periodische Remunerationen" oder „andere besondere Entlohnungen" zumindest **aliquot** gebühren, wenn das Arbeitsverhältnis vor Fälligkeit der Sonderzahlung gelöst wird. Diese Vorschrift legt keinen Anspruch auf eine periodische Remuneration fest, sondern setzt einen solchen voraus[13]).

§ 16 Abs 1 AngG hat zur Folge, dass auch dann, wenn die Sonderzahlungen nicht nach dem Anwartschaftsprinzip, sondern nach dem Stichtagsprinzip konstruiert sind, anlässlich der Lösung zumindest der aliquote Teil der Remunerationen auszuzahlen ist. Dies gilt selbst für den Fall einer vom AN verschuldeten Entlassung[14]). Die jeweilige Rechtsgrundlage kann demnach auch Kürzungen von Sonderzahlungen, so sie solche festlegt, nicht weiter als bis zum aliquoten Teil der Zahlung vorsehen (zu entsprechenden Rückzahlungsverpflichtungen s unten).

Man wird § 16 Abs 1 AngG auf AN, die nicht Angestellte iSd G sind, analog anwenden können[15]). Die Rechtsprechung geht hier allerdings einen anderen Weg:

---

[13]) Vgl zB OGH 6. 10. 1970, 4 Ob 82/70, ZAS 1971, 142 *(Winkler).*

[14]) OGH 26. 11. 2013, 9 ObA 82/13 v, DRdA 2014, 440.

[15]) Ebenso *Grillberger,* DRdA 1993, 121; *Preiss* in ZellKomm² § 16 AngG Rz 9 mwN.

Entscheidung 80: Kündigungsfreiheit

Aus der Arbeitsrechtsordnung lässt sich der allgemeine Rechtssatz ableiten, dass der AN in seiner Kündigungsfreiheit nicht stärker beschränkt werden darf als der AG. Dieses Verschlechterungsverbot darf auch nicht dadurch umgangen werden, dass dem kündigenden AN für den Fall der Ausübung seines Kündigungsrechts ein finanzielles Opfer in einem Ausmaß auferlegt wird, das die Kündigungsfreiheit wirtschaftlich in erheblichem Umfang beeinträchtigt.

Die Schwelle einer erheblichen Beeinträchtigung des Kündigungsrechts wird überschritten, wenn nach den bestehenden Kündigungsvorschriften für beide Arbeitsvertragspartner ein sehr hohes Maß an Kündigungsfreiheit besteht. Diese Freiheit wird für den AN durch den Entfall des Urlaubszuschusses und der Weihnachtsremuneration im Falle der Kündigung während der ersten sechs Monate des Arbeitsverhältnisses einseitig erheblich erschwert, weil dem AN, der kurz vor Erreichen der Sechsmonatsfrist kündigt, insgesamt nahezu ein Monatslohn verloren geht.

OGH 8. 7. 1992, 9 ObA 142/92, DRdA 1993, 117 *(Grillberger)* = ZAS 1994, 60 *(Micheler)*

Die von der Judikatur herangezogenen Regeln über die unzulässige Beschränkung der Kündigungsfreiheit geben dem AN insofern weniger Schutz als die analoge Anwendung des § 16 Abs 1 AngG, als dann, wenn in der Rechtsgrundlage abgesehen von der Arbeitnehmerkündigung weitere Arten der Beendigung (insb verschuldete Entlassung, unbegründeter Austritt) angesprochen sind, bei solchen offenbar ein weitergehender Verlust von Sonderzahlungen denkbar ist.

Damit oder mit einer Aliquotierung in Zusammenhang stehende Rückzahlungsverpflichtungen des AN sind nach der Judikatur[16]) zulässig.

Entscheidung 81: Rückverrechnung

Enthält ein KollV nur die Anordnung, dass Sonderzahlungen bei Beginn oder Ende des Arbeitsverhältnisses bloß aliquot gebühren, fehlt jedoch jegliche Regelung über die Rückverrechnung, kann dennoch ein bereits fällig gewesener, ausgezahlter Urlaubszuschuss etwa bei einvernehmlicher Auflösung vor Ablauf des Kalenderjahres zurückgefordert werden. Gutgläubiger Verbrauch kann vom AN dagegen nicht eingewendet werden.

OGH 12. 8. 1999, 8 ObA 221/96d, ARD 5059/7/99

[16]) Vgl zB OGH 19. 5. 1981, 4 Ob 43/81, DRdA 1982, 112 *(Wachter)* = ZAS 1982, 23 *(Runggaldier).*

5.1.4 Abfertigung

Das traditionelle Abfertigungssystem war seit langem sozial- und wirtschaftspolitisch umstritten. Vor diesem Hintergrund kam es zu einer Reform des Rechtsgebiets unter dem **Schlagwort „Abfertigung neu“.** Im Jahre 2002 wurde das **BMSVG** beschlossen, welches im Allgemeinen auf **Arbeitsverhältnisse** anzuwenden ist, deren vertraglich vereinbarter **Beginn nach dem 31. 12. 2002** liegt (vgl § 46 BMSVG; zu den Übergangsbestimmungen vgl 5.1.4.2.1.1).

Die Rechte, die dem AN auf Grund des BMSVG zustehen, können weder durch Arbeitsvertrag noch durch BV oder KollV aufgehoben oder beschränkt werden (vgl § 48 BMSVG). Das G legt also **zwingende Mindeststandards** fest, von denen in den genannten Rechtsquellen **nur zu Gunsten des AN abgewichen** werden darf, sofern nicht nach Natur und Zweck einer Regelung zweiseitig zwingende Wirkung anzunehmen ist (zu Günstigkeits- und Ordnungsprinzip allg 10.4.2.1, 10.4.2.2).

5.1.4.1 „Abfertigung alt“ und „Abfertigung neu“ im Vergleich

5.1.4.1.1 Das traditionelle Abfertigungsrecht[17])

Die Abfertigung (alt) ist ein besonderes, durch die Auflösung des Arbeitsverhältnisses bedingtes Entgelt, also ein **Entgelt aus der Beendigung.**

Die **Zwecke** der Abfertigung sind vielschichtig: Sie hat einerseits eine Funktion als Treuegeld, andererseits wird auch deutlich eine Ausschüttung des Arbeitnehmeranteils am Unternehmenserfolg vorgenommen. Weiters ist die Abfertigung eine Überbrückungshilfe für den ausscheidenden AN, die es ihm ermöglicht, auf einem Sparguthaben für „schlechtere Zeiten“ aufzubauen.

5.1.4.1.1.1 Rechtsgrundlagen

Lange Zeit existierten **gesetzliche Abfertigungsansprüche** nur für **Angestellte** in den §§ 23 f AngG (vgl auch §§ 22 f GAngG, § 17 HGHAngG). Für **Arbeiter** ergibt sich die Abfertigung aus dem ArbAbfG 1979, mit dem das Abfertigungsrecht der §§ 23 f AngG novelliert und auf sonstige AN ausgeweitet wurde (vgl § 2 ArbAbfG).

Daneben gibt es weitere Sonderbestimmungen für den Arbeiterbereich, etwa im BUAG für Bauarbeiter.

(Günstigere) **Regelungen im KollV** und/oder **im Individualvertrag** sind möglich (sog „freiwillige“ Abfertigungen).

5.1.4.1.1.2 Voraussetzungen und Höhe des Anspruchs

Die Abfertigung wird **mit dem rechtlichen Ende des Arbeitsverhältnisses erworben,** mag auch die Fälligkeit in diesem Zeitpunkt nur teilweise eintreten (vgl §§ 23 Abs 4, 23 a Abs 2 AngG).

---

[17]) *Holzer* in *Marhold / G. Burgstaller / Preyer* (Hrsg), Kommentar zum Angestelltengesetz (2005 ff) §§ 23 f; *Wachter* in *Reissner* (Hrsg), Angestelltengesetz[2] (2015) §§ 23 f.

Gem § 23 Abs 4 AngG wird die Abfertigung im Ausmaß von drei Monatsentgelten mit Beendigung fällig. Darüber hinaus werden Monatsraten jeweils am Beginn des Monats fällig gestellt.

Voraussetzung für die Abfertigung ist eine bestimmte **Dauer des Arbeitsverhältnisses,** wobei jedenfalls eine Mindestdienstzeit von drei Jahren erforderlich ist.

Höhenmäßig steht dem AN nach Absolvierung von
- **drei Dienstjahren** das **Zweifache** des zuletzt zukommenden Entgelts zu.

Mit der Dienstzeit steigt der Abfertigungsanspruch in Stufen an und beträgt
- nach **fünf Jahren** das **Dreifache,**
- nach **zehn Jahren** das **Vierfache,**
- nach **15 Jahren** das **Sechsfache** und
- nach **20 Jahren** das **Neunfache** des dem AN gebührenden Monatsentgelts.

Das Höchstausmaß schließlich beträgt nach dem G
- das **Zwölffache** des letzten Entgelts nach einer Dienstzeit von mehr als **25 Jahren** (vgl § 23 Abs 1 Satz 1 und 2 AngG).

Bei der Beurteilung der vorhandenen **Dienstzeiten** iSd § 23 Abs 1 AngG ist davon auszugehen, dass der **rechtliche Bestand** des Arbeitsverhältnisses, nicht aber die Tatsache der Beschäftigung oder das Aufrechtbestehen eines laufenden Entgeltanspruchs entscheidend ist (vgl auch 4.3).

Entscheidung 82: Langdauernde Krankheit

§ 23 Abs 1 AngG macht den gestaffelten Abfertigungsanspruch von der ununterbrochenen Dauer des Arbeitsverhältnisses abhängig. Diese ununterbrochene Dauer ist durch den rechtlichen Bestand des Arbeitsverhältnisses gekennzeichnet, nicht aber durch die Tatsache der Beschäftigung, sodass Zeiten einer Krankheit ohne Entgeltfortzahlungsanspruch zur Dienstzeit zählen.

OGH 26. 3. 1997, 9 ObA 30/97w, DRdA 1998, 54 *(Drs)*

Gem § 23 Abs 1 Satz 3 und 4 AngG sind „alle Zeiten, die der Angestellte in unmittelbar vorausgegangenen Dienstverhältnissen als Arbeiter oder Lehrling zum selben AG zurückgelegt hat“, für die Abfertigung zu berücksichtigen.

Über den engeren Wortsinn dieser sog **Zusammenrechnungsbestimmung** hinaus sind alle in Arbeitsverhältnissen zu **demselben AG** erworbenen Anwartschaftszeiten – also zB auch solche als Angestellter – relevant.

Die Abfertigung wird nach einem Vielfachen des **Monatsentgelts** (vgl § 23 Abs 1 Satz 2 AngG) bemessen. Nach dem Wortlaut des G ist als Berechnungsgrundlage „das für den letzten Monat gebührende Entgelt“ heranzuziehen. Zu verstehen ist darunter der (typische) **Durchschnittsverdienst,** der sich aus den mit einer gewissen Regelmäßigkeit wiederkehrenden Bezügen ergibt.

Abzustellen ist hierbei nicht bloß auf den Monatszeitraum, vielmehr sind auch nur einmal im Jahr erfolgende Zahlungen zu berücksichtigen. Provisionen udgl sind **für das letzte Jahr durchzurechnen.** In die Berechnungsbasis sind demgemäß zB auch Entgelte für regelmäßig angefallene Überstunden, eine Überstundenpauschale, von dritter Seite zugeflossene Arbeitsentgelte oder die aliquoten Anteile der Sonderzahlungen einzubeziehen. Überstunden sind dann als regelmäßig geleistet anzusehen, wenn sie sich innerhalb des maßgeblichen Zeitraums stetig, wenn auch nicht gleichmäßig wiederholen.

Entscheidung 83: Berechnungsgrundlage

Wird für die Überstunden Zeitausgleich – also eine andere Verteilung der Arbeitszeit – vereinbart und auch tatsächlich konsumiert, so kommt es infolge der Überstundenleistung zu keiner dauernden Erhöhung des Normalentgelts. Auch wenn der Zeitausgleich schließlich wegen Beendigung des Arbeitsverhältnisses unmöglich wird und daher ein Geldersatz zusteht, ist diese Zahlung, weil sie keineswegs regelmäßig, sondern einmal erfolgt, nicht für die Berechnung der Abfertigung maßgeblich.

OGH 13. 4. 1994, 8 ObS 3/94, infas 1994 A 147 = RdW 1994, 358

Entscheidung 84: Nettolohnvereinbarung

Im Falle einer „echten" Nettolohnvereinbarung ist die Abfertigung vom Nettoentgelt ausgehend zu ermitteln.

OGH 13. 6. 1996, 8 ObA 214/96, DRdA 1997, 217 *(Mayr)*

Nettolohnvereinbarungen, wonach dem AN ungeachtet von Schwankungen in der Höhe der Steuern, Abgaben und Beiträge ein bestimmter Nettobetrag auszuzahlen ist[18]), sind zulässig, sofern sie zwingende, zB in G oder KollV enthaltene entgeltrechtliche Mindeststandards – in KollV in aller Regel als Bruttoentgelte ausgedrückt – beachten. Sie verfolgen häufig den Zweck, Erhöhungen der Lohnnebenkosten zu Lasten des AG gehen zu lassen, was allerdings auch impliziert, dass eine allfällige Senkung derselben dem AG zugutekommt (vgl auch 5.2). Liegt – wie in der gegenständlichen E – eine Nettolohnvereinbarung vor, so haben die diversen **am Entgeltbegriff ansetzenden Berechnungen ausnahmsweise vom Nettobetrag** auszugehen. Dies wird etwa bei Lohnerhöhungen, aber auch bei der Ermittlung von Lohnzuschlägen, Urlaubsentgelten, arbeitsrechtlichen Krankenentgelten udgl praktisch. Der OGH hat festgehalten, dass konsequenterweise auch für die Bemessung der Abfertigung nichts anderes gelten kann.

[18]) Zu unterscheiden sind die – eigentlich interessanten – **„echten"** von den **„unechten" Nettolohnvereinbarungen.** Letztere werfen im Grunde genommen keine speziellen Probleme auf, da bei ihnen der Bruttobetrag im Auge behalten und der Nettobetrag zB nur aus Gründen der Transparenz im Zuge von Vertragsverhandlungen Verwendung findet, sodass eine Änderung der Lohnnebenkosten – wie üblich – auf das Nettoentgelt durchschlägt. Welche Art von Nettolohnvereinbarung vorliegt, ist im Wege der Vertragsauslegung zu ermitteln; vgl auch *Reissner,* SpuRt 1998, 27.

5.1.4.1.1.3 Verlust oder Verminderung des Anspruchs

Ein **Anspruch auf Abfertigung** besteht **nicht,** wenn der **AN** selbst **kündigt,** wenn er **ohne wichtigen Grund austritt** oder wenn ihn ein **Verschulden an der Entlassung** trifft (§ 23 Abs 7 AngG).

Es gibt einige **Ausnahmen** vom grundsätzlichen Verlust der Abfertigung infolge Selbstkündigung:

- So gebührt die Abfertigung auch dann, wenn das Arbeitsverhältnis mindestens zehn Jahre ununterbrochen gedauert hat und der AN wegen Erreichung des Pensionsalters (sog **Altersabfertigung;** vgl § 23a Abs 1 Z 1 lit a AngG) kündigt.
- Dasselbe gilt beispielsweise bei Kündigung im Zusammenhang mit der Inanspruchnahme einer Pension wegen geminderter Arbeitsfähigkeit, wobei hier die allgemeine Mindestdienstzeit von drei Jahren genügt (sog **Pensionsabfertigung;** vgl § 23a Abs 1 Z 2 lit a AngG).
- Weiters bleibt der Anspruch auf die halbe Abfertigung, höchstens jedoch das Dreifache des monatlichen Entgelts, dann bestehen, wenn das Arbeitsverhältnis von der AN **aus Anlass der Mutterschaft** durch Austritt (vgl § 23a Abs 3 AngG) oder – im speziellen Fall einer Elternteilzeitbeschäftigung – durch Kündigung (vgl § 23a Abs 4a AngG) gelöst wird. Dasselbe gilt, wenn die entsprechenden Lösungserklärungen von Seiten eines **männlichen AN,** der eine **Karenz** bzw eine **Teilzeitbeschäftigung iSd VKG** in Anspruch nimmt, erfolgen.

Im Todesfall gebührt den **gesetzlichen Erben, zu deren Unterhalt der AN verpflichtet war,** als Abfertigung die Hälfte des gesetzlichen Ausmaßes (§ 23 Abs 6 AngG). Es handelt sich um einen eigenen Anspruch der unterhaltsberechtigten gesetzlichen Erben und nicht um Rechtsnachfolge im Erbgang.

Entscheidung 85: Suizid

Das vor dem Suizid des AN verfasste schriftliche Geständnis eines Entlassungsgrundes kann keinesfalls einem Austritt gleichgehalten werden, vielmehr hat das Arbeitsverhältnis durch den Tod des AN geendet.
Die Aufrechnung von Schadenersatzforderungen gegen den verstorbenen AN mit der halben Abfertigung, die gem § 23 Abs 6 AngG originär der Witwe des AN zusteht, muss schon an der fehlenden Gegenseitigkeit (§ 1438 ABGB) scheitern.

OGH 10. 7. 1997, 8 ObA 205/97y, infas 1998 A 7

Im Fall der **Auflösung eines Unternehmens** entfällt die Verpflichtung zur Gewährung einer Abfertigung ganz oder teilweise dann, wenn sich die persönliche Wirtschaftslage des AG derart verschlechtert hat, dass ihm die Erfüllung dieser Verpflichtung zum Teil oder zur Gänze billigerweise nicht zugemutet werden kann (sog **wirtschaftliche Reduktionsklausel;** § 23 Abs 2 AngG).

Unter **„Auflösung"** des Unternehmens ist die Beendigung seiner wirtschaftlichen und rechtlichen Existenz zu verstehen. Die Unternehmensübertragung durch Singularsukzession (zum Betriebsübergang vgl 14.3.2) ist keinesfalls als Unternehmensauflösung zu werten. Da auf die **persönliche** Wirtschaftslage des AG abzustellen ist, sind juristische Personen (AG, GmbH, Genossenschaften usw) aus dem Anwendungsbereich des § 23 Abs 2 AngG auszuscheiden. Hinsichtlich der **Verschlechterung der Wirtschaftslage des AG** ist ein strenger Maßstab anzulegen: Eine solche ist nur gegeben, wenn der AG im Falle des Zuspruchs der Abfertigung in seiner Existenz bedroht wäre; auch bei Vorliegen dieser Voraussetzung muss in die einschlägige **Interessenabwägung** die persönliche Wirtschaftslage des **AN** (bzw seine Position am Arbeitsmarkt) einbezogen werden.

Die wirtschaftliche Reduktionsklausel ist nach stRsp mangels Schutzbedürftigkeit des jedenfalls hoffnungslos überschuldeten Schuldners auf den Fall der Unternehmensliquidierung in **Insolvenzverfahren ohne Eigenverwaltung nicht anwendbar**[19]). Bei Unternehmensauflösungen gem einem Liquidationssanierungsplan im **Insolvenzverfahren mit Eigenverwaltung** wird die Möglichkeit der Abfertigungsreduktion hingegen anzuerkennen sein[20]).

Entscheidung 86: Stiller Ausgleich

§ 23 Abs 2 AngG hat nur jene Situationen im Auge, in denen infolge Auflösung des Unternehmens auch die Arbeitsverhältnisse ihr Ende finden.

Die Anwendbarkeit der Bestimmung ist ausgeschlossen, wenn ein Anspruch auf Abfertigung bereits besteht und die Auflösung des Unternehmens später eintritt.

Für die Anwendung des § 23 Abs 2 AngG genügt ein enger zeitlicher und sachlicher Zusammenhang zwischen der Beendigung des Arbeitsverhältnisses und der Unternehmensauflösung. Im Interesse der Rechtssicherheit wird wohl ein Zeitraum von einem Monat als Richtwert einer Obergrenze dienen können, doch können im Einzelfall – bedingt durch Art und Größe des aufzulösenden Unternehmens – Abweichungen davon notwendig und berechtigt sein.

OGH 14. 4. 1999, 9 ObA 346/98 t, DRdA 2000, 247 *(Mayr)*

Jener Teil der Abfertigung, der infolge der Anwendbarkeit der wirtschaftlichen Reduktionsklausel arbeitsrechtlich nicht zusteht, ist unter bestimmten Voraussetzungen auf Grund von § 1 a IESG gesichert (zum IESG allg 5.3.5.2).

[19]) Aus der Judikatur zum seinerzeitigen Insolvenzrecht vgl zB OGH 12. 7. 1977, 4 Ob 91/77, Arb 9604.

[20]) Aus der älteren Judikatur vgl zB OGH 23. 3. 1976, 4 Ob 9/76, ZAS 1977, 180 = Arb 9461; 6. 9. 1983, 4 Ob 87/83, Arb 10.293.

5.1.4.1.2 Schwächen der bisherigen Regelung aus sozial- bzw wirtschaftspolitischer Sicht

Das alte Abfertigungsrecht birgt Probleme bzw „Ungerechtigkeiten“ sowohl aus der Perspektive der AN als auch aus jener der AG in sich. Schließlich gibt es volkswirtschaftlich betrachtet Kritikpunkte:

Aus der Sicht des **AN** ist es zum einen so, dass nur gut abgesicherte, auf lange Dauer angelegte Arbeitsverhältnisse, insb bei gut ausgebildeten Angestellten, mit hoher Wahrscheinlichkeit zur nötigen Mindestdienstzeit und damit zu einem Abfertigungsanspruch führen. Das sprunghafte Ansteigen der „Anwartschaft“ kann AG dazu verleiten, AN so rechtzeitig zu kündigen, dass kein oder kein erhöhter Anspruch entsteht. Schließlich wird die Mobilität des AN gehemmt, weil ihm der Karrieresprung in ein anderes Arbeitsverhältnis oder in die Selbständigkeit wegen des Abfertigungsverlusts bei Selbstkündigung einen Teil des Entgelts kostet.

Für die **Arbeitgeberseite** ist das herkömmliche System insb deswegen problematisch, weil es als solches kaum Vorkehrungen zur Bewältigung späterer Zahlungslasten beinhaltet und es daher vor allem bei kleineren und mittleren Unternehmen zu finanziellen Engpässen kommen kann.

Aus **volkswirtschaftlicher Perspektive** kann kritisiert werden, dass durch das traditionelle Abfertigungsrecht Arbeitsentgelte für jüngere AN, die zum Aufbau ihrer Existenz Mittel benötigen, nicht verfügbar sind, sodass diese zu übermäßigen Fremdfinanzierungen gezwungen werden. Dementsprechend werden hohe Abfertigungszahlungen häufig erst dann geleistet, wenn der AN bereits älter und gut situiert ist und daher weniger Veranlassung hat, die erhaltenen Werte in den Wirtschaftskreislauf einzubringen. Zudem ist das System der Abfertigung alt ein Mobilitätshemmnis insb für hoch qualifizierte Personen, was wiederum die Ausdifferenzierung der Wettbewerbswirtschaft und damit die Entwicklung der Volkswirtschaft behindert. Schließlich ermöglicht es das bisherige Abfertigungsrecht nicht, die durch die demographische Entwicklung stark belastete gesetzliche Pensionsversicherung ausreichend zu unterstützen, weil Abfertigungen de facto bei weitem nicht allen Arbeitnehmergruppen in gleicher Weise zukommen.

5.1.4.1.3 Grundlegende Unterschiede zwischen altem und neuem Abfertigungsrecht

Im Gegensatz zum alten Recht gibt es im neuen Modell ein **genau geregeltes Beitragssystem.** Dadurch wird gewährleistet, dass ausreichend Vorsorge für die Aufbringung der später anfallenden Zahlungen getroffen ist. Die Situation kann auch als Umstieg von einem **leistungsorientierten** zu einem **beitragsorientierten System** ausgedeutet werden.

Weiters werden **Betriebliche Vorsorgekassen** mit eigener Rechtspersönlichkeit geschaffen. Betriebliche Vorsorgekassen müssen gesetzlichen Vorgaben entsprechen, die der Sicherung der Zahlungsfähigkeit dienen. Die Leistungsverpflichtungen gegenüber dem AN werden vom AG weg hin zu diesen Kassen verlagert und damit vom wirtschaftlichen Schicksal des AG unabhängig.

Damit verbunden kommt es zu einer Loslösung des **Leistungsrechts** von der Dauer des Arbeitsverhältnisses bzw insb von der Art der Beendigung desselben.

5.1.4.2 Betriebliche Mitarbeitervorsorge[21])

5.1.4.2.1 Geltungsbereich des BMSVG

Gem § 1 Abs 1 BMSVG gelten die im gegebenen Zusammenhang wesentlichen Bestimmungen des G für „Arbeitsverhältnisse, die auf einem privatrechtlichen Vertrag beruhen". Diese Formulierung entspricht dem Arbeitnehmerbegriff iSd Arbeitsvertragsrechts (vgl 1.1).

Zu den AN nach diesem Begriff gehören sämtliche Arbeiter und Angestellten, auch wenn diese nur geringfügig beschäftigt iSd ASVG oder fallweise tätig sind. Für Arbeitsverhältnisse, die dem BUAG unterliegen, gilt der 1. Teil des BMSVG nach Maßgabe der Bestimmungen des BUAG (§ 2 BMSVG). Das bedeutet, dass sich die Neuregelung für den Baubereich auch aus dem BUAG ergibt, dh die BUAK bestehen bleibt und für die Abwicklung der betrieblichen Mitarbeitervorsorge zuständig wird.

Gem § 1 Abs 1a BMSVG gelten die wesentlichen Bestimmungen des G auch für freie DN iSd § 4 Abs 4 ASVG, gem Abs 2 leg cit sind Arbeitnehmergruppen insb aus dem Bereich des öffentlichen Sektors aus dem BMSVG ausgenommen.

5.1.4.2.1.1 Übergangsbestimmungen

Das BMSVG trat zwar mit 1. 7. 2002 in Kraft, sieht aber im Hinblick auf die von ihm erfassten Arbeitsverhältnisse ein ausdifferenziertes Übergangsrecht vor:

a) „Neuarbeitsverhältnisse" iSd BMSVG

Als Neuarbeitsverhältnisse konstituieren die §§ 46f BMSVG „Arbeitsverhältnisse, deren vertraglich vereinbarter Beginn nach dem 31. 12. 2002 liegt". Für AN mit **Eintrittsdatum ab 1. 1. 2003** gilt somit **ausschließlich** das neue **Recht der betrieblichen Mitarbeitervorsorge.**

Die §§ 23f AngG kommen als gesetzliche Grundlage im Allgemeinen nicht mehr in Frage. Entscheidend ist der **„vertraglich vereinbarte Beginn"** (vgl § 46 Abs 1–3 BMSVG; zur Übertrittsvereinbarung iSd § 47 BMSVG vgl b, c).

b) „Altarbeitsverhältnisse" iSd BMSVG

Für Arbeitsverhältnisse, deren vertraglich vereinbarter **Beginn vor dem 31. 12. 2002** liegt („Altarbeitsverhältnisse"), ist das Abfertigungsrecht nach dem **AngG** udgl grundsätzlich **weiter anzuwenden** (vgl insb den durch Art 3 BMSVG eingefügten § 42 Abs 3 AngG).

Wegen Karenz, Präsenz- und Zivildienst, langer Krankheit udgl ruhende Arbeitsverhältnisse gehören zu den Altarbeitsverhältnissen; die Wiederaufnahme der Arbeit ist kein Neueintritt. Nach dem Betriebsübergangsrecht des AVRAG gelten kraft G auf einen neuen Inhaber übergehende Arbeitsverhältnisse als durchlaufend, sodass auch ab-

[21]) *Mayr/Resch,* Abfertigung neu. Betriebliches Mitarbeiter- und Selbständigenvorsorgegesetz[2] (2009).

fertigungsrechtlich nicht von neuen Arbeitsverhältnissen auszugehen ist (zu anderen Erweiterungen des Begriffs des „Altarbeitsverhältnisses“ vgl § 46 Abs 3 BMSVG).

c) Umstieg auf das neue System

Gem § 47 Abs 1 BMSVG kann im Falle eines Altarbeitsverhältnisses in einer schriftlichen Vereinbarung zwischen AG und AN ab einem zu vereinbarenden Stichtag für die weitere Dauer des Arbeitsverhältnisses die Geltung des BMSVG an Stelle des alten Abfertigungsrechts vereinbart werden (sog **Übertrittsvereinbarung**).

Hinsichtlich der bereits „erarbeiteten“ Anwartschaft („Altabfertigungsanwartschaft“) sind in diesem Fall zwei Vorgangsweisen möglich: das **„Einfrieren“ der Altanwartschaft** zu einem Stichtag, mit dem dann Beitragszahlungen nach BMSVG beginnen (vgl § 47 Abs 2 BMSVG), und der **„Vollübertritt“**, bei dem in der Übertrittsvereinbarung von den Parteien bewertete Altabfertigungsanwartschaften innerhalb von fünf Jahren auf eine Betriebliche Vorsorgekasse übertragen werden (vgl Abs 3 leg cit).

Auf die nach § 47 Abs 3 BMSVG übertragene Anwartschaft findet das Leistungsrecht des BMSVG Anwendung (§ 47 Abs 4 BMSVG).

5.1.4.2.2 Beitragsrecht

Auf Grund des BMSVG ist der **AG verpflichtet,** für den AN laufend einen **Beitrag an** die für den Betrieb ausgewählte **Betriebliche Vorsorgekasse zu leisten.**

5.1.4.2.2.1 Beginn der Beitragszahlung

Der **erste Monat eines Arbeitsverhältnisses** ist für den AG im Allgemeinen **beitragsfrei** (vgl § 6 Abs 1 BMSVG; s aber gleich unten).

Dauert demnach ein Arbeitsverhältnis kürzer als einen Monat – etwa weil es während der Probezeit gelöst wird – so kommt es zu keiner Beitragsleistung. Dauert es länger als einen Monat, so ist der Beitrag ab dem zweiten Monat zu bezahlen.

Ausnahmsweise ist **Beitragspflichtigkeit ab dem ersten Tag des Arbeitsverhältnisses** gegeben, wenn **innerhalb von zwölf Monaten** ab Ende eines Arbeitsverhältnisses mit demselben AG **erneut** ein Arbeitsverhältnis geschlossen wird.

> **Beispiel:** Ein AN wird im Mai 2015 zwei Wochen lang und ab November 2015 auf Dauer von der Y-AG beschäftigt.
> Mit Wiedereintritt im November sind sofort Beiträge nach BMSVG zu leisten.

5.1.4.2.2.2 Dauer der Beitragszahlung

Die Beitragspflicht besteht nach der unter 5.1.4.2.2.1 umschriebenen beitragsfreien Phase zu Beginn des Arbeitsverhältnisses grundsätzlich für jenen

Zeitraum, für den beitragspflichtiges Entgelt geleistet wird (zum Entgeltbegriff des BMSVG vgl 5.1.4.2.2.3, zu Beitragspflichten ohne Entgeltanspruch vgl 5.1.4.2.2.5).

5.1.4.2.2.3 Höhe der Beitragszahlung

Gem § 6 Abs 1 BMSVG beträgt die Höhe des Beitrags an die Betriebliche Vorsorgekasse **1,53% des monatlichen Entgelts sowie allfälliger Sonderzahlungen.**

Was **beitragspflichtiges Entgelt** ist, richtet sich gem § 6 Abs 5 BMSVG nach dem **Entgeltbegriff des Sozialversicherungsrechts** in § 49 ASVG.

Entgelt iSd § 49 ASVG ist – anders als im Arbeitsrecht – insb die **Kündigungsentschädigung** (vgl allg 2.1.2.3.1 b), weiters auch eine Leistung, die der AN von einem Dritten auf Grund des Arbeitsverhältnisses erhält (zB **Trinkgeld;** vgl 5.1). Die Geringfügigkeitsgrenze nach § 5 Abs 2 ASVG und die Höchstbeitragsgrundlage nach § 108 Abs 3 ASVG sind außer Betracht zu lassen.

Im Gegensatz zur Situation im Bereich der §§ 23f AngG (vgl 5.1.4.1.1.2) kommt es nach BMSVG nicht darauf an, dass ein Entgelt regelmäßig anfällt. Auch **einmalige Zahlungen** (zB Prämien, Diensterfindungsvergütungen) sind nach BMSVG beitragspflichtig.

5.1.4.2.2.4 Beitragsabwicklung

Zur **Fälligkeit und Einzahlung der Beiträge** bestimmt § 6 Abs 1 BMSVG, dass der AG den Beitrag an den für den AN zuständigen Träger der Krankenversicherung zur Weiterleitung an die Betriebliche Vorsorgekasse zu überweisen hat.

Laut § 6 Abs 2 BMSVG gelten ua die **Verzugszinsenregelungen** und die **Verfahrensregelungen zur Eintreibung der Beiträge wie bei Sozialversicherungsbeiträgen.**

5.1.4.2.2.5 Beitragsleistung für „entgeltfreie Zeiträume"

Im Allgemeinen führt die Konzeption des Beitragsrechts nach BMSVG dazu, dass für **Zeiträume ohne Entgeltzahlung keine Beitragsleistungen** an die Betriebliche Vorsorgekasse erfolgen. Dies betrifft etwa die Karenzierung (vgl 4.3). Das BMSVG enthält jedoch in § 7 leg cit bedeutsame, aus sozialpolitischen Gründen statuierte **Ausnahmen** von diesem Grundsatz, und zwar insb folgende:

- Gem § 7 Abs 1 und 2 BMSVG hat der AN jeweils ua für die Dauer des **Präsenz-, Ausbildungs-** oder **Zivildienstes** Anspruch auf Beitragsleistung durch den AG in Höhe von 1,53% der **fiktiven Bemessungsgrundlage Kinderbetreuungsgeld** gem § 3 Abs 1 KBGG (derzeit € 14,53 täglich).
- Gem § 7 Abs 3 und 4 BMSVG hat der AN für die Dauer eines Anspruchs auf **Wochen- oder Krankengeld** nach ASVG bei weiterhin aufrechtem Arbeitsverhältnis Anspruch auf eine Beitragsleistung durch den AG in Höhe von 1,53% einer **fiktiven Bemessungsgrundlage.** Beim **Wochengeld** beispielsweise ist diese das in den letzten drei Kalendermonaten vor Eintritt des Versicherungsfalles gebührende **Entgelt.**

- Gem § 7 Abs 5 BMSVG hat für Zeiten des **Kinderbetreuungsgeldbezuges** der AN oder ehemalige AN Anspruch auf Beitragsleistung zu **Lasten des Familienlastenausgleichsfonds** in Höhe von **1,53% des Kinderbetreuungsgeldes.**

Aus der Praxis: Beschäftigungen während der Karenz können auch als eigenständige Arbeitsverhältnisse konzipiert sein. Daraus kann die eigenartige Situation entstehen, dass diese vorübergehenden Phänomene nach BMSVG zu behandeln sind, während das „Hauptarbeitsverhältnis" im alten Abfertigungsrecht verbleibt (vgl allg 5.1.4.2.1).

5.1.4.2.3 Betriebliche Vorsorgekasse

Die unmittelbar arbeitsrechtlichen Bestimmungen zur Betrieblichen Vorsorgekasse finden sich in den §§ 9 ff BMSVG (vgl 5.1.4.2.3.1, 5.1.4.2.3.2). Darüber hinaus enthält das BMSVG einen eigenen 2. Teil über die Betrieblichen Vorsorgekassen selbst (vgl dazu 5.1.4.2.3.3).

5.1.4.2.3.1 Auswahl und Wechsel der Betrieblichen Vorsorgekasse

Die **Auswahl** der Betrieblichen Vorsorgekasse obliegt primär dem AG. Der Belegschaft stehen jedoch Mitbestimmungsrechte zu.

Für AN, die von einem **BR** vertreten werden, ist nach § 9 BMSVG vorzugehen. Demnach hat die Auswahl durch eine **erzwingbare BV** gem § 97 Abs 1 Z 1 b ArbVG zu erfolgen (Abs 1 leg cit).

Das bedeutet, dass die Schlichtungsstelle angerufen werden kann, wenn der AG eine Auswahl gegen den Willen des BR vornimmt (zur erzwingbaren BV vgl allg 12.4.3).

Bei AN, die von **keinem BR** vertreten werden, ist nach § 10 BMSVG vorzugehen.

Unvertretene AN im hier maßgeblichen Sinn liegen nicht nur dann vor, wenn von einer Arbeitnehmergruppe, etwa den Arbeitern, kein BR gewählt wurde. Auch die aus der Betriebsverfassung ausgeschlossenen AN, insb die leitenden Angestellten gem § 36 Abs 2 Z 3 ArbVG (vgl 1.2, 1.4.1.3), gehören hierher.

Wenn mindestens ein **Drittel der** jeweiligen Gruppe unvertretener **AN** binnen zwei Wochen ab einer entsprechenden Information des AG gegen die beabsichtigte Auswahl schriftlich **Einwände** erhebt, muss der AG eine **andere Betriebliche Vorsorgekasse** vorschlagen; auf Verlangen dieser AN ist eine kollektivvertragsfähige freiwillige Interessenvertretung der AN zu den Beratungen beizuziehen. Wird trotzdem binnen zwei Wochen **kein Einvernehmen** erzielt, hat über Antrag eines der beiden Streitteile – wie bei der erzwingbaren BV (s oben) – eine **Schlichtungsstelle** gem § 144 ArbVG zu entscheiden; Streitteile sind dabei der AG einerseits und die Interessenvertretung der AN andererseits.

Für die jeweilige innerhalb des Unternehmens zu bildende **Arbeitnehmergruppe** kann nur **eine einzige Kasse** gewählt werden.

Gem § 12 Abs 4 BMSVG sind auf den **Wechsel** der Betrieblichen Vorsorgekasse auf Verlangen des AG, des BR oder – bei unvertretenen AN – eines Drittels der Belegschaft die §§ 9f BMSVG anzuwenden.

Der **Beitrittsvertrag** (zu diesem 5.1.4.2.3.2) ist gegebenenfalls nach den Regeln des § 12 BMSVG zu beenden.

5.1.4.2.3.2 Beitritt zu einer Betrieblichen Vorsorgekasse

Nach Auswahl der Betrieblichen Vorsorgekasse ist der Beitritt zu dieser mittels eines zwischen AG und Kasse abzuschließenden **Beitrittsvertrages** (vgl § 11 BMSVG) vorzunehmen.

Nach § 11 Abs 3 und 4 BMSVG trifft die Betriebliche Vorsorgekasse im Hinblick auf beitrittswillige AG ein **Kontrahierungszwang** zu den üblichen Bedingungen.

5.1.4.2.3.3 Die Betriebliche Vorsorgekasse als solche

Als Betriebliche Vorsorgekasse kommt nur ein Unternehmen in Frage, welches die **Auflagen** des 1. Abschnitts des 2. Teiles **des BMSVG** erfüllt.

Dazu gehören zB die Rechtsform einer AG oder GmbH, keine anderen Geschäftstätigkeiten, keine Beteiligungen an branchenfremden Unternehmen, Eigenmittelbeschränkungen und Vorhandensein eines Aufsichtsrats.

Das Vorsorgekassengeschäft ist ein Bankgeschäft iSd § 1 Abs 1 Z 21 BWG und bedarf daher einer **Konzession** durch die Finanzmarktaufsichtsbehörde (vgl § 4 BWG).

Die **Bauarbeiter-Urlaubs- und Abfertigungskasse** hat eine **eigene Betriebliche Vorsorgekasse** zu gründen und zu betreiben (vgl § 33b BUAG).

An **„organisatorischen Rahmenbedingungen“** enthält zB § 24 BMSVG Vorschriften über die **Einlagen- und Zinsgarantie.** In § 26 BMSVG finden sich Vorschriften über **Verwaltungskosten,** die zB besagen, dass sich der Krankenversicherungsträger eine Vergütung von höchstens 0,3% der eingehobenen Beiträge holen kann, während die Vorsorgekasse Verwaltungsaufwand in Höhe von 1 bis 3,5% des Veranlagten abziehen und ua Barauslagen (Depotgebühren, Bankspesen udgl) weiterverrechnen kann.

5.1.4.2.4 Leistungsrecht

5.1.4.2.4.1 Anspruch auf Abfertigung

Im Gegensatz zum traditionellen Abfertigungsrecht (vgl 5.1.4.1.1.3) besteht ein **Anspruch** auf Abfertigung **bei jeder Beendigungsart** gegenüber der Betrieblichen Vorsorgekasse (vgl § 14 Abs 1 BMSVG).

Die Abfertigung bleibt aber ein Anspruch aus der Beendigung, dh ohne Beendigung des Arbeitsverhältnisses kommt auch eine „Abfertigung neu“ nicht in Betracht. Dies betrifft etwa Fälle bloßer Karenzierung des Arbeitsverhältnisses (vgl allg 4.3).

Zu beachten ist allerdings das Rechtsinstitut der **Verfügungssperre.** Nach diesem **besteht zwar** der **Anspruch auf Abfertigung** selbst, **nicht aber** der Anspruch **auf Verfügung.** Die Verfügung kann gegebenenfalls erst bei Beendigung eines oder mehrerer darauf folgender Arbeitsverhältnisse verlangt werden (vgl § 14 Abs 3 und 4 BMSVG). Zur Verfügungssperre kommt es gem § 14 Abs 2 BMSVG

- im Falle einer **Arbeitnehmerkündigung,** ausgenommen einer Kündigung während Teilzeitbeschäftigung nach MSchG oder VKG,
- im Falle einer vom AN verschuldeten Entlassung,
- im Falle eines unberechtigten vorzeitigen Austritts,
- sofern noch **keine drei Einzahlungsjahre** (36 Beitragsmonate) seit der ersten Beitragszahlung iSd §§ 6 ff BMSVG nach erstmaliger Aufnahme einer Erwerbstätigkeit oder der gewisser davor vorgenommener Verfügungen über die Abfertigung zurückgelegt worden sind.

Sind drei Einzahlungsjahre erreicht und liegt eine die Verfügung ermöglichende Art der Beendigung des Arbeitsverhältnisses vor, kann der AN die allenfalls auch bei verschiedenen Betrieblichen Vorsorgekassen veranlagten Beträge **„abrufen“,** indem er die „letzte“ Kasse beauftragt, auch Auszahlungen oder Verfügungen im Bereich der anderen Vorsorgekassen zu veranlassen (vgl § 14 Abs 6 BMSVG).

Eine **Verfügung** über das Abfertigungskapital kann, sofern der AN in keinem Arbeitsverhältnis steht, gem § 14 Abs 4 BMSVG **jedenfalls** verlangt werden

- in Fällen der Pensionierung, etwa **ab Inanspruchnahme einer Eigenpension** aus der gesetzlichen Pensionsversicherung,
- wenn für den AN **seit mindestens fünf Jahren keine Beiträge** nach dem BMSVG mehr zu leisten sind.

Bei **Tod des Anwartschaftsberechtigten** haben – ähnlich wie nach § 23 Abs 6 AngG, aber ua ohne Herabsetzung des Anspruchs (vgl 5.1.4.1.1.3) – die Ehegatten oder eingetragenen Partner und jene Kinder, für die im Zeitpunkt des Todes Familienbeihilfe bezogen wurde, Anspruch auf Auszahlung der Abfertigung. Melden sich binnen dreier Monate nach dem Tod des Anwartschaftsberechtigten keine solchen Personen, so fällt die Abfertigung – anders als nach altem Abfertigungsrecht – in die Verlassenschaft gem § 531 ABGB (vgl § 14 Abs 5 BMSVG).

5.1.4.2.4.2 Höhe der Abfertigung

Gem § 15 BMSVG ergibt sich die Höhe der Abfertigung aus der **(angesparten) Abfertigungsanwartschaft** zum Ende jenes Monats, zu dem ein Anspruch gem § 16 BMSVG fällig geworden ist, **einschließlich einer** allfälligen **Garantieleistung** gem § 24 BMSVG (Zinsgarantie; vgl auch 5.1.4.2.3.3).

Die Abfertigungsanwartschaft setzt sich zusammen aus den Beiträgen, die der Vorsorgekasse tatsächlich zugeflossen sind, abzüglich der Verwaltungskosten iwS, allfälligen Übertragungsbeträgen (vgl 5.1.4.2.1.1 c) abzüglich Verwaltungskosten, allfälligen Verzugszinsen sowie zugewiesenen Veranlagungsergebnissen.

5.1.4.2.4.3 Verfügungsmöglichkeiten

Nach Beendigung des Arbeitsverhältnisses hat der AN gem § 17 Abs 1 BMSVG – außer in den unter 5.1.4.2.4.1 genannten Fällen der Verfügungssperre – folgende Möglichkeiten:

- Er kann die **Auszahlung** der gesamten Abfertigung als Kapitalbetrag verlangen (Z 1 leg cit).
- Er kann bis zur Inanspruchnahme einer Pension aus der gesetzlichen Pensionsversicherung den gesamten Betrag **weiterhin** in der Betrieblichen Vorsorgekasse **veranlagen** (Z 2).
- Er kann die **Übertragung** des gesamten Abfertigungsbetrages in die **Betriebliche Vorsorgekasse** des neuen AG oder im Rahmen der Selbständigenvorsorge verlangen („Rucksackprinzip"; Z 3).
- Er kann die **Überweisung** der Abfertigung an ein **Versicherungsunternehmen,** bei dem der AN bereits Versicherter im Rahmen einer **betrieblichen Kollektivversicherung** (vgl 5.1.5.2) ist, oder an ein Versicherungsunternehmen seiner Wahl als Einmalprämie für eine von ihm nachweislich abgeschlossene **Pensionszusatzvereinbarung** verlangen (Z 4 lit a).
- Er kann die **Überweisung** der Abfertigung ua an eine **Pensionskasse,** bei der er bereits Berechtigter iSd § 5 PKG ist, als Pensionskassenbeitrag (§ 15 Abs 3 Z 10 PKG) verlangen (vgl Z 4 lit b).

Gibt der Anwartschaftsberechtigte die **Erklärung** über die Verwendung des Abfertigungsbetrags **nicht binnen sechs Monaten nach Beendigung** des Arbeitsverhältnisses ab, so ist der Abfertigungsbetrag **weiter** zu **veranlagen** (vgl § 17 Abs 2 Satz 1 BMSVG).

5.1.5 Betriebspension

Betriebliche Ruhegelder bilden neben der gesetzlichen Pensionsversicherung und der Eigenvorsorge den dritten Faktor des sog Dreisäulenmodells der Alterssicherung. In Österreich besitzen Betriebspensionen nur in einigen Bereichen des Arbeitslebens eine gewisse Bedeutung.

5.1.5.1 Anspruchsgrundlagen

Als Anspruchsgrundlagen für eine Betriebspension kommen einseitige Erklärungen des AG, Einzelvereinbarungen und Normen der kollektiven Rechtsgestaltung in Frage (vgl § 2 BPG).

Mit dem Verweis auf „einseitige Erklärungen" meint das G insb **Auslobungen** des AG (vgl §§ 860 ff ABGB). Viel häufiger ist auf dieser individuellen Ebene die Festlegung einer Betriebspension im **Arbeitsvertrag.** Im Bereich der kollektiven Rechtsquellen des Arbeitsrechts bestehen sowohl für den **KollV** (§ 2 Abs 2 Z 2 und 3 ArbVG) als auch für die **BV** (§ 97 Abs 1 Z 18, 18 a und 18 b ArbVG, § 3 BPG) besondere Regelungsermächtigungen (vgl auch 11.5.1.2.1, 11.5.1.2.2, 12.3.1.2.1, 12.3.1.2.2); als Norm der kollektiven Rechtsgestaltung ist allenfalls auch die Satzung (vgl 11.8.1) zu verstehen.

5.1.5.2 Konstruktion des Betriebspensionsanspruchs

Der Anspruch auf das betriebliche Ruhegeld kann verschieden konstruiert sein:

- Der AG kann unmittelbar verpflichtet werden, mit Erreichung eines bestimmten Alters oder bei Eintritt der Arbeitsunfähigkeit an den AN (bzw dessen Hinterbliebene) eine Betriebspension zu zahlen (**direkte Leistungszusage;** § 2 Z 2 BPG).

  Die direkte Leistungszusage kann sich aus den unter 5.1.5.1 angeführten Rechtsgrundlagen, also zB aus KollV, BV oder Arbeitsvertrag, ergeben.

- Der AG kann aber auch Beiträge an eine **Pensionskasse** mit eigener Rechtspersönlichkeit oder Prämien für eine **betriebliche Kollektivversicherung** an ein Versicherungsunternehmen entrichten, wobei diese Institutionen bei Vorliegen der vereinbarten Voraussetzungen Pensionszahlungen an die AN leisten (vgl § 2 Z 1 BPG, PKG, § 18f VAG).

  Zu unterscheiden ist zwischen **betrieblichen** und **überbetrieblichen** Pensionskassen (vgl §§ 3f PKG).

  Die **Errichtung** einer betrieblichen Pensionskasse oder der **Beitritt** zu einer betrieblichen oder überbetrieblichen Pensionskasse **bedarf zur Rechtswirksamkeit** im Allgemeinen des Abschlusses **einer BV** (vgl § 3 Abs 1 BPG, § 97 Abs 1 Z 18a ArbVG). Dasselbe gilt für den Abschluss einer **betrieblichen Kollektivversicherung** (vgl § 6a Abs 1 BPG, § 97 Abs 1 Z 18b ArbVG).

  Es handelt sich angesichts des Umstands, dass als Rechtsgrundlage eine BV erforderlich ist, um einen Sonderfall einer notwendigen BV (allg zu dieser 12.4.1). Die übrigen in § 2 BPG genannten Anspruchsgrundlagen (vgl 5.1.5.1) scheiden daher für diese Formen der betrieblichen Altersversorgung grundsätzlich aus. Für **AN, die von keinem BR vertreten sind** (zB leitende Angestellte iSd § 36 Abs 2 Z 3 ArbVG; AN, die keinen BR gewählt haben), bedarf der Beitritt zu einer Pensionskasse bzw betrieblichen Kollektivversicherung des vorherigen Abschlusses einer **Individualvereinbarung.** Diese ist nach einem **Vertragsmuster** zu gestalten, das die in § 3 Abs 1 bzw § 6a Abs 1 BPG aufgezählten Angelegenheiten (insb Leistungsrecht) zu beinhalten hat (§§ 3 Abs 2, 6a Abs 2 BPG). Ganz ausnahmsweise kann es auch einen **KollV** zum Thema geben (vgl §§ 3 Abs 1a ff, 6a Abs 1a ff BPG).

- Schließlich besteht die Möglichkeit, dass der AG für die AN **Lebensversicherungen** abschließt (vgl § 2 Z 3 BPG).

In den beiden letzteren Konstellationen richtet sich der Rechtsanspruch auf die konkrete, bereits angefallene Pensionsleistung in erster Linie gegen den verpflichteten Rechtsträger und ist daher vom wirtschaftlichen Schicksal des AG unabhängig.

Davon abgesehen können dem AN Rentenzahlungen auch aus Unterstützungs- oder Hilfskassen (vgl § 15 BPG) zustehen, welche rechtlich als vom AG (§ 95 ArbVG) oder vom BR (§ 93 ArbVG) errichtete betriebliche Wohlfahrtseinrichtungen zu qualifizieren sind (vgl auch 12.6.3).

5.1.5.3 Sicherungsmechanismen des BPG

a) Unverfallbarkeit von Anwartschaften

Ein wichtiges Instrument zum Schutz des AN vor Verlust von betriebspensionsrechtlichen Ansprüchen ist die **Unverfallbarkeit erworbener Anwartschaften.** Unverfallbarkeit bedeutet, dass dem Anwartschaftsberechtigten die erworbenen Anwartschaften trotz Beendigung des Arbeitsverhältnisses vor Eintritt des Leistungsfalles erhalten bleiben (vgl §§ 5, 6c, 7 und 13 BPG).

Die Unverfallbarkeit tritt nach Ablauf eines bestimmten Zeitraumes nach Inkrafttreten der Betriebspensionsregelung für den jeweiligen Anwartschaftsberechtigten ein. Bei betrieblichen Kollektivversicherungen und Lebensversicherungsmodellen sind die bisher erworbenen Versicherungsansprüche sofort unverfallbar. Bei Pensionskassen und direkten Leistungszusagen kann hingegen grundsätzlich über die Unverfallbarkeit von Anwartschaften disponiert werden. Unverfallbarkeit tritt dann erst nach Ablauf einer bestimmten Frist nach Beginn der Beitragsleistung bzw nach erteilter Leistungszusage ein (sog **Unverfallbarkeitsfrist**).

So kann bei Pensionskassenregelungen gem § 5 Abs 1 BPG bestimmt werden, dass die Unverfallbarkeit entgegen den allgemeinen Grundsätzen erst nach Ablauf einer Frist von höchstens drei Jahren ab Beginn der Arbeitgeberzahlungen eintreten soll. Allfällige Anwartschaften aus Beiträgen des AN allerdings werden ausnahmslos mit der Zahlung unverfallbar.

Im Falle der direkten Leistungszusage tritt die Unverfallbarkeit erworbener Anwartschaften für die Alters- und Hinterbliebenenversorgung ex lege nach einer **Unverfallbarkeitsfrist** von fünf Jahren ab Erteilung der Leistungszusage ein. Für Invaliditätsversorgungen sieht das BPG keine Unverfallbarkeitsbestimmungen vor. Die obige Unverfallbarkeitsfrist gilt dann nicht, wenn eine fünf Jahre übersteigende sog **Wartezeit** zulässiger Weise vereinbart wurde; hier tritt Unverfallbarkeit erst mit Ablauf dieser Wartezeit ein (§ 7 Abs 1 Z 2 und 3, Abs 2 BPG; eine Wartezeit ist gem Abs 2 leg cit auch bei Invaliditätsversorgungen möglich).

Als Folge der Unverfallbarkeit hat der AN nach Beendigung des Arbeitsverhältnisses **Wahlmöglichkeiten** hinsichtlich der Verfügung über den nach versicherungstechnischen Methoden gebildeten **Unverfallbarkeitsbetrag.**

So kann der AN zB die Umwandlung in eine beitragsfrei gestellte Anwartschaft bzw prämienfreie Versicherung verlangen oder sich die unverfallbaren Anwartschaften in eine Pensionskasse, betriebliche Kollektivversicherung oder direkte Leistungszusage eines neuen AG übertragen lassen. Im Fall von Pensionskasse bzw Lebensversicherung ist unter gewissen Voraussetzungen eine Fortsetzung nur mit eigenen Beiträgen möglich (vgl im Einzelnen §§ 5 Abs 2, 6c Abs 2, 7 Abs 3 und 13 Abs 1 BPG). Sind sämtliche Leistungsvoraussetzungen erfüllt, kann ohnehin die Leistung in Anspruch genommen werden.

Bei Beträgen unter € 9.300,– (allenfalls valorisiert gem § 1 Abs 2 und 2a PKG) ist der AN auf sein Verlangen abzufinden. Gegen seinen Willen abgefunden werden kann er bei der Pensionskasse, der betrieblichen Kollektivversicherung und der direkten Leistungszusage, nicht aber bei der Lebensversicherung (vgl §§ 5 Abs 4, 6c Abs 4, 7 Abs 6, 13 Abs 3 BPG).

Im Falle einer **direkten Leistungszusage wirkt sich** ausnahmsweise die **Art der Beendigung des Arbeitsverhältnisses auf die Verfallbarkeit** der Anwartschaften für die Alters- und Hinterbliebenenversorgung **aus.** Wird das Arbeitsverhältnis durch Kündigung seitens des AN, durch Entlassung aus Verschulden des AN oder durch unbegründeten Austritt beendet, verfallen die Anwartschaften aus direkten Leistungszusagen (§ 7 Abs 1 Z 1 BPG).

b) Beschränkungen des einseitigen Abgehens von einer Betriebspensionszusage

Ein zentraler Sicherungsmechanismus des BPG ist die Beschränkung der Möglichkeit des einseitigen Abgehens von der Erbringung der Beitragsleistungen oder bereits angefallener Leistungen. Das BPG nennt das **Einstellen** (sog Widerruf), das **Aussetzen** und das **Einschränken.**

Mit dem Widerruf bewirkt der AG das endgültige Abgehen von seinen Verpflichtungen. Im Fall des Aussetzens unterbleiben die Leistungen oder der Erwerb von Anwartschaften für einen bestimmten Zeitraum; nach Ablauf desselben leben die Verpflichtungen des AG wieder auf. Unter Einschränken ist die quantitative Herabsetzung für einen vorübergehenden Zeitraum zu verstehen.

Zu unterscheiden ist im Weiteren zwischen angefallenen Leistungen, dh Leistungen, die bereits an ehemalige AN erbracht werden, und Beitragszahlungen bzw Erwerb von Anwartschaften.

Bei **bereits angefallenen Leistungen** ist ein **gänzlicher Widerruf** vom BPG **in keinem Fall vorgesehen.**

Im Falle der Konstruktion der Betriebspension mittels Pensionskasse, betrieblicher Kollektivversicherung oder Lebensversicherung ist dies schon dadurch bedingt, dass die Leistungserbringung losgelöst vom AG erfolgt. Bei der direkten Leistungszusage können die Pensionsleistungen allerdings faktisch ein Ende finden, wenn der totale wirtschaftliche Niedergang des AG durch Insolvenz eintritt; hier sind die Berechtigten auf die Insolvenzquote, allfällige Absonderungsrechte (vgl § 11 BPG) und die Sicherung ihrer Ansprüche nach dem IESG angewiesen (zu Letzterer allg 5.3.5.2).

Ein **Aussetzen** oder **Einschränken von bereits angefallenen Leistungen** ist zwar nicht bei einem Pensionskassenmodell, einer betrieblichen Kollektivversicherung oder einer Lebensversicherungskonstruktion, wohl aber bei einer **direkten Leistungszusage** möglich. Nach § 9 BPG darf jedoch nur dann und solange ausgesetzt oder eingeschränkt werden, als

- in der rechtsbegründenden Vereinbarung ein schriftlich fixierter **Einschränkungs- oder Aussetzungsvorbehalt** vorgesehen ist,
- **zwingende wirtschaftliche Gründe** vorliegen,
- der **AG** von dem ihm eingeräumten **Recht Gebrauch gemacht** hat, den **Erwerb künftiger Anwartschaften einzustellen, auszusetzen oder einzuschränken** (s dazu unten).

Entscheidung 87: Ende der Aussetzung

Eine Beendigung der Aussetzung oder Einschränkung muss erst bei nachhaltiger Besserung der Ertragslage des Unternehmens erfolgen. Eine positive Bilanz während eines Zeitraumes von zwei Jahren reicht nicht aus.

OGH 21. 10. 1992, 9 ObA 246/92, infas 1993 A 136

Im Falle von **Beitrags- bzw Prämienzahlungen** sowie dem **Erwerb von Anwartschaften** ist ein **Widerruf,** ein **Aussetzen** oder ein **Einschränken** der vom AG zu erbringenden Zuwendungen nur dann möglich, wenn

- in der rechtsbegründenden Vereinbarung ein schriftlich fixierter **Widerrufs-, Aussetzungs- bzw Einschränkungsvorbehalt** vorgesehen ist,
- im Fall eines Widerrufs sich die wirtschaftliche Lage des Unternehmens nachhaltig so wesentlich verschlechtert hat, dass die Aufrechterhaltung der zugesagten Leistung eine **Gefährdung des Weiterbestands des Unternehmens** zur Folge hätte, bzw in den Fällen des Aussetzens oder Einschränkens, dass **zwingende wirtschaftliche Gründe** vorliegen,
- in Betrieben mit BR eine **Beratung mit dem BR** stattgefunden hat.
- Die **Einschränkung** oder **Aussetzung** ist überdies **nur dann und so lange** zulässig, als die **zwingenden wirtschaftlichen Gründe** vorliegen (§§ 6 Abs 1 und 6, 6d Abs 1 und 6, 8 Abs 1 und 6, 14 Abs 1 und 4 BPG).

Alle bis zum einseitigen Abstandnehmen erworbenen Anwartschaften bleiben dem AN erhalten, es sei denn, diese sind noch nicht unverfallbar oder eine entsprechende Wartezeit wurde nicht erfüllt (vgl a). Dem AN stehen hinsichtlich der Verwertung seiner erworbenen Ansprüche – ähnlich wie im Falle von unverfallbaren Anwartschaften im Zuge der Beendigung des Arbeitsverhältnisses (vgl a) – Wahlrechte zu (vgl §§ 6 Abs 3 bis 5, 6d Abs 3 bis 5, 8 Abs 5, 14 Abs 1 bis 3 BPG).

c) Freiwilligkeit der Beitragsleistung des AN

Hinsichtlich einer allfälligen Beitrags- oder Prämienleistung des AN ist der Grundsatz der Freiwilligkeit derselben zu beachten (vgl §§ 3 Abs 4, 6a Abs 4, 7 Abs 4, 14 Abs 6 BPG).

Der AN kann sich nur in Form einer **Individualvereinbarung** zur Zahlung eigener Beiträge verpflichten. Ist dies geschehen, so trifft das BPG eine Reihe von Vorkehrungen, die dem AN ein **relativ leichtes Abgehen von dieser Verpflichtung** ermöglichen (vgl zB §§ 3 Abs 4, 14 Abs 6 BPG, wonach der AN seine Beitragsleistung an die Pensionskasse bzw Lebensversicherung jederzeit einstellen oder für einen Zeitraum von mindestens zwei Jahren aussetzen oder einschränken kann).

Weiters wird einem Verlust geleisteter Beiträge durch sofortige Unverfallbarkeit und Anspruch auf verzinste Rückzahlung im Falle der direkten Leistungszusage gem §§ 7 Abs 4, 8 Abs 4 BPG vorgebeugt.

d) Gleichbehandlungsgebot

§ 18 BPG enthält speziell auf Betriebspensionszusagen zugeschnittene Gleichbehandlungsgebote. § 18 Abs 1 BPG bestimmt, dass der AG den **arbeitsrechtlichen Gleichbehandlungsgrundsatz** einzuhalten hat (vgl 5.3.3.1) und verpflichtet ist, **beim einseitigen Abgehen** von Verpflichtungen nach dem BPG (vgl b) **Leistungs- und Anwartschaftsberechtigte** nach **ausgewogenen,** willkürliche oder sachfremde Differenzierungen zwischen AN oder Arbeitnehmergruppen ausschließenden **Grundsätzen** zu behandeln.

Bei **Pensionskassenzusagen** und **betrieblichen Kollektivversicherungen** muss den AN oder Arbeitnehmergruppen des Betriebes gem § 18 Abs 2 BPG eine **ausgewogene,** willkürliche und sachfremde Differenzierungen ausschließende **Beteiligung** am System ermöglicht werden.

Verstöße gegen die skizzierten Gleichbehandlungsgebote bewirken gem § 18 Abs 3 BPG einen Angleichungsanspruch des in seinen Rechten Geschmälerten (zu Gleichbehandlungsfragen vgl auch 5.3.3).

5.2 Festlegung des Entgelts

Für die Festlegung der Höhe des Entgelts ist primär der **Arbeitsvertrag** entscheidend. Dieser kann **ausdrücklich** ein Entgelt festlegen, eine Entgeltvereinbarung ist aber auch gem § 863 ABGB **konkludent** dadurch möglich, dass beispielsweise der AG regelmäßig einen Betrag bezahlt und der AN diesen widerspruchslos entgegennimmt (vgl auch 5.2.2).

Im Normalfall wird ein **Bruttoentgelt** festgelegt. Es sind aber auch sog Nettolohnvereinbarungen möglich (vgl auch 5.1.4.1.1.2).

Nettolohnvereinbarungen kommen zB bei Berufssportlern vor. In diesem Sinne meinte einst ein Fußballprofi: „Brutto oder netto ist mir egal, bar auf die Hand will ich es."

Die freie Vereinbarung des Entgelts ist in der Praxis dadurch beschränkt, dass diesbezüglich weitgehend **zwingende Mindeststandards zu Gunsten des AN** zu beachten sind. Primäres Mittel der Entgeltgestaltung ist dabei der KollV (vgl 11.).

Wird ein zwingend festgelegtes Mindestentgelt durch Individualvereinbarung unterschritten, so ist die entsprechende Passage des Arbeitsvertrags (teil-)nichtig. An die Stelle der Abrede tritt die von der unabdingbaren Rechtsquelle vorgesehene Entgelthöhe (vgl auch den Rechtsgedanken des § 917a ABGB; allg zum Verhältnis der arbeitsrechtlichen Rechtsquellen zueinander 10.4). Darüber hinaus riskiert der AG eine Verwaltungsstrafe (vgl § 7i Abs 5 AVRAG).

Beispiel: Ein KollV sieht einen Stundenlohn von € 10,– vor. Ein AG vereinbart mit dem AN € 8,– pro Stunde, da er sich die € 10,– nicht leisten kann. Der AN sieht dies ein und gibt sich ausdrücklich mit dem geringeren Entgelt zufrieden.
Die Entgeltabrede im Arbeitsvertrag ist rechtsunwirksam. Der AN kann sich auf den KollV stützen und die Differenz von € 2,– pro Stunde bis zurück zur Verjährungs- oder Verfallsgrenze (vgl 5.4.2) geltend machen. Überdies begeht der AG eine Verwaltungsübertretung und ist mit einer Geldstrafe zu bestrafen (vgl § 7i Abs 5 AVRAG).

Die **Einstufung in das Lohn- bzw Gehaltsschema eines** anzuwendenden **KollV** ist zu vereinbaren. Wird nichts vereinbart oder widerspricht die Vereinbarung zu Lasten des AN der tatsächlich geleisteten Arbeit, so ist der AN nach der tatsächlich erbrachten Arbeit zu behandeln[22]).

Retrospektiv wird also zunächst zu schauen sein, ob eine derartige **Vereinbarung getroffen** wurde. Ist dies **nicht** der Fall, so ist die **tatsächlich geleistete Tätigkeit unter**

[22]) Dazu am Beispiel einer Supermarkt-Kassiererin OGH 28. 6. 2011, 9 ObA 33/11k.

den entsprechenden Ansatz im **Entgeltschema des KollV** zu **subsumieren.** Der KollV ist ja G im materiellen Sinn (vgl allg 11.2.1) und wie ein solches zur Anwendung zu bringen. Liegt eine einschlägige **Vereinbarung** vor, so ist zu prüfen, ob sie den **Vorgaben des KollV entspricht.** Ist dies der Fall, so ist rechtlich alles in Ordnung, es ist gemäß der Vereinbarung **nach dem KollV vorzugehen. Weicht** die **Vereinbarung zu Lasten des AN** vom für die tatsächlich geleistete Arbeit vorgesehenen Ansatz des KollV **ab,** so ist dies gesetzwidrig (kollektivvertragswidrig) und es gilt wiederum der **der Tätigkeit entsprechende Ansatz im KollV.** Weicht die Vereinbarung **zu Gunsten des AN** vom KollV ab, so ist dies – wie ein direkt vereinbartes höheres Entgelt – eine Günstigerstellung im Verhältnis zum einseitig zwingenden KollV (zum Günstigkeitsprinzip allg 10.4.2.1); es ist die **Vereinbarung** maßgeblich.

Fall 36: Systemspezialist

Tobias ist EDV-Experte und wird von einer Versicherung als Operator aufgenommen. Die Gehaltseinstufung erfolgt laut KollV. Da bald darauf ein Arbeitskollege den Arbeitsplatz wechselt, muss T diesen nach kurzer Einschulungszeit als Systemspezialist ersetzen. Für einen Operator ist im KollV die Gehaltsstufe 5, für einen Systemspezialisten allerdings die Gehaltsstufe 6 vorgesehen.

Vier Jahre später will T, der den KollV bis dahin nicht gekannt hat, gegen seine von Anfang an unveränderte Einstufung in Gehaltsstufe 5 vorgehen und eine Gehaltsnachzahlung verlangen. Wie ist die Rechtslage?

Variante: *Wie wäre vorzugehen, wenn T laut Arbeitsvertrag als Systemspezialist aufgenommen und eingestuft wird, tatsächlich aber nur Arbeiten eines Operators erledigt?*

Was **tätigkeits- oder funktionsspezifische Zulagen** anlangt, so können diese vom AG gestrichen werden, wenn die ausschlaggebende Tätigkeit oder Funktion nicht mehr ausgeübt wird. Erfolgt trotzdem die weitere Bezahlung der Zulage, so wird daraus idR auf die konkludente Gewährung einer allgemeinen Entgelterhöhung zu schließen sein.

> **Beispiel:** Ein AN arbeitet in einem Gefahrenbereich und erhält daher eine kollektivvertragliche Gefahrenzulage.
> Wenn eine gültige Versetzung (vgl 4.2) auf einen Arbeitsplatz erfolgt, an dem die abgegoltene Gefahr nicht besteht, muss die Zulage nicht mehr bezahlt werden. Wird diese dennoch weiter geleistet, so wird es zu einer Vertragsergänzung iSd § 863 ABGB kommen. Dem AN steht dann das höhere Entgelt unabhängig von seiner Tätigkeit in Gefahrenbereichen zu.

Gem § 1152 ABGB kann in einem Arbeitsvertrag auch **Unentgeltlichkeit** vereinbart werden (zu § 1152 ABGB vgl auch 5.2.1). Dies ist naturgemäß nur dort möglich, wo keine zwingenden Mindestentgelte vorgeschrieben sind.

Zwingende Mindestentgelte ergeben sich in Österreich insb aus KollV. Gesetzliche Mindestlöhne sind bei uns – im Gegensatz zur Situation in anderen Mitgliedstaaten der EU (zB Deutschland, Großbritannien, Ungarn) – sozialpolitisch gesehen nicht notwendig, weil eine gut funktionierende und in weiten Bereichen flächendeckende Kollektivvertragspolitik existiert. Ausnahmsweise einen gesetzlichen Mindestlohn gibt es gem § 10 AÜG im Bereich der Arbeitskräfteüberlassung (vgl 4.5.1).

Größere Bedeutung haben unentgeltliche Arbeitsverträge nur im Bereich von Praktikanten.

Aus § 1152 ABGB folgt, dass auch **unangemessene Entgeltvereinbarungen** möglich und prinzipiell gültig sind. Bei Missbräuchen ist hier allenfalls mit Hilfe der Sittenklausel des § 879 ABGB Abhilfe zu schaffen:

Entscheidung 88: Lohnwucher

Besteht keine lohngestaltende Vorschrift, dann ist jede Einzelvereinbarung zulässig. Es ist daher auch eine unangemessene Lohnvereinbarung möglich. Die Grenze bildet lediglich die Sittenwidrigkeit. Lohnwucher in diesem Sinn liegt vor, wenn die Entgelthöhe die Annahme einer sittenwidrigen Ausbeutung wegen eines im auffallenden Missverhältnis zum Wert der Dienstleistung stehenden Hungerlohnes rechtfertigt. Bei Vornahme des Vergleichs kommt es auf die im örtlichen Bereich des Betriebs bestehende ortsübliche Entgelthöhe an.

OGH 14. 12. 1996, 9 ObA 2267/96i, ZAS 1997, 175 *(Steininger)*

Praktisch bedeutsam sind auch Vereinbarungen zwischen den Arbeitsvertragspartnern, mit denen dem **AG** – insb im Hinblick auf überkollektivvertragliche Zusatzentgelte – **einseitige Gestaltungsrechte** bezüglich der Entgelthöhe bzw -berechnung, Zahlungsweise udgl eingeräumt werden (vgl auch 5.1.2.3 F 35).

In der folgenden E hat der OGH grundlegende Aussagen zu den Möglichkeiten und Grenzen der einseitigen Kürzung von vertraglich festgelegten Zusatzentgelten getätigt:

Entscheidung 89: Unverbindlichkeitsvorbehalt

Unverbindlichkeitsvorbehalte kennzeichnen eine Leistung als freiwillig und ohne Begründung eines künftigen Rechtsanspruchs, während ein Widerrufsvorbehalt einen Anspruch voraussetzt, der mit Ausübung des Widerrufs beseitigt werden kann.

Die Unzulässigkeit eines Unverbindlichkeitsvorbehalts besteht nur dann, wenn sich dieser auf laufendes monatliches Entgelt bezieht. Hingegen sind Entgeltbestandteile, die keinen wesentlichen Teil des Grundentgelts darstellen oder nur unregelmäßig oder in bestimmten Fällen gewährt werden, davon nicht erfasst. Daher kann im Hinblick auf Sonderzahlungen ein Unverbindlichkeitsvorbehalt wirksam vereinbart werden.

Werden Unverbindlichkeits- und Widerrufsvorbehalt miteinander kombiniert, ist diese Bestimmung im Einzelfall gem §§ 914f ABGB auszulegen, da beide unterschiedliche Rechtsfolgen haben und zueinander im Widerspruch stehen.

OGH 24. 2. 2009, 9 ObA 113/08w, infas 2009 A 38

Bei der einen Art von Vorbehalt, dem in der E ermittelten **Unverbindlichkeitsvorbehalt,** gibt es eine **Inhaltskontrolle:** Ist dieser als solcher zulässig, was laut OGH dann der Fall ist, wenn er nicht das laufende monatliche Entgelt (bzw wesentliche Teile desselben) betrifft, ist keine weitere rechtliche Kontrolle mehr vorzunehmen. Bei der zweiten Art, dem **Widerrufsvorbehalt,** ist hingegen insb eine **Ausübungskontrolle** vorgesehen – ein solcher darf nur nach billigem Ermessen ausgeübt werden[23]).

Von vornherein sittenwidrig ist es, wenn dem AG ohne Einflussmöglichkeit des AN zur Gänze die Bestimmung der Entgelthöhe überantwortet wird[24]).

5.2.1 Angemessenheit bzw Ortsgebrauch

Gem § 1152 ABGB gilt, sofern im Arbeitsvertrag kein Entgelt bestimmt und auch nicht Unentgeltlichkeit vereinbart ist, ein angemessenes Entgelt als bedungen. Nach § 6 Abs 1 Satz 1 und 2 AngG wird bei der Entgeltbestimmung mangels Vereinbarung auf Angemessenheit und Ortsgebrauch abgestellt.

Die Bestimmungsfaktoren **„Angemessenheit"** und **„Ortsgebrauch"** gelten nur **subsidiär mangels Vereinbarung** (vgl dazu auch 3.1.4). Eine Entgeltabrede, mag diese auch unangemessen sein, geht diesen Vorgaben genauso vor wie die – sofern zulässig – getroffene Vereinbarung von Unentgeltlichkeit (vgl auch 5.2).

Entscheidung 90: Brunnenbau

Sachverhalt: Der Kl hilft dem Bekl, mit dem er in homosexueller Lebensgemeinschaft lebt, beim Brunnenbau, wobei vereinbart ist, dass er sich mit Kost und Quartier begnügt. Der Brunnenbau wird nach einigen Wochen wegen Aussichtslosigkeit eingestellt. Einige Zeit später trennen sich die beiden in Unfrieden. Der Kl begehrt ein angemessenes Entgelt für seine Arbeitsleistungen.

Leitsatz: § 1152 ABGB legt keinen Anspruch auf ein bestimmtes Mindestentgelt fest. Diese Bestimmung ist nur dann anwendbar, wenn der Arbeitsvertrag selbst keine Entgeltvereinbarung enthält. Da sich der Kl vereinbarungsgemäß mit Kost und Quartier begnügt, besteht, selbst

---

23) Vgl zB OGH 29. 8. 1996, 8 ObA 2207/96, infas 1997 A 33.

24) Vgl OGH 19. 2. 1980, 4 Ob 138/79, Arb 9854.

wenn dieses Entgelt nicht angemessen sein sollte, kein Anspruch nach § 1152 ABGB.
OGH 15. 6. 1982, 4 Ob 61/82, Arb 10.086

Zu beachten ist, dass die Angemessenheit und die Ortsüblichkeit nach § 10 Abs 1 Satz 1 AÜG hingegen eine zwingende Vorgabe der Entgeltfestsetzung ist (vgl 4.5.1).

Weiters ist darauf hinzuweisen, dass § 1152 ABGB eine wichtige Rolle bei der Festlegung des Bereicherungsanspruchs bei zweckverfehlenden Arbeitsleistungen spielt (vgl 5.5).

5.2.2 Betriebliche Übung[25])

Es kommt häufig vor, dass der AG an die AN Leistungen gewährt, zu denen er nach den zwingenden Vorgaben in G, KollV oder BV nicht verpflichtet ist (zur begrenzten Regelungszuständigkeit insb der BV vgl 12.1.4, 12.3.1.2). Da der weite arbeitsrechtliche Entgeltbegriff nicht nur den Lohn bzw das Gehalt ieS, sondern alle Zuwendungen umfasst, die der AN für die Zurverfügungstellung seiner Arbeitsleistung bekommt (vgl 5.1), zählen auch die diversen freiwilligen Leistungen zum Entgelt. Werden diese zB im Arbeitsvertrag schriftlich oder mündlich zugestanden, so besteht grundsätzlich kein Zweifel daran, dass ein **Anspruch** auf sie besteht (zu anspruchsausschließenden Vorbehalten s 5.2). Aber auch im Falle nicht im jeweiligen Arbeitsvertrag konkret festgeschriebener, aber pauschal und wiederholt erfolgender Ausschüttung ist zu beachten, dass nach den Regeln über die sog betriebliche Übung ein Anspruch auf die Überzahlungen begründet werden kann.

Genau genommen sind die Regeln über die betriebliche Übung nicht auf den Entgeltbereich beschränkt, sondern auch bei anderen Leistungen denkbar. Besonders plausibel erscheint dies zB für die Zuwendung von Aufwandsentschädigungen (zu diesen 5.1). Inhalt einer betrieblichen Übung kann alles sein, was in einem Arbeitsvertrag gültig vereinbart werden kann; diese führt ja auch zu einer Ergänzung des Arbeitsvertrags (dazu gleich unten).

Gewährt ein AG **regelmäßig** und **vorbehaltlos** gewisse Zusatzleistungen, insb Zusatzentgelte, an die Belegschaft oder Teile davon, so darf der **AN** nach Maßgabe des § 863 ABGB **darauf vertrauen,** dass er diese **Leistungen auch weiterhin erhalten** wird. Wesentlich ist, dass die Leistungen mit einer gewissen Regelmäßigkeit gewährt werden. Wie oft zB Zusatzentgelte ausgezahlt werden müssen, damit von einer konkludenten Anspruchsbegründung ausgegangen werden kann, lässt sich nicht allgemein beantworten. Entscheidend ist, dass der AN aus der Vorgangsweise und der Häufigkeit der Zahlung entnehmen darf, dass er einen Anspruch besitzt.

Eine zwei- bis dreimalige vorbehaltlose Auszahlung wird bei einer jährlich gewährten Zahlung (zB 15. Monatsgehalt zusätzlich zum laut KollV gebührenden 13. bzw 14. Monatsgehalt) in aller Regel ausreichend sein. Im Falle monatlicher Gewährungen werden einige Wiederholungen dazukommen müssen, ca drei bis sechs Zuwendungen werden hier genügen. Bei täglich anfallenden Leistungen (zB Essenszuschuss, Wegstreckenabgeltung im Rahmen eines Werksbusdienstes) wird ein Anspruch aus § 863 ABGB nach einigen Wochen bis wenigen Monaten vorbehaltloser Zuwendung entstehen.

---

[25]) *Vinzenz,* Die betriebliche Übung, JAP 2012/13, 226ff.

Rechtsdogmatisch betrachtet geht es um das durch die regelmäßige und vorbehaltlose Gewährung von Zusatzleistungen konkludent getätigte **Anbot des AG,** welches durch die gleichfalls schlüssig erfolgende **Zustimmung des AN** gem § 863 ABGB zum Inhalt des **Einzelarbeitsvertrags** wird. Eine im Betrieb herrschende Übung hat daher als solche keine Normkraft; sie kann nur auf rechtsgeschäftlichem Weg Bedeutung erlangen[26]).

Aus dem spezifischen Verhalten des AG ist sein Verpflichtungswille für die Zukunft abzuleiten. Er verhält sich so, dass der AN „keinen vernünftigen Grund ... zu zweifeln" (vgl § 863 Abs 1 ABGB) hat, dass sich dieser binden will. Der rechtsgeschäftliche Wille des AN ist aus der Entgegennahme der Leistung zu entnehmen.

Betrachtet man diese dogmatischen Grundlegungen, so zeigt sich, dass sich eine entsprechende Übung und in der Folge eine Anspruchsbegründung auch auf einen einzigen AN oder einzelne AN beziehen kann. Insoweit müsste man anstelle von „betrieblicher Übung" von **„individueller Übung"** sprechen.

Durch einen **tauglichen Vorbehalt** kann der AG die Einzelvertragsergänzung verhindern. Fehlt der Vorbehalt, so wird es idR (s oben) zum einzelvertraglichen Anspruch kommen. In erster Linie wird ein **Unverbindlichkeitsvorbehalt** in Betracht kommen. Ein solcher ist nur dann beachtlich, wenn er sich auf ein zulässig einseitig gestaltbares Entgelt bezieht (zur „Inhaltskontrolle" vgl 5.2), von der Formulierung her **deutlich** auf die Unverbindlichkeit der Leistung hingewiesen wird und dies zudem **auf jede Gewährung bezogen** wird.

Davon zu unterscheiden sind **Widerrufsvorbehalte.** Diese könnten im Zuge der betrieblichen Übung mitvereinbart worden sein und ermöglichen eine einseitige Abstandnahme von einer vertraglich geschuldeten Leistung. Allerdings kann die Abstandnahme gültig nur nach billigem Ermessen stattfinden, es kommt also zu einer „Ausübungskontrolle" (vgl 5.2).

Entscheidung 91: Nachträgliche Vereinbarung des Widerrufsrechts

Enthält die Zusage eines Pensionszuschusses keinen Widerrufsvorbehalt, dann darf sie vom AG bei Fortbestand des Unternehmens selbst bei einer Verschlechterung der wirtschaftlichen Lage nicht einseitig abgeändert werden.

Die nachträgliche Vereinbarung eines Widerrufsrechts setzt im Hinblick auf die auch den ausgeschiedenen AN gegenüber noch gegebene Fürsorgepflicht voraus, dass der AG ausreichend deutlich auf die Änderung gegenüber den bisher bestehenden Rechten aufmerksam macht.

OGH 10. 4. 1996, 9 ObA 2001/96, DRdA 1997, 17 *(Apathy)*

An sich ist die Abstandnahme von der vertraglich gewährten Leistung durch **Vertragsänderung möglich** und gültig.

---

26) So zB OGH 13. 11. 2002, 9 ObA 87/02p; 24. 4. 2012, 8 ObA 18/12y; allg *Spielbüchler,* Arbeitsrecht I⁴ 252f mwN.

Im Fall der E 91 hat das Höchstgericht die betroffenen Betriebspensionisten mit Verweis auf die Fürsorgepflicht (vgl 8.1) und Bezugnahme auf Wertungen aus dem Bereich des Konsumentenschutzrechts von ihren Vertragserklärungen – die hier nicht die Abstandnahme von der Pension selbst, sondern nur die Einräumung eines Widerrufsrechts betrafen – entbunden. Dies ist alles andere als selbstverständlich – im Bereich des jenseits arbeitsrechtlicher Mindeststandards frei Vereinbarten wird der AN im Allgemeinen nicht vor seinen rechtsgeschäftlichen Willenserklärungen geschützt –, angesichts des eigenartigen Sachverhalts erscheint die Vorgangsweise des OGH jedoch zutreffend.

Aus der Praxis: Ein AG, in dessen Betrieb betriebliche Übungen als Vertragsinhalte bestehen, kann von diesen nur dadurch Abstand nehmen, dass er die Zustimmung zur entsprechenden Vertragsänderung von jedem einzelnen AN einholt. Ein einseitiges Abgehen ist dem AG verwehrt[27]). Verweigert der jeweilige AN die Zustimmung, so bleibt für ihn die Zusatzleistung bestehen.

Gegenüber **Neueintretenden** kann der AG eine betriebliche Übung dadurch vermeiden, dass er durch **entsprechende Erklärungen** das Entstehen einer Vertrauenssituation iSd § 863 ABGB abwendet.

Aus der Praxis: Ein neu eingestellter AN darf im Allgemeinen damit rechnen, die unter bestimmten Voraussetzungen auf Grund einer betrieblichen Übung gewährten Leistungen zu erhalten, sobald er die Voraussetzungen erfüllt. Die betriebliche Übung bzw – genauer – das entsprechende Anbot des AG weitet sich dabei bei entsprechender Vertrauenslage iSd § 863 ABGB bereits auf einen AN aus, der die den Gegenstand der Übung bildende Leistung noch gar nie in Anspruch genommen hat, die Praxis aber im Betrieb wahrgenommen hat.

Will der AG den neu eintretenden AN von einer bestehenden Betriebsübung ausnehmen, muss dies bei Begründung des Arbeitsverhältnisses deutlich gesagt werden[28]).
In der Folge wird der AG diese Strategie auch gegenüber weiteren eintretenden AN aufrechterhalten müssen, weil ansonsten ein Verstoß gegen den arbeitsrechtlichen Gleichbehandlungsgrundsatz[29]) vorliegen könnte.

Bei gewissen Leistungen des AG ist im Hinblick auf die Konkludenz ein besonders strenger Maßstab anzulegen:

Entscheidung 92: Entgeltferne

Wegen des nur ganz losen Zusammenhangs mit der Arbeitsleistung und der „Entgeltferne" eines Zuschusses des AG zu Theater- und Kon-

[27]) Vgl zB OGH 19. 12. 2013, 9 ObA 142/13t, ARD 6388/10/2014.
[28]) Vgl zB OGH 10. 7. 1997, 8 ObA 145/97z, RdW 1998, 90.
[29]) Zu diesem allg 5.3.3.1.

zertabonnements ist bei der Beurteilung von Konkludenz ein strenger Maßstab anzulegen. Der einzelne AN kann nicht ohne jeden Zweifel davon ausgehen, dass ihm der AG ein Offert zu einer Ergänzung des Arbeitsvertrags für alle Zukunft und unwiderruflich machen wollte, zumal es hier weniger um Zusatzentgelt als vielmehr um Kulturförderung geht.

OGH 18. 4. 1996, 8 ObA 270/95, DRdA 1997, 27 *(Eypeltauer)*

Der Begriff der „Entgeltferne" ist zwar plakativ, verschleiert aber den Umstand, dass mE angesichts des weiten Entgeltbegriffs des Arbeitsrechts (vgl 5.1) auch die gegenständlichen Leistungen als Entgelte in einem weiten Sinn, als **am Rande des Begriffs stehende Entgelte** aufzufassen sind. Der entscheidende Punkt liegt darin, dass auf Grund des nach den Umständen zu ermittelnden Charakters gewisser Leistungen des AG ein Anbot desselben auf Ergänzung des Arbeitsvertrags iSd § 863 ABGB nicht oder nur unter besonderen Rahmenbedingungen zu ermitteln ist.

Beispiel: Bezahlt der AG jedes Jahr einen Betriebsausflug oder die Weihnachtsfeier, so wird auf Grund des Charakters dieser Leistungen kaum jemals ein vertraglicher Anspruch der AN entstehen; es ist ein Vertragsanbot des AG bzw der nach § 863 ABGB notwendige Vertrauenstatbestand zu bezweifeln. Ähnliches wird dann gelten, wenn der AG jedes Jahr eine andere Art von Sachgeschenk zu Weihnachten gibt.
Nicht mehr so klar ist die Situation, wenn das Weihnachtsgeschenk alljährlich in Form eines Warengutscheins oder gar durch Übergabe eines Geldscheins im Kuvert erfolgt. Hier ist das Entstehen vertraglicher Ansprüche eher denkbar, was der AG zB durch Setzen des oben skizzierten Unverbindlichkeitsvorbehalts verhindern kann.

Zu beachten ist, dass der AN Leistungen auch im Rahmen **einer betrieblichen Wohlfahrtseinrichtung** (vgl allg 12.6.3) erhalten kann, so etwa dann, wenn für Firmenangehörige die Möglichkeit besteht, vergünstigte Urlaubsaufenthalte, einen Werksbus oder eine Werkskantine mit billigen Mahlzeiten in Anspruch zu nehmen.

Es ist hier zwischen der Wohlfahrtseinrichtung als solcher und der in ihrem Rahmen ausgeschütteten Leistung, insb Entgeltleistung, zu unterscheiden.

Eine Wohlfahrtsinstitution **als solche** kann **nicht Gegenstand einer betrieblichen Übung** sein, ihre rechtliche Behandlung richtet sich nach den §§ 93, 95 ArbVG. Daraus ergibt sich auch, unter welchen Voraussetzungen eine Auflösung durch den AG möglich ist.

Gem § 95 ArbVG hat der AG idR weitgehend die Möglichkeit, eine betriebliche Wohlfahrtseinrichtung aufzulassen.

Entscheidung 93: Personalkantine

Die Gewährung eines Mittagessens gegen einen Beitrag von S 20,– ist eine vom Bestehen der Wohlfahrtseinrichtung „Personalkantine" unabhängige individuelle Sachleistung des AG.

Für eine betriebliche Wohlfahrtseinrichtung iSd § 95 ArbVG ist ua maßgeblich, dass es sich um Leistungen handelt, die an die Gesamtheit der Belegschaft zufolge des kollektiven Bezugs gerichtet sind, unabhängig davon, welches einzelne Belegschaftsmitglied die Leistungen jeweils in Anspruch nimmt (zB Werksbus, Betriebszahnarzt, Personalkantine).

Ein einzelvertraglicher Anspruch auf Aufrechterhaltung der Personalkantine, insb auf Aufrechterhaltung der Abgabe eines verbilligten Mittagessens in der Personalkantine, ist daher abzulehnen.

OGH 13. 11. 1997, 8 ObA 219/97g, DRdA 1999, 49 *(Wachter)*

Der OGH hat im Originaltext dieser E die Wortfolge „in der Personalkantine" unterstrichen und damit zum Ausdruck gebracht, dass die AN keinen Anspruch auf Aufrechterhaltung der Personalkantine **als solcher** haben. Dass aber infolge betrieblicher Übung ein Anspruch auf ein unter dem Marktpreis abzugebendes Mittagessen und damit indirekt auf einen Essenszuschuss entstanden sein kann, ist dadurch nicht ausgeschlossen.

In ähnlicher Weise ist zB auch zwischen der Wohlfahrtseinrichtung „Werkswohnung" und dem Zusatzentgelt „Mietzinszuschuss" oder der Einrichtung „Werksbus" und dem Entgelt „Wegstreckenabgeltung" zu unterscheiden. Jeweils die **letztere Leistung** kann daher durch betriebliche Übung **Inhalt des** individuellen **Arbeitsvertrags** werden.

Im Zusammenhang mit den Lehren über die betriebliche Übung ist auch das Phänomen der **unechten, „freien BV"** zu erwähnen (vgl allg 12.5 sowie auch 5.1 F 33). Diese entsteht dadurch, dass BI und BR miteinander Vereinbarungen schließen, deren Inhalte weder durch G noch durch KollV dem Regelungspouvoir der BV zugeordnet sind. Derartige Regelungen entfalten zwar keine kollektivrechtliche Wirkung, sie können aber dadurch, dass sie dauernd angewendet werden, konkludent Inhalt der Einzelarbeitsverträge werden (§ 863 ABGB). Der Unterschied zur betrieblichen Übung besteht im Wesentlichen darin, dass die Inhalte im Falle der „freien BV" von den Betriebspartnern in einer Vertragsschablone niedergelegt werden.

5.3 Entgeltsicherung

Unter dem Begriff „Entgeltsicherung" können verschiedenste arbeitsrechtliche Schutzbestimmungen zusammengefasst werden. Einschlägig ist beispielsweise Folgendes:

- Ein zentrales Instrument zur Gewährleistung angemessener Arbeitsentgelte stellen die zwingenden **kollektiven Rechtsquellen des Arbeitsrechts** (KollV, ermächtigte BV, Satzung, Mindestlohntarif; vgl 11., 12., 11.8.1, 11.8.2) dar. Diese schließen Entgeltvereinbarungen unter den von ihnen festgelegten Mindeststandards aus (vgl 5.2, 10.4.2).

- **Unabdingbare Ansprüche** – und damit insb die von G oder kollektiver Rechtsquelle vorgesehenen Entgeltansprüche – sind während aufrechten Arbeitsverhältnisses und in der Phase der Beendigung auch **unverzichtbar,** und zwar so lange, als auf dem AN der typische Druck der persönlichen Abhängigkeit lastet (sog Drucktheorie; vgl 10.5).
- Die Einführung von **Akkordsystemen** bedarf **notwendigerweise** der Regelung durch **KollV oder BV** (vgl 5.1.2.1, 12.4.1).
- Der Anspruch auf **periodische Remunerationen** darf im Falle des Eintritts oder des Ausscheidens während des Beobachtungszeitraums **maximal aliquotiert** werden (§ 16 AngG; vgl 5.1.3).
- Hinsichtlich einer Entgeltvereinbarung, durch die der AN gezwungen wird, Waren aus vom AG vorgegebenen Verkaufsstätten zu beziehen, gilt das sog **Truckverbot** (vgl 5.1.1).
- In gewissen Fällen des Unterbleibens der Arbeitsleistung gebührt dem AN **Entgeltfortzahlung** (vgl 6.).
- Im Falle von **Änderungskündigungen,** die häufig auf eine Herabsetzung von vertraglich vereinbarten Entgelten abzielen (vgl allg 4.2.3), kommt dem AN der **allgemeine Kündigungsschutz** (vgl 2.3.1) **oder** der **betriebsverfassungsrechtliche Versetzungsschutz** (vgl 4.2.2) zugute.
- Vom AN für den Fall der Nichteinhaltung des Vertrags zugesagte **Konventionalstrafen** (§ 1336 ABGB) unterliegen **zwingend** dem **richterlichen Mäßigungsrecht** (§ 38 AngG, § 2c Abs 6 AVRAG; vgl auch 2.1.2.3.2).
- **Rückzahlungsvereinbarungen,** insb solche im Zusammenhang mit vom AG übernommenen Ausbildungskosten (vgl 3.2.5), sind einer **Angemessenheitsprüfung** (§ 2d AVRAG, § 879 ABGB) zu unterziehen.
- Die Exekutionsführung auf Arbeitsentgelt **(Lohnpfändung)** hat gem §§ 290a ff EO das sog **Existenzminimum** zu beachten. Soweit das Arbeitsentgelt der Pfändung entzogen ist, kann der AN auch nicht durch Abtretung, Anweisung, Verpfändung oder sonstiges Rechtsgeschäft darüber verfügen (§ 293 Abs 2 EO; zur Aufrechnungsbeschränkung des § 293 Abs 3 EO vgl 5.3.2).
- Eine Entgeltforderung des Verbrauchers (dh eines AN als Konsumenten) darf dem Unternehmer gem § 12 Abs 1 KSchG nicht zur Sicherung oder Befriedigung seiner noch nicht fälligen Forderungen abgetreten werden.

  Hat der AG dem Unternehmer oder einem Dritten auf Grund einer entgegen dem § 12 Abs 1 KSchG abgetretenen Lohn- oder Gehaltsforderung Beträge mit der Wirkung gezahlt, dass er von der Forderung befreit worden ist, so hat der AN an den Unternehmer einen Anspruch auf Ersatz dieses Betrags, soweit dieser nicht beweist, dass der AN durch die Abtretung oder die Bezahlung der Lohn- oder Gehaltsforderung von einer Schuld befreit worden ist (§ 12 Abs 2 KSchG).

- Erstinstanzliche **Urteile** betreffend rückständiges laufendes Arbeitsentgelt sind im Allgemeinen **sofort vollstreckbar** (vgl § 61 Abs 1 Z 1 und 2 ASGG).

Im Weiteren werden einige wichtige Instrumente der Entgeltsicherung genauer abgehandelt (vgl 5.3.1 – 5.3.5):

5.3.1 Rückforderungssperre bei irrtümlicher Auszahlung von Überbezügen

Nach dem **Judikat 33 neu**[30]) ist eine **Rückforderung** unrichtig berechneter oder irrtümlich **zu viel geleisteter Entgeltzahlungen** (wie auch Unterhaltsleistungen) ausgeschlossen, wenn diese vom AN (bzw vom Unterhaltsberechtigten) **im guten Glauben empfangen und verbraucht** wurden.

Aus **bereicherungsrechtlicher Sicht** ist dies **alles andere als selbstverständlich.** Gem § 1431 ABGB kann derjenige, der irrtümlich eine Nichtschuld bezahlt, das Geleistete zurückfordern. Dagegen kann zwar der Einwand des gutgläubigen Verbrauchs (vgl § 329 ABGB) erhoben werden, dieser Einwand dringt allerdings nicht durch, wenn es sich beim irrtümlich Geleisteten um Geld oder andere vertretbare Sachen handelt. In diesen Fällen tritt nämlich in anderen Zusammenhängen eine Ausgabenersparnis ein, die durch den Verbrauch nicht wegfällt, sodass die Bereicherung erhalten bleibt.

Kernpunkt der Argumentation im Judikat 33 neu ist nun, dass von einer **Ausgabenersparnis nicht** die Rede sein könne, wenn die irrtümlich geleisteten Beträge dem **Unterhalt** dienen. Hier habe nämlich jeder **Mehrbezug** regelmäßig eine **Mehrausgabe** zur Folge.

Es wird daher unterstellt, dass ein AN, der mehr Entgelt erhält, diesen Mehrbezug sofort in seinen Unterhalt und in den Unterhalt seiner Angehörigen investiert.

Das Rückforderungsverbot gilt nicht für irrtümlich rückvergütete Lohnsteuer und einen empfangenen Gehaltsvorschuss[31]). Im Falle der Rückforderung der Familienbeihilfe werden die Grundsätze des Judikats 33 neu allerdings auf Grund des Unterhaltscharakters dieser Zahlung angewendet[32]).

In der Praxis läuft die Beurteilung im Falle des irrtümlich geleisteten Überbezugs darauf hinaus, dass der **gute Glaube des AN** beim Empfang und Verbrauch überprüft wird. Der gute Glaube ist dem AN hierbei schon dann abzusprechen, wenn er bei objektiver Beurteilung an der Rechtmäßigkeit des ihm ausgezahlten Betrags auch nur zweifeln musste, also diesbezüglich leicht fahrlässig war. Da die Redlichkeit des Bereicherten gem § 328 ABGB vermutet wird, hat der rückfordernde **AG** die Unredlichkeit des AN **zu beweisen.**

Entscheidung 94: Freiwillige Abfertigung

Weiß ein AN, dass der AG trotz mehrfacher Intervention des BR die Gewährung einer freiwilligen Abfertigung abgelehnt hat, so darf er nach seiner Kündigung ohne weitere Rückfragen beim AG nicht annehmen, dass dieser plötzlich von seinem Standpunkt abrücken und

---

[30]) OGH 23. 4. 1929, Präs 1025/28, SZ 11/86 = Arb 3893. Unter **„Judikat"** versteht man eine (Leit-)Entscheidung des OGH, die vom Höchstgericht in das seinerzeitige, schon vor Jahrzehnten aufgelassene Judikatenbuch eingetragen wurde. Damit war eine – rechtlich unverbindliche – Selbstbindung des Gerichts in der Form gegeben, dass es nur mit verstärktem Senat von der eingetragenen Entscheidung abgehen wollte. Dies bedeutete eine Quasi-Präjudizbindung.

[31]) Vgl OGH 17. 6. 1987, 14 ObA 80/87, RdW 1988, 19 bzw OGH 15. 3. 2000, 9 ObA 251/99y, ARD 5168/18/2000.

[32]) OGH 1. 7. 1987, 14 ObA 86/87, DRdA 1989, 297 *(Mader)*.

ihm unter dem Titel „gesetzliche Abfertigung“ nun doch eine freiwillige Abfertigung zahlen wollte.

Der Kondiktionsanspruch des AG unterliegt nicht dem auf das Arbeitsverhältnis anzuwendenden KollV und kann daher auch nicht nach dessen Bestimmungen verfallen[33]).

OGH 7. 11. 2002, 8 ObA 176/02v

Hinsichtlich der **Verjährung** des Rückforderungsanspruchs wird nicht die an sich für Bereicherungsansprüche bestehende Verjährungsfrist von 30 Jahren (§ 1478 ABGB) herangezogen, sondern die Verjährungsbestimmung für Entgelte (§ 1486 Z 5 ABGB; dazu sowie zum Verfall von Entgelten vgl 5.4.2) analog angewendet. Die Forderung verjährt sohin in drei Jahren ab der objektiv gegebenen Möglichkeit der Geltendmachung[34]).

5.3.2 Aufrechnungsbeschränkungen

Aufrechnung ist die Aufhebung einer Forderung durch eine Gegenforderung. Allgemeine Voraussetzungen für die **Aufrechenbarkeit** von Forderungen sind nach bürgerlichem Recht ihre Gegenseitigkeit, Klagbarkeit („Richtigkeit“, „Gültigkeit“), Fälligkeit und Gleichartigkeit.

Gegenseitigkeit der Forderungen bedeutet im arbeitsrechtlichen Zusammenhang, dass der Forderung des AN gegen den AG eine Forderung des AG gegen den AN gegenüberstehen muss. **Klagbar** ist eine Forderung, wenn sie wirksam entstanden (dh gültig) und nicht (bereits) bloße Naturalobligation ist, was insb bei verjährten Forderungen der Fall ist. Zu beachten ist einerseits, dass zwar **gegen** eine Naturalobligation, nicht aber **mit** einer Naturalobligation aufgerechnet werden kann. Andererseits bleibt die Kompensation auch bei verjährten Forderungen möglich, wenn sich Forderung und Gegenforderung in der Vergangenheit zu einem Zeitpunkt fällig gegenüberstanden, in dem keine von beiden verjährt war[35]) (zur Verjährung von Entgelten vgl 5.4.2). **Gleichartig** sind vor allem Geldschulden, aber auch sonstige Genusschulden gleicher Gattung und Güte (zur **Fälligkeit** von Arbeitsentgelten vgl 5.4.1).

Die Aufrechnung erfolgt nicht schon automatisch durch das Bestehen der Aufrechnungslage, es bedarf vielmehr einer **Aufrechnungserklärung**[36]).

Die **Geltendmachung** durch den Aufrechnenden kann außergerichtlich oder gerichtlich, im letzteren Fall idR durch eine Kompensationseinrede, erfolgen.

Es kann mit einer kleineren Gegenforderung aufgerechnet werden, die bis zu ihrem Betrag die Hauptforderung tilgt, oder umgekehrt mit einer höheren Gegenforderung, die nur bis zur Höhe der Hauptforderung die Aufrechnung bewirkt; der überstei-

---

[33]) Zu den Grenzen der Regelungsmacht des KollV in diesem Zusammenhang vgl 11.5.1.2.1.

[34]) Vgl zB OGH 17. 5. 2000, 9 ObA 39/00a, DRdA 2001, 257 *(Eypeltauer).*

[35]) Vgl *Dullinger* in *Rummel* (Hrsg), Kommentar zum Allgemeinen bürgerlichen Gesetzbuch II/3[3] (2002) § 1438 Rz 14f.

[36]) Vgl *Gschnitzer* in *Klang* (Hrsg), Kommentar zum Allgemeinen bürgerlichen Gesetzbuch IV/1 (1968) 494.

gende Teil der Gegenforderung bleibt in dieser Konstellation aufrecht. Während die Zahlung einer Schuld deren Tilgung von dem Zeitpunkt an herbeiführt, in welchem sie geleistet wird, wirkt die Aufrechnung auf jenen Zeitpunkt zurück, in welchem die Forderungen einander erstmals aufrechenbar gegenüberstanden.

Die Möglichkeit der **Aufrechnung gegen Arbeitnehmerforderungen** ist im Arbeitsrecht im Verhältnis zum Zivilrecht **beschränkt:**

- Gegen jene Entgeltbestandteile, die auf Grund gesetzlicher Bestimmungen (vgl insb §§ 290 ff EO) zur Gänze oder zum Teil pfändungsfrei bleiben (sog **Existenzminimum**), ist gem **§ 293 Abs 3 EO** die Aufrechnung nur **ausnahmsweise** zur Hereinbringung eines **Gehaltsvorschusses,** eines Schadenersatzanspruchs bei **vorsätzlicher Schadenszufügung** oder einer **im rechtlichen Zusammenhang** mit der Entgeltforderung **stehenden Gegenforderung** zulässig (zur Lohnpfändung vgl auch 5.3).

  Der **„rechtliche Zusammenhang" fehlt** nach der Judikatur[37]) zwischen nach EO geschütztem Entgeltanspruch und einer aus einem Verhalten des AN bei Erbringung der Arbeitsleistung resultierenden **Schadenersatzforderung** (zum DHG vgl allg 9.1).

- Gem **§ 7 DHG** ist die Aufrechnung von Schadenersatzansprüchen des AG gegen den AN nach dem DHG generell während des aufrechten Bestands des Arbeitsverhältnisses unzulässig, wenn der AN binnen 14 Tagen nach Zugehen der Aufrechnungserklärung der Aufrechnung widersprochen hat (vgl 9.1.3).

5.3.3 Gleichbehandlung

Zum Themenbereich „Gleichbehandlung im Arbeitsrecht" – welcher in einigen Fragen weit über die reine Entgeltproblematik hinausgeht – können drei wesentliche Materien unterschieden werden: der arbeitsrechtliche Gleichbehandlungsgrundsatz (vgl 5.3.3.1), die in speziellen einfachgesetzlichen Bestimmungen niedergelegten Gleichbehandlungsgebote (vgl 5.3.3.2) und der verfassungsrechtliche Gleichheitssatz (vgl 5.3.3.3).

5.3.3.1 Arbeitsrechtlicher Gleichbehandlungsgrundsatz

Dieser Grundsatz wurde von der Rechtsprechung aus der Fürsorgepflicht des AG (vgl 8.1) entwickelt. Er besagt, dass **ein AN** dann, wenn der AG Zusatzleistungen in einem bestimmten Rahmen (zB Betrieb, Betriebsteil) nach einem **„generalisierenden Prinzip"** („Gießkannenprinzip") gewährt, nicht willkürlich und aus sachfremden Gründen schlechter gestellt werden darf als die **Mehrheit** der AN.

Die sachlich nicht gerechtfertigte **Bevorzugung eines** oder **einiger weniger AN** kann den Gleichbehandlungsgrundsatz jedoch **nicht** verletzen.

---

[37]) Vgl zB OGH 26. 4. 1983, 4 Ob 34/83, Arb 10.247.

Entscheidung 95: Differenzierung nach Eintrittsdatum

Der arbeitsrechtliche Gleichbehandlungsgrundsatz hindert den AG grundsätzlich nicht daran, in zeitlicher Hinsicht zu differenzieren und den ab einem bestimmten Zeitpunkt in Frage kommenden AN Vergünstigungen nicht mehr zu gewähren.

OGH 19. 12. 1990, 9 ObA 601/90, DRdA 1991, 275 *(Mayer-Maly)*

Die zeitliche Differenzierung ist also sachlich gerechtfertigt.

Der Gleichbehandlungsgrundsatz erstreckt sich nicht nur auf freiwillige Leistungen des AG, sondern auch auf vertraglich festgelegte Ansprüche, die zumindest für mehrere, in vergleichbarer Position befindliche AN vereinbart werden. Gestaltungsrechte wie Kündigung und Entlassung unterliegen nicht dem arbeitsrechtlichen Gleichbehandlungsgrundsatz.

5.3.3.2 Gleichbehandlung in Entgeltfragen

Das GlBG schreibt vor, dass im Arbeitsverhältnis niemand **auf Grund des Geschlechts,** insb unter Bezugnahme auf den Familienstand oder den Umstand, ob jemand Kinder hat, der **ethnischen Zugehörigkeit,** der **Religion oder Weltanschauung,** des **Alters** oder der **sexuellen Orientierung** unmittelbar oder mittelbar diskriminiert werden darf (vgl §§ 3, 17 leg cit). Dies gilt nach den §§ 3 Abs 1 Z 2, 17 Abs 1 Z 2 GlBG insb bei der **Festsetzung des Entgelts.** Eine entsprechende Regelung hinsichtlich der Gleichbehandlung im Zusammenhang mit einer **Behinderung** enthält § 7b Abs 1 Z 2 BEinstG.

Weiters betreffen diese Gleichbehandlungsgebote zB die Begründung des Arbeitsverhältnisses (vgl 3.1.3), Beförderungen bzw Maßnahmen der Aus- und Weiterbildung auf beruflicher Ebene sowie die Beendigung des Arbeitsverhältnisses (vgl 2.3.3.1). Auch sexuelle, geschlechtsbezogene oder sonstige Belästigung am Arbeitsplatz stellt eine derartige Diskriminierung dar (vgl §§ 6f, 21 GlBG, § 7d BEinstG).

Die Entgeltgleichheit von Frau und Mann ist – wie auch die anderen Materien der Gleichbehandlung – **unionsrechtlich vorgeprägt.** Rechtsgrundlagen sind Art 157 AEUV sowie die RL 2006/54/EG (s 10.2.2; zu einer weiteren RL vgl 3.1.3).

Entscheidung 96: Defrenne II

Auf den in Art 119 EGV (nunmehr: Art 157 AEUV) aufgestellten Grundsatz der Gleichheit des Arbeitsentgelts für männliche und weibliche AN können sich die Betroffenen vor den innerstaatlichen Gerichten berufen. Diese Gerichte sind verpflichtet, die Rechte zu schützen, welche die genannte Bestimmung den Rechtsbürgern verleiht; dies gilt insb im Fall von Diskriminierungen, die ihren Ursprung unmittelbar in Rechtsvorschriften oder KollV haben, sowie in dem Fall, dass weibliche und männliche AN für die gleiche Arbeit

im gleichen privaten oder öffentlichen Betrieb ein ungleiches Entgelt erhalten.

EuGH 8. 4. 1976, Rs 43/75 Slg 1976, 455

In dieser E hat der EuGH festgelegt, dass das im Primärrecht der Union vorgesehene Entgeltgleichheitsprinzip im innerstaatlichen Bereich unmittelbar zwischen Privaten anwendbar ist. Damit wird der Rückgriff auf die entsprechende RL zum Teil unnotwendig. Sehr wohl im Mittelpunkt der unionsrechtlichen Diskussion bleibt allerdings zB die in sonstigen Gleichbehandlungsfragen einschlägigen RL (vgl auch 3.1.3), zumal diese Materien nicht entsprechend deutlich aus dem AEUV herauszulesen sind.

Der Grundsatz des gleichen Entgelts findet auch auf **gleichwertige Arbeit** von Frauen und Männern Anwendung.

Das bedeutet, dass berufliche Einstufungssysteme auf für männliche und weibliche AN gemeinsamen Kriterien beruhen müssen und nicht diskriminierend wirken dürfen (vgl auch Art 4 RL 2006/54/EG).

Entscheidung 97: AngestelltenBR der Wiener GKK

Eine „gleiche Arbeit" iSd Art 119 EGV (Art 157 AEUV) liegt nicht vor, wenn eine gleiche Tätigkeit über einen erheblichen Zeitraum von AN mit unterschiedlicher Berufsberechtigung ausgeübt wird.

Die als Psychotherapeuten beschäftigten Psychologen (überwiegend Frauen) einerseits bzw Ärzte (überwiegend Männer) andererseits verrichten zwar anscheinend eine identische Tätigkeit, stützen sich jedoch bei der Behandlung ihrer Patienten auf in sehr verschiedenen Fachrichtungen erworbene Kenntnisse und Fähigkeiten, die bei den einen auf einem Psychologiestudium und bei den anderen auf einem Medizinstudium beruhen. Sind demnach die Ärzte berechtigt, neben der Psychotherapeutentätigkeit auch andere Tätigkeiten auszuüben, die den Psychologen nicht offen stehen, befinden sich die beiden Berufsgruppen nicht in einer vergleichbaren Situation.

EuGH 11. 5. 1999, C-309/97, EAS EGV Art 119 Nr 49

Entscheidung 98: Leichtlohngruppe

Die Einteilungskriterien der Dienstgruppe IV „Hilfskräfte für schwere Tätigkeiten" und Dienstgruppe V „Hilfskräfte für leichte Tätigkeiten" des KollV enthalten zwar keine Lohntafeln, die Frauenlöhne ausweisen, „führen" aber auf Grund der mangelnden Ausgewogenheit und Verhältnismäßigkeit im Ergebnis zu einer Diskriminierung der Arbeit der Frauen, da sie zufolge der tatsächlichen Gegebenheiten zumindest überwiegend zum Nachteil der Frauen ausschlagen.

Da die verstärkt auf Männer zutreffende körperliche Leistungsfähigkeit das entscheidende Merkmal für die Höherqualifizierung ist, wäh-

rend ein gleichwertiges Kriterium, das auf Eigenschaften abstellt, die eher Frauen besitzen (etwa Handgeschicklichkeit) zur Gänze fehlt, enthält die den Dienstgruppen IV und V zu Grunde liegende Arbeitsbewertung keine ausgewogenen Beurteilungskriterien und verstößt gegen das Gleichbehandlungsgebot des GlBG.

Betriebswirtschaftliche Kostenvorteile, die sich aus der Beschäftigung billigerer weiblicher Arbeitskräfte ergeben, können schon deshalb keinen objektiven Grund für die Rechtfertigung der Differenzierung abgeben, weil eine solche geschlechtsspezifische Differenzierung dem Zweck des Gleichbehandlungsgebotes widerspricht.

OGH 14. 9. 1994, 9 ObA 801/94, DRdA 1995, 261 *(Kirschbaum)* = ZAS 1996, 86 *(Gahleitner)*

Der Grundsatz der Gleichbehandlung bedeutet, dass **keine unmittelbare oder mittelbare Diskriminierung** auf Grund des Geschlechts erfolgen darf (zur Begriffsbestimmung vgl auch §§ 5, 19 GlBG).

Eine mittelbare Diskriminierung von Frauen kommt häufig im Hinblick auf **Teilzeitbeschäftigte** vor, zumal diese eben meistens Frauen sind[38]).

Angesichts möglicher Schwierigkeiten, die stärkere Betroffenheit von Frauen durch eine bestimmte Maßnahme darzustellen, wurde die Rechtslage im Unionsrecht weiterentwickelt und in der TeilzeitarbeitsRL[39]) das **Verbot der Diskriminierung von Teilzeitbeschäftigten (als solchen)** festgelegt. Demgemäß enthält § 19d Abs 6 AZG einen entsprechenden Schutz für Teilzeitbeschäftigte im Verhältnis zu Vollzeitbeschäftigten. In der Praxis bedeutet das, dass sich Betroffene auf beide Rechtsgrundlagen stützen können:

Entscheidung 99: Außendienstzulage

Sachverhalt: Die bekl AG gewährt ihren AN eine Außendienstzulage. Es gibt eine große, eine mittlere und eine kleine Zulage, wobei die Gewährung vom Ausmaß an Arbeitstagen im Außendienst abhängig ist. Die kl AN, allesamt Frauen, begehren die Zahlung der mittleren Zulage in halbem Ausmaß. Sie würden auf Grund ihrer Teilzeitbeschäftigung benachteiligt, da es ihnen kaum möglich sei, bei zB drei Arbeitstagen pro Woche die auf Arbeitstage von Vollzeitarbeitnehmern zugeschnittenen Anspruchsvoraussetzungen für die Zulage zu erfüllen. Außerdem liege eine mittelbare Diskriminierung von Frauen vor.

Leitsatz: Es liegt ein Verstoß gegen § 19d Abs 6 AZG vor, wenn teilzeitbeschäftigte AN im Verhältnis zu ihrem Beschäftigungsausmaß an

[38]) Grundlegend zB EuGH 31. 3. 1981, Rs 96/80, *Jenkins,* Slg 1981, 911 = EAS EGV Art 119 Nr 6; 13. 5. 1986, Rs 170/84, *Bilka,* Slg 1986, 1607 = EAS EGV Art 119 Nr 13.

[39]) RL 97/81/EG des Rates vom 15. 12. 1997 zu der von UNICE, CEEP und EGB geschlossenen Rahmenvereinbarung über Teilzeitarbeit, ABl L 14 vom 20. 1. 1998, 9.

mehr Tagen Außendienststunden – von den Kl ohnedies im Ausmaß von jeweils mehr als vier Stunden erbracht – leisten müssen als Vollzeitbeschäftigte, um eine Außendienstzulage zu erhalten.
OGH 27. 9. 2013, 9 ObA 58/13i, ZAS-Judikatur 2014/2, 27

Wird jemand bei der Entgeltfestlegung nach GlBG oder § 7b Abs 1 Z 2 BEinstG diskriminiert, so kann er die Entgeltdifferenz nach Maßgabe der einschlägigen Verjährungs- bzw Verfallsbestimmungen per **Leistungsklage** beim ASG einfordern.

Daneben sieht das GBK/GAW-G vor, dass sich Diskriminierte an die **Gleichbehandlungskommission** sowie die **Anwaltschaft für Gleichbehandlung** wenden können. Diese Institutionen haben naturgemäß – anders als das ASG – nicht die Möglichkeit, unmittelbar für Arbeitsvertragsparteien verbindliche Entscheidungen zu treffen. Ihre Kompetenzen beschränken sich im Wesentlichen auf die Erstellung von Gutachten zu Gleichbehandlungsfragen und auf Öffentlichkeitsarbeit.

Gem § 9 Abs 2 GlBG sind AG und Arbeitsvermittler insb verpflichtet, das für den ausgeschriebenen Arbeitsplatz anzuwendende zwingende Mindestentgelt bekanntzugeben und auf die Bereitschaft zur Überzahlung hinzuweisen, wenn eine solche besteht. Mit derartigen Regelungen will der Gesetzgeber im Interesse der Einkommensgerechtigkeit zwischen Frauen und Männern eine Maßnahme setzen, um **Transparenz bezüglich der in den Unternehmen bezahlten Gehälter** zu schaffen (vgl weiters § 11a GlBG).

5.3.3.3 Verfassungsrechtlicher Gleichheitssatz

Das Grundrecht auf Gleichheit vor dem Gesetz (Art 7 BVG) steht im status negativus, stellt also ein **Ausgrenzungsrecht gegenüber dem Staat** dar und richtet sich folglich an Gesetzgebung und Verwaltung.

Eine **Drittwirkung** von Grundrechten, also eine Wirkung in die Rechtsbeziehungen zwischen Privaten, ist nicht unmittelbar, sehr wohl aber **mittelbar** dadurch gegeben, dass Generalklauseln des Zivilrechts, insb § 879 ABGB, durch die in den Grundrechten niedergelegten Wertungen zu konkretisieren sind (vgl auch 2.3.4).

Dem Gleichheitssatz, der vom VfGH zu einem umfassenden Willkürverbot ausgebaut wurde, kommt zumindest sog Fiskalgeltung zu, dh er ist unmittelbar für den Staat im Rahmen der Privatwirtschaftsverwaltung maßgeblich.

Gesetzgeber und Verordnungsgeber werden vom VfGH durch das sog **Normenkontrollverfahren** (Art 139 ff BVG) hinsichtlich der Grundrechtskonformität ihrer Normsetzung überprüft.

Aus arbeitsrechtlicher Perspektive ist von Interesse, dass den Sozialpartnern bzw den Betriebspartnern mit der vom ArbVG eingeräumten Möglichkeit, **G im materiellen Sinn,** nämlich **KollV** und **BV,** zu schaffen (vgl 10.4.1, 11.2.1, 12.3.1.2), eine ebenso auf Gleichheitskonformität zu überprüfende Kompetenz zur Normsetzung überantwortet wurde. Da allerdings für die kollektiven Rechtsquellen des Arbeitsrechts kein förmliches Normenkontrollverfahren zur Verfügung steht, verfallen willkürliche Differenzierungen in derartigen Rechtsquellen der **Sittenwidrigkeit** gem § 879 ABGB.

KollV und BV sind somit vom ASG im Einzelfall auf Gleichheitswidrigkeiten zu überprüfen und gegebenenfalls als (teil-)nichtig zu behandeln[40]).

5.3.4 Kautionsschutz[41])

Die Bestellung von Kautionen im Rahmen des Arbeitsverhältnisses und bei arbeitnehmerähnlichen Personen (vgl 1.1.2.2) wird durch das KautSchG beschränkt.

Unter **Kaution** versteht man eine zur Sicherstellung hinterlegte Geldsumme, aus der sich ein berechtigter Gläubiger gegebenenfalls befriedigen kann.

Gem § 1 KautSchG darf sich ein AG vom AN oder für diesen von einem Dritten eine **Kaution nur** zur **Sicherung von Schadenersatzansprüchen aus dem Arbeitsverhältnis** bestellen lassen. Die **Kautionsmittel** sind vom G eng **umgrenzt** (Abs 1 lit a – e leg cit), die Bestellung bedarf der **Schriftform** (Abs 2 leg cit).

Als Kautionsmittel kommt zB ein Einlagebuch in Frage, bei dem die Rückzahlung nur nach Unterschrift des AN möglich ist. **Unzulässig** ist demnach zB das sog **unregelmäßige Pfand** (pignus irregulare), bei dem die Geldsumme ins Eigentum des berechtigten AG übergeht und nur ein Rückzahlungsanspruch begründet wird[42]). Zweck der Kautionsmittelbeschränkung ist es also, eine Vermengung der Kaution mit dem Vermögen des AG zu verhindern.

Der Formmangel der fehlenden Schriftlichkeit wird – anders als zuweilen im allgemeinen Zivilrecht – durch Übergabe nicht geheilt.

Rechtsgeschäfte, die gegen diese gesetzlichen Vorgaben **verstoßen,** sind gem § 4 KautSchG **nichtig.** Der AN kann das Geleistete jederzeit zurückfordern.

Von der Nichtigkeit betroffen ist nur die Kautionsbestellung, nicht aber der Arbeitsvertrag selbst. Der dem AN aus § 4 KautSchG erwachsende Rückforderungsanspruch ist ein **Bereicherungsanspruch.**

Gem § 7 KautSchG stellen Zuwiderhandlungen gegen dieses G auch eine **Verwaltungsübertretung** dar.

§ 3 KautSchG verbietet es, den Abschluss des Arbeitsvertrags oder dessen Aufrechterhaltung von der **Gewährung eines Darlehens** an den AG oder einen Dritten oder von einer **Beteiligung am Unternehmen** als stiller Gesellschafter abhängig zu machen.

Diese Bestimmung soll einer Umgehung der Grundanordnung des § 1 KautSchG vorbeugen.

Gem § 5 Abs 1 KautSchG ist es **verboten,** in Druckwerken oder auf eine andere Art eine **Ankündigung über** eine **offene Stelle zu veröffentlichen,** worin der Abschluss eines Arbeitsvertrags von einer nach dem KautSchG **unzulässigen Leistung abhängig gemacht** wird.

---

40) Vgl zB OGH 27. 11. 1984, 4 Ob 116, 117/83, ZAS 1985, 218 *(Beck-Mannagetta).*

41) *Spielbüchler,* Arbeitsrecht I⁴ 217 f; *Reissner* in *Reissner* (Hrsg), Angestelltengesetz² (2015) § 35.

42) *Spielbüchler,* Arbeitsrecht I⁴ 217.

Der Stellensuchende soll dadurch von entsprechenden Angeboten abgehalten werden. Die Bezugnahme auf ein Vermögen des AN oder eine nach dem G zulässige Kautionsbestellung ist gem § 5 Abs 2 KautSchG unter den dort genannten Voraussetzungen (Offenlegung der Identität des potenziellen AG) zulässig.

Nach Auflösung des Arbeitsverhältnisses ist der Kautionsberechtigte verpflichtet, die Kaution mangels für den AN günstigerer Vereinbarung **binnen vier Wochen ab Beendigung** bzw vom AN allenfalls vorzunehmender Rechnungslegung **freizugeben** (§ 2 Abs 1 KautSchG).

Dies gilt insoweit nicht, als die Kaution mit Einverständnis des AN zur Schadensdeckung verwendet wird oder der AG innerhalb der vorgegebenen Frist Schadenersatzansprüche gerichtlich geltend macht (§ 2 Abs 2 KautSchG).

5.3.5 Entgeltschutz bei Insolvenz

Hier können zwei Materien unterschieden werden, nämlich einerseits die insolvenzrechtliche Qualifikation von Entgeltforderungen (vgl 5.3.5.1) und andererseits die Insolvenz-Entgeltsicherung (vgl 5.3.5.2).

Zu beachten ist, dass die einschlägigen Bestimmungen nicht nur Entgelte, sondern daneben auch andere arbeitsrechtliche Ansprüche betreffen.

5.3.5.1 Insolvenzrechtliche Forderungsqualifikation[43])

In der Insolvenz ist zwischen Masseforderungen und Insolvenzforderungen zu unterscheiden: **Masseforderungen** sind unabhängig vom Insolvenzverfahren zu jeder Zeit voll zu befriedigen (vgl § 47 IO). **Insolvenzforderungen** hingegen nehmen am Verfahren teil und werden im Rahmen desselben in aller Regel nur quotenmäßig beglichen.

Stehen dem AN Masseforderungen zu, wird er das Entgelt mit relativ hoher Wahrscheinlichkeit einbringen können.

Laufendes Entgelt – zu diesem zählen nicht nur Zeit- und Leistungslöhne, sondern auch die Sonderzahlungen (vgl 5.1.3) – ist dann, wenn es **für die Zeit nach Insolvenzverfahrenseröffnung** gebührt, immer **Masseforderung** (§ 46 Z 3 IO). Für die Zeit vor Verfahrenseröffnung gebührendes laufendes Entgelt ist hingegen Insolvenzforderung (§ 51 Abs 1 IO).

Entscheidung 100: Sonderzahlungserwerb

Die auf den Zeitraum nach Verfahrenseröffnung bis zur Beendigung des Dienstverhältnisses entfallenden und „verdienten“ Sonderzahlungsanteile stellen – im Unterschied zu jenen Teilen der Sonderzahlungen, auf die zwar ein arbeitsvertraglicher Anspruch besteht, die aber mangels aufrechten Bestands eines Dienstverhältnisses nicht mehr „verdient“ werden können – eine Masseforderung dar.

OGH 28. 2. 2008, 8 ObA 11/08p

---

[43]) *Reissner* in ZellKomm[2] §§ 46, 47, 51 IO.

Das Höchstgericht ordnet also nur Sonderzahlungen für Zeiten des aufrechten Arbeitsverhältnisses einerseits dem laufenden Entgelt vor und andererseits dem laufenden Entgelt nach Insolvenzverfahrenseröffnung zu. Wurde durch die Beendigung des Arbeitsverhältnisses der aliquote Erwerb weiterer Sonderzahlungsanteile verhindert, so ist der Anspruch auf diese ein solcher aus der Beendigung des Arbeitsverhältnisses (Teil der Kündigungsentschädigung) und nach den diesbezüglichen Regeln (s unten) insolvenzrechtlich zu qualifizieren.

Die **Betriebspension** (vgl 5.1.5) ist als laufendes Entgelt, welches bereits vor Pensionierung und vor Verfahrenseröffnung erarbeitet wurde, aufzufassen und daher als Insolvenzforderung einzuordnen.

Forderungen aus einer nach Insolvenzverfahrenseröffnung erfolgten **Beendigung** eines vor Verfahrenseröffnung eingegangenen Arbeitsverhältnisses[44]) (insb Abfertigungen nach den §§ 23f AngG, Urlaubsersatzleistungen) sind nur dann Masseforderungen, wenn das Arbeitsverhältnis **durch den Insolvenzverwalter,** jedoch **nicht nach § 25 IO** (vgl 2.4.1), **gelöst** wird, oder wenn die **Beendigung auf** eine **Rechtshandlung** oder ein **sonstiges Verhalten des Insolvenzverwalters,** insb die Nichtzahlung des Entgelts, zurückzuführen ist und **durch den AN** erfolgt.

Ansonsten liegen hier Insolvenzforderungen vor (vgl auch § 51 Abs 2 Z 2 IO).

5.3.5.2 Insolvenz-Entgeltsicherung[45])

Das IESG ist ein SozialversicherungsG, welches durch die Festlegung von Leistungspflichten eines in erster Linie durch einen Arbeitgeberzuschlag zum Arbeitslosenversicherungsbeitrag gespeisten **Insolvenz-Entgelt-Fonds** die Befriedigung von offen gebliebenen Arbeitnehmeransprüchen bei Zahlungsunfähigkeit des AG bezweckt.

Die auf Grund des G beglichenen Ansprüche gehen gem § 11 IESG per **Legalzession** auf den Insolvenz-Entgelt-Fonds über, der diese zB im entsprechenden Insolvenzverfahren gegen den AG zu verfolgen hat.

Eine derartige Garantieeinrichtung ist nach den Vorgaben der InsolvenzRL 2008/94/EG (wN s 10.2.3) unionsrechtlich verpflichtend.

5.3.5.2.1 Anspruchsberechtigte

Gem § 1 Abs 1 IESG haben **AN, freie DN iSd § 4 Abs 4 ASVG, Heimarbeiter** und ihre **Hinterbliebenen** sowie ihre **Rechtsnachfolger von Todes wegen** bei Erfüllung der vom G statuierten Voraussetzungen Anspruch auf Insolvenz-Entgelt, auch wenn das Arbeitsverhältnis (freies Dienstverhältnis, Auftragsverhältnis) beendet ist.

Der Begriff AN ist jener des Arbeitsvertragsrechts, freie DN (zum Begriff allg 1.1.1.2) sind nur dann erfasst, wenn sie die Voraussetzungen des § 4 Abs 4 ASVG erfüllen, also im Wesentlichen persönlich und ohne nennenswerte eigene Betriebsmittel arbeiten, mit Heimarbeiter sind die vom HeimAG erfassten Personen gemeint. Für jene

[44]) Aus sog Neuarbeitsverhältnissen können nur Masseforderungen erwachsen; vgl § 46 Z 3, Z 3a lit b und Z 5 IO.

[45]) *Liebeg,* Insolvenz-Entgeltsicherungsgesetz[3] (2007); *Holzer/Reissner/W. Schwarz,* Die Rechte des Arbeitnehmers bei Insolvenz[4] (1999) 37ff.

gesicherten Forderungen eines verstorbenen AN (freien DN, Heimarbeiters), die in den Nachlass fallen, können die Erben als Rechtsnachfolger von Todes wegen nach Maßgabe ihrer Erbquote Insolvenz-Entgelt geltend machen. Unter Hinterbliebenen sind jene Personen zu verstehen, die einen Anspruch eigenen Rechts erheben können, der sich aus dem Arbeits- bzw Auftragsverhältnis des Verstorbenen herleitet (zB Todfallsabfertigung iSd § 23 Abs 6 AngG; vgl 5.1.4.1.1.3).

Gem § 1 Abs 6 IESG haben bestimmte in § 1 Abs 1 IESG genannte Personen (insb Gesellschafter mit beherrschendem Einfluss auf die Gesellschaft; Z 2 leg cit) keinen Anspruch auf Insolvenz-Entgelt (sog **ausgeschlossener Personenkreis**).

5.3.5.2.2 Sicherungstatbestände

Der Eintritt eines sog Sicherungstatbestands ist eine zentrale Voraussetzung für die Anwendbarkeit des IESG. Das G zählt die Sicherungstatbestände erschöpfend auf; eine (analoge) Ausweitung auf ähnlich gelagerte Fälle ist im Allgemeinen nicht möglich. Primärer Anknüpfungspunkt ist gem § 1 Abs 1 IESG die **Eröffnung eines Verfahrens nach der IO über das Vermögen des aktuellen oder ehemaligen AG** (bzw sonstigen Vertragspartners) im Inland.

Einer derartigen Insolvenzverfahrenseröffnung **gleichgestellt** sind die in § 1 Abs 1 Z 1 – 6 IESG aufgezählten Phänomene (zB Nichteröffnung eines Insolvenzverfahrens mangels für die Deckung der Verfahrenskosten hinreichenden Vermögens).

5.3.5.2.3 Gesicherte Ansprüche

Die gesicherten Ansprüche sind jene Ansprüche, die nach Maßgabe des IESG zu vergüten sind. Sie sind in § 1 Abs 2 IESG aufgezählt (vgl weiters zB auch §§ 1 a f IESG; dazu auch 5.1.4.1.1.3). An **allgemeinen Voraussetzungen** legt diese Bestimmung fest, dass eine Sicherung der entsprechenden Ansprüche nur dann gegeben ist, wenn diese **aus dem Arbeitsverhältnis** zustehen, **aufrecht** bestehen, **nicht verjährt** sind und **nicht** iSd § 1 Abs 3 IESG **ausgeschlossen** sind (zu den ausgeschlossenen Ansprüchen s unten).

Eine weitere allgemeine Sicherungsvoraussetzung enthält § 1 Abs 5 IESG: Sofern demnach der gesicherte Anspruch auf Grund der insolvenzrechtlichen Vorschriften **angemeldet** werden kann, besteht der Anspruch auf Insolvenz-Entgelt nur dann, wenn der gesicherte Anspruch als Forderung in einem solchen Insolvenzverfahren angemeldet worden ist, es sei denn, dass dem Anspruchsberechtigten die Anmeldung nicht möglich war.

Vom **Anspruchstypus** her lassen sich die gesicherten Ansprüche ausgehend von der Formulierung des § 1 Abs 2 IESG und allgemeinen arbeitsrechtlichen Systematisierungen folgendermaßen einteilen:

- Entgeltansprüche
  a) Laufendes Entgelt
  b) Entgelt aus der Beendigung des Arbeitsverhältnisses (zB Abfertigung)
  c) Sonstiges Entgelt (zB Diensterfindungsvergütung)
- Schadenersatzansprüche
  a) Schadenersatz aus der Beendigung des Arbeitsverhältnisses (zB Kündigungsentschädigung)
  b) Sonstiger Schadenersatz

- Sonstige Ansprüche gegen den AG (zB Aufwandsentschädigung)
- Zur zweckentsprechenden Rechtsverfolgung notwendige Kosten

Die skizzierten Ansprüche sind nur dann gesichert, wenn sie **nicht** gem § 1 Abs 3 IESG **ausgeschlossen** sind.

Ein Ausschluss liegt zB vor, wenn der Anspruch auf einer Einzelvereinbarung beruht, die nach dem Antrag auf Insolvenzverfahrenseröffnung oder in den letzten sechs Monaten davor abgeschlossen wurde und nicht betriebsüblich ist (vgl § 1 Abs 3 Z 2 IESG).

Ansprüche können auch auf Grund **allgemeiner zivilrechtlicher Überlegungen** ungesichert bleiben. Zu erwähnen sind insb Scheingeschäfte sowie Gestaltungen zu Lasten des Insolvenz-Entgelt-Fonds.

Entscheidung 101: Stehenlassen des Entgelts

Bei überlangem Stehenlassen offener Entgelte ohne ernsthaftes Betreiben der Ansprüche kann auf den bedingten Vorsatz der sittenwidrigen Überwälzung des Finanzierungsrisikos auf den Fonds geschlossen werden. Derartige Ansprüche sind sodann nach IESG nicht gesichert.

OGH 23. 10. 2000, 8 ObS 206/00, DRdA 2001, 366 = RdW 2001, 41

In Bezug auf ein derartiges „Stehenlassen" offener Entgelte, welches früher oft vorkam und E wie die wiedergegebene nach sich zog, ist nunmehr durch die Sicherungsgrenze in die Vergangenheit gem § 3a Abs 1 Satz 1 IESG (vgl 5.3.5.2.4) Rechtssicherheit geschaffen worden.

5.3.5.2.4 Gesicherter Zeitraum

Das IESG kennt Sicherungsgrenzen in zeitlicher Hinsicht. Eine **Sicherungsgrenze in die Vergangenheit** statuiert § 3a Abs 1 Satz 1 IESG: Demnach gebührt für laufendes Entgelt einschließlich Sonderzahlungen, welches **mehr als sechs Monate vor einem Sicherungstatbestand fällig geworden** ist, grundsätzlich kein Insolvenz-Entgelt.

Die **Grenzen für die Zeit nach Eintritt des Sicherungstatbestands** sind unterschiedlich gestaltet (vgl §§ 3a ff IESG).

So gebührt im Falle der Nichteröffnung eines Verfahrens mangels Vermögens Insolvenz-Entgelt bis zum Ende des dritten Monats, der auf den Sicherungstatbestand folgt.

Für **Betriebspensionen** sind Abschlagszahlungen von 24 bzw zwölf Monatsbeträgen vorgesehen (vgl § 3d IESG).

5.3.5.2.5 Antragstellung

Der Antrag auf Insolvenz-Entgelt ist bei sonstigem Ausschluss **binnen sechs Monaten** ab Eröffnung eines Insolvenzverfahrens bzw ab Kenntnis von im G genannten Gerichtsbeschlüssen (zB Ablehnung der Verfahrenseröffnung) bei der zuständigen Geschäftsstelle der Insolvenz-Entgelt-Fonds-Service GmbH zu stellen (vgl § 6 Abs 1 IESG).

Ist der Antrag auf Insolvenz-Entgelt nach Ablauf der in Frage kommenden Frist gestellt worden, so sind von Amts wegen die Rechtsfolgen der **Fristversäumung** bei Vorliegen von **berücksichtigungswürdigen Gründen nachzusehen.**

5.4 Zeitliche Grenzen der Geltendmachung von Entgelten

Ausgangspunkt für die Beurteilung der Verjährung bzw des Verfalls von Arbeitsentgelten (vgl 5.4.2) muss die Frage sein, wann Entgelte fällig werden (vgl 5.4.1).

5.4.1 Fälligkeit

Die Regeln über die Fälligkeit von Entgelten sind zum Teil zwingender, zum Teil dispositiver Natur; für gewisse Entgelte gibt es Sonderregelungen in G (zB § 12 TAG, § 3 HGHAngG) oder sonstiger Rechtsgrundlage (zum Urlaubsentgelt vgl zB 8.2.6).

Die für **Angestellte** vorhandenen Bestimmungen sind **zwingend** (vgl § 40 AngG): Gem § 15 AngG hat die Zahlung des **fortlaufenden Gehalts** spätestens am **Fünfzehnten** und **Letzten** des Monats in zwei annähernd gleichen Beträgen zu erfolgen. Nur die **Vereinbarung** einer **Zahlung am Monatsende** wird zugelassen.

Von dieser Vereinbarungsmöglichkeit wird in der Praxis häufig Gebrauch gemacht.

Zu beachten ist, dass der **Erwerb** von laufenden Entgelten – dieser ist zB für die insolvenzrechtliche Forderungsqualifikation (vgl 5.3.5.1) und für die Haftung bei Betriebsübergang (vgl 14.10.1) von Bedeutung – mit der **Erbringung** der Arbeit erfolgt.

Für **gewerbliche Arbeiter** legt § 77 GewO 1859 **dispositiv** die **wöchentliche Lohnzahlung** fest. Ebenfalls nur bei Fehlen einer Vereinbarung gilt § 1154 Abs 1 ABGB, wonach generell die Zahlung nach Leistung der Dienste vorgesehen ist.

Auch die meisten anderen Bestimmungen des mangels anderweitiger einschlägiger Regelung heranzuziehenden ABGB sind abdingbar: § 1154 Abs 2 ABGB verknüpft den Entgeltbestimmungszeitraum mit dem Fälligkeitstermin, und zwar so, dass bis zur monatlichen Bemessung das Entgelt am Ende jedes entsprechenden Zeitraumes, bei längeren Zeitabschnitten am Ende jedes Kalendermonats und bei Stunden- und Stückentgelt am Schluss jeder Kalenderwoche zu leisten ist. Bei Diensten höherer Art bleibt es beim Kalendermonat.

Soweit zwingende Fälligkeitstermine im G nicht vorgesehen sind, kommt den kollektivvertraglichen Regelungen besondere Bedeutung zu.

Zwingend ist § 1154 Abs 3 ABGB, wonach **spätestens mit Beendigung des Arbeitsverhältnisses** die Fälligkeit des bereits verdienten Entgelts eintritt.

Die Fälligkeit von **Sonderzahlungen** richtet sich nach den kollektiven Rechtsvorschriften oder dem Individualvertrag (dazu und zum Erwerb der Sonderzahlungen vgl 5.1.3).

Naturalentgelte (vgl 5.1.1) sind idR **im Vorhinein,** im Zweifel monatlich, zu gewähren, sofern Vereinbarung, Art und Gebrauch nicht eine andere Ausfolgung nötig machen.

In diesem Zusammenhang werden Bestimmungen aus dem Bereich der Land- und Forstwirtschaft verallgemeinert (vgl § 12 Abs 1 GAngG, § 17 Abs 1 LAG).

Dass der Erwerb eines Anspruchs mit der Fälligkeit nicht zusammenfallen muss, zeigt sich deutlich bei **Provisionen** (vgl 5.1.2.2): Diese werden im Fall von Verkaufsgeschäften mit der eingegangenen Zahlung, bei anderen Geschäften mit Abschluss derselben erworben (§ 10 Abs 3 AngG). Sie werden aber mangels Vereinbarung am **Ende jedes Kalendervierteljahres** fällig (§ 10 Abs 4 AngG).

Ein Auseinanderfallen von Anspruchserwerb und Fälligkeit ist auch bei der **Abfertigung** iSd §§ 23f AngG (vgl 5.1.4.1.1) zu konstatieren: Der Anspruch ist nicht nur durch die Auflösung des Arbeitsverhältnisses bedingt, sondern wird auch in diesem Zeitpunkt erworben, sofern die Art der Lösung den Erwerb nicht ausschließt (§ 23 Abs 1 und 7 AngG). Die Fälligkeit tritt zunächst bezüglich des **dreifachen Monatsentgelts** ein; der **Rest** kann vom vierten Monat **in vorauszahlbaren Teilbeträgen** abgestattet werden (§ 23 Abs 4 AngG).

Die gem § 23a Abs 1 AngG gebührende Abfertigung bei Arbeitnehmerkündigung wegen Erreichung des **Pensionsalters** bzw **Inanspruchnahme von Pension** kann in gleichen monatlichen Teilbeträgen, beginnend mit dem auf das Ende des Arbeitsverhältnisses folgenden Monatsersten, gezahlt werden; eine Rate darf die Hälfte des der Bemessung der Abfertigung zu Grunde liegenden Monatsentgelts nicht unterschreiten (vgl § 23a Abs 2 AngG).

Demgegenüber sind die gem § 23a Abs 3–5 AngG im Zusammenhang mit **Mutter- bzw Vaterschaft** gebührenden Abfertigungen jedenfalls mit Auflösung des Arbeitsverhältnisses fällig, da diese mit drei Monatsbezügen limitiert sind.

Gem § 16 Abs 1 Satz 1 BMSVG ist die Abfertigung nach diesem G **am Ende des zweitfolgenden Kalendermonats nach Geltendmachung** des Anspruchs durch schriftliche Erklärung (vgl § 14 Abs 6 BMSVG) zur Zahlung fällig, wobei die Zweimonatsfrist frühestens mit Beendigung des Arbeitsverhältnisses zu laufen beginnt. Nach Zahlung hervorkommende, noch zu dieser Abfertigungsanwartschaft gehörige Beträge sind als **Nachtragszahlung unverzüglich** fällig (vgl § 16 Abs 1 Satz 2 BMSVG).

5.4.2 Verjährung und Verfall[46])

Der wesentliche Unterschied zwischen Verjährung und Verfall liegt darin, dass mit Ablauf einer **Verjährungsfrist** lediglich das **Klagerecht erlischt,** mit Ablauf einer **Verfallsfrist** hingegen das **Recht als solches untergeht.**

Die Bezahlung einer verjährten Forderung ist daher gültige Erfüllungshandlung – die Forderung ist „zahlbar“, aber nicht „klagbar“ (Naturalobligation; vgl § 1432 ABGB) –, bei Begleichung eines verfallenen Anspruchs hingegen steht im Allgemeinen die Bereicherungsklage offen (vgl § 1431 ABGB).

Die Verjährung wird durch Klagseinbringung **unterbrochen,** sofern das Verfahren in der Folge gehörig fortgesetzt wird. Die Verjährung wird weiters durch ein ausdrückliches Anerkenntnis unterbrochen (§ 1497 ABGB). Diese

---

46) *Vollmaier/Herzeg,* Verjährungs- und Verfallsabreden im Arbeitsrecht, JAP 2006/07, 33.

Grundsätze sowie auch jene über die **Hemmung** der Verjährung gelten auch für die Ausschlussfristen des Arbeitsrechts.

Entgeltforderungen verjähren gem § 1486 Z 5 ABGB **binnen drei Jahren** ab Fälligkeit. Die Vereinbarung einer kürzeren Verjährungsfrist ist zulässig, nicht aber deren Verlängerung (§ 1502 ABGB).

In **KollV,** insb jenen für Arbeiter, werden die gesetzlichen Verjährungsfristen für Entgelte häufig durch kürzere **Verfallsfristen** ersetzt. Dies ist nur soweit zulässig, als dadurch nicht die Geltendmachung des Anspruchs ohne sachlichen Grund erschwert wird (§ 879 ABGB):

Entscheidung 102: Friseur

Die Verfallsfrist im KollV für Friseure, wonach alle Ansprüche aus dem Arbeitsverhältnis, soweit sie nicht bereits vom Ablauf der gesetzlichen Verjährungsfrist erfasst sind, bei sonstigem Verfall spätestens sechs Wochen nach Beendigung des Arbeitsverhältnisses geltend zu machen sind, erschwert die Geltendmachung der Ansprüche des AN übermäßig. Sie ist deshalb wegen Sittenwidrigkeit nichtig und steht der Durchsetzung des Abfertigungsanspruchs nicht entgegen.

OGH 15. 10. 1985, 4 Ob 110/84, infas 1986 A 78

Entscheidung 103: Zahntechniker

Verfallsklauseln sind nur dann sittenwidrig, wenn sie die Geltendmachung von Ansprüchen ohne sachlichen Grund übermäßig erschweren. Fristen unter drei Monaten wurden häufig als bedenklich erachtet, weil solche Fristen dem AN zur Beschaffung von Unterlagen, zur Einholung von Erkundigungen und zur – gerichtlichen oder außergerichtlichen – Geltendmachung von Ansprüchen nicht genügend Zeit lassen.

Diese Bedenken bestehen gegen die dem AN eingeräumte Frist von zwei Monaten gem § 10 Abs 1 Tarifordnung für das Zahntechniker-Handwerk nicht, weil sie sich anders als die in § 10 Abs 2 Tarifordnung normierte dreimonatige Frist nur auf „Zuschläge aller Art", im konkreten Fall für Überstundenarbeit, Sonn-, Feiertags- und Nachtarbeit bezieht. Gerade im Zusammenhang mit Überstundenarbeit ist die Normierung relativ kurzer Fallfristen gerechtfertigt, weil bei Geltendmachung von Ansprüchen für länger zurückliegende Überstunden regelmäßig schwierige Beweisprobleme auftreten und der AN verhalten werden soll, über die Arbeitszeit hinausgehende Arbeitsleistung so unmittelbar im zeitlichen Zusammenhang mit der Leistung geltend zu machen, dass die Möglichkeit einer ordnungsgemäßen Überprüfung des Sachverhalts gewährleistet ist.

Die Klausel des § 10 Abs 1 Tarifordnung ist jedoch nicht auf den für die geleisteten Überstunden geschuldeten Grundlohn anwendbar.

Bei der Geltendmachung von Überstundenentgelt wird eine ziffernmäßige Konkretisierung der Ansprüche zur Wahrung von Verfallsfristen nicht verlangt, die Ansprüche müssen aber innerhalb der Frist so weit klargelegt werden, dass der AG erkennen kann, welche Ansprüche ihrer Art nach gemeint sind. Die Übergabe von Aufzeichnungen, die keinem anderen Zweck als der Erfassung von Arbeitszeit dienen, ist ausreichend.

OGH 12. 7. 2000, 9 ObA 166/00b, ASoK 2001, 70

Zu beachten ist in diesem Zusammenhang § 26 Abs 9 AZG, wonach dann, wenn dem AN die Übermittlung von (durch den AG zu erstellenden) Aufzeichnungen über die geleisteten Arbeitsstunden verwehrt wird oder wegen Fehlens derartiger Aufzeichnungen die Feststellung der tatsächlich geleisteten Arbeitszeit unzumutbar ist, die entsprechenden Verfallsfristen gehemmt werden. Die Aufzeichnungspflichten bestehen auch bei Vereinbarung einer Überstundenpauschale iwS (zu dieser allg 4.4.5.2).

Von großer praktischer Bedeutung ist, dass im Zusammenhang mit **Schadenersatzansprüchen** im Arbeitsrecht **gesetzliche Verfallsfristen** („Sechsmonatsfristen") bestehen, nämlich in § 34 AngG (§ 1162d ABGB) für die Kündigungsentschädigung (vgl insb 2.1.2.3.1 b) sowie in § 6 DHG für auf leichter Fahrlässigkeit beruhende Schadenersatz- und Rückgriffsansprüche nach diesem G (vgl 9.1.4).

Aus der Praxis: Sind etwa in einem Rechtsfall Ansprüche des AN nach einer Beendigung des Arbeitsverhältnisses geltend zu machen, so können hier für die einzelnen Ansprüche verschiedene Verjährungs- und Verfallsfristen zu beachten sein: Für die Kündigungsentschädigung etwa hat man sechs Monate ab (rechtlicher) Beendigung des Arbeitsverhältnisses Zeit, für die Abfertigung nach § 23 AngG, jedenfalls den ersten Teil davon, nach § 1486 Z 5 ABGB drei Jahre ab diesem Zeitpunkt. Geht es um offene Entgelte, so stehen nach dem G drei Jahre ab Fälligkeit zur Geltendmachung zur Verfügung.
Bei Entgelten ist das Vorliegen von kollektivvertraglichen oder gar arbeitsvertraglichen Verfallsfristen zu gewärtigen (s auch unten).

Arbeitsvertraglich können Verfallsfristen insoweit vereinbart werden, als sie nicht den gesetzlichen oder kollektivvertraglichen Bestimmungen widersprechen oder wegen ihrer Kürze sittenwidrig sind. Zu beachten ist, dass **arbeitsrechtlich,** dh in SonderG (§ 29 AngG, § 1162b ABGB, § 6 DHG; s oben) oder KollV **statuierte Verfalls- und wohl auch Verjährungsfristen einseitig zwingend zu Gunsten des AN** sind und daher nur verlängert werden können.

IdR genügt bei **Verfallsfristen** die **außergerichtliche Geltendmachung** beim AG, um den Verfall zu verhindern.

Eine gerichtliche Geltendmachung ist nur dann erforderlich, wenn sie in der einschlägigen Vorschrift ausdrücklich vorgesehen ist. Die Ansprüche müssen aber derart konkretisiert werden, dass der AG erkennen kann, welche Ansprüche ihrer Art nach gemeint sind (vgl auch E 103).

5.5 Zweckverfehlende Arbeitsleistungen[47])

Von zweckverfehlenden Arbeitsleistungen wird gesprochen, wenn jemand, **ohne** dass der Abschluss eines **Arbeitsvertrags** angenommen werden kann, für einen anderen **in** für diesen **erkennbarer Erwartung einer Gegenleistung Arbeiten verrichtet** und in der Folge die erwartete **Zuwendung nicht eintritt.**

Ein Kind des Unternehmers oder Landwirtes arbeitet im Betrieb oder am Hof, weil es mit der Betriebs- bzw Hofübergabe rechnet, ein Lebensgefährte arbeitet in Erwartung der Eheschließung, es kommt zu Arbeitsleistungen, weil die Übertragung eines Miteigentumsanteils oder eine letztwillige Zuwendung zugesagt wird. Der Adressat der Arbeitsleistungen kann (Eheschließungsfälle) oder will (Übergabefälle) sich vorerst nicht zur Zuwendung verpflichten, letztendlich bleibt diese endgültig aus.

Tritt die erwartete Zuwendung nicht ein, so ist der Arbeitende mangels Vorliegens einer vertraglichen Basis auf **Bereicherungsrecht** verwiesen. Es liegt ein Fall der **Leistungskondiktion wegen Nichteintritt des erwarteten Erfolgs** (condictio causa data causa non secuta) vor, die im Zivilrecht analog aus § 1435 ABGB abgeleitet wird. Die Rechtsfolge, also der Umfang des Rückforderungsanspruchs, ist dabei aus § 1431 ABGB zu entnehmen, sodass der Bereicherte den **„verschafften Nutzen"** zu vergüten hat. Diese Situation wurde im Falle von Arbeitsleistungen als unbillig erkannt, zumal der Nutzen von solchen äußerst schwer zu ermitteln ist. Die im Bereicherungsrecht konstatierte Regelungslücke wird daher mittels **analoger Heranziehung** der an sich mangels Vorliegens eines Arbeitsvertrags nicht anzuwendenden Bestimmung des **§ 1152 ABGB** (vgl 5.2, 5.2.1) geschlossen. Der Arbeitende erhält daher ein **angemessenes** bzw ortsübliches **Entgelt**[48]), welches sich idR an in der Branche bestehenden KollV oder sonstigen kollektiven Rechtsquellen des Arbeitsrechts zu orientieren hat.

Trotz Vorliegens eines Bereicherungsanspruchs wird nicht die dafür bestehende 30-jährige Verjährungsfrist, sondern die **Verjährungsbestimmung für Entgelte** (§ 1486 Z 5 ABGB; vgl 5.4.2) analog herangezogen[49]).

Fall 37: Lebensgemeinschaft

Die Kl pflegt ihren kränklichen Lebensgefährten durch acht Jahre bis zu seinem Tod am 19. 10. 1978 im Vertrauen darauf, dass sie seine Alleinerbin werde. Der Lebensgefährte hat auch bei einem Notar ein Testament zu ihren Gunsten errichtet, doch später eines zu Gunsten des Bekl verfasst, auf Grund dessen dieser als Alleinerbe anerkannt wird. Mit am 8. 8. 1979 überreichter Klage begehrt die Kl für die acht Jahre bis zum Tod ihres Lebensgefährten nach dem Mindestlohntarif für Wirtschafterinnen S 4.000,– monatlich, 14-mal jähr-

[47]) *Löschnigg,* Arbeitsrecht[12] 330; *Spielbüchler,* Arbeitsrecht I[4] 145 f.

[48]) *Bydlinski,* Lohn- und Kondiktionsansprüche aus zweckverfehlenden Arbeitsleistungen, FS Wilburg (1965) 72.

[49]) Vgl zB OGH 4. 6. 1985, 4 Ob 6/84, DRdA 1986, 307 *(Apathy).*

lich. Ihr Lebensgefährte hat eine Pension von S 5.000,– bis S 6.000,– bezogen. Wie ist die Rechtslage?

(Nach OGH 22. 3. 1983, 4 Ob 22/82, *Holzer,* Case Book Arbeitsrecht[5] [2004] 26)

Vereitelt der Leistende den angestrebten Erfolg selbst, indem er zB die Lebensgemeinschaft beendet[50]), oder musste der Adressat der Arbeitsleistungen objektiv betrachtet nicht damit rechnen, dass eine Gegenleistung im Raum steht, so steht dem Arbeitenden nur der auf Grund des dem Empfänger verschafften Vorteils bemessene, „gewöhnliche" Bereicherungsanspruch zu.

Kontrollfragen zu Kapitel 5.

1. Was versteht man unter dem Truckverbot? Welche Naturalentgelte gibt es? Was ist die Konsequenz, wenn dem AN eine Dienstwohnung zugestanden und in der Folge das Arbeitsverhältnis beendet wird?
2. Unter welchen Voraussetzungen steht dem AG ein Nutzungsrecht an einer vom AN gemachten Erfindung zu? Wie ist die Diensterfindungsvergütung zu bemessen? Was kann ein AN unternehmen, wenn er bemerkt, dass er eine zu niedrige Diensterfindungsvergütung ausgehandelt hat?
3. Worin liegen die wesentlichen Unterschiede zwischen dem traditionellen Abfertigungsrecht und der betrieblichen Mitarbeitervorsorge? Wem gebührt die Abfertigung bei Tod des AN? Wann gebührt eine Abfertigung trotz „Selbstkündigung"?
4. Was ist eine „betriebliche Übung"? Wie kommt es im gegebenen Zusammenhang zu einem Anspruch des AN auf eine bestimmte Leistung? Wie kann ein AG eine bestehende betriebliche Übung „abschaffen"?
5. Welche Instrumente der Entgeltsicherung kennt das Arbeitsrecht?
6. Welche arbeitsrechtlichen Besonderheiten gibt es im Zusammenhang mit der Aufrechnung?
7. Welche Aspekte der Gleichbehandlung im Arbeitsrecht sind zu unterscheiden? Was bedeutet „mittelbare Diskriminierung"?
8. Was sind die wesentlichen Inhalte des KautSchG?
9. Welche Verjährungsfristen bestehen für arbeitsrechtliche Entgelte? Können diese Verjährungsfristen verkürzt werden, und wenn ja, wo liegen die Grenzen?
10. Welche Ansprüche stehen einer Person zu, die zweckverfehlende Arbeitsleistungen erbracht hat?

[50]) OGH 19. 6. 1973, 4 Ob 55/73, ZAS 1974, 98 *(Aicher).*

6. Arbeitsverhinderungen[1])

Im Recht der Arbeitsverhinderungen geht es um die Frage, unter welchen Voraussetzungen dem AN trotz Unterbleibens der Arbeitsleistung das **Entgelt fortzuzahlen** ist.

Dogmatisch betrachtet handelt es sich in den gegenständlichen Problemstellungen um **Leistungsstörungsrecht.** Die allgemeinen Regeln des Schuldrechts (vgl insb §§ 918, 920, 1419, 1447 ABGB) werden dabei durch die im Folgenden darzustellenden speziellen arbeitsrechtlichen Vorschriften verdrängt. Sie dringen aber insoweit durch, als das Arbeitsrecht keine einschlägigen Normen enthält.

Beispiel: Ein AN erscheint nicht zur Arbeit, weil er am Vortag zu stark dem Alkohol zugesprochen hat.
Dies bedeutet allgemein gesprochen, dass sich der AN im Schuldnerverzug befindet. Im Recht der Dauerschuldverhältnisse hat dies zum einen zur Konsequenz, dass für die Zeit des Schuldnerverzugs kein Anspruch auf Gegenleistung, hier also auf Arbeitsentgelt, besteht. In arbeitsrechtlichen Zusammenhängen wird diesbezüglich zuweilen ein Grundsatz „Ohne Arbeit kein Entgelt" erwähnt. In der Praxis wird beim sog Blaumachen häufig „unbezahlter Urlaub", also eine kurzzeitige Karenzierung (vgl 4.3.1), vereinbart, um den Umstand des Entgeltausfalls zu verdeutlichen. Als Alternative steht beim Schuldnerverzug der Rücktritt vom Vertrag im Raum (vgl § 918 ABGB). Im Recht der Dauerschuldverhältnisse fließt das Rücktrittsrecht in das Recht auf vorzeitige Auflösung aus wichtigem Grund ein, es geht also um das Entlassungsrecht (vgl allg 2.1.3, 2.1.3.1). Wer blaumacht, riskiert – jedenfalls bei wiederholter Arbeitspflichtverletzung nach Abmahnung – eine nach § 27 Z 4 AngG, § 82 lit f GewO 1859 gerechtfertigte Entlassung (vgl allg 2.1.3.1.1 c).

Bei den das Nichtzustandekommen der Arbeit bewirkenden Umständen wird zwischen solchen in der Sphäre des AG (vgl 6.1), solchen in der Sphäre des AN (vgl 6.2) und solchen in der neutralen Sphäre (vgl 6.3) unterschieden.

Die im gegebenen Zusammenhang oft vorgenommene **Einteilung in Sphären** hat an sich **keine normative Bedeutung,** sondern dient nur der Erleichterung der Subsumtion von Problemfällen unter die verschiedenen Entgeltfortzahlungstatbestände. Es sollte dabei **zuerst** gefragt werden, ob ein Fall der **Arbeitgeber- oder** der **Arbeitnehmersphäre** zuzuordnen wäre, wenn es nur diese Sphären gäbe. Scheitelpunkt für die Abgrenzung der beiden Sphären ist die **Leistungsbereitschaft** des AN: Liegt Leistungsbe-

[1]) *Löschnigg,* Arbeitsrecht[12] 457 ff; *Spielbüchler,* Arbeitsrecht I[4] 68 ff, 286 ff; *Marhold/Friedrich,* Arbeitsrecht[2] 194 ff; *Windisch-Graetz,* Arbeitsrecht II[8] 183 ff.

reitschaft vor, so handelt es sich fürs Erste um die Arbeitgebersphäre, eine Entgeltfortzahlung könnte sich aus § 1155 ABGB ergeben, der ausdrücklich das Tatbestandsmerkmal der Leistungsbereitschaft enthält (vgl 6.1). Liegt keine Leistungsbereitschaft vor, so ist dies Arbeitnehmersphäre, und es ist zu prüfen, ob eine Entgeltfortzahlung nach den in diesem Bereich gegebenen Rechtsgrundlagen besteht (vgl 6.2). Danach kann geschaut werden, ob die Arbeitgeber- bzw die Arbeitnehmersphäre durch den vorliegenden Arbeitsverhinderungsgrund transzendiert wird, sodass ein Fall der neutralen Sphäre vorliegt, der den Verlust des Entgeltfortzahlungsanspruchs nach sich zieht (dazu und auch zur Anwendung der skizzierten Falllösungsstrategie vgl 6.3).

6.1 Arbeitgebersphäre[2])

Die Arbeitsverhinderungen in der Arbeitgebersphäre regelt **§ 1155 ABGB.** Gem § 1155 Abs 1 ABGB gebührt dem AN auch für nicht zustande gekommene Arbeitsleistungen das Entgelt, wenn er zur Leistung bereit ist und durch Umstände, die auf Seiten des AG liegen, daran gehindert wird.

Als Ergänzung zu dieser grundlegenden Anordnung ist § 1155 Abs 2 ABGB aufzufassen, wonach dann, wenn durch vom AG zu vertretende Umstände ein Zeitverlust bei der Arbeitsleistung eintritt, dem AN für den daraus entstandenen Nachteil eine angemessene Entschädigung gebührt.

- Das Tatbestandsmerkmal der **Leistungsbereitschaft** besteht aus einer rechtlichen Seite, nämlich der (Willens-)Erklärung des AN, leisten zu wollen (dazu insb 15.4.2), und einer faktischen Komponente, nämlich der Fähigkeit, die Arbeit zu erbringen.

  Im Falle von **rechtswidrigen Lösungserklärungen des AG,** bei denen in weiterer Folge ein Anfechtungsrecht oder die Rechtsunwirksamkeit der Erklärung geltend gemacht wird (vgl 6.1.1 sowie 2.3.1.1.1 f, 2.3.2.1, insb auch 2.3.2.1.2 a, 2.2.3.2, 3.2.1.1.3.2), darf an das Erfordernis der Leistungsbereitschaft kein zu strenger Maßstab angelegt werden, ist es doch dem von der Beendigungserklärung betroffenen AN nicht zumutbar, angesichts der Umstände weiter seine Leistung anzubieten, also zB seinen – vorerst ehemaligen – Arbeitsplatz aufzusuchen und sich zur Arbeitsaufnahme bereit zu erklären. Die **Leistungsbereitschaft** wird daher **im Falle der Einleitung rechtlicher Schritte fingiert:** Hätte der AG das Arbeitsverhältnis nicht (rechtswidrig) gelöst, wäre der AN auch leistungsbereit gewesen.

- Das Tatbestandselement **„Umstand auf Seiten des AG"** bedeutet, dass ein Ereignis gegeben sein muss, das den unternehmerischen Bereich des AG betrifft und sich auf diesen auswirkt (dazu auch 15.4.2).

  Woher das Ereignis kommt und ob dieses höhere Gewalt darstellt oder nicht, ist prinzipiell irrelevant (zur neutralen Sphäre vgl 6.3). Es reicht, dass eine Beeinträchtigung etwa des Betriebs des AG vorliegt, sich das Ereignis also im Betrieb des AG lokalisieren lässt (sog **Lokalisierungstheorie**).
  Abzulehnen ist die sog **Zurechnungstheorie,** die einen Umstand auf Seiten des AG nur dann anerkennt, wenn das Ereignis nach einer Wertentscheidung des Rechtsanwenders dem unternehmerischen Herrschaftsbereich des AG zuzurechnen ist. Die einfache Form der Zurechnungstheorie ist die **Einflusstheorie,** die den AG zur Entgeltfortzahlung ausschließlich dann verpflichten will, wenn er

---

[2]) *Rebhahn* in ZellKomm[2] § 1155 ABGB; *Naderhirn,* Gedanken zur Entgeltfortzahlungspflicht des Arbeitgebers bei höherer Gewalt, DRdA 2005, 32.

das maßgebliche Ereignis beeinflussen konnte. Diese Theorien kranken daran, dass sie den Risikobereich des AG nicht von der Ursache der Störung, sondern von den Risken selbst her bestimmen; dies ist ein unzulässiger Schluss von den (gewünschten) Rechtsfolgen auf den Tatbestand[3]). Es ist der Wille des Gesetzgebers, den AG für sämtliche Betriebsrisken einstehen zu lassen[4]). Er – und nicht der AN – trägt schließlich das Unternehmerrisiko.

6.1.1 Fälle des § 1155 ABGB

Im Einzelnen betrifft § 1155 ABGB insb folgende Fälle:

- **Störungen des technischen oder organisatorischen Betriebsablaufs** (zB Maschinenschäden, zu geringe Belegschaftsstärke; zur Frage des Entgeltfortzahlungsanspruchs Arbeitswilliger bei streikbedingter Betriebsstörung vgl 15.4.2).

  Diese Störungen können auch auf außenstehende Dritte (sog **Drittverursachung**) oder **höhere Gewalt** zurückgehen. Auf ein Verschulden des AG oder auf eine Möglichkeit desselben, die Umstände unmittelbar zu beeinflussen, kommt es nicht an. Im Falle der Drittverursachung kann sich der AG allenfalls an der dritten Person schadlos halten.

- **Rechtswidrige Dispositionen des AG** (zB rechtsunwirksame Lösungserklärungen oder Weisungen).

  Hierher gehören zB rechtsunwirksame, weil erfolgreich nach den **§§ 105 ff ArbVG** angefochtene oder auf einen besonderen **Bestandschutz** treffende **Kündigungen** oder **Entlassungen** (vgl insb 2.3.1, 2.3.2.1.2 a, 2.3.2.2), weiters auch rechtsunwirksame, den arbeitsvertragsrechtlichen oder betriebsverfassungsrechtlichen Schutz des AN missachtende **Versetzungen** (vgl 4.2).

Entscheidung 104: Maurer

Sachverhalt: Der Kl arbeitet für die Bekl als Maurer. Als ihm für 102 Stunden kein Lohn ausgezahlt wird, kündigt er an, bis zur Bezahlung des ausständigen Lohns nicht mehr arbeiten zu wollen, und hält schließlich für fünf Arbeitstage seine Arbeitsleistung zurück. Der Kl begehrt nun Entgelt für die 102 Stunden und für die Zeit der Zurückbehaltung der Arbeitsleistung.

Leitsatz: Ein AN kann seine Arbeitsleistung so lange zurückhalten, bis der AG einen bereits fällig gewordenen Lohnrückstand bezahlt. Für diesen Fall liegt mit § 1155 Abs 1 ABGB ein gesetzlicher Entgeltfortzahlungstatbestand vor. Auf den ersten Blick scheint die Ausübung des Zurückbehaltungsrechts zwar in einem Spannungsverhältnis zur gem § 1155 Abs 1 ABGB erforderlichen Leistungsbereitschaft des AN zu stehen. Die Nichtanwendung des § 1155 Abs 1 ABGB würde aber den Wert des Zurückbehaltungsrechts des AN bei Lohnverzug seines AG empfindlich beschränken. § 1155 Abs 1 ABGB ist daher teleolo-

[3]) *Bydlinski,* Arbeitsrechtskodifikation und allgemeines Zivilrecht (1969) 138.
[4]) AB 78 BlgHH 21. Sess 1912, 220.

gisch einschränkend so auszulegen, dass die Formulierung „zur Leistung bereit" nur auf die grundsätzliche Leistungsbereitschaft des AN abstellt, wenn und solange der AG seine Lohnzahlungspflicht erfüllt. Hält somit der AN seine Arbeitsleistung zu Recht zurück, weil ihm fälliges Entgelt vorenthalten wird, dann steht ihm für diese Zeit der Zurückbehaltung der Arbeitsleistung trotzdem Entgelt zu, weil die Arbeit aus Umständen unterbleibt, die auf Seiten des AG liegen.

OGH 29. 5. 2012, 9 ObA 39/11 t, ZAS-Judikatur 2012/116

Die **Zurückbehaltung der Arbeitsleistung** ist als Reaktion sowohl auf die Verletzung der Entgeltpflicht als auch bei schwerwiegenden Fürsorgepflichtverletzungen von Seiten des AG (dazu 8.1.1) möglich. Der AN darf allerdings **nicht rechtsmissbräuchlich** vorgehen, also etwa bei lediglich geringfügigen oder strittigen Ansprüchen die Arbeit verweigern. Die (rechtmäßige) Zurückbehaltung der Arbeitsleistung ist ein Fall des § 1155 Abs 1 ABGB.

- **Suspendierung,** also willentliche Nichtannahme der Arbeit durch den AG.

Diese kommt zB als Dienstfreistellung während der Kündigungszeit oder bei Verdacht auf Unregelmäßigkeiten (vgl auch 2.1.3) vor (zur Situation im Falle eines Rechts auf Beschäftigung vgl 8.3).

Anhand der skizzierten Fälle ist zu erkennen, dass § 1155 ABGB nach allgemeiner zivilrechtlicher Terminologie einerseits die (nachträgliche) **Unmöglichkeit** der Leistung, andererseits aber auch den **Annahmeverzug** des AG betrifft.

Im letzteren Fall ist die Bestimmung eine lex specialis zu § 1419 ABGB.

Entscheidung 105: Schlechtwetter

Schlechtwetter und dadurch bedingte Arbeitsausfälle im Baugewerbe sind Umstände, die der AG gegenüber einem Lehrling gem § 1155 ABGB zu vertreten hat.

OGH 26. 4. 1983, 4 Ob 39/83, ZAS 1983, 227 *(Andexlinger/Filzmoser)*

An sich ist der Problembereich des Schlechtwetters in der **Bauwirtschaft** durch das BSchEG einer **Sonderregelung** unterworfen: Der AG ist demnach gem §§ 4 ff leg cit verpflichtet, dem AN, der wegen Schlechtwetters einen Arbeitsausfall erleidet, der mit einer Lohneinbuße verbunden ist, eine **Schlechtwetterentschädigung** zu bezahlen.

Diese Zahlung wird dem AG zuzüglich eines Pauschbetrags für geleistete Sozialabgaben von der BUAK rückerstattet. Der Aufwand hierfür wird durch Beiträge der AG und der AN sowie durch Bundesmittel gedeckt (vgl §§ 8 ff BSchEG).

Das BSchEG gilt nicht für Lehrlinge (§ 2 lit h leg cit), daher konnte es überhaupt zur E 105 kommen.

Zu beachten ist, dass Witterungseinflüsse in Extremfällen auch der neutralen Sphäre zuzuordnen sein können (vgl 6.3).

Eine weitere Sonderregelung im Verhältnis zu § 1155 ABGB enthält **§ 10 Abs 2 AÜG:** Ist die zu überlassende Arbeitskraft nachweislich zur Leistung bereit und kann sie nicht oder nur unter dem vereinbarten Ausmaß beschäftigt werden, gebührt das Entgelt auf Basis der vereinbarten Arbeitszeit (zur Arbeitskräfteüberlassung allg 4.5.1).

Im Gegensatz zu § 1155 ABGB (vgl 6.1.3) ist diese Bestimmung gem § 8 AÜG zwingender Natur.

6.1.2 Anrechnungsregel

Der Entgeltfortzahlungsanspruch gem § 1155 ABGB besteht grundsätzlich zeitlich unbeschränkt (vgl aber auch 6.1.3). Nach § 1155 Abs 1 letzter Satzteil ABGB muss sich der AN allerdings anrechnen lassen, was er **durch das Unterbleiben** der Arbeitsleistung **erspart** oder durch anderweitige Verwendung **erworben** bzw **zu erwerben absichtlich versäumt** hat.

Die Anrechnungsregel ähnelt jener im Bereich der Kündigungsentschädigung (§ 29 AngG, § 1162b ABGB; vgl insb 2.1.2.3.1b). Sie ist daher im Allgemeinen auch wie jene zu interpretieren. Die Anrechnung trifft hier allerdings auf einen **Erfüllungs-** und nicht auf einen Schadenersatzanspruch und findet nicht erst ab dem vierten Monat der Zahlung, sondern **ab dem ersten Tag** statt.

Insb die Anrechnung des tatsächlichen oder absichtlich versäumten anderweitigen Verdienstes hat nach dem **Prinzip der zeitlichen Kongruenz** zu erfolgen[5]). Es sind Entgeltzahlungszeiträume gegenüberzustellen, darauf aufbauend ist dann der anderweitige Verdienst pro Zeitraum in Abzug zu bringen.

Beispiel: Nach einem Theaterbrand müssen die Vorstellungen vom 17. 2. 2015 bis zum 31. 5. 2015 entfallen. Ein Opernsänger mit einem Monatsentgelt von € 6.000,– kann dadurch am 17. und 18. 4. 2015 Liederabende in Japan geben und verdient dabei € 24.000,–.
Nach dem Prinzip der zeitlichen Kongruenz ist vom Monatsentgelt für April auszugehen. Von diesem kann dem Sänger der anderweitige Verdienst in Abzug gebracht werden, sodass er um € 6.000,– weniger Entgeltfortzahlung erhält.
Für jegliche Anrechnungsmöglichkeit ist vorauszusetzen, dass das Unterbleiben der Arbeitsleistung kausal für den Zusatzverdienst ist. Hätte der Sänger auch bei normalem Opernbetrieb in Japan gastiert, so kann ihm das dort Verdiente überhaupt nicht in Anrechnung gebracht werden.

Die Anrechnung eines allenfalls absichtlich unterlassenen Erwerbs zwingt den AN indirekt, eine anderweitige Beschäftigung, insb ein sog **Zwi-**

[5]) Vgl zB OGH 7. 11. 1961, 4 Ob 115/61, Arb 7452.

schenarbeitsverhältnis, einzugehen. Er muss allerdings auch gem § 1155 ABGB leistungsbereit sein und unmittelbar nach Wegfall des Verhinderungsgrundes die Arbeit wieder antreten. Im Falle eines Zwischenarbeitsverhältnisses darf daher das Erfordernis der Leistungsbereitschaft nicht überspannt werden: Dem AN muss die Möglichkeit gegeben werden, das Zwischenarbeitsverhältnis zwar unverzüglich, aber doch unter Einhaltung der entsprechenden Beendigungsvorschriften, insb Kündigungszeiten, zu lösen.

Problematisch erscheint die Anwendung der **Anrechnungsregel** des § 1155 ABGB dann, wenn die **Arbeitsverhinderung durch** ein **vom AG willentlich gesetztes, diesem qualifiziert vorwerfbares Verhalten** ausgelöst wird. In Fällen, in denen der AG den AN nicht zur Arbeit zulässt, obwohl es ihm zumutbar ist, diesen sinnvoll zu beschäftigen (zB grundlose Suspendierung), wird man die Anrechnungsregel teleologisch zu reduzieren haben[6]).

Dem AN steht daher etwa auch bei anderweitigen Verdiensten die Entgeltfortzahlung in voller Höhe zu. Das absichtliche Versäumen eines anderweitigen Verdienstes ist mE nicht möglich, da es angesichts des Vorverhaltens des AG niemals zu der mit massiver subjektiver Vorwerfbarkeit einhergehenden „Absichtlichkeit“ kommen kann.

6.1.3 Abdingbarkeit

§ 1155 ABGB ist gem § 1164 ABGB nicht zwingend, sondern abdingbar. Dies erscheint auf den ersten Blick eigenartig, handelt es sich hier schließlich um eine Bestimmung, die eine das gesamte Arbeitsrecht prägende Grundsatzentscheidung insofern enthält, als sie das Unternehmerrisiko dem AG zuteilt. Es ist aber in der gegebenen Problemlage durchaus sinnvoll, den nachgeordneten Rechtsquellen KollV und Arbeitsvertrag **weiter differenzierende Regelungen in Bezug auf die Risikoverteilung** zu ermöglichen.

Es könnte daher zB für Fälle höherer Gewalt, welche vom AG nicht beeinflussbar sind und auf die er sich auch nicht ausreichend vorbereiten kann, eine zeitliche oder höhenmäßige Grenze der Entgeltfortzahlung festgeschrieben werden, einzelne Konstellationen, wie etwa der besonders umstrittene streikbedingte Arbeitsausfall (vgl 15.4.2), könnten überhaupt aus der Entgeltfortzahlungspflicht herausgenommen werden[7]).

Entscheidung 106: Pauschalabdingung

Eine pauschale Abdingung des § 1155 ABGB führt zur völligen Überwälzung des Unternehmerrisikos und ist daher sittenwidrig.

OGH 27. 1. 1987, 14 Ob 224/86, infas 1987 A 51

---

[6]) In der Literatur *Rebhahn* in ZellKomm² § 1155 ABGB Rz 54ff mwN; *Holzer,* Verschuldeter Annahmeverzug des Arbeitgebers und Anrechnung anderweitig absichtlich versäumten Verdienstes, DRdA 1993, 7. Die Judikatur ist nicht gefestigt; vgl zB OGH 30. 1. 1997, 8 ObA 2046/96g, ZAS 1997, 168 *(Risak)* einerseits und OGH 17. 3. 2004, 9 ObA 115/03g, DRdA 2005, 164 (zu Recht krit *Eypeltauer*) andererseits.

[7]) Dazu *Reissner* in *Reissner/Neumayr* (Hrsg), Zeller Handbuch Arbeitsvertrags-Klauseln (2010) Rz 49.20ff.

Darüber hinaus wird aber auch eine punktuelle Abdingung der Entgeltfortzahlung für Fälle des alltäglichen typischen Unternehmerrisikos oder für durch den AG verschuldete oder diesem sonst vorwerfbare Dienstverhinderungen unzulässig sein[8]).

6.2 Arbeitnehmersphäre

Unterbleibt die Arbeitsleistung aus Gründen auf Seiten des AN, so gilt an sich das Prinzip „Ohne Arbeit kein Entgelt" (vgl 6.). In Fällen, in denen der **AN besonders schutzwürdig** ist, wird ihm jedoch **zwingend** ein **zeitlich beschränkter Anspruch auf Entgeltfortzahlung** gewährt.

6.2.1 Krankheit und Unfall iwS[9])

Bei Krankheit und Unfall iwS besteht eine **zeitlich beschränkte Pflicht des AG zur Fortzahlung des Entgelts.** Ist der **AG nicht mehr zahlungspflichtig,** so ist der AN auf sozialversicherungsrechtliche Leistungen, insb das **Krankengeld** aus der gesetzlichen Krankenversicherung (vgl §§ 138 ff ASVG), angewiesen.

Insb aus § 143 Abs 1 Z 3 ASVG ergibt sich, dass das Krankengeld der arbeitsrechtlichen Entgeltfortzahlung nachgeschaltet ist und erst dann zum Tragen kommt, wenn der AG das Arbeitsentgelt nur mehr zu 50% oder weniger zu leisten hat.

Von den einschlägigen Bestimmungen (§ 8 Abs 1 und 2 AngG für Angestellte, §§ 2 ff EFZG für sonstige AN, insb Arbeiter) sind folgende Phänomene umfasst:

- **Krankheit** ist ein regelwidriger Körper- oder Geisteszustand, der eine Krankenbehandlung notwendig macht (vgl § 120 Abs 1 Z 1 ASVG).

  Diese Umschreibung aus der gesetzlichen Krankenversicherung wird im Entgeltfortzahlungsrecht zwar als Ausgangspunkt herangezogen, der hier relevante Krankheitsbegriff ist aber letztlich nicht so eng zu sehen wie jener in der Sozialversicherung. Insb kommt es nicht auf die Notwendigkeit einer Krankenbehandlung an, sodass zB auch beim Ausheilen eines grippalen Infekts durch bloße Bettruhe eine Krankheit im hier interessierenden Sinn vorliegt (zum immer dazukommenden Erfordernis der Arbeitsunfähigkeit s unten).

  Dieser Begriff steht im Gegensatz zu jenem der Berufskrankheit (s gleich).

  Liegt ein regelwidriger Körper- oder Geisteszustand nicht vor, ist der AN allenfalls auf andere Entgeltfortzahlungstatbestände zu verweisen.

  Ein Organspender kann sich zwar nicht auf die Entgeltfortzahlung im Krankheitsfall, unter Umständen aber auf einen in seiner Person gelegenen wichtigen Grund berufen (vgl 6.2.2). Schwangerschaft ist als solche keine Krankheit; Entgeltfortzahlung bei Schwierigkeiten in der Schwangerschaft gebührt daher nur dann, wenn ein Arzt eine Krankheit im skizzierten Sinn diagnostiziert (zum Thema vgl auch 8.5.2.1.1).

---

[8]) Dazu *Reissner* in *Reissner/Neumayr* (Hrsg), Zeller Handbuch Arbeitsvertrags-Klauseln (2010) Rz 49.20 ff.

[9]) *Drs* in ZellKomm² § 8 AngG Rz 1 – 109, § 9 AngG, EFZG; *Burger* in *Reissner* (Hrsg), Angestelltengesetz² (2015) § 8 Rz 12 – 70, § 9 Rz 1 ff; *Kallab/Hauser,* Entgeltfortzahlungsgesetz⁵ (2012).

- **Unfall,** im G „Unglücksfall" genannt, meint in der Privatsphäre des AN eintretende plötzliche Ereignisse, die zu einer Beeinträchtigung der körperlichen oder geistigen Integrität führen.

  Dieser Begriff steht im Gegensatz zu jenem des Arbeitsunfalls (s gleich).

- Hinsichtlich des Begriffs **„Arbeitsunfall"** ist auf die Terminologie im Recht der gesetzlichen Unfallversicherung (§§ 175f ASVG) zurückzugreifen. Es geht also um Arbeitsunfälle ieS (§ 175 Abs 1 ASVG), um Wegunfälle (Abs 2 leg cit) und um vom G gleichgestellte Unfälle (§ 176 ASVG).

  Der **Arbeitsunfall** ist sozialversicherungsrechtlich als Unfall definiert, der sich im örtlichen, zeitlichen und sachlichen Zusammenhang mit der die Versicherung begründenden Beschäftigung ereignet. Per authentischer Interpretation werden gewisse **Wegunfälle** vom ASVG als Arbeitsunfälle festgeschrieben (zB Unfall auf einem mit der Arbeit zusammenhängenden Weg zur oder von der Arbeitsstätte). Schließlich gibt es per gesetzlicher Fiktion den Arbeitsunfällen **gleichgestellte Unfälle** (zB Unfall im Zuge der Rettung eines Menschen aus tatsächlicher oder vermuteter Lebensgefahr).

- Auch der Ausdruck **„Berufskrankheit"** ist nach den Vorgaben der gesetzlichen Unfallversicherung (§ 177 ASVG) zu bestimmen. Unterschieden wird dabei zwischen abstrakten (Abs 1 leg cit) und konkreten Berufskrankheiten (Abs 2 leg cit).

  Abstrakte Berufskrankheiten sind die in Anlage 1 zum ASVG taxativ aufgezählten Krankheiten unter den dort genannten Voraussetzungen. Als **konkrete Berufskrankheit** gilt im Einzelfall eine Krankheit, die ihrer Art nach nicht in Anlage 1 zum ASVG enthalten ist, wenn der Unfallversicherungsträger auf Grund gesicherter wissenschaftlicher Erkenntnisse mit Zustimmung des BMG feststellt, dass diese zumindest überwiegend durch die Verwendung schädigender Stoffe oder Strahlen bei der versicherten Beschäftigung entstanden ist.

- **Kur- und Erholungsaufenthalte,** Aufenthalte in Heil- und Pflegeanstalten, Rehabilitationszentren und Rekonvaleszentenheimen, die aus Gründen der Erhaltung, Besserung oder Wiederherstellung der Arbeitsfähigkeit von einem Sozialversicherungsträger oder einer anderen im G genannten Institution bewilligt oder angeordnet wurden, sind gem § 2 Abs 2 EFZG den oben genannten Verhinderungsgründen gleichzuhalten. Diese Sichtweise wird auch im Angestelltenrecht, welches keine ausdrückliche Regelung zum Thema enthält, praktiziert[10]).

  Je nachdem, ob der Aufenthalt mit normalen Krankheiten oder Unfällen in Verbindung zu bringen oder Folge eines Arbeitsunfalls oder einer Berufskrankheit ist, kommen die Regeln über die normale oder die erhöhte Entgeltfortzahlung zur Anwendung (vgl 6.2.1.1 a bzw b, 6.2.1.2 a bzw b).

Bei Vorliegen einer Mehrheit von Arbeitsverhältnissen ist die Art der Arbeitsverhinderung für das jeweilige Rechtsverhältnis gesondert zu beurteilen:

---

[10]) Vgl zB OGH 20. 9. 1962, 4 Ob 97/62, Arb 7652.

Entscheidung 107: Baumschule

Sachverhalt: Der Kl ist vollbeschäftigter Arbeiter im Baumschulbetrieb des Bekl. In seiner Freizeit pflegt er ohne Wissen des Bekl Gartenanlagen für einen zweiten AG. Bei dieser Tätigkeit erleidet er einen Arbeitsunfall, der zu einem sechswöchigen Krankenstand führt. Der Kl begehrt vom Bekl die Fortzahlung des Entgelts während seines Krankenstandes.

Leitsätze: Bei der Existenz einer Mehrheit von Arbeitsverhältnissen steht der höhere und insoweit günstigere Anspruch aus Arbeitsverhinderung durch Arbeitsunfall nur gegen jenen AG zu, bei dem sich der Unfall ereignet hat. Unfälle, die sich außerhalb des Betriebes in der privaten Sphäre des AN ereignen, sind unter die Begriffe „Krankheit" oder „Unglücksfall" zu subsumieren, sodass gegen den anderen AG nur der normale Entgeltfortzahlungsanspruch besteht[11]).

Eine nicht gesetz- oder vertragswidrige Nebenbeschäftigung ist ohne Einschränkung zulässig und nicht meldepflichtig[12]), sodass ein den Entgeltfortzahlungsanspruch ausschließendes Verschulden des AN, also Vorsatz oder grobe Fahrlässigkeit, nicht vorliegt.

OGH 15. 3. 1989, 9 ObA 73/89, infas 1989 A 100

Weitere allgemeine Voraussetzung für sämtliche einschlägige Bestimmungen ist, dass der AN auf Grund der skizzierten Umstände **arbeitsunfähig** ist.

Die Arbeitsunfähigkeit im Hinblick auf gewisse Arbeiten auf Grund eines entsprechenden Leidenszustandes wird durch ein Gutachten des Arztes festgestellt (zum Wert dieses Gutachtens sowie zur Frage, inwieweit der AN auf die Richtigkeit desselben vertrauen darf, vgl auch 2.1.3.1.1 c). Der Begriff ist insofern relativ zu sehen, als bei gewissen Beeinträchtigungen bestimmte Tätigkeiten weiter möglich bleiben, andere hingegen nicht. Der Lkw-Fahrer ist bei einem Wespenstich am Fuß wohl arbeitsunfähig[13]), der am PC sitzende Angestellte eher nicht.

Den AN treffen in den gegenständlichen Verhinderungsfällen **Mitteilungs- und Nachweispflichten** (§ 8 Abs 8 AngG, § 4 EFZG). Werden diese verletzt, so entfällt für die Dauer der Säumnis der Anspruch auf Entgeltfortzahlung (vgl auch 2.1.3.1.1 c E 27).

Gem § 8 Abs 8 AngG ist der AN verpflichtet, die Arbeitsverhinderung **ohne Verzug** dem AG **anzuzeigen** und **auf Verlangen,** welches nach angemessener Zeit wiederholt werden kann, eine **Bestätigung** der zuständigen Krankenkasse oder eines Amts- oder Gemeindearztes über Ursache und Dauer der Arbeitsunfähigkeit vorzulegen (ähnlich auch § 4 EFZG, insb Abs 1). Nachgeordnete Rechtsquellen (KollV, BV, Arbeitsvertrag) können für den AN günstigere Vorschriften enthalten (zB Nachweispflicht erst ab einer Krankenstandsdauer von mehr als drei Tagen).

---

[11]) Zur unterschiedlichen Fortzahlungsdauer bei Unfall einerseits und Arbeitsunfall andererseits vgl 6.2.1.1 a bzw b, 6.2.1.2 a bzw b.

[12]) Zu den Nebentätigkeitsbeschränkungen vgl allg 7.6.1.

[13]) Vgl OGH 14. 11. 1996, 8 ObA 2302/96 d, DRdA 1997, 392 *(Resch);* dazu 2.1.3.1.1 c E 25.

Entscheidung 108: Automatische Nachweispflicht

Die generelle Festsetzung einer Vorlagepflicht bei sonstigem Verlust der Entgeltfortzahlung in einem Arbeitsvertrag, einer BV oder einem KollV ist eine im Vergleich zu den einseitig zwingenden Gesetzesbestimmungen ungünstigere Regelung und daher nichtig.

OGH 15. 6. 1988, 9 ObA 122/88, DRdA 1990, 453 *(Rebhahn)* = ZAS 1989, 204 *(Tomandl)*

Die **Entgeltfortzahlung ist** – außer im Lehrlingsrecht (vgl § 17a BAG) – dann **ausgeschlossen,** wenn der **AN** die Arbeitsverhinderung **vorsätzlich** oder durch **grobe Fahrlässigkeit** herbeigeführt hat (zum Problem des Anspruchs auf Ersatz des Lohnfortzahlungsschadens gegenüber einem Dritten vgl 9.4).

Vorsätzliche Selbstschädigung ist selten und daher praktisch kaum relevant. Bedeutsamer ist die Frage, ob im gegebenen Zusammenhang **grobe Fahrlässigkeit** vorliegt. Diese Frage ist eher zurückhaltend zu beurteilen. So wird etwa das Ausüben von Extremsportarten im Allgemeinen nicht fahrlässig sein, so lange dies lege artis erfolgt. Fährt jemand allerdings mit dem Snowboard in einen gesperrten Lawinenhang ein, sodass er von einem Schneebrett mitgerissen und verletzt wird, so hat er die nachfolgende Arbeitsverhinderung grob fahrlässig verschuldet. Auch das Mitfahren mit offensichtlich betrunkenen Personen im Pkw ist im Hinblick auf eine daraus resultierende Arbeitsverhinderung grob fahrlässig.

Davon abgesehen ist die Rechtslage für Angestellte und Arbeiter nach wie vor unterschiedlich, sodass die beiden Gruppen im Weiteren getrennt behandelt werden müssen (vgl 6.2.1.1 bzw 6.2.1.2). Die Ansprüche von Lehrlingen richten sich hingegen jedenfalls nach § 17a BAG.

6.2.1.1 Angestellte

a) Krankheit und Unfall ieS

Gem § 8 Abs 1 AngG behält ein Angestellter, der nach Antritt des Arbeitsverhältnisses durch Krankheit oder Unfall an der Arbeitsleistung verhindert ist, seinen Anspruch auf das Entgelt für die Dauer von **sechs Wochen in voller Höhe** und für weitere **vier Wochen in halber Höhe.**

Nach Erreichen gewisser **Dienstzeitgrenzen verlängert sich** der Anspruch auf **volle Entgeltfortzahlung,** und zwar auf

- acht Wochen nach einer Dienstzeit von fünf Jahren,
- zehn Wochen nach einer Dienstzeit von 15 Jahren,
- zwölf Wochen nach einer Dienstzeit von 25 Jahren.

Die skizzierte Leistung gebührt grundsätzlich in jedem **Anlassfall.** Nur dann, wenn **innerhalb eines halben Jahres** nach Ende einer einschlägigen Arbeitsverhinderung abermals eine solche eintritt, hat der Angestellte für die Zeit dieser Verhinderung, soweit die Gesamtdauer der Verhinderungen die in § 8 Abs 1 AngG bezeichneten Zeiträume übersteigt, Anspruch nur auf die Hälfte des ihm gem § 8 Abs 1 AngG gebührenden Entgelts (§ 8 Abs 2 AngG).

Entscheidung 109: Interpretation der Wiederverhinderungsregel

§ 8 Abs 2 AngG enthält eine Anordnung nur hinsichtlich der Höhe, nicht aber hinsichtlich der Dauer der Entgeltfortzahlung. Für die Festlegung des maximalen Fortzahlungszeitraums ist daher auf die in § 8 Abs 1 AngG festgelegten Zeiträume zurückzugreifen.

OGH 12. 7. 1951, 4 Ob 75/51, Arb 5289

Dieses nach der nicht sonderlich geglückten Konzeption des § 8 Abs 1 und 2 AngG entwickelte Verständnis der Regelungen wirkt sich so aus, dass der Gesamtanspruch auf Entgeltfortzahlung im Falle von innerhalb eines halben Jahres ab Ende der Erstverhinderung eintretenden Wiederverhinderungen stark von der Dauer der Erstverhinderung abhängt.

Beispiel: Ein Angestellter im dritten Dienstjahr ist zuerst eine Woche krank, fünf Wochen später erkrankt er schwer und ist 20 Wochen arbeitsunfähig.

1. Krankheit (§ 8 Abs 1 AngG):	1 Woche volle Entgeltfortzahlung.
2. Krankheit (§ 8 Abs 2 AngG):	5 Wochen voll, 4 Wochen halb (Restanspruch), 1 Woche halb (ermäßigter Anspruch).

Damit ist die Höchstdauer von 6 + 4 = 10 Wochen pro Verhinderung (§ 8 Abs 1 AngG) erreicht.

Variante: Die Ersterkrankung dauert neun Wochen.

1. Krankheit:	6 Wochen voll, 3 Wochen halb.
2. Krankheit:	1 Woche halb (Rest), 6 Wochen halb, 3 Wochen ein Viertel des Entgelts (ermäßigter Anspruch); Maximaldauer 10 Wochen.

Entscheidung 110: Dienstzeitgrenze

Der längere Entgeltanspruch nach § 8 AngG ist auch dann gegeben, wenn erst während der Dauer der Wiedererkrankung das Arbeitsverhältnis den hierfür maßgebenden Zeitraum übersteigt.

OGH 16. 2. 1982, 4 Ob 96/81, DRdA 1983, 275 *(Csebrenyak)* = ZAS 1982, 227 *(Andexlinger)*

In die **Berechnung des fortzuzahlenden Entgelts** sind sämtliche Arten von zuletzt regelmäßig bezogenen Entgelten mit Ausnahme von Vorteilen aus Mitarbeiterbeteiligungen (vgl § 2a AVRAG) einzurechnen. Das Angestelltenrecht verwendet das sog **Bezugsprinzip,** welches die Fortzahlung nach jenem Entgelt ausrichtet, welches der AN vor der Verhinderung „bezogen" hat. Bei schwankenden Entgelten, zB Provisionen, wird eine Sonderform des Bezugsprinzips, das **Durchschnittsprinzip,** herangezogen und der Durchschnitt der dem AN in den letzten zwölf Monaten vor der Verhinderung zugeflossenen Entgelte zu Grunde gelegt[14]).

b) Arbeitsunfall und Berufskrankheit

Arbeitsunfall und Berufskrankheit werden nach Angestelltenrecht im Hinblick auf die Entgeltfortzahlung wie Krankheit und Unfall behandelt, mit dem einzigen Unterschied, dass bei einer **Dienstzeit bis zu fünf Jahren** der **Vollanspruch um zwei Wochen erhöht** ist, sodass in diesem Fall acht Wochen volle und vier Wochen halbe Entgeltfortzahlung gebührt.

Bei höherer Dienstzeit sind die Ansprüche mit jenen bei Krankheit und Unfall völlig identisch.

6.2.1.2 Arbeiter

a) Krankheit und Unfall ieS

Gem § 2 Abs 1 und 4 EFZG behält ein nach Antritt des Dienstes durch **Krankheit** oder **Unfall** an der Arbeitsleistung verhinderter AN seinen Entgeltanspruch pro **Arbeitsjahr** bis zur Dauer von **sechs Wochen in voller** und **vier Wochen in halber Höhe.**

Analog dem Angestelltenrecht verlängert sich die Entgeltfortzahlung in vollem Ausmaß nach Erreichen gewisser **Dienstzeitgrenzen.** Der Anspruch gebührt allerdings nur einmal **pro Arbeitsjahr,** welches immer mit dem seinerzeitigen Eintrittstag zu laufen beginnt.

Beispiel: Eintritt am 1. 7. 1997
Das Arbeitsjahr dauert jeweils vom 1. 7. bis 30. 6.

Entscheidung 111: Neues Arbeitsjahr

Erkrankt ein AN in einem Arbeitsjahr, in dem kein Entgeltfortzahlungsanspruch mehr besteht, und reicht die Krankheit in das nächste Arbeitsjahr hinein, dann gebührt ab Beginn des neuen Arbeitsjahres wieder der volle Entgeltfortzahlungsanspruch.

OGH 28. 1. 1999, 8 ObA 163/98y, ZAS 1999, 167 *(Pernkopf)*[15])

---

[14]) Vgl zB OGH 26. 1. 1994, 9 ObA 365/93, DRdA 1994, 505 *(Andexlinger).*
[15]) Anders noch OGH 17. 4. 1997, 8 ObA 2132/96d, DRdA 1998, 42 *(Pfeil).*

Das Arbeitsjahrprinzip führt auch dazu, dass jeder AN je nach dem seinerzeitigen Eintrittsdatum seinen eigenen Entgeltfortzahlungszeitraum hat. Eine Vereinheitlichung, zB auf das Kalenderjahr, kann nach Maßgabe des § 2 Abs 8 EFZG durch KollV oder BV erfolgen (zum analogen Problem im Urlaubsrecht vgl 8.2.2).

Gem §§ 2 Abs 1, 3 Abs 1 EFZG ist die Bemessungsgrundlage für das fortzuzahlende Entgelt im Falle von nach Wochen, Monaten oder längeren Zeiträumen ermittelten Entgelten wie im AngG nach dem **Bezugsprinzip** zu bestimmen. Im Falle von Leistungslöhnen, insb Akkordlöhnen, ist nach dem **Durchschnittsprinzip** auf 13-Wochen-Basis vorzugehen (vgl § 3 Abs 3 EFZG; dazu allg 6.2.1.1 a). In allen anderen Fällen, also zB bei stunden- oder tageweiser Entlohnung, bemisst sich die Fortzahlung nach jenem Entgelt, das dem AN gebührt hätte, wenn keine Arbeitsverhinderung eingetreten wäre (vgl § 3 Abs 2 und 3 EFZG). Hier wird das **fiktive Ausfallsprinzip** verwendet. „Ausfallsprinzip" bedeutet, dass dem AN der durch die Arbeitsverhinderung eintretende Entgeltausfall ersetzt wird. Dieses Prinzip wird „fiktiv" verstanden, und zwar insofern, als der typische Ablauf des Entgelterwerbs aus der Perspektive im Zeitpunkt des Eintritts der Arbeitsverhinderung festgelegt wird und ein anderer tatsächlicher Ablauf die Bemessungsgrundlage nicht mehr verändert.

Beispiel: Es ist vorgesehen, dass in der Zeit der dann eingetretenen Arbeitsverhinderung Überstunden zu leisten sind. Diese fallen dann aber tatsächlich nicht an.
Dem verhinderten AN steht nach dem fiktiven Ausfallsprinzip auch die Einbeziehung des Überstundenentgelts zu.

Während man sich beim **Bezugsprinzip** an der **Vergangenheit** orientiert, wird beim **fiktiven Ausfallsprinzip** in die **Zukunft** geblickt und der wahrscheinlichste Verlauf der Dinge als Basis für die Entgeltfortzahlung zu Grunde gelegt.

b) Arbeitsunfall und Berufskrankheit

Wird der AN durch **Arbeitsunfall** oder **Berufskrankheit** an der Arbeitsleistung verhindert, so behält er gem § 2 Abs 5 EFZG ohne Rücksicht auf andere Arbeitsverhinderungen das Entgelt bis zur Dauer von **acht Wochen.**

Dieser Anspruch steigt ab einem Dienstalter von 15 Jahren auf zehn Wochen an.

Die Zahlung gebührt für jeden **Anlassfall** von neuem, es sei denn, es handelt sich um eine sog **Folgeverhinderung,** dh eine im ursächlichen Zusammenhang mit dem Arbeitsunfall bzw der Berufskrankheit stehende weitere Arbeitsverhinderung; liegt eine solche vor, so gebührt Entgeltfortzahlung nur bis zur Erschöpfung des Grundanspruchs.

6.2.1.3 Strukturunterschiede zwischen Angestellten- und Arbeiterregelungen

Im Gegensatz zur vor dem ARÄG 2000 bestehenden Rechtslage ist die **Anspruchsdauer für eine Erstverhinderung** im Beobachtungszeitraum **in**

§ 2 Abs 1 EFZG nunmehr **an das AngG** (§ 8 Abs 1 leg cit) **angeglichen.** Vor der genannten Novelle war im EFZG ein Grundzeitraum von nur vier Wochen vorgesehen.

Weiters **entfiel** die vormals im EFZG im Falle von Krankheit oder Unfall für das erstmalige Bestehen des Fortzahlungsanspruchs am Beginn des Arbeitsverhältnisses zu erfüllende **Wartefrist von 14 Tagen.** Maßgeblich ist wie im Angestelltenrecht der tatsächliche Dienstantritt.

Keinerlei Anpassung wurde jedoch hinsichtlich neuerlicher Arbeitsverhinderungen im Beobachtungszeitraum vorgenommen: Während im Angestelltenrecht ein durch die Wiederverhinderungsregel des § 8 Abs 2 AngG abgeschwächtes **Anlassfallprinzip** statuiert ist, bleibt es nach EFZG beim **Arbeitsjahrprinzip,** dh der einmaligen Gewährung der in § 2 Abs 1 EFZG vorgesehenen Ansprüche im Arbeitsjahr des jeweiligen AN.

Darüber hinaus bleiben Unterschiede bei der Ermittlung der Höhe des fortzuzahlenden Entgelts. Im Angestelltenbereich gilt generell das **Bezugsprinzip (Durchschnittsprinzip),** welches am in der Vergangenheit Verdienten ansetzt, im EFZG ist – allerdings nur bei Stunden- und Tageslöhnen – das **fiktive Ausfallsprinzip** heranzuziehen, wonach jenes Entgelt gebührt, das der AN bei Nichteintritt der Arbeitsverhinderung verdient hätte.

Aus der Praxis: Eine Entgelterhöhung im KollV würde für einen kranken AN theoretisch nur nach dem fiktiven Ausfallsprinzip, nicht aber nach dem Bezugsprinzip zur Geltung kommen. In der Praxis der Lohnverrechnung wird in beiden Fällen die Kollektivvertragserhöhung auch dem im Krankenstand befindlichen AN gewährt.

Im Gegensatz zum AngG sieht das **EFZG** eine **eigenständige,** auf dem Anlassfallprinzip basierende **Regelung für Arbeitsunfall und Berufskrankheit** vor.

Zu beachten ist schließlich, dass seit dem ARÄG 2000 der früher im Gegensatz zur Situation im Angestelltenrecht im EFZG vorgesehene **Erstattungsbetrag** für das vom AG fortbezahlte Entgelt, der auf Antrag beim zuständigen Krankenversicherungsträger vom dort eingerichteten Erstattungsfonds zu leisten war, **nicht mehr gebührt;** der Erstattungsfonds wurde aufgelöst.

Fall 38: Nierenkolik, Autounfall

Sachverhalt: *Ulla ist seit 1. 1. 1999 bei der V-GmbH beschäftigt. Im Februar 2015 erleidet sie eine Nierenkolik und muss zwölf Wochen lang der Arbeit fernbleiben. Einen Monat nach Wiederantritt des Dienstes gerät sie auf der Fahrt zur Arbeit in eine Massenkarambolage, wird schwer verletzt und kann erst nach 15 Wochen wieder arbeiten gehen. Welche Ansprüche hat U gegen den AG, wenn sie*

a) Angestellte
b) Arbeiterin
ist?

Lösung: U hat 16 Dienstjahre vollendet, daher stehen ihr bei der ersten Arbeitsverhinderung, einer (normalen) Krankheit, sowohl nach § 8 Abs 1 AngG als auch nach § 2 Abs 1 EFZG zehn Wochen volle und zwei Wochen halbe Entgeltfortzahlung zu. Hinsichtlich der zweiten Verhinderung – diese ist ein Arbeitsunfall (Wegunfall) – ist zwischen Angestellten- und Arbeiterrecht zu differenzieren:

a) Die zweite Arbeitsverhinderung tritt innerhalb eines halben Jahres nach Ende der ersten Verhinderung ein, daher ist § 8 Abs 2 AngG anzuwenden. Dass ein Arbeitsunfall vorliegt, ist bei einer Dienstzeit von über fünf Jahren nach Angestelltenrecht egal. Gem § 8 Abs 2 AngG gebührt daher zuerst der Rest nach § 8 Abs 1 AngG, also zwei Wochen das halbe Entgelt, dann der ermäßigte Anspruch nach § 8 Abs 2 AngG, also zehn Wochen die Hälfte und zwei Wochen ein Viertel des Entgelts. Insgesamt kann maximal der Bezugszeitraum nach § 8 Abs 1 AngG, das sind in diesem Fall 10 + 4 = 14 Wochen, ausgeschöpft werden. Während der letzten Woche der Arbeitsverhinderung gebührt daher keine Entgeltfortzahlung.

b) Gem § 2 Abs 5 EFZG ist der Arbeitsunfall gesondert zu betrachten. Es gebührt zehn Wochen lang die Fortzahlung des vollen Entgelts.

Fall 39: Drei Krankenstände[16])

Ein im zweiten Dienstjahr stehender AN erkrankt einmal für zwei Wochen, im Weiteren für elf Wochen und ein drittes Mal ebenfalls für elf Wochen. Dies innerhalb eines Beobachtungszeitraums von 26 Wochen, ohne dass in dieser Zeit ein neues Arbeitsjahr beginnt. Für welche Zeiträume hat der AG das Entgelt fortzuzahlen, wenn der AN

a) Angestellter

b) Arbeiter

ist?

6.2.1.4 Krankheit und Kündigung

Zu diesem Schlagwort werden zwei Konstellationen unterschieden: Zum einen geht es um die Kündigung des AG während einer Krankheit (vgl a), zum anderen steht die Krankheit in der Kündigungsfrist zur Diskussion (vgl b; zum Zusammentreffen von Krankheit und Urlaub vgl 8.2.7).

Genau genommen ist hier nicht nur die **Arbeitsverhinderung** wegen **Krankheit,** sondern auch jene wegen der **anderen** unter 6.2.1 angeführten **Phänomene** (Unfall, Arbeitsunfall, Berufskrankheit, Kuraufenthalt udgl) gemeint.

[16]) Nach *Löschnigg*, Arbeitsrechtsänderungsgesetz 2000 – Dienstverhinderungen/ Krankenstand und Freizeit während der Kündigungsfrist, in *Resch* (Hrsg), Aktuelle Neuerungen im Arbeits- und Sozialrecht (2001) 19.

Die unter a zu besprechenden Sonderregelungen beziehen sich zudem nicht nur auf die **Arbeitgeberkündigung,** sondern auch auf die dieser gleichzuhaltenden Fälle der **ungerechtfertigten Entlassung** und des **vom AG verschuldeten Austritts** (vgl allg 2.1.3.1.3 b, 2.1.3.2.3 a).

a) Arbeitgeberkündigung während einer Krankheit

An sich ist es möglich, dass ein AG während einer Krankheit oder einer gleichzuhaltenden Arbeitsverhinderung zur Kündigung des Arbeitsverhältnisses schreitet. Eine derartige Vorgangsweise ist aber nach Ansicht des Gesetzgebers **sozialpolitisch unerwünscht,** sodass er in § 9 AngG, § 5 EFZG eine besondere Regelung für diese Konstellation statuiert hat:

Wird der AN während einer Arbeitsverhinderung gem § 8 Abs 1 und 2 AngG, § 2 EFZG gekündigt oder ungerechtfertigt entlassen oder trifft den AG ein Verschulden am Austritt des AN, so **bleibt** der **Anspruch auf Fortzahlung des Entgelts** nach den genannten Bestimmungen **bestehen, wenngleich** das **Arbeitsverhältnis früher endet.**

Hier wird kraft G ein Entgelt- und damit ein Erfüllungsanspruch eingeräumt, obwohl das Arbeitsverhältnis bereits beendet ist.

Die **einvernehmliche Lösung** des Arbeitsverhältnisses **während einer Dienstverhinderung** führt grundsätzlich **nicht** zur **Verlängerung des Entgeltfortzahlungszeitraumes** über das Ende des Arbeitsverhältnisses hinaus, § 9 AngG und § 5 EFZG greifen nicht. Probleme treten im Zusammenhang mit **einvernehmlichen Lösungen** und **Wiedereinstellungszusagen für den Zeitpunkt der Gesundschreibung** auf. Es geht hier darum, die Finanzierung des Krankenstandes von vornherein auf die Krankenversicherung abzuwälzen (s auch E 112).

ME ist in dieser Konstellation eine **Ausnahme** zu machen und § 9 AngG bzw § 5 EFZG analog anzuwenden, zumal es sich auch hier um die klassische Flucht des AG aus seinen Verpflichtungen unter Ausnutzung der Arbeitsabhängigkeit des AN handelt. Die Analogievoraussetzungen (planwidrige Lücke im Gesetz) sind somit gegeben.

Entscheidung 112: Gesundschreibung

Die einvernehmliche Lösung (auch) im Krankenstand bedeutet grundsätzlich keinen Rechtsmissbrauch.

Die hier vereinbarte Wiedereinstellungszusage „nach Gesundschreibung durch den Chefarzt" zeigt aber, dass die Parteien keineswegs beabsichtigt haben, das Beschäftigungsverhältnis dauernd zu beenden. Der DG kann sich auch nicht auf eine „Karenzierung" berufen, da den DN infolge Krankheit eine Arbeitspflicht gar nicht getroffen hat. Die denkmöglichen Zwecke der Vereinbarung reduzieren sich daher auf eine bloße Abbedingung der Entgeltfortzahlungspflicht im Krankheitsfall, deren Zulässigkeit aber an § 6 EFZG scheitert. Die Vereinbarung ist daher nichtig und sozialversicherungsrechtlich unbeachtlich; es besteht weiter Versicherungspflicht bis zum genannten Zeitpunkt.

VwGH 14. 4. 2010, 2007/08/0327, infas 2010 S 30

Zivil- bzw arbeitsrechtlich scheitert die einvernehmliche Lösung mE nicht – anders als eine Karenzierung – an den Unabdingbarkeitsregeln des § 40 AngG, § 6 EFZG. Diese Regeln schützen nämlich den Entgeltfortzahlungsanspruch, aber nicht den Bestand des Arbeitsverhältnisses. Sie weisen nicht den nötigen materiellen Gehalt auf, um die Nichtigkeit der einvernehmlichen Lösung zu rechtfertigen. ME ist in diesem Sinne die einvernehmliche Lösung im Krankenstand mit Wiedereinstellungszusage ab dem Zeitpunkt der Gesundschreibung eine **sittenwidrige Überwälzung des Entgeltzahlungsrisikos auf die Krankenversicherung** und daher dieser gegenüber unwirksam. Zwischen AG und AN ist die Gestaltung im Allgemeinen gültig, dem AN steht aber immerhin nach hier vertretener Auffassung (s oben) Entgeltfortzahlung analog § 9 AngG, § 5 EFZG zu.

b) Arbeitsverhinderung in der Kündigungszeit

Für diese Konstellation sind keine Sonderregelungen vorgesehen, sodass die Kündigungszeit wie vorgesehen abläuft, auch wenn die Arbeitsverhinderung noch andauert. Ein **Entgeltfortzahlungsanspruch nach Ende des Arbeitsverhältnisses** kommt in diesem Fall **nicht** in Frage.

Fall 40: Maurer

Hermann, seit 1. 3. 2013 als Maurer beschäftigt, wird am 17. 8. 2015 bei der Heimfahrt von der Arbeit mit seinem Motorrad unverschuldet in einen Unfall verwickelt und erleidet einen komplizierten Beinbruch, der ihn drei Monate lang arbeitsunfähig macht. Drei Tage nach dem Unfall wird H vom AG unter Einhaltung der kollektivvertraglichen Frist von einer Woche gekündigt. Wie lange stehen H arbeitsrechtliche Ansprüche zu?

6.2.2 Sonstige wichtige Gründe[17])

Gem § 8 Abs 3 AngG behält der Angestellte den Anspruch auf Entgelt auch dann, wenn er durch **andere wichtige, seine Person betreffende Gründe ohne sein Verschulden** während einer **verhältnismäßig kurzen** Zeit an der Arbeitsleistung verhindert ist. Dieser zwingenden Bestimmung entspricht für jene AN, die nicht dem AngG unterliegen (insb Arbeiter), der § 1154b Abs 5 ABGB. Im **Gegensatz zum AngG** (§ 40 AngG) kann der Standard der letzteren Rechtsgrundlage für **sonstige AN** durch Regelung im **KollV** aus der Sicht des AN **verschlechtert** werden (§ 1154b Abs 6 ABGB; ausgenommen ist der Katastrophenfall).

Als **sonstige wichtige Gründe** angesehen werden

- **„familiäre Pflichten“** (Hochzeiten, Todesfälle udgl),

[17]) *Heinz-Ofner,* Andere wichtige Dienstverhinderungsgründe des Arbeitnehmers, DRdA 2008, 114; *Drs* in ZellKomm[2] § 8 AngG Rz 110ff, § 1154b ABGB Rz 5, 16ff; *Holzer* in *Marhold/G. Burgstaller/Preyer* (Hrsg), Kommentar zum Angestelltengesetz (2005ff) § 8 Rz 39ff; *Burger* in *Reissner* (Hrsg), Angestelltengesetz[2] (2015) § 8 Rz 74ff.

- **„öffentliche Pflichten rechtlicher oder moralischer Natur“** (zB Behördenladungen, Musterung, demokratische Pflichten, Hilfeleistung gegenüber Verletzten),
- „**Aufsuchen des Arztes** bzw Inanspruchnahme sonstiger Behandlungs-, Beratungs- und Dienstleistungseinrichtungen“,
- **„faktische, unmittelbar auf den AN einwirkende Umstände“** (zB Naturereignisse wie außergewöhnlich ergiebige Schneefälle, Verkehrsstörungen, Maßnahmen oder Vorgänge mit freiheitsentziehender Wirkung[18]).

Ein Grund ist nur dann wichtig, wenn nach Abwägung der Interessen des AN und des AG eine **entsprechend starke Interessenlage** des AN besteht, von der an sich geschuldeten Arbeitsleistung Abstand zu nehmen.

Im Falle des **Todes eines Verwandten** wird bei besonderer Nahebeziehung die entsprechende Interessenlage gegeben sein, bei einer Person jedoch, die der AN zu Lebzeiten nicht oder kaum gekannt und gesehen hat, ist der sonstige wichtige Grund unter Umständen zu verneinen.

„Öffentliche Pflichten“ sind etwa die **Zeugenpflicht** oder die **Teilnahme als Laienrichter bei Gerichtsverhandlungen.** Nicht hierher gehören das Ablegen der Führerscheinprüfung oder gar die Absolvierung der Jagdprüfung[19]). Derartige Angelegenheiten sind im Allgemeinen Privatsache.

Entscheidung 113: Telefonreparatur

Dem AN muss das berechtigte, unabweisliche Interesse zugebilligt werden, während der Behebung einer Telefonstörung in seiner Wohnung anwesend zu sein, sodass ein sonstiger wichtiger, seine Person betreffender Grund vorliegt.

OGH 27. 5. 1992, 9 ObA 70/92, DRdA 1993, 45 *(M. Ritzberger-Moser)*

Entscheidung 114: Flughafen

Ein sonstiger wichtiger Grund kann auch dann vorliegen, wenn eine AN ihre 14-jährige Tochter, die keine Flugerfahrung hat, zum Flughafen begleiten und dort beim Einchecken usw unterstützen muss, bis die Minderjährige an die Flugbegleiterin übergeben wird, welche sodann die Betreuung bis zur Ankunft des Lebensgefährten der Mutter am Zielflughafen übernimmt.

OGH 15. 2. 2001, 8 ObA 16/01 p, infas 2001 A 46

Beide **E** erscheinen **eigenartig.** Was die Telefonreparatur betrifft, so ist dies eine Dienstleistung im privaten Haushalt, die den AG nur dann zur Entgeltfortzahlung verpflichten kann, wenn sich der AN in einer echten Notlage befindet (zB Wasserrohr-

[18]) Eine Fallstudie dazu findet sich bei *Reissner,* Eine unfreiwillige Urlaubsverlängerung, DRdA 1995, 524.

[19]) So zutreffend OGH 12. 10. 1988, 9 ObA 227/88, infas 1989 A 117.

bruch, Überschwemmung). Auch die Begleitung der Jugendlichen zum Flughafen dürfte im Normalfall keine ausreichend starke Interessenlage der AN begründen, zumal sich das Ganze in Wien abspielte, wo die bereits 14-jährige Tochter Menschenansammlungen und Stresssituationen, wie sie auf einem Flughafen vorkommen, gewohnt sein müsste. Die Haltung des Höchstgerichts[20]) ist hier vielleicht dadurch zu rechtfertigen, dass sich aus den Wertungen im Recht der Pflegefreistellung (vgl 6.2.2.1) ersehen lässt, dass der Gesetzgeber der **Kinderbetreuung besondere Bedeutung** beimisst.

In verschiedenen Fällen der Entgeltfortzahlung aus sonstigem wichtigem Grund steht der Umstand, dass die Arbeitsverhinderung **unverschuldet** sein muss, im Mittelpunkt des Interesses.

So wird zB der wegen eines von ihm begangenen Verkehrsdelikts zur Polizei vorgeladene AN keine Entgeltfortzahlung verlangen können. Auch beim Zuspätkommen zur Arbeit wegen Verkehrsstaus oder wegen Festsitzens am Urlaubsort muss diese Komponente problematisiert werden:

Beispiel: Wer über die Südosttangente zur Arbeit fährt, muss einen Stau einkalkulieren, wer über eine südsteirische Landesstraße anreist, wohl nicht.
Wer am Semmering Urlaub macht, muss kaum damit rechnen, eingeschneit zu werden, wer in Lech am Arlberg Schi fährt, eher schon.

Fall 41: Todesfall

Sachverhalt: *Die Angestellte Waltraud und die Arbeiterin Yvonne sind im selben Betrieb beschäftigt und seit ihrer Jugendzeit eng miteinander befreundet. Als ihre Mutter stirbt, bleibt W vier Tage lang der Arbeit fern, da sie die meisten Wege im Zusammenhang mit dem Todesfall allein erledigen muss. Y, die die Verstorbene gut gekannt hat, erscheint am Nachmittag des Begräbnisses nicht zur Arbeit.*

Der KollV für Angestellte sieht für den Verhinderungsgrund „Todesfall in der Familie“ eine entgeltfähige Frist von zwei Tagen vor. In der taxativ gehaltenen Aufzählung des ArbeiterKollV ist eine Entgeltzahlung nur bei familiären Anlässen festgelegt.

Der AG orientiert sich hinsichtlich der Entgeltfortzahlung am Wortlaut der KollV. W und Y verlangen die volle Bezahlung ihrer Fehlzeiten. Wie ist die Rechtslage?

Lösung: Der Anspruch von W richtet sich nach § 8 Abs 3 AngG. Diese Bestimmung ist einseitig zwingend und kann daher durch KollV nur zu Gunsten des AN verbessert werden. Die Konkretisierung des Entgeltfortzahlungsanspruchs mit einem Ausmaß von zwei Tagen verstößt daher, da W einen längeren Zeitraum benötigt, im speziellen Fall gegen das G und ist nich-

[20]) AA noch im ersten Rechtsgang dieses Verfahrens OGH 9. 9. 1999, 8 ObA 116/99p, ASoK 2000, 181.

tig. W kann sich auf § 8 Abs 3 AngG berufen und Bezahlung für den Zeitraum von vier Tagen fordern.

Y unterliegt der gesetzlichen Regelung des § 1154b Abs 5 ABGB. Diese Bestimmung ist nach Abs 6 leg cit weitgehend kollektivvertragsdispositiv. Die Gestaltung durch den KollV ist daher gültig. Y hat keinen Anspruch auf Entgeltfortzahlung.

Im Bereich der sonstigen wichtigen Gründe ist zwischen dem **gerechtfertigten Fernbleiben** einerseits und der Frage der **Entgeltfortzahlung** andererseits **zu unterscheiden:** Die Entgeltfortzahlung gebührt nur für eine verhältnismäßig kurze Zeit, das Fernbleiben kann jedoch darüber hinaus gerechtfertigt sein, sodass der AN keineswegs einen Entlassungsgrund (§ 27 Z 4 AngG, § 82 lit f GewO 1859) setzt, allerdings während der Abwesenheit kein Entgelt bezieht (vgl auch 6.2.2.1).

6.2.2.1 Pflegefreistellung

Ein vom Gesetzgeber konkret geregelter wichtiger Grund ist die Pflegefreistellung. Das Sonderrecht lässt **günstigere** einschlägige **Regelungen** in G (insb § 8 Abs 3 AngG, aber auch § 1154b Abs 5 ABGB; vgl 6.2.2), KollV, BV oder Arbeitsverträgen **unberührt** (vgl § 18 UrlG).

Ist der AN nach Antritt des Arbeitsverhältnisses an der Arbeitsleistung

- wegen der **notwendigen Pflege** eines **im gemeinsamen Haushalt** lebenden **erkrankten nahen Angehörigen** (Z 1 leg cit),
- wegen der **notwendigen Betreuung seines Kindes** oder eines im gemeinsamen Haushalt lebenden leiblichen Kindes des anderen Ehegatten, eingetragenen Partners oder Lebensgefährten infolge **Ausfalls der** ständigen **Betreuungsperson** des Kindes aus bestimmten, im G genannten Gründen (Z 2 leg cit),
- wegen der **Begleitung eines** derartigen, **unter zehn Jahre alten erkrankten Kindes** bei einem **stationärem Aufenthalt in einer Heil- und Pflegeanstalt**

nachweislich verhindert, so besteht gem § 16 Abs 1 UrlG Anspruch auf Entgeltfortzahlung bis zum Höchstausmaß von **einer Arbeitswoche innerhalb eines Arbeitsjahres.** Als **nahe Angehörige** gelten Ehegatten, eingetragene Partner, Lebensgefährten, Verwandte in gerader Linie, im gemeinsamen Haushalt lebende Kinder des anderen Ehegatten, eingetragenen Partners oder Lebensgefährten sowie Wahl- und Pflegekinder.

Das bedeutet, dass zB eine Pflegefreistellung iSd § 16 Abs 1 Z 1 UrlG bei Erkrankung eines **nicht im gemeinsamen Haushalt** lebenden nahen Angehörigen oder bei Pflegebedürftigkeit eines Verwandten der **Seitenlinie** (Bruder, Schwester usw) nicht zusteht. In derartigen Fällen kommt aber ein Rückgriff auf § 8 Abs 3 AngG, § 1154b Abs 5 ABGB in Frage.

Neben der **Krankenpflegefreistellung** iSd Z 1 leg cit gibt es die **Betreuungsfreistellung** iSd Z 2, die es beispielsweise einem Elternteil ermöglicht, sein Kleinkind zu betreuen, wenn der an sich als Betreuungsperson fungierende andere Elternteil schwer erkrankt oder in eine Heil- oder Pflegeanstalt muss.

Beispiel: Der Vater eines zweijährigen Kindes nimmt Betreuungsfreistellung in Anspruch, weil seine das Kind an sich betreuende Frau ein weiteres Kind erwartet und in die Geburtsklinik muss.

Dazu tritt die **Begleitungsfreistellung** iSd Z 3 leg cit, welche die Krankenpflegefreistellung bei Krankenhausaufenthalt eines unter 10 Jahre alten Kindes ergänzt.

Darüber hinaus besteht gem § 16 Abs 2 UrlG Anspruch auf Arbeitsfreistellung bis zum Höchstausmaß einer **weiteren Arbeitswoche im Arbeitsjahr,** wenn der Grundanspruch verbraucht ist und eine neuerliche **Krankenpflegefreistellung** in Bezug auf ein im gemeinsamen Haushalt lebendes, **unter zwölf Jahre altes Kind** (einschließlich leibliches Kind des Partners) notwendig ist. Diese Regelung kommt nur dann zur Anwendung, wenn nicht Freistellung nach einer anderen zwingenden Bestimmung gebührt (vgl insb § 8 Abs 3 AngG, aber auch § 1154b Abs 5 ABGB).

Nach dem Wortlaut der Bestimmung muss eine **„neuerliche"** Arbeitsverhinderung vorliegen, sodass zB im Falle einer langdauernden Krankheit nicht einfach eine zweite bezahlte Arbeitswoche angehängt werden kann. In der Praxis wird allerdings – aus verständlichen Gründen – häufig so vorgegangen.

Sind die **Entgeltfortzahlungsansprüche für Pflegefreistellung erschöpft,** so kann der AN – entgegen allgemeinen Grundsätzen (vgl 8.2.5) – **einseitig** auf **Urlaub** gehen (§ 16 Abs 3 UrlG).

Es wird in dieser Phase also die Möglichkeit eröffnet, zwischen unbezahlter und bezahlter Arbeitsfreistellung zu wählen. Diese Lösung ist pragmatisch, wenngleich aus dogmatischer Sicht festgehalten werden kann, dass der Urlaub an sich der Erholung (vgl 8.2.1) und nicht zB der Pflege kranker Angehöriger gewidmet ist.

Die Ansprüche auf Pflegefreistellung nach § 16 Abs 1 Z 1 und Abs 2 sowie auf „Pflegeurlaub" nach § 16 Abs 3 UrlG stehen im Fall der **notwendigen Pflege seines erkrankten Kindes** auch jenem AN zu, der **nicht** mit diesem **im gemeinsamen Haushalt** lebt (§ 16 Abs 4 UrlG).

Fall 42: Kleinkind

Der Kl lebt mit seiner Ehefrau und der am 25. 8. 2012 geborenen Tochter in einem gemeinsamen Haushalt in Graz. Am 6. 12. 2013 erkrankt seine Ehefrau an eitriger Angina mit Fieber, sodass sie nicht in der Lage ist, das Kleinkind zu versorgen. Sie ist bettlägerig, benötigt fremde Hilfe und muss mit Speisen, Getränken und Medikamenten versorgt werden. Das Kleinkind soll von ihr fern gehalten werden, weil die Gefahr einer Ansteckung besteht. Die Erkrankung der Frau heilt in etwa acht bis zehn Tagen, das Fieber kann zwei bis drei Tage, aber auch länger anhalten.

Die Ehefrau des Kl ist von ihrer Großmutter aufgezogen worden. Ihre Mutter ist erst etwa zwei Jahre vorher von Vorarlberg in eine rund 4 km entfernte Wohnung gezogen und wäre bereit, sich während der Erkrankung der Tochter um sie und das Enkelkind zu kümmern. Da aber zu der Schwiegermut-

ter des Kl kein enger Kontakt besteht, man sich nur etwa zwei Mal im Monat sieht, das Kleinkind weint, wenn es von den Eltern entfernt wird, sich von der Großmutter nicht hochheben lässt und deren Erziehungsstil dem Kl zu streng vorkommt, bittet er nicht seine Schwiegermutter um Hilfe, sondern will die Betreuung seiner kranken Frau und des Kleinkindes selbst übernehmen. Er begibt sich am 6. 12. 2013 mit seinem Kind in den Betrieb der Bekl und vereinbart, vorerst Urlaub zu nehmen, bis sein AG entscheidet, ob eine Pflegefreistellung anerkannt wird.

Die Ehefrau des Kl bedarf vom 6. 12. 2013 bis zum 10. 12. 2013 der Bettruhe. Die Bekl verweigert die Pflegefreistellung, weil die Betreuung durch die Schwiegermutter des Kl gereicht hätte. Sie belässt es bei Abwesenheit wegen Urlaubs.

Der Kl begehrt die Feststellung, dass der vorläufig als Urlaub in Anspruch genommene Zeitraum vom 6. 12. bis 10. 12. 2013 als Pflegefreistellung zu gelten habe. Wie ist die Rechtslage?

(Nach OGH 30. 10. 1996, 9 ObA 2202/96f, ecolex 1997, 447)

Im Allgemeinen können es sich zwei oder mehrere in Arbeitsverhältnissen stehende, für die Pflegefreistellung in Frage kommende Personen, zB Elternteile, aussuchen, wer von ihnen den Anspruch geltend macht. Es ist auch möglich, dass zuerst der eine und danach der andere AN die (bezahlte) Pflegefreistellung ausschöpft.

6.3 Neutrale Sphäre

Ist das die Arbeitsverhinderung auslösende Ereignis so umfassend, dass es **neben dem Betrieb** (oder sonstigem Arbeitsort) bzw **neben dem AN in vergleichbarer Weise** auch **die Allgemeinheit trifft,** so gebührt keine Entgeltfortzahlung.

Es handelt sich hier um Ausnahmezustände, die sich der üblichen zivil- bzw arbeitsrechtlichen Beurteilung und Risikoverteilung entziehen. Die Rechtsfolge bestimmt sich gegebenenfalls aus **§ 1447 ABGB,** wonach ein „anderer Zufall" die gegenseitigen Verbindlichkeiten aufhebt.

Dass es eine neutrale Sphäre gibt, folgt deutlich aus § 1155 ABGB, der nicht nur die Leistungsbereitschaft des AN, sondern auch den Umstand auf Seiten des AG für die Entgeltfortzahlung voraussetzt. Es muss daher auch Situationen geben, in denen zwar Leistungsbereitschaft, aber keine Umstände auf Seiten des AG gegeben sind.

Die oben wiedergegebene Formel zieht es nach sich, dass die **neutrale Sphäre sehr eng** zu umschreiben ist:

Entscheidung 115: Thörler Walzwerk

Sachverhalt: Infolge außergewöhnlich ergiebiger Schneefälle und behördlich angeordneter Straßensperren kann der in Kapfenberg wohnhafte Kl am 10. und 11. 2. 1986 seinen Arbeitsplatz im Walzwerk der Bekl in Thörl nicht erreichen. Nur die in der Nähe des Walzwerkes wohnenden

Arbeiter erscheinen zur Arbeit und werden von der Bekl zum Schneeräumen eingesetzt. Der Betrieb muss stillgelegt werden, weil der erforderliche Belegschaftsstand nicht erreicht wird. Der Kl begehrt Entgeltfortzahlung für die beiden versäumten Arbeitstage.

Leitsätze: Andere wichtige, die Person des AN betreffende Gründe iSd § 1154b ABGB sind nicht nur solche, die in der Person des AN entstanden sind, sondern auch Gründe, die seine Person „betreffen".

Verkehrsstörungen, die den AN ohne sein Verschulden daran hindern, den Arbeitsplatz zu erreichen, sind als Hinderungsgründe iSd § 1154b ABGB anzusehen, selbst wenn es sich dabei um eine Massenerscheinung handelt, die auch zahlreiche andere AN betrifft. Dass der AN aber nicht für jegliche Verspätung auf dem Arbeitsweg Entgeltfortzahlung verlangen kann, ergibt sich schon daraus, dass er ohne sein Verschulden an der Arbeitsleistung gehindert worden sein muss.

Zu prüfen ist aber auch, ob das Elementarereignis, das den AN hindert, seinen Arbeitsort zu erreichen, nicht mehr der Sphäre des AG oder jener des AN, sondern als Ereignis höherer Gewalt der neutralen Sphäre zuzuordnen ist. Dies hätte zur Folge, dass weder nach § 1154b noch nach § 1155 ABGB ein Anspruch bestünde. Eine Zuordnung zu dieser Sphäre ist aber zu verneinen, weil der Betrieb selbst durch das Elementarereignis nicht unmittelbar betroffen ist.

OGH 16. 12. 1987, 9 ObA 202/87, ZAS 1988, 167 *(Schnorr)* = JBl 1988, 802 *(Holzer)*

Es zeigt sich, dass auch Naturereignisse wie Schneefälle im Regelfall entweder der Arbeitgeber- oder – wie hier – der Arbeitnehmersphäre zuzuordnen sind. Es gibt aber auch besonders umfassende Naturereignisse, die in die neutrale Sphäre fallen:

Beispiel: Durch ein Hochwasser wird ein ganzer Landstrich, in dem sich sowohl der Betrieb des AG als auch das private Wohnhaus des AN befinden, unter Wasser gesetzt. Dieses Szenario wird sich in der neutralen Sphäre abspielen, zumal neben dem AG und dem AN in vergleichbarer Weise die Allgemeinheit betroffen erscheint.
Anders wäre die Situation dann, wenn der AG den Betrieb etwa wegen günstiger Grundstückspreise in Flussnähe errichtet und dann Opfer einer lokal begrenzten Überschwemmung wird. Das ist ein Fall des § 1155 ABGB.

Kontrollfragen zu Kapitel 6.

1. Welche sog Sphären sind hinsichtlich der Beurteilung eines Entgeltfortzahlungsanspruchs von Bedeutung? Wie werden die Arbeitgeber- und die Arbeitnehmersphäre voneinander abgegrenzt?

2. Welche Fälle unterliegen dem § 1155 ABGB? Kann diese Bestimmung abgedungen werden? Was bedeutet die Anrechnungsregel? Wo gibt es noch eine derartige Anrechnungsbestimmung, wie unterscheidet sich jene von der des § 1155 ABGB?
3. Welche Entgeltfortzahlungstatbestände gibt es in der Arbeitnehmersphäre? Welche Fälle betrifft das EFZG?
4. Welche Strukturunterschiede bestehen bei der Entgeltfortzahlung im Falle der Krankheit und gleichgestellter Phänomene zwischen Arbeitern und Angestellten?
5. Was bedeutet Anlassfall- bzw Arbeitsjahrprinzip? Was bedeutet Bezugs- bzw fiktives Ausfallsprinzip?
6. Darf der AG während einer Krankheit des AN kündigen?
7. Was sind sonstige wichtige Gründe in der Person des AN? Welcher Strukturunterschied besteht diesbezüglich zwischen der Angestellten- und der Arbeiterregelung?
8. Was ist die Konsequenz, wenn der AN über den verhältnismäßig kurzen Zeitraum hinaus wegen eines wichtigen Grundes von der Arbeit fernbleibt? Ist das ein Entlassungsgrund?
9. Was sind die Tatbestandsvoraussetzungen der Pflegefreistellung? Was ist eine Betreuungsfreistellung?
10. Wie ist die neutrale Sphäre im Arbeitsverhinderungsrecht einzugrenzen? Was ist die Folge, wenn ein Verhinderungsfall in die neutrale Sphäre fällt?

7. Treuepflichten[1])

Mit diesem Begriff werden jene Pflichten umschrieben, die dem AN neben seiner Hauptpflicht, der Arbeitspflicht, obliegen. Es handelt sich im Wesentlichen um sog **Interessenwahrungspflichten.**

Den Treuepflichten des AN wird oft die Fürsorgepflicht des AG gegenübergestellt (vgl 8.). Diese Pflichtenkreise stehen aber keineswegs in einem synallagmatischen Verhältnis zueinander.

Ein Verstoß gegen Treuepflichten wird **häufig** durch **entlassungsrechtliche Vorschriften** sanktioniert (im Detail vgl 7.1 – 7.6).

Die Entwicklung der einzelnen Treuepflichten aus den Tatbeständen des Entlassungsrechts ist deswegen notwendig, weil andere ausdrückliche Gesetzesbestimmungen fehlen. Die Formulierung etwa des § 76 GewO 1859, wonach der AN zu „Treue, Folgsamkeit und Achtung" verpflichtet sein soll, ist vom Geist des 19. Jahrhunderts geprägt und wird zu Recht nicht sonderlich ernst genommen.

Im Einzelnen können folgende Treuepflichten unterschieden werden:

- Beistandspflicht (vgl 7.1)
- Anzeigepflicht (vgl 7.2)
- Verschwiegenheitspflicht (vgl 7.3)
- Geschenkannahmeverbot (vgl 7.4)
- Verbot abträglichen Privatlebens (vgl 7.5)
- Verbot anderweitiger Betätigung (vgl 7.6)

Die Treuepflichten sind **zumeist Unterlassungspflichten,** nur Beistandspflicht und Anzeigepflicht stellen Handlungspflichten dar.

Treuepflichten **beginnen** mit der **rechtlichen Begründung des Arbeitsverhältnisses,** nicht erst mit der faktischen Arbeitsaufnahme (vgl auch 3.2.1.2, 3.2.2.2). Sie **enden** im Allgemeinen im Zeitpunkt der **rechtlichen Beendigung** des Arbeitsverhältnisses; ein früheres faktisches Ende des Arbeitsverhältnisses (zB Dienstfreistellung während der Kündigungsfrist) ist in aller Regel irrelevant.

Sog **nachwirkende Treuepflichten** des AN werden nur dort anerkannt, wo es **konkrete** diesbezügliche **Anhaltspunkte im G** gibt (vgl insb zum Geheimnisschutz § 11 Abs 2 UWG; dazu 7.3) oder solche auf vertraglicher Ebene, insb durch Konkurrenzklauseln, konstituiert werden (vgl 7.6.2). Davon abgesehen ist der AN nach Beendigung des Arbeitsverhältnisses in seiner Erwerbs- und Berufsfreiheit nicht beschränkt.

---

[1]) *Löschnigg,* Arbeitsrecht[12] 301 ff; *Spielbüchler,* Arbeitsrecht I[4] 189 ff; *Marhold/Friedrich,* Arbeitsrecht[2] 115 ff; *Windisch-Graetz,* Arbeitsrecht II[8] 118 ff.

7.1 Beistandspflicht

Die Beistandspflicht des AN realisiert sich in **betrieblichen Not- und Zwangslagen.** Der AN ist dann verpflichtet, **über das vertraglich Geschuldete hinaus Arbeitsleistungen** zu erbringen. Diese Arbeitsleistungen können zB ihrer **Art** nach, ihrem **Umfang** nach oder vom **Arbeitsort** her vom Arbeitsvertrag abweichen (vgl auch 4.1).

Gem § 20 AZG sind die **zentralen Vorschriften des Arbeitszeitschutzes** (vgl allg 4.4) auf vorübergehende und unaufschiebbare Arbeiten **nicht anzuwenden,** die zur Abwendung einer unmittelbaren Gefahr für Leben oder Gesundheit von Menschen oder bei Notstand sofort vorgenommen werden müssen oder zur Behebung einer Betriebsstörung bzw zur Verhütung eines unverhältnismäßigen wirtschaftlichen Schadens erforderlich sind, wenn unvorhergesehene und nicht zu verhindernde Gründe vorliegen und andere zumutbare Maßnahmen nicht möglich sind.

Beispiel: Ein Angestellter muss beim Löschen helfen und damit einfache Arbeitertätigkeiten verrichten, wenn die Betriebshalle in Brand steht. Dabei kann er auch zur Überstundenleistung verpflichtet sein, die öffentlichrechtlichen Schranken des Arbeitszeitrechts sind dabei nach § 20 AZG unter den dort genannten Voraussetzungen ausgesetzt (vgl 4.4.5).
Ein AN mit Arbeitsort Innsbruck muss für den AG nach Wien fahren, wenn dies zB wegen Ausfalls der dafür zuständigen Kollegen notwendig ist, um großen wirtschaftlichen Schaden vom Unternehmen abzuwenden.

Im Detail muss das Ausmaß der Beistandspflicht nach **Abwägung der beiderseitigen Interessen** ermittelt werden.

Das bedeutet zB, dass der AN im Falle einer Notlage im Betrieb zwar zur Leistung von Überstunden verpflichtet ist, allerdings nur so weit, als die Mehrleistung nicht zu einer Gefährdung seiner Gesundheit führt.

Im Falle einer Missachtung der Beistandspflicht kann bei entsprechender Erheblichkeit der Entlassungstatbestand der **Arbeitspflichtverletzung** (§ 27 Z 4 AngG, § 82 lit f GewO 1859; vgl 2.1.3.1.1 c) gegeben sein.

7.2 Anzeigepflicht

Auf Grund der Anzeigepflicht ist der AN gehalten, dem AG drohende **Gefahren oder Schäden** sowie **Missstände** im Arbeitsbereich **anzuzeigen.** Der genaue Inhalt der Anzeigepflicht eines konkreten AN ist nach den Umständen des Einzelfalles festzulegen.

Zu berücksichtigen ist dabei zB die Stellung des AN in der Hierarchie des Unternehmens oder die aus objektiver Perspektive zu ermittelnde Schwere des Verdachts auf Unregelmäßigkeiten. Anzeigepflichten dürfen nicht überzogen werden; es darf auf diesem Weg zB zu keiner Pflicht des AN zur Bespitzelung von Arbeitskollegen kommen.

Die Verletzung der Anzeigepflicht kann **vertrauensunwürdig** machen (§ 27 Z 1 Fall 3 AngG) oder eine **Arbeitspflichtverletzung** darstellen (§ 82 lit f GewO 1859) und damit eine Entlassung rechtfertigen (vgl 2.1.3.1.1 a und c).

Entscheidung 116: Briefmarkendieb

Gesteht der Katalogfotograf des Dorotheums einer Arbeitskollegin, mit der er ein Verhältnis hat, schriftlich gegenüber dem AG begangene Briefmarkendiebstähle, so ist die Angestellte auch dann, wenn das Geständnis später widerrufen wird, verpflichtet, ihren Verdacht unverzüglich dem AG mitzuteilen. Die Vertrauensunwürdigkeit der AN entfällt im Falle der Nichtmeldung auch nicht dadurch, dass sie ein persönliches Naheverhältnis zum Katalogfotografen hat.

OGH 25. 9. 1984, 4 Ob 83/83, ZAS 1986, 49 *(Grillberger)*

Für gewisse AN (zB Kontrollore, Kaufhausdetektive) ergeben sich Anzeigepflichten weniger aus dem Bereich der Treuepflichten als vielmehr aus der Arbeitspflicht selbst.

7.3 Verschwiegenheitspflicht[2])

Gem § 82 lit e Fall 1 GewO 1859 kann ein AN entlassen werden, wenn er ein Geschäfts- oder Betriebsgeheimnis verrät. Im Bereich des AngG wird dieselbe Verhaltensanforderung auf § 27 Z 1 leg cit (Untreue, Vertrauensunwürdigkeit; vgl allg 2.1.3.1.1 a) gestützt.

Die Formulierung **„Verrat"** ist zu drastisch, weil **auch** ein **fahrlässiges Ausplaudern** von Unternehmensgeheimnissen den Tatbestand zu erfüllen vermag.

Betriebs- und Geschäftsgeheimnisse sind unternehmensbezogene Tatsachen technischer oder kommerzieller Art, die bloß einer bestimmten und begrenzten Zahl von Personen bekannt und anderen nicht oder nur schwer zugänglich sind, die nach dem Willen des Berechtigten nicht über den Kreis der Eingeweihten hinausdringen sollen und an deren Nichtoffenbarung der Unternehmer ein wirtschaftliches Interesse hat. **Geschäftsgeheimnisse** sind eher kaufmännischer oder wirtschaftlicher Natur, **Betriebsgeheimnisse** sind vorrangig technischer Art.

Einschlägige Entlassungszustimmungsgründe finden sich auch in § 122 Abs 1 Z 3 ArbVG, § 12 Abs 2 Z 3 MSchG, § 15 Z 4 APSG und § 15 Abs 3 lit d BAG.

Im Falle von **Anzeigen gegen den AG** an Behörden kollidieren Treuepflichten mit öffentlichen Interessen, denen der AN als Bürger entsprechen möchte. Im Allgemeinen gehen die öffentlichen Interessen vor.

Entscheidung 117: Vermeintliche strafbare Handlung

An der Geheimhaltung unlauterer Geschäftspraktiken oder gesetzwidrigen Verhaltens des AG kann kein objektiv berechtigtes Interesse be-

---

[2]) *Marhold,* Geheimnisschutz und Verschwiegenheitspflichten im Arbeitsrecht, in *Ruppe* (Hrsg), Geheimnisschutz im Wirtschaftsleben (1980) 93; *Reissner,* Die arbeitsrechtliche Konkurrenzklausel (1996) 60 ff.

stehen. Bei der Aufdeckung strafrechtlich relevanter Umstände ist ein AN im Interesse der Allgemeinheit nicht zur Verschwiegenheit verpflichtet.

Der AN hat bei der Weitergabe von Informationen in einer für den AG möglichst schonenden Form vorzugehen. Er ist auch zur Erstattung einer Strafanzeige berechtigt. Die Information des Geschäftspartners ist als ein schonenderes und gelinderes Mittel als die Strafanzeige anzusehen. Eine vorhergehende Rücksprache mit dem AG kann insb dann vom AN nicht verlangt werden, wenn vom AG auf Grund seines bisherigen Verhaltens das Abstellen der unkorrekten Vorgangsweise nicht erwartet werden kann.

Zur Beurteilung der Vertrauensunwürdigkeit ist es unerheblich, ob das Strafverfahren in der Folge eingestellt wird. Maßgeblich ist bloß, ob die Handlungsweise leichtfertig erfolgte. Nur haltlose und subjektiv unbegründete Anschuldigungen bilden den Entlassungsgrund der Vertrauensunwürdigkeit. Entscheidend ist die subjektive Vorstellung des AN bei Erstattung der Anzeige.

OGH 14. 6. 2000, 9 ObA 118/00v, DRdA 2001, 266 *(Kallab)*

Die Geheimhaltungspflichten von AN gehen über das Arbeitsrecht hinaus und sind auch im **StGB** und im **UWG** verankert:

- Das **Strafrecht** befasst sich naturgemäß mit besonders schwerwiegenden Verhaltensweisen, die auch von AN gesetzt werden können, nämlich mit sog **Betriebsspionage** (§§ 123 f StGB) und mit der **Offenlegung bzw Verwertung** offiziell **anvertrauter Unternehmensgeheimnisse** (§ 122 StGB). Der Verstoß gegen die Straftatbestände macht jedermann dem Verletzten gegenüber ex delicto – also unabhängig von der Verletzung vertraglicher oder sonstiger gesetzlicher Geheimhaltungspflichten – **unterlassungs**- bzw **schadenersatzpflichtig.**

Gem § 123 StGB zu bestrafen ist jede Person, die „ein Geschäfts- oder Betriebsgeheimnis mit dem Vorsatz auskundschaftet, es zu verwerten, einem anderen zur Verwertung zu überlassen oder der Öffentlichkeit preiszugeben". § 124 Abs 1 StGB statuiert einen Spezialfall dazu, nämlich die Auskundschaftung mit dem Vorsatz, dass das Geheimnis „im Ausland verwertet, verwendet oder sonst ausgewertet werde".

§ 122 Abs 1 StGB erfasst jeden, dem bei seiner Tätigkeit in Durchführung einer durch G oder behördlichen Auftrag vorgeschriebenen Aufsicht, Überprüfung oder Erhebung Unternehmensgeheimnisse anvertraut oder zugänglich geworden sind, und der diese offenbart oder verwertet. Gemeint sind nur solche Unternehmensgeheimnisse, die der Täter kraft G zu wahren verpflichtet ist und deren Offenbarung bzw Verwertung geeignet ist, ein berechtigtes Interesse des von der Aufsicht, Überprüfung oder Erhebung Betroffenen zu verletzen (§ 122 Abs 3 StGB).

- Das **Recht zur Verhinderung des unlauteren Wettbewerbs** beschäftigt sich ausdrücklich mit der Verletzung von Unternehmensgeheimnissen durch AN (sog **Bedienstetenverrat**). Die zentrale Bestimmung stellt § 11 UWG dar, daneben ist auch § 1 UWG zu beachten. § 11 UWG ist

– im Gegensatz zu § 1 UWG – zwar primär als Straftatbestand konzipiert, wird jedoch durch § 13 UWG ausdrücklich zu einem **zivilrechtlichen Unterlassungs- und Haftungstatbestand** erweitert.

Gem § 11 Abs 1 UWG steht unter den Sanktionen des G, wer „als Bediensteter eines Unternehmens Geschäfts- oder Betriebsgeheimnisse, die ihm vermöge des Dienstverhältnisses anvertraut oder sonst zugänglich geworden sind, während der Dauer des Dienstverhältnisses unbefugt an andere zu Zwecken des Wettbewerbs mitteilt".

Die in **§ 11 Abs 1 UWG** enthaltene **Einschränkung auf die rechtliche Dauer des Arbeitsverhältnisses** wurde vom Gesetzgeber bewusst gesetzt, nach Beendigung soll die Erwerbsfreiheit des AN weitgehend wiederhergestellt sein.

Einen Verstoß gegen § 11 Abs 2 UWG begeht derjenige, der Unternehmensgeheimnisse, deren Kenntnis er durch eine der in § 11 Abs 1 UWG bezeichneten Mitteilungen oder durch eine gegen das G oder die guten Sitten verstoßende eigene Handlung erlangt hat, zu Zwecken des Wettbewerbs unbefugt verwertet oder an andere mitteilt.

Arbeitsrechtlich interessant ist vor allem **§ 11 Abs 2 Fall 2 UWG.** Diese Bestimmung bezieht sich hauptsächlich auf die Fälle sog Betriebsspionage durch Betriebsfremde, meint daneben aber auch **Wettbewerbshandlungen ausgeschiedener AN.** Insofern statuiert die Bestimmung eine **nachwirkende Treuepflicht** (vgl 7.).

Vorausgesetzt ist einerseits die **gesetz- oder sittenwidrige Erlangung** des Unternehmensgeheimnisses, andererseits die **unbefugte Verwertung oder Mitteilung zu Zwecken des Wettbewerbs.**

Die aus den diversen gesetzlichen Grundlagen abgeleiteten Pflichten des AN können **durch Vertrag erweitert** werden. Derartige Gestaltungen weisen große Nähe zum Konkurrenzklauselrecht auf (vgl 7.6.2.2).

7.4 Geschenkannahmeverbot

Gem § 27 Z 1 Fall 2 AngG ist der AG zur Entlassung berechtigt, wenn sich der Angestellte in seiner Tätigkeit ohne Wissen oder Willen des AG von dritten Personen unberechtigte Vorteile zuwenden lässt, insb entgegen der Bestimmung des § 13 AngG eine Provision oder sonstige Belohnung annimmt.

Dieser Entlassungstatbestand ist als Unterfall der Untreue (vgl 2.1.3.1.1 a) konzipiert. Für Arbeiter gibt es keinen entsprechenden Ansatzpunkt der GewO 1859, allenfalls kann auf § 82 lit d GewO 1859 (strafbare Handlung, die vertrauensunwürdig macht) zurückgegriffen werden.

Gem § 13 Abs 1 AngG darf ein mit dem Abschluss und der Vermittlung von Geschäften betrauter Angestellter ohne Einwilligung des AG vom Dritten, mit dem er kooperiert, eine Provision oder sonstige Belohnung nicht annehmen. Bei Zuwiderhandeln kann der AG gem § 13 Abs 2 und 3 AngG unbeschadet allfälliger Schadenersatzansprüche vom AN die Herausgabe der unrechtmäßig empfangenen Provision oder Belohnung verlangen.

Das Geschenkannahmeverbot erfasst nicht nur die eigentliche **Bestechung,** sondern jede **Annahme von Vorteilen erheblicher Art,** ohne dass es darauf ankommt, dass der AN dem Zuwendenden wirklich eine unberechtigte Bevorzugung eingeräumt hat. Orts- oder jahreszeitlich übliche kleine Aufmerksamkeiten fallen nicht unter das Geschenkannahmeverbot.

> **Aus der Praxis:** Bekommt ein AN im Zusammenhang mit seiner Tätigkeit von einem Kunden eine Auslandsreise oder einen Winterurlaub geschenkt, so muss er diesen Umstand dem AG gegenüber offenlegen. Es kann dann darüber entschieden werden, was mit dem Geschenk zu geschehen hat. Kommt der AN dieser Offenlegungspflicht nicht nach, so riskiert er die gerechtfertigte Entlassung.

Ein einschlägiger Entlassungsgrund findet sich auch in § 26 Z 1 GAngG. Entsprechende Entlassungszustimmungsgründe enthalten § 122 Abs 1 Z 3 ArbVG, § 12 Abs 2 Z 2 MSchG und § 15 Z 3 APSG.

Geschenkannahmeverbote ergeben sich auch aus dem **Strafrecht** und aus dem **UWG:**

- Erleidet der AG durch das vorsätzliche Verhalten des AN einen Vermögensnachteil, kann Strafbarkeit nach § 153 StGB **(Untreue)** vorliegen (vgl auch § 305 StGB).
- Im Bereich des **UWG** ist **§ 10 leg cit** zu beachten. Fordert ein Bediensteter oder Beauftragter eines Unternehmens Geschenke oder andere Vorteile, nimmt er solche an oder lässt er sich diese versprechen, um durch unlauteres Verhalten beim Bezug von Waren oder Leistungen einem anderen im Wettbewerb eine Bevorzugung zu verschaffen, so verstößt dies gegen § 10 Abs 2 UWG.

  Der aktive Teil ist gem § 10 Abs 1 UWG strafbar.

Als Normadressat des § 10 Abs 2 UWG kommt **auch** der **AN** in Betracht. Sanktionen nach dem UWG liegen einerseits im Bereich des Strafrechts, andererseits sind als zivilrechtliche Folgen Schadenersatz und die Verpflichtung zur Unterlassung vorgesehen.

Eigenartig ist, dass der von der Bestechung betroffene **AG selbst** gegen den AN **nicht vorgehen** kann. Aktiv legitimiert ist nämlich nur ein Konkurrent iSd UWG (vgl § 10 Abs 4 UWG).

7.5 Verbot abträglichen Privatlebens

Mit dem Verbot abträglichen Privatlebens sind Pflichten des AN, seine **privaten Angelegenheiten im Interesse des AG** in einer bestimmten Art und Weise **zu gestalten,** gemeint.

Es geht einerseits um das außerdienstliche Verhalten, andererseits um das private Erscheinungsbild insb am Arbeitsplatz.

Arbeitsrechtliche Pflichten im Hinblick auf private Angelegenheiten sind brisant, zumal es hier regelmäßig um die Beschränkung von **Persönlichkeitsrechten** des AN geht. Es ist daher bei der Statuierung allfälliger Bindungen des AN besonders zurückhaltend vorzugehen. Häufig ist es so, dass **AN,** die **in der Hierarchie des Unternehmens weit oben** stehen, **mehr Einschränkungen** hinnehmen müssen, weil sie von Außenstehenden mit dem Unternehmen assoziiert werden. Diese Sichtweise ist jedenfalls vertretbar, wenn die betroffenen AN die weitergehenden Verpflichtungen durch ein höheres Arbeitsentgelt „abgegolten" erhalten.

Fall 43: Kann denn Liebe Sünde sein?

Die Gattin des AN Alfons, die zusammen mit diesem eine Dienstwohnung bewohnt, verübt verschiedene Betrügereien. Sie geht dabei in der Weise vor, dass sie den Geschädigten eine wertgesicherte Geldeinlage bei der Firma, bei der ihr Gatte beschäftigt ist, zusagt, ihnen zu diesem Zweck Bestätigungen mit der gefälschten Unterschrift des Firmendirektors vorlegt und auch andere Unterschriften fälscht. Eine Schadensgutmachung ist nicht erfolgt.

A soll nach Aufkommen der Betrügereien, da er bei der Firma in leitender Stellung tätig ist, seinen Dienstposten verlieren. Er distanziert sich durch verschiedene Erklärungen von den Taten seiner Gattin und lässt sich auch von ihr scheiden.

Ein Jahr später zieht A wieder mit seiner Ex-Frau zusammen und heiratet sie bald darauf. Als der AG einen Monat danach von der Wiederverheiratung erfährt, spricht er die Entlassung aus. Zu Recht?

(Nach OGH 29. 8. 1961, 4 Ob 99/61, Arb 7413)

Besonders deutlich werden diese Aspekte in sog Tendenzbetrieben (Religionsgemeinschaften, politische Parteien; zu diesen Betrieben vgl auch 13.1.1.1.4). Hier werden AN, die in gehobener Position tätig sind, häufig als **„Tendenzträger"** zu qualifizieren sein, die die weltanschauliche Ausrichtung des AG im Zuge ihrer Tätigkeit zu repräsentieren haben. Tendenzträger sind auch im Privatleben in angemessenem Ausmaß zu tendenzkonformem Verhalten verpflichtet.

Beispiel: Tritt der Hausarbeiter der Diözese aus der katholischen Kirche aus, ist dies arbeitsrechtlich irrelevant. Anders könnte dies bei einer Pastoralassistentin zu sehen sein, deren überwiegende Aufgabe es ist, Heilswahrheiten zu verkünden und an der Festigung des Glaubens mitzuwirken (vgl auch 13.1.1.1.4 E 184).

Fragen des außerdienstlichen Verhaltens können auch dann relevant werden, wenn es zu einer **Verquickung familienrechtlicher und arbeitsrechtlicher Aspekte** kommt:

Entscheidung 118: Ehewidrige Kontakte

Unterhält die Ehegattin des AG ehewidrige Kontakte mit einem Angestellten, so kann dies die Vertrauensunwürdigkeit desselben bewirken.

OGH 25. 9. 1979, 4 Ob 20/79, DRdA 1981, 35 *(Mayer-Maly)*

Hier ist naturgemäß differenziert vorzugehen: Liegt zB schon vor derartigen Vorfällen eine völlig zerrüttete Ehe mit „Seitensprüngen“ vor, wird das Verhalten des AN anders zu bewerten sein.

Einschlägige Pflichten des AN können sich auch im Hinblick auf das **äußere Erscheinungsbild** ergeben. Ist der AN mit Repräsentationsaufgaben befasst, so ist er aus der gegenständlichen Treuepflicht angehalten, sich jedenfalls am Arbeitsplatz in seiner Bekleidung, Haartracht udgl in angemessener Weise an den Auffassungen der beteiligten Kreise zu orientieren.

Entscheidung 119: Königskette

Die Anordnung, eine auffallende Goldkette im allgemeinen Bankbereich nicht sichtbar über dem Hemd zu tragen, ist als Verbotsweisung an den AN insoweit gerechtfertigt, als dies massiv dem Verständnis der Bevölkerung vom Erscheinungsbild eines männlichen Bankangestellten widerspricht. Ein wissentliches Dulden durch den AG hindert diesen nicht, auch nach einiger Zeit branchenübliche Bekleidung zu fordern.

OGH 11. 2. 1999, 8 ObA 195/98d, DRdA 2000, 142 *(Firlei)*

Nicht angemessen wäre allerdings zB eine Weisung der Bank, dass weibliche Schalterangestellte ausschließlich Kleider oder Röcke und männliche Kollegen ausschließlich Kurzhaarschnitt tragen müssen. Hier liegt ein Eingriff in Persönlichkeitsrechte der AN vor, zumal Hosenverbote bei Frauen uÄ heutzutage kaum mehr der Erwartungshaltung von Bankkunden im Hinblick auf Seriosität der Angestellten entsprechen werden. Die AN könnten sich aber einzelvertraglich, allenfalls iVm einer BV (§ 97 Abs 1 Z 1 ArbVG; vgl allg 12.4.3), zu einer entsprechenden Bekleidungsordnung verpflichten, zumal es sich hier um disponible Persönlichkeitsrechte handeln wird.

7.6 Verbot anderweitiger Betätigung

Bei den Verboten anderweitiger Betätigung ist zwischen den **gesetzlich** für die Zeit des **aufrechten Arbeitsverhältnisses** vorgesehenen „Konkurrenzverboten“ (vgl 7.6.1) und den für die Zeit **nach Beendigung** des Arbeitsverhältnisses **vereinbarten** „Konkurrenzklauseln“ (vgl 7.6.2) zu unterscheiden.

7.6.1 Konkurrenzverbote[3])

Während des aufrechten Arbeitsverhältnisses unterliegen AN diversen gesetzlichen Beschränkungen in der Ausübung von Nebenbeschäftigungen, die häufig etwas ungenau als „Konkurrenzverbote“ bezeichnet werden. In Bereichen, für die **keine** einschlägigen **Vorschriften** bestehen, **kann sich** der **AN frei betätigen.**

Die Rechtsquellenlage im Hinblick auf Konkurrenzverbote ist uneinheitlich. Zu unterscheiden ist insb zwischen der Situation von **Angestellten** (vgl

[3]) *Resch,* Arbeitsvertrag und Nebenbeschäftigung (1991); *Pfeil* in ZellKomm² § 7 AngG, § 27 AngG Rz 69 ff.

§§ 7, 27 Z 1 und 3 AngG) und jener von **Arbeitern** (vgl insb § 82 lit e GewO 1859).

Daneben finden sich einschlägige Regelungen zB in berufsspezifischen SonderG (§ 20 TAG ua) sowie im Zusammenhang mit besonders geschützten Arbeitsverhältnissen (vgl § 122 Abs 1 Z 4 ArbVG, § 12 Abs 2 Z 3 MSchG, § 15 Z 4 APSG und § 15 Abs 3 lit d BAG).

a) Angestelltenrecht

Gem § 7 Abs 1 AngG dürfen die **im § 1 bezeichneten,** dh im Geschäftsbetrieb eines Kaufmanns tätigen **Angestellten ohne Einwilligung des AG** (vgl auch 7.6.1.1) weder ein **selbständiges kaufmännisches Unternehmen** betreiben noch **im Geschäftszweig des AG für eigene oder fremde Rechnung Handelsgeschäfte** machen.

Selbständiges Tätigwerden im Rahmen eines kaufmännischen Unternehmens ist generell untersagt; hier steht weniger die Konkurrenzierung als vielmehr der Schutz der Leistungsfähigkeit des AN zu Gunsten des AG im Mittelpunkt. In dieser Beziehung ist der Angestellte iSd § 1 AngG tendenziell schlechter gestellt als der Arbeiter (vgl b). **Unselbständiges Tätigwerden** ist im Geschäftszweig des AG untersagt; dies ist ein Konkurrenzverbot im eigentlichen Sinn.

Bei **Verstoß** kommt es zu den in § 7 Abs 2 und 3 AngG genannten **spezifischen Sanktionen** sowie zur Verwirklichung des **Entlassungsgrundes** des § 27 Z 3 AngG.

Nach § 7 Abs 2 und 3 AngG kann der AG Schadenersatz oder den Eintritt ins Geschäft bzw die Herausgabe der hierfür gebührenden Vergütung verlangen.

Für Angestellte bei **Ziviltechnikern** iSd § 2 Z 5 AngG gilt die Sonderbestimmung des § 7 Abs 4 AngG; diese ist sinngemäß – ausgenommen die Bestimmung über Wettbewerbsteilnahmen – auch für Angestellte bei **Wirtschaftstreuhändern** heranzuziehen (vgl Art II Abs 1 AngG).

Im Kern ist es dem Angestellten im Bereich der genannten freien Berufe verboten, ohne Einwilligung des AG Aufträge, die in sein Geschäftsgebiet fallen, auf eigene oder fremde Rechnung zu übernehmen, sofern dadurch das geschäftliche Interesse des AG beeinträchtigt wird.

Für alle **anderen Angestellten** (vgl §§ 2 ff AngG) ist nur die allgemeine Vorschrift des § 27 Z 1 AngG (Entlassung wegen Untreue oder Vertrauensunwürdigkeit) maßgeblich.

Entscheidung 120: Außendienstmitarbeiter

Der Entlassungsgrund gem § 27 Z 1 Fall 3 AngG ist bei einer dem § 7 AngG nicht zu unterstellenden Tätigkeit für ein Konkurrenzunternehmen nur dann erfüllt, wenn dem Angestellten konkrete Verstöße gegen seine Treuepflicht zur Last fallen oder er ein bestimmtes Verhalten einnimmt, das ihn des Vertrauens seines AG unwürdig macht, wie etwa Verrat von Betriebs- und Geschäftsgeheimnissen.

Im Allgemeinen sind Nebenbeschäftigungen, sofern sie nicht gesetz- oder vertragswidrig sind, ohne Einschränkung zulässig und grundsätzlich dem AG nicht zu melden. Geht ein Außendienstmitarbeiter, dessen Arbeitszeit nicht überprüfbar ist, während aufrechten Bestehens eines Arbeitsverhältnisses ein anderes Arbeitsverhältnis ein, das ebenso wie das bestehende seinen vollen Arbeitseinsatz verlangt, so wird er vertrauensunwürdig, sodass eine Entlassung gem § 27 Z 1 Fall 3 AngG gerechtfertigt ist.

OGH 15. 9. 1981, 4 Ob 69/81, ZAS 1983, 138 *(Petrovic)*

Aus dieser E ist ersichtlich, dass das Höchstgericht die zu starr formulierten §§ 7 Abs 1–3, 27 Z 3 AngG mit Hilfe des Auffangtatbestandes der Vertrauensunwürdigkeit auch in Fällen, in denen die Bestimmungen an sich anwendbar sind, also bei Angestellten iSd § 1 AngG, flexibilisiert.

Bloße **Vorbereitungshandlungen** zur Aufnahme eines Nebengeschäfts verletzen die gegenständlichen Vorschriften nicht.

Dazu gehören zB Aktivitäten zur Anschaffung der Betriebs- oder Geschäftseinrichtung, die Beschaffung eines Gewerbescheins oder die Erledigung anderer Formalitäten. Der Begriff der Vorbereitungshandlung ist überschritten, sobald der erste konkrete Kundenkontakt hergestellt wird.

b) Arbeiterrecht

Ein (gewerblicher) Arbeiter kann entlassen werden, wenn er **ohne Einwilligung des Gewerbeinhabers** (vgl allg 7.6.1.1) ein der Verwendung beim Gewerbe **abträgliches Nebengeschäft** betreibt (§ 82 lit e Fall 2 GewO 1859; zur Beurteilung von Vorbereitungshandlungen vgl a).

„Abträglich" kann insb sein:
- Konkurrenzierung des AG,
- übermäßige anderweitige Ausbeutung der eigenen Arbeitskraft,
- Rufschädigung des AG durch unseriöse Nebentätigkeiten.

7.6.1.1 Einwilligung des AG

Die Konkurrenzverbote im skizzierten Sinn werden durch Einwilligung des AG in eine Nebentätigkeit außer Kraft gesetzt (vgl ausdrücklich §§ 7 Abs 1 und 4, 27 Z 3 AngG, § 82 lit e Fall 2 GewO 1859). Die Erlaubniserteilung ist wohl als **Willenserklärung des AG** aufzufassen, die – auch konkludent – entweder **einseitig** erfolgen oder zu einer entsprechenden **Vereinbarung mit dem AN** führen kann. Die Grenzen des Genehmigungsakts – insb auch im Hinblick auf Widerrufsvorbehalte, Bedingungen und Befristungen – sind nach den §§ 914f ABGB (vgl dazu auch 7.6.2.3.1) zu ermitteln. Von einer vorbehaltlos erklärten Einwilligung als solcher kommt der AG einseitig nicht los. Gesetzte Widerrufsvorbehalte sind nach Maßgabe einer Billigkeitskontrolle gültig, sind also vom AG nach billigem Ermessen auszuüben.

Letzteres bedeutet etwa, dass dem AN im Zuge des Widerrufs eine angemessene Frist zur Anpassung einer unternehmerischen Tätigkeit gegeben werden muss.

7.6.1.2 Arbeitsvertragliche Erweiterung

Die kraft G bestehenden Nebentätigkeitsbeschränkungen können durch Vereinbarungen zwischen AG und AN erweitert werden; das Entlassungsrecht ist allerdings zweiseitig zwingend und wird dadurch nicht angetastet (vgl 2.1.3.1.2).

Derartige Verträge sind mangels besonderer Reglementierungen nur an der **Sittenklausel des § 879 ABGB** zu messen. Darüber hinaus kann mE bei der Beurteilung auch analog auf verallgemeinerungsfähige Grundsätze des Konkurrenzklauselrechts zurückgegriffen werden, insb auf § 36 Abs 1 Z 3 AngG betreffend das **Verbot einer „unbilligen Erschwerung des Fortkommens" des AN** (vgl 7.6.2.3.2.2).

Es ist demnach zu prüfen, ob die jeweilige vertragliche Erwerbsbeschränkung nach Abwägung der Interessen der Beteiligten in unangemessener Weise in die Erwerbsfreiheit des AN eingreift.

Entscheidung 121: Autobuschauffeur

Das in den als Vertragsschablone zu qualifizierenden ÖBB-Dienstvorschriften enthaltene Verbot der Nebenbeschäftigung eines Autobuschauffeurs als Taxilenker stellt wegen der möglichen Konkurrenzierung des AG und der drohenden Beeinträchtigung der Sicherheit der Fahrgäste durch die erhebliche Zusatzbelastung keine unbillige Härte dar.

OGH 17. 6. 1986, 14 Ob 91/86, RdW 1986, 315

7.6.2 Konkurrenzklausel[4])

7.6.2.1 Rechtsquellen und ihr Anwendungsbereich

Grundlegende Bestimmungen über den Schutz des AN vor Konkurrenzklauseln enthalten die §§ 36f AngG; diese gelten an sich nur für **Angestellte iS dieses G.** Für **sonstige AN,** insb Arbeiter, gilt der den §§ 36f AngG nachgebildete **§ 2c AVRAG**[5]), allerdings nur für ab dem 18. 3. 2006 abgeschlossene Klauseln (vgl § 19 Abs 1 Z 18 AVRAG).

Daneben gibt es Regelungen für besondere Arbeitnehmergruppen in § 11 Abs 2 Z 6 AÜG (Verbot von Konkurrenzklauseln), in § 20 Abs 3 TAG (Konkurrenzklauseln nur nach kollektivvertraglicher Vorzeichnung in den Schranken der §§ 36f AngG), außerhalb des Arbeitsrechts findet sich § 25 HVertrG (Verbot von Konkurrenzklauseln).

Ohne jegliche Sonderregelungen und damit im Grunde auf die Sittenklausel des § 879 Abs 1 ABGB angewiesen sind einerseits dem AVRAG unterliegende AN mit vor dem 18. 3. 2006 abgeschlossenen Klauseln, andererseits vereinzelte weder vom AngG

[4]) *Reissner* in *Marhold/G. Burgstaller/Preyer* (Hrsg), Kommentar zum Angestelltengesetz (2005ff) §§ 36, 37; *Resch* in *Löschnigg* (Hrsg), Angestelltengesetz[9] (2012) §§ 36, 37.

[5]) Das AVRAG hat ja einen relativ weiten Anwendungsbereich und gilt im Allgemeinen für Angestellte und Arbeiter jeder Art (vgl § 1 leg cit).

noch vom AVRAG erfasste Arbeitsverhältnisse (zB Hausgehilfen bzw -angestellte). Hier wird man aber iS einer vor Einführung des § 2c AVRAG ergangenen Leitentscheidung des OGH[6]) die §§ 36f AngG analog anzuwenden haben.

7.6.2.2 Konkurrenzklauselbegriff

Liegt eine Konkurrenzklausel vor, so ist das Konkurrenzklauselrecht anzuwenden, welches ausdifferenzierte Instrumente zur Beurteilung einschlägiger Vereinbarungen zur Verfügung stellt (vgl 7.6.2.3). Ist hingegen bloß eine der Konkurrenzklausel „ähnliche Vereinbarung" gegeben, muss auf allgemeines Zivilrecht, insb auf § 879 Abs 1 ABGB, zurückgegriffen werden (vgl auch 7.6.2.1). Dies gibt dem AN weniger Schutz.

§ 36 Abs 1 AngG umschreibt die Konkurrenzklausel als „Vereinbarung, durch die der AN nach Beendigung des Arbeitsverhältnisses in seiner Erwerbstätigkeit beschränkt wird" (vgl auch § 2c Abs 1 AVRAG).

Erstes Begriffsmerkmal ist das Vorliegen einer **„Vereinbarung"**, diese muss zweitens den **AN** – und nicht den AG oder einen Dritten – zu bestimmten Verhaltensweisen **verpflichten.** Was die zeitlichen Dimensionen betrifft, muss eine einschlägige Vereinbarung, damit sie eine Konkurrenzklausel sein kann, zum einen **während des Arbeitsverhältnisses oder in unmittelbarer zeitlicher Nähe zu diesem abgeschlossen** sein, zum anderen müssen sich die den AN treffenden **Beschränkungen** auf einen **Zeitraum nach der rechtlichen Beendigung des Arbeitsverhältnisses** beziehen.

Mit dem Tatbestandstandsmerkmal **„Beschränkung der Erwerbstätigkeit"** werden die möglichen Gegenstände der Konkurrenzklausel umschrieben.

Der Begriff **„Erwerbstätigkeit"** ist weit iS von (entgeltlicher oder unentgeltlicher) Berufstätigkeit zu verstehen. Beim Wort **„Beschränkung"** kann nach der Art und der Intensität derselben gefragt werden. Was die **Art** der Beschränkung betrifft, so ist der Gesetzeswortlaut für alle erdenklichen Inhalte offen. Hinsichtlich der **Intensität** der Beschränkung sind iS einer **Untergrenze** nachvertragliche Bindungen, die keine nennenswerte Verhaltenssteuerung des AN bewirken („Bagatellfälle"), nicht als Konkurrenzklauseln zu beurteilen, womit diese in weitergehendem Ausmaß zulässig sind.

Im Arbeitsleben sind einschlägige **Klauseln mit spezifischen Schlagrichtungen** geläufig, bei denen die Frage der Einordnung ins Konkurrenzklauselrecht zum Teil erhebliche Probleme aufwirft:

a) Kundenschutzklausel

Mit Kundenschutzklauseln (Mandantenschutzklauseln) soll der Kundenstock des AG vor dem Zugriff des ausscheidenden AN geschützt werden.

Entscheidung 122: Steuerberater

Vereinbarungen, die dem Steuerberater nach seinem Ausscheiden die Betreuung von Klienten des ehemaligen AG verbieten (Mandantenschutzklauseln), sind als Konkurrenzklauseln iSd § 36 AngG zu qualifizieren.

---

[6]) OGH 18. 12. 1996, 9 ObA 2259/96p, DRdA 1997, 499 *(Radner).*

Die vorliegende Bindung ist daher auf ein Jahr zu reduzieren. Eine darüber hinausgehende unbillige Erschwerung des Fortkommens iSd § 36 Abs 1 Z 3 AngG ist nicht gegeben[7]).

OGH 15. 4. 2004, 8 ObA 21/04b, infas 2004 A 59

Zu beachten ist, dass neben dem Schutz vor wettbewerbswidrigen Abwerbungen (§ 1 UWG) im Berufsrecht der **Wirtschaftstreuhänder** gewisse **gesetzliche Beschränkungen** festgeschrieben sind; werden in einer Vereinbarung im Wesentlichen nur kraft G bestehende Unterlassungspflichten bestärkt, liegt keine Konkurrenzklausel vor. Nach § 88 Abs 8 WTBG dürfen Personen, die für eine Wirtschaftstreuhandkanzlei tätig sind, während bzw innerhalb dieser Tätigkeit oder **anlässlich deren Beendigung** Klienten dieser Kanzlei nur mit Zustimmung der Letzteren selbst übernehmen oder einer anderen Kanzlei zuführen. Diese Bestimmung bietet dem AG für eine „heiße Phase" kurz nach Beendigung des Arbeitsverhältnisses (ca zwei bis drei Monate) Schutz, will er eine längere Bindung des AN (bis zu einem Jahr ab Beendigung), muss er eine Konkurrenzklausel mit dem AN vereinbaren.

b) Mitarbeiterschutzklausel

Unter dem Begriff Mitarbeiterschutzklausel werden Vereinbarungen zusammengefasst, denen zufolge der AN nach Beendigung des Arbeitsverhältnisses mit Mitarbeitern des AG nicht zusammenarbeiten darf.

Entscheidung 123: Personalstand

Auf eine im Arbeitsvertrag enthaltene, mit Konventionalstrafe sanktionierte Verpflichtung des AN, während eines Zeitraumes von zwei Jahren nach einem eventuellen Ausscheiden Mitarbeiter des AG, die zur Zeit seines Ausscheidens oder in den letzten zwölf Monaten vor diesem Zeitpunkt angestellt waren, nicht abzuwerben, zu beschäftigen oder mit ihnen in anderer Weise zusammenzuarbeiten, sind die §§ 36f AngG nicht einmal analog anwendbar. Die Verpflichtung, die der Bekl für den Fall der Gründung eines Konkurrenzunternehmens übernommen hat, beschränkt seine eigene Erwerbstätigkeit nur mittelbar und geringfügig, weil er bezüglich der Abwerbung von Kunden völlig frei ist und ihm, was die Einstellung von Arbeitskräften betrifft, mit Ausnahme der AN seines AG der gesamte Arbeitsmarkt zur Gewinnung von geeigneten Mitarbeitern offen steht.

Das Interesse des AG an der Erhaltung seines Personalstandes ist gegenüber einem ausscheidenden AN, der sich selbständig macht, auch dann schutzwürdig, wenn die Auflösung des Arbeitsverhältnisses durch den AG erfolgt.

OGH 17. 6. 1987, 14 ObA 82/87, DRdA 1990, 49 (krit *Holzer*) = ZAS 1988, 132 *(Weilinger)*

---

[7]) Zu diesen Reglementierungen 7.6.2.3.2.2.

c) Geheimnisschutzklausel

Unter einer Geheimnisschutzklausel sei eine Abmachung verstanden, die dem AN die Pflicht auferlegt, auch nach Beendigung des Arbeitsverhältnisses Unternehmensgeheimnisse des AG zu wahren.

Entscheidung 124: Geheimhaltung

Eine vertragliche Verpflichtung zur Wahrung der Betriebs- und Geschäftsgeheimnisse des AG hindert den ausgeschiedenen AN nicht an einer selbständigen oder unselbständigen Erwerbstätigkeit im Geschäftszweig des bisherigen AG. Auch unter dem Gesichtspunkt der durch Art 6 StGG gewährleisteten Erwerbsfreiheit kann § 36 AngG nur iSd Schutzes der berechtigten Interessen des AN an der Entfaltung im Berufsleben verstanden werden.

Soweit eine Geheimhaltungsvereinbarung dem legitimen Interesse des AG am Schutz eines bedeutsamen Betriebs- oder Geschäftsgeheimnisses dient und das berechtigte Interesse des AN an einer Weiterentwicklung im Berufsleben nicht beeinträchtigt, ist sie nicht als Konkurrenzklausel iSd § 36 AngG zu qualifizieren und unterliegt auch nicht den hierfür normierten zeitlichen Beschränkungen.

OGH 27. 4. 1995, 8 ObA 225/95, ZAS 1996, 54 (krit *Holzer*) = DRdA 1996, 153 *(Ch. Klein)*

Die in E 124 verwendete **Strategie der Begriffsbestimmung** setzt nicht am G an und führt mE – ebenso wie jene in E 123 – zu **unrichtigen** bzw undifferenzierten **Ergebnissen.** Das G fordert eine „Beschränkung der Erwerbstätigkeit", es wird nicht verlangt, dass der AN an einer solchen „gehindert" sein muss. Dass eine Klausel nicht den gesamten Geschäftszweig oder alle selbständigen und unselbständigen Tätigkeiten sperrt, ist ebenfalls kein Merkmal des Konkurrenzklauselbegriffs. Weiters darf eine Abwägung der Interessen von AN und AG nicht bei der Festlegung des Schutzbegriffs erfolgen – der Arbeitnehmerbegriff etwa wird ja auch abstrakt und nicht nach berücksichtigungswürdigen Interessen des Arbeitenden festgelegt –; die Bedachtnahme auf die konkrete Interessenlage ist im Konkurrenzklauselrecht an späterer Stelle, nämlich in § 36 Abs 1 Z 3 AngG (§ 2c Abs 1 Z 3 AVRAG), vorgesehen. Richtigerweise ist zu prüfen, ob der AN durch die Vereinbarung in nicht unerheblicher Weise in seiner Erwerbstätigkeit beschränkt wird. Dies wird häufig der Fall sein, es sei denn, die Geheimnisschutzklausel stellt aus faktischen oder rechtlichen Gründen keine Erwerbsbeschränkung dar. Was die „rechtlichen Gründe" betrifft, so entfällt die Beschränkung, wenn vertraglich mehr oder weniger nur das affirmiert wird, was schon im G als Unterlassungspflicht festgelegt ist. Ein Musterbeispiel hierfür ist die unter d anzusprechende Datenschutzklausel. Zu denken ist weiters etwa an Berufsgeheimnisse im Bereich der Medizin bzw der freien Berufe (bei Wirtschaftstreuhändern vgl darüber hinaus § 88 Abs 8 WTBG; dazu a) sowie an patentrechtlich geschützte wirtschaftliche Werte. Zu erwähnen ist auch der strafrechtliche Geheimnisschutz im Falle der „Auskundschaftung" („Betriebsspionage"; § 123 StGB) und der „Verletzung notwendig zugänglich gemachter oder anvertrauter Unternehmensgeheimnisse" (§ 122 StGB) sowie die einschlägigen Regelungen in § 11 UWG, insb in

Abs 2 Fall 2 leg cit, wonach es dem AN nach Beendigung des Arbeitsverhältnisses (nur) verboten ist, die durch gegen ein G oder gegen die guten Sitten verstoßende eigene Handlung erlangten Unternehmensgeheimnisse zu Zwecken des Wettbewerbs unbefugt zu verwerten oder an andere mitzuteilen (vgl 7.3). Weitergehende Beschränkungen sind gesetzlich nicht vorgesehen. Will ein AG so gesehen „ungeschützte" Unternehmensgeheimnisse dem rechtmäßigen Zugriff des ausgeschiedenen AN entziehen, so muss er auf eine entsprechende Vereinbarung hinwirken. Eine derartige Abrede ist für den AN idR erheblich erwerbsbeschränkend und daher eine Konkurrenzklausel.

d) Datenschutzklausel

Mit Datenschutzklauseln wird der im DSG festgelegten Pflicht des AG entsprochen, mit Mitarbeitern eine Vereinbarung zu treffen, dass diese berufsbedingt zugänglich gewordene Daten aus Datenverarbeitungen unbeschadet sonstiger Verschwiegenheitspflichten nur bei ausdrücklicher Anordnung des AG an Dritte übermitteln dürfen. Damit wird die Einhaltung des Datengeheimnisses iSd DSG zur Vertragspflicht (vgl § 15 DSG).

Entscheidung 125: Kundendaten

Die im Rahmen des Arbeitsverhältnisses getroffene Vereinbarung, dass der AN sich zur Einhaltung des Datengeheimnisses und zur Unterlassung der Übermittlung der ihm anvertrauten Daten an Dritte ohne ausdrückliche Anordnung auch für die Zeit nach Ende des Arbeitsverhältnisses verpflichtet, beinhaltet kein Verbot iS einer Konkurrenzklausel. Die Geheimhaltungsvereinbarung ist daher nicht als Wettbewerbsabrede iSd § 36 AngG zu qualifizieren.

Sind von einer Vereinbarung alle unternehmensbezogenen Kundendaten umfasst, an denen ein schutzwürdiges Interesse des AG besteht, so kann ein solches Interesse bei Daten von Kunden, die in einer Vertragsbeziehung zum AG standen oder stehen, nicht verneint werden. Dabei kommt es nicht darauf an, ob Name, Adresse udgl des Kunden allgemein zugänglich sind, weil das Adressenmaterial, dessen Benützung oder Verwertung zu unterlassen ist, von den Vertragsbeziehungen des AG nicht zu trennen ist.

OGH 4. 12. 1996, 9 ObA 2154/96x, DRdA 1997, 490 (krit *Reissner*)

Diese **Leitentscheidung** ist **außerhalb ihrer Kernaussage** mit **Vorsicht** zu betrachten, weil das Höchstgericht das Vereinbarte völlig überinterpretiert und dieses im Ergebnis zu einer „Kundenschutzklausel" (vgl a) aufwertet.

e) Exkurs: Transfersysteme im Berufsmannschaftssport

Nicht zuletzt auf Grund von Aufsehen erregenden Äußerungen des EuGH ist die nachvertragliche Erwerbsfreiheit von Berufssportlern ins Zentrum des Interesses gerückt:

Entscheidung 126: Bosman

Art 48 EGV (nunmehr: Art 45 AEUV) über die Freizügigkeit der AN steht der Anwendung von durch Sportverbände aufgestellten Regeln entgegen, nach denen ein Berufsfußballspieler, der Staatsangehöriger eines Mitgliedstaats ist, bei Ablauf des Vertrages, der ihn an einen Verein bindet, nur dann von einem Verein eines anderen Mitgliedstaats beschäftigt werden kann, wenn dieser dem bisherigen Verein eine Transfer-, Ausbildungs- oder Förderungsentschädigung gezahlt hat.

EuGH 15. 12. 1995, C-415/93 Slg 1995, I-4921 = DRdA 1996, 278

Berufsmannschaftssportler sind AN (vgl 1.1.1.5), sodass sie nicht nur den unionsrechtlichen Regeln über die Freizügigkeit von AN beim Wechsel über die Binnengrenzen teilhaftig werden, sondern auch den allgemeinen Regeln des Arbeitsrechts unterliegen. Die **klassischen Transfersysteme,** bei denen der Sportler und sein neuer Verein nur dann einen vom Sportverband anerkannten Arbeitsvertrag schließen konnten, wenn eine vom Sportverband aufgelegte und vom alten Verein auszustellende Freigabeerklärung vorhanden war – diese wurde sodann vom bisherigen Verein an den interessierten neuen Verein verkauft –, wurden von der österreichischen Doktrin schon vor langer Zeit als **sittenwidrige Beschränkung des Profis in seiner Berufsfreiheit** qualifiziert[8]). Die nunmehrige Methode, bei der sich der Verein die Zustimmung zur einvernehmlichen Lösung eines auf längere Zeit befristeten Vertrags „abkaufen" lässt, wurzelt hingegen im allgemeinen Vertragsrecht und ist im Allgemeinen rechtlich nicht angreifbar.

Fall 44: Transfersumme

Am 21. 7. 1993 schließt der kl Sportverein mit dem bekl Fußballspieler einen Zweijahresvertrag ab und bezahlt für den Transfer S 300.000,– an jenen Verein, bei dem der Spieler bis 30. 6. 1993 tätig war. Im Vertrag verpflichtet sich der Kl ua, dem Bekl die Freigabe an jeden von ihm gewünschten Verein zu erteilen, allerdings nur gegen Zahlung einer Transfersumme von S 300.000,– im Falle eines Vereins der 1. oder 2. Fußballbundesliga bzw S 100.000,– bei einem Verein darunter liegender Leistungsgruppen.

Auf Grund von Differenzen zwischen den Parteien kommt es am 16. 5. 1994 zu einer einvernehmlichen Lösung des Vertragsverhältnisses, in der ua folgende Punkte festgeschrieben sind:

„1. Peter H erhält vom Sportverein B zur Abgeltung sämtlicher finanzieller Ansprüche einen Pauschalbetrag von S 200.000,– . . . .

2. Der Sportverein verpflichtet sich, P kostenlos an einen Verein seiner Wahl die Freigabe zu erteilen. Sollte P jemals zu einem Bundesligaverein transferiert werden, verpflichtet er sich, an den Sportverein B einen Betrag von S 150.000,– als Transfersumme binnen 14 Tagen nach Abschluss des Transfers zu bezahlen."

[8]) *Holzer,* Das Dienstrecht der Lizenzfußballer im österreichischen Fußballbund, DRdA 1972, 73f; *Tomandl/Schrammel,* Die Rechtsstellung von Vertrags- und Lizenzfußballern, JBl 1972, 289ff.

Nach einer kurzen Pause spielt der Bekl für einen unterklassigen Verein und wird von diesem im Oktober 1995 an den Bundesligaklub S „verliehen". In weiterer Folge kommt es mit Letzterem zu einem befristeten Vertrag bis 30. 6. 1996. Der Sportverein verlangt die Zahlung von S 150.000,–. Wie ist die Rechtslage?

(Nach OGH 25. 6. 1998, 8 ObA 268/97p, DRdA 1999, 139 *[Mayr]* = SpuRt 1999, 62 [krit *Reissner*])[9])

7.6.2.3 Rechtliche Erfassung von Konkurrenzklauseln

7.6.2.3.1 Interpretation der Konkurrenzklausel

Da es für Konkurrenzklauseln keine besonderen Interpretationsregeln gibt, sind diese wie alle anderen Verträge nach den §§ 914f ABGB auszulegen.

Nach § 914 ABGB ist nicht am Wortlaut der Vereinbarung zu haften, sondern die Absicht der Parteien zu erforschen und die Klausel so zu verstehen, wie es der Übung des redlichen Verkehrs entspricht. Erst dann, wenn diese Auslegungsgrundsätze kein deutliches Ergebnis bringen, ist die Frage der Anwendbarkeit des § 915 ABGB aufzuwerfen[10]). Diese Bestimmung enthält zwei Zweifelsregeln: Zum einen wird bei „einseitig verbindlichen Verträgen" angenommen, dass sich der Verpflichtete eher die geringere als die schwerere Last auflegen wollte; zum anderen wird bei „zweiseitig verbindlichen Verträgen" eine undeutliche Äußerung zum Nachteil desjenigen erklärt, der sich derselben bedient hat.

Entscheidung 127: Geänderter Tätigkeitsbereich

Bei Fehlen einer bezahlten Karenz als Gegenleistung liegt in Ansehung des § 915 ABGB grundsätzlich ein unentgeltliches Rechtsgeschäft vor, sodass dann die für den AN günstigere Interpretation unabhängig davon zu wählen ist, ob sich der AG undeutlicher Formulierungen bedient hat.

Ein geänderter Tätigkeitsbereich, der zur Zeit des Abschlusses der Konkurrenzklausel nicht Gegenstand derselben und auch nicht absehbar war, wird daher von der Klausel nicht umfasst.

OGH 23. 12. 1998, 9 ObA 209/98w, DRdA 2000, 47 *(Egger)*

7.6.2.3.2 Zulässigkeitsgrenzen

7.6.2.3.2.1 Fälle absoluter Unzulässigkeit

Gem § 36 Abs 1 Z 1 AngG (§ 2c Abs 1 Z 1 AVRAG) ist eine Konkurrenzklausel unwirksam, wenn der **AN zur Zeit der Vereinbarung minderjährig** ist.

Nach hA gilt dasselbe analog für volljährige Lehrlinge.

---

[9]) Gewisse für die Falllösung notwendige Aspekte werden auch in den folgenden Kapiteln besprochen.

[10]) Zu dessen „Subsidiarität" *Rummel* in *Rummel* (Hrsg), Kommentar zum Allgemeinen bürgerlichen Gesetzbuch I³ (2000) § 915 Rz 1 mwN.

7.6.2.3.2.2 Fälle relativer Zulässigkeit

- Gem § 36 Abs 1 Z 2 Fall 1 AngG (§ 2c Abs 1 Z 2 Fall 1 AVRAG) ist eine Konkurrenzklausel nur insoweit wirksam, als „sich die Beschränkung auf die Tätigkeit im Geschäftszweig des AG bezieht". Geht die Klausel oder Teile davon über diese sog **Geschäftszweiggrenze** hinaus, ist dies für den AN gegen seinen Willen nicht verbindlich.

  Der Begriff „Geschäftszweig" ist eng zu verstehen. Auszugehen ist vom befugtermaßen tatsächlich ausgeübten Geschäftszweig.

- Weiters ist eine Konkurrenzklausel nur insoweit zulässig, als die Beschränkung den Zeitraum eines Jahres, gerechnet vom rechtlichen Ende des Arbeitsverhältnisses, nicht übersteigt (**Einjahresgrenze;** § 36 Abs 1 Z 2 Fall 2 AngG, § 2c Abs 1 Z 2 Fall 2 AVRAG). Die Vereinbarung eines längeren Bindungszeitraums ist – wie auch das Überschreiten der anderen Schranken in § 36 AngG, § 2c AVRAG – **relativ teilnichtig zu Gunsten des AN.**

  Der AN – und nur dieser – kann daher zB eine auf länger als ein Jahr statuierte Bindung gegen sich gelten lassen, aber spätestens ab der Jahresgrenze auch jederzeit unter Berufung auf die Nichtigkeit beenden. Sinn machen wird dies für den AN dann, wenn er als Gegenleistung für die Konkurrenzenthaltung eine Karenzabgeltung bezieht (vgl 7.6.2.4).

- Gem § 36 Abs 1 Z 3 AngG, § 2c Abs 1 Z 3 AVRAG ist eine Konkurrenzklausel nach Maßgabe der bereits skizzierten Grenzen nur insoweit zulässig, als die Beschränkung nicht nach Gegenstand, Zeit oder Ort und im Verhältnis zum geschäftlichen Interesse, das der AG an der Einhaltung hat, eine unbillige Erschwerung des Fortkommens des AN enthält. Durch diese **Interessenabwägungsregel** ist es dem ASG im Rahmen einer am Einzelfall orientierten Billigkeitsentscheidung nach den Vorgaben des angeordneten beweglichen Systems möglich, weitere Einschränkungen, zB auch unter die Geschäftszweig- und die Einjahresgrenze, vorzunehmen.

Entscheidung 128: Berufsfremde Sparte mit geringerem Einkommen

Bei der Beurteilung der Wirksamkeitsvoraussetzung des Nichtvorliegens einer unbilligen Fortkommenserschwerung ist davon auszugehen, dass ein AN durch die mit einer Konkurrenzklausel verbundene Erwerbsbeschränkung nicht gezwungen werden kann, seine Kenntnisse und Berufserfahrungen brachliegen zu lassen, einen erlernten Spezialberuf aufzugeben und damit zwangsläufig in eine berufsfremde Sparte mit geringerem Einkommen überzuwechseln. Bei den anzustellenden Billigkeitserwägungen stehen sich das Bestreben des AN, seine Arbeitskraft bestmöglich zu bewerten, und das Interesse des AG, in seinem Erwerb nicht geschädigt zu werden, gegenüber.

Das Interesse des AG an der Einhaltung der gegenständlichen Klausel liegt vor allem in der Gefahr der Verwertung der Kenntnisse über

Kunden. Demgegenüber befindet sich der AN nach dem – ohne sein Verschulden erfolgten – Ausscheiden aus dem branchenfremden Unternehmen, in das er nach Beendigung des gegenständlichen Arbeitsverhältnisses eingetreten ist, in einer äußerst prekären finanziellen Situation. Die Abwägung der beiderseitigen Interessen führt daher zum Ergebnis, dass die Annahme der Wirksamkeit der Konkurrenzklausel für das Fortkommen des AN eine unbillige Erschwerung bedeutet. Die Konkurrenzklausel ist unwirksam.

OGH 11. 12. 1984, 4 Ob 142/84, ZAS 1986, 96 *(Huber)*

Die Anwendung der Interessenabwägungsregel nach den Maßstäben des G bzw der wiedergegebenen Leitentscheidung ist stark einzelfallabhängig:

Beispiel: Der in der Niederlassung des Arbeitskräfteüberlassungsunternehmens B in Weiz beschäftigte Angestellte Christoph strebt eine Auflösung des Arbeitsverhältnisses an. Am 24. 6. 2015 kommt es zur einvernehmlichen Lösung, bei der die bestehende Konkurrenzklausel, wonach es dem AN verboten ist, „innerhalb eines Jahres nach Ausscheiden in der Personalbereitstellungsbranche selbständig oder unselbständig tätig zu werden", bekräftigt wird. Ab 1. 7. 2015 ist C in der Geschäftsstelle Weiz des Arbeitskräfteüberlassers D als Disponent angestellt. B beantragt unter Berufung auf die Konkurrenzklausel eine einstweilige Verfügung, mit der C die Unterlassung der Konkurrenztätigkeit aufgetragen werden soll[11]).
Das ASG hat auf Zeit, Ort und Gegenstand der Bindung und auf das geschäftliche Interesse des alten AG zu schauen. Die Bindungsdauer geht auf die Maximalzeit, eine örtliche Beschränkung ist nicht vorgesehen, der gesamte Geschäftszweig des AG ist gesperrt. Andererseits verletzt C die Klausel im Kernbereich. Eine Lösung könnte in die Richtung gehen, dass man die Bindung auf die Tätigkeit in Arbeitskräfteüberlassungsunternehmen im Bezirk Weiz beschränkt, womit etwa eine Arbeit in der Branche in den benachbarten Bezirken, insb Graz und Graz-Umgebung, möglich wird, und in zeitlicher Hinsicht je nach wirtschaftlicher Bedeutung des AN mäßigt, zB auf ein halbes Jahr oder auf drei Monate.

- Gem § 36 Abs 2 AngG, § 2c Abs 2 AVRAG ist eine Konkurrenzklausel unwirksam, wenn sie im Rahmen eines Dienstverhältnisses getroffen wird, bei dem das für den letzten Monat des Dienstverhältnisses gebührende Entgelt das Siebzehnfache der Höchstbeitragsgrundlage nach § 45 ASVG nicht übersteigt **(Entgeltgrenze)**[12]).

[11]) Prozessuale Probleme, insb die Frage der sog Gefährdungsbescheinigung, werden hier ausgespart.

[12]) Die Entgeltgrenze wurde im Jahre 2006 eingeführt und gilt für Konkurrenzklauseln, die ab dem Tag des Inkrafttretens derselben neu abgeschlossen wurden (für

Der Gesetzgeber hat eine **dynamische Entgeltgrenze** statuiert, die an die jährlich valorisierte Höchstbeitragsgrundlage in der Sozialversicherung angebunden ist. Abgestellt wird auf das Siebzehnfache der (täglichen) Höchstbeitragsgrundlage nach § 45 ASVG. Das bedeutet zB für das Jahr **2015** eine Entgeltgrenze von **€ 2.635,– Bruttomonatsverdienst.** Daran zu messen ist das Monatsentgelt, wobei auf den **arbeitsrechtlichen Entgeltbegriff,** der insb auch Sonderzahlungen sowie regelmäßige Überstundenentgelte und Naturalleistungen umfasst, abzustellen ist. Die Entgeltgrenze muss **im letzten Monat des Arbeitsverhältnisses** überschritten werden.

7.6.2.3.3 Geltendmachungsgrenzen

§ 37 Abs 1 und 2 AngG bzw § 2c Abs 3 und 4 AVRAG setzen die Möglichkeit der Geltendmachung der Konkurrenzklausel durch den AG in Abhängigkeit von der Art der Lösung des Arbeitsverhältnisses. Der AN ist frei, wenn der AG schuldhaft Anlass zur Lösung von Seiten des AN gibt (vgl § 37 Abs 1 AngG, § 2c Abs 3 AVRAG). Wenn der AG löst, ist der AN ebenfalls frei, es sei denn, der AN hat schuldhaft einen begründeten Anlass gegeben oder der AG erklärt sich bei der Lösung bereit, dem AN die gesetzlich vorgesehene Karenzabgeltung in Höhe des zuletzt zukommenden Entgelts zu bezahlen (vgl § 37 Abs 2 AngG, § 2c Abs 4 AVRAG).

Entscheidung 129: Schwere des schuldhaften Verhaltens

Das schuldhafte Verhalten des AN, welches zum Aufrechtbleiben der Konkurrenzklausel gem § 37 Abs 2 Fall 1 AngG führt, muss – wie auch jenes des AG für den Bereich des § 37 Abs 1 AngG[13]) – nicht die Schwere eines wichtigen Grundes erreichen. Es muss aber geeignet sein, das Arbeitsverhältnis zu zerrütten und die Kündigung zu veranlassen.

Wird trotz Vorliegen eines Entlassungsgrundes eine Kündigung ausgesprochen oder stützt sich eine Kündigung auf einen oben angeführten weniger schweren Grund, so muss der AG zur Wahrung der Konkurrenzklausel bei der Kündigung darauf hinweisen, dass sich diese auf ein schuldbares Verhalten stützt. Diesbezügliche Unklarheiten gehen zu Lasten des AG.

OGH 28. 10. 1985, 4 Ob 134/85, DRdA 1988, 39 (krit *Harrer)*

Bei Ablauf von **befristeten Arbeitsverhältnissen**[14]) sowie im Falle **einvernehmlicher Lösung**[15]) tritt die Konkurrenzklausel grundsätzlich in Kraft.

---

das AngG: 17. 3. 2006, vgl Art X Abs 2 Z 10 AngG; für das AVRAG: 18. 3. 2006, vgl § 19 Abs 1 Z 18 AVRAG).

[13]) Dazu OGH 14. 2. 1976, 4 Ob 111/76, ZAS 1978, 100 *(Böhm).*

[14]) Vgl zB OGH 25. 11. 1992, 9 ObA 241/92, RdW 1993, 155 = wbl 1993, 122.

[15]) Vgl zB OGH 24. 2. 1993, 9 ObA 4/93, JBl 1993, 671; 29. 3. 2006, 9 ObA 11/06t.

Im Zuge von Aufhebungsverträgen könnte es allerdings zu entsprechenden Abstandnahmen des AG kommen.

Entgegen dem Wortlaut des § 37 Abs 2 Fall 2 AngG, § 2c Abs 4 AVRAG kann der AG nach einer **ungerechtfertigten Entlassung** die Konkurrenzklausel auch nicht bei Zahlung der Karenzabgeltung gegen den Willen des AN aufrechterhalten.

7.6.2.4 Karenzabgeltung

Um den AN in seinem Sinne zu verpflichten, muss sich der **AG** bei **Kündigung von seiner Seite** im Zuge der Beendigung bereit **erklären,** dem AN „während der Dauer der Beschränkung das ihm zuletzt zukommende Entgelt" als **Karenzabgeltung** zu leisten (§ 37 Abs 2 Fall 2 AngG, § 2c Abs 4 AVRAG; vgl 7.6.2.3.3).

Entscheidung 130: Zu niedrige Karenzabgeltung

Verpflichtet sich der AG für die Dauer der Konkurrenzklausel nur zur Zahlung des halben Entgelts, so ist die Konkurrenzklausel zur Gänze nichtig. Der AN kann demnach nicht die Ergänzung auf das volle Entgelt verlangen.

Hält der AN die unwirksame Verpflichtung irrtümlich ein, so steht ihm ein Bereicherungsanspruch gegen den AG nur zu, wenn er nachweist, dass dem AG dadurch Vermögensvorteile entstanden sind.

OGH 4. 11. 1987, 9 ObA 155/87, infas 1988 A 71 = RdW 1988, 138

Die in dieser E vorgenommene **Verweisung** des AN **auf** das **Bereicherungsrecht** ist **nicht einsichtig,** hat doch der AG durch ausdrückliche, wenngleich rechtswidrige Erklärung das Konkurrenzklauselverhältnis in Gang gesetzt. Es ist daher so vorzugehen, dass der ehemalige AN – wie immer im Arbeitsrecht – auf den aufrechten Vertrag gestützt die hierfür gesetzlich zwingend vorgesehene Gegenleistung verlangen kann.

In anderen Fällen der Beendigung des Arbeitsverhältnisses muss nach österreichischem Recht keine Gegenleistung für die Konkurrenzenthaltung gezahlt werden. Es kommen aber **freiwillige Karenzabgeltungen** vor, und zwar nicht zuletzt deswegen, weil sich diesfalls die Interessenabwägungsgesichtspunkte gem § 36 Abs 1 Z 3 AngG, § 2c Abs 1 Z 3 AVRAG zu Gunsten des AG verschieben werden.

7.6.2.5 Beendigung des Konkurrenzklauselverhältnisses

Die Konkurrenzklausel ist das Grundgeschäft eines **Dauerschuldverhältnisses,** des sog Konkurrenzklauselverhältnisses, welches durch eine geeignete Beendigung des Arbeitsverhältnisses sowie eine allenfalls notwendige Erklärung des AG, die Karenzabgeltung zahlen zu wollen, in Kraft tritt (vgl § 37 Abs 1 und 2 AngG, § 2c Abs 3 und 4 AVRAG).

Es kommt vor, dass ohne Vorliegen eines wichtigen Grundes (zB Vertragsbruch) eine Partei das Rechtsverhältnis einseitig beenden will. Insb der

AG könnte ein Interesse daran haben, seine Verpflichtung zur Abgeltung der Karenz zu beenden. ME ist das Konkurrenzklauselverhältnis als zwangsläufig **befristetes** Dauerschuldverhältnis anzusehen, welches **nicht rechtswirksam gekündigt** werden kann. Kommt es zur **Vereinbarung einer Kündigungsmöglichkeit,** so muss diese – wie allgemein im Arbeitsrecht (vgl 3.2.1.1.3.1) – für den AN zumindest gleich günstig sein wie für den AG. Ist dies nicht der Fall, so ist die Abrede insoweit rechtswidrig.

Fall 45: Sperrzeit

Die Angestellte Elisabeth räumt dem AG im Arbeitsvertrag ua das Recht ein, im Falle der arbeitgeberseitigen Kündigung die Einhaltung einer „Sperrzeit" in der Form zu verlangen, dass E für die Dauer von höchstens zwölf Monaten im Geschäftszweig des AG im gesamten Bundesgebiet nicht tätig werden darf. Der AG kann während der Sperrzeit auf deren weitere Einhaltung verzichten und muss ab dem Zeitpunkt des Verzichts das vom AngG vorgesehene „Entgelt" nicht mehr bezahlen. E wird am 9. 1. 2015 zum 31. 3. 2015 gekündigt, wobei der AG die Einhaltung der Sperrzeit verlangt. Am 17. 3. 2015 erhält E ein Schreiben, in dem der AG erklärt, sie mit 31. 3. 2015 aus der Sperrzeit zu entlassen.

E verlangt die Bezahlung der Sperrzeit. Wie ist die Rechtslage?

(Nach OGH 23. 11. 1982, 4 Ob 162/82, ZAS 1984, 228 *[Mayer-Maly]*)

7.6.2.6 Verstoß gegen die Konkurrenzklausel

Gem § 37 Abs 3 AngG, § 2c Abs 5 AVRAG kann der AG, **wenn** der AN für den Fall des Zuwiderhandelns gegen die Konkurrenzklausel eine **Konventionalstrafe** versprochen hat, **nur** die verwirkte **Konventionalstrafe** verlangen; der Anspruch auf Erfüllung oder auf Ersatz eines weiteren Schadens ist ausgeschlossen.

Im Falle einer **Vertragsstrafenvereinbarung** besteht zwingend das **richterliche Mäßigungsrecht** (§ 1336 ABGB, §§ 38, 40 AngG, §§ 2c Abs 6, 16 AVRAG).

Entscheidung 131: Fehlende räumliche Begrenzung

Die fehlende räumliche Begrenzung der Konkurrenzklausel ist im Rahmen der Mäßigung der Konventionalstrafe zu berücksichtigen.

Im Hinblick auf die Unzumutbarkeit des Negativbeweises und die mangelnde Beweisnähe des AN ist eine Beweispflicht des AN jedenfalls dann nicht vertretbar, wenn man daraus folgern würde, die Konventionalstrafe sei nicht zu mäßigen, weil nicht erwiesen sei, dass der tatsächliche Schaden geringer gewesen sei.

OGH 8. 7. 1992, 9 ObA 120/92, DRdA 1993, 237 *(Reissner)*

Ist eine **Konventionalstrafe** nicht vereinbart, so kann der AG auf Erfüllung der zulässig vereinbarten Verpflichtungen des AN, also idR auf (zeitlich, räumlich und gegenständlich beschränkte) **Unterlassung** beruflicher Betätigung, klagen. Bei schuldhafter Verletzung der Konkurrenzklausel kann der AG überdies **Schadenersatz** verlangen.

In diesem Zusammenhang ist die **Normenkonkurrenz** zu den im Rahmen der Arbeits- und Sozialgerichtsbarkeit (vgl § 50 Abs 1 Z 1 ASGG, § 51 Abs 2 Z 10 JN) durchzusetzenden **Unterlassungsansprüche nach UWG** zu erwähnen: Ein **planmäßiges, fortgesetztes Zuwiderhandeln gegen eine Konkurrenzklausel** bildet auch einen Verstoß gegen die wettbewerbsrechtliche Sittenklausel des **§ 1 UWG.**

Entscheidung 132: Planmäßigkeit

Das bloße Missachten einer Konkurrenzklausel – sei es durch den AN, sei es durch den neuen AG, der in Kenntnis der Konkurrenzklausel den AN aufnimmt – begründet für sich allein keinen Anspruch nach UWG. Ein solcher besteht nur dann, wenn zur Vertragsverletzung besondere, die Sittenwidrigkeit iSd § 1 UWG herbeiführende Umstände hinzutreten. Die Unterlassungsklage wird diesfalls durch den im Falle einer Konventionalstrafenvereinbarung bestehenden Erfüllungsausschluss gem § 37 Abs 3 AngG nicht berührt.

Ein AN, der über den Bruch einer Konkurrenzklausel hinaus planmäßig den Wettbewerb des neuen zu Lasten des früheren AG fördert, handelt sittenwidrig. Diese Planmäßigkeit setzt ein subjektives Unrechtselement voraus. Ein solches liegt im Falle systematischer Beeinträchtigung des Geschäftsbetriebs des alten AG durch unlauteres Ablichten von Unterlagen und Beschaffen von Kundenlisten vor, wenn das einzige Ziel dieser Aktionen die Schädigung des Mitbewerbers ist.

Der neue AG handelt nicht schon dadurch sittenwidrig, dass er den AN in Kenntnis der diesen bindenden Konkurrenzklausel aufnimmt. Es müssen besondere, die Sittenwidrigkeit begründende Umstände hinzutreten. Dies ist zB dann der Fall, wenn dem Unternehmer nicht nur die Konkurrenzklausel, sondern auch der Umstand bekannt ist, dass der AN noch während aufrechten Arbeitsverhältnisses für den früheren AG betreute Kunden mit dem Ziel abgeworben hat, sie für den neuen AG zu gewinnen, um auf diese Weise dessen Wettbewerb zu Lasten des alten AG zu fördern.

OGH 11. 2. 1997, 4 Ob 2358/96k, ÖBl 1998, 22 = ARD 4935/25/98

Kontrollfragen zu Kapitel 7.

1. Wann beginnen bzw enden die Treuepflichten? Gibt es nachwirkende Treuepflichten? Welche Treuepflichten sind Handlungspflichten?

2. Nach welcher Treuepflicht kann der AN zur Überstundenleistung verpflichtet sein? Wie ist dabei die Situation nach Arbeitszeitrecht zu beurteilen?
3. Welche Rechtsgrundlagen bestehen im Bereich der Verschwiegenheitspflichten? Was ist das Besondere an § 11 Abs 2 UWG?
4. Welche Rechtsgrundlagen bestehen im Bereich des Geschenkannahmeverbots? Welches Kuriosum ergibt sich bei der Anwendung des § 10 UWG?
5. Worin liegt die Relativität des Verbots abträglichen Privatlebens?
6. Was ist der Strukturunterschied zwischen Konkurrenzverbot und Konkurrenzklausel?
7. Welche Nebentätigkeitsbeschränkungen bestehen bei Angestellten, welche bei Arbeitern?
8. Wie werden Konkurrenzklauseln vom Arbeitsrecht beschränkt?
9. Was versteht man unter Karenzabgeltung? Wann steht eine solche zu?
10. Was sind die Konsequenzen einer Verletzung der Konkurrenzklausel? Welche Einschränkungen ergeben sich bei Konventionalstrafenvereinbarungen im Verhältnis zum allgemeinen Zivilrecht?

8. Fürsorgepflicht – Arbeitnehmerschutzrecht

Die Fürsorgepflicht des AG tritt zu dessen Pflicht zur Leistung des Entgelts (vgl 5.) hinzu. Nach moderner Terminologie geht es bei der Fürsorgepflicht im Wesentlichen um **Schutz- und Interessenwahrungspflichten** gegenüber dem Vertragspartner AN, die im Arbeitsrecht naturgemäß eine besondere Intensität aufweisen.

Insofern entspricht die Fürsorgepflicht den Treuepflichten des AN (vgl 7.), wenngleich diese Pflichtenbereiche wegen ihrer unterschiedlichen Ausrichtung – Wahrung persönlicher Interessen einerseits, Wahrung wirtschaftlicher Interessen andererseits – nicht als Gegenstücke aufgefasst werden können.

Im Folgenden wird zuerst auf allgemeine Probleme der Fürsorgepflicht eingegangen (vgl 8.1), danach werden drei in den Bereich dieser Pflicht gehörende spezielle Rechtsmaterien (vgl 8.2 – 8.4) abgehandelt, und schließlich wird ein Überblick über das mit der Fürsorgepflicht in Zusammenhang stehende Arbeitnehmerschutzrecht gegeben (vgl 8.5).

Bestimmte Rechtsinstitute, die ebenfalls auf die Fürsorgepflicht zurückgeführt werden oder mit dieser in Zusammenhang stehen, wurden – wie etwa der arbeitsrechtliche Gleichbehandlungsgrundsatz (vgl 5.3.1) oder das Arbeitszeitrecht (vgl 4.4) – bereits an anderer Stelle angesprochen (vgl zB auch 5.3.2, 9.1, 9.2.1).

8.1 Die Fürsorgepflicht im Allgemeinen[1])

Gem § 1157 Abs 1 ABGB ist der AG verpflichtet, die Arbeitsleistungen so zu regeln und bezüglich der von ihm beizustellenden oder beigestellten Räume und Gerätschaften auf seine Kosten dafür zu sorgen, dass **Leben** und **Gesundheit** des AN so weit wie möglich geschützt werden.

§ 1157 Abs 2 ABGB bestimmt für den Fall der Aufnahme des AN in die Hausgemeinschaft des AG, dass dieser hinsichtlich Wohn- und Schlafraum, Verpflegung sowie Arbeits- und Erholungszeit entsprechend auf Bedürfnisse des AN Rücksicht zu nehmen hat. Ähnliche Formulierungen enthält auch § 18 Abs 1 und 2 AngG. Darüber hinaus verpflichtet § 18 Abs 3 AngG den AG, die Arbeitsräume, soweit dies nach der Art der Arbeitsleistung möglich ist, während der Arbeitszeit licht, rein und staubfrei zu halten, sie im Winter zu beheizen sowie Sitzgelegenheiten für die Arbeitspausen bereit zu stellen. § 18 Abs 4 AngG schließlich verlangt die nach den Umständen gebotenen Maßnahmen zur Wahrung der Sittlichkeit.

Zum Teil schon aus diesen Formulierungen ergibt sich, dass der AG auch zum Schutz **sonstiger Rechtsgüter** des AN wie **Sittlichkeit, Eigentum, Ehre usw** verpflichtet ist.

---

[1]) *Löschnigg,* Arbeitsrecht[12] 383 ff; *Spielbüchler,* Arbeitsrecht I[4] 329 ff; *Marhold/ Friedrich,* Arbeitsrecht[2] 238 ff; *Mosler* in ZellKomm[2] § 18 AngG.

Anders umschrieben kann gesagt werden, dass der AG **Persönlichkeitsrechte des AN** (§§ 16f ABGB) wahren muss.

Eine Fürsorgepflichtverletzung durch den AG kann aktiv oder passiv geschehen. Eine **aktive Verletzung der Fürsorgepflicht** liegt beispielsweise vor, wenn der AG den AN wissentlich zu gesundheitsgefährdenden Arbeiten anweist oder sog Bossing (dh Mobbing durch den Boss) betreibt, eine **passive Verletzung** ist gegeben, wenn der AG Angriffe durch andere AN oder Dritte, ua auch beim Mobbing, nicht unterbindet[2]).

- Im Falle von **Mobbing** hat der betroffene AN gegen den AG einen **(Erfüllungs-)Anspruch** aus der Fürsorgepflicht darauf, dass dieser die **Vorgänge abstellt.** Kommt der AG dieser Verpflichtung nicht nach, so kann sich diese Unterlassung, insb im Falle mehrfacher Aufforderungen durch den AN, zu einem **wichtigen Grund zum Austritt** (vgl insb § 26 Z 3 und 4 AngG, § 82a lit d Fall 2 GewO 1859; allg dazu 2.1.3.2, 2.1.3.2.1) entwickeln.
- Ähnlich zu beurteilen sind die Fälle einer **sexuellen, geschlechtsbezogenen oder sonstigen Belästigung am Arbeitsplatz,** welche in den §§ 6f, 21 GlBG als Diskriminierungen ausgewiesen werden (vgl auch §§ 7d, 7i f BEinstG).

  Der AN hat einen Anspruch auf **Unterlassung,** wenn der AG selbst der Belästiger ist (vgl §§ 6 Abs 1 Z 1, 7 Abs 1 Z 1, 21 Abs 1 Z 1 GlBG). Wird der AN im Zusammenhang mit seinem Arbeitsverhältnis von Dritten belästigt, so ist der AG verpflichtet, **angemessen Abhilfe** zu schaffen (vgl §§ 6 Abs 1 Z 2 und 3, 7 Abs 1 Z 2 und 3, 21 Abs 1 Z 2 und 3 GlBG).

  Das Verhalten des AG kann weiters einen **Austrittsgrund** verwirklichen (s auch oben).

  Darüber hinaus hat der AN nach den §§ 12 Abs 11, 26 Abs 11 GlBG Anspruch auf **Ersatz des** erlittenen **Schadens** gegenüber dem Belästiger bzw, wenn dieser Übergriffe Dritter nicht unterbunden hat, auch gegenüber dem AG. Besteht der Nachteil nicht in einer Vermögenseinbuße, so gebührt dem AN zum Ausgleich der erlittenen persönlichen Beeinträchtigung angemessener Schadenersatz im Ausmaß von mindestens € 1.000,–.

  Der Ersatz des diesbezüglichen **immateriellen Schadens** wird also **mit** einer **Mindestsumme pauschaliert.**

Entscheidung 133: Sexuelle Übergriffe

Sachverhalt: Der bekl AG will mit der Kl nach Arbeitsschluss noch etwas besprechen. Als sie einander an einem Arbeitstisch gegenüberstehen, teilt der AG der AN mit, dass er sich in sie „verschaut" habe, tritt an ihre Seite und beginnt, sie an den Schultern, im Gesicht, an der Brust und am Ge-

[2]) *Löschnigg,* Arbeitsrecht[12] 385 mwN.

säß zu streicheln. Die AN stößt ihn zurück und fragt, was das denn solle. Daraufhin nimmt der AG ihren Kopf zwischen seine Hände und zwingt sie trotz Gegenwehr zu einem Zungenkuss. Er entfernt sich dann von der AN und erwähnt, dass er zwei AN kündigen müsse. Wenn sie mit ihm ins Bett gehe und sich öfter mit ihm treffe, würde sie von der Kündigung nicht betroffen sein. Obwohl die AN erklärt, dass sie daran nicht interessiert sei, ihre Handtasche nimmt und das Firmengebäude verlässt, bedrängt und belästigt sie der Bekl in gleicher Weise – auch telefonisch – weiter, bis sie um einvernehmliche Auflösung des Arbeitsverhältnisses ersucht. Die Kl begehrt Schadenersatz.

Leitsätze: Bei sexuellen Übergriffen im Arbeitsleben besteht ein Schadenersatzanspruch nach dem GlBG. Erstrecken sich die sexuellen Handlungen über einen längeren Zeitraum, ist der Schadenersatz mit einem Globalbetrag und nicht für jede einzelne sexuelle Belästigung zu bemessen.

Lässt der AG trotz massiver Gegenwehr nicht von der AN ab, droht er ihr vielmehr darüber hinaus mit dem Verlust des Arbeitsplatzes und hält diese Vorgangsweise mehr als eine Woche an, gebührt ein Schmerzengeld von S 50.000,–.

OGH 21. 1. 1999, 8 ObA 188/98 z, DRdA 2000, 50 *(Eichinger)* = ZAS 2000, 20 *(Brodil)*

8.1.1 Konkretisierungstheorie

Die die Fürsorgepflicht umschreibenden Generalklauseln in § 18 AngG, § 1157 ABGB werden nach hA **durch** die äußerst detaillierten **öffentlich-rechtlichen Vorschriften des Arbeitnehmerschutzrechts** iwS im ASchG, AZG etc (vgl 8.5) **konkretisiert,** sodass deren Inhalte auch Bestandteil der Arbeitsvertragspflichten des AG werden (sog Konkretisierungstheorie).

Das bedeutet, dass der AG die aus dem öffentlichen Recht resultierenden, dem kontrollierenden Staat gegenüber bestehenden Pflichten auch dem AN aus dem Arbeitsvertrag schuldet. Bei Verletzung von Arbeitnehmerschutzrecht treten somit zu den **Sanktionen des öffentlichen Rechts** – diese bestehen insb aus Verwaltungsstrafen – jene des Zivilrechts. Wie diese im Einzelnen geartet sind, hängt von der Art des geltend gemachten Anspruchs ab:

- Ist der Anspruch konkret genug und somit dazu geeignet, kann der AN aus seinem Arbeitvertrag **auf Erfüllung** von Arbeitnehmerschutzvorschriften **klagen.**

Beispiel: Der AG verweigert entgegen den §§ 69 f ASchG die Gewährung eines Schutzhelms.

Da das Klagebegehren entsprechend substantiierbar ist, steht dem AN die Möglichkeit der (Erfüllungs-)Klage auf Überlassung des Schutzhelms beim ASG offen.

- Kommt es durch Pflichtverletzungen des AG im Falle der Erbringung der Arbeitsleistung zur Gefährdung von Leben, Gesundheit oder anderen Rechtsgütern des AN, so kann dieser berechtigt sein, die **Arbeitsleistung** bis zur Herstellung des rechtmäßigen Zustandes **zurückzubehalten.**

Die Zurückbehaltung der Arbeitsleistung ist als Reaktion sowohl auf die Verletzung der Entgeltpflicht (vgl dazu auch 2.1.3.2.1 b, 6.1.1) als auch bei schwerwiegenden Fürsorgepflichtverletzungen von Seiten des AG möglich. Der AN darf allerdings **nicht rechtsmissbräuchlich** vorgehen, also etwa bei lediglich geringfügigen oder strittigen Ansprüchen die Arbeit verweigern[3]).
Zu beachten ist in diesem Zusammenhang auch die Sonderbestimmung des § 8 Abs 1 Satz 1 AVRAG. Demnach ist es **dem AN erlaubt, bei ernster und unmittelbarer Gefahr für Leben und Gesundheit den Gefahrenbereich zu verlassen.** Unter den genannten Voraussetzungen hat der AN somit das Recht, die von ihm vertrags- bzw weisungsgemäß zu erbringende Arbeitsleistung zu verweigern bzw einzustellen und sich vom vorgesehenen Arbeitsort so weit zu entfernen, dass damit auch jene Sphäre, in die die maßgebliche Gefahrenquelle ausstrahlt, verlassen wird. Ob der AN verpflichtet ist, außerhalb des Gefahrenbereichs (Ersatz-)Arbeit zu leisten, richtet sich nach dem im Arbeitsvertrag festgelegten Inhalt der Arbeitspflicht; ist diesbezüglich nichts vereinbart, so ist zu prüfen, ob die jeweilige Arbeitsleistung den Umständen nach angemessen ist (§ 1153 ABGB; vgl 4.1). In aller Regel kommt ein Unterbleiben der Arbeitsleistung wegen Nichterfüllung von Arbeitnehmerschutzstandards aus dem Bereich des AG, sodass dem leistungsbereiten AN der Entgeltfortzahlungsanspruch gem § 1155 ABGB zusteht; die genannte Bestimmung, welche grds abdingbar ist (vgl § 1164 ABGB), wird im gegebenen Zusammenhang als zwingend aufgefasst werden müssen (vgl 6.1.1, 6.1.3).

- Der AG kann dann, wenn es im Zuge einer Verletzung der Fürsorgepflicht zu einer Schädigung des AN kommt, auch **schadenersatzpflichtig** werden.

Im Falle eines **Personenschadens** des AN infolge eines Arbeitsunfalls oder einer Berufskrankheit ist jedoch der Schadenersatzanspruch gegen den AG idR auf Grund des sog **Dienstgeberhaftungsprivilegs** gem § 333 ASVG abgeschnitten (vgl 9.2.2).
Die Haftung des AG für in den Arbeitsbereich eingebrachtes Eigentum des AN kann unter Umständen auch verschuldensunabhängig sein (vgl 9.2.1).

- In den verschiedenen Konstellationen kann jeweils auch das Recht zum **Austritt** aus wichtigem Grund zur Debatte stehen (vgl auch 8.1).

---

[3]) Vgl zB OGH 7. 9. 1988, 1 Ob 656/88, ÖJZ 1989, 117; 25. 5. 1994, 9 ObA 6/94, infas 1994 A 143.

8.2 Urlaub[4])

Der Anspruch auf (Erholungs-)Urlaub entspringt der Fürsorgepflicht des AG und ist im **UrlG** konkret geregelt.

Sonderbestimmungen bestehen im BUAG für Bauarbeiter. Für Hausgehilfen und Hausangestellte gilt an sich das UrlG (§ 9 Abs 1 HGHAngG), in § 9 Abs 2 HGHAngG wird allerdings ein spezieller, zu den Ansprüchen nach UrlG hinzutretender Urlaubszuschuss festgelegt (zu Sonderzahlungen vgl allg 5.1.3).

8.2.1 Begriff und Rechtsnatur

Urlaub ist definiert als **Freistellung von der Arbeit unter Fortzahlung des Entgelts.** Die konkrete Arbeitsfreistellung ist gem § 4 UrlG zu vereinbaren (vgl 8.2.5), während des Urlaubskonsums ist gem § 6 UrlG das Arbeitsentgelt weiterzuzahlen (vgl 8.2.6).

Damit unterscheidet sich der Urlaub von der (vereinbarten) **Karenzierung** dadurch, dass während letzterer kein Entgeltanspruch besteht (vgl 4.3). Dieses Unterscheidungskriterium besteht auch gegenüber Bildungskarenz (§ 11 AVRAG), Freistellung gegen Entfall des Entgelts (§ 12 AVRAG) udgl; diese Maßnahmen werden aus Mitteln der Arbeitslosenversicherung oder des AMS gefördert (vgl § 26 AlVG).

Von der – im Gegensatz zur Karenzierung – kraft G zustehenden **Elternkarenz** iSd §§ 15 ff MSchG, §§ 2 ff VKG (vgl 8.5.2.1.2) ist der Urlaub insofern abzugrenzen, als Elternkarenz einseitig in Anspruch genommen werden kann und an Stelle der Fortzahlung des Entgelts Sozialleistungen, insb das Kinderbetreuungsgeld, in Frage kommen.

Der Urlaub dient der **Erholung des AN.** Wegen dieses Erholungszwecks **kann** der Urlaub während des Arbeitsverhältnisses **nicht in Geld abgelöst werden** (§ 7 UrlG).

Die Vereinbarung einer Urlaubsablöse ist absolut rechtsunwirksam. Der Anspruch auf (Natural-)Urlaub besteht aufrecht, wird er eingefordert, muss der AN auch die Ablösezahlung zurückerstatten.

Nur dann, wenn der Urlaubskonsum wegen Beendigung des Arbeitsverhältnisses unmöglich geworden ist, ist der Urlaub als Urlaubsersatzleistung in Geld abzugelten (§ 10 UrlG; vgl 8.2.9).

8.2.2 Ausmaß

Das UrlG sieht im Allgemeinen einen Urlaubsanspruch von **30 Werktagen im Arbeitsjahr** – dieses ist im Allgemeinen zugleich das Urlaubsjahr (s unten) – vor (vgl § 2 Abs 1 UrlG). Bei einer **Dienstzeit von über 25 Jahren** erhöht sich der Urlaubsanspruch auf **36 Werktage** (§ 2 Abs 1 UrlG).

Zeiten aus unmittelbar vorangegangenen **Arbeitsverhältnissen zum selben AG** sind **zusammenzurechnen** (§ 2 Abs 3 UrlG). Ebenso zusammenzurechnen sind Dienstzeiten aus Arbeitsverhältnissen beim selben AG, die keine längeren Unterbrechungen als jeweils drei Monate aufweisen und nicht durch Arbeitnehmerkündigung, unberechtigten Austritt oder vom AN verschuldete Entlassung geendet haben (§ 3 Abs 1 UrlG).

---

[4]) *Löschnigg,* Arbeitsrecht[12] 493 ff; *Spielbüchler,* Arbeitsrecht I[4] 302 ff; *Marhold/Friedrich,* Arbeitsrecht[2] 218 ff; *Windisch-Graetz,* Arbeitsrecht II[8] 206 ff; *Cerny,* Urlaubsrecht[10] (2011); *Reissner* in ZellKomm[2] §§ 1 ff UrlG.

Für die Bemessung des Urlaubsausmaßes sind gem § 3 Abs 2–4 UrlG diverse **sonstige Zeiten anzurechnen,** so etwa die gewöhnliche Dauer eines erfolgreich abgeschlossenen Hochschulstudiums bis zum Höchstausmaß von fünf Jahren (Z 3 leg cit).

Werktag ist jeder Tag, der nicht Sonn- oder gesetzlicher Feiertag ist. Das bedeutet, dass auch dann, wenn in einer Fünftagewoche ohne Samstag gearbeitet wird, der Samstag bei der Urlaubsbemessung mitzurechnen ist.

Besondere Probleme bereitet die Festlegung des Urlaubsausmaßes bei **Teilzeitbeschäftigten.** Auszugehen ist davon, dass auch bei unregelmäßiger Verteilung der Arbeitszeit jährlich ein Zeitraum von fünf bzw – nach 25 Dienstjahren – von sechs Wochen zu Erholungszwecken zur Verfügung stehen soll[5]). Dies gilt auch für die Fälle einer Änderung des Arbeitszeitausmaßes:

Entscheidung 134: Kalendarischer Urlaubsbegriff[6])

Nach dem UrlG wird der „Urlaubsanspruch" in Perioden (kalendarisch) festgelegt, deren Ausmaß nach „Werktagen" (jeder Kalendertag, ausgenommen Sonn- und Feiertage) – also völlig unabhängig vom Ausmaß und der Lage der individuellen Arbeitszeit – bestimmt ist. Die Herabsetzung der Arbeitszeit berechtigt den AG nicht zu einer Reduktion des „Urlaubsanspruchs". AN können darauf bestehen, dass der AG von der Umrechnung auf Arbeitstage oder Arbeitsstunden Abstand nimmt und mit ihnen einen „Urlaub" vereinbart, der nach § 4 UrlG zwei „Urlaubsperioden" im Ausmaß von 30 bzw 36 Werktagen zu umfassen hat[7]).

Nach § 6 Abs 1 UrlG behält der AN während des „Urlaubs" den Anspruch auf das Entgelt nach Maßgabe der folgenden Bestimmungen (§ 6 Abs 2–6 UrlG). Danach hat der AN während seines „Urlaubs" grundsätzlich jenes Entgelt zu erhalten, das er verdient hätte, wenn er in dieser Zeit gearbeitet hätte[8]). Auf das Entgelt in früheren Zeiträumen der Entstehung des „Urlaubsanspruchs" ist nicht abzustellen.

OGH 22. 7. 2014, 9 ObA 20/14b, ASoK 2014, 448

Das UrlG stellt also laut Höchstgericht – entgegen Gepflogenheiten in der Praxis – das Ausmaß nicht auf Arbeitsstunden, sondern vielmehr auf kalendarische Werktage ab und meint damit einen jeweils kalendarischen Zeitraum von fünf (sechs) Wochen als Urlaubszeitraum. In diesem **„kalendarischen" Urlaubssystem** entsteht daher kein Jahresurlaub in Höhe des Beschäftigungsausmaßes oder bestimmter Freistellungsstunden, sondern ein zusammenhängender Erholungszeitraum.

Damit das kalendarische Urlaubsausmaß von jeweils fünf (sechs) Wochen gesichert bleibe, müssen offene Arbeitstage-Urlaubssalden auch während eines Urlaubsjahres immer entsprechend angepasst werden, wenn sich durch Änderungen des Arbeitszeitausmaßes oder der Arbeitszeiteinteilung die **regelmäßige Arbeitstageanzahl einer**

[5]) OGH 12. 1. 1998, 9 ObA 390/97m, ZASB 1998, 33.

[6]) Vgl auch OGH 24. 10. 2012, 8 ObA 35/12y, DRdA 2013, 433.

[7]) Dazu 8.2.5.2.

[8]) Dazu 8.2.6.

Woche verändert. Dies nicht nur, wenn sich die Anzahl erhöht (würde doch sonst der offene Urlaub unter das gesetzliche Ausmaß fallen), sondern auch, wenn sie durch Umstellung auf Teilzeit sinkt. AN müssten in letzterer Situation also eine für sie günstigere entgeltmäßige Bewertung des Urlaubsanspruchs vereinbaren.

Laut OGH sind damit auch E des EuGH zu (österreichischen landesgesetzlichen bzw deutschen) Urlaubsrechten[9]), die auf einem „Arbeitsstunden-" bzw einem „Arbeitstage-Prinzip" aufbauen und daher schon in der Entstehung aliquotieren, für das UrlG nicht maßgeblich.

8.2.3 Erwerb

Der Urlaubsanspruch **entsteht** – außer im ersten Dienstjahr – im vollen Ausmaß **am Beginn des Arbeitsjahres** (§ 2 Abs 2 Satz 2 UrlG).

Nur im ersten halben Jahr des Arbeitsverhältnisses entsteht der Urlaub aliquot zur zurückgelegten Dienstzeit, nach Ablauf der sechs Monate (sog Wartezeit) gebührt er in voller Höhe des Jahresurlaubs (§ 2 Abs 2 Satz 1 UrlG).

Der Urlaubsanspruch wird **durch Zeiten,** in denen **kein** Anspruch auf **Entgelt** besteht, **nicht verkürzt,** sofern gesetzlich nicht ausdrücklich anderes bestimmt wird (§ 2 Abs 2 Satz 3 UrlG).

Diese Regelung schützt vor allem AN, die so lange krank sind, dass die Entgeltfortzahlungsansprüche (vgl 6.2.1) erschöpft sind. Ähnliche Fragen treten im Recht der Sonderzahlungen und im Abfertigungsrecht auf: Während Sonderzahlungen bei Ruhen des Grundentgelts aliquotiert werden können (vgl 5.1.3 E 79), sind Zeiten ohne Entgeltanspruch bei der für die Abfertigung alt notwendigen Mindestdienstzeit zu berücksichtigen (vgl 5.1.4.1.1.2 E 82).

Gesetzliche Aliquotierungsbestimmungen hinsichtlich des Urlaubsanspruchs finden sich insb in § 119 Abs 2 ArbVG bei der erweiterten Bildungsfreistellung für Betriebsratsmitglieder (vgl 13.1.3.2 d), in § 15f Abs 2 MSchG, § 2 VKG im Falle einer Elternkarenz (vgl 8.5.2.1.2), bei Karenzierungen mit arbeitsmarktpolitischer Zwecksetzung, der Familienhospizkarenz und der Pflegekarenz (vgl 4.3.3) sowie in § 9 APSG bei Militär- oder Zivildienstleistungen.

Aus der Praxis: Gem § 15f Abs 2 MSchG gebührt ein Urlaub in Dienstjahren, in die eine Karenz fällt, soweit er noch nicht verbraucht wurde, in dem Ausmaß, das dem um die Dauer der Karenz verkürzten Dienstjahr entspricht.
Das bedeutet, dass die AN den vollen Jahresurlaub in Anspruch nehmen kann, sofern sie ihn vor Beginn des absoluten Beschäftigungsverbots (vgl 8.5.1) bzw der darauf folgenden Karenz konsumiert. Dafür benötigt sie aber eine entsprechende Urlaubsvereinbarung mit dem AG (vgl allg 8.2.5).

8.2.3.1 Umstellung des Urlaubsjahres

Der Urlaub entsteht, abgesehen vom ersten Dienstjahr (vgl 8.2.3), jeweils am Beginn des Arbeitsjahres. **Urlaubsjahr** ist daher grundsätzlich das **Arbeitsjahr** (zur analogen Situation bei der Entgeltfortzahlung im Krankheitsfall nach EFZG vgl 6.2.1.2 a).

---

[9]) EuGH 22. 4. 2010, C-486/08, *ZBR der LKH Tirols;* 13. 6. 2013, C-415/12, *Brandes.*

Das bedeutet, dass jeder einzelne AN abhängig von seinem seinerzeitigen Eintrittsdatum ein anderes Urlaubsjahr haben könnte.

Dem Bedürfnis der Arbeitgeberseite nach Vereinheitlichung der Urlaubsjahre der AN, etwa auf das Kalenderjahr, entspricht § 2 Abs 4 UrlG. Diese Bestimmung erfordert allerdings **Umstellungsregelungen** durch **KollV** oder **BV** (vgl auch 12.4.5) bzw in Betrieben ohne BR durch schriftliche Einzelvereinbarung, welche gewisse Anforderungen erfüllen müssen.

Vereinfacht gesagt ist dem einzelnen AN im **Umstellungszeitraum** für das sog **Rumpfjahr** zumindest der **anteilige Jahresurlaubsanspruch** zu gewähren. Wird also zB das Urlaubsjahr ab einem gewissen Stichtag auf das Kalenderjahr umgestellt und hat ein AN bislang das Urlaubsjahr vom 1. 7. bis zum 30. 6. des Folgejahres, so muss ihm für das Rumpfjahr mindestens der halbe Jahresurlaub gutgeschrieben werden. In gewissen Konstellationen steht dem AN für das Rumpfjahr ein voller Jahresurlaubsanspruch zu (zum neu eingetretenen AN, der zu Beginn des neuen Urlaubsjahres die Wartezeit erfüllt hat, vlg § 2 Abs 4 Z 1 UrlG).

Eine **Umstellung** des Urlaubsjahres durch **Einzelarbeitsvertrag** ist **bei Vorhandensein eines BR nicht vorgesehen** und daher nach allgemeinen Grundsätzen nur dann zulässig, wenn dies für den AN im Verhältnis zum nach § 12 UrlG zwingenden Recht günstiger ist[10]).

Dem AN müsste daher beispielsweise an Stelle des Rumpfjahres ein voller Jahresurlaub gutgeschrieben werden.

8.2.4 Verjährung

Eine Verjährung des Urlaubs tritt gem § 4 Abs 5 Satz 1 UrlG mit Ablauf von **zwei Jahren ab** dem **Ende des Urlaubsjahres, in dem** der **Urlaub entstanden** ist, ein.

Die Frist verlängert sich im Falle von Elternkarenz um den Zeitraum der Karenz (§ 4 Abs 5 Satz 2 UrlG).

Entgegen allgemeinen Grundsätzen des Verjährungsrechts (vgl 5.4.2) kommt eine Verkürzung dieser Verjährungsfrist oder ihr Ersatz durch eine kürzere Verfallsfrist auf Grund des einseitig zwingenden Charakters des UrlG (vgl § 12 leg cit) nicht in Betracht[11]).

Fall 46: Versicherung[12])

Franz ist bereits seit 1. 7. 2011 bei einer Versicherung beschäftigt, war aber noch keinen einzigen Tag auf Urlaub. Am 6. 2. 2015 wird F ungerechtfertigt entlassen. Welche Ansprüche auf Urlaubsersatzleistung stehen ihm zu?

Die allgemeinen Regeln über **Unterbrechung** und **Hemmung** der Verjährung sind im Bereich des § 4 Abs 5 UrlG heranzuziehen.

[10]) OGH 23. 1. 2003, 8 ObA 3/03d, DRdA 2004, 246 *(Pfeil).*

[11]) Vgl auch OGH 5. 9. 2001, 9 ObA 77/01s, DRdA 2003, 40 *(Reissner).*

[12]) Für die Falllösung notwendige Inhalte werden auch unter 8.2.9 besprochen.

Die Verjährung des Urlaubs wird daher beispielsweise durch das **Anerkenntnis** desselben von Seiten des AG unterbrochen.

Aus der Praxis: Um allfällige Behauptungen von Seiten der AN, stehengelassene Urlaubsansprüche seien anerkannt worden, von vornherein zu entkräften, fordern manche AG die AN einige Monate vor der jeweiligen Verjährungsgrenze ausdrücklich auf, den „alten" Urlaub zu verbrauchen.

Entscheidung 135: Krankenstand

ISd allgemeinen Grundsätze der §§ 1494ff ABGB tritt eine Verjährungshemmung ein, wenn der AN infolge krankheitsbedingter Arbeitsunfähigkeit seinen Urlaub nicht verbrauchen kann.

OGH 27. 1. 2000, 8 ObS 178/99f, DRdA 2001, 30 *(Kuderna)*

Fraglich ist, ob diese Hemmung als Fortlaufshemmung oder als Ablaufshemmung auszudeuten ist; im ersteren Fall würde die Verjährung während des jeweiligen Krankenstandes ruhen, sodass nach Wegfall dieses Hindernisses der Rest der Zeit verstreichen muss, bei Annahme einer Ablaufshemmung wird nicht der Lauf der begonnenen Verjährung an sich, wohl aber ihr Ablauf, ihr Zu-Ende-Gehen, bis zum Wegfall des Hemmungsgrundes verhindert[13]). ME ist eine **Ablaufshemmung** zur Gewährleistung des Schutzzweckes ausreichend. Man wird diese aber so zu verstehen haben, dass durch den Eintritt einer Arbeitsunfähigkeit der Rest der Verjährungsfrist stehen bleibt und nach Wegfall des Hinderungsgrundes zu Ende läuft.

8.2.5 Festlegung des Urlaubsverbrauchs

Der konkrete **Urlaubsverbrauch** ist zwischen AN und AG unter Rücksichtnahme auf die Erfordernisse des Betriebs und die Erholungsmöglichkeiten des AN **zu vereinbaren** (§ 4 Abs 1 Satz 1 UrlG). Die Vereinbarung muss Beginn und Ende des Urlaubs enthalten.

Gem § 4 Abs 1 Satz 2 UrlG hat die Urlaubsvereinbarung so zu erfolgen, dass der Urlaub möglichst bis zum Ende des Urlaubsjahres, in dem er entstanden ist, konsumiert werden kann. Einer Verlegung von Urlaubsverbrauch in die Folgejahre steht somit letztlich nichts entgegen. Zu beachten ist allerdings die Verjährungsregel des § 4 Abs 5 UrlG (vgl 8.2.4). Beim tatsächlichen Urlaubsverbrauch ist zuerst immer der älteste Urlaubsrest heranzuziehen[14]).

[13]) *Koziol – Welser/Kletečka,* Bürgerliches Recht I[14] (2014) 254f.

[14]) Eine Disposition der Parteien zu diesem Thema widerspricht dem zwingenden § 4 Abs 5 UrlG und ist daher rechtsunwirksam; so zu Recht *Löschnigg,* Arbeitsrecht[12] 502f; aA *Marhold,* Verbrauch von Alturlauben, ASoK 2001, 170.

Entscheidung 136: Option

Die gesetzliche Notwendigkeit, eine Urlaubsvereinbarung zu treffen, schließt die Annahme eines einseitigen Gestaltungsrechts des AG, etwa in der Form, dass er dem AN den konkreten Urlaubsverbrauch und dessen zeitliche Lagerung vorschreibt, oder eines Gestaltungsrechts des AN, etwa in der Form einer Erklärung, den Urlaub anzutreten, aus.

Auch für die Festlegung des Urlaubsverbrauchs während der Kündigungsfrist ist eine Urlaubsvereinbarung gem § 4 Abs 1 UrlG erforderlich.

In einer Dienstfreistellung während einer Kündigungsfrist von mindestens drei Monaten ist das unbefristete Anbot des AG zum Abschluss von Urlaubsvereinbarungen nach Belieben des AN enthalten. Dies begründet eine Option für den AN, auf Grund der er durch einseitige Erklärung, auch iS einer stillen Annahme gem § 864 ABGB, dem Antrag des AG auch bloß tatsächlich entsprechen kann. Bloßes Stillschweigen gilt nicht als stille Annahme iSd § 864 ABGB. Als Willensbetätigung setzt die stille Annahme neben der Annahmehandlung (Betätigung) auch einen wirklichen Annahmewillen des Oblaten voraus.

OGH 5. 9. 2001, 9 ObA 77/01 s, DRdA 2003, 40 *(Reissner)*

Diese Leitsätze bauen auf einem gefestigten Meinungsstand auf und sind weitgehend nicht zu beanstanden (zu darauf aufbauenden Verfeinerungen s unten). Nur hinsichtlich der Frage der Einräumung einer Option an den AN sollte man nicht starr an der Dienstfreistellung während einer mindestens dreimonatigen Kündigungsfrist hängen, sondern ganz allgemein auf das Verhalten des AG abstellen: Die Absicht des AG, jeglichen Urlaubsverbrauch zu akzeptieren, wird umso eher anzunehmen sein, umso „endgültiger" seine Abstandnahme vom Recht auf die Arbeitsleistung erfolgt.

Die Urlaubsvereinbarung kann **ausdrücklich** oder **konkludent** iSd § 863 ABGB getroffen werden, auch die stille Annahme eines Anbots einer Seite durch die andere iSd § 864 ABGB ist unter den dafür vorgesehenen Voraussetzungen (s oben E 136) denkbar.

Eine konkludente Zustimmung des AN kann zB darin liegen, dass er nach einer Aufforderung des AG, ab sofort so viel wie möglich Urlaub zu verbrauchen – dies wird die Einräumung einer Option sein –, am nächsten Tag nicht zur Arbeit erscheint (zur konkludenten Zustimmung im Zusammenhang mit Betriebsurlauben vgl 8.2.5.1).

Die **einseitige Festlegung** des Termins des **Urlaubsverbrauchs** durch den AG oder den AN ist grundsätzlich **nicht vorgesehen.**

Für den **AG** gilt dies **ausnahmslos.** Verfügt dieser einseitig einen Urlaubsverbrauch, ohne dafür eine Deckung durch allenfalls auch konkludente Zustimmung des AN zu erhalten, so liegt kein Urlaub im Rechtssinne vor. Wird der AN nicht beschäftigt, so steht ihm bei Leistungsbereitschaft Entgeltfortzahlung nach § 1155 ABGB zu (vgl allg 6.1, 6.1.1).

Ein **einseitiger Urlaubsantritt durch den AN** ist nur in zwei Ausnahmefällen möglich, davon abgesehen wird der **Entlassungsgrund** der Arbeitspflichtverletzung (§ 27 Z 4 AngG, § 82 lit f GewO 1859; vgl allg 2.1.3.1.1 c) gesetzt. Die Ausnahmen finden sich zum einen in § 16 Abs 3 UrlG im Zusammenhang mit der Pflegefreistellung (sog **Pflegeurlaub;** vgl 6.2.2.1), zum anderen im **Verfahren nach § 4 Abs 4 UrlG:**

Hat demnach der AN in einem Betrieb, in dem ein für ihn **zuständiger BR** errichtet ist, den von ihm gewünschten Zeitpunkt für den Antritt seines Urlaubs oder eines Urlaubsteiles in der **Dauer von mindestens zwölf Werktagen** dem AG **mindestens drei Monate vorher** bekannt gegeben und kommt eine Einigung zwischen AG und AN nicht zustande, so sind die **Verhandlungen unter Beiziehung des BR** fortzusetzen (§ 4 Abs 4 Satz 1 UrlG). Kommt auch dann **keine Einigung** zustande, so **kann** der **AN** den Urlaub zu dem von ihm vorgeschlagenen Zeitpunkt **antreten, es sei denn,** der AG hat während eines Zeitraumes, der nicht mehr als **acht** und nicht weniger als **sechs Wochen vor** dem vom AN **vorgeschlagenen Zeitpunkt** des Urlaubsantritts liegen darf, wegen des Zeitpunkts des Urlaubsantritts **Klage beim ASG** eingebracht (Satz 2 leg cit).

Unterlässt der AG einen der angesprochenen Verfahrensschritte, etwa die Beiziehung des BR[15]) oder die zeitgerechte Einbringung der Klage samt gehöriger Fortsetzung des Verfahrens, so ist der einseitige Urlaubsantritt des AN rechtmäßig.
Das Verfahren nach § 4 Abs 4 UrlG birgt für den AN einige Gefahren[16]). Besonders gefährlich wird es, wenn der AG tatsächlich den Weg zum ASG beschreitet. In diesem Fall sollte der AN den Urlaubsantritt eher unterlassen, zumal er ansonsten wahrscheinlich gegen eine das Arbeitsverhältnis vorerst einmal jedenfalls zur Auflösung bringende Entlassung (vgl allg 2.1.3.1.3 a, b) ankämpfen muss. Diese kann sich in weiterer Folge als unberechtigt oder berechtigt erweisen, je nachdem, wie das ASG entscheidet.

Die **einseitige Abstandnahme** von einer getroffenen Urlaubsvereinbarung ist nur **aus wichtigem Grund** möglich[17]).

Dabei sind die auf der einen Seite bestehenden Interessen am Bestand der Vereinbarung mit den auf der anderen Seite gegebenen Interessen an der Auflösung gegeneinander abzuwägen. Eine Abstandnahme von der Vereinbarung ist nur bei starkem Überwiegen der Auflösungsinteressen rechtswirksam. Beim AN werden hier insb Arbeitsverhinderungsgründe (Krankheit, sonstiger wichtiger Grund; vgl 6.2) in Frage kommen.

Fall 47: Schlaganfall

Die Angestellte Gerda soll vereinbarungsgemäß ihren Erholungsurlaub am 20. 7. 2015 antreten. Sie hat auch schon Quartier bestellt und ihren Gatten veranlasst, zur selben Zeit seinen Urlaub zu nehmen. Am 15. 7. erfährt der Prokurist des AG, dass seine Mutter infolge eines Schlaganfalls lebensgefährlich er-

---

[15]) OGH 11. 9. 1979, 4 Ob 66/79, Arb 9815.

[16]) Dazu *Kuderna,* Das Verfahren bei Nichtzustandekommen einer Einigung über den Urlaubsantritt, ZAS 1977, 83.

[17]) Vgl zB OGH 6. 9. 1983, 4 Ob 89/83, DRdA 1985, 197 *(Runggaldier).*

krankt ist, aus welchem Grund er die in Tirol wohnhafte Erkrankte sogleich aufsuchen will. Er bittet daher G, ihren Urlaubsantritt in der Weise zu verschieben, dass sie noch am 20. und allenfalls am 21. 7. Dienst versehe und erst dann ihren Urlaub antrete. Dies verweigert G unter Hinweis darauf, dass ihre Anwesenheit im Betrieb an diesen Tagen gar nicht notwendig sei, weil ohnehin sowohl der Geschäftsführer als auch ein weiterer Arbeitskollege im Dienst wären. Sie wird deshalb entlassen. Wie ist die Rechtslage?

8.2.5.1 Betriebsurlaub

Von Seiten des AG einseitig angeordneter Urlaubskonsum ist rechtlich problematisch (vgl 8.2.5). Auch vom AG per Weisung verfügte oder in BV festgelegte Betriebsurlaube sind vor dem Hintergrund des § 4 Abs 1 Satz 1 UrlG unzulässig. Zur Gültigkeit einer entsprechenden Gestaltung bedarf es immer der – allenfalls konkludenten – Zustimmung des AN.

Entscheidung 137: Herbsturlaub

Eine mit § 12 UrlG konforme Auslegung des § 97 Abs 1 Z 10 ArbVG ergibt, dass sich die Rechtssetzungsbefugnis der Parteien der BV nur auf allgemeine Richtlinien, wie zB das Verfahren für die jährliche Inanspruchnahme des Urlaubs und die Festlegung von Urlaubsperioden, beziehen kann.

Eine BV, die festlegt, dass ein zusammenhängender Urlaub von mehr als 14 Tagen nur innerhalb ganz bestimmter Zeiträume im Herbst und im Winter in Anspruch genommen werden kann, beschränkt unzulässig die Rechte, die dem AN aus § 4 Abs 1 UrlG zustehen.

Eine die Ausübung der Rechte des § 4 UrlG wirksam beschränkende „übergeordnete" BV liegt nicht vor. Der AG hätte daher, wenn er der Meinung ist, dass der Wunsch des AN dem Interesse der Belegschaft an einer gerechten Urlaubsgestaltung widerspreche, in der Frist des § 4 Abs 4 UrlG eine Klage wegen des Zeitpunkt des Urlaubsantritts einbringen müssen.

OGH 11. 5. 1988, 9 ObA 103/88, infas 1988 A 96

Zur Verminderung der im Zusammenhang mit Betriebsurlauben bestehenden Rechtsunsicherheit hat der OGH eine Möglichkeit eröffnet, die starre Regelung des § 4 Abs 1 Satz 1 UrlG unter gewissen Voraussetzungen aufzuweichen:

Entscheidung 138: Vorausvereinbarung

Die Vorausvereinbarung eines jedes Jahr zur gleichen Zeit stattfindenden Betriebsurlaubs bereits beim Abschluss des Arbeitsvertrags wider-

spricht grundsätzlich der zwingenden Bestimmung des § 4 Abs 1 UrlG. Wird allerdings auf diese Weise nur ein Urlaubsteil von zwei Wochen zur Festlegung des Betriebsurlaubs verwendet, um wichtigen und immer gleich bleibenden Betriebsinteressen Rechnung zu tragen, so werden die gleichrangigen Erholungsbedürfnisse der Belegschaft durch die individuelle Verfügungsmöglichkeit über den verbleibenden ausreichend langen Urlaubsrest nicht in unzulässiger Weise beeinträchtigt.
Der Dauerschuldcharakter dieser Vereinbarung gestattet außerdem einen Rücktritt aus wichtigen Gründen.
OGH 5. 4. 1989, 9 ObA 72/89, infas 1989 A 101

Diese Leitentscheidung darf nicht – wie dies in der Praxis manchmal vorkommt – einfach so verstanden werden, dass der AG über zwei Wochen Jahresurlaub einseitig verfügen kann. Es ist die **Vorzeichnung** des Betriebsurlaubs **im Arbeitsvertrag** vonnöten, und diese muss so gestaltet sein, dass über **maximal zwei Wochen** auf **immer gleiche Weise** (Zeit, Begründung) verfügt wird.

8.2.5.2 Tageweiser Urlaubsverbrauch

Gem § 4 Abs 3 UrlG kann der Jahresurlaub in zwei Teilen verbraucht werden, doch muss ein Teil mindestens sechs Werktage betragen. Trotz dieser klaren Regelung werden andere Vereinbarungen über den Urlaubsverbrauch anerkannt, wenn diese als für den AN günstiger aufgefasst werden können. Dies kann sogar beim tageweisen Verbrauch der Fall sein:

Entscheidung 139: Fenstertage
Ein über Wunsch des AN erfolgter tageweiser Urlaubsverbrauch ist jedenfalls in den gesetzlichen Urlaubsanspruch einzurechnen.
In Betrieben mit Fünftagewoche ist bei tageweisem Urlaubsverbrauch die Berechnung des Urlaubsanspruchs nicht auf der Grundlage von Werktagen, sondern von tatsächlichen Arbeitstagen durchzuführen, um zu vermeiden, dass sich unter Umständen eine längere Urlaubsdauer ergibt als bei gesetzeskonformem Verbrauch des Urlaubs in Wochen[18]).
Für die Berechnung des Urlaubsentgelts nach Arbeitstagen ist als Teilungsfaktor für das Monatsentgelt die Zahl 22 (durchschnittliche Zahl der Arbeitstage in einem Monat) heranzuziehen, um die für einen Arbeitstag zustehende Urlaubsabgeltung errechnen zu können[19]).
OGH 24. 10. 1990, 9 ObA 172/90, DRdA 1991, 285 *(G. Klein)*

[18]) Vgl dazu allg 8.2.1.
[19]) Vgl dazu allg 8.2.6.

Ein nicht dem G entsprechender Urlaubsverbrauch kann allerdings dort nicht mehr als günstigere Gestaltung aufgefasst werden, wo der Erholungszweck des Urlaubs nicht gewährleistet ist. Dies ist insb dann der Fall, wenn der AG nicht bereit ist, zusammenhängenden Urlaub iSd § 4 Abs 3 UrlG zu gewähren.

In diesem Fall sind die „Raten" kein Urlaub im Rechtssinne, der AN kann den gesamten Urlaub nachfordern, für die Abwesenheitszeiten gebührt ihm Entgeltfortzahlung gem § 1155 ABGB (vgl 6.1, 6.1.1), sodass der AG das bezahlte „Urlaubsentgelt" nicht zurückfordern kann[20]).

8.2.5.3 Verbot der Urlaubsvereinbarung

Gem § 4 Abs 2 UrlG darf ein Urlaubsantritt für Zeiträume, während denen ein AN wegen **Krankheit, Unfall bzw gleichgestellter Tatbestände** (vgl 6.2.1), wegen **Pflegefreistellung** (vgl 6.2.2.1) oder wegen **anderer vom G anerkannter Umstände** (vgl 6.1, 6.2.2) Anspruch auf Entgeltfortzahlung bei Entfall der Arbeitsleistung hat, nicht vereinbart werden, wenn diese **Umstände** bereits **bei Abschluss der Vereinbarung bekannt** waren.

Geschieht dies dennoch, gilt der Zeitraum der Arbeitsverhinderung nicht als Urlaub.

8.2.6 Urlaubsentgelt

Das Urlaubsentgelt ist streng von mit dem Urlaub lose in Beziehung stehenden Sonderzahlungen (14. Monatsgehalt, häufig in KollV „Urlaubszuschuss" oder „Urlaubsgeld" genannt; vgl allg 5.1.3) zu unterscheiden.

Gem § 6 Abs 1 UrlG **behält** der **AN während des Urlaubs** den **Anspruch auf das Entgelt.** Im Detail bedeutet das Folgendes:

- Für Entgelte, die nach Wochen, Monaten oder längeren Zeiträumen bemessen werden, darf während des Urlaubs eine Schmälerung nicht eintreten (§ 6 Abs 2 UrlG). Bei Leistungsentgelten ist gem § 6 Abs 4 UrlG nach dem Durchschnitt der letzten 13 Wochen weiterzuzahlen. Der Gesetzgeber verwendet hier also das **Bezugsprinzip** sowie das **Durchschnittsprinzip** (vgl allg 6.2.1.1. a, 6.2.1.3).

  Bei der Ermittlung eines für einzelne Urlaubstage gebührenden Urlaubsentgelts ausgehend von einem Monatsentgelt wird das Monatsentgelt dadurch auf den Tag umgerechnet, dass es bei Werktagsrechnung durch 26 und bei (ausnahmsweiser) Arbeitstagsrechnung durch 22 dividiert wird (vgl auch 8.2.5.2 E 139).

Beispiel: Ein AN arbeitet von Montag bis Samstag und erhält ein Monatsentgelt von € 2.000,–. Er nimmt eine Woche lang Urlaub.
Das Urlaubsentgelt pro Tag beträgt 2.000 : 26 = € 76,92. Für sechs Werktage Urlaub erhält der AN somit € 461,54.

[20]) *Löschnigg*, Arbeitsrecht[12] 501.

- In allen anderen Fällen, zB bei stunden- oder tageweiser Entlohnung, ist jenes Entgelt zu zahlen, das dem AN gebührt hätte, wenn er den Urlaub nicht angetreten hätte (§ 6 Abs 3 UrlG). Hier wird das **fiktive Ausfallsprinzip** verwendet (vgl allg 6.2.1.2 a, 6.2.1.3).

Welche Entgelte im Detail in die Basis für die Berechnung des Urlaubsentgelts aufzunehmen sind, kann in einem GeneralKollV iSd § 18 Abs 4 ArbVG (vgl 11.1) geregelt werden. Die Berechnungsart für die Regelung der Höhe des Urlaubsentgelts, dh insb Regelungen über den zu berücksichtigenden Durchschnittszeitraum gem § 6 Abs 4 UrlG, können durch KollV bestimmt werden (§ 6 Abs 5 UrlG).

Das Urlaubsentgelt ist für die gesamte Urlaubsdauer im Vorhinein bei Antritt des Urlaubs zu bezahlen (§ 6 Abs 6 UrlG). Es besteht hier also eine **spezielle Fälligkeitsbestimmung** (vgl allg 5.4.1).

8.2.7 Krankheit im Urlaub

Erkrankt oder verunfallt ein AN während des Urlaubs, **ohne** dies **vorsätzlich** oder **grob fahrlässig herbeigeführt** zu haben, so werden gem § 5 Abs 1 UrlG die **Zeiten der Arbeitsverhinderung** auf das Urlaubsausmaß **nicht angerechnet,** wenn dieselbe **länger als drei Kalendertage** gedauert hat. Diese Grundsätze kommen **nicht** zur Anwendung, wenn die Verhinderung durch eine **dem Erholungszweck widersprechende Erwerbstätigkeit** verursacht ist (§ 5 Abs 2 UrlG).

Diese sog **Unterbrechung des Urlaubs** bedeutet, dass die Zeiten der Arbeitsverhinderung wegen Krankheit oder Unfall aus dem Urlaub herauszunehmen sind. Der ursprünglich vereinbarte Urlaub wird dadurch weder abgebrochen noch verlängert.

Beispiel: Urlaub von 29. 6. bis einschließlich 26. 7. 2015.
Variante 1: Der AN erkrankt vom 13. bis 19. 7.
Der Urlaub wird, sofern der AN seinen Meldepflichten (s unten) nachkommt, für diese Zeit unterbrochen. Der AN ist im Krankenstand. Ab 20. 7. befindet er sich wieder bis 26. 7. auf Urlaub.
Variante 2: Der AN erkrankt vom 13. 7. bis 2. 8.
Der Urlaub wird, sofern der AN seinen Meldepflichten nachkommt, bis zum geplanten Ablauf am 26. 7. unterbrochen. Der AN ist im Krankenstand. Nach Ende desselben muss er am 3. 8. seine Arbeit antreten.

Den AN treffen dezidierte **Melde- und Nachweispflichten.** Bei Verstößen gegen diese kommt es zu keiner Unterbrechung des Urlaubs (vgl § 5 Abs 3 UrlG).

Diese Regeln werden **analog** auch auf gewisse **sonstige wichtige** in der Person des AN gelegene **Gründe** (vgl allg 6.2.2) angewendet, so etwa auf die Pflegefreistellung[21]).

[21]) OGH 16. 10. 2002, 9 ObA 90/02 d, DRdA 2003, 362 *(Kallab).*

8.2.8 Kündigung im Urlaub

Eine **Arbeitgeberkündigung** während des Urlaubs ist **prinzipiell möglich.** Das erhöhte Risiko eines Nichtzugangs der Kündigungserklärung trägt der lösende AG (vgl allg 2.1.2).

Auch eine **Entlassung** während des Urlaubs ist denkbar. Hier besteht das gleich gelagerte Problem im Bereich der Zugangsbedürftigkeit der Willenserklärung (vgl 2.1.3). Eine **Zugangsfiktion** wird mangels Schutzwürdigkeit des AN **jedenfalls** dann vertreten, wenn die **Entlassung wegen** eines **unberechtigten Urlaubsantritts** (vgl dazu 8.2.5) erfolgt.

Problematisch ist, dass eine Kündigung mit sehr kurzen Kündigungszeiten während des Urlaubs den Erholungszweck vereiteln kann:

Entscheidung 140: Bodenleger

Sachverhalt: Der Kl ist seit 22. 8. 1983 bei der Bekl als Bodenleger beschäftigt. Der anwendbare KollV sieht vor, dass das Arbeitsverhältnis beiderseits unter Einhaltung einer einwöchigen Kündigungsfrist gelöst werden kann. Der Kl konsumiert vom 4. 8. bis 19. 8. 1986 einen Urlaub. Am 13. 8. wird ihm ein Kündigungsschreiben der Bekl zugestellt.

Der Kl begehrt beendigungsabhängige Ansprüche, insb Abfertigung, weil das Arbeitsverhältnis erst zum 26. 8. 1986 ordnungsgemäß hätte gekündigt werden können und dann mehr als drei Jahre gedauert hätte.

Leitsätze: Beträgt die Kündigungsfrist eine Woche und wird die Kündigung zu einem Termin ausgesprochen, der noch in den Urlaub fällt, steht eine solche Kündigung mit dem Erholungszweck des Urlaubs in Widerspruch, weil der AN, der zur Erhaltung seiner Existenz auf seine Arbeitstätigkeit angewiesen ist, den Urlaub zur Arbeitssuche verwenden müsste, um nach dem Ende des Urlaubs über einen Arbeitsplatz zu verfügen. Eine solche Kündigung ist daher zeitwidrig.

Eine zeitwidrige Kündigung löst das Arbeitsverhältnis zum erklärten und nicht erst zum nächsten zulässigen Kündigungstermin auf. Da der Ausspruch der zeitwidrigen Kündigung rechtswirksam ist, treten die Rechtswirkungen des § 1162b ABGB ein. Dies hat zur Folge, dass dem AN die ihm im Falle einer termingemäßen Kündigung zustehenden Ansprüche gebühren.

OGH 16. 3. 1988, 9 ObA 16/88, ZAS 1990, 193 *(Grassl-Palten)*

Die Kündigung mit kurzer Kündigungszeit während des Urlaubs wird also als zeitwidrige Kündigung mit Schadenersatzfolgen (Kündigungsentschädigung, weitergehender Schadenersatz; vgl allg 2.1.2.3) qualifiziert. Eine Zeitwidrigkeit wird dabei praktisch vor allem im Arbeiterrecht, nicht aber im Angestelltenrecht auftreten, zumal Angestellte zwingend über relativ lange Kündigungszeiten verfügen (vgl allg 2.1.2.1, 2.1.2.2).

8.2.9 Abgeltung nicht verbrauchten Urlaubs

Kommt es vor Verbrauch des Urlaubs zur **Beendigung des Arbeitsverhältnisses,** so ist der offengebliebene Anspruch **in Geld abzufinden.**

Mit der **„Urlaubsersatzleistung"** (§ 10 Abs 1 Satz 1 und 2 UrlG) wird der nicht verbrauchte Urlaub aliquot abgegolten. Die **Aliquotierung** erfolgt nach der „Dauer der Dienstzeit in diesem Urlaubsjahr im Verhältnis zum gesamten Urlaubsjahr", also mangels anderer Anordnung **nach Tagen** (Kalendertagen). Nur im Falle des unberechtigten Austritts gebührt für das laufende Urlaubsjahr überhaupt keine Zahlung (§ 10 Abs 2 UrlG).

Beispiel: Wird das Arbeitsverhältnis genau zur Hälfte des Urlaubsjahres einvernehmlich gelöst und hat der AN in diesem Jahr noch keinen Urlaub verbraucht, so steht ihm die Hälfte des für den Jahresurlaub gebührenden Urlaubsentgelts (zu diesem vgl 8.2.6) zu.
Bereits verbrauchter Urlaub ist auf das aliquote Urlaubsausmaß anzurechnen (§ 10 Abs 1 Satz 2 UrlG). Hätte der AN somit zB zehn Werktage Urlaub in natura verbraucht, so erhält er Urlaubsersatzleistung im obigen Beispiel nicht für 15, sondern nur für fünf Werktage, hätte er bereits 20 Werktage verbraucht, so gebührt keine Urlaubsersatzleistung. Unter Umständen kommt es sogar zu einer Rückerstattungspflicht (s dazu gleich).

Bei überaliquotem Naturalurlaubsverbrauch besteht in gewissen Fällen eine **Rückerstattungspflicht** des AN: Für über das aliquote Ausmaß verbrauchten Urlaub erhaltenes Entgelt ist vom AN im Falle des **unberechtigten Austritts** und der **verschuldeten Entlassung** verhältnismäßig zurückzuerstatten. Der Erstattungsbetrag hat dem für den zu viel verbrauchten Urlaub erhaltenen Urlaubsentgelt zu entsprechen (§ 10 Abs 1 Satz 3 und 4 UrlG).

Bei unberechtigtem Austritt, bei dem es gem § 10 Abs 2 UrlG überhaupt keine Ersatzleistung für das laufende Urlaubsjahr gibt, geht die Rückzahlungspflicht offensichtlich nur bis zum aliquoten Ausmaß. Weitere Rückzahlungspflichten bei anderen Arten der Beendigung sind angesichts der Konzeption der Regelungen ausgeschlossen.

Offene **Urlaube aus vergangenen Urlaubsjahren** sind **voll abzugelten,** sofern sie nicht verjährt sind (§ 10 Abs 3 UrlG; zur Verjährung des Urlaubs allg 8.2.4). Dies gilt auch bei ungerechtfertigtem Austritt.

8.3 Anspruch auf Beschäftigung[22])

Als Hauptpflicht aus dem Arbeitsverhältnis trifft den AN die Arbeitspflicht (vgl 4). Beim Themenbereich „Recht auf Beschäftigung", welcher dogmatisch häufig mit der Fürsorgepflicht in Zusammenhang gebracht wird, geht es um die Frage, ob der AN aus seinem Arbeitsvertrag nicht nur die Pflicht, sondern auch das Recht hat, tatsächlich zu arbeiten. Gegenstand der Diskus-

[22]) *Löschnigg,* Arbeitsrecht[12] 290 ff; *Spielbüchler,* Arbeitsrecht I[4] 300 f; *Windisch-Graetz,* Arbeitsrecht II[8] 74 ff.

sion ist somit die Frage des Vorliegens eines zivilrechtlichen Erfüllungsanspruchs des AN in Bezug auf die Abnahme der Arbeit (zum verfassungsrechtlichen Problem des „Rechts auf Arbeit" vgl 8.3.1).

Ein Anspruch auf Beschäftigung wird dann problematisiert, wenn ein **AN** vom AG **nicht** oder **nicht wie geplant eingesetzt** wird.

Typische Fälle sind Suspendierungen oder (rechtswidrige) Versetzungen von AN auf Positionen, auf denen sie ihre Kenntnisse und Fähigkeiten nicht entsprechend ausspielen können.

Beispiel: Ein Berufsfußballer, der auch Mitglied der Nationalmannschaft ist, wird von seinem AG aufgefordert, in Hinkunft in der Amateurmannschaft zu spielen und zu trainieren, weil er sich weigert, für die Zeit nach Ablauf des befristeten Arbeitsvertrags ein weiteres Arbeitsverhältnis zu vereinbaren, und außerdem den Vereinspräsidenten in der Presse kritisiert.

Wird ein AN vom AG nicht oder nicht dem Vertrag bzw dem Versetzungsrecht (vgl 4.2) gemäß beschäftigt, so hat er, wenn er sich leistungsbereit erklärt, einen **Entgeltfortzahlungsanspruch gem § 1155 ABGB** (vgl 6.1, 6.1.1). In vielen Fällen ist den Interessen des AN damit Genüge getan. Es gibt allerdings AN, denen es nicht nur auf die Entgeltzahlung ankommt, sondern die zur Erhaltung und Pflege ihrer Kompetenzen Wert auf tatsächliche Beschäftigung legen müssen. Hier stellt sich die Frage, ob sie gegenüber dem AG die tatsächliche Beschäftigung durchsetzen können.

Zivilrechtlich betrachtet befindet sich der AG in den hier interessierenden Fällen im **Annahmeverzug,** häufig sogar im **subjektiven,** dh verschuldeten Annahmeverzug. Diese Phänomene stellen nach allgemeinem Zivilrecht grundsätzlich eine bloße **Obliegenheitsverletzung** dar. Obliegenheiten sind Rechtspflichten des eigenen Interesses oder „Rechtspflichten minderer Art", denen auf der Seite des Vertragspartners keine subjektiven Rechte entsprechen, weshalb sie idR nicht unmittelbar durchgesetzt werden können. Befindet sich ein Gläubiger im Annahmeverzug, so treffen ihn zwar die „widrigen Folgen" (§ 1419 ABGB) – im Arbeitsrecht ist das die Entgeltfortzahlungspflicht gem § 1155 ABGB –, der Schuldner kann den Gläubiger allerdings nicht zur Abnahme der Leistung zwingen, weil der Annahmeverzug **keine Vertragsverletzung** ist, sodass mit ihr **kein Erfüllungsanspruch** verbunden ist.

Da jemand, der eine Obliegenheitsverletzung begeht, nicht rechtswidrig iSd § 1295 ABGB handelt, kommt auch eine Schadenersatzpflicht nicht in Frage.

Hat jemand einen **Anspruch auf Abnahme der Leistung,** wird der **Annahmeverzug** zugleich zum **Schuldnerverzug** und damit zur **Vertragsverletzung** (Pflichtverletzung, nicht bloß Obliegenheitsverletzung).

Der subjektive Annahmeverzug ist daher auch rechtswidrig und löst Schadenersatzansprüche aus.

Im Allgemeinen wird ein **Anspruch auf Beschäftigung** vom österreichischen Arbeitsrecht **nicht anerkannt.** Es gibt allerdings **Ausnahmen** von diesem Grundsatz **im positiven Recht,** die **verallgemeinerungsfähig** sind.

Neben diesen **einseitig zwingenden gesetzlichen Ansprüchen** ist es zudem immer denkbar, einen Beschäftigungsanspruch **vertraglich einzuräumen.**

- Ein erster sondergesetzlicher Ansatzpunkt für ein Recht auf Beschäftigung findet sich in § 18 TAG, wonach der AG verpflichtet ist, den **AN mit Bühnenarbeitsvertrag** unter Bedachtnahme auf den Inhalt des Vertrags, seine Eigenschaften und Fähigkeiten und die Art der Führung des Betriebs angemessen zu beschäftigen.

Beispiel: Ein 67-jähriger Burgschauspieler wird die Besetzung als Romeo nicht einfordern können, auch wenn er bereits häufig als Liebhaber brilliert hat. Er kann nämlich nicht dem hier geforderten Rollenfach des jugendlichen Liebhabers entsprechen. Eine Besetzung als Capulet oder Montague senior könnte für ihn nach Maßgabe der konkreten Umstände schon eher durchsetzbar sein.

Bei Verstoß gegen diese Beschäftigungspflicht werden dem AN gem § 18 Abs 2 und 3 TAG neben dem Erfüllungsanspruch ausdrücklich auch ein Austrittsrecht und Anspruch auf Schadenersatz eingeräumt.

Grund für die Statuierung eines Beschäftigungsanspruchs bei künstlerisch tätigen AN in Theatern ist die Publikumsbezogenheit ihrer Arbeit. Ein derartiges **„Publikumsinteresse“**, also ein Interesse, die beruflichen Fähigkeiten in der Öffentlichkeit zu pflegen und den Kontakt zur Öffentlichkeit zu halten, haben allerdings nicht nur Schauspieler. Die aus dem TAG zu entnehmenden Wertungen treffen auch auf andere AN zu, sodass für diese analog zum TAG ein Anspruch auf angemessene Beschäftigung anzuerkennen ist. Zu diesem Kreis von AN gehören beispielsweise sonstige Künstler und Angehörige des Showbusiness, AN aus der Medienbranche wie Journalisten, Fernsehmoderatoren udgl, Wissenschaftler und Berufssportler.

- Weitere Ansatzpunkte für einen Anspruch auf Beschäftigung finden sich im BAG. Zum einen ist im **Lehrverhältnis** eine Pflicht des Lehrberechtigten vorgesehen, für die Ausbildung des Lehrlings, die vor allem durch praktische Unterweisung im Betrieb erfolgen soll, zu sorgen (vgl § 9 BAG). Auch die Behaltepflicht (vgl § 18 BAG) bezieht sich nicht nur auf die Bezahlung des Entgelts, sondern gewährt dem ausgelernten Lehrling ein Recht, in seinem Beruf weiter verwendet, also tatsächlich beschäftigt zu werden.

Grund für ein Einräumung eines Beschäftigungsanspruchs gegenüber Lehrlingen ist das **„Ausbildungsinteresse“**, welches diese Art von AN haben. Ein Ausbildungsinteresse ist auch bei anderen AN zu konstatieren, so etwa bei Rechtsanwaltsanwärtern, Notariats- und Patentanwaltskandidaten, Steuerberateranwärtern etc.

Allgemeiner kann man sowohl beim Lehrling als auch beim Schauspieler von einem **„Betätigungsinteresse“** sprechen.

Fall 48: Chirurg

Der Kl ist seit 6. 11. 1978 bei der Bekl als Vorstand der Abteilung für Allgemein- und Gefäßchirurgie in einem Krankenhaus beschäftigt. Seit geraumer Zeit gibt er durch sein Verhalten Anlass zu Beschwerden. So legte er zuerst gegenüber dem Pflegepersonal und seit zweieinhalb Jahren auch gegenüber den ärztlichen Kollegen ein äußerst aggressives Verhalten an den Tag. Dies äußerte sich insb darin, dass er seine ärztlichen Kollegen bei der Visite vor dem Pflegepersonal und den Patienten ständig massiv beschimpfte. Der Kl ist auch seiner Ausbildungsverpflichtung nicht ausreichend nachgekommen. Seine mangelnde Kommunikationsbereitschaft führte auf der chirurgischen Abteilung zu einer mangelhaften Organisation und zu Konflikten. Spannungen mit der Krankenhausverwaltung sowie mit einer Reihe von praktischen Ärzten wurden zum einen infolge der Einweisungspraxis des Kl und zum anderen deswegen hervorgerufen, weil Patienten, die nicht über seine Praxis eingewiesen wurden, negative Erfahrungen machten. Mit Schreiben vom 14. 5. 1996 wurde der Kl vom Dienst suspendiert, mit Schreiben vom 25. 6. 1996 wurde er zum 30. 6. 1997 gekündigt.

Die berufliche Tätigkeit eines Chirurgen erfordert nicht nur eine ständige theoretische Weiterbildung, sondern auch ein ständiges manuelles Training, weil die operative Geschicklichkeit ohne ein solches Training schwindet. Das gilt insb für hoch spezialisierte Leistungen, wie sie in der großen Abdominalchirurgie, der Lungenchirurgie, der Gefäßchirurgie und auch in der laperoskopischen Chirurgie verlangt werden. Länger dauernde Unterbrechungen führen zu einem Qualitätsverlust, zum Niedergang des chirurgisch-handwerklichen Niveaus und beeinflussen die berufliche Tätigkeit des Arztes negativ. Sie können sich auch für künftige Patienten schädlich auswirken.

Der Kl begehrt, die Bekl schuldig zu erkennen, ihn als Vorstand weiter zu beschäftigen. Zugleich stellt er ein gleichlautendes Begehren auf Sicherung durch einstweilige Verfügung für die Dauer des Rechtsstreits, längstens aber bis 30. 6. 1997. Wie ist die Rechtslage?

(Nach OGH 13. 11. 1996, 9 ObA 2263/96, DRdA 1997, 207 *[Resch]*)

Entscheidung 141: Fußballerisches Niveau

Der OGH hat zwar ein allgemeines Arbeitnehmerrecht auf Beschäftigung nie anerkannt, wohl aber – vor allem im Zusammenhang mit bestimmten, hoch qualifizierten Chirurgen – judiziert, dass AN, bei denen das Brachliegen ihrer Fähigkeiten zwangsläufig zu einem Qualitätsverlust und zur Minderung des chirurgisch-handwerklichen Niveaus führt, in gewissem Umfang ein solches Recht zuerkannt werden muss, das ohne gewichtige Rechtfertigungsgründe nicht eingeschränkt werden kann.

Hochqualifizierten Fußballern, bei denen die Nichtbeschäftigung nicht nur zum Verlust ihres „Marktwerts“, sondern vor allem zu einem Qua-

litätsverlust und zur Minderung des fußballerischen Niveaus führen muss, ist ein Recht auf Beschäftigung zuzubilligen.

Das Recht des Berufsfußballspielers auf Beschäftigung umfasst nicht das Recht auf Einsatz in der Kampfmannschaft. Jedem Berufsfußballspieler muss klar sein, dass ein Einsatz in der Kampfmannschaft von seinen fußballerischen Leistungen, aber auch von sportlichen Überlegungen der Vereinsleitung (Wahl der Taktik sowie der Spielanlage der Mannschaft) abhängig ist.

Dem Berufsfußballspieler muss aber die Teilnahme am Training der Kampfmannschaft ermöglicht werden. Das vom AN geltend gemachte Recht auf Teilnahme an den Lehrgängen des AG ist vom Recht auf Beschäftigung ebenfalls umfasst, weil insofern all jene Überlegungen zum Tragen kommen, die im Zusammenhang mit dem Training anzustellen sind.

Soweit der AN allerdings die Teilnahme an allen Spielerbesprechungen des AG, an allen „sonstigen, der Spiel- und Wettkampfvorbereitung dienenden Veranstaltungen", an In- und Auslandsreisen und an allen sportlichen Veranstaltungen des Vereins anstrebt, ist sein Begehren zu weit bzw nicht hinreichend bestimmt, weil der Anspruch des AN nur jene Besprechungen, Vorbereitungen, Reisen und Veranstaltungen erfassen kann, die zur Aufrechterhaltung seiner Qualifikation erforderlich sind.

Unbestritten ist der Anspruch des AN auf medizinische und sporttherapeutische Betreuung.

Zu verneinen ist ein Anspruch des AN auf Teilnahme „an allen sonstigen Darstellungen des Vereins oder der Spieler zum Zwecke der Öffentlichkeitsarbeit für den AG". Mit der Notwendigkeit, die für die Ausübung des Spitzenfußballs erforderlichen Qualitäten des AN zu erhalten, lässt sich ein solcher Anspruch nicht begründen. Dass mit der Nichtteilnahme des AN an solchen „Darstellungen" eine Beeinträchtigung des Marktwerts eines Fußballers verbunden sein kann, mag zwar unter Umständen zutreffen, reicht aber nicht aus, um iSd eingangs dargelegten Rechtslage den darauf gerichteten Anspruch des AN zu bejahen.

OGH 1. 2. 2007, 9 ObA 121/06v, DRdA 2007, 477 *(Brodil)* = ZAS 2008, 86 *(Thomas)*

Diese E ist **in den meisten Punkten,** so insb auch im Hinblick auf die im Theaterarbeitsrecht (s oben) zum Ausdruck kommende **Relativität des Beschäftigungsanspruchs** (Recht auf Teilnahme am Training der Kampfmannschaft, aber nicht auf Teilnahme am Meisterschaftsspiel) **zutreffend.** Zu **kritisieren** ist, dass der OGH das **Interesse des Sportlers an der öffentlichen Präsentation nicht entsprechend hoch einschätzt** und den Beschäftigungsanspruch vor allem dort gewährt, wo die sportliche Qualifikation geschützt werden soll. Die angemessene Präsentation des Sportlers auf Mannschaftsfotos, bei Werbeveranstaltungen bzw -kampagnen sowie bei sonstigen gemeinsamen öffentlichen Auftritten ist allerdings mE ein durchaus berechtigtes Anliegen des AN. Es droht ihm sonst das ernste, für sein weiteres Fortkommen problematische Schicksal, aus der öffentlichen Wahrnehmung zu verschwinden.

8.3.1 Exkurs: Recht auf Arbeit

Vom Recht auf Beschäftigung streng zu unterscheiden ist das sog Recht auf Arbeit. Die Frage des Rechts auf Arbeit wird im Verfassungsrecht diskutiert. Es geht hier um die Anerkennung **„sozialer Grundrechte"**.

Im Gegensatz zum Anspruch auf Beschäftigung, der ein zivilrechtlicher Anspruch des AN gegen den AG ist (vgl 8.3), betrifft das „Recht auf Arbeit" Ansprüche gegenüber dem Staat.

Der in Österreich und in vergleichbaren Staaten bestehende Grundrechtskatalog umfasst in aller Regel sog liberale Grundrechte, das sind Grundrechte im **status negativus,** dh Ausgrenzungs- bzw Freiheitsrechte des Bürgers im Verhältnis zum Staat. Soziale Grundrechte sind demgegenüber Grundrechte im **status positivus,** die Leistungsansprüche des Einzelnen gegenüber dem Staat beinhalten. Diese sind in ihrer reinen Form im österreichischen Verfassungsrecht nicht vorgesehen.

In der bestehenden Wirtschaftsordnung ist die Einräumung eines „Rechts auf Arbeit" iS eines subjektiven, öffentlich-rechtlichen Anspruchs gegenüber dem Staat kaum denkbar, weil, um ein solches Recht auch tatsächlich erfüllen zu können, der Staat über die entsprechenden Arbeitsplätze in einer kaum eingrenzbaren Art und Weise verfügen müsste. Es hat sich daher eine pragmatische Sichtweise durchgesetzt, nach der die in der Gesellschaft bestehenden diesbezüglichen Anliegen nicht durch subjektive verfassungsrechtliche Ansprüche, sondern durch weichere rechtliche Maßnahmen Berücksichtigung finden sollen:

- Es gibt beispielsweise die Möglichkeit, sog **Programmsätze** in Verfassungsurkunden aufzunehmen. Ein derartiger Programmsatz könnte sich im gegebenen Zusammenhang etwa auf das Postulat der Vollbeschäftigungspolitik beziehen.
- Eine zweite Strategie ist die Einräumung einer institutionellen Garantie **(Einrichtungsgarantie).** In diesem Sinne könnten Einrichtungen der sozialen Sicherheit, etwa das Rechtsinstitut der Arbeitslosenversicherung, verfassungsrechtlich gewährleistet werden.

Derartige Programmsätze und institutionelle Garantien befinden sich in von Österreich ratifizierten **völkerrechtlichen Verträgen.** Die ESC beispielsweise enthält in Art 1 unter der Rubrik „Das Recht auf Arbeit" den Programmsatz, einen stabilen Beschäftigungsstand zu halten und die Verwirklichung der Vollbeschäftigung als Hauptziel anzuerkennen (Z 1 leg cit), weiters sind Einrichtungsgarantien für unentgeltliche Arbeitsvermittlung und für Berufsberatung, berufliche Ausbildung und Wiedereingliederung vorgesehen (Z 3 und 4 leg cit).

Ähnliche Bestimmungen enthält der IPWSK (vgl insb Art 6 leg cit).

Beide internationalen Übereinkommen wurden von Österreich formell **nicht** im **Verfassungsrang,** sondern im Rang eines einfachen G und unter **Erfüllungsvorbehalt** ratifiziert (sog spezielle Transformation).

Sie sind daher weder Bestandteil des Verfassungsrechts im formellen Sinn, noch kann sich der einzelne Bürger auf sie berufen. Die Rechtsquellen und die aus ihnen zu entnehmenden Wertungen stellen aber eine Interpretationshilfe bei der Konkretisierung zivilrechtlicher Generalklauseln dar. Das bedeutet etwa, dass sie bei der Eingrenzung eines allfälligen Anspruchs auf Beschäftigung (vgl 8.3) für die Sichtweise des AN ins Treffen geführt werden können.

8.4 Beruflicher Aufstieg und Gleichbehandlung

Nach den §§ 3 Z 5, 17 Abs 1 Z 5 GlBG, § 7b Abs 1 Z 5 BEinstG beziehen sich die Gleichbehandlungsgebote der G, wonach niemand **auf Grund** des **Geschlechts,** der **ethnischen Zugehörigkeit,** der **Religion** bzw **Weltanschauung,** des **Alters,** der **sexuellen Orientierung** oder einer **Behinderung** im Zusammenhang mit einem Arbeitsverhältnis unmittelbar oder mittelbar diskriminiert werden darf, auch auf Fragen des beruflichen Aufstiegs, insb Beförderungen (zu sonstigen Materien vgl 2.3.3.1, 3.1.3, 5.3.3.2).

Bei **Verstoß** gegen diese spezielle Facette der Gleichbehandlung sehen die §§ 12 Abs 5, 26 Abs 5 GlBG, § 7e Abs 2 BEinstG vor, dass den diskriminierten AN **Schadenersatz** zusteht. Dieser umfasst den Ersatz des Vermögensschadens sowie eine Entschädigung für die erlittene persönliche Beeinträchtigung in Höhe der Entgeltdifferenz für mindestens drei Monate zwischen jenem Entgelt, das der AN bei erfolgtem beruflichem Aufstieg erhalten hätte, und dem tatsächlich erhaltenen Entgelt, wenn der AN bei diskriminierungsfreier Auswahl beruflich aufgestiegen wäre. Der Ersatzanspruch gebührt in Höhe von bis zu € 500,–, wenn der AG nachweist, dass der dem Stellenwerber durch die Diskriminierung entstandene Schaden nur in der Nichtberücksichtigung der Bewerbung besteht.

In G, V, kollektiven Rechtsquellen des Arbeitsrechts oder generellen Weisungen des AG vorgesehene **Quotenregelungen** stellen **keine Diskriminierung** iSd GlBG dar (vgl §§ 8, 22 GlBG).

Unter **„Quotenregelungen"** versteht man vorübergehende Sondermaßnahmen zur beschleunigten Herbeiführung der De-facto-Gleichberechtigung. Es geht also um rechtliche Vorgaben, durch welche die an sich von Gleichbehandlungsvorschriften nicht angesprochene tatsächliche Situation in Richtung der Gleichstellung von Frauen und Männern oder anderer Vergleichsgruppen vorangetrieben werden soll.

Beispiel: Während im Bereich der Angestellten eines Betriebs die Frauenquote bei ca 50 % liegt, beträgt sie im Management nur 10 %.
Es wird daher eine BV gem § 97 Abs 1 Z 25 ArbVG geschlossen (vgl 12.4.4), wonach im Falle anstehender Beförderungen bis zur Erreichung eines Frauenanteils von 50 % in den Managementebenen Frauen bei gleicher Qualifikation gegenüber Männern automatisch den Vorzug erhalten sollen.

Die Bestimmungen des GlBG, die Quotenregelungen gestatten, sind **unionsrechtskonform** am Maßstab der einschlägigen Judikatur des EuGH zu **interpretieren:**

Entscheidung 142: Marschall

Die GleichbehandlungsRL steht einer nationalen Regelung nicht entgegen, nach der bei gleicher Qualifikation von Bewerbern unterschiedlichen Geschlechts in Bezug auf Eignung, Befähigung und fachliche Leistung weibliche Bewerber in behördlichen Geschäftsbereichen, in denen im jeweiligen Beförderungsamt einer Laufbahn weniger Frauen als Männer beschäftigt sind, bevorzugt zu befördern sind, sofern nicht in der Person eines männlichen Mitbewerbers liegende Gründe überwiegen, vorausgesetzt

- **diese Regelung garantiert gleich qualifizierten männlichen Bewerbern in jedem Einzelfall, dass die Bewerbungen Gegenstand einer objektiven Beurteilung sind, bei der alle die Person der Bewerber betreffenden Kriterien berücksichtigt werden und der den weiblichen Bewerbern eingeräumte Vorrang entfällt, wenn eines oder mehrere dieser Kriterien zu Gunsten des männlichen Bewerbers überwiegen, und**
- **solche Kriterien haben gegenüber weiblichen Bewerbern keine diskriminierende Wirkung.**

EuGH 11. 11. 1997, C-409/95 Slg 1997, I-6363 = EAS RL 76/207/EWG Art 2 Nr 12 *(Biskup)* = ZAS 1998, 60

Nach dieser Leitentscheidung des EuGH sind Quotenregelungen dann zulässig, wenn sie zu Gunsten des überrepräsentierten Geschlechts, im konkreten Fall also der Männer, eine **zweite Schiene** für Gleichqualifizierte eröffnen, über die diese mit anderen, sachlichen Argumenten (zB soziale Situation) die Beförderung doch noch erreichen können.

Quotenregelungen sind jedenfalls nur auf der Ebene von **gleich qualifizierten** AN denkbar. Eine geschlechtsspezifische Bevorzugung von weniger Qualifizierten gegenüber besser Qualifizierten ist ein Verstoß gegen die einschlägigen RL (wN s 10.2.2) bzw das GlBG.

8.5 Ausgewählte Fragen des Arbeitnehmerschutzrechts

Zum Arbeitnehmerschutzrecht gehören jene Bestimmungen **öffentlichrechtlicher Natur,** die auf unmittelbarem staatlichen Eingriff basieren und den AN vor den mit seiner Arbeitsleistung zusammenhängenden Gefahren für Leben, Gesundheit und Sittlichkeit schützen sollen.

Die bei weitem wichtigste für die Vollziehung des Arbeitnehmerschutzrechts zuständige Behörde ist das **Arbeitsinspektorat** iSd ArbIG.

Das Arbeitnehmerschutzrecht wird in den technischen Arbeitnehmerschutz, in den Verwendungsschutz und in den Arbeitszeitschutz eingeteilt. Im Folgenden wird ein Überblick über die beiden erstgenannten Normenkomplexe gegeben. Der Arbeitszeitschutz wurde bereits an anderer Stelle angesprochen (vgl 4.4).

8.5.1 Technischer Arbeitnehmerschutz

Der technische Arbeitnehmerschutz umfasst Bestimmungen zur Gewährleistung von Sicherheit und Gesundheitsschutz für die AN in Bezug auf alle Aspekte, die die Arbeit betreffen. Wichtigste Rechtsgrundlage im Bereich des technischen Arbeitnehmerschutzes ist das **ASchG.**

Das ASchG wird durch zahlreiche V zum Arbeitnehmerschutz konkretisiert.

Die Inhalte des ASchG sind **durch unionsrechtliche Rechtsquellen vorgeprägt.** Zu erwähnen sind insb die ArbeitsschutzrahmenRL 89/391/EWG[23]) sowie die zu dieser ergangenen EinzelRL[24]).

8.5.1.1 Ansatzpunkte der Schutzvorschriften

8.5.1.1.1 Arbeitsstätten und Baustellen

In den §§ 19 – 32 ASchG sind Bestimmungen enthalten, die die Frage betreffen, wie Arbeitsstätten und Baustellen einzurichten sind, um möglichst jede Gefährdung der Sicherheit und Gesundheit von AN zu vermeiden.

So muss etwa im Hinblick auf die **Beleuchtung** von Arbeitsstätten und Baustellen für möglichst ausreichend Tageslicht und gegebenenfalls künstliche Beleuchtung vorgesorgt sein (vgl §§ 21 Abs 2, 24 Abs 1 ASchG).

Weiters ist für **sichere Wege, Fluchtwege** sowie **Ausgänge** vorzusorgen.

Die Arbeitsräume müssen für den Aufenthalt von Menschen geeignet sein, ausreichend Atemluft und **passendes Raumklima** enthalten sowie entsprechende Bodenbeschaffenheit und Größe aufweisen, wobei diese Aspekte immer vor dem Hintergrund der Arbeitsvorgänge und Arbeitsbedingungen zu beurteilen sind (vgl §§ 22 f ASchG).

Es sind Maßnahmen zum **Brand- und Explosionsschutz** sowie zur Leistung **Erster Hilfe** zu treffen (vgl §§ 25 f ASchG).

Schließlich sind in Arbeitsstätten entsprechende **sanitäre Vorkehrungen** (Waschgelegenheiten, Waschräume, nach Geschlecht getrennte Umkleideräume und Toiletten; vgl §§ 27, 29 ASchG) und **Sozialeinrichtungen** (Aufenthaltsräume, Bereitschaftsräume; vgl §§ 28 f ASchG) zur Verfügung zu stellen.

§ 30 ASchG trifft genaue Vorschriften über den **Nichtraucherschutz.** Demnach haben AG dafür zu sorgen, dass Nichtraucher vor den Einwirkungen von Tabakrauch am Arbeitsplatz geschützt sind, soweit dies nach der Art des Betriebs möglich ist. Wenn aus betrieblichen Gründen Raucher und

---

[23]) RL 89/391/EWG des Rates vom 12. 6. 1989 über die Durchführung von Maßnahmen zur Verbesserung der Sicherheit und des Gesundheitsschutzes der AN bei der Arbeit, ABl L 183 vom 29. 6. 1989, 1.

[24]) Vgl zB die RL 89/654/EWG des Rates vom 30. 11. 1989 über Mindestvorschriften für Sicherheit und Gesundheitsschutz in Arbeitsstätten (Erste EinzelRL iSd Art 16 Abs 1 der RL 89/391/EWG, ABl L 393 vom 30. 12. 1989, 1; **„ArbeitsstättenRL“**), die RL 90/269/EWG des Rates vom 29. 5. 1990 über die Mindestvorschriften bezüglich der Sicherheit und des Gesundheitsschutzes bei der manuellen Handhabung von Lasten, die für die AN insb eine Gefährdung der Lendenwirbelsäule mit sich bringt (Vierte EinzelRL iSd Art 16 Abs 1 der RL 89/391/EWG, ABl L 156 vom 21. 6. 1990, 9; **„LastenRL“**) und die RL 90/270/EWG des Rates vom 29. 5. 1990 über die Mindestvorschriften bezüglich der Sicherheit und des Gesundheitsschutzes bei der Arbeit an Bildschirmgeräten (Fünfte EinzelRL iSd Art 16 Abs 1 der RL 89/391/EWG, ABl L 156 vom 21. 6. 1990, 14; **„BildschirmarbeitsRL“**).

Nichtraucher gemeinsam in einem Büroraum oder einem vergleichbaren Arbeitsraum arbeiten müssen, der nur durch Betriebsangehörige genutzt wird, ist gem § 30 Abs 2 ASchG das Rauchen am Arbeitsplatz verboten.

In Aufenthalts- und Bereitschaftsräumen ist durch geeignete Maßnahmen dafür zu sorgen, dass Nichtraucher vor den Einwirkungen von Tabakrauch geschützt sind (§ 30 Abs 3 ASchG). In Sanitäts- und Umkleideräumen ist das Rauchen verboten (§ 30 Abs 4 ASchG).

Fall 49: Rauchpause[25])

In einem Produktionsbetrieb ist es seit langen Jahren üblich, dass die AN zusätzlich zu den nach AZG vorgesehenen Arbeitspausen einmal pro Stunde eine fünfminütige Rauchpause einlegen dürfen. Eines Tages erteilt der AG ein generelles Rauchverbot während der Arbeit. Es wird den AN aber gestattet, die stündliche Rauchpause im Ausmaß von fünf Minuten weiter in Anspruch zu nehmen, allerdings muss hierzu „ausgestempelt" werden, sodass die Rauchpause nicht als Arbeitszeit bezahlt wird. Die AN berufen sich auf eine bestehende betriebliche Übung und wollen die bisherige Praxis aufrechterhalten. Wie ist die Rechtslage?

8.5.1.1.2 Arbeitsmittel und Arbeitsstoffe

Die §§ 33 – 48 ASchG regeln, welche Arbeitsmittel und -stoffe verwendet werden dürfen und ordnen einen bestimmten Umgang mit diesen an.

So ist etwa eine Benutzung gefährlicher Arbeitsmittel oder -stoffe nur durch besonders beauftragte AN erlaubt (vgl §§ 36, 40 ff ASchG). Die verwendeten Arbeitsstoffe sind entsprechend zu kennzeichnen, zu verpacken und zu lagern (vgl § 44 ASchG).

8.5.1.1.3 Arbeitsplätze und Arbeitsvorgänge

Nach den §§ 60 – 72 ASchG soll den AN durch die Ausgestaltung der Arbeitsplätze und -vorgänge ein weitgehend gefahrloses Arbeiten ermöglicht werden.

Bestimmte Arbeiten dürfen beispielsweise nur bei Vorliegen von **Fachkenntnissen** oder bei **besonderer Aufsicht** vorgenommen werden (vgl §§ 62 f ASchG).
Nach den §§ 65 f ASchG sind **Lärm** bzw **sonstige Einwirkungen und Belastungen** soweit wie möglich **zu vermeiden.**
Überdies ist den AN eine **persönliche Schutzausrüstung** und entsprechende Arbeitskleidung zur Verfügung zu stellen (vgl §§ 69 ff ASchG).

In den §§ 67 f ASchG finden sich Schutzbestimmungen betreffend **Bildschirmarbeitsplätze.** Demnach sind AG verpflichtet, Bildschirmarbeitsplätze ergonomisch zu gestalten. Die Arbeitsplätze sind so zu bemessen und einzurichten, dass ausreichend Platz vorhanden ist, um wechselnde Arbeitshaltungen und -bewegungen zu ermöglichen. Es ist für eine geeignete Beleuchtung

---

[25]) Ansatzpunkte für die Falllösung finden sich unter 5.2.2.

und dafür zu sorgen, dass Reflexion und Blendung vermieden werden. Weiters muss die Software für die auszuführende Tätigkeit geeignet und möglichst benutzerfreundlich sein. Die Bildschirmarbeit ist regelmäßig durch Pausen zu unterbrechen, um Belastungen etwa des Sehvermögens zu verringern.

Gem § 10 BS-V muss nach jeweils 50 Minuten ununterbrochener Bildschirmarbeit eine **Pause** oder ein **Tätigkeitswechsel** im Ausmaß von jeweils mindestens zehn Minuten erfolgen, wenn an einem Arbeitstag mehr als zwei Stunden ununterbrochen Bildschirmarbeit geleistet wird.

Die AN haben das Recht auf Untersuchung der Augen in regelmäßigen Abständen sowie bei Sehbeschwerden, wenn nötig durch einen Augenarzt. Sofern erforderlich, sind den AN spezielle **Sehhilfen** zur Verfügung zu stellen.

Entscheidung 143: Bildschirmarbeitsbrille

Ist eine Bildschirmbrille medizinisch indiziert, hat bei sozialversicherten AN der Krankenversicherungsträger grundsätzlich die Kosten zu übernehmen. Der Anspruch beschränkt sich auf die Tarifleistungen (Optiker-Gesamtvertrag), wenn diese vom medizinischen Standpunkt den Zweck der vom Arzt verschriebenen Bildschirmbrille im Wesentlichen erfüllen.

Jenen Kostenanteil für besondere Gläser und Entspiegelung, den der Krankenversicherungsträger nicht übernommen hat und der ausschließlich dem Arbeitnehmerschutz dient, hat nach den Bestimmungen des ASchG und der BS-V der AG zu tragen. Einen Ersatz der Kosten für eine darüber hinausgehende Ausstattung und Qualität kann der AN auch nicht im Vertrauen auf die ärztliche Verordnung vom AG beanspruchen.

OGH 6. 9. 2000, 9 ObA 63/00f, DRdA 2001, 328 *(Mosler)*

8.5.1.2 Durchführung und Kontrolle des Arbeitnehmerschutzes

8.5.1.2.1 Pflichten der AG und der AN

In erster Linie ist der **AG** für die Durchführung des Arbeitnehmerschutzes **verantwortlich.** Er hat **auf seine Kosten** dafür zu sorgen, dass die Zielsetzung des ASchG praxisgerecht und effektiv umgesetzt wird. Insb ist der AG dafür verantwortlich, dass die diversen Arbeitnehmerschutzbestimmungen eingehalten werden (vgl § 3 ASchG).

Im Zusammenhang mit der Ermittlung und Beurteilung der Gefahren hat der AG **Sicherheits- und Gesundheitsschutzdokumente** zu führen und **Unterweisungen der AN** über Sicherheits- und Gesundheitsschutz zu organisieren (vgl §§ 4ff, insb §§ 5, 14 ASchG).

Ebenso wie der AG hat auch jeder **AN** die Arbeitnehmerschutzvorschriften einzuhalten, an Evaluierungsvorgängen mitzuwirken bzw die in diesem Zusammenhang ergangenen Weisungen des AG zu befolgen (vgl § 15 ASchG).

8.5.1.2.2 Gesundheitsüberwachung

Mit Tätigkeiten, bei denen die Gefahr einer Berufskrankheit besteht und einer arbeitsmedizinischen Untersuchung im Hinblick auf die spezifische mit dieser Tätigkeit verbundene Gesundheitsgefährdung prophylaktische Bedeutung zukommt, dürfen AN nur beschäftigt werden, wenn vor Aufnahme der Tätigkeit eine medizinische Untersuchung durchgeführt wurde **(Eignungsuntersuchung)** bzw diese bei Fortdauer der Tätigkeit regelmäßig wiederholt wird (**Folgeuntersuchungen;** vgl § 49 ASchG).

Daneben gibt es Untersuchungen bei Lärmeinwirkung (vgl § 50 ASchG) und sonstige besondere Untersuchungen (vgl § 51 ASchG).

8.5.1.2.3 Sicherheitsvertrauenspersonen

Gem § 10 ASchG sind bei Vorliegen bestimmter Voraussetzungen **vom AG** Sicherheitsvertrauenspersonen in ausreichender Anzahl **zu bestellen.**

Gem § 11 ASchG haben Sicherheitsvertrauenspersonen einerseits die AN zu informieren und die Belegschaftsorgane zu unterstützen. Andererseits haben sie auch den AG zu beraten und mit Sicherheitsfachkräften (vgl 8.5.1.2.4) und Arbeitsmedizinern (vgl 8.5.1.2.5) zusammenzuarbeiten (zum Kündigungs- und Entlassungsschutz vgl 2.3.1.1.1 c, 2.3.1.2).

8.5.1.2.4 Sicherheitsfachkräfte

Grundsätzlich hat jeder AG Unterstützung durch sog Sicherheitsfachkräfte in Anspruch zu nehmen. Der AG kann sich hierzu betriebseigener Mitarbeiter, externer qualifizierter Personen, eines Präventionszentrums oder eines sicherheitstechnischen Zentrums bedienen, weiters gibt es ein sog Unternehmermodell. Art und Ausmaß der sicherheitstechnischen Betreuung richten sich vor allem nach dem Umfang der Gefahr und nach der Anzahl der AN (vgl §§ 73 ff ASchG).

Entsprechend der Zahl der Beschäftigten und der Art von deren Tätigkeit sind **Mindestpräventionszeiten** für Sicherheitsfachkräfte vorgeschrieben (vgl §§ 82 f ASchG).

Sicherheitsfachkräfte haben die **Aufgabe,** die AG, die AN, die Sicherheitsvertrauenspersonen und die Belegschaftsorgane auf dem Gebiet der Arbeitssicherheit und der menschengerechten Arbeitsgestaltung zu beraten und die AG bei der Erfüllung ihrer Pflichten auf diesen Gebieten zu unterstützen (zum Kündigungs- und Entlassungsschutz der Sicherheitsfachkräfte und ihres Hilfspersonals vgl 2.3.1.1.1 c, 2.3.1.2).

8.5.1.2.5 Arbeitsmediziner

Zwecks geeigneter arbeitsmedizinischer Betreuung der AN sieht das ASchG die Heranziehung von Arbeitsmedizinern vor. Der AG kann sich dabei wie bei den Sicherheitsfachkräften (vgl 8.5.1.2.4) betriebseigener bzw externer qualifizierter Personen oder eines arbeitsmedizinischen Zentrums bedienen (vgl §§ 79 ff ASchG).

Als Arbeitsmediziner dürfen nur **Ärzte** bestellt sein, die eine vom BMG anerkannte **arbeitsmedizinische Ausbildung** absolviert haben.

Arbeitsmediziner haben die **Aufgabe,** die AG, die AN, die Sicherheitsvertrauenspersonen und die Belegschaftsorgane auf dem Gebiet des Gesundheitsschutzes, der auf die Arbeitsbedingungen bezogenen Gesundheitsförderung und der menschengerechten Arbeitsgestaltung zu beraten und die AG bei der Erfüllung ihrer Pflichten auf diesen Gebieten zu unterstützen (zum Kündigungs- und Entlassungsschutz der Arbeitsmediziner und ihrer Hilfskräfte vgl 2.3.1.1.1 c, 2.3.1.2).

Arbeitsmediziner sind in dem zur Erfüllung ihrer Aufgaben erforderlichen Ausmaß, mindestens aber im Ausmaß der gesetzlich vorgesehenen **Präventionszeit,** zu beschäftigen (vgl auch 8.5.1.2.4).

8.5.1.2.6 Arbeitsschutzausschuss

Gem § 88 ASchG sind AG verpflichtet, für Arbeitsstätten, in denen sie mindestens 100 AN beschäftigen, einen Arbeitsschutzausschuss einzurichten.

Mitglieder dieses Ausschusses sind der AG oder eine von ihm beauftragte Person, die für die Einhaltung der Arbeitnehmerschutzvorschriften bestellten verantwortlichen Beauftragten, Vertreter der Sicherheitsfachkräfte sowie der Arbeitsmediziner, die Sicherheitsvertrauenspersonen und je ein Vertreter der zuständigen Belegschaftsorgane (vgl § 88 Abs 3 ASchG).

Der Arbeitsschutzausschuss hat die **Aufgabe,** die gegenseitige Information, den Erfahrungsaustausch und die Koordination der betrieblichen Arbeitsschutzeinrichtungen zu gewährleisten und auf eine Verbesserung der Sicherheit, des Gesundheitsschutzes und der Arbeitsbedingungen hinzuwirken.

Bei mehreren Arbeitsstätten, in denen ein Arbeitsschutzausschuss zu installieren ist, ist der AG verpflichtet, am Unternehmenssitz einen **zentralen Arbeitsschutzausschuss** einzurichten (vgl § 88 a ASchG).

8.5.1.2.7 BR

Unabhängig von den speziellen betrieblichen Kontrollinstanzen hat der BR (bzw das zuständige Belegschaftsorgan) ebenfalls wesentliche Kontrollfunktionen im Zusammenhang mit dem Arbeitnehmerschutz.

Gem § 89 Z 3 ArbVG hat der BR insb die Durchführung und Einhaltung der Arbeitnehmerschutzvorschriften zu **überwachen.** Gem § 92 a Abs 1 ArbVG hat der BI den BR in allen Angelegenheiten der Sicherheit und des Gesundheitsschutzes rechtzeitig **anzuhören** und mit ihm darüber zu **beraten** (zu den diversen Kategorien von Mitbestimmungsrechten vgl allg 13.2.1).

8.5.2 Verwendungsschutz

Der Verwendungsschutz ist jenes Teilrechtsgebiet des Arbeitnehmerschutzrechts, in dem es um die Wahrung der Anliegen besonders schutzwürdiger Arbeitnehmergruppen geht. Schutzbestimmungen in diesem Sinn gibt es für **Kinder und Jugendliche** sowie für **(werdende) Mütter.**

Auf den Schutz für Kinder und Jugendliche wurde unter 3.1.4.1 d eingegangen. Im Folgenden werden daher nur die Hauptansatzpunkte des Mutterschutzrechts dargestellt (vgl 8.5.2.1).

Das in Österreich wie auch in vergleichbaren Ländern lange Zeit bestehende prinzipielle **Verbot der Frauennachtarbeit** wurde wegen Verstoßes gegen unionsrechtliche Gleichbehandlungsvorschriften **abgeschafft.**

Entscheidung 144: Stoeckel

Die GleichbehandlungsRL ist hinreichend bestimmt, um die Mitgliedstaaten zu verpflichten, das Verbot der Nachtarbeit bei Frauen – auch wenn davon Ausnahmen bestehen – nicht als gesetzlichen Grundsatz aufzustellen, wenn es kein Verbot der Nachtarbeit von Männern gibt. Der Umstand, dass Frauen faktisch noch immer die Hauptlast der Kinderbetreuung tragen, ist ebenso keine Rechtfertigung wie das Argument, das Nachtarbeitsverbot sei eine Förderungsmaßnahme für Frauen.

EuGH 25. 7. 1991, C-345/89 Slg 1991, I-4047 = RdW 1991, 267

Im Zuge der Außerkraftsetzung der Frauennachtarbeitsbestimmungen wurde der **Schutz der Nachtarbeitnehmer** allgemein **verstärkt.** So hat der Nachtarbeitnehmer Anspruch auf zusätzliche Ruhezeiten, auf besondere, unentgeltliche Untersuchungen seines Gesundheitszustandes und auf Versetzung in den Tagdienst (vgl insb §§ 12a ff AZG).

8.5.2.1 Mutterschutz[26])

Der Mutterschutz weist drei wesentliche Regelungsinhalte auf, nämlich die Beschäftigungsverbote (vgl 8.5.2.1.1), das Recht auf Karenz bzw Teilzeitbeschäftigung (vgl 8.5.2.1.2) sowie den Kündigungs- und Entlassungsschutz (dazu bereits 2.3.2.1.2).

8.5.2.1.1 Beschäftigungsverbote

Ein **absolutes Beschäftigungsverbot** besteht für werdende Mütter innerhalb der letzten acht Wochen vor der Entbindung. Die Achtwochenfrist wird auf Grund eines ärztlichen Zeugnisses berechnet (vgl § 3 Abs 1 und 2 MSchG).

Erfolgt die Entbindung zu einem früheren oder späteren als dem im Zeugnis angegebenen Zeitpunkt, so verkürzt oder verlängert sich die Achtwochenfrist entsprechend.

Ebenso ein absolutes Beschäftigungsverbot besteht für Frauen bis zum Ablauf von acht Wochen nach der Niederkunft (§ 5 Abs 1 Satz 1 MSchG).

Bei Frühgeburten, Mehrlingsgeburten oder Kaiserschnittentbindungen beträgt die Frist mindestens zwölf Wochen.

Ist eine Verkürzung der Achtwochenfrist vor der Geburt eingetreten, so verlängert sich die Schutzfrist nach der Entbindung im Ausmaß dieser Verkürzung, höchstens jedoch auf 16 Wochen.

Schon vor der Achtwochenfrist vor der Geburt darf eine werdende Mutter nicht beschäftigt werden, wenn nach einem von ihr vorgelegten

---

[26]) *Ercher/Stech/Langer,* Mutterschutzgesetz und Väter-Karenzgesetz (2005); *Burger-Ehrnhofer/Schrittwieser/Thomasberger,* Mutterschutzgesetz und Väter-Karenzgesetz[2] (2013).

Zeugnis eines Arbeitsinspektionsarztes oder eines Amtsarztes Leben oder Gesundheit von Mutter und Kind bei Fortdauer der Beschäftigung gefährdet wäre (**individuelles oder relatives Beschäftigungsverbot;** § 3 Abs 3 MSchG).

Während der Zeit des absoluten oder relativen Beschäftigungsverbotes – letzteres wird im Volksmund „Frühkarenz" genannt – erhält die Mutter das Wochengeld, das ist eine Leistung aus der gesetzlichen Krankenversicherung (vgl §§ 162 ff ASVG).

Im Falle eines relativen Beschäftigungsverbotes nach Ende der Schutzfrist nach der Geburt gebührt allerdings kein Wochengeld. Hier trägt der AG das Entgeltfortzahlungsrisiko.

Darüber hinaus dürfen werdende Mütter keinesfalls mit **schweren körperlichen Arbeiten** oder mit **Arbeiten** bzw in Arbeitsverfahren beschäftigt werden, die nach der Art des Arbeitsvorgangs oder der verwendeten Arbeitsstoffe bzw -geräte **für ihren Organismus oder für das werdende Kind schädlich** sind. Ebenso verboten sind Arbeiten mit besonderer Unfallgefahr (vgl § 4 Abs 1 und 3 MSchG).

Schädliche Arbeiten sind demonstrativ in § 4 Abs 2 MSchG aufgezählt. Im Zweifelsfall entscheidet das Arbeitsinspektorat (§ 4 Abs 4 MSchG). Bei gewissen Tätigkeiten kann das Arbeitsinspektorat weitere Beschäftigungsverbote verfügen (vgl § 4 Abs 5 MSchG).

Gewisse schädliche Arbeiten lösen auch nach Ablauf der Schutzfrist nach der Geburt Beschäftigungsverbote aus (vgl § 5 Abs 3 MSchG). Auch für stillende Mütter sind ähnliche Beschäftigungsverbote gegeben (vgl § 4a MSchG).

Weiters gilt für werdende und stillende Mütter ein **Verbot der Nachtarbeit** (vgl § 6 MSchG), ein **Verbot der Sonn- und Feiertagsarbeit** (vgl § 7 MSchG) sowie ein **Verbot der Leistung von Überstunden** (vgl § 8 MSchG).

In § 8 MSchG sind **Ruhemöglichkeiten** für werdende und stillende Mütter vorgesehen, in § 9 leg cit ist ein Anspruch auf **Stillzeit** geregelt.

Macht die Anwendung ua des § 4 MSchG (Verbot schädlicher Arbeiten vor der Geburt), des § 4a MSchG (Beschäftigungsverbote für stillende Mütter), des § 5 Abs 3 und 4 MSchG (Verbot schädlicher Arbeiten nach der Geburt) oder des § 6 MSchG (Verbot der Nachtarbeit) eine **Änderung der Beschäftigung** notwendig, so hat die AN Anspruch auf das Entgelt, das dem **Durchschnittsverdienst in den letzten 13 Wochen vor der Änderung** gleichkommt (vgl § 14 Abs 1 MSchG).

Der AG hat somit das durchschnittliche Entgelt fortzuzahlen, wenn sich die Art oder das Ausmaß der Tätigkeit ändert oder die Beschäftigung an sich unzulässig wird.

Zu beachten ist, dass sich aus der Bestimmung des § 14 Abs 1 MSchG **keine Verpflichtung der AN** zu einer Änderung einer vertraglich vereinbarten Arbeitszeit oder einer vertraglich vereinbarten Tätigkeit ergibt. Auch der Versetzungsschutz gem § 101 ArbVG (vgl 4.2.2) kommt naturgemäß zur Anwendung.

Beispiel: Eine AN ist in einem Nachtcafe beschäftigt und hat eine Dienstzeit von 20 – 4 Uhr vereinbart. Unterliegt sie dem MSchG, so hat sie gem § 14 Abs 1 MSchG Anspruch auf Entgeltfortzahlung, obwohl sie nach Maßgabe ihres Arbeitsvertrags nicht oder nur zum Teil beschäftigt werden kann.

8.5.2.1.2 Karenz, Teilzeitbeschäftigung und Änderung der Lage der Arbeitszeit

Im Anschluss an die Beschäftigungsverbote nach der Geburt können Elternkarenzen (vgl a – c) bzw Teilzeitbeschäftigungen konsumiert oder eine Änderung der Lage der Arbeitszeit verlangt werden (vgl d).

Sonderzahlungen werden mangels anderer Vereinbarung entsprechend aliquotiert (§§ 15f Abs 1 Satz 1, 15j Abs 7 MSchG, §§ 7c, 8b Abs 7 VKG). Soweit nicht anderes vereinbart ist, bleibt die **Zeit der Karenz** bei Rechtsansprüchen, die sich nach der Dienstzeit richten, **außer Betracht;** die erste Karenz im Arbeitsverhältnis wird für die Bemessung der Kündigungsfrist (vgl 2.1.2.1), die Dauer der Entgeltfortzahlung (vgl 6.2.1) und das Urlaubsausmaß jedoch bis zum Höchstausmaß von insgesamt zehn Monaten angerechnet (zu den Auswirkungen auf den Urlaub vgl auch 8.2.3).

a) Karenz der Mutter bzw des Vaters

Der Rechtsanspruch auf Karenz steht **primär** der **Mutter** zu. Gem § 15 MSchG ist der AN **auf ihr Verlangen** im Anschluss an die Schutzfrist nach der Geburt des Kindes (vgl 8.5.2.1.1) Karenz gegen Entfall des Arbeitsentgelts bis **maximal** zum **Ablauf des zweiten Lebensjahres des Kindes** zu gewähren. Voraussetzung für den Anspruch auf Karenz ist, dass die Mutter mit dem Kind im gemeinsamen Haushalt lebt. Die Karenz muss **mindestens zwei Monate** betragen. Die AN hat **Beginn und Dauer der Karenz** dem AG bis zum **Ende des absoluten Beschäftigungsverbots** nach der Geburt **bekannt zu geben.** Spätestens drei Monate, bei kürzerer Karenz spätestens zwei Monate vor Ende der Karenz ist dem AG mitzuteilen, ob und bis wann die Karenz **verlängert** wird.

Die Inanspruchnahme dieser Karenz sowie auch eine gesetzmäßige Verlängerung können **gegen den Willen des AG** erfolgen.

Karenzzeiten werden in erster Linie durch das **Kinderbetreuungsgeld** iSd KBGG, also aus allgemeinen Budgetmitteln des Bundes, finanziert.

Der **Beginn** der Karenz **verzögert sich,** wenn anschließend an die Schutzfrist nach der Geburt Urlaub genommen wird oder sich die AN im Krankenstand befindet. In derartigen Fällen ist die Karenz entsprechend kürzer, da auch bei einem verspäteten Beginn keine Verlängerung über den zweiten Geburtstag des Kindes hinaus vorgesehen ist.

Karenz kann auch **etappenweise** in Anspruch genommen werden, sodass nicht von vornherein über den Maximalanspruch entschieden werden muss, was die Flexibilität der Eltern erhöht.

Gem § 2 VKG hat auch der **Vater** unter den grundsätzlich gleichen Voraussetzungen Anspruch auf Karenz. Der Vater hat **spätestens acht Wochen nach der Geburt** des Kindes die Karenz **bekannt zu geben.** Weitere Voraussetzungen für die Karenz des Vaters sind, dass die **Mutter nicht gleichzeitig** Karenz in Anspruch nimmt – damit wird sichergestellt, dass vorrangig die Mutter die Karenz beanspruchen kann – oder dass die Mutter keinen Anspruch auf Karenz hat, weil sie zB selbständig erwerbstätig ist.

Die **Karenz endet vorzeitig,** wenn der gemeinsame Haushalt mit dem Kind aufgehoben wird und der AG den vorzeitigen Antritt des Dienstes begehrt. Der Wegfall des gemeinsamen Haushalts ist unverzüglich bekannt zu geben (vgl § 15f Abs 4 und 5 MSchG, § 2 Abs 7 und 8 VKG).

Wird ein Elternteil, der das Kind betreut, durch ein unvorhergesehenes und unabwendbares Ereignis für eine nicht bloß verhältnismäßig kurze Zeit an der Betreuung gehindert, so ist dem anderen Elternteil für die Dauer der Verhinderung eine sog **Verhinderungskarenz** zu gewähren (vgl § 15d MSchG, § 6 VKG).

Eine solche kommt auch bei geteilter Karenz (vgl b) in Frage.

b) Geteilte Karenz

Neben der Karenz eines Elternteiles ist auch eine geteilte Karenz möglich (vgl § 15a MSchG, § 3 VKG). Sowohl die Karenz der Mutter als auch jene des Vaters kann **zweimal geteilt** werden. Karenzteile der Mutter und des Vaters können einander **abwechseln.**

Jeder Karenzteil muss jedoch **mindestens zwei Monate** betragen und entweder zum normalen Beginn der Karenz (s oben) oder im unmittelbaren Anschluss an die Karenz des anderen Elternteils angetreten werden.

Nimmt ein Elternteil Karenz im Anschluss an die Karenz des anderen Elternteils in Anspruch, hat er im Allgemeinen **spätestens drei Monate vor Ende der Karenz des anderen Elternteils** dem AG Beginn und Dauer der Karenz **bekannt zu geben.**

Ausnahmsweise können Eltern einen Karenzteil auch **gleichzeitig** in Anspruch nehmen. Diese Möglichkeit besteht **maximal** für die Dauer **eines Monats** und nur dann, wenn es zu einem **Wechsel der Betreuungsperson** kommt. Die beiden Elternteilen insgesamt zustehende Karenz darf sich dadurch zeitmäßig nicht verlängern (vgl § 15a Abs 2 MSchG, § 3 Abs 2 VKG).

Beispiel: Die Elternteile nehmen, nachdem das Kind eineinhalb Jahre alt ist, einen Monat lang die gemeinsame Karenz. Der Karenzanspruch endet daher nicht erst mit dem vollendeten zweiten Lebensjahres des Kindes, sondern einen Monat davor.

Auch die Ansprüche im Zusammenhang mit geteilten Karenzen können von den Eltern **gegen den Willen des jeweiligen AG** geltend gemacht werden.

Weitere Möglichkeiten stehen den Eltern nur zu, wenn sie **mit dem jeweiligen AG** zu einer entsprechenden **Vereinbarung** kommen (vgl zB c).

c) Aufgeschobene Karenz

Eine diesbezügliche Möglichkeit ist die sog aufgeschobene Karenz (vgl § 15b MSchG, § 4 VKG). Jeder Elternteil kann mit seinem AG vereinbaren, dass er drei Monate seiner Karenz aufschiebt und **bis zum Ablauf des siebenten Lebensjahres des Kindes** verbraucht. Die Karenz innerhalb der ersten zwei Lebensjahre des Kindes verkürzt sich dann entsprechend.

Aufgeschobene Karenz kann nicht von beiden Elternteilen gleichzeitig in Anspruch genommen werden. Der genaue Zeitpunkt der aufgeschobenen Karenz ist spätestens drei Monate vor dem Antritt derselben bekannt zu geben.

Es wird dadurch zB die Möglichkeit eröffnet, in der Phase des Schuleintritts des Kindes Elternkarenz in Anspruch zu nehmen.

d) Elternteilzeitbeschäftigung – Änderung der Lage der Arbeitszeit[27])

In den §§ 15h ff MSchG, §§ 8ff VKG sind Ansprüche auf Teilzeitbeschäftigung bzw Änderung der Lage der Arbeitszeit im Zusammenhang mit der Elternschaft statuiert.

Der Unterschied zwischen der Teilzeitbeschäftigung zur Kinderbetreuung und einer gewöhnlichen Teilzeitarbeit besteht darin, dass einerseits prinzipiell ein **Rechtsanspruch** auf Elternteilzeit (s unten) besteht und andererseits in gewissen Grenzen der **besondere Kündigungs- und Entlassungsschutz** nach MSchG bzw VKG (vgl 2.3.2.1.2) gegeben ist.

Der Anspruch auf **Änderung der Lage der Arbeitszeit** wegen Elternschaft ist ein zweiter, eigenständiger Anspruch neben jenem auf Elternteilzeit. Alles im Folgenden zur Teilzeitbeschäftigung Ausgeführte gilt gem § 15p MSchG, § 8h VKG sinngemäß auch bei Änderung der Lage der Arbeitszeit.

Beispiel: Frühere Arbeitszeit: 13 bis 18 Uhr; neue Arbeitszeit: 8 bis 13 Uhr.

Gem § 15h MSchG, § 8 VKG besteht **Anspruch auf Teilzeitbeschäftigung** längstens bis zum Ablauf des **siebenten Lebensjahres** oder einem späteren Schuleintritt des Kindes, wenn das **Arbeitsverhältnis drei Jahre** gedauert hat und der Elternteil in einem **Betrieb** (§ 34 ArbVG; vgl 13.1.1.1) **mit mehr als 20 AN** beschäftigt ist.

Ist wegen Fehlens diesbezüglicher Voraussetzungen kein derartiger Anspruch gegeben, muss eine Teilzeitbeschäftigung bis längstens zum 4. Lebensjahr des Kindes mit dem AG **vereinbart** werden (vgl § 15i MSchG, § 8a VKG). Es kann jedoch unter bestimmten Voraussetzungen auf Einwilligung in eine Teilzeitbeschäftigung geklagt werden (vgl § 15l MSchG, § 8d VKG).

[27]) *Löschnigg*, Arbeitsrecht[12] 593ff.

Auch im Falle des Anspruchs auf Teilzeitbeschäftigung sind die konkreten **Modalitäten** (Beginn, Dauer, Ausmaß und Lage) zwischen AN und AG **zu vereinbaren.** Nach der Elternteilzeit besteht das Recht auf Rückkehr zur ursprünglichen Arbeitszeit.

Die Teilzeitbeschäftigung eines Elternteiles muss eine **Mindestdauer von zwei Monaten** aufweisen. Sie kann **pro Elternteil und Kind nur einmal** in Anspruch genommen werden (vgl § 15j Abs 2 MSchG, § 8b Abs 2 VKG); es gibt somit keine Möglichkeit, die Teilzeitbeschäftigung öfter zwischen den Eltern zu teilen. Die Inanspruchnahme erfordert eine **Nahebeziehung zum** betreffenden **Kind** (gemeinsamer Haushalt, Obsorge nach den §§ 177 Abs 4oder 179 ABGB). Der **andere Elternteil** darf **nicht gleichzeitig** für dasselbe Kind **Karenz** nach dem MSchG bzw VKG in Anspruch nehmen; eine synchron bestehende Elternteilzeit schadet dagegen nicht (vgl § 15j Abs 1 MSchG, § 8b Abs 1 VKG).

Die **Teilzeitbeschäftigung** ist von der Karenz „entkoppelt", dh sie kann **auch dann** in vollem Ausmaß ausgeübt werden, **wenn schon Karenz** bis zum 2. Geburtstag des Kindes **konsumiert** wurde.

Der **Anspruch** ist insofern **nur bedingt** gegeben, als sich der **AG** dem Wunsch des AN nach Teilzeitbeschäftigung widersetzen und ein **Verfahren** einleiten bzw betreiben kann, in dem er **andere,** ihm eher zumutbare **Rahmenbedingungen für die Teilzeitbeschäftigung** erwirken kann (vgl § 15k MSchG, § 8c VKG).

Das angesprochene Verfahren beginnt mit **innerbetrieblichen Einigungsverhandlungen,** welchen auf Verlangen der Arbeitnehmerseite der BR sowie in weiterer Folge im Einvernehmen auch Vertreter der Arbeiter- und Wirtschaftskammer beigezogen werden können. Kommt es zu keiner Einigung hinsichtlich der Modalitäten der Teilzeit – der Anspruch als solcher steht ja nicht zur Debatte –, so muss der AG das **außerbetriebliche Verfahren** einleiten und einen Antrag auf einen (prätorischen) Vergleich beim ASG stellen. Missglückt auch dieser Einigungsversuch, so hat der AG im Weiteren eine Klage einzubringen. Unterlässt der AG einen dieser Verfahrensschritte, so kann der AN die Teilzeit zu den von ihm vorgeschlagenen Bedingungen antreten.

Von **Arbeitnehmerseite kann** angesichts eines derartigen Verfahrens **erklärt werden,** dass **statt** einer **Elternteilzeit** der unbedingte Anspruch auf **Karenz** ausgeübt wird (vgl § 15m MSchG, § 8e VKG). Möglich ist dies nur **bis zum vollendeten 2. Lebensjahr des Kindes,** da nach diesem Zeitpunkt kein gesetzlicher Anspruch auf Elternkarenz besteht (vgl a).

Die Elternteilzeit kann **frühestens nach** Ablauf der **Schutzfrist nach der Geburt** gem § 5 Abs 1 MSchG angetreten werden (§ 15j Abs 3 MSchG, § 8b Abs 3 VKG). Sie muss nicht unmittelbar an die Schutzfrist, eine Karenz oder eine Teilzeitbeschäftigung des anderen Elternteils angeschlossen werden, sondern kann **auch zu** einem **späteren Zeitpunkt** begonnen werden (vgl § 15j Abs 4 MSchG, § 8b Abs 4 VKG).

Die **Meldung** der Teilzeitbeschäftigung einschließlich der konkreten Modalitäten hat **schriftlich** zu erfolgen. Wird die Teilzeitbeschäftigung im Anschluss an die Schutzfrist bzw den daran anschließenden Urlaub oder Krankenstand angetreten, hat die Meldung der **Mutter innerhalb der Schutzfrist** zu erfolgen (vgl § 15j Abs 3 MSchG), die Meldung des **Vaters spätestens acht Wochen nach der Geburt** des Kindes (vgl § 8b Abs 3 VKG). Soll die Teilzeitbeschäftigung zu einem **späteren Zeitpunkt** anfangen, hat die Meldung im

Allgemeinen **spätestens drei Monate vor** dem beabsichtigten **Antritt** zu erfolgen (vgl § 15j Abs 4 MSchG, § 8b Abs 4 MSchG).

Es kann sowohl **eine Änderung** hinsichtlich des **Ausmaßes** oder der **Lage** der Arbeitzeit als auch die **vorzeitige Beendigung** der Teilzeitbeschäftigung je einmal verlangt werden. Außerdem steht die einmalige Möglichkeit einer **Verlängerung** der Teilzeitbeschäftigung offen. Die ins Auge gefasste Änderung bzw vorzeitige Beendigung ist dem AG im Allgemeinen spätestens drei Monate vorher schriftlich bekannt zu geben (vgl § 15j Abs 5 MSchG, § 8b Abs 5 VKG).

Auch der **AG** kann sowohl die Änderung des Ausmaßes oder der Lage der Arbeitszeit als auch eine vorzeitige Beendigung vom AN verlangen. Diese Absicht ist dem AN spätestens drei Monate vor der geplanten Umsetzung schriftlich bekannt zu geben. Eine Verlängerung der Teilzeitbeschäftigung kann der AG jedoch nicht einfordern (vgl § 15j Abs 6 MSchG, § 8b Abs 6 VKG).

Das oben angesprochene **Verfahren** zur Festlegung der Modalitäten der Teilzeitbeschäftigung gilt auch bei Nichteinigung über von AN oder AG vorgeschlagene **Änderungen** bzw **vorzeitige Beendigungen** der Teilzeitbeschäftigung (vgl § 15k Abs 4 und 5 MSchG, § 8c Abs 4 und 5 VKG).

Kontrollfragen zu Kapitel 8.

1. Wo ist die Fürsorgepflicht geregelt, was sind ihre Inhalte? Was meint die Konkretisierungstheorie?
2. Wie wird der Urlaubsanspruch erworben, wie lange kann er geltend gemacht werden?
3. Wie ist der Urlaubsverbrauch festzulegen? Unter welchen Voraussetzungen kann ein AN einseitig auf Urlaub gehen? Wie ist der Betriebsurlaub urlaubsrechtlich zu beurteilen? Kann man von einer Urlaubsvereinbarung zurücktreten?
4. Wie ist die Rechtslage im Falle einer Erkrankung während des Urlaubs?
5. Welche Probleme wirft die Arbeitgeberkündigung während des Urlaubs auf?
6. Was bedeutet Anspruch auf Beschäftigung, welchen AN kommt ein solcher zu? Was ist der Unterschied zwischen Beschäftigungsanspruch und Recht auf Arbeit? Wie kann ein Recht auf Arbeit in eine liberalistische Verfassungsordnung eingebaut werden?
7. Was sind Quotenregelungen? Unter welchen Voraussetzungen sind solche arbeitsrechtlich zulässig?
8. Wie ist der Nichtraucherschutz im Betrieb ausgestaltet? Hat der AN Anspruch auf Bezahlung einer Bildschirmarbeitsbrille?
9. Was sind die zentralen Schutzmechanismen des Mutterschutzrechts? Wer finanziert die verschiedenen Abwesenheitszeiten infolge von Mutterschaft?
10. Wie ist das Recht der Elternkarenz bzw -teilzeitbeschäftigung ausgestaltet?

9. Schadenersatz im Arbeitsrecht[1])

An sich gelten auch im Arbeitsrecht die allgemein-zivilrechtlichen Schadenersatzregeln, insb die Verschuldenshaftung der §§ 1293 ff ABGB. Diese Regeln sind allerdings etwa für den Bereich der Schadenshaftung des AN gegenüber dem AG wegen der „Schadensgeneigtheit" der Arbeitsleistung zu „hart" und werden daher durch ein arbeitsrechtliches SonderG, das DHG, überlagert. Auch bei der Haftung des AG für Personenschäden des AN sowie der Haftung unter Arbeitskollegen treten Spezialbestimmungen des ASVG zum allgemeinen Zivilrecht hinzu.

9.1 Haftung des AN[2])

Die allgemeinen Regelungen der §§ 1293 ff ABGB sehen vor, dass der Schädiger dem Geschädigten einen

- **Schaden** dann zu ersetzen hat, wenn er diesen
- **rechtswidrig** und
- **schuldhaft**
- **verursacht** hat.

Grundsätzlich ist jener **Schaden** zu ersetzen, der dem Geschädigten entstanden ist. Unterschieden wird zwischen materiellem Schaden, also dem Vermögensschaden, und dem immateriellen Schaden, der in eingeschränktem Maße ersetzt wird, insb in Form von Schmerzengeld. Der materielle Schaden besteht aus dem positiven Schaden, also der erlittenen Beschädigung, und dem entgangenen Gewinn. Der entgangene Gewinn steht nur dann zu, wenn das Handeln des Schädigers zumindest grob fahrlässig war.

Rechtswidrig ist ein Verhalten, wenn es entweder

- gegen einen Vertrag,
- gegen ein G oder
- gegen ein ungeschriebenes, aus der Gesamtheit der Rechtsordnung abzuleitendes Rechtsgebot verstößt.

Insb rechtswidrig ist auch ein Eingriff in **absolut geschützte Rechtsgüter** (zB Eigentum). Rechtswidriges Verhalten kann durch Notwehr oder Notstand gerechtfertigt sein.

Schuldhaft handelt, wer ein Verhalten setzt, das er hätte vermeiden sollen und auch hätte vermeiden können. **Vorsätzlich** handelt der Täter, wenn ihm die Rechtswidrigkeit bewusst ist, er den schädlichen Erfolg vorhersieht und seinen Eintritt billigt. **Fahrlässigkeit** ist die Außerachtlassung der gehörigen Sorgfalt. Unter **grob fahrlässigem** Verhalten wird eine ungewöhnliche Vernachlässigung der Sorgfaltspflichten verstanden, wobei der Eintritt des Schadens wahrscheinlich und vorhersehbar ist; derartige Fehler unterlaufen einem ordentlichen Menschen in dieser Situation keinesfalls. **Leicht**

---

[1]) *Löschnigg,* Arbeitsrecht[12] 520 ff; *Spielbüchler,* Arbeitsrecht I[4] 205 ff, 345 ff; *Marhold/Friedrich,* Arbeitsrecht[2] 259 ff; *Windisch-Graetz,* Arbeitsrecht II[8] 220 ff.

[2]) *Kerschner,* Dienstnehmerhaftpflichtgesetz[2] (2004); *Dirschmied,* Dienstnehmerhaftpflichtgesetz[3] (1992); *Windisch-Graetz* in ZellKomm[2] DHG.

fahrlässig ist eine Sorgfaltspflichtverletzung, die auch einem an sich sorgfältigen Menschen hin und wieder passieren kann.

Ein Verhalten bzw Umstand ist **ursächlich** für einen Erfolg, wenn dieser ohne das Verhalten bzw den Umstand nicht eingetreten wäre (sog Äquivalenztheorie). Eingeschränkt wird dieser äußerst weite Kausalitätsbegriff durch die sog Adäquanztheorie, wonach ein Verhalten bzw Umstand dann für einen Erfolg adäquat kausal ist, wenn es bzw er seiner Natur nach für die Herbeiführung solcher Erfolge nicht völlig ungeeignet erscheint.

Festzustellen ist weiters, ob den Geschädigten ein **Mitverschulden** trifft bzw ob er seiner Schadensminderungspflicht nachgekommen ist (vgl § 1304 ABGB). Erst nach Beurteilung des Mitverschuldens – dieses ist in Verhältniszahlen auszudrücken, im Zweifel 50 : 50 – erfolgt die Festsetzung des konkret zu leistenden Schadenersatzes.

Das **DHG** baut auf diesen Grundsätzen auf und modifiziert sie (vgl 9.1.1, 9.1.2).

Vom **persönlichen Geltungsbereich** her erfasst das DHG gem § 1 Abs 1 leg cit alle privat- und öffentlich-rechtlichen AN bzw Lehrlinge, weiters Heimarbeiter und arbeitnehmerähnliche Personen.

Das G betrifft nicht nur wie üblich die **privatrechtlichen Arbeitsverhältnisse** (vgl 1.1) – **Lehrlinge** gehören ohnehin zu diesen –, sondern auch **öffentlich-rechtliche Dienstverhältnisse.** Vom Geltungsbereich ausgenommen sind allerdings alle DN insoweit, als sie als Organe von Bund, Ländern oder Gemeinden (vgl Art 23 B-VG) in Vollziehung der G dem Rechtsträger oder einem Dritten einen Schaden zugefügt haben (§ 1 Abs 2 DHG); für diese Fälle gibt es OrgHG bzw AHG.

Weiters kommt das DHG auch auf die im Prinzip außerhalb des Arbeitsrechts stehenden **arbeitnehmerähnlichen Personen** – die gesondert angeführten **Heimarbeiter** gehören zu dieser Gruppe – zur Anwendung (zur Arbeitnehmerähnlichkeit vgl allg 1.1.2.2).

Entscheidung 145: Geschäftsführerhaftung und DHG

Sachverhalt: Die kl GmbH begehrt von ihrem Geschäftsführer, der als AN zu qualifizieren ist, gem § 25 GmbHG Schadenersatz wegen diverser Sorgfaltspflichtverletzungen. Der Bekl wendet ein, es habe sich um entschuldbare Fehlleistungen gehandelt.

Leitsatz: Das DHG findet im konkreten Fall keine Anwendung, weil § 25 GmbHG als lex specialis vorgeht.

OGH 30. 1. 1979, 5 Ob 686/78, ÖJZ 1979, 396

Auch im AktG findet sich eine als speziellere Norm anzusehende Haftungsregelung (§ 84 AktG). Zu beachten ist, dass eine Berufung eines Organmitglieds der AG auf das DHG von vornherein nur mit dem Argument, eine arbeitnehmerähnliche Person zu sein, möglich ist (s oben sowie 1.1.2.1, 1.1.2.2).

Das DHG gilt nur für Schäden, die der AN dem AG oder einem Dritten **bei Erbringung der Arbeitsleistung** zugefügt hat (vgl §§ 2 Abs 1, 3 Abs 1, 4 Abs 1 DHG).

Nicht erfasst sind daher Schadensfälle, die **völlig außerhalb der arbeitsrechtlichen Beziehung** stehen, weiters aber auch Schäden, die infolge **Nichterbringung der Arbeitsleistung** eingetreten sind, insb Schäden wegen Unterlassens der Arbeitsleistung (vgl allg 6., 6.2) oder infolge rechtswidriger Beendigung des Arbeitsverhältnisses durch den AN (vgl insb 2.1.2.3.2, 2.1.3.2.3 b).

Der Passus „bei Erbringung der Dienstleistungen" wird von der Judikatur zu Recht **weit interpretiert:**

Entscheidung 146: Schidepot

Lässt ein Schilehrer am Ende der Wintersaison, somit anlässlich der Beendigung des Dienstverhältnisses, die ihm von der Schischule zur Verfügung gestellten Schier in einem Einstellraum der Schischule zurück, wo sie über den Sommer abhandenkommen, so steht diese unzureichende Deponierung noch im unmittelbaren Zusammenhang mit dem Dienstverhältnis und ist somit als Tätigkeit „bei Erbringung der Dienstleistung" anzusehen.

OGH 22. 10. 1997, 9 ObA 341/97 f, RdW 1998, 367

Ein **„innerer Zusammenhang"** mit der Arbeitsleistung muss allerdings gegeben sein:

Entscheidung 147: Privatnutzung des Dienstwagens

Eine Schädigung bei Erbringung der Arbeitsleistung folgt nicht allein aus der Benutzung des Dienstwagens bei Privatfahrten. Es müsste hierfür ein nicht unerhebliches Interesse des AG an der Verwendung des Dienstwagens vorliegen.

OGH 22. 12. 1994, 8 ObA 327/94, DRdA 1995, 394 *(Dirschmied)*

Eine klarstellende Bestimmung findet sich für den Bereich des AÜG (vgl allg 4.5). Gem § 7 Abs 1 AÜG gilt das DHG für das Verhältnis der überlassenen Arbeitskraft sowohl zum Überlasser als auch zum Beschäftiger.

Eigenartigerweise ist das DHG gem § 5 leg cit **kollektivvertragsdispositiv** (vgl allg 10.4.2.3.1), dh im Allgemeinen zwingendes, dem KollV gegenüber aber abdingbares Recht.

9.1.1 Schädigung des AG

Die Haftungserleichterungen zu Gunsten des AN im Falle der Schädigung des AG bei der Erbringung der Arbeitsleistung finden sich in § 2 DHG.

Wie bereits unter 9.1 erwähnt, bauen die Regelungen auf den zivilrechtlichen Gegebenheiten auf und setzen ihr Schutzrecht an der Verschuldenskomponente an.

Das DHG geht von folgenden **Verschuldensgraden** des AN aus:

- **Entschuldbare Fehlleistung** = die leichteste Form der leichten Fahrlässigkeit: Der AN haftet – anders als nach allgemeinem Zivilrecht – nicht für einen Schaden des AG (§ 2 Abs 3 DHG).
- Minderer Grad des Versehens = **leichte Fahrlässigkeit:** Der AN haftet dem Grunde nach, es besteht ein richterliches Mäßigungsrecht bis auf null (§ 2 Abs 1 letzter Satzteil DHG).
- (Sonstiges) Versehen = **grobe Fahrlässigkeit:** Haftung und Mäßigungsrecht, nicht aber bis auf null (§ 2 Abs 1 DHG).
- **Vorsatz:** Haftung nach allgemeinem Zivilrecht, das DHG kommt nicht zur Anwendung.

Die Begriffe **„Vorsatz“** sowie **„grobe“** bzw **„leichte Fahrlässigkeit“** sind nach allgemeinen zivilrechtlichen Grundsätzen zu bestimmen (vgl 9.1).

Eine Spezialität des DHG ist der Terminus **„entschuldbare Fehlleistung“.** Es handelt sich hier zwar um leichte Fahrlässigkeit – ansonsten könnte keine Haftungseinschränkung im Verhältnis zum Zivilrecht eintreten –, diese ist allerdings ganz geringfügig, also „besonders leicht“.

Entscheidung 148: Schalthebel

Eine entschuldbare Fehlleistung liegt vor, wenn ein Mechanikerlehrling nach Überprüfung des Schalthebels in der irrigen Meinung, es sei kein Gang eingelegt, den Motor startet und das Auto durch die Vorwärtsbewegung beschädigt wird.

OGH 29. 4. 1980, 4 Ob 44/80, Arb 9869

Liegt keine entschuldbare Fehlleistung und damit Haftungsfreiheit, aber auch kein Vorsatz vor, so ist die **richterliche Mäßigung** iSd DHG zur Anwendung zu bringen, wobei im Allgemeinen bei leichter Fahrlässigkeit eher großzügig und bei grober Fahrlässigkeit eher zurückhaltend zu mäßigen ist.

Die Mäßigung ist vom AN zu beantragen. Ein Antrag auf Mäßigung wird jedoch schon im Bestreiten der Schadenersatzforderung erblickt.

Nach den **Mäßigungskriterien** des § 2 Abs 2 DHG ist bei der Mäßigung insb Bedacht zu nehmen

- auf das Ausmaß der mit der Tätigkeit des AN verbundenen Verantwortung (Z 1 leg cit),
- inwieweit bei der Bemessung des Arbeitsentgelts das mit der ausgeübten Tätigkeit verbundene Wagnis berücksichtigt worden ist (Z 2),
- auf den Ausbildungsgrad des AN (Z 3),
- auf die Bedingungen, unter denen die Arbeit zu leisten war (Z 4),
- auf die Schadensgeneigtheit der Tätigkeit (Z 5).

Die Mäßigungskriterien sind demonstrativ aufgezählt und können daher durch jedes sachgerechte sonstige Argument ergänzt werden. In der Praxis wird vor allem auf **soziale Aspekte auf Seiten des AN** (Sorgepflichten, Zahlungsverpflichtungen etc), soweit diese nach den Umständen anerkennenswert erscheinen, Bedacht genommen.

Beispiel: Ein AN verschuldet sich, um für sich und seine Familie die übliche, durchschnittliche Eigentumswohnung zu kaufen. Dieser Aspekt ist mE, obwohl der AG damit nichts zu tun hat, bei der Mäßigung zu berücksichtigen. Rühren die Schulden allerdings vom Ankauf eines teuren Sportwagens her, ist darauf bei der Mäßigung nicht Bedacht zu nehmen.

Anders gesagt fließt hier die wirtschaftliche Potenz des AN in eine Abwägung mit jener des AG – der dem AN unter Umständen sehr wertvolle wirtschaftliche Werte überantwortet, die dann fahrlässig beschädigt werden – ein[3]).

Nicht zu einer zurückhaltenden Mäßigung führen darf mE der Umstand, dass der Schaden des AN durch eine Haftpflichtversicherung gedeckt ist. Die Praxis tendiert bisweilen dazu.

Vor der Minderung der Ersatzpflicht muss der Schadensfall **aus zivilrechtlicher Sicht** fertig **abgehandelt** sein (vgl 9.1). So muss beispielsweise die Mitverschuldensregel des § 1304 ABGB zur Anwendung gebracht worden sein.

Fall 50: Das Gaberl, eine steirische Passstraße

Sachverhalt: *Der Bekl tritt bei einem Bauunternehmer als Lenker für Lkw ein und ist zu diesem Zeitpunkt unroutiniert. Bald darauf soll er über Auftrag des AG einen Lkw und ein darauf transportiertes Raupenfahrzeug, beides im Eigentum des AG, vom Gaberl abholen. Da der Lkw schadhafte Bremsen hat, ist er angehalten, bergab nur mit dem ersten Gang zu fahren. Das Gewicht der Raupe liegt außerdem 2 t über der zulässigen Nutzlast des Lkw.*

Beim Bergabfahren verabsäumt es der Bekl, rechtzeitig den ersten Gang einzulegen, verliert in einer Kurve die Herrschaft über das Fahrzeug und stürzt mit Lkw und Raupe 50 m über eine steile Böschung.

Der kl AG begehrt den Ersatz seines Schadens in Höhe von € 13.000,–. Der Monatslohn des Bekl, der für seine Frau und zwei Kinder sorgepflichtig ist, beträgt € 1.750,–. Wie ist die Rechtslage?

Lösung: In einem ersten Schritt ist nach allgemeinem Schadenersatzrecht vorzugehen und die Voraussetzungen für einen Schadenersatzanspruch des AG nach § 1295 ABGB zu prüfen. Es liegt erstens ein (Vermögens-)Schaden in Höhe von € 13.000,– vor, dieser ist zweitens vom AN adäquat verursacht. Das dritte Tatbestandsmerkmal, die Rechtswidrigkeit, wird im Bruch des Arbeitsvertrags durch den AN zu sehen sein; sollte man einen solchen verneinen, liegt jedenfalls Deliktshaftung vor (Schutzgesetzverletzung, Eingriff in das absolut geschützte Rechtsgut Eigentum). Viertens ist dem AN auch ein Verschulden anzulasten. Er hat so gehandelt, wie ein durchschnittlicher Lkw-

[3]) Vgl zB OGH 26. 7. 2012, 8 ObA 24/12f, JBl 2013, 57 *(Kerschner)* = EvBl 2013/15 *(Schoditsch)*.

Fahrer in dieser Situation nie vorgehen würde, sodass grobe Fahrlässigkeit zu konstatieren ist.

Nach allgemeinem Zivilrecht ist weiters zu prüfen, ob den AG ein Mitverschulden trifft. Im Sachverhalt sind einige Anhaltspunkte für einen sorglosen Umgang des AG mit seinem Eigentum zu erkennen. Nach § 1304 ABGB ist das Mitverschulden prozentuell auszudrücken und vom Schadenersatzanspruch im Abzug zu bringen. Im vorliegenden Fall könnten zB – dies wäre auch im Zweifelsfall geboten – 50% in Abzug gebracht werden, sodass der Fahrer nach Zivilrecht für € 6.500,– einstehen müsste.

Der Schadensfall ist bei Erbringung der Dienstleistung im Vermögen des AG eingetreten. Es ist somit das DHG, primär § 2 leg cit, anzuwenden. Für die Mäßigung ist vom Verschuldensgrad auszugehen. Bei leichter Fahrlässigkeit müsste man das Vorliegen einer entschuldbaren Fehlleistung prüfen, die gem § 2 Abs 3 DHG zu einer Haftungsfreistellung führen würde. In der gegenständlichen Fallkonstellation ist aber grobe Fahrlässigkeit gegeben, sodass es nach § 2 Abs 1 DHG zwar zur Mäßigung, nicht aber zum völligen Entfall der Ersatzleistung kommen kann. Von den Mäßigungskriterien des § 2 Abs 2 DHG sind jene der Z 1, 3, 4 und 5 gegeben, zudem ist auf Grund seiner Sorgepflichten auf die Sicherung der Existenz des AN und seiner Angehörigen zu achten. Die Mäßigungsentscheidung ist stark einzelfallabhängig. In concreto könnte eine Mäßigung auf ca ein bis eineinhalb Monatslöhne Schadenersatz, allenfalls verbunden mit der Möglichkeit, in Raten zu zahlen, angemessen sein.

9.1.1.1 Mankohaftung

Umstritten[4]) ist die rechtliche Behandlung der Mankohaftung, bei der es um **Fehlbestände bei Geldern oder Waren** geht, die dem AN überantwortet oder sonst in seinem Bereich vorhanden waren.

Meist wird ein Manko erst im Nachhinein evident, sodass typischerweise Beweisprobleme auftreten. Die Frage der Beweislastverteilung bei der Geltendmachung diesbezüglicher Schadenersatzansprüche ist daher von entscheidender Bedeutung.

Zur Lösung des häufig auftretenden Beweisproblems ist – zumal es um die Erfüllung von Vertragspflichten des AN geht – von der die **Beweislastverteilung bei Vertragshaftung** regelnden Bestimmung des § 1298 ABGB auszugehen. Demnach obliegt demjenigen, der vorgibt, an der Erfüllung seiner vertraglichen Verbindlichkeiten ohne sein Verschulden gehindert worden zu sein, der Beweis dafür.

Diese Regelung bedeutet im konkreten Fall, dass hinsichtlich des eingetretenen **Schadens,** der **Verursachung** desselben durch den potenziellen Schädiger und der **Rechtswidrigkeit** von dessen Verhalten der geschädigte **AG beweispflichtig** bleibt, dass aber in Bezug auf das **Verschulden** eine **Beweislastumkehr** stattfindet und sich der **AN** von der Vermutung des Verschuldens **frei beweisen** muss.

[4]) Eine abweichende Meinung vertritt zB *Löschnigg*, Arbeitsrecht[12] 525 f.

Entscheidung 149: Kassenabgang

Das Auftreten eines Geld- oder Warenmankos erfüllt nur dann den Entlassungsgrund der Vertrauensunwürdigkeit[5]), wenn dem Angestellten ein mit dem Fehlbetrag zusammenhängendes schuldhaftes und pflichtwidriges Verhalten vorgeworfen werden kann, das so schwer wiegt, dass dem AG die Fortsetzung des Arbeitsverhältnisses nicht länger zugemutet werden kann. Die Entlassung ist unbegründet, weil für das Vorliegen des Entlassungsgrunds der AG beweispflichtig ist, dieser aber einen Beweis nicht erbracht hat.

Auch wenn das G im Rahmen der Vertragshaftung dem Schuldner den Beweis dafür auferlegt, dass er an der Erfüllung einer vertraglichen Verbindlichkeit ohne sein Verschulden gehindert war (§ 1298 ABGB), wird ein höherer Grad des Verschuldens nicht vermutet. Es ist somit bei der Anwendung der Mäßigungsvorschrift des § 2 DHG von leichter Fahrlässigkeit der Kl in Bezug auf den Kassenabgang auszugehen.

OGH 25. 3. 1980, 4 Ob 2/80, Arb 9862

Durch die **Vermutung leichter Fahrlässigkeit** wird die **weitgehende Mäßigungsmöglichkeit gem § 2 Abs 1 DHG** eröffnet, was im Einzelfall bei Unmöglichkeit einer Beweisführung indirekt ausgewogene Lösungen ermöglicht. Ist der AN der Auffassung, wegen Nichtvorliegens eines Verschuldens oder wegen entschuldbarer Fehlleistung nicht zu haften, so ist er beweispflichtig. Ist der AG der Auffassung, dass eine Mäßigung wegen Vorsatzes nicht oder wegen grober Fahrlässigkeit nur zurückhaltend stattzufinden hat, so obliegt ihm die Beweisführung.

Zu beachten ist, dass hinsichtlich des Schadens selbst und insb hinsichtlich der Kausalität zwischen Tätigkeit des AN und Schadenseintritt den AG die Beweislast trifft[6]).

Aus der Praxis: In der Praxis werden Streitigkeiten im Zusammenhang mit Mankofällen zuweilen durch sog Fehlgeldzulagen entschärft, die dem AN als Zusatzentgelt mit der Zweckwidmung zugestanden werden, dass das Geld gegebenenfalls zur Abdeckung eines Mankos zu verwenden ist. Man wird hier zu beachten haben, dass die Rückzahlungspflicht nur dann ausgelöst werden kann, wenn der AG zumindest seinen Schaden, also das Manko selbst, dartut. Die Verursachung von Seiten des betroffenen AN wird nicht unbedingt belegt werden müssen, es ist aber zu fordern, dass der Zwischenfall in dem dem AN zugewiesenen Verantwortungsbereich stattgefunden hat.

Fall 51: Universitätsviertel[7])

Die Studentin Hanna arbeitet nebenbei als Kellnerin in einem Pub im Universitätsviertel. Sie ist nach der internen Aufteilung für ein Drittel des Lo-

---

[5]) Allg dazu 2.1.3.1.1. a.

[6]) Zu einem gescheiterten Kausalitätsbeweis vgl OGH 12. 10. 1994, 9 ObA 162, 163/94, ARD 4638/8/95.

[7]) Eine für die Falllösung notwendige Materie wird unter 9.1.3 behandelt.

kals zuständig und hat in diesem Bereich Getränke und kleine Speisen zu servieren bzw abzukassieren. Bezahlt wird H mit dem Stundenlohn des GastronomieKollV.

Zu Semesterschluss ist sehr viel Betrieb, und es ist zu derartigen Stoßzeiten üblich, aus Gründen der Zeitersparnis nicht sofort zu kassieren, sondern eine Abschlussrechnung zu machen. Eines Tages muss H feststellen, dass eine Gruppe von Gästen das Lokal verlassen hat, ohne die Rechnung in Höhe von € 85,– zu bezahlen. Der AG zieht ihr diesen Fehlbetrag bei der nächsten Lohnabrechnung ab. Kann H etwas dagegen unternehmen?

9.1.2 Schädigung Dritter

Schädigt der AN bei Erfüllung seiner Arbeitsleistung einen Dritten, so richtet sich die arbeitsrechtliche Behandlung nach den §§ 3 und 4 DHG.

Entscheidung 150: Messfehler

Da das DHG zwischen Schadenersatzansprüchen und Rückgriffsansprüchen des AG unterscheidet und die Rechtsfolgen nicht dieselben sind, muss entschieden werden, ob der AG den Schaden selbst erleidet und ihm ein Schadenersatzanspruch gegen den AN zusteht, oder ob einem Dritten ein vom AN zugefügter Schaden ersetzt worden ist und diese Ersatzleistung durch einen Rückgriff ausgeglichen werden soll.

Unterläuft einem AN ein Messfehler bei der Abnahme von Maßen an Fenstern und werden daher Fenster falscher Dimension hergestellt, die der Besteller nicht abnimmt, so ist der Schaden in der Sphäre des AG eingetreten. Die rechtlichen Voraussetzungen des Rückgriffsanspruchs sind daher in diesem Fall nicht entscheidungsrelevant.

OGH 14. 9. 1982, 4 Ob 121/82, DRdA 1985, 307 *(Huber)*

Schädigt der AN einen Dritten, so muss sich dieser in erster Linie an den **AN** als **unmittelbaren Schädiger** wenden (§ 1313 ABGB). Es ist aber häufig im Interesse des Geschädigten, anstelle des AN den wirtschaftlich in aller Regel potenteren AG in Anspruch zu nehmen. Der **AG** kann jedoch in einen Schadensfall mit einem Dritten nur dann einbezogen werden, wenn ein **Mithaftungstatbestand** vorliegt.

Ist ein Mithaftungstatbestand vorhanden, so kommt es zur Solidarhaftung: Der Geschädigte kann einerseits direkt an den AG herantreten (vgl § 4 DHG), andererseits eröffnet der Mithaftungstatbestand dem selbst auf Schadenersatz in Anspruch genommenen AN die Möglichkeit, vom AG Vergütung zu verlangen (vgl § 3 DHG; s unten).

Gesetzliche Grundlagen für die Mithaftung des AG sind insb § 1313a bzw § 1315 ABGB, weiters zB die §§ 970 ff ABGB (Gastwirtehaftung), § 1319a ABGB (Wegehalterhaftung) sowie §§ 5, 19 Abs 2 EKHG.

§ 1313a ABGB regelt die Haftung des Geschäftsherrn für seinen **Erfüllungsgehilfen.** Voraussetzung ist ein zwischen Geschäftsherrn und Dritten bestehendes Schuldverhältnis (insb Vertragsbeziehung) oder eine entsprechende gesetzliche Verpflichtung. Der Geschäftsherr haftet für das Verschulden des Gehilfen wie für sein eigenes Verschulden. Das schädigende Verhalten des Gehilfen muss **durch die Erfüllung** der Verpflichtung, also zB durch Verletzung der Hauptleistungspflicht, einer Nebenpflicht oder einer Schutzpflicht, erfolgen. Eine Schädigung bloß anlässlich der Erfüllung führt zur Mithaftung nicht nach § 1313a ABGB, sondern nur nach Maßgabe des § 1315 ABGB.

§ 1315 ABGB sieht eine Haftung für den **Besorgungsgehilfen** vor. Darunter ist jede Hilfsperson zu verstehen, der sich der Geschäftsherr zur Erfüllung seiner Tätigkeiten bedient. In diesen Fällen besteht eine Mithaftung nur dann, wenn er sich einer untüchtigen oder wissentlich einer gefährlichen Person bedient. Die **Untüchtigkeit** muss auf die aufgetragene Tätigkeit bezogen „habituell" sein, dh der Gehilfe muss etwa wegen mangelnder Ausbildung oder Veranlagung ungeeignet sein. **„Wissentlich gefährlich"** ist eine Person dann, wenn der Geschäftsherr von dessen Gefährlichkeit wusste; bloßes Wissenmüssen genügt nicht.

Beispiel: Im Schuhgeschäft berät ein Schuhverkäufer den Kunden beim Schischuhkauf. Lässt der AN dabei den Schuh auf den Fuß des Kunden fallen, sodass dieser einen Zehenbruch erleidet, so ist dies „durch die Erfüllung" passiert und ein Fall des § 1313a ABGB.
Erkennt der Verkäufer im Kunden seinen alten Feind und verprügelt er diesen, so geschieht dies bloß „anlässlich der Erfüllung" und ist nach § 1315 ABGB zu behandeln.
Trägt der AN das Paket mit den Schischuhen zum Auto des Kunden und lässt er es einem Passanten auf die Füße fallen (Folge: Zehenbruch), so ist dies ebenfalls ein Fall der Besorgungsgehilfenhaftung gem § 1315 ABGB.

Es ist nun danach **zu differenzieren,** ob der AG oder der AN von einem geschädigten Dritten belangt wird:

a) Inanspruchnahme des AG durch einen Dritten

Wird ein AG als Mithaftender (s oben) vom Dritten zum Ersatz des Schadens herangezogen, den der AN diesem bei Erbringung der Arbeitsleistung zugefügt hat, so hat er dies **dem AN** unverzüglich **mitzuteilen** und ihm im Falle der Klage den **Streit zu verkünden** (§ 4 Abs 1 DHG).

Die unverzügliche Mitteilung kann formlos erfolgen. Wenn eine Klage des Dritten erfolgt, so hat der AG eine Streitverkündung iSd § 21 ZPO, also eine förmliche Benachrichtigung vom Rechtsstreit durch eine Partei mittels gerichtlicher Zustellung eines Schriftsatzes, zu veranlassen.

Hat der AG **im Einverständnis mit dem AN** oder **auf Grund eines rechtskräftigen Urteils** dem Dritten den **Schaden ersetzt,** so hat er einen **Regressanspruch** gegenüber dem AN, wobei das Ausmaß des Rückgriffs anhand der Schadensteilungsregeln des § 2 Abs 1–3 DHG zu bestimmen ist (vgl § 4 Abs 2 und 3 DHG).

Der AG als bloß Mithaftender hat einen **Regressanspruch** gegenüber dem AN (vgl hingegen b).

Bei der Aufteilung des Schadens ist nach den **Mäßigungsregeln** des § 2 DHG vorzugehen. Trifft den AN beispielsweise nur leichte Fahrlässigkeit, so wird der AG idR weitgehende Abstriche von seinem Anspruch hinnehmen müssen, bei entschuldbarer Fehlleistung des AN gibt es gar keinen Rückgriff.

Unterlässt es der **AG,** dem AN den **Streit zu verkünden,** so verliert er zwar nicht den Regressanspruch, er muss sich allerdings **alle** gegenüber dem Dritten **unausgeführt gebliebenen Einwendungen** entgegensetzen lassen und insoweit Einbußen beim Regress hinnehmen, als erkannt wird, dass die Einwendungen gehörig eingesetzt eine andere Entscheidung gegen den Dritten zur Folge gehabt hätten (vgl § 4 Abs 4 DHG).

Strittig ist, welche Rechtsfolgen einzutreten haben, wenn der **AG** den Schaden **nicht im Einvernehmen** mit dem AN **oder auf Grund** eines **rechtskräftigen Urteils** (vgl § 4 Abs 2 DHG) ersetzt. Nach stRsp[8]) ist ein Umkehrschluss zu ziehen und der Verlust des Regressanspruchs anzunehmen.

Dieser Sichtweise ist beizupflichten, fehlt doch dem AN typischerweise die Nähe zum Geschehen, wenn sich der AG und sein Geschäftspartner über die Tragung des entstandenen Schadens verständigen. Der Standpunkt des OGH wird allerdings von einem Teil der Lehre[9]) mit schadenersatzrechtlichen Argumenten kritisiert: Angemessene Rechtsfolge für jenen, der sich trotz mangelndem Einverständnis des AN nicht klagen lasse, sondern den Schadensfall außergerichtlich bereinige, dürfe nicht der Regressverlust sein, vielmehr sollte ihm der AN alle nicht gehörig eingesetzten Einwendungen (vgl § 4 Abs 4 DHG) entgegenhalten können.

b) Inanspruchnahme des AN durch einen Dritten

Wird der AN vom Dritten zum Ersatz eines bei der Erbringung der Arbeitsleistung zugefügten Schadens herangezogen, so hat er dies dem AG unverzüglich mitzuteilen und ihm im Falle der Klage den Streit zu verkünden (§ 3 Abs 1 DHG). Hat der AN im Einverständnis mit dem AG oder auf Grund eines rechtskräftigen Urteils dem Dritten den Schaden ersetzt, so hat er einen Vergütungsanspruch gegenüber dem AG, wobei das Ausmaß der Vergütung anhand der Schadensteilungsregeln des § 2 Abs 1 – 3 DHG zu bestimmen ist (vgl § 3 Abs 2 und 3 DHG). Unterlässt es der AN, den Streit zu verkünden, so verliert er zwar nicht den Vergütungsanspruch, er muss sich allerdings die unausgeführt gebliebenen Einwendungen entgegenhalten lassen und geht gegebenenfalls gewisser Vergütungsmöglichkeiten verlustig (vgl § 3 Abs 3 DHG).

Zu beachten ist, dass hier der unmittelbare Schädiger belangt wird, sodass die bei Mithaftung des AG (s oben) vorzunehmende Aufteilung im Innenverhältnis als **Vergütung** zu bezeichnen ist, weil hier der Schuldtragende auf den Schuldlosen greift. An-

[8]) Vgl zB OGH 22. 11. 1977, 4 Ob 149/77, DRdA 1979, 36 *(Waas);* 15. 9. 1981, 4 Ob 156/80, Arb 10.015; 30. 7. 2009, 8 ObA 40/09d, ASoK 2010, 40. Aus der Lehre zust zB *Löschnigg,* Arbeitsrecht[12] 528f mwN.

[9]) ZB *Spielbüchler,* Arbeitsrecht I[4] 214; *Mayer-Maly,* Arbeitsrecht I (1987) 90.

sonsten ist die Bestimmung des § 3 DHG reziprok zu jener des § 4 DHG zu verstehen (vgl a).

Aus der Praxis: Eine kuriose Situation tritt dann auf, wenn ein AN, der den Schaden beglichen hat, hinsichtlich der Vergütung an den AG herantritt und als Mithaftungstatbestand nur § 1315 ABGB zur Verfügung hat. In diesem Fall muss der AN behaupten und beweisen, dass er untüchtig war oder der AG von seiner Gefährlichkeit wusste.

Fall 52: Dichtheit[10])

Ingo, der Monteur der Firma J, unterlässt die Verwendung von Hanf an zwei Schraubverbindungen einer offen verlegten Wasserleitung, die durch das Mehllager des Bäckers K gelegt wird. Ebenso unterlässt er eine Prüfung auf Dichtheit. Die Leitung wird in Betrieb gesetzt, und bis die Undichtheit entdeckt wird, steht das Mehllager bereits unter Wasser. 800 kg Mehl sind verdorben.

Die Firma J will K als Kundschaft nicht verlieren und ersetzt ohne weitere Umstände den Schaden. Bei der nächsten Lohnauszahlung stellt I eine Differenz zur üblichen Entlohnung in der Höhe von € 100,– fest. Auf seine Rückfrage erfährt er, dass der AG den von ihm geleisteten Schadenersatz in monatlichen Raten von seinem Gehalt abziehen will. Wie ist die Rechtslage?

9.1.3 Aufrechnung und DHG

Der AG hat kein Zurückbehaltungsrecht am Lohn, er kann aber seine Schadenersatzansprüche gegen die Entgeltforderungen des AN aufrechnen. Zu beachten sind hierbei allerdings **Aufrechnungsbeschränkungen** (vgl allg 5.3.2):

- Während des **aufrechten Arbeitsverhältnisses** ist eine Aufrechnung nur zulässig, wenn der **AG** die **Aufrechnung erklärt** und der **AN** der Aufrechnung **nicht binnen 14 Tagen** nach Zugang der Aufrechnungserklärung **widerspricht** (§ 7 DHG).

  Ratio legis dieser Bestimmung ist es, dem AG nicht die Möglichkeit zu eröffnen, mittels Aufrechnung zweifelhafte Schadenersatzforderungen durchzusetzen. Klagt beispielsweise der AN auf das wegen einer vom AG behaupteten Schadenersatzforderung nicht ausbezahlte Entgelt, müsste er im Allgemeinen die Kompensationseinrede gewärtigen und wäre damit einem erheblichen Prozessrisiko ausgesetzt. Durch § 7 DHG ist die Einrede beschränkt und nur nach Maßgabe dieser Bestimmung möglich. Wurde § 7 DHG nicht beachtet, kann der AN idR ohne größeres Risiko einen reinen Eintreibungsprozess führen.

- Die Aufrechnung ist zudem grundsätzlich nur insoweit möglich, als das **Arbeitseinkommen pfändbar** ist (vgl § 293 Abs 3 EO; dazu 5.3.2).

---

[10]) Eine für die Falllösung notwendige Materie wird unter 9.1.3 behandelt.

9.1.4 Verfall und Verjährung

Gem § 6 DHG können Schadenersatzansprüche des AG, die auf einem **minderen Grad des Versehens** beruhen, nur **binnen sechs Monaten gerichtlich geltend gemacht** werden (vgl allg 5.4.2).

Diese Verfallsfrist greift nur bei leichter Fahrlässigkeit. Im Falle **grober Fahrlässigkeit** – und naturgemäß auch bei **Vorsatz** – gilt die **allgemeine Verjährungsregel** für Schadenersatzansprüche in § 1489 ABGB. Demnach verjährt der Anspruch grundsätzlich in drei Jahren ab dem Zeitpunkt, in dem der Schaden und der Schädiger bekannt sind. Nur bei unbekanntem Schaden oder Schädiger sowie bei Schadenszufügung durch vorsätzliche, gerichtlich strafbare Handlung mit mehr als einjähriger Strafdrohung gilt eine 30-jährige Verjährungsfrist.

Entscheidung 151: Traktorzug

Ein AN, der mit einem von ihm gelenkten Traktorzug auf einer abfallenden Straße zu schnell in eine Rechtskurve einfährt, dann unsachgemäß, weil zu abrupt bremst und außerdem einen mitfahrenden Bremser statt auf dem Anhänger bei sich auf der Zugmaschine sitzen lässt, handelt leicht fahrlässig.

Die daher anzuwendende sechsmonatige Frist des § 6 DHG ist eine von Amts wegen wahrzunehmende Ausschlussfrist, die, wie die Verjährungsfrist des § 1489 ABGB, mit der Kenntnis des Ersatzberechtigten vom Schaden und von der Person des Schädigers zu laufen beginnt. § 1497 ABGB ist auf die Ausschlussfristen des Arbeitsrechts analog anzuwenden. Die Erklärung, sich einem Strafverfahren als Privatbeteiligter anzuschließen, unterbricht den Fristenlauf nur unter der Voraussetzung, dass der Privatbeteiligte einen Schadenersatzanspruch innerhalb angemessener Frist nach der Beendigung des Strafverfahrens vor dem Zivilgericht geltend macht.

Den Parteien steht es frei, die Ausschlussfrist des § 6 DHG während ihres Laufens durch Vereinbarung zu verlängern oder auf die Einhaltung dieser Frist ganz zu verzichten. Eine diesbezügliche Erklärung, die jedoch erst nach Ablauf der Frist erfolgt, ist unerheblich.

OGH 6. 6. 1978, 4 Ob 14/78, Arb 9702

9.2 Haftung des AG

9.2.1 Sachschäden in der Sphäre des AN[11])

Wird im Rahmen des Arbeitsverhältnisses Eigentum des AN beschädigt, so richtet sich der Anspruch auf Schadenersatz grundsätzlich nach den allgemeinen zivilrechtlichen Schadenersatzregelungen (§§ 1293 ff ABGB). Dem-

[11]) *Windisch-Graetz* in ZellKomm[2] § 1014 ABGB; *Löschnigg/Reissner,* Arbeitgeberhaftung für Sachschäden auf der Dienstreise, ecolex 1991, 110.

nach haftet der AG für **schuldhafte** Schädigung des AN an dessen Privatvermögen.

Bei Übertretung eines SchutzG (zB § 27 Abs 4 ASchG über den Kleiderspind) genügt für die Haftung, dass die Verletzung der Schutznorm an sich schuldhaft war[12]). Die Beschränkung der Arbeitgeberhaftung auf Fälle, in denen die Voraussetzungen des § 1295 ABGB erfüllt sind, insb also auch Rechtswidrigkeit und Verschulden auf Seiten des AG vorliegen, wurde dort als unbillig empfunden, wo der AG auf Grund der Arbeitsabhängigkeit des AN zu Sachen desselben kommt und diese für seine unternehmerischen Zwecke einsetzt. Er erspart sich dabei ja wirtschaftlich gesehen die Heranziehung eigener Betriebsmittel und das damit verbundene Schadensrisiko.

Die Rechtsprechung hat diesbezüglich eine Regelungslücke konstatiert und stützt sich zur Erreichung einer **verschuldensunabhängigen Haftung des AG** über § 1151 Abs 2 ABGB hinaus auf eine **analoge Anwendung** des **§ 1014 ABGB**[13]).

Diese Bestimmung behandelt die Haftung im Rahmen des Bevollmächtigungsvertrages und besagt, dass der „Gewaltgeber" dem „Gewalthaber" gegenüber zur Vergütung des notwendigen und nützlichen Aufwandes (vgl auch 3.1.1, 5.1) sowie zum **Ersatz des** aus seinem Verschulden entstandenen oder mit der **Erfüllung des Auftrags verbundenen Schadens** verpflichtet ist.

Die zuletzt angeführte verschuldensunabhängige Haftung nach § 1014 ABGB betrifft die typischen Gefahren des aufgetragenen Geschäfts, also eine Art „Betriebsgefahr". Es muss eine **„Risikoerhöhung"** dadurch entstehen, dass der AG die zur Sphäre des AN gehörenden wirtschaftlichen Werte in Anspruch nimmt. Der Schaden muss „ex causa mandati", also unmittelbar durch den Auftrag, nicht bloß „ex occasione mandati", dh gelegentlich des Auftrags, eintreten.

Beim Einsatz des privaten Pkw für Dienstfahrten ist das Risiko des AG typischerweise dann berührt, wenn dieser ohne Einsatz des Kfz des AN ein eigenes Fahrzeug zur Verfügung stellen und das damit verbundene Unfallrisiko selbst tragen hätte müssen. Keine Schadenersatzpflicht trifft den AG, wenn der Vorteil aus der Nutzung des Privatfahrzeuges ausschließlich dem persönlichen Lebensbereich des AN zuzuordnen ist, dieser beispielsweise das Auto aus Bequemlichkeit benutzt, obwohl die Verwendung öffentlicher Verkehrsmittel vorgesehen und auch möglich sowie zumutbar war.

Keine Risikoerhöhung und damit keine Haftung ist zB dann gegeben, wenn der AN ein altes Auto verwendet, das gelegentlich der Dienstfahrt den ohnehin bevorstehenden Motorschaden erleidet.

Entscheidung 152: Berliner Diskothek

Einem AN gebührt für den aus Anlass einer privaten Freizeitgestaltung am Dienstort Berlin gestohlenen Privat-Pkw im Rahmen der Risikohaftung des AG für „arbeitsadäquate" Schäden kein Ersatz.

---

[12]) Vgl dazu OGH 12. 10. 1982, 4 Ob 117/82, Arb 10.188.

[13]) Erstmals OGH 31. 5. 1983, 4 Ob 35/82, DRdA 1984, 32 *(Jabornegg)* = ZAS 1985, 14 *(Schrank).*

Der in einer Kleinstadt in der Steiermark beheimatete AN wird sich für Freizeitveranstaltungen auch häufig in urbanere Gebiete begeben haben, ohne dass damit nach seiner subjektiven Einschätzung eine Erhöhung des typischen Diebstahlsrisikos verbunden gewesen wäre. Eine Erhöhung des Risikos des Verlustes oder der Beschädigung des Pkw des AN in einem erheblichen Ausmaß ist bei Besuchen von Diskotheken in Berlin gegenüber solchen im Umkreis der Heimat des AN nicht erkennbar.

OGH 28. 1. 1999, 8 ObA 12/99 v, ARD 5019/6/99

Ein **(Eigen-)Verschulden des AN** am Schaden befreit den AG nicht von seiner Haftung. Die Regelungen des § 2 DHG über die Mäßigung (vgl 9.1.1) sind für solche Fälle analog heranzuziehen.

Entscheidung 153: Konzipient

Sachverhalt: Der Kl ist vom 1. 10. 1993 bis 31. 12. 1994 als Rechtsanwaltsanwärter in der Rechtsanwaltskanzlei der Bekl in B beschäftigt. Beim Einstellungsgespräch wird er nach dem Vorhandensein eines Führerscheines und eines Kfz gefragt. Es entsteht bei ihm der Eindruck, dass Kfz und Führerschein Voraussetzungen für die Anstellung sind. Es wird ein Monatsgehalt und ein Kilometergeld ab B in Aussicht gestellt. Bereits vor Eintritt des Kl hat sich die Übung entwickelt, dass die Konzipienten der Bekl ihre Pkw während der Woche in B stehen haben. Die Fahrzeuge werden jeweils am Montag nach B gebracht und am Freitag von B entfernt. Während der Woche reisen die Rechtsanwaltsanwärter mit dem Zug nach B an, außer die Pkw werden anderweitig benötigt. Diese Praxis wird vom Kl bei seinem Eintritt übernommen. Die Übung kennen die Rechtsanwälte nicht nur, sondern es wird insb vom ErstBekl das Bereitstehen der Pkw der Konzipienten in B gefordert. Der Kl wohnt in G. Eine Verlegung des Wohnsitzes wird nicht verlangt. In der Kanzlei der Bekl werden die Termine für die nächste Woche etwa Mitte der Woche eingeteilt. Dennoch kommt es immer wieder zu kurzfristigen Terminverschiebungen, sodass nie von vornherein bekannt ist, ob der Pkw benötigt wird oder nicht. Der Kl verrichtet während seiner Beschäftigungszeit mehrmals auswärtige Termine, Verhandlungen und Tagsatzungen. Die Fahrten mit dem eigenen Pkw zu Verhandlungen und auswärtigen Terminen werden mit Kilometergeld abgegolten. Für die „Überstellungsfahrten" von G bzw retour wird kein Kilometergeld geleistet. Ein Verbot der Benützung des eigenen Pkw wird durch die Bekl nicht ausgesprochen.

Am 24. 1. 1994 fährt der Kl mit seinem Pkw von G nach B. Es handelt sich um eine „Überstellungsfahrt". Auf dieser Fahrt ereignet sich ein Verkehrsunfall, der durch die AUVA als Arbeitsunfall anerkannt wird. Bei diesem Unfallgeschehen entsteht am Fahrzeug des Kl ein Totalschaden.

Es wird außerdem ein Lichtmast sowie die Kleidung des Kl und seine Brille beschädigt. Zudem fallen neben einem Verwaltungsaufwand auch noch Kosten für Reinigungsarbeiten und für das Abschleppen an. Der Kl begehrt von allen Bekl den Ersatz seines Schadens.

Leitsätze: Die Fahrt des AN vom Wohnort zum Arbeitsort ist im Allgemeinen der Privatsphäre des AN und nicht dem Risikobereich des AG zuzurechnen. Entscheidend ist aber, ob das Fahrzeug des AN am Unfalltag zum Nutzen und nach Disposition des AG eingesetzt worden ist. Entspricht das Bereitstellen des Pkw durch den AN am Arbeitsort der beim AG gepflogenen Übung und wurde es vom AG gefordert, ist die sog „Überstellungsfahrt" vom Wohnort zum Arbeitsort mit dem auch für den Dienstgebrauch am Arbeitsort bereitzustellenden Pkw für den Nutzen des AG maßgeblich. § 1014 ABGB ist daher heranzuziehen.

Der AG hat nicht für jene im Zusammenhang mit dem Arbeitsauftrag entstandenen Schäden zu haften, die nicht an dem für die dienstliche Verwendung bereitzustellenden Pkw entstehen. Während der Pkw des AN wirtschaftlich geradezu als Dienstfahrzeug verwendet wurde und daher der daran eingetretene Schaden durch das Auftragsrisiko erkennbar begünstigt wurde, ist dies bei den durch den Unfall hervorgerufenen Schäden am Lichtmast, den Reinigungskosten der Feuerwehr, den Abschleppkosten, dem Verwaltungsaufwand sowie den Schäden an Brille und Kleidung nicht der Fall.

Eine Abdingung der Risikohaftung des AG müsste im Arbeitsvertrag zum Ausdruck kommen. Eine ausdrückliche Abdingung ist nicht unbedingt erforderlich.

OGH 4. 9. 1996, 9 ObA 2136/96z, DRdA 1997, 273 *(Kerschner)*

In dieser E hat der OGH eine gewisse Art von Schäden aus der Risikohaftung ausgeklammert, nämlich jene am Lichtmast, die Kosten der Feuerwehr und des Abschleppdienstes und den Verwaltungsaufwand. Dies dürfte mit dem Umstand zusammenhängen, dass bei diesen „Außenschäden" Deckung durch die gesetzliche Haftpflichtversicherung gegeben sein wird. Problematisch dabei ist, dass der AN durch die Inanspruchnahme der Versicherung in den sog Malus kommen wird. Zu Recht keine Risikoerhöhung und damit keine Arbeitgeberhaftung wurde hingegen hinsichtlich Brille und Kleidung des Konzipienten – dies wären an sich dem § 1014 ABGB zuzuordnende „Innenschäden" – angenommen.

Wie sich auch aus E 153 ergibt, ist **§ 1014 ABGB** prinzipiell **abdingbar.** Ein **gänzlicher Haftungsausschluss,** der zu einer Übertragung des typischen Unternehmerrisikos auf den AN führt, wäre aber **unzulässig.**

Eine Abdingung müsste also differenziert, mit einer Gegenleistung für den AN, erfolgen. Die Bezahlung des amtlichen Kilometergeldes ist eine reine Aufwandsentschädigung und daher mE keine Gegenleistung. Gesteht der AG allerdings zB in Verbindung mit der Abdingung einen angemessenen **Zuschuss für die Kaskoversicherungsprämie** zu, ist die Abdingung gültig.

Ansprüche des AN auf Grund des § 1014 ABGB **verjähren in drei Jahren** (§ 1486 Z 5 ABGB). Eine analoge Anwendung der sechsmonatigen Verfallsfrist des § 6 DHG ist nicht vorzunehmen[14]).

Fall 53: Fahrradunfall

Sachverhalt: *Der Kl ist der jüngste Lehrling in einer Grazer Autoreparaturwerkstätte und wird zu diversen Botengängen herangezogen, die er mit einem dafür vorgesehenen Fahrrad verrichten soll. Am 25. 2. 2015 erhält er den Auftrag, in einem ungefähr 3 km entfernten Geschäft Zündkerzen zu besorgen. Bei der Rückfahrt biegt er, ohne auf einen nachkommenden und bereits überholenden Autofahrer zu achten, nach links ab. Es kommt zur Kollision, bei welcher der Kl schwere Verletzungen erleidet und am Pkw des Unfallgegners ein Sachschaden von € 4.500,– entsteht. Der Kl wird vom Zivilgericht zur Zahlung von Schadenersatz in dieser Höhe verurteilt. Er verlangt vom bekl AG eine Erstattung dieses Betrags. Wie ist die Rechtslage?*

Lösung: Der Fall ist nicht nach § 1014 ABGB, sondern nach DHG zu behandeln, weil es sich hier nicht um einen Eigenschaden des AN, sondern um einen vom AN einem Dritten bei Erbringung der Arbeitsleistung zugefügten Schaden handelt (vgl 9.1, insb 9.1.2 b). Ein allfälliger Vergütungsanspruch des AN gegenüber dem AG ist nach § 3 DHG zu beurteilen. Hier wird es mit großer Wahrscheinlichkeit am Mithaftungstatbestand scheitern, zumal nur § 1315 ABGB in Frage kommt, für den der AN seine eigene Untüchtigkeit oder dem AG bewusste Gefährlichkeit beweisen müsste.

Eine Falllösung über § 1014 ABGB – wie vom OGH vertreten – ist nicht möglich. Zum einen würde – wie schon oben angesprochen – das von den im arbeitsrechtsbezogenen Schadenersatzrecht bestehenden Rechtsgrundlagen geschaffene Haftungssystem unterlaufen, die §§ 3, 4 DHG würden überflüssig gemacht. Zum anderen kann auch nicht von der Vergütung eines „Aufwandes“ iSd § 1014 Fall 1 ABGB die Rede sein. Damit würde der AN leer ausgehen.

Zu bedenken ist, dass bei Benützung eines Kfz die gesetzliche Haftpflichtversicherung den Schaden gedeckt hätte. Bei einem Fahrrad besteht zwar keine Pflicht, dieses zu versichern, die Unterlassung des Abschlusses einer Haftpflichtversicherung durch den AG ist allerdings gegenüber dem Lehrling als Fürsorgepflichtverletzung (vgl allg 8.1) aufzufassen, sodass ihm der AG aus dem Arbeitsvertrag die Vergütung schuldet[15]).

(Nach OGH 24. 5. 1989, 9 ObA 139/89, DRdA 1991, 137 *[Kerschner]* = ZAS 1991, 57 *[Oberhofer]*)

---

[14]) Vgl zB OGH 8. 11. 1995, 9 ObA 184/95, DRdA 1996, 402 *(Kerschner).*

[15]) So *Kerschner,* DRdA 1991, 140.

9.2.2 Personenschäden des AN

Kommt es zu einem Arbeitsunfall (§§ 175f ASVG; vgl auch 6.2.1), der eine Körperverletzung des AN zur Folge hat, oder leidet der AN an einer Berufskrankheit (§ 177 ASVG; vgl auch 6.2.1), schließt das **Dienstgeberhaftungsprivileg** nach § 333 Abs 1 ASVG eine Haftung des AG oder ihm gleichgestellter Personen (s unten) prinzipiell aus.

Das Haftungsprivileg gilt auch im Verhältnis zu den Hinterbliebenen, wenn Arbeitsunfall oder Berufskrankheit für den Tod des AN kausal waren.

§ 333 ASVG greift nicht nur zwischen überlassener Arbeitskraft und Überlasser, sondern auch im Verhältnis der Arbeitskraft zum Beschäftiger (zur Arbeitskräfteüberlassung allg 4.5.1).

Dem AG **gleichgestellt** sind gem § 333 Abs 4 ASVG gesetzliche oder bevollmächtigte **Vertreter des Unternehmers** und **Aufseher im Betrieb.**

Entscheidung 154: Lotto-Toto-Einschulung

Sachverhalt: Die Kl ist in der Tabak-Trafik der Frau des Bekl beschäftigt. Auf Grund des ihm von seiner Frau eingeräumten Weisungsrechts über die AN ordnet der Bekl die Teilnahme an einer mittäglichen „Lotto-Toto-Einschulung" in einem Gasthof an. Auf dem Weg dorthin wird die mitfahrende Kl im Pkw vom Hund des Bekl gebissen. Die Kl begehrt aus der Tierhalterhaftung Schadenersatz in Höhe von S 63.000,–.

Leitsätze: Da zwischen dem Hundebiss und der vorgesehenen „Lotto-Toto-Einschulung", die zweifelsohne Bestandteil der Beschäftigung der Kl ist, ein zeitlicher, örtlicher und ursächlicher Zusammenhang iSd § 175 Abs 1 ASVG besteht, liegt ein Arbeitsunfall vor.

Übt jemand Dienstgeberfunktionen aus, ist er als bevollmächtigter Vertreter des Unternehmers iSd § 333 Abs 4 ASVG anzusehen, dem auch dann, wenn er im Zeitpunkt des Unfalles als Hundehalter und Kraftfahrer tätig ist, das Dienstgeberhaftungsprivileg zugute kommt.

OGH 22. 11. 1989, 9 ObA 316/89, RdW 1990, 263

Der Begriff des **„Aufsehers im Betrieb"** wird sehr weit verstanden. Gemeint ist eine Person, die in einer konkreten Arbeitssituation Vorgesetztenfunktion hat.

Ein „Aufseher" ist im Zeitpunkt des Unfalls für das Zusammenspiel persönlicher und technischer Kräfte verantwortlich. Er muss zumindest einen Betriebsvorgang in eigener Verantwortlichkeit überwachen und den ganzen Arbeitsgang leiten, verbunden mit Weisungsbefugnis und damit auch einer Fürsorgepflicht gegenüber anderen AN. Auf die sonst bestehende Betriebshierarchie wird nicht abgestellt. Nicht erforderlich ist auch eine gehobene Stellung. Auch ein Lehrling kann in einer entsprechenden Konstellation Aufseher im Betrieb sein[16]).

---

[16]) Vgl OGH 23. 3. 2010, 8 ObA 3/10i, ASoK 2010, 431.

Entscheidung 155: Staplerfahrer

Der Staplerfahrer ist beim Entladen eines Lkw-Anhängers gegenüber dem auftragsgemäß mithelfenden Arbeitskollegen als Aufseher im Betrieb zu qualifizieren.

OGH 11. 11. 1992, 9 ObA 242/92, DRdA 1993, 250

Der Fahrzeuglenker einer privaten Fahrgemeinschaft ist auch dann, wenn er bei der Arbeitsleistung selbst Leitungsfunktion gegenüber seinen mitfahrenden Arbeitskollegen hat, nicht Aufseher im Betrieb, sodass er von den mit ihm verunfallten Kollegen auf Schmerzengeld in Anspruch genommen werden kann[17]).

Eine Haftung besteht **nur bei Vorsatz** des AG oder der diesem gleichgestellten Personen.

Wenn der AN den AG oder ihm gleichgestellte Personen diesfalls direkt in Anspruch nehmen kann, verringert sich sein Ersatzanspruch um die Leistungen aus der gesetzlichen Unfallversicherung (§ 333 Abs 2 ASVG).

Das Dienstgeberhaftungsprivileg gilt **für alle** durch einen Arbeitsunfall begründeten **Schadenersatzansprüche,** somit auch für Ersatzansprüche gegen den AG, für die die Sozialversicherung keine entsprechenden Leistungen kennt. Dies betrifft insb Schmerzengeld (§ 1325 ABGB) und Verunstaltungsentschädigung (§ 1326 ABGB).

Als Surrogat für Schmerzengeld und Verunstaltungsentschädigung wurde die **Integritätsabgeltung** als Leistung aus der gesetzlichen Unfallversicherung eingeführt, die allerdings an enge Voraussetzungen gebunden ist (vgl § 213 a ASVG).

Zu bedenken ist aber auch, dass der AN mit dem sozialen Unfallversicherungsrecht einen im Vergleich zum allgemeinen Schadenersatzrecht wesentlich erleichterten Zugang zu Leistungen hat. Insb muss er grundsätzlich kein vorwerfbares Verhalten des AG nachweisen.

Parallel zur Haftungsbefreiung regelt § 334 ASVG den Rückgriff des Sozialversicherungsträgers auf die Schädiger: Der Träger der Sozialversicherung hat **gegenüber dem AG** oder einem **ihm Gleichgestellten** einen **Regressanspruch,** wenn diese Personen den Arbeitsunfall oder die Berufskrankheit **grob fahrlässig** oder **vorsätzlich** verursacht haben (§ 334 Abs 1 ASVG).

Ein allfälliges **Mitverschulden des AN** wird im Regressfall **nicht mitberücksichtigt** (§ 334 Abs 3 ASVG).

Das **Dienstgeberhaftungsprivileg gilt nicht** für **Arbeitsunfälle,** die durch ein **Verkehrsmittel** eingetreten sind, für dessen Betrieb **gesetzlich eine erhöhte Haftpflicht** besteht (insb Kfz, Eisenbahn). Die Haftung des AG ist aber der Höhe nach **mit der Versicherungssumme aus der Haftpflichtversicherung begrenzt,** es sei denn, dass der Versicherungsfall durch den AG vorsätzlich verursacht wurde (§ 333 Abs 3 ASVG).

Grundgedanke dieser Regelung ist es, dass AN bei Verkehrsunfällen in gleicher Weise wie andere Verkehrsopfer in den Genuss der verschärften Gefährdungshaftung

[17]) OGH 1. 10. 1985, 4 Ob 93, 94/84, DRdA 1987, 62 *(Albert).*

kommen sollen. Auch soll die an sich leistungspflichtige Haftpflichtversicherung nicht auf Kosten der Sozialversicherung entlastet werden.

Entscheidung 156: Seitenstapler

Ob den AG als Halter des Seitenstaplers die Gefährdungshaftung nach dem EKHG trifft oder ob er nur gem § 19 Abs 2 EKHG für das Verschulden des von ihm als Betriebsgehilfen eingesetzten Staplerfahrers, der eine Arbeitskollegin am Betriebsgelände niedergestoßen und schwer verletzt hat, haftet, kann dahingestellt bleiben, weil die Anwendung der Ausnahmebestimmung des § 333 Abs 3 ASVG am Fehlen einer leistungspflichtigen Kfz-Haftpflichtversicherung scheitert. Eine solche ist gem § 1 Abs 2 lit b KFG für einen Seitenstapler, der rechtlich als Transportkarren zu qualifizieren ist, nicht obligatorisch.

Der Entfall des Haftungsprivilegs nach § 333 Abs 3 ASVG stellt trotz des weitergehenden Wortlauts ausschließlich auf die obligatorische Kfz-Haftpflichtversicherung ab. Eine Betriebshaftpflichtversicherung ist daher von vornherein ungeeignet, die in der zitierten Bestimmung normierte Ausnahme vom Haftungsprivileg des AG zu begründen.

OGH 18. 3. 1999, 8 ObA 179/98 a, infas 1999 S 25

Das bedeutet, dass die in E 156 geltend gemachte Schmerzengeldforderung der verletzten Arbeitskollegin auf Grund des Dienstgeberhaftungsprivilegs weder vom AG noch von dessen Betriebshaftpflichtversicherung zu bestreiten ist, sondern nur der Staplerfahrer – der auch nicht Aufseher im Betrieb gegenüber der an seiner Arbeit unbeteiligten Arbeitskollegin ist (vgl hingegen E 155) – nach allgemeinem Schadenersatzrecht dafür haftbar gemacht werden kann (zur Arbeitskollegenhaftung vgl 9.3).

9.3 Haftung unter Arbeitskollegen

IdR ergeben sich derartige Haftungsfälle aus Arbeitsunfällen, viel seltener stehen sie in Zusammenhang mit Berufskrankheiten. Soweit der schädigende AN dabei als **Vertreter des AG** oder **Aufseher im Betrieb** anzusehen ist, kommt ihm das **Dienstgeberhaftungsprivileg** (vgl 9.2.2) zugute.

Außerhalb der Fälle des Dienstgeberhaftungsprivilegs gelten dagegen die **allgemeinen Schadenersatzregelungen.**

Festgehalten sei, dass dies nicht nur für die hier im Mittelpunkt stehenden Personenschäden, sondern auch für Sachschäden von geschädigten Arbeitskollegen gilt.

Der Schadenersatz im Falle körperlicher Schädigung kann nach den §§ 1325 f ABGB die Heilungskosten, den Verdienstentgang, das Schmerzengeld sowie die Verunstaltungsentschädigung erfassen. Hinsichtlich der Schadenersatzpositionen **Heilungskosten** und **Verdienstentgang** greift in aller Regel die Sozialversicherung ein und gewährt eine Reihe von im Verhältnis zu den zivilrechtlichen Ansprüchen kongruenten Leistungen (vgl auch 9.2.2).

Soweit die Sozialversicherung zu leisten hat, gehen die **Ersatzansprüche** durch **Legalzession** auf sie über (vgl § 332 Abs 1 Satz 1 ASVG). Die daraus resultierende **Regressmöglichkeit** der Sozialversicherung besteht gem § 332 Abs 5 ASVG **gegenüber einem Arbeitskollegen nur** dann, wenn

- diesem **Vorsatz** oder **grobe Fahrlässigkeit** anzulasten ist (lit a leg cit) oder
- der Schaden durch ein **Verkehrsmittel** verursacht wurde, für das **gesetzlich erhöhte Haftpflicht** vorgesehen ist (lit b), wobei der Anspruch diesfalls nur bis zur Höhe der zur Verfügung stehenden Versicherungssumme geltend gemacht werden kann, es sei denn, der Arbeitskollege hat vorsätzlich oder grob fahrlässig gehandelt.

Der schädigende AN kann sich auch nicht an den AG halten, wenn er vom geschädigten Arbeitskollegen oder im Rahmen des Regresses von der Sozialversicherung in Anspruch genommen wird, weil für den AG das Dienstgeberhaftungsprivileg gilt.

Trifft den geschädigten Arbeitskollegen gegenüber dem Schädiger ein Mitverschulden, folgt daraus eine entsprechende Minderung der Haftung (§ 1304 ABGB; dazu auch 9.1). Die Legalzession umfasst trotzdem den gesamten dem Versicherten zustehenden Ersatzanspruch, sofern die Schadenersatzforderung an sich kongruent ist (sog **Quotenvorrecht** des Sozialversicherungsträgers).

9.4 Lohnfortzahlungsschaden[18])

Kommt es zu einer Arbeitsverhinderung, die ein Dritter verursacht hat und für die er vom AN schadenersatzrechtlich herangezogen werden könnte, dann wird der Schaden auf den AG überwälzt, wenn dieser gesetzlich, nach KollV oder arbeitsvertraglich zur Entgeltfortzahlung verpflichtet ist (vgl 6.2).

Die Entgeltfortzahlungsvorschriften haben jedoch nicht den Zweck, den Schädiger zu entlasten, sie sollen vielmehr den AN vor sozialen Härten schützen.

Entscheidung 157: Ersatzanspruch nach Entgeltfortzahlung

Die Ersatzpflicht des Schädigers ist durch die Entgeltfortzahlung nicht ausgeschlossen. Der Schädiger hat dem AG den auf diesen überwälzten Schaden des AN zu ersetzen, wobei der Ersatzanspruch mit der Entgeltfortzahlung unmittelbar auf den AG übergeht.

OGH 24. 3. 1994, 2 Ob 21/94, DRdA 1995, 44 *(Ch. Klein)*

Lange Zeit hat die Rechtsprechung die Pflicht des AG zur Entgeltfortzahlung als sog mittelbaren Schaden qualifiziert und einen Ersatz desselben abgelehnt[19]).

Umfasst sind nicht nur die Bruttoentgelte, sondern auch die Dienstgeberbeiträge zur Sozialversicherung.

Im Bereich der Arbeitskollegenhaftung bedeutet die Ersatzfähigkeit des Lohnfortzahlungsschadens eine erhebliche Vergrößerung des Haftungsrisikos

[18]) *Holzer,* Der Lohnfortzahlungsschaden, ASoK 2000, 63.

[19]) So zB noch OGH 27. 1. 1977, 2 Ob 282/76, JBl 1978, 209.

des AN. Es wird daher vorgeschlagen, die Kriterien der Schadensaufteilung nach DHG (vgl 9.1.1) auf den vorliegenden Haftungsfall zu übertragen. Es wäre unbillig, eine unbeschränkte Haftung des schädigenden AN anzunehmen, obwohl der Schaden bei Erbringung der Arbeitsleistung eingetreten ist[20]).

Kontrollfragen zu Kapitel 9.

1. Welche subjektiven bzw objektiven Voraussetzungen müssen für die Anwendbarkeit des DHG vorliegen?
2. Welche Haftungserleichterungen sieht das DHG im Verhältnis zum allgemeinen Zivilrecht vor?
3. Wie ist das Problem der Mankohaftung zu behandeln? Wie ist die Beweislast zwischen AG und AN verteilt?
4. Was ist ein Mithaftungstatbestand? Worin bestehen die Unterschiede zwischen § 1313 a und § 1315 ABGB?
5. Welche Verjährungs- bzw Verfallsbestimmungen sind bei arbeitsrechtsbezogenen Schadenersatzansprüchen zu beachten?
6. Was sind die Voraussetzungen und Grenzen der Risikohaftung des AG für Sachschäden des AN? Kann diese Risikohaftung durch vertragliche Einigung ausgeschaltet werden?
7. Was bedeutet das Dienstgeberhaftungsprivileg? Welche Personen sind dem AG gleichgestellt? Wer ist Aufseher im Betrieb?
8. Bei welchen Arbeitsunfällen gilt das Dienstgeberhaftungsprivileg nicht?
9. Wie ist die Haftung unter Arbeitskollegen geregelt? Inwieweit kommt es in diesem Zusammenhang zu einer Legalzession zu Gunsten der Sozialversicherung?
10. Was ist ein Lohnfortzahlungsschaden? Von wem kann dieser eingefordert werden?

[20]) Vgl *Pircher,* Entgeltfortzahlungsfälle: Schadenersatzanspruch des AG gegen den eigenen schädigenden AN, ZAS 1997, 65; *Löschnigg,* Arbeitsrecht[12] 542.

10. Arbeitsrecht und Rechtsordnung

Im Folgenden wird ein Überblick über das Zusammenspiel und die Wirkungsweise der für das Arbeitsrecht relevanten Rechtsquellen gegeben. Im Kern geht es dabei um den Stufenbau der Arbeitsrechtsordnung, also um die Rechtswirkungen der arbeitsrechtlichen Rechtsquellen und ihr Verhältnis zueinander (vgl 10.4). Eingangs soll allerdings geklärt werden, unter welchen Voraussetzungen überhaupt österreichisches Arbeitsrecht anzuwenden ist. Es wird also insb auf das Internationale Privatrecht eingegangen (vgl 10.1). Ebenfalls hier behandelt werden können Fragen der Zuständigkeit zur Normsetzung. Zum einen wird dabei angesprochen, ob und inwieweit das Unionsrecht zur Regelung arbeitsrechtlicher Materien befugt ist (vgl 10.2), zum anderen wird die Kompetenzverteilung des B-VG im Hinblick auf das Arbeitsrecht untersucht (vgl 10.3; zur Regelungszuständigkeit der kollektiven Rechtsquellen des Arbeitsrechts vgl 11.1.4, 11.5.1.2, 12.1.4, 12.3.1.2). Eine spezielle, mit der Wirkungsweise arbeitsrechtlicher Rechtsquellen zusammenhängende Problemstellung, nämlich jene der Verzichtbarkeit zwingender Ansprüche, wird schließlich unter 10.5 vertieft.

10.1 Arbeitskollisionsrecht[1])

Welches Arbeitsrecht auf ein spezielles Arbeitsverhältnis anzuwenden ist, ist eine Frage des Internationalen Privatrechts oder – genauer – des Internationalen Arbeitsrechts. Es geht um das sog Arbeitskollisionsrecht.

In der Terminologie des Internationalen Privatrechts gesprochen steht das **„(Arbeits-)Vertragsstatut“** zur Diskussion. Die Anknüpfung erfolgt also nicht über die beteiligten Personen selbst, sondern über deren Vertragsbeziehungen.

Da das Arbeitsrecht überdies in erster Linie nicht aus „herkömmlichem“ Privatrecht, sondern aus einseitig oder zweiseitig zwingenden Bestimmungen zivilrechtlicher Provenienz und auch aus öffentlichem Recht besteht, ist einschlägiges Kollisionsrecht nicht nur im (kodifizierten) Internationalen Privatrecht, sondern auch in Normen jenseits dieses Rechtsbestands vorzufinden.

Die Bestimmungen des **allgemeinen zivilrechtlichen Arbeitskollisionsrechts** sind (aus österreichischer Sicht) in der sog Rom I-VO[2]), im EVÜ bzw im IPRG enthalten. Die erstgenannte, unionsrechtliche Rechtsquelle erfasst alle Arbeitsverträge, die nach dem 17. 12. 2009 abgeschlossen wurden, das EVÜ, ein unmittelbar anwendbarer völkerrechtlicher Vertrag, gilt für Arbeitsverhältnisse, die nach dem 30. 11. 1998 geschlossen wurden (vgl §§ 50 Abs 2, 53 Abs 2 IPRG), für aus dieser Sicht als „Altverträge“ zu qualifizierende Ver-

---

[1]) *Löschnigg*, Arbeitsrecht[12] 59 ff; *Friedrich* in *Marhold/Fuchs*, Europäisches Arbeitsrecht[4] (2014) 509 ff; *Burger* in *Reissner/Neumayr* (Hrsg), Zeller Handbuch Arbeitsvertrags-Klauseln (2010) Rz 5.01 ff.

[2]) VO (EG) 593/2008 des Europäischen Parlaments und des Rates vom 17. 6. 2008 über das auf vertragliche Schuldverhältnisse anzuwendende Recht (Rom I), ABl L 177 vom 4. 7. 2008, 6.

einbarungen schließlich sind weiter die §§ 35ff IPRG, im Arbeitsrecht insb die §§ 35, 44 IPRG, maßgeblich.

Im hier interessierenden Bereich stimmen die drei Rechtsquellen im Wesentlichen inhaltlich überein (im Detail s aber auch unten).

ISd Privatautonomie wird jeweils dem **subjektiven Arbeitsvertragsstatut,** der sog **Rechtswahl,** Priorität eingeräumt. Die Rechtswahl kann sich auf den ganzen Vertrag oder Teile davon beziehen. Sie muss **ausdrücklich** getroffen (§ 44 Abs 3 Satz 1 IPRG für Arbeitsverhältnisse) oder **mit hinreichender Bestimmtheit aus** dem **Vertrag,** dem **Verhalten der Parteien** oder den **Umständen des Falles** ableitbar sein (vgl Art 3 Abs 1 EVÜ bzw Rom I-VO). Eine Rechtswahl **darf** im Arbeitsrecht **nicht dazu führen,** dass dem **AN** der **Schutz entzogen** wird, der ihm nach den **zwingenden Bestimmungen** jenes Rechts gewährt wird, welches **mangels Rechtswahl anzuwenden** wäre (Art 8 Abs 1 Rom I-VO, Art 6 Abs 1 EVÜ, § 44 Abs 3 Satz 2 IPRG).

Wird keine Rechtswahl getroffen, dann gilt das **objektive Arbeitsvertragsstatut.** Nach diesem sind Arbeitsverhältnisse bzw Arbeitsverträge primär nach dem Recht jenes Staates zu beurteilen, in dem der **AN** in Erfüllung des Vertrags **gewöhnlich** seine **Arbeit verrichtet** (Art 8 Abs 2 Rom I-VO, Art 6 Abs 2 lit a EVÜ, § 44 Abs 1 IPRG). Das **Recht des gewöhnlichen Arbeitsortes** wechselt nicht, wenn der AN seine Arbeit **vorübergehend in einem anderen Staat verrichtet** (Art 8 Abs 2 Rom I-VO), also in diesen **entsandt** ist (Art 6 Abs 2 lit a EVÜ, § 44 Abs 1 IPRG).

Entscheidung 158: Animateur

Eine Entsendung vom gewöhnlichen Arbeitsort an einen Arbeitsort in einem anderen Staat hat zur Voraussetzung, dass das Arbeitsverhältnis seinen Schwerpunkt im Entsendungsstaat behält. Wird ein AN nur für die Gästebetreuung in der Türkei aufgenommen und ist ein Arbeitsantritt im Inland von vornherein nicht beabsichtigt, kommt die Annahme einer Entsendung von einem gewöhnlichen Arbeitsort in Österreich nicht in Betracht.

Die Vertragspartner können das kraft ausdrücklicher Rechtswahl anzuwendende Recht auf bestimmte Sachfragen beschränken. Ob sie auch für die anderen arbeitsrechtlichen Fragen die Anwendung des österreichischen Rechts vereinbaren wollten, ist durch Auslegung des Umfangs der ausdrücklich getroffenen Rechtswahl gem §§ 914f ABGB zu ermitteln.

Wird der vom AN geltend gemachte Anspruch auf Sonderzahlungen lediglich auf einen österreichischen KollV und nicht auf das anzuwendende türkische Arbeitsvertragsrecht gestützt, besteht kein Anspruch auf diesen Entgeltteil.

OGH 8. 4. 1992, 9 ObA 61/92, DRdA 1993, 21 *(Rebhahn)*

Der **Entsendungstatbestand** besteht darin, dass der AN vereinbarungsgemäß seinen gewöhnlichen Arbeitsort zwar in einem Staat behält, die Arbeit aber für eine bestimmte, längere Zeit in einem anderen Staat verrichtet und anschließend wieder an den gewöhnlichen Arbeitsort zurückkehrt. Der gewöhnliche Arbeitsort soll demnach quasi „reserviert" sein.

Nicht einmal von Entsendung ist dann zu sprechen, wenn der AN seinen gewöhnlichen Arbeitsort nur gelegentlich kurzzeitig verlässt, etwa um Geschäftsreisen, Montagearbeiten, Inbetriebnahmen udgl in einem anderen Staat durchzuführen. Hier bleibt es nach dem Parteiwillen bei der „organisatorischen Zuordnung" zum gewöhnlichen Arbeitsort. Derartige Verrichtungen werden als **„Ausstrahlungen"** des gewöhnlichen Arbeitsorts angesehen.

Gibt es keine gewöhnliche Arbeitsverrichtung in ein und demselben Staat, so ist das Recht des Staates maßgeblich, in dem sich die **Niederlassung** befindet, **die den AN eingestellt hat** (Art 8 Abs 3 Rom I-VO, Art 6 Abs 2 lit b EVÜ, § 44 Abs 2 IPRG).

Nur in Art 8 Abs 4 Rom I-VO und Art 6 Abs 2 EVÜ findet sich jeweils eine „Ausweichklausel" für das objektive Arbeitsvertragsstatut insofern, als der gewöhnliche Arbeitsort und die Niederlassung des AG zurückzutreten haben, wenn sich aus der Gesamtheit der Umstände ergibt, dass das Arbeitsverhältnis **engere Verbindungen zu einem anderen Staat** bzw dessen Rechtsordnung aufweist.

Das Vorliegen einer „engeren Verbindung" ist im Einzelfall zu überprüfen und wird sich aus einem Zusammentreffen mehrerer Umstände, die auf eine bestimmte Rechtsordnung hinweisen, insb Staatsangehörigkeit der Vertragspartner, (Haupt-)Sitz des AG, (Haupt-)Wohnsitz des AN, Vertragssprache, Währung, in der das Entgelt gezahlt wird, Ort des Vertragsschlusses udgl, ergeben[3]).

Darüber hinaus gibt es im Internationalen Arbeitsrecht eine bedeutsame **Sonderanknüpfung,** und zwar im Hinblick auf die sog **Eingriffsnormen**[4]). Nach der Definition in Art 9 Abs 1 Rom I-VO ist eine **Eingriffsnorm** eine zwingende Vorschrift, deren Einhaltung von einem Staat als so entscheidend für die Wahrung seines öffentlichen Interesses, insb seiner politischen, sozialen oder wirtschaftlichen Organisation, angesehen wird, dass sie ungeachtet des nach Maßgabe des allgemeinen Internationalen Arbeitsrechts auf den Vertrag anzuwendenden Rechts auf alle Sachverhalte anzuwenden ist, die in ihren Anwendungsbereich fallen.

Eingriffsnormen sind somit weder als Teil des gesetzlich maßgeblichen (Arbeitsvertrags-)Statuts anzuwenden noch mittels Rechtswahl abdingbar. Eingriffsnormen sind quasi „international zwingendes Recht". Im Ergebnis verdrängen bzw überlagern Eingriffsnormen das nach dem Arbeitsvertragsstatut anzuwendende Recht.

Ob im konkreten Fall eine **Eingriffsnorm vorliegt,** ist vom erkennenden Gericht durch **Auslegung** zu ermitteln. Dabei wird vor allem auf den Zweck der Norm, allen-

---

[3]) Für Deutschland vgl BAG 29. 10. 1992, 2 AZR 267/92, AP Internationales Privatrecht, Arbeitsrecht Nr 31 *(Gamillscheg)* = SAE 1994, 28 *(Junker)* = AR-Blattei ES 920 Nr 3 *(Franzen).*

[4]) Allg *Kühteubl/Kozak,* Arbeitnehmerentsendung (2010) 79 ff mwN.

falls auch auf die Gesetzesmaterialien zu schauen sein. Wichtig ist die **ordnungspolitische Zielsetzung, das Wirtschafts- und Sozialleben zu steuern.**

Zu den Eingriffsnormen gezählt werden etwa Regelungen mit arbeitnehmerschutzrechtlichem Charakter, also das Arbeitszeitrecht iwS (Arbeitszeitrecht, Arbeitsruherecht, Feiertagsrecht; vgl 4.4), der Verwendungsschutz (Mutterschutz, Jugendschutz, Behindertenschutz; vgl 8.5.2) oder das Arbeitskräfteüberlassungsrecht (vgl 4.5.1), aber auch stärker arbeitsvertragsrechtlich geprägte Vorschriften wie jene der Entgeltfortzahlung im Krankheitsfall (zB § 8 Abs 1 und 2 AngG, EFZG; vgl 6.2.1), des UrlG (vgl 8.2) oder des DHG (vgl 9.1). Auch der besondere Kündigungs- und Entlassungsschutz nach ArbVG, MSchG bzw VKG, BEinstG udgl (vgl 2.3.2) gehört zu dieser Gruppe von Normen, während beim allgemeinen Kündigungs- und Entlassungsschutz (vgl 2.3.1) der ordnungspolitische Charakter bereits fraglich ist.

Bei weitem nicht alle zwingenden Arbeitsrechtsnormen privatrechtlicher Herkunft gehören in diese Gruppe; es wird zwischen „schlicht zwingendem Recht" und Eingriffsnormen unterschieden.

KollV werden nicht vom staatlichen Gesetzgeber, sondern von den kollektivvertragsfähigen Körperschaften (Sozialpartnern) geschaffen und können daher kaum als Eingriffsnormen qualifiziert werden.

Entscheidung 159: Hotelprojekt

Sachverhalt: Im Oktober 1989 wird der Kl von den bekl Parteien, die die Durchführung eines Hotelprojektes in Kreta planen, als Hotelmanager in Griechenland angestellt. Zum Beweis seiner „Ernsthaftigkeit" soll der Kl eine Kaution von S 1,000.000,– leisten, die zu treuen Handen in Form eines Sparbuches bei einer Bank in Österreich zu erlegen ist. Für den Fall der beiderseitigen Zufriedenheit mit der Tätigkeit des Kl wird die Möglichkeit einer Umwandlung dieses Betrags in eine fünfprozentige Beteiligung am Hotelprojekt vorgesehen. Dem Kl wird zugesichert, dass für den Fall des Nichtzustandekommens der Finanzierung die Treuhandvereinbarung mit 15. 1. 1990 erlöschen soll.

Der Kl erlegt am 27. 11. 1989 das Realisat eines Sparbuches in der Höhe von S 1,000.000,– unwiderruflich auf das Konto der erstbekl Partei. Die Finanzierung des Projekts scheitert jedoch. Am 13. 2. 1990 wird der Kl „suspendiert". Der Kl begehrt die Zahlung eines Betrages in Höhe von S 1,000.000,–.

Leitsätze: Bei den sog „Eingriffsnormen" durchbricht das öffentliche Interesse des Recht setzenden Staates an ihrer Durchsetzung die überwiegend an privaten Interessenkonstellationen orientierte allgemeine Anknüpfung des Schuldstatuts. Nach dem Grundsatz der stärksten Beziehung (§ 1 Abs 1 IPRG) kommt deshalb unabhängig vom Schuldstatut im Wege einer „Sonderanknüpfung" der eigene Anwendungsbereich der Eingriffsnormen (auch „Wirkungsstatut") zum Tragen.

Der Zweck und die Zielsetzung des mit zwingendem Charakter ausgestatteten KautSchG[5]) gebietet in Hinblick auf die im Inland gegebenen Anknüpfungspunkte – beide Partner des Arbeitsvertrags sind Österreicher, die Vereinbarung wurde in Österreich getroffen und hier auch die Zahlung geleistet – die Anwendung dieser Bestimmungen auf das vorliegende Vertragsverhältnis, mag auch im Hinblick auf den vorgesehenen Dienstort des AN auf das Arbeitsverhältnis grundsätzlich das Recht eines anderen Staates anzuwenden sein.

Die Form der Kautionsbestellung widerspricht § 1 KautSchG. Die Kaution ist daher gem § 4 KautSchG nichtig und kann jederzeit zurückgefordert werden.

OGH 21. 10. 1992, 9 ObA 252/92, Arb 11.048

Abschließend anzusprechen sind die zum Arbeitsrecht gezählten Normen, die **rein öffentlich-rechtlichen Charakter** aufweisen und das Arbeitsverhältnis nicht unmittelbar gestalten (zB ArbIG, organisationsrechtlicher Teil des ArbVG, Bestimmungen im AuslBG über die Voraussetzungen für die Erteilung von Beschäftigungsbewilligungen uÄ). Für derartige Vorschriften gelten eigene Kollisionsregeln, vor allem das **Territorialitätsprinzip,** wonach die jeweilige Rechtsordnung im Gebiet des Recht setzenden Staates maßgeblich ist.

10.2 Die arbeitsrechtlichen Kompetenzen des Unionsrechts[6])

Die im deutschsprachigen Raum übliche Unterscheidung zwischen Arbeitsrecht und Sozialrecht ist dem AEUV unbekannt. Der Ausdruck „Arbeitsrecht" kommt selten vor, so etwa in Art 156 AEUV bei der Zusammenarbeit in sozialen Fragen. Dem entspricht, dass die arbeitsrechtlichen Kompetenzen des Unionsrechts **nicht umfassend** sind. Sie waren anfangs nur punktuell gegeben und wurden erst im Laufe der Zeit erweitert:

10.2.1 Freizügigkeit der AN

Nach dem ursprünglichen Konzept des AEUV ist das Arbeitsrecht als Rechtsmaterie zur Verwirklichung des Grundsatzes der Freizügigkeit der AN (Art 45 ff AEUV) zu sehen. Um den Bereich des Art 45 leg cit ranken sich im Wesentlichen Vorschriften über den **Abbau von Diskriminierungen** und **Beschränkungen von Arbeitskräften aus anderen Mitgliedstaaten** beim Zugang zum jeweiligen nationalen Arbeitsmarkt.

---

[5]) Zu diesem allg 5.3.4.

[6]) *Marhold/Fuchs,* Europäisches Arbeitsrecht[4] (2014) 2 ff.

Eine bedeutende Rechtsquelle zum Thema ist neben der primärrechtlichen Grundlage selbst die sog **FreizügigkeitsVO** 492/2011[7]). Daneben gibt es einschlägige RL, insb die **„UnionsbürgerRL“** 2004/38/EG[8]).

10.2.2 Gleichbehandlung im Arbeitsleben

Einen ähnlichen Aspekt verfolgt Art 157 AEUV über den Grundsatz der **Lohngleichheit von Männern und Frauen** (vgl dazu 5.3.3.2).

Unmittelbares Motiv für die Hervorhebung dieser singulären arbeitsrechtlichen Materie war die Herbeiführung von Kostenneutralität im internationalen Warenverkehr. Der EuGH hat zwischenzeitlich einen umfassenden Diskriminierungsschutz in diesen Fragen entwickelt.

Neben der primärrechtlichen Grundlage selbst ist praktisch in erster Linie die nunmehrige **Chancengleichheits- und GleichbehandlungsRL**[9]) relevant.

Mittlerweile findet sich in Art 19 AEUV eine Kompetenzgrundlage, die einen **umfassenden Diskriminierungsschutz** ermöglicht.

Diesbezüglich ist hier die sog **Gleichbehandlungs-Rahmen-RL**[10]) zu erwähnen, welche sich mit der Diskriminierung auf Grund von Religion oder Weltanschauung, Behinderung, Alter oder sexueller Orientierung befasst (zu diesbezüglichen österreichischen Umsetzungsvorschriften vgl 3.1.3, 5.3.3.2, 8.4).

10.2.3 Rechtsangleichung zur Gewährleistung des Gemeinsamen Marktes

Darüber hinaus wurden arbeitsrechtliche Normen auf die Vorgängerfassungen des Art 115 AEUV gestützt. Danach erlässt der Rat einstimmig RL für die **Angleichung derjenigen Rechts- und Verwaltungsvorschriften** der Mitgliedstaaten, die sich **unmittelbar** auf die **Errichtung** und das **Funktionieren des Binnenmarktes** auswirken.

Auf diese Kompetenz wurden zB die **BetriebsübergangsRL**[11]) (vgl 14.) und die **InsolvenzRL**[12]) (vgl insb 5.3.5.2) gestützt.

---

[7]) VO (EU) 492/2011 des Europäischen Parlaments und des Rates vom 5. 4. 2011 über die Freizügigkeit der AN innerhalb der Union, ABl L 141 vom 27. 5. 2011, 1.

[8]) RL 2004/38/EG des Europäischen Parlaments und des Rates vom 29. 4. 2004 über das Recht der Unionsbürger und ihrer Familienangehörigen, sich im Hoheitsgebiet der Mitgliedstaaten frei zu bewegen und aufzuhalten, ABl L 158 vom 30. 4. 2004, 77.

[9]) RL 2006/54/EG des Europäischen Parlaments und des Rates vom 5. 7. 2006 zur Verwirklichung des Grundsatzes der Chancengleichheit und Gleichbehandlung von Männern und Frauen in Arbeits- und Beschäftigungsfragen, ABl L 204 vom 26. 7. 2006, 23.

[10]) RL 2000/78/EG des Rates vom 27. 11. 2000 zur Festlegung eines allgemeinen Rahmens für die Verwirklichung der Gleichbehandlung in Beschäftigung und Beruf, ABl L 303 vom 2. 12. 2000, 16.

[11]) RL 2001/23/EG des Rates vom 12. 3. 2001 zur Angleichung der Rechtsvorschriften der Mitgliedstaaten über die Wahrung von Ansprüchen der AN beim Übergang von Unternehmen, Betrieben oder Unternehmens- oder Betriebsteilen, ABl L 82 vom 22. 3. 2001, 16. Lange Zeit war die RL 77/187/EWG maßgeblich.

[12]) RL 2008/94/EG des Europäischen Parlaments und des Rates vom 22. 10. 2008 über den Schutz der AN bei Zahlungsunfähigkeit des AG, ABl L 283 vom 28. 10. 2008, 36. Lange Zeit war die RL 80/987/EWG maßgeblich.

10.2.4 Rechtsangleichung im Hinblick auf Gesundheit und Sicherheit der AN

Durch die „Einheitliche Europäische Akte" wurden mit 1. 8. 1987 neue Kompetenzbestimmungen für das Arbeitsrecht in den (nunmehrigen) AEUV aufgenommen, denen gegenüber Art 115 AEUV als Generalklausel subsidiär anzuwenden ist. Nach dem nunmehrigen Art 114 AEUV ist es dem Europäischen Parlament und dem Rat möglich, im ordentlichen Gesetzgebungsverfahren, also mit qualifizierter Mehrheit (vgl Art 294 AEUV), **Angleichungsmaßnahmen,** welche die Errichtung und das Funktionieren des Binnenmarktes zum Gegenstand haben, für die Bereiche **Gesundheit, Arbeitsumwelt und Sicherheit der AN** zu erlassen. Bestimmungen über die Freizügigkeit sowie die Rechte und Interessen der AN können nicht getroffen werden.

Mit der Einführung dieser Regelung war Rechtssicherheit im Hinblick auf die Schaffung von Unionsrecht im Bereich des **technischen Arbeitnehmerschutzes** und der **Arbeitssicherheit** gegeben (zur ArbeitsschutzrahmenRL und den dazu geschaffenen EinzelRL vgl 8.5.1).

10.2.5 Die Kompetenzlage nach dem „Abkommen über die Sozialpolitik"

Eine neue Dimension erhielt die europäische Arbeitsrechtspolitik in den Neunzigerjahren ausgehend vom „Abkommen über die Sozialpolitik" im Rahmen der Maastrichter Vereinbarungen, welches Eingang in die Art 151 ff AEUV gefunden hat. Im ordentlichen Gesetzgebungsverfahren, also mit qualifizierter Mehrheit, beschließen das Europäische Parlament und der Rat Mindestvorschriften insb zu den Themen **„Verbesserung der Arbeitsumwelt zum Schutz von Gesundheit und Sicherheit der AN"**, **„Arbeitsbedingungen"**, **„Unterrichtung und Anhörung der AN"**, „**berufliche Eingliederung** von aus dem Arbeitsmarkt ausgegrenzten Personen" und „**Chancengleichheit** von Männern und Frauen auf dem Arbeitsmarkt und **Gleichbehandlung** am Arbeitsplatz". Einstimmig in einem besonderen Gesetzgebungsverfahren und nach Anhörung insb des Europäischen Parlaments beschließt der Rat dagegen insb in den Bereichen „Schutz der AN bei **Beendigung des Arbeitsvertrags**", „**Vertretung und kollektive Wahrnehmung der Interessen von AN und AG,** einschließlich Mitbestimmung" sowie „**Beschäftigungsbedingungen von** rechtsmäßig im Gemeinschaftsgebiet befindlichen **Drittstaatsangehörigen**" (vgl Art 153 Abs 1 und 2 AEUV).

Diese grundlegenden Ermächtigungen gelten **nicht** für Fragen des **Arbeitsentgelts,** des **Koalitionsrechts** und des **Arbeitskampfrechts** (Art 153 Abs 5 AEUV). Überdies wird zu beachten sein, dass das allgemeine Subsidiaritätsprinzip im Hintergrund steht und die skizzierten Kompetenzbestimmungen selbst von einer „Unterstützung und Ergänzung der Tätigkeit der Mitgliedstaaten" ausgehen (vgl Art 153 Abs 1 AEUV).

Nach Maßgabe dieser Einschränkungen können allerdings **Mindeststandards auch auf klassischen Gebieten des individuellen und kollektiven Arbeitsrechts** geschaffen werden. Tendenzen in diese Richtung zeigen sich etwa an RL und Entwürfen zu solchen zu Themen wie Arbeitszeit, Datenschutz im Arbeitsrecht, Europäischer BR (**Europäische-BR-RL** 2009/38/EG[13]); vgl 13.1.2.5) und atypische Arbeitsverhältnisse (**BefristungsRL** 1999/70/EG[14]); vgl auch 3.2.1.1.2.5).

Zu erwähnen ist schließlich auch, dass der Mitgliedstaat den **Sozialpartnern** auf deren gemeinsamen Antrag die **Umsetzung** von auf Grund der dargestellten Kompetenzen ergangenen RL **übertragen kann** (Art 153 Abs 3 AEUV).

Bemerkenswert ist, dass die EntsendeRL 96/71/EG[15]) (vgl 4.6) insb auf Bestimmungen über die **Dienstleistungsfreiheit** gestützt wird.

10.3 Arbeitsrecht und verfassungsrechtliche Kompetenzverteilung[16])

Die Kompetenzartikel des B-VG, nach denen zu entscheiden ist, welcher Gebietskörperschaft (Bund, Land, Gemeinde) die Kompetenz zu Gesetzgebung oder Vollziehung in bestimmten Angelegenheiten zukommt, erwähnen das Arbeitsrecht in mehrfacher Hinsicht:

10.3.1 Allgemeines Arbeitsrecht

Grundsätzlich sind **Gesetzgebung** und **Vollziehung** im Bereich des **„Arbeitsrechts“** gem Art 10 Abs 1 Z 11 B-VG **Bundessache.**

Dieselbe Kompetenzbestimmung ordnet auch die Kammern für Arbeiter und Angestellte der Bundeskompetenz in Gesetzgebung und Vollziehung zu; ausgenommen sind die Kammern auf land- und forstwirtschaftlichem Gebiet (vgl 10.3.2). Die Einrichtung der Wirtschaftskammern sowie anderer beruflicher Vertretungen, die sich auf das ganze Bundesgebiet erstrecken, fällt – mit Ausnahme von Kammern auf land- und forstwirtschaftlichem Gebiet – in die Bundeskompetenz gem Art 10 Abs 1 Z 8 B-VG.

10.3.2 Arbeitsrecht in der Land- und Forstwirtschaft

Von Art 10 B-VG nicht erfasst sind die Angelegenheiten des „**Arbeiterrechts** und des **Arbeiter- und Angestelltenschutzes,** soweit es sich um land- und forstwirtschaftliche Arbeiter und Angestellte handelt“. In diesem Bereich steht dem **Bund** gem Art 12 Abs 1 Z 6 B-VG nur die **Grundsatzgesetzgebung** zu, während die Erlassung von **DurchführungsG** und die **Vollziehung Landessache** sind.

---

[13]) RL 2009/38/EG des Europäischen Parlaments und des Rates vom 6. 5. 2009 über die Einsetzung eines Europäischen Betriebsrates oder die Schaffung eines Verfahrens zur Unterrichtung und Anhörung der AN in gemeinschaftsweit operierenden Unternehmen und Unternehmensgruppen, ABl L 122 vom 16. 5. 2009, 28.

[14]) RL 1999/70/EG des Rates vom 28. 6. 1999 zu der EGB-UNICE-CEEP-Rahmenvereinbarung über befristete Arbeitsverträge, ABl L 175 vom 10. 7. 1999, 43.

[15]) RL 96/71/EG des Europäischen Parlaments und des Rates vom 16. 12. 1996 über die Entsendung von AN im Rahmen der Erbringung von Dienstleistungen, ABl L 18 vom 21. 1. 1997, 1.

[16]) *Löschnigg,* Arbeitsrecht[12] 50 f; *Spielbüchler,* Arbeitsrecht I[4] 41 ff.

Das **Angestelltenvertragsrecht** in diesem Bereich ist Art 10 Abs 1 Z 11 B-VG zu unterstellen – das GAngG ist demgemäß ein BG. Das Arbeiterrecht hingegen ist in einem BundesgrundsatzG, dem LAG, geregelt, die AusführungsG erfolgen auf Landesebene, idR in sog Landarbeitsordnungen der Bundesländer.

Für die Kammern auf land- und forstwirtschaftlichem Gebiet ist in Gesetzgebung und Vollziehung das jeweilige Bundesland zuständig (Art 15 Abs 1 iVm Art 11 Abs 1 Z 2 B-VG).

10.3.3 Öffentlicher Dienst

Die Situation im öffentlichen Dienst ist differenziert:

- Das Dienstrecht und das Personalvertretungsrecht der **Bundesbediensteten** ist gem Art 10 Abs 1 Z 16 B-VG in **Gesetzgebung** und **Vollziehung Bundessache.**
- Hinsichtlich der bei den **Ländern, Gemeinden** und **Gemeindeverbänden Bediensteten** ist gem Art 21 Abs 1 B-VG vorgesehen, dass diesbezüglich den **Ländern** die **Gesetzgebung** und **Vollziehung** in den Angelegenheiten des Dienstrechts einschließlich des Dienstvertragsrechts und des Personalvertretungsrechts obliegen.

  Art 21 Abs 2 B-VG schränkt diese umfassende Kompetenz insb dahingehend ein, dass den Ländern die Gesetzgebung „in den Angelegenheiten der Personalvertretung der Bediensteten der Länder" nur insoweit obliegt, „soweit die Bediensteten nicht in Betrieben tätig sind". Bestehen Betriebe (zB Landeskrankenhäuser), so gilt die Betriebsverfassung nach den §§ 33 ff ArbVG (vgl 13.).

- Sonderbestimmungen sind in Art 14 B-VG für Lehrer vorgesehen. Hier sind grundsätzlich eine Bundeszuständigkeit in der Gesetzgebung und eine Landeszuständigkeit in der Vollziehung in den Angelegenheiten des Dienstrechts und des Personalvertretungsrechts der Lehrer für öffentliche Pflichtschulen gegeben.

  In den Angelegenheiten des Dienstrechts und des Personalvertretungsrechts der Lehrer in land- und forstwirtschaftlichen Schulen sind Gesetzgebung und Vollziehung gem Art 14 a B-VG Landessache, es sei denn, es geht um die in Art 14 a Abs 2 B-VG ausdrücklich genannten Schulen (zB höhere land- und forstwirtschaftliche Lehranstalten).

10.4 Stufenbau der Arbeitsrechtsordnung[17])

Der Stufenbau der Arbeitsrechtsordnung kann aus dem allgemeinen Stufenbau der Rechtsordnung entwickelt werden[18]). **Stufenbau der Rechtsordnung** bedeutet grob gesprochen, dass einerseits jede Rechtsquelle dieser Rechtsordnung auf einer übergeordneten Ermächtigungs- oder Delegationsre-

[17]) *Löschnigg,* Arbeitsrecht[12] 92 ff; *Kietaibl,* Arbeitsrecht I[8] 186 f.

[18]) Allg zB *Koller,* Theorie des Rechts[2] (2001) 105 ff mwN.

gel beruhen muss. Daraus resultiert andererseits, dass die nachgeordnete Rechtsquelle nur dann Geltung beanspruchen kann, wenn sie der übergeordneten Rechtsquelle nicht widerspricht.

Es wird eine **Normenpyramide** gebildet, an deren Spitze im Allgemeinen das Verfassungsrecht steht. Auf dieses folgen – **eher öffentlich-rechtlich** betrachtet – das G und die V. Man kann das Ganze auch **eher zivilrechtlich** akzentuieren; in diesem Fall steht nach dem zwingenden (unabdingbaren) G der Vertrag, nach diesem folgt das nachgiebige (abdingbare) G.

10.4.1 Arbeitsrechtliche Normenpyramide

Vor dem Hintergrund der Lehren über den Stufenbau der Rechtsordnung weist das Arbeitsrecht mehrere Besonderheiten auf: Einerseits enthält es zum einen Teil **Zivilrecht und** zum anderen Teil, etwa im Arbeitnehmerschutzrecht, **öffentliches Recht** in einer „Gemengelage“. Je nachdem, ob eine spezielle Fragestellung zivil- oder öffentlich-rechtlicher Natur ist, ergeben sich auch verschiedene typische Normenpyramiden.

Andererseits hat das Arbeitsrecht **spezifische Rechtsquellen,** nämlich in erster Linie den KollV und die BV (sog kollektive Rechtsquellen des Arbeitsrechts), hervorgebracht. Als weitere typische Rechtsquelle kann auch die Weisung des AG genannt werden.

Ebenfalls spezifisch arbeitsrechtliche Rechtsquellen sind die Surrogate des KollV wie Satzung und Mindestlohntarif (vgl 11.8).

KollV und **BV** kommen als **zivilrechtliche Verträge** zustande (vgl 11.2.1, 11.5, 12.1.2, 12.3.1.1). Sie können dann aber kraft G normative Wirkung entfalten, also auf die Normunterworfenen auch gegen oder ohne deren Willen einwirken. Dieser Charakter als **G im materiellen Sinn** ist, da aus der Privatautonomie nicht erklärbar, eine typische Eigenschaft des öffentlichen Rechts (sog Doppelnatur der kollektiven Rechtsquellen des Arbeitsrechts). Verstößt allerdings die kollektive Rechtsquelle gegen eine übergeordnete Norm, so gibt es hierfür kein Normenkontrollverfahren iSd Art 139 ff B-VG. Hier wird wiederum zivilrechtlich vorgegangen, sodass etwa der gesetzwidrige KollV oder die einem KollV widersprechende BV der **Nichtigkeit gem § 879 ABGB** anheimfällt. (Zwingende) G sowie erst recht VerfassungsG stehen demnach über den kollektiven Rechtsquellen, der KollV steht über der BV (vgl §§ 3 Abs 1, 29 ArbVG).

Die **Weisung** ist ein **Gestaltungsrecht des AG,** welches diesem aus dem Arbeitsvertrag und in den Grenzen desselben zwecks Konkretisierung der Arbeitspflicht des AN zusteht (vgl allg 4.1.1). Die Weisung ist daher in der Rechtsquellenhierarchie unter dem Arbeitsvertrag anzusiedeln. Widerspricht sie einer übergeordneten Rechtsquelle, so ist sie nach § 879 ABGB **nichtig.**

Es gilt nun, eine für die praktische Anwendung vereinfachte arbeitsrechtliche Normenpyramide zu skizzieren (zur Wirkungsweise arbeitsrechtlicher Rechtsquellen im Detail vgl 10.4.2):

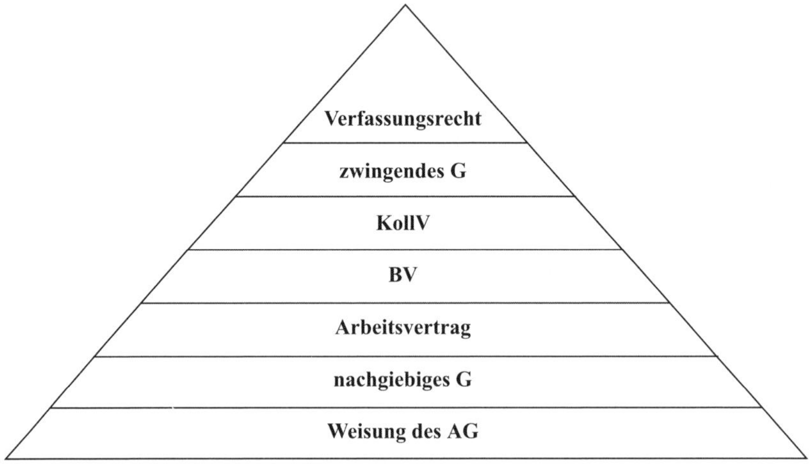

Die Pyramide ist **zivilrechtlich orientiert.** Die V wurde nicht einbezogen, zumal es nicht sinnvoll erscheint, diese mit typischen Phänomenen des Zivilrechts, insb dem nachgiebigen G, in Beziehung zu setzen. Dennoch muss die Pyramide auch aus vorrangig zivilrechtlicher Sicht als bloße Orientierungshilfe betrachtet werden, zumal sie einer tiefergehenden Analyse kaum standhält.

Problematisch erscheint in diesem Sinne etwa die gleichzeitige Nennung von **nachgiebigem G** und **Weisung.** Die Situation verhält sich folgendermaßen: Wird das nachgiebige G durch den Arbeitsvertrag aufgehoben, so kann es auch der Weisung nicht entgegenstehen. Wird es vom Arbeitsvertrag nicht berührt, so wird eine Weisung gesetzwidrig, zugleich aber auch vertragswidrig sein.

Das Verfassungsrecht wurde, obwohl praktisch eher selten zu problematisieren, erwähnt, weil damit insb die **Grundrechtsbindung der kollektiven Rechtsquellen** des Arbeitsrechts betont werden soll. Eine Wirkung der Grundrechte auf kollektive Rechtsquellen und erst recht auf den Arbeitsvertrag besteht im eigentlichen Sinn nicht **(mangelnde unmittelbare Drittwirkung),** über die Konkretisierung von Generalklauseln des Zivilrechts (zB § 879 ABGB) und des Arbeitsrechts (zB Fürsorgepflicht) kommt es jedoch zur **mittelbaren Drittwirkung** derselben.

10.4.2 Wirkungsweise arbeitsrechtlicher Normen

Durch das Günstigkeitsprinzip (vgl 10.4.2.1), das Ordnungsprinzip (vgl 10.4.2.2) und die dispositive Wirkung arbeitsrechtlicher Normen (vgl 10.4.2.3) wird das Verhältnis **verschiedenrangiger arbeitsrechtlicher Rechtsquellen** zueinander beschrieben. Was die Beziehung zwischen **gleichrangigen Normen** betrifft, so gelten grundsätzlich die **allgemeinen Derogationsregeln.**

Die frühere Norm weicht daher der späteren (lex posterior derogat legi priori), die speziellere verdrängt die allgemeinere (lex specialis derogat legi generali).

Zuweilen werden diese Kollisionsregeln durch spezielle arbeitsrechtliche Anordnungen verdrängt.

So bestimmt zB § 18 UrlG im Hinblick auf die Pflegefreistellung, dass günstigere Regelungen in allgemeineren G (zB § 8 Abs 3 AngG) unberührt bleiben (vgl allg 6.2.2.1).

Entscheidung 160: Dienstvertragsrecht des ABGB

Eine Anwendung des Dienstvertragsrechts der §§ 1151 ff ABGB kommt nur dann in Betracht, wenn ein SpezialG eine Regelung zum Thema überhaupt nicht enthält.

OGH 18. 12. 1956, 4 Ob 143/56, Arb 6570

Sobald das SonderG die Materie, und sei dies auch lückenhaft oder für den AN ungünstiger, regelt, treten die §§ 1151 ff ABGB zurück.

10.4.2.1 Günstigkeitsprinzip

Das Verhältnis zwischen den verschiedenrangigen Rechtsquellen des Arbeitsrechts bestimmt sich grundsätzlich nach dem Günstigkeitsprinzip (zum AngG zB vgl § 40 AngG, zu den §§ 1151 ff ABGB vgl § 1164 ABGB, zum KollV vgl § 3 ArbVG, zur BV vgl § 31 Abs 3 ArbVG). „Günstigkeitsprinzip" ist die im Arbeitsrecht übliche Bezeichnung für den **einseitig zwingenden Charakter** von Normen, insb von G, KollV und BV. Die **nachgeordnete Rechtsgrundlage** ist demnach im Verhältnis zur übergeordneten Rechtsquelle **nur dann gültig,** soweit ihre Inhalte **für den AN günstiger** sind oder Angelegenheiten (befugtermaßen) geregelt werden, die durch die höherrangige Norm nicht betroffen werden.

Es ist die typische Strategie arbeitsrechtlicher Normsetzung, zu Gunsten des AN zwingende **Mindeststandards** zu statuieren, die zwar überschritten, nicht aber unterschritten werden dürfen.

Fall 54: Lohnkostensenkung[19])

Ein KollV sieht einen Stundenlohn von € 20,– vor und ermächtigt die BV, im Verhältnis dazu günstigere Regelungen zu treffen. Eine im Betrieb L abgeschlossene BV legt daraufhin € 30,– pro Stunde fest. In weiterer Folge treten wirtschaftliche Probleme auf, die den AG veranlassen, mit einem neu eintretenden AN individuell einen Stundenlohn von € 25,– zu vereinbaren. Wie ist die Rechtslage?

Variante: *Was würde sich ändern, wenn keine kollektivvertragliche Ermächtigung vorläge?*

[19]) Bestimmte für die Falllösung notwendige Inhalte werden unter 12.1.4, 12.5 dargestellt.

Fall 55: Weniger Aufwandsentschädigung

Eine BV sieht eine Aufwandsentschädigung von € 10,– vor. Ein Jahr darauf wird sie durch eine andere BV ersetzt, die den Betrag auf € 8,– reduziert. Ist dies im Lichte des Günstigkeitsprinzips zulässig?

10.4.2.1.1 Günstigkeitsneutralität

Manche insb der Regelungsbefugnis der BV unterliegende Materien sind einer Günstigkeitsbewertung nicht zugänglich.

Dies betrifft vor allem die sog „formellen Arbeitsbedingungen" wie etwa die Betriebsordnung (§ 97 Abs 1 Z 1 ArbVG). Ließe man in diesem Bereich für bestimmte AN günstigere Einzelregelungen zu, so wäre das Regelungsziel als solches ad absurdum geführt.

Man spricht in diesem Zusammenhang von Günstigkeitsneutralität. Im Ergebnis kommt es in diesen Fällen zu einem Ausschluss nachgeordneter Regelungen.

Fall 56: Starker Raucher

Der AG verfügt ein generelles Rauchverbot. Nach anhaltenden Protesten schließen AG und BR zu diesem Thema eine BV ab, in der ein Raucherraum vorgesehen wird. Ein AN kann jedoch während der Arbeit nicht auf seine Zigaretten verzichten und vereinbart individuell mit dem AG eine Ausnahme. Ist dies zulässig?

10.4.2.1.2 Günstigkeitsvergleich

Die Günstigkeit ist anhand des sog Günstigkeitsvergleichs zu bestimmen. Gem § 3 Abs 2 iVm § 31 Abs 3 ArbVG sind zwecks Vergleichs ihrer Günstigkeit jene Bestimmungen zusammenzufassen und gegenüberzustellen, „die in einem rechtlichen und sachlichen Zusammenhang stehen". Es ist demnach ein **Gruppenvergleich** vorzunehmen. Nicht jede einzelne Bestimmung für sich ist unter Günstigkeitsgesichtspunkten zu vergleichen (Einzelvergleich), auch sind nicht die Vertragswerke als Ganzes einander gegenüberzustellen (Gesamtvergleich), der Vergleich bezieht sich vielmehr auf Gruppen von Bestimmungen.

Das G will keinen Einzelvergleich, bei dem hinsichtlich des anzuwendenden Rechts jedes in den verschiedenrangigen Rechtsquellen geregelte Detail für sich betrachtet und immer die für den AN günstigere Variante wie eine Rosine aus dem Kuchen gepickt wird (sog **Rosinentheorie**).

Auch ein Gesamtvergleich, bei dem zB die gesamte Rechtsstellung auf Grund des KollV der gesamten Rechtsstellung laut Arbeitsvertrag gegenübergestellt wird, ist nicht angeordnet.

Fall 57: Betriebstreue

Eine BV sieht Jubiläumszuwendungen nach 25 Dienstjahren in Höhe von eineinhalb Monatsbezügen, nach 35 Jahren von zweieinhalb und nach 40 Jahren von dreieinhalb Monatsbezügen vor. Ein späterer KollV sieht eine Treuegeldzuwendung nach 30 Dienstjahren in Höhe von zwei Monatsbezügen vor. Eine AN, die bereits in den Genuss des Jubiläumsgeldes für 25 Dienstjahre nach der BV gekommen ist, verlangt nach 30 Dienstjahren das kollektivvertragliche Treuegeld. Wie ist die Rechtslage?

(Nach OGH 29. 9. 1981, 4 Ob 41/81, ZAS 1982, 223 *[Tomandl]*)

Die **Gruppenbildung** ist im Detail schwierig. Im Groben ist anhand der großen Regelungsblöcke des Arbeitsrechts vorzugehen und zB Gruppen des allgemeinen Entgelts, der Abfertigung, der Aufwandsentschädigungen, der Beendigungsvorschriften usw zu unterscheiden.

Innerhalb der so konstituierten **Gruppen** ist sodann eine **Kompensation von Verschlechterungen und Verbesserungen möglich.** Ein Inbeziehungsetzen über Gruppengrenzen hinaus ist hingegen abzulehnen. Abzustellen ist zwar auf die Situation im einzelnen Arbeitsverhältnis, allerdings anhand objektiver Maßstäbe, dh losgelöst vom subjektiven Empfinden des jeweiligen AN.

Entscheidung 161: Haushaltszulage

Sachverhalt: Der KollV ermächtigt die BV zur umfassenden Regelung von Entlohnungsfragen. So sieht eine BV neben einem Lohnschema eine Haushalts- und Kinderzulage vor. Mit dem Kl ist ein Entgelt auf reiner Provisionsbasis vereinbart, die Anwendbarkeit der BV wird ausdrücklich ausgeschlossen. Die Bezüge des Kl liegen über dem Schemabezug zuzüglich Haushaltszulage. Er begehrt dennoch die Auszahlung der Haushaltszulage.

Leitsätze: Gem § 3 Abs 2 iVm § 31 Abs 3 letzter Satz ArbVG sind nur rechtlich und sachlich zusammenhängende Bestimmungen in den vorzunehmenden Günstigkeitsvergleich einzubeziehen. Dabei kommt dem objektiven Zweck der im Wege kollektiver Rechtsgestaltung getroffenen Regelung zentrale Bedeutung zu, weil ein Abstellen lediglich auf das materielle Ergebnis für den AN dazu führen würde, dass im Wege der Individualvereinbarung mit der kollektivrechtlichen Regelung verfolgte Zwecke Einkommensinteressen geopfert und damit Strukturverschiebungen von einer auch gesundheitliche, kulturelle und (hier) soziale Interessen der AN berücksichtigenden kollektiven Regelung zu einer ausschließlich leistungsbezogenen individuellen Gestaltung des Arbeitsverhältnisses ermöglicht würden.

Im vorliegenden Fall wird mit der in der BV vorgesehenen Regelung über Haushalts- und Kinderzulagen sozialpolitischen Zwecken Rechnung getragen. Mit der im Einzelarbeitsvertrag vereinbarten Honorierung des Kl durch Provisionen werden hingegen zugleich in erhebli-

chem Ausmaß Interessen des AG berücksichtigt. Eine Kompensation der kollektivrechtlich normierten Haushalts- und Kinderzulage mit den im Einzelvertrag vereinbarten Provisionen ist daher nicht berechtigt.

OGH 15. 6. 1988, 9 ObA 115/88, ZAS 1989, 87 *(Holzer)*

Die Einbeziehung der laut KollV zustehenden aliquoten Sonderzahlungsanteile in das einzelvertraglich vereinbarte laufende Entgelt (Umsatzbeteiligung) wurde als zulässig, die Einbeziehung des gesetzlichen Urlaubsentgelts gem § 6 UrlG – dieses ist eine vorrangig urlaubsrechtliche Problemstellung – hingegen als unzulässig angesehen[20]).

10.4.2.2 Ordnungsprinzip

Im Allgemeinen steht es den arbeitsrechtlichen Rechtsquellen auch frei, sich anstelle einseitig zwingender Wirkung iSd Günstigkeitsprinzips **zweiseitig zwingende Wirkung,** das sog Ordnungsprinzip, beizulegen. Damit wird **jegliche nachgeordnete Regelung,** auch wenn diese aus der Sicht des AN günstiger ist, **ausgeschlossen.**

Im Bereich des zwingenden arbeitsrechtlichen Gesetzesrechts findet das Ordnungsprinzip naturgemäß in stark öffentlich-rechtlich geprägten Materien Verwendung. Auch die **Betriebsverfassung** (vgl allg 13.) ist zweiseitig zwingendes Recht.

Nach hA kann nur der **KollV, nicht aber** die **BV** das Ordnungsprinzip in Anspruch nehmen (zum Problem des kompensatorischen Sozialplans vgl 12.6.2).

Der KollV kann nach § 3 Abs 1 ArbVG „Sondervereinbarungen ausschließen", die BV kann dies laut der entsprechenden Bestimmung des § 31 Abs 3 ArbVG nicht. Der KollV könnte daher einen „Lohnstopp" verhängen.

Aus der Praxis: Es kommt vor, dass ein neu abgeschlossener KollV in der Branche in Verwendung stehende, in die Einzelarbeitsverträge hinein vereinbarte Vertragsschablonen außer Kraft setzen will, um damit eine „Vereinheitlichung des Dienstrechts" zu bewirken. Er kann dies machen, sofern er nicht zwingende gesetzliche Ansprüche angreift. Die Verwendung des Ordnungsprinzips muss allerdings auf Grund der weitreichenden Konsequenzen mit entsprechender Klarheit aus dem KollV zu entnehmen sein.

10.4.2.3 Dispositives Arbeitsrecht

Im Falle dispositiven Rechts können **sowohl zu Gunsten als auch zu Ungunsten des AN abweichende Regelungen** getroffen werden.

Dispositives Recht findet sich in erster Linie auf der **Gesetzesebene** (zu § 77 GewO 1859 beispielsweise vgl 2.1.2.1, 2.1.2.2).

[20]) OGH 8. 7. 1999, 8 ObA 256/98 z, RdW 2000, 43; allg *Reissner* in ZellKomm² § 3 ArbVG Rz 27 ff mwN.

Fall 58: Betriebsstörung[21]

Ein AG vereinbart mit jedem AN, dass bei Betriebsstörungen und -stillständen auch dann, wenn diese durch Umstände auf Seiten des AG verursacht werden und die AN leistungsbereit sind, kein Entgelt gebührt. Wie ist die Rechtslage?

Fraglich ist, ob sich **KollV** und **BV** auch dispositive Wirkung zuerkennen können. Von einem Teil der Lehre wird dies bejaht; eine dispositive Regelung sei besser als gar keine[22]. Die Gegenmeinung argumentiert, dass dies zum einen aus den einschlägigen Bestimmungen des ArbVG nicht hervorleuchte und zum anderen dem Wesen der kollektiven Rechtsquellen des Arbeitsrechts, welche Mindeststandards zu Gunsten der AN schaffen sollen, widerspreche[23]. Der OGH hat sich auf eine Mittellösung festgelegt:

Entscheidung 162: Abdingbare Kollektivvertragsbestimmungen

Dispositive Regelungen in KollV sind nicht beliebig, sondern nur bei Bestehen eines sachlichen Grundes möglich.

OGH 20. 10. 2004, 8 ObA 88/04f, ZAS 2005, 274 *(Winkler)*

10.4.2.3.1 Rechtsquellenspezifische dispositive Wirkung

Einen Mittelweg zwischen zwingender und abdingbarer Wirkung bildet die **kollektivvertrags- oder betriebsvereinbarungsdispositive** Gestaltungsmöglichkeit.

Ein an sich zwingendes G ist zB dann kollektivvertragsdispositiv, wenn es Regelungen zu Ungunsten des AN zwar durch KollV, nicht aber durch eine andere nachgeordnete Rechtsquelle (BV, Arbeitsvertrag) ermöglicht (so zB das DHG; vgl 9.1).

10.4.2.3.2 Zulassungsnormen[24]

Eine Form beschränkt dispositiven Rechts stellen die sog Zulassungsnormen dar. Durch diesen Normentyp werden zumindest drei unterschiedliche Rechtsquellenebenen angesprochen: Eine Norm der ersten Ebene ermächtigt die nachgeordnete Rechtsquelle (2. Ebene), von der Norm der ersten Ebene abweichende Regelungen durch weiter nachgeordnete Rechtsquellen (3. Ebene) zuzulassen.

---

[21] Für die Falllösung notwendige Inhalte finden sich unter 6.1.3.

[22] Vgl insb *Kietaibl,* Arbeitsrecht I^{8} 234f.

[23] ZB *Firlei,* Flucht aus dem Kollektivvertrag, DRdA 2001, 125ff mwN; *Strasser* in *Strasser/Jabornegg/Resch* (Hrsg), Kommentar zum Arbeitsverfassungsgesetz (2002ff) § 3 Rz 13.

[24] *Floretta,* Die Beteiligung der Kollektivvertragsparteien am Arbeitszeitschutz – Die Rechtsnatur von Zulassungsnormen im Kollektivvertrag, DRdA 1973, 1; *Löschnigg,* Arbeitsrecht^{12} 91f.

Beispiel: Gem § 4 Abs 6 Satz 1 AZG kann der KollV für nicht im Handel tätige AN zulassen, dass in einzelnen Wochen eines Durchrechnungszeitraums von bis zu einem Jahr die Normalarbeitszeit
1. bei einem Durchrechnungszeitraum von bis zu acht Wochen auf höchstens 50 Stunden
2. bei einem längeren Durchrechnungszeitraum auf höchstens 48 Stunden ausgedehnt wird, wenn sie innerhalb dieses Zeitraumes im Durchschnitt 40 Stunden bzw die durch KollV festgelegte Normalarbeitszeit nicht überschreitet.

Als Zulassungsnorm kann zum einen die Norm der ersten Ebene (**ermächtigende Zulassungsnorm**) als auch die Norm der zweiten Ebene (**regelnde Zulassungsnorm**) bezeichnet werden. Im Allgemeinen kann die regelnde Zulassungsnorm nicht nur abweichende Regelungen zulassen, sondern diese auch selbst treffen. Der Gesetzgeber könnte aber auch die Ausregelung durch die Zulassungsnorm der zweiten Ebene ausschließen.

Der Unterschied zwischen Zulassungsnorm und rechtsquellendispositivem Recht besteht darin, dass im letzteren Fall die angesprochene Rechtsquelle selbst die abweichende Regelung enthalten muss, während im Falle einer Zulassungsnorm idR eine Delegation an eine weitere Rechtsquelle erfolgt.

10.5 Zwingende Wirkung und Verzicht

Angesichts der weitgehend gegebenen Unabdingbarkeit arbeitsrechtlicher Rechtsgrundlagen (idR einseitig zwingende Wirkung, ausnahmsweise auch zweiseitig zwingende Wirkung; vgl 10.4.2.1, 10.4.2.2) stellt sich die Frage, ob und inwieweit ein AN einen Verzichtsvertrag in Bezug auf derartige Ansprüche abschließen kann. Der **Verzichtsvertrag** ist ein Erlassvertrag iSd § 1444 ABGB, durch den sich der AN – meist unentgeltlich – zu Gunsten des AG gewisser ihm zustehender Rechte begibt.

Während die **vertragliche Abdingung** ein auf die Zukunft bezogenes **Verpflichtungsgeschäft** ist, ist der **Verzicht** ein **Verfügungsgeschäft** und betrifft in der Vergangenheit erworbene, allenfalls schon fällige Ansprüche des AN.

Unter „Verzicht" im hier maßgeblichen Sinn ist auch ein negatives Schuldanerkenntnis zu verstehen, das im Arbeitsrecht häufig als sog Lohnbefriedigungserklärung vorkommt. Auch ein Vergleich kann in den Kreis der hier angesprochenen Phänomene gehören.

Insoweit mit Verzichtsverträgen eine Umgehung der Unabdingbarkeit von Rechtsansprüchen erzielt werden kann, sind diese im Arbeitsrecht als unzulässig anzusehen. Es wird hier formuliert, dass **Unabdingbarkeit grundsätzlich** auch **Unverzichtbarkeit** bedeutet.

Die Frage der Verzichtbarkeit stellt sich insb im Zusammenhang mit Entgeltansprüchen, die durch zwingende arbeitsrechtliche Rechtsgrundlagen (G, KollV, ermächtigte BV) zugestanden werden (zur Abfertigung nach § 23 AngG vgl auch 2.1.1 F 6).

Zu beachten ist, dass ein **Verzicht** auf **Ansprüche,** die **über zwingenden** gesetzlichen oder sonstigen **Mindeststandards** liegen, insoweit unproblematisch ist und **keinen spezifischen arbeitsrechtlichen Beschränkungen** unterliegt.

Hinsichtlich der Grenzen der Verzichtbarkeit unabdingbarer Ansprüche wird die sog **Drucktheorie** vertreten, die auf eine Leitentscheidung des OGH, das sog Judikat 26 neu, zurückzuführen ist:

Entscheidung 163: Judikat 26 neu

Ein Verzicht auf unabdingbare Ansprüche ist während der Dauer des Arbeitsverhältnisses unwirksam, weil angenommen werden muss, dass der AN diesen Verzicht nicht frei, sondern unter wirtschaftlichem Druck abgibt.

OGH 8. 6. 1927, Präs 600/26, Arb 3725

Die Frage, ob wirtschaftlicher **Druck auf dem AN** lastet, ist mE nicht am konkreten Fall, sondern **objektiv-abstrakt zu prüfen.** Das bedeutet, dass das Vorliegen des typischen Drucks der Arbeitsabhängigkeit während des aufrechten Arbeitsverhältnisses jedenfalls unwiderleglich zu vermuten ist. Auch in der Phase der Auflösung des Arbeitsverhältnisses ist von einer entsprechenden Drucksituation auszugehen.

Diese wird einige Tage bis Wochen nach Beendigung des Arbeitsverhältnisses weiterwirken. Einen verallgemeinerungsfähigen Anhaltspunkt zum Thema enthält das HGHAngG. Gem § 20 leg cit ist jede Erklärung über Entgeltansprüche rechtsunwirksam, wenn sie während der Dauer des Arbeitsverhältnisses oder innerhalb einer Woche nach Auflösung desselben abgegeben wurde. Diese im HGHAngG genannte **Einwochenfrist** wird die **Untergrenze des Nachschutzes** vor Verzichtserklärungen abgeben können.

Eine weiter in die Zeit nach Beendigung des Arbeitsverhältnisses hineinreichende Unverzichtbarkeit besteht dann, wenn **aushaftende Beträge** noch **nicht fällig** sind. Dies betrifft zB die in Monatsraten nach Beendigung des Arbeitsverhältnisses fällig werdende Abfertigung (vgl 5.1.4.1.1.2) oder die Kündigungsentschädigung ab dem vierten Monat dieser Zahlung (vgl 2.1.2.3.1 b). Hier wird die Verzichtbarkeit erst gegeben sein, wenn nur mehr verhältnismäßig geringfügige Beträge offen sind und der AN auch sonst nicht rechtlich an den AG gebunden ist.

Eine darüber hinausgehende Unverzichtbarkeit unabdingbarer Ansprüche ist demgemäß dann anzunehmen, wenn der AN dem AG gegenüber **besonderen nachvertraglichen Verpflichtungen** (insb einer Konkurrenzklausel) unterliegt.

Im gegebenen Zusammenhang ist noch eine zweite Konstruktion geläufig: Zum Teil werden **einschlägige Erklärungen des AN,** insb sog **Lohnbefriedigungserklärungen,** gar nicht als Willenserklärungen, sondern als bloße **Wissenserklärungen** ausgedeutet.

Nach allgemeiner Rechtsgeschäftslehre kann eine Wissenserklärung im Gegensatz zu einer Willenserklärung keine Rechtswirkungen auslösen, weil der Erklärende mit einer solchen Äußerung nur eine Meinung über Tatsachen kundtut, währenddessen bei einer Willenserklärung Rechtswirkungen angestrebt werden.

Entscheidung 164: Lohnbefriedigungserklärung

Eine Lohnbefriedigungsklausel, wonach „sämtliche Ansprüche aus einem Dienstverhältnis befriedigt" seien, gibt nur die Meinung des ausscheidenden AN wieder, die gebührenden Leistungen in vollem Umfang erhalten zu haben. Eine derartige Erklärung ist ihrem Wortlaut zufolge eine reine Wissenserklärung, aus der in der konkreten Situation vernünftiger Weise nicht darauf geschlossen werden kann, dass der AN mit dieser „Entfertigungserklärung" einen schlüssigen Verzicht auf Ansprüche abgeben wollte.

OGH 16. 2. 1982, 4 Ob 15/82, Arb 10.095

Kontrollfragen zu Kapitel 10.

1. Nach welchen Gesichtspunkten ist zu klären, welches Arbeitsrecht in Fällen mit Auslandsberührung anzuwenden ist? Was versteht man in diesem Zusammenhang unter Eingriffsnormen?
2. In welchen Bereichen gibt es für das österreichische Arbeitsrecht unionsrechtliche Vorgaben?
3. Wie ist die verfassungsrechtliche Kompetenzverteilung für das Arbeitsrecht ausgestaltet?
4. Was bedeutet Günstigkeitsprinzip, was Ordnungsprinzip? Wie ist ein Günstigkeitsvergleich durchzuführen? Was heißt Günstigkeitsneutralität, wo kommt diese vor?
5. Kann der KollV so wirken, dass jeder abweichende Arbeitsvertrag ungültig ist? Kann das die BV?
6. Was spricht dafür, den kollektiven Rechtsquellen die Möglichkeit einzuräumen, sich dispositive Wirkung zuzulegen, welche Argumente werden dagegen ins Treffen geführt? Was ist die Linie der Rechtsprechung zum Thema?
7. Was bedeutet Kollektivvertragsdispositivität? Wo ist eine solche angeordnet?
8. Was sind Zulassungsnormen? Wo kommen solche vor?
9. Was ist die Drucktheorie? Kann ein AN auf ein infolge betrieblicher Übung zustehendes 15. Monatsgehalt verzichten?
10. Was ist eine Lohnbefriedigungserklärung, wie ist eine solche rechtlich zu qualifizieren?

11. KollV[1])

Das wichtigste kollektive Gestaltungsmittel auf überbetrieblicher Ebene ist der im Folgenden darzustellende KollV. Das Pendant zum KollV auf betrieblicher Ebene, die BV, wird dann unter 12. abgehandelt.

Das Kollektivvertragswesen ist sozial-, wirtschafts- und gesellschaftspolitisch von wesentlicher Bedeutung. KollV sind die **zentralen Instrumente der Lohnpolitik,** die nicht von staatlicher Seite dekretiert, sondern iSd Sozialautonomie von Repräsentanten der unmittelbar betroffenen Kreise ausgehandelt werden.

Durch Schaffung von durch das ArbVG mit zwingender Wirkung ausgestatteten Mindeststandards zu Gunsten der im individuellen Gegenüber dem AG typischerweise wirtschaftlich unterlegenen AN wird ein **Interessenausgleich** erzielt, der es den AN ermöglicht, aus dem Arbeitsverhältnis eine ausreichende finanzielle Basis für die Bestreitung des Lebensunterhalts zu erwirtschaften; auf einzelvertraglicher Ebene wäre dies auf Grund der Vertragsfreiheit und wegen des Wirkens der Gesetzmäßigkeiten des Marktes nicht gewährleistet. Der KollV hat damit zweifellos auch gesellschaftspolitisch betrachtet eine **Befriedungsfunktion.** Aus wirtschaftspolitischer Sicht hat der KollV **Kartellfunktion,** dh er vereinheitlicht die Arbeitsbedingungen in einer Branche, was einerseits eine Tendenz zur Gleichbehandlung der in dieser Branche tätigen AN erzeugt und andererseits für die AG Rahmenbedingungen bewirkt, die Wettbewerbsverzerrungen zumindest teilweise hintanhalten. Außerdem wirkt er auf Grund seiner längerfristigen Anlage Konjunkturschwankungen entgegen.

Funktioniert – wie dies in Österreich der Fall ist – die Kollektivvertragspolitik, so muss der **Staat nicht** zB durch die Schaffung gesetzlicher Mindestlöhne **eingreifen**[2]). Nur in Randbereichen gibt es von behördlicher Seite statuierte Surrogate für den KollV (Satzung, Mindestlohntarif udgl; vgl dazu 11.8).

11.1 Begriff

KollV sind Vereinbarungen, die zwischen kollektivvertragsfähigen Körperschaften der AG einerseits und der AN andererseits schriftlich abgeschlossen werden (§ 2 Abs 1 ArbVG; zu den Wesensmerkmalen im Detail vgl 11.1.1 – 11.1.4).

Eine besondere Art von KollV ist der sog **GeneralKollV,** das ist gem § 18 Abs 4 ArbVG ein KollV, der sich auf die Regelung einzelner Arbeitsbe-

---

[1]) *Löschnigg,* Arbeitsrecht[12] 104 ff; *Strasser/Jabornegg,* Arbeitsrecht II[4] 95 ff; *Marhold/Friedrich,* Arbeitsrecht[2] 418 ff; *Kietaibl,* Arbeitsrecht I[8] 192 ff; *Strasser* in *Strasser/Jabornegg/Resch* (Hrsg), Kommentar zum Arbeitsverfassungsgesetz (2002 ff) §§ 2 ff; *Runggaldier* in *Tomandl* (Hrsg), Arbeitsverfassungsgesetz (2005 ff) §§ 2 ff; *Reissner* in ZellKomm[2] §§ 2 ff ArbVG.

[2]) Ein gesetzlicher Mindestlohn besteht aber zB in der Arbeitskräfteüberlassungsbranche auf Grund der Vorgaben des § 10 AÜG; vgl 4.5.1.

dingungen beschränkt und dessen Wirkungsbereich sich fachlich auf die überwiegende Anzahl der Wirtschaftszweige und räumlich auf das ganze Bundesgebiet erstreckt.

So kann etwa in einem GeneralKollV festgelegt werden, welche Entgelte im Detail in die Basis für die Berechnung des Urlaubsentgelts aufzunehmen sind (vgl 8.2.6).

11.1.1 Schriftform

In der Begriffsdefinition des § 2 Abs 1 ArbVG wird gefordert, dass die getroffenen Bestimmungen zu ihrer Rechtsgültigkeit als KollV **schriftlich niedergelegt** werden müssen (zur Unterzeichnung durch die Vertragspartner vgl 11.1.2).

11.1.2 Vereinbarung

Aus dem Aspekt „Vereinbarung" ist abzuleiten, dass die Abschlussparteien zu einer **Willensübereinstimmung iSd allgemeinen Zivilrechts** (vgl insb § 861 ABGB) kommen müssen. In Zusammenschau mit dem Gebot der Schriftform ergibt sich, dass der KollV von den Parteien (sog Sozialpartner, dh Verband der AN und grundsätzlich auch Verband der AG[3]), vertreten durch ihre Organe nach Maßgabe der internen Organisationsvorschriften) ordnungsgemäß unterzeichnet werden muss.

Ausnahmsweise kann ein KollV durch einen Verwaltungsakt, nämlich durch einen **Schiedsspruch des Bundeseinigungsamtes** gem §§ 154f ArbVG, zustande kommen, wenn die Kollektivvertragsparteien bei Streitigkeiten ein Schlichtungsverfahren beantragen und schriftlich erklären, sich dem Schiedsspruch zu unterwerfen. Durch die Notwendigkeit der Unterwerfungserklärung ist der innere Geltungsgrund des KollV damit letztlich wieder die Willensübereinstimmung der Kollektivvertragsparteien.

Zu beachten ist, dass der KollV – wie die BV (vgl 12.1.2) – eine **„Doppelnatur"** insofern aufweist, als das ursprünglich zwischen den Parteien Vereinbarte nach Maßgabe gesetzlicher Anordnung Normwirkung erlangt, dh wie ein G (im materiellen Sinn) auch gegen oder ohne den Willen der Normunterworfenen Gültigkeit beansprucht (vgl 11.2.1, 11.5).

Das Zustandekommen von KollV richtet sich nach privatrechtlichen Kriterien, daher unterliegt es auch den Bestimmungen des ABGB über die Anfechtbarkeit und Nichtigkeit im Falle von **Willensmängeln** (vgl §§ 869ff, insb auch § 879 ABGB).

11.1.3 Abschlussparteien

Als Abschlussparteien nennt § 2 Abs 1 ArbVG **kollektivvertragsfähige Körperschaften der AG** einerseits und **der AN** andererseits. Die Möglichkeit, einen KollV abzuschließen, hängt demnach entscheidend an der Kollektivvertragsfähigkeit (vgl 11.4).

---

[3]) Ausnahmsweise kann auch ein einzelner AG einen sog FirmenKollV abschließen; vgl 11.1.3, 11.4.1.2, 11.4.1.3.

Ausnahmsweise können auch **einzelne AG** selbst kollektivvertragsfähig sein und für die in ihrem Bereich bestehenden Arbeitsverhältnisse sog FirmenKollV schließen (vgl 11.4.1.2, 11.4.1.3).

11.1.4 Regelungsbefugnis

Eine Vereinbarung zwischen kollektivvertragsfähigen Parteien auf Arbeitgeberseite einerseits und Arbeitnehmerseite andererseits kann nur dann ein KollV sein, dh insb die vollen vom ArbVG vorgesehenen Rechtswirkungen entfalten (vgl 11.5.1.2), wenn die Sozialpartner vom G zur Schaffung eines KollV ermächtigt sind. Gesetzliche **Ermächtigungstatbestände** finden sich in erster Linie in § 2 Abs 2 ArbVG, daneben auch in SonderG wie etwa dem AZG (vgl allg 4.4).

Ist keine Regelungsbefugnis vorhanden, so liegt ein gewöhnlicher zivilrechtlicher Vertrag zwischen den Abschlussparteien vor (vgl 11.5.1.1).

11.2 Rechtliche Einordnung

11.2.1 Rechtsnatur

Die Rechtsnatur des KollV wird durch die sog **Rechtsnormentheorie** erklärt. Demnach weist der KollV eine **Doppelnatur** auf und ist teils privatrechtlich, teils öffentlich-rechtlich auszudeuten. Der KollV behält zwar seinen **vertragsrechtlichen Charakter,** der insb sein Zustandekommen, die Rechtsbeziehungen zwischen den abschließenden Parteien und seine Beendigung kennzeichnet. Durch die Anerkennung einer **unmittelbaren Rechtsverbindlichkeit** durch das ArbVG (vgl § 11 Abs 1 ArbVG; dazu 11.5.1.2) für die dem KollV unterworfenen Arbeitsvertragsparteien gewinnt er jedoch eine zusätzliche Dimension, die eines **G im materiellen Sinn,** einer allgemein verbindlichen Norm. Diese Doppelnatur wird mit dem treffenden Ausdruck „Normenvertrag“ umschrieben: der KollV kommt zustande wie ein Vertrag, wirkt jedoch wie ein G.

Ein weiterer, mit der geltenden Rechtslage nicht zu vereinbarender rechtstheoretischer Erklärungsversuch zum KollV ist die sog **Fiktionstheorie.** Diese geht von einem privatrechtlichen Vertrag aus, der bei Abschluss der einzelnen individuellen Arbeitsverträge fiktiv mitvereinbart wird. Die Fiktionstheorie weiß keine Antwort auf den Umstand, dass die einzelnen Arbeitsvertragsparteien gegen ihren Willen zu gewissen Kollektivvertragsinhalten gezwungen werden, was dem Grundsatz der freien Willensbildung des Privatrechts zuwiderläuft.

KollV weisen demgemäß in aller Regel rechtsquellentheoretisch betrachtet **zwei Teile (Funktionen)** auf: Zum einen gibt es einen schuldrechtlichen Teil, der einen gewöhnlichen zivilrechtlichen Vertrag zwischen den Abschlussparteien darstellt, zum anderen gibt es einen normativen Teil, der kraft G mit Normwirkung, dh mit der Wirkung eines G im materiellen Sinn, ausgestattet ist (vgl allg 11.5).

Im Bereich des normativen Teils des KollV muss nicht zuletzt wegen dessen Charakters als G im materiellen Sinn **Grundrechtsbindung** gegeben sein (vgl auch 5.3.3.3). Da allerdings für KollV – wie auch für BV – kein verfassungsrechtliches Normenkontrollverfahren existiert, ist eine gegen Grundrechte verstoßende Passage in kollektiven Rechtsquellen **nichtig gem § 879 ABGB.**

11.2.2 Verfassungsrechtliche Beurteilung

Die Normwirkung des KollV löst insofern ein verfassungsrechtliches Problem aus, als – ein verfassungsrechtlich abgeschlossenes Rechtsquellensystem unterstellt – die **Rechtsetzung durch KollV in der** österreichischen **Bundesverfassung** expressis verbis **nicht vorgesehen** ist. Vor diesem Hintergrund wurden Bedenken in Richtung einer **Verletzung des staatlichen Rechtsetzungsmonopols** geäußert, die durch eine formale gesetzliche Delegation an verfassungswidrig zusammengesetzte Rechtsetzungsautoritäten zustande kommt (vgl Art 18 B-VG).

Die verfassungsrechtlichen Bedenken haben sich jedoch mittlerweile gelegt, zumal der VfGH in einer Stellungnahme zum Entwurf einer entsprechenden B-VG-Novelle dargelegt hat, dass der KollV mit dem Rechtsquellensystem der Verfassung vereinbar sei: Dieser habe bereits zum Zeitpunkt des Inkrafttretens des B-VG große Bedeutung gehabt, sodass das Schweigen des B-VG ein sog **beredtes Schweigen** sei, dh die Verfassung der von ihr vorgefundenen Rechtsnormfigur zugestimmt habe[4]).

Die nunmehr völlig hA sieht den KollV als eine **verfassungskonforme Einrichtung des Privatrechts** an. Der Geltungsgrund des KollV ist in der Willensübereinstimmung von Privatrechtsträgern gelegen. Die Normwirkung des KollV ist als privatrechtlich zulässige Weiterentwicklung des vom B-VG vorgefundenen Kollektivvertragstypus zu begreifen[5]).

11.2.3 Auslegung des KollV

Die Doppelnatur des KollV bzw seine Unterteilung in einen schuldrechtlichen und einen normativen Teil haben auch Auswirkungen auf die Auslegung von KollV:

- Der **schuldrechtliche Teil** ist demnach **wie ein Vertrag** nach den Bestimmungen der §§ 914f ABGB auszulegen.

  Die Absicht der Parteien spielt daher eine entscheidende Rolle für die Interpretation des schuldrechtlichen Teiles (zu den §§ 914f ABGB vgl auch 7.6.2.3.1).

- Aus der Rechtsnatur des **normativen Teils** des KollV ist zu folgern, dass dieser nach den Regeln über die **Gesetzesauslegung** (§§ 6f ABGB) zu interpretieren ist.

  Das bedeutet, dass der allgemeine Auslegungskanon (Wortlaut, systematische Interpretation, subjektiv-historische Interpretation, objektiv-teleologische Interpretation) zur Anwendung zu bringen ist. Anders als beim schuldrechtlichen Teil spielt daher der Wortlaut des KollV eine größere Rolle, die Absicht der Parteien

---

[4]) Die Stellungnahme des VfGH ist in DRdA 1972, 103 und ZAS 1971, 73 veröffentlicht.

[5]) Dazu *Marhold/Friedrich,* Arbeitsrecht[2] 421f mwN.

ist nur eine von mehreren Interpretationsmaximen. Die Auslegung des normativen Teils des KollV muss daher starrer, am Wortlaut der Regelung orientiert erfolgen.

Nach stRsp[6]) ist im Zweifel bei der Auslegung von kollektivvertraglichen Bestimmungen davon auszugehen, dass die Kollektivvertragsparteien eine vernünftige, zweckentsprechende und praktisch durchführbare Regelung, verbunden mit einem Ausgleich der sozialen und wirtschaftlichen Interessen, treffen wollten.

11.3 Bekanntmachung

11.3.1 Hinterlegung

Jeder KollV ist nach seinem Abschluss unverzüglich von der daran beteiligten kollektivvertragsfähigen Körperschaft der AN in zwei gleich lautenden Ausfertigungen beim BMASK zu hinterlegen (vgl § 14 Abs 1 ArbVG).

Zur Hinterlegung berechtigt ist auch die Abschlusspartei auf Arbeitgeberseite (vgl § 14 Abs 2 ArbVG).

Wird ein KollV **nicht hinterlegt,** so kann dieser seine **unmittelbare Rechtsverbindlichkeit** für die AN und AG (vgl allg 11.5.1.2) **nicht entfalten.** Die **obligatorische Wirkung** zwischen den vertragsschließenden Parteien (vgl allg 11.5.1.1) bleibt hievon **unberührt.**

11.3.2 Kundmachung

Das BMASK hat innerhalb einer Woche nach der Hinterlegung die Kundmachung des Abschlusses des KollV durch Einschaltung im „Amtsblatt zur Wiener Zeitung" auf Kosten der vertragsschließenden Parteien zu veranlassen (vgl § 14 Abs 3 ArbVG).

Nach erfolgter Kundmachung hat das BMASK dem Hinterleger eine Ausfertigung des KollV mit der Bestätigung der durchgeführten Hinterlegung und Bekanntgabe der Zahl, unter der der KollV im Register für KollV eingetragen und im Kataster eingereiht wurde, zurückzustellen. Das BMASK hat eine Ausfertigung des KollV **jedem ASG** zukommen zu lassen (vgl § 14 Abs 4 ArbVG).

Es gilt folglich der auch auf Grund der Normqualität des KollV (vgl 11.2.1) nachvollziehbare Grundsatz, dass dem **Gericht Kollektivvertragsrecht** wie Gesetzesrecht im formellen Sinn **bekannt** ist („iura novit curia"). Ein KollV muss daher dem ASG von der Prozesspartei, die sich auf ihn beruft, nicht vorgelegt werden, es genügt, auf das Bestehen des KollV zu verweisen. Das ASG hat dann Geltung und Inhalt der Norm von Amts wegen zu ermitteln (vgl § 43 Abs 3 ASGG; zur analogen Situation bei der BV vgl 12.2.1).

Unterbleibt die ordnungsgemäße **Kundmachung,** so kann der KollV seine **unmittelbare Rechtsverbindlichkeit nicht entfalten,** die **obligatorische**

---

[6]) Vgl zB OGH 14. 7. 1994, 8 ObA 229/94, Arb 11.231 = RdW 1995, 70; 30. 6. 2005, 8 ObA 133/04y, ASoK 2006, 38.

Wirkung zwischen den vertragsschließenden Parteien bleibt **unberührt** (vgl auch 11.3.1).

11.3.3 Auflegung im Betrieb

Gem § 15 ArbVG hat jeder kollektivvertragsangehörige AG den KollV binnen drei Tagen nach dem Tag der Kundmachung im Betrieb in einem für alle AN zugänglichen Raum aufzulegen und darauf in einer Betriebskundmachung hinzuweisen.

Diese Vorschrift soll den AN einen leichteren Zugang zum KollV ermöglichen.

Verletzt der AG diese Pflicht, so kann es dafür auf Antrag des BR zwar Verwaltungsstrafen geben (vgl § 160 Abs 1 ArbVG), die Gültigkeit des KollV oder die Anwendbarkeit desselben im Bereich des betroffenen AG wird dadurch aber nicht beeinträchtigt. Bei § 15 ArbVG handelt es sich somit um eine bloße **Ordnungsvorschrift.**

11.4 Kollektivvertragsfähigkeit

Das Rechtsinstitut der Kollektivvertragsfähigkeit gibt Antwort auf die Frage, wer unter welchen Voraussetzungen eine **geeignete Vertragspartei** zum Abschluss eines KollV im technischen Sinn, also eines KollV mit Normwirkung (vgl 11.2.1, 11.5.1.2), sein kann.

Die Fähigkeit, KollV abzuschließen, beruht entweder unmittelbar auf G (vgl 11.4.1) oder auf behördlicher Zuerkennung durch das Bundeseinigungsamt (vgl 11.4.2).

11.4.1 Kollektivvertragsfähigkeit kraft G

11.4.1.1 Gesetzliche Interessenvertretungen der AN bzw der AG

Kraft G kollektivvertragsfähig sind gem § 4 Abs 1 ArbVG gesetzliche Interessenvertretungen der AG und AN, denen unmittelbar oder mittelbar die Aufgabe obliegt, auf die Regelung von Arbeitsbedingungen hinzuwirken und deren Willensbildung in der Vertretung der Arbeitgeber- oder der Arbeitnehmerinteressen gegenüber der anderen Seite unabhängig ist.

Gesetzliche Interessenvertretungen sind die **Kammern.** Diese sind durch besondere G (zB AKG, WKG) begründete Körperschaften des öffentlichen Rechts. Die Zugehörigkeit zu den einzelnen Kammern ist im G zwingend festgelegt, sodass sich Personen, welche die Voraussetzungen erfüllen, der Mitgliedschaft nicht entziehen können **(Pflichtmitgliedschaft).**

Die wichtigsten gesetzlichen Interessenvertretungen sind auf Arbeitnehmerseite die **Arbeiterkammern** sowie die Bundesarbeitskammer, auf Arbeitgeberseite die **Wirtschaftskammern** sowie die Wirtschaftskammer Österreich. Weiters gehören zu den gesetzlichen Interessenvertretungen auch die sog **Standeskammern.** Hierzu zählen insb die Kammern der freien Berufe (zB Rechtsanwaltskammer, Notariatskammer, Ärztekammer, Apothekerkammer, Wirtschaftstreuhänderkammer).

Gesetzliche Interessenvertretungen unterscheiden sich als gesetzlich eingerichtete **Körperschaften öffentlichen Rechts** in grundlegender Weise von den freiwilligen Berufsvereinigungen, welche rechtlich gesehen Vereine iSd VerG sind (vgl 11.4.2.1).

Im Bereich der **Wirtschaftskammern** ist zu beachten, dass die Kollektivvertragsfähigkeit nicht nur der Wirtschaftskammer Österreich sowie der jeweiligen Landeskammer, sondern auch **Unterorganisationen** der einzelnen Kammern wie Fachgruppen und Fachverbänden zukommt (vgl § 3 WKG).

Die **Aufgabe, auf die Regelung von Arbeitsbedingungen hinzuwirken,** ist bei praktisch allen genannten Kammern gegeben, sodass dieses Erfordernis kaum Anwendungsfragen aufwirft.

Anders ist dies bei der **Gegnerunabhängigkeit.** Diese Voraussetzung bedeutet, dass die Willensbildung in der Vertretung der Arbeitgeber- oder Arbeitnehmerinteressen in einer kollektivvertragsfähigen Institution gegenüber der anderen Seite unbeeinflusst und unabhängig erfolgen können muss.

Besondere Probleme ergeben sich dabei bei den **Standeskammern,** weil in diesen sowohl AN als auch AG zur Mitgliedschaft verpflichtet sind. Kollektivvertragsfähigkeit von Standeskammern auf Arbeitnehmerseite einerseits und auf Arbeitgeberseite andererseits ist nur unter ganz bestimmten Voraussetzungen möglich, nämlich dann, wenn die Kammer so organisiert ist, dass die AN einerseits sowie die AG andererseits in der **Willensbildung** innerhalb der Kammer voneinander **vollständig unabhängig** sind.

Entscheidung 165: Apothekerkammer

Die österreichische Apothekerkammer ist gesetzliche Interessenvertretung sowohl der selbständigen als auch der angestellten Apotheker, sodass es ihr mangels Gegnerunabhängigkeit und Gegnerfreiheit an der Kollektivvertragsfähigkeit für die Regelung der Arbeitsverhältnisse zwischen selbständigen und angestellten Apothekern fehlt.

OGH 10. 2. 1993, 9 ObA 604/92, DRdA 1993, 482 *(Eypeltauer)*

Bei einigen Standeskammern ist Gegnerunabhängigkeit seit jeher durch die organisationsrechtlichen Vorschriften der KammerG gewährleistet, so etwa bei der Notariatskammer. Andere gesetzliche Grundlagen wurden, wie zB das ÄrzteG für die Ärztekammern oder das in E 165 angesprochene Apothekerrecht, mittlerweile so adaptiert, dass von Gegnerunabhängigkeit die Rede sein kann.

Schließt eine nicht kollektivvertragsfähige Körperschaft einen KollV ab, so ist dieser **nichtig.**

Aus der Praxis: Werden derartige „KollV" dennoch praktiziert, so gehen sie nach der Vertragsschablonentheorie (vgl 5.2.2, 12.5) in die einzelnen Arbeitsverträge ein. Da der KollV in diesen Fällen nicht als Norm bzw als echter KollV, sondern als Teil des Arbeitsvertrags zur Anwendung kommt, ist es den Parteien des Einzelarbeitsvertrags auch möglich, von den zwingenden Standards dieses Nicht-KollV abzuweichen.

11.4.1.2 Juristische Personen öffentlichen Rechts

Juristische Personen öffentlichen Rechts, die den Regelungen der §§ 2 ff ArbVG unterliegen (vgl § 1 Abs 2 Z 3 ArbVG), sind **für die bei ihnen beste-**

henden Arbeitsverhältnisse gem § 7 ArbVG **selbst kollektivvertragsfähig,** soweit sie **nicht** für Arbeitsverhältnisse bestimmter Bereiche einer anderen **kollektivvertragsfähigen Körperschaft angehören.**

§ 7 ArbVG stellt eine **Ausnahme** vom Grundsatz dar, dass sog FirmenKollV in der österreichischen Arbeitsverfassung nicht vorgesehen sind. Unter **FirmenKollV** versteht man KollV, bei denen nicht eine Arbeitgeberorganisation, sondern der AG selbst kollektivvertragsschließende Partei ist.

Für die Frage, ob einer konkreten juristischen Person des öffentlichen Rechts tatsächlich die Kollektivvertragsfähigkeit iSd § 7 ArbVG zukommt, ist kein besonderes gerichtliches oder behördliches Verfahren vorgesehen. Das Problem kann daher praktisch nur als Vorfrage in einem Zivilprozess vor einem ASG geklärt werden. Wird die Kollektivvertragsfähigkeit verneint, so bedeutet dies, dass der „KollV" nichtig ist. Im Weiteren hat ein ASG zB zu klären, ob die an sich nichtigen Abmachungen durch dauerndes Praktizieren iSd Vertragsschablonentheorie in Einzelarbeitsverträge eingegangen sind.

Beispiele für kollektivvertragsfähige Körperschaften gem § 7 ArbVG sind die Arbeiterkammern und die Wirtschaftskammern – bei diesen ergibt sich das Problem, dass sie damit zusätzlich zu ihrer allgemeinen Kollektivvertragsfähigkeit eine spezielle Kollektivvertragsfähigkeit hinsichtlich ihrer Belegschaft haben –, Sozialversicherungsträger und Teilorganisationen katholischer Orden, welche nach kanonischem Recht Rechtspersönlichkeit haben[7]).

11.4.1.3 Sonstige kraft G kollektivvertragsfähige Institutionen

Schließlich kann sich eine Kollektivvertragsfähigkeit **unmittelbar aus speziellen G,** insb aus sog PrivatisierungsG, ergeben (für die Bundesarbeitskammer vgl zB § 78 Abs 3 AKG, für den ORF vgl § 48 Abs 5 Satz 1 ORF-G, aus dem Privatisierungsbereich s § 19 Abs 3 PTSG, § 2 Abs 8 BundesforsteG). Es handelt sich idR um eine Kollektivvertragsfähigkeit auf **Arbeitgeberseite,** welche die Möglichkeit eröffnet, **FirmenKollV** (vgl 11.4.1.2) abzuschließen.

Daneben gibt es auch Dachverbandskonstruktionen. So ist zB ein Dachverband der (vollrechtsfähigen) Universitäten kraft G kollektivvertragsfähig auf Arbeitgeberseite (vgl § 108 Abs 3 und 4 UG).

Nach § 48 Abs 5 Satz 2 ORF-G wird auch dem ZBR des ORF – was ganz ungewöhnlich ist – die Kollektivvertragsfähigkeit auf Arbeitnehmerseite zuerkannt.

11.4.2 Kollektivvertragsfähigkeit kraft Zuerkennung

11.4.2.1 Freiwillige Berufsvereinigungen der AN bzw der AG

Kraft Zuerkennung kollektivvertragsfähig werden gem § 4 Abs 2 ArbVG freiwillige Berufsvereinigungen der AG oder AN, sofern diese

- sich nach ihren Statuten zur Aufgabe stellen, die Arbeitsbedingungen innerhalb ihres Wirkungsbereiches zu regeln (Z 1 leg cit),
- in ihrer auf Vertretung der Arbeitgeber- oder Arbeitnehmerinteressen gerichteten Zielsetzung in einem größeren fachlichen und räumlichen Wirkungsbereich tätig werden (Z 2),

---

[7]) OGH 9. 5. 1990, 9 ObA 501/89, JBl 1990, 811 = infas 1990 A 97.

- vermöge der Zahl ihrer Mitglieder und des Umfangs ihrer Tätigkeit eine maßgebende wirtschaftliche Bedeutung haben (Z 3) und
- gegnerunabhängig sind (Z 4).

Freiwillige Berufsvereinigungen sind rechtlich gesehen in aller Regel **Vereine** iSd VerG und somit juristische Personen. Für die Zuerkennung der Kollektivvertragsfähigkeit müssen die Berufsvereinigungen die **Kriterien des Koalitionsbegriffs** erfüllen: Beitritt zur und Austritt aus der Berufsvereinigung müssen auf dem Grundsatz der **Freiwilligkeit** beruhen, **Gegnerunabhängigkeit** muss gewährleistet sein und die Statuten müssen die Aufgabenstellung beinhalten, die **Arbeitsbedingungen** innerhalb des Wirkungsbereichs der Koalition zu regeln. In § 4 Abs 2 Z 2 und 3 ArbVG normiert das G Kriterien **sozialer Mächtigkeit.**

Damit wird gewährleistet, dass nur solche Koalitionen Kollektivvertragsfähigkeit erlangen können, die im Rahmen ihres Wirkungsbereichs repräsentativ sind und gleichzeitig vor allem durch ihre Mitgliederstärke auf den sozialen Gegenspieler wirtschaftlich Druck ausüben können.

Die wichtigste kollektivvertragsfähige freiwillige Berufsvereinigung auf **Arbeitnehmerseite** ist der **ÖGB** mit seinen Fachgewerkschaften. Die Fachgewerkschaften besitzen rechtlich keine Selbständigkeit; sie sind Organe des ÖGB und üben die Kollektivvertragspolitik in dessen Namen aus. Neben dem ÖGB sind in Österreich kaum Gewerkschaftsvereine vorhanden. Aus einem Randbereich zu erwähnen ist der Verband Angestellter Apotheker Österreichs (VAAÖ).

Auf **Arbeitgeberseite** gibt es eine Reihe von freiwilligen Berufsvereinigungen, denen Kollektivvertragsfähigkeit zukommt, so etwa die Industriellenvereinigung, den Verband der Versicherungsunternehmen Österreichs, den Verband österreichischer Banken und Bankiers oder den Bundesverband der AG in den Gesundheits- und Sozialberufen (nunmehr „Sozialwirtschaft Österreich – Verband der österreichischen Sozial- und Gesundheitsunternehmen").

Arbeitnehmervereine, denen es an der Gegnerunabhängigkeit fehlt, weil sie zB von der Arbeitgeberseite finanziert werden, um die „echten" Gewerkschaften zu schwächen, werden als **„gelbe Gewerkschaften"** bezeichnet. Einer der ersten Schritte bei einer in jüngerer Vergangenheit in Österreich versuchten Gewerkschaftsgründung war die Versendung von Spendenersuchen an Wirtschaftstreibende. Dies ist im Hinblick auf eine anzustrebende Kollektivvertragsfähigkeit keine gute Idee.

Die **Zuerkennung** und **Aberkennung der Kollektivvertragsfähigkeit durch das Bundeseinigungsamt** (zu diesem vgl §§ 141 ff ArbVG) ist in § 5 ArbVG geregelt. Sowohl die Zuerkennung als auch die Aberkennung haben **konstitutive Wirkung.** Während die Zuerkennung nur auf Antrag möglich ist (§ 5 Abs 1 ArbVG), hat die Aberkennung auch von Amts wegen zu erfolgen, wenn die gesetzlichen Voraussetzungen für die Kollektivvertragsfähigkeit nicht mehr gegeben sind (vgl § 5 Abs 3 ArbVG). Dabei genügt der Wegfall einer Voraussetzung. Der Aberkennungsantrag kann von jeder kollektivvertragsfähigen Berufsvereinigung oder auch von einer gesetzlichen Interessenvertretung gestellt werden[8]).

---

[8]) Zur Aberkennung der Kollektivvertragsfähigkeit des Österreichischen Roten Kreuzes vgl VwGH 4. 9. 2013, 2011/08/0230, DRdA 2014, 314 *(Felten).*

Die Entscheidung über Zuerkennung oder Aberkennung ist im „Amtsblatt zur Wiener Zeitung" kundzumachen und dem BMASK sowie jedem ASG zur Kenntnis zu bringen. Die Kosten der Kundmachung hat die kollektivvertragsfähige Institution zu tragen (vgl § 5 Abs 2 ArbVG).

Die Zuerkennung oder Aberkennung der Kollektivvertragsfähigkeit durch das Bundeseinigungsamt ist ein individueller Verwaltungsakt, ein **Bescheid.** Es steht dem Betroffenen daher offen, die **Gerichtsbarkeit öffentlichen Rechts,** also zunächst das **BVwG** (§ 158 Abs 2 ArbVG) zwecks Überprüfung der Entscheidung des Bundeseinigungsamts zu bemühen. Soweit die Rechtssache nicht zur Zuständigkeit des **VfGH** gehört (Art 133 Abs 5 B-VG; dies ist gem Art 144 Abs 1 B-VG insb bei Verletzung in einem verfassungsgesetzlich gewährleisteten Recht sowie bei Anwendung eines verfassungswidrigen G oder einer gesetzwidrigen V der Fall), kann gegen das Erkenntnis des BVwG **Revision an den VwGH** erhoben werden (Art 133 Abs 1 Z 1 B-VG).

Entscheidung 166: Fußball-Bundesliga

Der Passus in den Statuten der Österreichischen Bundesliga, wonach alle in den Bewerben der Bundesliga tätigen Fußballvereine Mitglieder des Vereins sind, ist kein Grund, der Österreichischen Fußball-Bundesliga die Anerkennung als eine auf freiwilliger Mitgliedschaft beruhende Berufsvereinigung iSd § 4 Abs 2 ArbVG zu versagen.

An der Freiwilligkeit des Beitritts ändert der Umstand nichts, dass die Ausübung der Tätigkeit im Rahmen der ersten und zweiten Fußballdivision den Beitritt zur Fußball-Bundesliga voraussetzt.

VwGH 28. 7. 1995, 95/02/0145, DRdA 1996, 215 *(G. Klein)*

11.4.2.2 Vereine mit maßgebender Bedeutung

Ebenfalls durch Zuerkennung erlangen Vereine mit auf Grund von Mitgliederzahl, Tätigkeitsumfang und Arbeitnehmerzahl maßgeblicher wirtschaftlicher Bedeutung und ohne für Arbeitsverhältnisse bestimmter Betriebs- oder Verwaltungsbereiche bestehender Angehörigkeit zu einer kollektivvertragsfähigen Arbeitgeberkörperschaft die Kollektivvertragsfähigkeit (vgl §§ 4 Abs 3, 5 ArbVG).

Es handelt sich um eine Kollektivvertragsfähigkeit auf Arbeitgeberseite mit der Möglichkeit, einen **FirmenKollV** abzuschließen (vgl auch 11.4.1.2, 11.4.1.3). Was die Voraussetzungen und das Zuerkennungs- bzw Aberkennungsverfahren anlangt, kann auf das unter 11.4.2.1 Gesagte verwiesen werden.

Kollektivvertragsfähig gem § 4 Abs 3 ArbVG sind beispielsweise Trägervereine von Musikorchestern wie der Verein „Wiener Symphoniker".

11.4.3 Vorrang freiwilliger Berufsvereinigungen vor gesetzlichen Interessenvertretungen

Wird einer freiwilligen Berufsvereinigung die Kollektivvertragsfähigkeit zuerkannt und schließt diese einen KollV ab, so verliert gem § 6 ArbVG die in Betracht kommende gesetzliche Interessenvertretung hinsichtlich der Mitglieder der Berufsvereinigung die Kollektivvertragsfähigkeit für die Dauer der Geltung und für den Geltungsbereich des von der Berufsvereinigung abgeschlossenen KollV. Der KollV der gesetzlichen Interessenvertretung „erlischt" insoweit (§ 17 Abs 3 Satz 2 ArbVG).

Der Verlust der Kollektivvertragsfähigkeit tritt nur **bei Abschluss eines KollV der freiwilligen Berufsvereinigung** sowie für die Dauer der Geltung und den Geltungsbereich des von der freiwilligen Berufsvereinigung abgeschlossenen KollV ein. Die freiwillige Berufsvereinigung verdrängt somit die gesetzliche Interessenvertretung beim Kollektivvertragsabschluss nur partiell. Außerhalb des persönlichen, fachlichen und zeitlichen Geltungsbereichs des von der freiwilligen Berufsvereinigung abgeschlossenen KollV wird die Kollektivvertragsfähigkeit der gesetzlichen Interessenvertretung nicht angetastet.

Für Nichtmitglieder der freiwilligen Berufsvereinigung (sog Außenseiter) bleibt es somit beim KollV der gesetzlichen Interessenvertretung[9]).

Der Vorrang der freiwilligen Berufsvereinigung vor der gesetzlichen Interessenvertretung hat damit zu tun, dass die Tätigkeit freiwilliger Berufsvereinigungen angesichts des Grundrechts auf Koalitionsfreiheit (Art 12 StGG, Art 11 EMRK; vgl auch 15.2.1) und des Prinzips der Sozialautonomie (vgl 11.) besonders hoch eingeschätzt wird.

Tritt der KollV der freiwilligen Berufsvereinigung außer Kraft, so ist zu fragen, ob der KollV der gesetzlichen Interessenvertretung für die Rechtsunterworfenen wieder relevant wird oder es bei der Nachwirkung des KollV der freiwilligen Berufsvereinigung bleibt. Nicht zuletzt deshalb, weil es gem § 17 Abs 3 Satz 2 ArbVG zum „Erlöschen" des KollV der gesetzlichen Interessenvertretung hinsichtlich der Mitglieder der kollektivvertragsschließenden freiwilligen Berufsvereinigung kommt, **lebt** der **KollV der gesetzlichen Interessenvertretung nicht** wieder **auf**[10]). Die Mitglieder der freiwilligen Berufsvereinigung werden von der **Nachwirkung** des KollV dieser Institution erfasst.

Fall 59: Kinderzulage

In einem KollV, der zwischen Arbeiterkammer und Wirtschaftskammer abgeschlossen wurde, wird ua bestimmt, dass AN mit mindestens zwei Kindern eine monatliche Kinderzulage von € 20,– auszuzahlen ist.

In weiterer Folge wird auf Arbeitnehmerseite eine Gewerkschaft installiert, der die Kollektivvertragsfähigkeit zuerkannt wird. Sie schließt einen KollV ab, dessen Geltungsdauer auf zwei Jahre limitiert ist und der auch eine Zahlung für AN mit Kindern garantiert, deren Höhe pro Kind € 15,– monatlich beträgt.

---

[9]) Unzutreffend OGH 13. 9. 1989, 9 ObA 502/89, ZAS 1990, 168 (krit *G. Klein*).

[10]) *Löschnigg*, Arbeitsrecht[12] 115, 137; *Reissner* in ZellKomm[2] § 6 ArbVG Rz 10.

In einem Betrieb tritt die Hälfte der Belegschaft dieser Gewerkschaft bei. Wie ist die Rechtslage?

In der Praxis schließt auf Arbeitnehmerseite praktisch immer der ÖGB und nie eine Arbeiterkammer KollV ab. Auf Arbeitgeberseite ist idR eine Wirtschaftskammer bzw eine Unterorganisation derselben Partner des ÖGB. Es gibt aber auch bedeutende, von freiwilligen Berufsvereinigungen der AG geschlossene KollV, etwa im Bereich von Banken, Sparkassen und Versicherungen. § 6 ArbVG wird aber auch hier nicht relevant, weil sich die Wirtschaftskammer im Falle von Kollektivvertragsabschlüssen der Vereine aus der Kollektivvertragspolitik der jeweiligen Branche zurückzieht.

11.5 Regelungsinhalte und Rechtswirkungen

11.5.1 Schuldrechtlicher und normativer Teil

Gem § 11 Abs 1 ArbVG sind die Bestimmungen eines KollV, sofern sie nicht die Rechtsbeziehungen zwischen den Vertragsparteien regeln, innerhalb ihres Geltungsbereichs unmittelbar rechtsverbindlich. Damit zeichnet das G beim KollV – ebenso wie bei der BV (vgl 12.3.1) – eine Aufteilung des Regelungsinhalts in einen schuldrechtlichen (vgl 11.5.1.1) und einen normativen Teil (vgl 11.5.1.2) vor.

Diese Differenzierung ist von wesentlicher Bedeutung, weil sich an die Zuordnung einer Materie zum jeweiligen Bereich völlig unterschiedliche Rechtswirkungen knüpfen.

11.5.1.1 Schuldrechtlicher Teil

Gem § 2 Abs 2 Z 1 ArbVG – diese Bestimmung ist als deklarativ anzusehen (s gleich unten) – können durch KollV die „Rechtsbeziehungen zwischen den Kollektivvertragsparteien" geregelt werden. Damit wird zum Ausdruck gebracht, dass ein KollV auch gewöhnliche Vertragsbeziehungen zwischen den Abschlussparteien (sog schuldrechtlicher Teil) enthalten kann.

Beim schuldrechtlichen (obligatorischen) Teil eines KollV handelt es sich somit um einen **zivilrechtlichen Vertrag zwischen Arbeitnehmer- und Arbeitgebersozialpartner.**

Die obligatorischen Bestimmungen in einem KollV begründen folglich Rechte und Pflichten zwischen den beiden vertragsschließenden Parteien, nicht jedoch für AN und AG im einzelnen Unternehmen. Sie sind nach den Regeln über die Vertragsauslegung (§§ 914f ABGB) zu interpretieren (vgl 11.2.3; zur Auslegung des normativen Teils vgl auch 11.5.1.2, zur ähnlichen Situation bei der BV vgl 12.3.1.1, 12.3.1.2).

Während die Kollektivvertragsfähigkeit als eine spezielle Rechtsfähigkeit anzusehen ist, die eine besondere Rechtsetzungsbefugnis nach sich zieht, bedarf es zur Begründung allgemein-schuldrechtlicher Beziehungen keines spezifisch arbeitsrechtlichen Geltungsgrundes. Die Kollektivvertragsparteien sind juristische Personen, woraus folgt, dass sie sämtliche zulässigen vertraglichen Abmachungen treffen können.

Der schuldrechtliche Teil des KollV hat aber in erster Linie **typische** mit dem KollV selbst bzw mit sonstigen arbeitsrechtlichen Facetten zusammenhängende **Inhalte.** Die schuldrechtlichen Inhalte umfassen Selbstpflichten und Einwirkungspflichten. **Selbstpflichten** haben die abschließenden Verbände selbst zu erfüllen (zB Beschicken einer Schlichtungsstelle), während **Einwirkungspflichten** die erfassten Arbeitsverhältnisse betreffen, die Abschlussparteien also dazu anhalten, nach Maßgabe der ihnen zur Verfügung stehenden Mittel auf ihre Mitglieder einzuwirken, ein pflichtgemäßes Verhalten iSd KollV einzunehmen. Hierher gehört in erster Linie die **Durchführungspflicht,** also die Verpflichtung, auf die kollektivvertragsmäßige Gestaltung der Arbeitsverhältnisse hinzuwirken.

Einwirkungsmittel sind insb verbandsinterne Sanktionen. Die Unfähigkeit bzw Weigerung eines Verbandes, im Einwirkungsweg die entsprechenden Verpflichtungen gegenüber dem Sozialpartner durchzusetzen, kann einen wichtigen Grund zur vorzeitigen Lösung des KollV abgeben.

Zum schuldrechtlichen Teil gehören zB Regelungen, die den **Abschluss und** die **Beendigung des KollV** betreffen (Befristung, Kündigungsfristen und -termine). Die Kollektivvertragsparteien können die Kündigung auch an das Vorliegen gewisser Gründe binden sowie für einen bestimmten Zeitraum oder gänzlich ausschließen.

Eine zentrale Pflicht im Bereich des schuldrechtlichen Teils des KollV ist die **Friedenspflicht.** Darunter ist die Pflicht zu verstehen, während der Dauer des KollV von Arbeitskampfmaßnahmen Abstand zu nehmen. Von relativer Friedenspflicht spricht man, wenn sich die Pflichtbindung nur auf jene Angelegenheiten bezieht, die der KollV beinhaltet. **Absolute** Friedenspflicht liegt vor, wenn sich die Vertragsparteien während der Dauer des KollV verpflichten, sich jeglicher Kampfmaßnahmen zu enthalten. Die relative Friedenspflicht wird als eine dem Wesen und der Funktion des KollV immanente Pflicht angesehen und bedarf demgemäß – ebenso wie die Durchführungspflicht – keiner besonderen Regelung. Eine absolute Friedenspflicht hingegen müsste im KollV ausdrücklich vereinbart werden.

Die Friedenspflicht ist Selbstpflicht und Einwirkungspflicht. Als Selbstpflicht richtet sie sich unmittelbar auf die Unterlassung von Arbeitskämpfen durch den abschließenden Verband. Als Einwirkungspflicht hält sie den Abschlusspartner an, in zumutbarer Art und Weise Mitglieder von einem (wilden) Arbeitskampf abzuhalten (zum Arbeitskampfrecht allg 15.).

Fall 60: Schlechtes Lohnniveau

Am 1. 10. 2014 wird – befristet auf ein Jahr – ein KollV für Tischlereiarbeiter abgeschlossen, der einen Stundenlohn von € 7,– beinhaltet. Im Frühjahr 2015 beginnt die mit dieser Lohnhöhe unzufriedene abschließende Gewerkschaft mit der Organisation und Durchführung von Arbeitskampfmaßnahmen zur Anhebung des Lohnniveaus. Die Wirtschaftskammer erklärt daraufhin als Vertragspartner die Verpflichtungen der AG aus dem KollV für beendet. Wie ist die Rechtslage?

Eine wichtige Funktion des schuldrechtlichen Teils des KollV ergibt sich aus seiner **„komplettierenden Wirkung“.** Überschreiten nämlich die Partner eines KollV ihre Normsetzungsbefugnis (vgl 11.5.1.2), so können die als Normen unwirksamen Inhalte als vertragliche Rechte und Pflichten der Sozialpartner ausgedeutet werden, sofern sie nicht auch nach allgemeinem Zivilrecht rechtswidrig sind.

Der juristische Unterschied liegt darin, dass eine Regelung mit Normwirkung die Rechtsunterworfenen unmittelbar berechtigt und verpflichtet, sodass sich diese auf den Kollektivvertragsinhalt wie auf ein G berufen können. Ist zB eine Gestaltung auf individualarbeitsrechtlicher Ebene kollektivvertragswidrig, so folgt dann, wenn ein Verstoß gegen den normativen Teil vorliegt, daraus die Gesetzwidrigkeit und Rechtsunwirksamkeit gem § 879 ABGB. Liegt hingegen bloß ein Verstoß gegen Inhalte des schuldrechtlichen Teiles vor, so hat das auf die Rechtsbeziehungen im Bereich der Normunterworfenen keine unmittelbare Auswirkung. Es begeht nur die eine Abschlusspartei gegenüber der anderen eine Vertragsverletzung, was die allgemeinen zivilrechtlichen Konsequenzen (vorzeitige Lösung des Vertrags aus wichtigem Grund, Erfüllungsanspruch; s oben) nach sich zieht.

Ein Anwendungsfall der komplettierenden Wirkung des schuldrechtlichen Teiles zeigt sich dann, wenn die Parteien – was ihnen gem § 2 Abs 2 Z 2 ArbVG (vgl 11.5.1.2 a) nicht zusteht – sog Abschlussnormen setzen. Unter Abschlussnormen versteht man Inhalte des KollV, die den Abschluss des Arbeitsvertrags betreffen.

Fall 61: Verhältniszahlenklausel

Der KollV für Tischlereiarbeiter bestimmt, dass pro Meister nur fünf Gehilfen aufgenommen werden dürfen. In einem Betrieb sind sieben Meister beschäftigt. Trotz heftiger Reklamation des Betriebsratsvorsitzenden schließt der AG mit einem 36. Gehilfen einen Arbeitsvertrag ab und stellt ihn ein. Was kann der Betriebsratsvorsitzende unternehmen?

Zu beachten ist, dass die Materien des schuldrechtlichen bzw des normativen Teils in einem KollV keineswegs systematisch voneinander getrennt sind. Verschiedene Bestimmungen fließen vielmehr ineinander, und es ist eine Frage der juristischen Ausdeutung des KollV, welche Abreden dem einen und welche dem anderen Teil zuzuordnen sind. Dabei ist nach den vom ArbVG getroffenen Ordnungsgesichtspunkten vorzugehen (vgl auch 11.5.1.2).

11.5.1.2 Normativer Teil

Während der schuldrechtliche Teil einfach ein Vertrag zwischen den Abschlussparteien ist, können im normativen Teil kraft Ermächtigung durch eine übergeordnete Rechtsquelle, insb durch § 2 Abs 2 ArbVG, Regelungen mit Normwirkung getroffen werden (zur BV vgl insb die §§ 96 ff ArbVG; dazu 12.3.1.2).

Daneben gibt es Ermächtigungstatbestände in speziellen G, zB dem AZG (zu den dort vorkommenden Zulassungsnormen vgl auch 10.4.2.3.2).

Normative Bestimmungen eines KollV schaffen objektives Recht. Sie sind als **G im materiellen Sinn** zu qualifizieren und wirken auf die Einzelarbeitsverhältnisse unmittelbar ein, ohne dass es zB einer Zustimmung der betroffenen AN oder AG bedarf.

Im normativen Teil gilt im Verhältnis zu nachgeordneten Rechtsquellen im Allgemeinen das **Günstigkeitsprinzip** (einseitig zwingende Wirkung zu Gunsten des AN), ausnahmsweise das **Ordnungsprinzip** (vgl allg 10.4.2.1, 10.4.2.2).

Der normative Teil ist nach den Regeln über die Gesetzesauslegung (§§ 6f ABGB) zu interpretieren, während der schuldrechtliche Teil der Vertragsauslegung (§§ 914f ABGB) unterliegt (vgl 11.2.3).

Im Folgenden sind wichtige Tatbestände, die den KollV zu normativen Regelungen ermächtigen, zu besprechen (vgl 11.5.1.2.1 - 11.5.1.2.5).

Es wird also die sog **Regelungsmacht des KollV** umrissen.

11.5.1.2.1 Inhaltsnormen

Der zentrale Ermächtigungstatbestand für den KollV ist § 2 Abs 2 Z 2 ArbVG, wonach die genannte Rechtsquelle zur Regelung der „gegenseitigen aus dem Arbeitsverhältnis entspringenden Rechte und Pflichten der AN und der AG" befugt ist.

Die damit bezeichneten „Inhaltsnormen" bzw „materiellen Arbeitsbedingungen" betreffen nicht alle Materien, die die Parteien eines Arbeitsvertrags vereinbaren könnten, vielmehr sind nur **jene Inhalte** erfasst, **die** nach der Verkehrsauffassung **typischerweise im Arbeitsvertrag** enthalten sind[11]).

Es geht nicht unbedingt um den „wesentlichen", sehr wohl aber um den „typischen" bzw „regelmäßig wiederkehrenden Inhalt" von Arbeitsverträgen. Dazu gehören zB Regelungen über Entgelte (vgl allg 5.), Entgeltfortzahlung (vgl 6.), Arbeitszeitfragen (vgl 4.4), Urlaub (vgl 8.2) oder über die Beendigung des Arbeitsverhältnisses (vgl 2.). Ebenso Inhaltsnormen sind die sog Verfallsklauseln (vgl allg 5.4.2). Kein typischer Inhalt des Arbeitsvertrags und damit kein Gegenstand normativer Rechtsetzung durch den KollV sind hingegen beispielsweise Regelungen über die Vergabe von Arbeitgeberdarlehen an AN.

Entscheidung 167: Doppelüberweisung

Eine kollektivvertragliche Regelung darf nicht so weit interpretiert werden, dass sie den in § 2 Abs 2 ArbVG vorgegebenen Regelungsbereich des KollV verlässt. Deshalb können Kondiktionsansprüche nicht einer kollektivvertraglichen Verfallsfrist unterliegen.

Wurde irrtümlich eine Abfertigung zweimal an den AN überwiesen, so besteht ein Rückforderungsanspruch des AG, wenn der AN an der

---

[11]) *Strasser* in *Strasser/Jabornegg/Resch* (Hrsg), Kommentar zum Arbeitsverfassungsgesetz (2002ff) § 2 Rz 30; OGH 28. 8. 1991, 9 ObA 115/91, DRdA 1992, 300 *(Resch)* = ZAS 1993, 61 *(Strasser);* weiter *Runggaldier,* Grenzen der Kollektivvertragsautonomie bei der Regelung des Entgelts (1995) 9ff; enger *Kietaibl,* Arbeitsrecht I^{8} 208f.

Rechtmäßigkeit des ausgezahlten Betrags objektiv beurteilt auch nur zweifeln musste[12]**).**

OGH 20. 10. 1981, 4 Ob 108/81, DRdA 1983, 178 (krit *Wachter*) = ZAS 1983, 101 *(Geppert)*

Im Einzelnen ist die Einordnung verschiedener spezieller Kollektivvertragsinhalte in § 2 Abs 2 Z 2 ArbVG schwierig:

a) Abschlussnormen

Aus der Formulierung des § 2 Abs 2 Z 2 ArbVG wird abgeleitet, dass der KollV im Allgemeinen **nicht** zur normativen Regelung von Fragen des Abschlusses von Arbeitsverträgen (sog **Abschlussnormen;** vgl schon 11.5.1.1) befugt ist. Dieser Begriff ist demnach als Gegensatzbegriff zu jenem der Inhaltsnormen aufzufassen.

Der KollV kann daher zB kein Schriftformerfordernis für den Arbeitsvertrag festlegen.

Eine Ausnahme wird hier nur für kollektivvertragliche Sozialpläne gem § 2 Abs 2 Z 4 ArbVG angenommen (vgl 11.5.1.2.3). Diese können beispielsweise mit normativer Kraft Wiedereinstellungsklauseln, dh Bestimmungen, die den AG im Falle von Neuaufnahmen zur Wiedereinstellung davor ausgeschiedener AN verpflichten, festlegen.

b) Organisationsklauseln

Abschlussnormen sind auch die sog Organisationsklauseln, die darauf abzielen, dass nur „organisierte AN", also Gewerkschaftsmitglieder, in einem Betrieb beschäftigt werden. Diese sind allerdings gem § 1 Abs 1 ATerrG **gesetzwidrig** und daher gem § 879 ABGB nichtig.

c) Differenzierungsklauseln

Eine ähnliche Tendenz haben die möglicherweise als Inhaltsnormen zu qualifizierenden Differenzierungsklauseln, die unterschiedliche Regelungen für Außenseiter (vgl allg 11.6.2) und Mitglieder der auf Arbeitnehmerseite agierenden Kollektivvertragspartei vorsehen. Derartige Normen stehen in einem **Spannungsverhältnis** zum Grundrecht auf (positive bzw insb negative) **Koalitionsfreiheit** gem Art 12 StGG, Art 11 EMRK (vgl allg 15.2.1) und zur gesetzlichen **Außenseiterwirkung** gem § 12 ArbVG und sind daher gem § 879 ABGB **nichtig.**

d) Einzelfallregelungen

Der KollV ist – wie auch die BV (vgl 12.3.2) – als kollektive Rechtsquelle des Arbeitsrechts von seinem Wesen her eine **generelle Norm.** Er darf daher

[12]) Zur hier angesprochenen Rückforderungssperre bei gutgläubigem Verbrauch von Überbezügen vgl 5.3.1.

keine Individualregelungen, dh konkret auf bestimmte AN oder AG abstellende Regelungen, enthalten.

Entscheidung 168: Gehaltstafel f

Sachverhalt: Die Kl ist im Warenhaus S der Bekl vom 2. 1. 1995 bis 31. 1. 1996 als Verkäuferin beschäftigt. Nach dem anzuwendenden KollV für die Handelsangestellten Österreichs ist sie im 10. Berufsjahr der Beschäftigungsgruppe 2 in der Gehaltstafel a eingestuft. Dieser KollV enthält eine gesonderte Gehaltstafel f, in der einzelne Warenhäuser namentlich aufgezählt sind, für die diese Gehaltstafel gilt. In der Gehaltstafel f ist taxativ neben einer Reihe anderer großer Kaufhäuser, Versandhäuser und Verbrauchermärkte auch das Warenhaus S genannt. Erst im KollV für die Handelsangestellten für das Jahr 1996 ist zwischen den Kollektivvertragsparteien vereinbart worden, dass die Gehaltstafel f für die darin taxativ aufgezählten Warenhäuser nur für jene Handelsangestellten zwingend anwendbar ist, die vor dem 1. 1. 1996 in eines der darin aufgezählten Unternehmen eingetreten sind. Für neu eintretende Handelsangestellte besteht seit 1. 1. 1996 die Möglichkeit, diese nach der Gehaltstafel a zu entlohnen. Der Differenzbetrag zwischen dem der Kl ausgezahlten Bruttogehalt und dem Bruttogehalt der Gehaltstafel f beträgt S 6.065,73. Die Kl begehrt diese Differenz.

Leitsätze: Die Geltungsbereichsfestsetzung durch die Gehaltstafel f auf einzelne namentlich genannte Unternehmen verstößt nicht gegen gesetzliche Bestimmungen über den KollV, die eine solche Regelung unter der Voraussetzung, dass der AG einem kollektivvertragsfähigen Verband der AG angehört, nicht verbieten.

Die gesellschafts- und sozialpolitische Zielsetzung des Normengebers bei der Gehaltstafel f ist schon durch die Herausnahme von Warenhäusern unter Anführung bestimmter großer allgemein bekannter Waren- und Kaufhäuser offenkundig. Es sollte eine Differenzierung nach Leistungsfähigkeit und Größe vorgenommen werden, die es gestattet, höhere Arbeitgeberleistungen für Arbeitsverhältnisse bei diesen Waren- und Kaufhäusern aufzuerlegen und die Gestaltungsmacht der AG bezüglich der Lohnvereinbarungen in eine bestimmte Richtung zu fixieren. Daher ist eine sachliche Rechtfertigung nicht zu bestreiten. Die namentliche Aufzählung von bestimmten Warenhäusern ist grundsätzlich kein ungeeignetes Mittel zur Differenzierung.

OGH 8. 7. 1998, 9 ObA 125/98f, DRdA 1999, 273 *(Firlei)* = ZAS 1999, 143 *(Aigner)*

Die gegenständliche Regelung wurde somit weniger vom Höchstgericht als vielmehr von den Sozialpartnern als problematisch erkannt und zum Auslaufen gebracht.

e) Istlohnklauseln

An sich ist es Aufgabe des KollV, einseitig zwingende **Mindestentgelte** festzulegen und diese in gewissen Zeitabständen zu erhöhen. Die Abschlusspartei auf Arbeitnehmerseite vertritt jedoch nicht nur AN, die den kollektivvertraglichen Mindestlohn erhalten, sondern auch AN, die in ihren Arbeitsverträgen im Verhältnis dazu höhere Entgeltvereinbarungen getroffen haben. Es hat sich daher in der kollektivvertraglichen Praxis das Phänomen der Istlohnklausel herausgebildet, mit der die Abschlussparteien im Zuge der Neufassung des KollV nicht die Mindestlöhne, sondern die **höheren, zwischen AN und AG individuell vereinbarten Istlöhne anheben** wollen.

Istlohnklauseln können **verschieden konzipiert** sein. Ziel der Klauseln ist es immer, das sog **Aufsaugen** der arbeitsvertraglichen Überzahlungen infolge der Anhebung der kollektivvertraglichen Mindestlöhne **zu vermeiden.** Werden zB die Istlöhne um den **gleichen Prozentsatz** erhöht wie die Mindestlöhne, so wird eine Aufsaugung der Überzahlungen völlig hintan gehalten. Werden hingegen die Istlöhne im Zuge einer Entgelterhöhung nur in ihrer **betragsmäßigen Höhe** gegenüber den Mindestentgelten aufrechterhalten, so kommt es zu einer teilweisen Aufsaugung.

Istlohnklauseln werfen rechtsquellentheoretisch erhebliche Probleme auf, weil der KollV nicht wie üblich Mindestarbeitsbedingungen normiert, sondern direkt auf einzelvertragliche Besserstellungen zugreift. Zu unterscheiden sind qualifizierte und schlichte Istlohnklauseln:

- Durch eine **qualifizierte Istlohnklausel** soll auf die über dem kollektivvertraglichen Mindestlohn liegenden, tatsächlich bezahlten individuellen Entgelte so eingewirkt werden, dass diese um einen bestimmten Betrag erhöht als neue Mindestentgelte statuiert werden.

  Es entstehen damit, weil verschiedene AN verschieden hohe Überzahlungen haben werden, viele unterschiedlich hohe Mindestentgelte.

  Die Schaffung qualifizierter Istlohnklauseln ist mE **durch das ArbVG nicht** von vornherein **ausgeschlossen**[13]). Derartige Strategien werden jedoch von den Kollektivvertragsparteien kaum jemals gewollt sein.

- In aller Regel werden die Sozialpartner sog **schlichte Istlohnklauseln** schaffen, das sind Istlohnklauseln, mit der die bestehenden Überzahlungen in einer juristischen Sekunde mit zwingender Wirkung angehoben werden und im Weiteren wieder bis zum kollektivvertraglichen Mindestlohn abdingbar sind. Auch diese Konzeption ist zulässig und widerstreitet nicht dem ArbVG[14]).

  Eine rein dispositive Wirkung von Istlohnklauseln – dies würde die Möglichkeit schrankenloser Vorwegabdingung jeglicher Istlohnerhöhung bedeuten – ist nicht anzunehmen, wenngleich sich der KollV in gewissen Grenzen auch dispositive Wirkung zulegen könnte (vgl 10.4.2.3).

---

[13]) So auch *Strasser/Jabornegg,* Arbeitsrecht II[4] 145; aA *Löschnigg,* Arbeitsrecht[12] 128.

[14]) So *Strasser/Jabornegg,* Arbeitsrecht II[4] 145; generell gegen die Zulässigkeit von Istlohnklauseln *Marhold/Friedrich,* Arbeitsrecht[2] 468 ff; *Kietaibl,* Arbeitsrecht I[8] 216 ff.

Entscheidung 169: Vorwegabdingung der Istlohnerhöhung

Sachverhalt: Die Kl ist bei der Bekl vom 18. 7. 1994 bis 31. 5. 1997 als Handelsangestellte mit einer 20-Stundenwoche und einem Bruttomonatsgehalt von S 9.850,– beschäftigt. Auf das Arbeitsverhältnis ist der KollV für die Handelsangestellten anzuwenden. Zu Beginn des Arbeitsverhältnisses wird vereinbart, die über den Mindestlohn hinaus geleistete Überzahlung (S 9.850,– brutto monatlich gegenüber einem Mindestlohn von S 7.098,– brutto monatlich) auf künftige Erhöhungen des Istlohnes zur Anrechnung zu bringen.

Der KollV sieht in den ab dem 1. 1. 1995, 1. 1. 1996 und 1. 1. 1997 geltenden Fassungen jeweils in lit g der Gehaltsordnung vor, dass die am 31. 12. des einzelnen Jahres bestehenden Überzahlungen der kollektivvertraglichen Mindestgehälter in ihrer schillingmäßigen Höhe gegenüber den ab 1. 1. erhöhten kollektivvertraglichen Mindestgehältern aufrecht zu erhalten sind. Die Kl begehrt restliches Gehalt mit der Begründung, die Bekl habe kollektivvertragliche Erhöhungen des Istlohnes nicht berücksichtigt.

Leitsätze: Ein Vorwegverzicht auf die Istlohnerhöhung kann nur soweit gültig sein, als er für den AN günstiger ist. Dass grundsätzlich ausreichende Bestimmbarkeit gefordert werden muss, ergibt sich schon daraus, dass andernfalls ein Günstigkeitsvergleich gar nicht angestellt werden könnte.

Wird bereits bei Abschluss des Arbeitsvertrags, der eine überkollektivvertragliche Entlohnung von ca 40% vorsieht, vereinbart, dass der überkollektivvertragliche Entlohnungsteil auf allfällige kollektivvertragliche Erhöhungen angerechnet werden soll, so stellt eine solche Lohnvereinbarung gesamt betrachtet keinen Verzicht auf die zwingend zu gewährende Istlohnerhöhung dar, sondern in Wahrheit eine vom AG bei Vertragsabschluss freiwillig vorweg gewährte Lohnerhöhung, die sich stufenweise in den gesetzlichen Mindestlohn einschleifen soll.

Der privatautonomen Vereinbarung einer völlig unbeschränkten Anrechnungsklausel sind aber zeitliche Grenzen gesetzt. Bei einem erheblich über dem Mindestlohn liegenden Entgelt erscheint die vorweggenommene privatautonome Vereinbarung der Einrechnung auch mehr als nur einer Istlohnerhöhung, wie etwa die Vorwegnahme der nächsten zwei bis drei Istlohnerhöhungen, zulässig.

OGH 18. 5. 1999, 8 ObA 173/98 v, ZAS 1999, 168 *(Aigner)*

Das Höchstgericht hält somit eine beschränkte Vorwegabdingung der Istlohnerhöhung bei relativ hoher Überzahlung für möglich, woraus folgt, dass die Istlohnerhöhung davon abgesehen als zwingend angesehen wird.

f) Verweisungsnormen

Unter Verweisungsnormen werden Bestimmungen in KollV verstanden, durch die **auf andere Normen bzw deren Inhalte** verwiesen wird.

Hier ist im Bereich der kollektiven Rechtsquellen des Arbeitsrechts (vgl auch 12.3.1.2.1 b) ähnlich vorzugehen wie im Verfassungsrecht. Demnach sind **dynamische Verweisungen** des KollV auf **andere** Normen unzulässig, da dadurch die inhaltliche Bestimmung des KollV den Abschlussparteien entzogen wird und eine derartige Übertragung der Normsetzungsbefugnisse im ArbVG nicht vorgesehen ist. **Statische Verweisungen** können nur dann anerkannt werden, wenn die Publizität der verwiesenen Norm in gleicher Weise gewährleistet ist wie jene des KollV selbst.

g) Schiedsgerichtsklauseln

Echte Schiedsgerichtsklauseln in KollV, welche die **Entscheidung von Streitigkeiten aus dem Arbeitsverhältnis** an ein **Schiedsgericht** übertragen, sind als solche ungültig, weil § 583 ZPO einen **schriftlichen Schiedsvertrag** bzw den **Austausch entsprechender Schreiben,** E-Mails udgl **zwischen den potenziellen Streitparteien** (vgl Abs 1 leg cit) oder eine in dieser Form erfolgende **vertragliche Bezugnahme** der Parteien **auf eine Schiedsvereinbarung** (vgl Abs 2 leg cit) voraussetzt.

Außerdem sind Schiedsgerichtsklauseln bezüglich Streitigkeiten über Angelegenheiten des individuellen Arbeitsrechts nach § 9 Abs 2 ASGG grundsätzlich nur zulässig, wenn die **Streitigkeit bereits entstanden** ist (vgl weiters § 618 iVm § 617 Abs 2 – 8, 10, 11 ZPO). Eine echte Schiedsgerichtsklausel im KollV scheidet somit auch unter diesem Aspekt aus.

h) Schlichtungsklauseln

Schlichtungsklauseln, das sind Klauseln, welche die **Anrufung eines ordentlichen Gerichts erst nach Durchführung eines Schlichtungsverfahrens** zulassen, wirken im Allgemeinen (s aber E 170) normativ.

Bei Nichteinleitung des Schlichtungsverfahrens begründen sie den materiellrechtlichen Einwand der mangelnden Klagbarkeit des Anspruchs.

Entscheidung 170: Objektivität der Schlichtungsstelle

Eine Schlichtungsklausel im KollV ist unwirksam, wenn ihre Regelung zu unbestimmt erscheint und überdies eine die Objektivität der Schlichtungsstelle gewährleistende Zusammensetzung nicht gegeben ist.

OGH 10. 5. 1983, 4 Ob 42/83, DRdA 1984, 334 *(Binder)* = ZAS 1984, 231 *(Rummel)*

11.5.1.2.2 Normen bezüglich ausgeschiedener AN

Während des aufrechten Arbeitsverhältnisses können sowohl die Kollektivvertragsparteien (§ 2 Abs 2 Z 2 ArbVG; Inhaltsnormen) als auch die Betriebspartner (vgl insb § 97 Abs 1 Z 18 – 18b ArbVG) und die Arbeitsvertragsparteien Ansprüche des AN festlegen, die erst nach dem Ausscheiden aus dem Arbeitsverhältnis schlagend werden.

Regelmäßig geht es in diesem Zusammenhang um Betriebspensionsleistungen (vgl allg 5.1.5).

Ist der AN tatsächlich aus dem Arbeitsverhältnis ausgeschieden, so ist eine ihm gegenüber bestehende Regelungsbefugnis kollektiver Rechtsquellen des Arbeitsrechts alles andere als einleuchtend, hat er doch durch den Wegfall der Arbeitnehmereigenschaft den subjektiven Geltungsbereich dieser Normen verlassen. Im Kollektivvertragsrecht gibt es allerdings einen besonderen Tatbestand, der eine Regelungsbefugnis des KollV bezüglich der Ansprüche von bereits ausgeschiedenen AN festlegt. Gem § 2 Abs 2 Z 3 ArbVG ist es dem KollV möglich, die **Änderung kollektivvertraglicher Rechtsansprüche** gem § 2 Abs 2 Z 2 ArbVG **der** aus dem Arbeitsverhältnis **ausgeschiedenen AN** zu regeln.

Der KollV kann damit beispielsweise einen Anspruch wegnehmen, den er selbst zugestanden hat. Er kann aber keineswegs in einzelvertragliche Ansprüche von AN eingreifen.

Bei Eingriffen in Betriebspensionssysteme haben die Kollektivvertagsparteien den Vertrauensschutz zu beachten (dazu genauer 12.3.1.2.2).

Fall 62: Verbitterte Senioren

Dem AN Martin wurde vom BI zu einer Zeit, als noch kein diesbezüglicher KollV existierte, ab Pensionseintritt eine Zuschusspension in der Höhe von € 90,– pro Monat zugestanden. Ein Jahr später kommen auch Niclas und Otto in den Genuss einer Zuschusspension, die jetzt kollektivvertraglich geregelt ist, jedoch nur in der Höhe von € 60,–. N erhält darüber hinaus einen weiteren Betrag von € 50,–, da er einmal teure Werksanlagen unter Einsatz seines Lebens gerettet hat.

15 Jahre später werden die Betriebspensionen durch einen neuen KollV mit Ordnungsprinzip abgeschafft. Da die drei verbitterten nunmehrigen Pensionisten nichts mehr erhalten, wollen sie sich wehren. Wie ist die Rechtslage?

Normen betreffend ausgeschiedener AN können auch in Sozialplänen insb im Zusammenhang mit sog Wiedereinstellungsklauseln (vgl 11.5.1.2.1 a) enthalten sein.

11.5.1.2.3 Sozialplannormen

Durch § 2 Abs 2 Z 4 ArbVG wird dem KollV die Befugnis eingeräumt, „Maßnahmen iSd § 97 Abs 1 Z 4 ArbVG“ mit normativer Wirkung festzulegen.

Nach der genannten Bestimmung iVm § 109 Abs 3 ArbVG können Maßnahmen zur Verhinderung, Beseitigung oder Milderung der für die AN wesentlich nachteiligen Folgen einer Betriebsänderung durch BV geregelt werden (vgl allg 12.3.1.2.3, 12.6.2).

Unter den Voraussetzungen des § 109 Abs 3 ArbVG steht demnach auch dem KollV eine Regelungsbefugnis in Bezug auf Sozialpläne zu. Da sich der KollV häufig auf Branchen bezieht, können durch diesen sowohl präventiv als auch anlassfallbezogen Sozialpläne erlassen werden.

11.5.1.2.4 Betriebsverfassungsrechtliche Normen

Die Betriebsverfassung (vgl allg 13.) ist gesetzlich abschließend und zweiseitig zwingend geregelt. Dies betrifft sowohl die Organisation als auch die Mitbestimmungsrechte der Belegschaft[15]).

Ausnahmsweise ermöglicht es § 2 Abs 2 Z 5 ArbVG dem KollV, betriebsverfassungsrechtliche Normen zu schaffen. Demnach können durch KollV Art und Umfang der Mitwirkungsbefugnisse der Arbeitnehmerschaft bei der Durchführung von Sozialplanmaßnahmen und von Maßnahmen zur menschengerechten Arbeitsgestaltung (§ 97 Abs 1 Z 9 ArbVG) geregelt werden.

Fall 63: Zustimmungsrecht[16])

Ein KollV sieht vor, dass der AG eine Kündigung von AN bei sonstiger Nichtigkeit nur nach vorheriger Zustimmung des BR aussprechen darf.

Paul wird nach Abführung des Vorverfahrens gem § 105 ArbVG ohne Zustimmung des BR gekündigt. P begehrt Entgelt über den Ablauf der Kündigungszeit hinaus. Wie ist die Rechtslage?

Von der Frage der Ausdehnung von Mitwirkungsrechten der Belegschaft durch Kollektivvertragsrecht ist die Befugnis des KollV zu unterscheiden, nach § 29 ArbVG die eigene Rechtsetzungsbefugnis an die BV zu delegieren. Diese Zuerkennung zusätzlicher Befugnisse an die Belegschaft ist gesetzlich vorgesehen, es kommt allerdings nur eine Delegation an die fakultative BV in Betracht (vgl allg 12.1.4).

11.5.1.2.5 Institutionsnormen

Gem § 2 Abs 2 Z 6 ArbVG können im KollV auch gemeinsame Einrichtungen der Kollektivvertragsparteien geregelt werden. Es wird sich in diesem Zusammenhang häufig um bloß dem schuldrechtlichen Teil des KollV (vgl 11.5.1.1) angehörende Regelungen handeln. Aus § 2 Abs 2 Z 6 ArbVG ist aber auch abzuleiten, dass gemeinsame Einrichtungen nicht nur für die Kollektivvertragspartner verbindlich sein können, sondern dass sie auch im Verhältnis zu den kollektivvertragsunterworfenen AG und AN unmittelbare Wirkung zu entfalten vermögen.

Praktische Bedeutung kann diese Normenkategorie zB im Zusammenhang mit der Einrichtung sog **Arbeitsstiftungen** haben (vgl § 18 Abs 6 AlVG). Werden hier per normativ wirksamem KollV subjektive Ansprüche an AN gewährt, so können diese unmittelbar einen Rechtsanspruch aus dem KollV geltend machen.

---

[15]) Vgl *Jabornegg*, Absolut zwingendes Arbeitsverfassungsrecht, FS Strasser (1983) 374.

[16]) Vgl zum Thema am Beispiel der BV auch 12.3.1.2.5 E 178.

11.5.2 Geltungsbereich

Was den Geltungsbereich des jeweiligen KollV betrifft, so wird im Einleitungssatz des § 8 ArbVG in einem Einschub der Vorrang einer autonomen Entscheidung des KollV über den ihm angehörenden Personenkreis betont und im Weiteren vom räumlichen, fachlichen und persönlichen Geltungsbereich gesprochen. Aus dieser sprachlichen Gestaltung ist abzuleiten, dass der Gesetzgeber im Kollektivvertragsrecht **zwei Ebenen der Bestimmung des Geltungsbereichs** eines KollV im Auge hat: Es gibt vorerst **„objektive"**, aus den abschließenden Personen bzw deren Zuständigkeit und sonstigen „systemimmanenten Grenzen" resultierende Geltungsbereichsschranken in insb örtlicher, sachlicher und subjektiver Hinsicht, die dann relevant werden, wenn sich aus dem jeweiligen KollV nichts anderes ergibt. Dem KollV steht es sohin offen, seine Geltung nach den genannten und auch nach anderen Gesichtspunkten differenziert zu gestalten, also im Verhältnis zum an sich anzunehmenden Anwendungsbereich **„autonom"** einzuschränken (zu den entsprechenden Überlegungen bei der BV vgl 12.3.2).

Eine **objektive Schranke** in **räumlicher** und damit verbunden **persönlicher** Hinsicht zeigt sich zB dann, wenn ein KollV von einer Fachgruppe der Wirtschaftskammer Kärnten geschlossen wird. Dieser kann normative Geltung nur im Zuständigkeitsbereich der abschließenden Fachgruppe, also im Bereich jener AG, die Kärntner „Landesmitglieder" sind, entfalten. Geht er darüber hinaus, ist er insoweit rechtsunwirksam.

Was die **autonome Bestimmung** des Geltungsbereichs betrifft, sind diverse Facetten zu unterscheiden: Weniger problematisch ist der **räumliche** Aspekt.

Ein KollV muss auch bei an sich gegebener Kompetenz nicht für ganz Österreich gelten, sondern kann sich zB auf ein Bundesland oder einen Bezirk beschränken.

Fachliche Geltungsbereichsbestimmungen ziehen die Grenze der Anwendbarkeit des KollV nach verschiedenen Arten der bei den kollektivvertragsangehörigen AG ausgeübten Tätigkeiten.

Es kommt beispielsweise vor, dass ein Arbeitgeberverband nur für Ausschnitte seines Zuständigkeitsbereichs abschließt – der Fachverband der Nahrungs- und Genussmittelindustrie etwa einen KollV für Brauereien –, weiters kann auch auf Arbeitnehmerseite nach der Tätigkeit eingeschränkt werden, zB auf technische oder kaufmännische Angestellte.

In **zeitlicher** Hinsicht ist insb zwischen auf unbestimmte Zeit und befristet abgeschlossenen KollV zu unterscheiden.

In beiden Fällen kommt es nach Außerkrafttreten des KollV infolge Kündigung, Ablauf der Befristung oder jeder anderen Art der Beendigung zur Nachwirkung (vgl 11.5.3.1).

Weiters relevant sind Bestimmungen betreffend den **persönlichen** Geltungsbereich des KollV, und zwar jene, die den Kreis der erfassten AN umschreiben, und jene, die die Anwendbarkeit des KollV auf bestimmte AG, im Extremfall auf nur ein Mitglied der abschließenden Institution (sog **unechter FirmenKollV**), beschränken.

Beispiel: Der KollV für das Bordpersonal der Austrian Airlines AG und ihrer Tochtergesellschaften ist von der Unterorganisation der Wirtschaftskammer und dem ÖGB geschlossen. Im persönlichen Geltungsbereich beschränkt gilt er nicht für andere Luftfahrtunternehmen.

Beim unechten FirmenKollV sind dogmatische Zweifel insofern angebracht, als er wohl eine Individualregelung darstellt und damit das Wesen der kollektiven Rechtsquelle als generelle Norm nur unvollständig, nämlich in Bezug auf die Arbeitnehmerseite, zum Ausdruck bringt (vgl 11.5.1.2.1 d).

11.5.3 Geltungsdauer

Enthält der KollV keine Regelungen über den **Beginn** seiner Geltung, so beginnt die schuldrechtliche Bindung nach allgemeinen zivilrechtlichen Grundsätzen, dh prinzipiell zeitgleich mit dem Abschluss, zu laufen, während der normative Bereich mit dem auf die Kundmachung im „Amtsblatt zur Wiener Zeitung" folgenden Tag in Kraft tritt.

Der KollV zieht ein auf Dauer angelegtes Rechtsverhältnis nach sich und muss daher durch einen eigenen Akt beendet werden. Hierfür kommen die **einvernehmliche Lösung** durch die Vertragsparteien, die **vorzeitige Lösung aus wichtigem Grund** sowie der **Zeitablauf** bei Vereinbarung einer Befristungs- oder Bedingungsklausel in Betracht.

Im G genauer geregelt ist die **Kündigung** des unbefristet abgeschlossenen KollV (vgl § 17 ArbVG). Enthält der KollV keine Regelung über die Kündigung, so statuieren die gesetzlichen Vorschriften Unkündbarkeit für ein Jahr, beginnend mit dem Tag des Wirksamwerdens des normativen Teiles. Nach Ablauf dieser Zeit kann unter Einhaltung einer dreimonatigen Frist zum Letzten eines Kalendermonats mittels eingeschriebenen Briefs gekündigt werden.

Ist im KollV eine Kündigungsregelung vorgesehen, so ist zwar kein eingeschriebener Brief, wohl aber – wie beim Abschluss des KollV – Schriftlichkeit erforderlich.

Zum Erlöschen des KollV kommt es auch durch **Verlust der Kollektivvertragsfähigkeit** (vgl allg 11.4).

Wird einer freiwilligen Berufsvereinigung oder einem Verein gem § 5 Abs 3 ArbVG die Kollektivvertragsfähigkeit vom Bundeseinigungsamt aberkannt, so erlöschen deren KollV mit dem Tag, an dem die Aberkennung im „Amtsblatt zur Wiener Zeitung" kundgemacht wird (§ 17 Abs 3 Satz 1 ArbVG). Verliert eine juristische Person des öffentlichen Rechts ihre Kollektivvertragsfähigkeit dadurch, dass sie Mitglied einer kollektivvertragsfähigen Körperschaft der AG wird, so fehlt eine gesetzliche Regelung über das rechtliche Schicksal ihrer KollV. § 17 Abs 3 ArbVG ist jedoch analog anzuwenden: Die KollV erlöschen somit für die betroffenen AN mit dem Tag, an dem die Mitgliedschaft wirksam wird[17]) (zum Verlust der Kollektivvertragsfähigkeit einer gesetzlichen Interessenvertretung bei Abschluss eines KollV durch eine freiwillige Berufsvereinigung vgl 11.4.3).

[17]) *Löschnigg*, Arbeitsrecht^{12} 137.

11.5.3.1 Nachwirkung

Erlischt ein KollV (vgl 11.5.3), so bleiben seine **Rechtswirkungen für** unmittelbar vor seinem Erlöschen von ihm **erfasste Arbeitsverhältnisse** so lange aufrecht, als für diese Arbeitsverhältnisse nicht ein **neuer KollV** wirksam oder mit den betroffenen AN nicht eine **neue Einzelvereinbarung** abgeschlossen wird (sog Nachwirkung; § 13 ArbVG).

Nachwirkung bedeutet somit ein gleichsam dispositives Weiterbestehen der an sich erloschenen kollektiven Rechtsquelle.

Die Nachwirkung des KollV besteht bei jeder Art der Lösung desselben (zur im Verhältnis dazu weniger weitreichenden Nachwirkungsregelung bei der BV vgl 12.3.2.1).

Neben einem neuen Arbeitsvertrag hebt auch **eine neue regelungszuständige BV** die Nachwirkung auf.

Die die Nachwirkung aufhebenden Rechtsquellen können aus der Sicht des AN **ungünstigere Regelungen** beinhalten als der nachwirkende KollV.

11.6 Kollektivvertragsunterworfenheit

Kollektivvertragsunterworfen sind jene AN und AG, für die der KollV als Norm anzuwenden ist. Die Kollektivvertragsunterworfenheit kann in die Kollektivvertragsangehörigkeit (vgl 11.6.1) und die Außenseiterwirkung (vgl 11.6.2) unterteilt werden.

11.6.1 Kollektivvertragsangehörigkeit

Die grundlegende Regelung zum Thema ist § 8 Z 1 ArbVG. Kollektivvertragsangehörig sind demgemäß nach Maßgabe der Geltungsbereichsregelungen des KollV (vgl 11.5.2) die AG und AN, die zur Zeit des Abschlusses des KollV **Mitglieder der am KollV beteiligten Parteien** waren oder dies später werden.

Diese Anordnung stellt auf die **Mitgliedschaft** bei den am KollV beteiligten Parteien ab, wobei diesbezüglich ein gewisses **zeitliches Erfordernis** zu erfüllen ist: Ausgehend vom Zeitpunkt seines Abschlusses gehören dem KollV AG an, die in diesem Zeitpunkt **Mitglieder** des abschließenden Verbandes **sind,** dazu kommen AG, die **später** Mitglied **werden.** Der so erfasste AG bleibt kollektivvertragsangehörig, wenn er die **Mitgliedschaft im Weiteren aufgibt** oder sonst verliert, und zwar so lange, bis er aus dem Geltungsbereich des KollV – bestimmt durch die einschlägigen Vorschriften nicht subjektiver Art (vgl auch 11.5.2) – ausscheidet bzw einer anderen über einen KollV verfügenden kollektivvertragsfähigen Person angehört[18]) oder selbst eine solche Person wird.

Zu beachten ist, dass der ausgeschiedene AG die weitere Entwicklung im Bereich dieses KollV nicht mitmacht, die **Inhalte des KollV** also für ihn (und seine AN) quasi **„eingefroren“** werden[19]).

[18]) Vgl OGH 4. 11. 1980, 4 Ob 138/80, DRdA 1981, 252 = Arb 9914.

[19]) *Holzer,* Kollektivvertragsunterworfenheit des Arbeitgebers bei Verbandsaustritt und bei Betriebsübergang, FS Schnorr (1988) 126f.

Aus der Praxis: Wegen der Außenseiterwirkung auf Arbeitnehmerseite (vgl 11.6.2) hängt die Frage der Anwendbarkeit eines bestimmten KollV meistens von der Mitgliedschaft des AG zu einer Arbeitgeberorganisation ab. Es ist also häufig zu fragen, welcher Unterorganisation der Wirtschaftskammer – diese schließt in Österreich auf Arbeitgeberseite idR die KollV ab – der AG angehört. Die Wirtschaftskammer hat bei ihrer Zuordnung einzelner Unternehmer zu Fachverbänden und sonstigen Unterorganisationen von der gewerberechtlichen Situation auszugehen. Von dieser erfährt man wiederum ua durch einen Blick ins Firmenbuch, welcher dann den Rückschluss auf die Kollektivvertragsangehörigkeit zulässt.

Neben § 8 Z 1 ArbVG gibt es noch **weitere Ansatzpunkte** für eine Kollektivvertragsangehörigkeit des AG:

- Dem **Betriebsübergangsproblem** gewidmet ist § 8 Z 2 ArbVG, wonach nach Maßgabe der Anwendungsbereichsanordnungen des KollV diesem jene AG angehören, auf die der Betrieb oder ein Teil des Betriebs eines der in § 8 Z 1 ArbVG bezeichneten AG übergeht (zum Schicksal des KollV bei Betriebsübergang vgl allg 14.6).
- Weiters von Belang ist § 8 Z 3 ArbVG, der AG betrifft, die im Rahmen eines **verbundenen Gewerbes** tätig sind und **fachübergreifende Leistungen** erbringen. Diese AG gehören auch den KollV in den ausgeübten Wirtschaftsbereichen an, in denen keine Kollektivvertragsbindung gem § 8 Z 1 oder Z 2 ArbVG besteht.
- Ein besonderer Fall von Kollektivvertragsangehörigkeit ergibt sich aus § 2 Abs 13 GewO. Demnach haben Kollektivvertragsnormen, die für Arbeitsverhältnisse zu AG gelten, welche ihre Tätigkeiten auf Grund von Gewerbeberechtigungen ausüben, auch für Arbeitsverhältnisse zu solchen **AG** Geltung, **die** diese **Tätigkeiten ohne die erforderliche Gewerbeberechtigung betreiben.**

Für diese Bestimmung macht es keinen Unterschied, ob der **AG** hinsichtlich seiner Tätigkeit eine **nicht einschlägige** oder **gar keine Gewerbeberechtigung** hat[20]). Betreibt ein AG ein Gewerbe berechtigterweise und zusätzlich ein anderes ohne gewerberechtliche Deckung, so ist für den letzteren Bereich § 2 Abs 13 GewO heranzuziehen. Im Weiteren ist anhand der Kollisionsregeln der §§ 9f ArbVG vorzugehen (vgl 11.7).

11.6.2 Außenseiterwirkung

Eine Besonderheit des österreichischen Arbeitsrechts ist die **gesetzliche Außenseiterwirkung auf Arbeitnehmerseite:** Die Rechtswirkungen des KollV treten nämlich auch für AN eines kollektivvertragsangehörigen AG ein, die nicht Mitglied der abschließenden Arbeitnehmerorganisation sind (§ 12 Abs 1 ArbVG).

Ein KollV des ÖGB gilt daher auch für AN, die der Gewerkschaft – diese ist rechtlich gesehen ein Verein (vgl 11.4.2.1) – nicht beigetreten sind.

---

[20]) OGH 14. 5. 1997, 9 ObA 131/97y, DRdA 1998, 110 *(Resch)* = ZAS 1998, 117 *(Andexlinger).*

Die Außenseiterwirkung wird gem § 12 Abs 2 ArbVG durch einen späteren KollV für dessen Geltungsbereich aufgehoben.

Fall 64: Außenseiterkollision[21])

Im Zuge der Einstellung eines AN in eine Apotheke kommt es zu Differenzen bezüglich der Höhe des Entgelts. Der Grund dafür liegt darin, dass die Apothekerkammer als gesetzliche Interessenvertretung der AG sowohl mit dem ÖGB als auch mit dem VAAÖ einen KollV abgeschlossen hat. Der früher abgeschlossene KollV mit dem VAAÖ sieht als Anfangsgehalt einen um € 50,– höheren Betrag vor als der KollV des ÖGB. Der AN gehört keiner der beiden freiwilligen Berufsvereinigungen an. Welcher KollV gilt?

Variante: *Ein Jahr später wird der KollV des VAAÖ gekündigt und tritt nach Ablauf der Kündigungsfrist außer Kraft. Welche Konsequenzen sind damit verbunden?*

Auf **Arbeitgeberseite** gibt es **keine Außenseiterwirkung.** Ist daher ein AG nicht über die Mitgliedschaft mit der kollektivvertragsschließenden Arbeitgeberorganisation verbunden (§ 8 Z 1 ArbVG) oder durch Sonderregelungen einbezogen (vgl 11.6.1), so gilt der entsprechende KollV nicht. Als Ersatz für die fehlende Außenseiterwirkung auf Arbeitgeberseite ist das Rechtsinstitut der Satzung anzusehen (vgl 11.8.1).

Fall 65: Innendienst

Der Kl ist seit 26. 11. 1956 Angestellter der bekl GmbH, einer Versicherungsmaklerfirma. Die Bekl kündigt am 22. 6. 1983 sein Arbeitsverhältnis zum 31. 12. 1983 auf. Anlässlich der Auflösung des Arbeitsverhältnisses erhält der Kl eine Abfertigung in der Höhe eines Jahresgehalts. Mit der Behauptung, dass er nach dem KollV für Angestellte des Innendienstes der Versicherungsunternehmen Anspruch auf eine Abfertigung im Ausmaß von zwei Jahresgehältern habe, begehrt der Kl von der Bekl weitere S 423.000,–. Der genannte KollV ist zwischen dem ÖGB und dem Verband der Versicherungsunternehmen Österreichs abgeschlossen, welchem die Bekl nicht angehört. Wie ist die Rechtslage?

(Nach OGH 10. 9. 1985, 4 Ob 96/85, infas 1986 A 51)

11.7 Kollektivvertragskollision

Auf ein Arbeitsverhältnis kann immer nur ein KollV angewendet werden. Kommen mehrere KollV in Betracht, so sind die **Kollisionsregeln** der §§ 9f ArbVG heranzuziehen:

---

21) Vgl auch *Löschnigg*, Arbeitsrecht[12] 122.

§ 9 ArbVG beschäftigt sich mit der **Mehrfachkollektivvertragsangehörigkeit des AG.**

Eine solche entsteht dadurch, dass der AG Mitglied bei mehreren kollektivvertragsschließenden Institutionen, zB auf Grund mehrerer Gewerbeberechtigungen bei verschiedenen Unterorganisationen der Wirtschaftskammer, ist.

Nach § 9 ArbVG kommt es in manchen Fällen dazu, dass für einen AG nicht bloß – wie im Normalfall – einer, sondern mehrere KollV für Arbeiter einerseits und für Angestellte andererseits gelten. Für einen AN kann immer nur ein KollV angewendet werden.

- Verfügt ein mehrfach kollektivvertragsangehöriger AG über **zwei oder mehrere Betriebe,** so findet gem § 9 Abs 1 ArbVG auf die AN der jeweilige dem Betrieb in fachlicher und örtlicher Beziehung entsprechende KollV Anwendung.
- Dasselbe gilt nach § 9 Abs 2 ArbVG, wenn es sich um **Haupt- und Nebenbetriebe** oder um **organisatorisch und fachlich abgegrenzte Betriebsabteilungen** handelt.

Beispiel: Die Stadtwerke AG einer Großstadt beschäftigt sich mit der Energieversorgung, mit dem Betreiben von Buslinien usw.
Bei diesem in vielen Bereichen tätigen AG können diverse Branchen-KollV zur Anwendung kommen. Das bedeutet, dass zB der Schlosser im Elektrizitätswerk einem anderen KollV unterliegt als der Schlosser bei den Buslinien.

Fall 66: Verkehrsbetriebe statt Elektrizitätswerk[22])

Ein AN, der bislang im Elektrizitätswerk des AG, in dem der EVU-KollV gilt, beschäftigt war, wird zu den Verkehrsbetrieben (KollV für Autobuslinien) versetzt, weil seine Abteilung aufgelöst wird. Er beharrt auf der Behandlung nach seinem bisherigen, für ihn viel günstigeren KollV. Wie ist die Rechtslage?

- Liegt eine derartige Trennung in Haupt- und Nebenbetriebe oder Abgrenzung in Betriebsabteilungen nicht vor (sog **Mischbetrieb**), so findet gem § 9 Abs 3 ArbVG jener **KollV** Anwendung, welcher für den **fachlichen Wirtschaftsbereich** gilt, der **für den Betrieb maßgebliche wirtschaftliche Bedeutung** hat.

  Es geht hier um die maßgebliche wirtschaftliche Bedeutung auf **Betriebsebene,** nicht auf Branchenebene (s aber unten).
  Durch fakultative BV (§ 97 Abs 1 Z 23 ArbVG; vgl 12.4.4) kann – allerdings nur klarstellend (zB in Zweifelsfällen) und nicht entgegen der tatsächlichen Situation – festgestellt werden, welcher fachliche Wirtschaftsbereich für den Betrieb die maßgebliche wirtschaftliche Bedeutung hat.

[22]) Für die Falllösung relevante Materien werden unter 4.2.1, 4.2.2 dargestellt.

- Ist auch nach diesem Kriterium keine Lösung zu erzielen, so findet gem § 9 Abs 4 ArbVG der **KollV jenes fachlichen Wirtschaftsbereiches** Anwendung, dessen Geltungsbereich unbeschadet der Verhältnisse im Betrieb die **größere Anzahl von AN** erfasst.

Nach diesem Anknüpfungspunkt ist auf die Situation in den **Branchen** und nicht auf jene im Betrieb abzustellen.

Fall 67: Kaffeekonditorei[23])

Einem Unternehmen liegen gewerberechtliche Bewilligungen für das Zuckerbäckergewerbe einerseits und das Gast- und Schankgewerbe andererseits zu Grunde. Mit der Gastgewerbebewilligung ist die Befugnis verbunden, auch alkoholische Getränke zu verabreichen. Die beiden Berechtigungen werden im Betrieb einer Kaffeekonditorei ausgeübt. Die AN Rita ist überwiegend mit dem Servieren von Mehlspeisen und Getränken an Sitzkunden betraut. Daneben führt sie auch den Verkauf über den Ladentisch und Verpackungsarbeiten aus, dies jedoch nur dann, wenn sie neben dem Servieren Zeit dafür hat. Der Umsatzanteil der auf Grund des Gast- und Schankgewerbes verkauften Getränke am Gesamtumsatz des Betriebs beträgt 15%. Die einschlägigen KollV wurden zwischen Wirtschaftskammer und ÖGB geschlossen: Der GastgewerbeKollV sieht eine Pflegefreistellung von drei Wochen pro Arbeitsjahr vor. Eine derartige Regelung ist im ZuckerbäckerKollV nicht enthalten.

Als ihr Kind schwer erkrankt, bleibt R vier Wochen der Arbeit fern und verlangt für diese Zeit Entgeltfortzahlung. Der AG spricht am Ende der dritten Woche die Entlassung aus und verweigert jegliche Bezahlung. Kann R Ansprüche geltend machen? Kann sie etwas gegen die Entlassung unternehmen?

Entscheidung 171: Tankstelle

Sachverhalt: Die Bekl betreibt eine Tankstelle und ein angeschlossenes Verkaufsgeschäft. Zwischen den beiden Bereichen besteht keine fachliche oder organisatorische Trennung. Die am Umsatz gemessene maßgebliche wirtschaftliche Bedeutung kommt dem Tankstellenbereich zu. Die Bekl ist den Sektionen Verkehr (Garagen-, Tankstellen- und Serviceunternehmungen) und Handel (Lebensmittelhandel) der Wirtschaftskammer zugehörig. Es gibt einen KollV für Tankstellenarbeiter, nicht aber für Tankstellenangestellte. Die Kl arbeitet als Kassierin bei der Bekl, wobei vereinbarungsgemäß auf ihr Arbeitsverhältnis das AngG Anwendung finden soll. Ihr Gehalt beträgt monatlich S 6.930,–. Obwohl der KollV für Tankstellenarbeiter die Angestellten ausdrücklich von seinem Geltungsbereich ausnimmt, legt ihn die Bekl der Entgeltabrechnung zu Grunde.

[23]) Für die Falllösung relevante Materien finden sich auch unter 6.2.2.1.

Die Kl begehrt für den Zeitraum November 1987 bis Juli 1989 an restlichem Entgelt S 30.233,– und begründet diese Forderung damit, dass ihre Tätigkeit in dem der Tankstelle angeschlossenen Handelsbetrieb bereits ex lege dem AngG unterliege und daher auf ihr Arbeitsverhältnis der KollV für die Handelsangestellten anzuwenden sei.

Leitsätze: Lassen sich die Gewerbeberechtigungen des AG mangels organisatorischer Abgrenzungen weder auf einzelne Betriebe noch auf Haupt- oder Nebenbetriebe oder organisatorisch abgegrenzte Betriebsabteilungen aufteilen, liegt ein Mischbetrieb vor, in dem gem § 9 Abs 3 ArbVG nur der KollV jenes fachlichen Wirtschaftsbereichs Anwendung zu finden hat, der für den Betrieb die maßgebliche wirtschaftliche Bedeutung hat.

§ 9 Abs 3 ArbVG kann nicht unmittelbar angewendet werden, wenn für eine Arbeitnehmergruppe kein KollV des maßgeblichen Wirtschaftsbereichs besteht. Eine analoge Anwendung, die zur Folge hat, dass gar kein KollV anwendbar ist, widerspricht den tragenden Grundsätzen des kollektiven Arbeitsrechts, nämlich dem sozialen Schutzprinzip und dem Günstigkeitsprinzip.

Unter Berücksichtigung dieser Wertungen bestehen trotz Vorliegens eines Mischbetriebs die jeweils für Arbeiter und Angestellte geltenden KollV entsprechend ihrem Naheverhältnis nebeneinander, sodass auf die Angestellte der HandelsangestelltenKollV zur Anwendung kommt.

OGH 12. 9. 1990, 9 ObA 194/90, DRdA 1991, 316 *(Resch)*

Würde man (auf den ersten Blick nahe liegend) § 9 Abs 3 ArbVG für die der E 171 zu Grunde liegende Konstellation heranziehen, kämen die KollV des Tankstellensektors zur Anwendung, jene des Handels würden zurücktreten. Das Problem des Falles liegt nun darin, dass für die Kl, die als Angestellte im Verkaufsbereich tätig war, kein KollV der Tankstellen zur Verfügung stünde, weil die Sektion Verkehr der Wirtschaftskammer nur einen KollV für Tankstellenarbeiter abgeschlossen hat. Nach Ansicht des Höchstgerichts könne aber § 9 Abs 3 ArbVG weder unmittelbar noch analog angewendet werden. Trotz Vorliegens eines Mischbetriebs bestünden daher die jeweils für Arbeiter und Angestellte geltenden KollV nebeneinander, sodass auf die Angestellte der HandelsangestelltenKollV zur Anwendung komme. § 9 Abs 3 ArbVG ist demnach – im Gegensatz zu § 9 Abs 1 und 2 ArbVG – nicht (analog) auch dann anzuwenden, wenn für einen Tätigkeitsbereich des AG tatsächlich kein KollV abgeschlossen wurde. Der vorhandene KollV des wirtschaftlich nicht dominierenden Bereichs des Mischbetriebs kommt – sofern er vom persönlichen Geltungsbereich her passt – für den gesamten Mischbetrieb zur Anwendung[24]).

Bei Unternehmen, die **neben** einer **Produktion auch Vertriebsschienen** für die eigenen Waren haben, ist der Wortlaut des § 9 Abs 2 ArbVG von zentraler Bedeutung. Diese Bestimmung verlangt für eine Kollektivvertrags-

[24]) Vgl auch OGH 25. 1. 2006, 9 ObA 139/05 i, ASoK 2006, 234; dazu *Herzeg*, Geltung des nicht prägenden Kollektivvertrags im Mischbetrieb mit überwiegend kollektivvertragslosem Bereich, JAP 2006/07, 157.

vielfalt nicht nur die organisatorische, sondern auch die fachliche Trennung in Betriebsabteilungen. Von einer solchen kann im Vertriebsbereich aber nur dann die Rede sein, wenn dort nicht überwiegend die selbst erzeugten Waren vermarktet werden. Ansonsten sind auch die im Vertrieb Tätigen nach dem – idR für die AN günstigeren – ProduktionsKollV zu behandeln.

Fall 68: Wurst- und Selchwaren

Ein Unternehmen produziert Wurst- und Selchwaren. Sie werden in eigenen Filialen verkauft. Dort werden auch branchenfremde Waren wie Marinaden, Gewürze, Gebäck und Getränke angeboten. Das Unternehmen ist in zwei Betriebsabteilungen gegliedert, nämlich „Produktion" (110 AN) und „Vertrieb" (140 AN). Diese werden unabhängig voneinander geführt und abgerechnet. Vom Gesamtumsatz des Unternehmens entfallen 85% auf den Verkauf von eigenen Wurst- und Selchwaren und 15% auf den Verkauf von branchenfremden Waren. Der AG hat einen Gewerbeschein für das fabriksmäßige Fleischhauer- und Fleischselchergewerbe und einen für den Handel mit Waren ohne Beschränkung.

Welcher KollV ist für die Verkaufsleiterin einer Filiale anzuwenden: jener für Angestellte der Fleischwarenindustrie oder jener für Handelsangestellte?

(Nach OGH 28. 6. 1977, 4 Ob 74/77, DRdA 1979, 41 [zust *Grillberger*] = ZAS 1979, 20 [krit *Hanreich*])[25])

Bewegt sich ein AN bei einem mehrfach kollektivvertragsangehörigen AG im räumlichen Geltungsbereich mehrerer KollV (sog **Springerproblem**), so ist der Kollisionsfall nach § 10 ArbVG zu lösen.

§ 10 ArbVG setzt eine Konstellation des § 9 Abs 1 oder 2 ArbVG voraus.

- In erster Linie gilt der KollV der **überwiegenden Beschäftigung** (vgl § 10 Abs 1 ArbVG).
- Bei Fehlen einer solchen kommt der **auf Branchenebene die meisten AN erfassende** KollV zur Anwendung (Abs 2 leg cit).

Fall 69: Möbelproduzent

Sachverhalt: *Eine Möbelfirma verfügt über Mitgliedschaften zur Fachgruppe der Tischler sowie zu jener der Schlosser und stellt in fachlich und organisatorisch getrennten Betriebsabteilungen Holz- bzw Metallmöbel her. Im Tischlereibereich arbeiten 40 (branchenweit: 50.000), im Schlossereibereich 20 Personen (branchenweit: 100.000), weiters sind drei Maler und Anstreicher in beiden Abteilungen tätig (in Österreich gibt es in der Malerbranche 40.000 AN). Der Stundenlohn nach dem TischlerKollV beträgt € 8,–, nach*

[25]) Vgl auch *Pircher*, Repetitorium Arbeitsrecht (1999) 122 ff. Ein ähnlicher Fall mit Musterlösung findet sich bei *Reissner*, Klausur Kurs Kollektivarbeitsrecht, JAP 2003/04, 104 f.

dem SchlosserKollV € 9,– und nach dem KollV für die Maler und Anstreicher € 10,–.

a) Welcher KollV bzw welche KollV ist (sind) im Betrieb anzuwenden?

b) Welcher KollV gilt für einen als Maler aufgenommenen AN, der Arbeiten sowohl in der Tischlerei als auch in der Metallmöbelerzeugung zu verrichten hat und bei dem eine überwiegende Beschäftigung in einer der beiden Betriebsabteilungen nicht ersichtlich ist?

c) Mit jenen AN, die nicht Gewerkschaftsmitglieder sind, wird, da alle KollV mit der Gewerkschaft abgeschlossen wurden, ein Stundenlohn von € 7,– vereinbart. Ist dies zulässig?

d) Der MetallerKollV wird von der Arbeitgeberseite gekündigt. Ändert sich dadurch die Entgeltsituation im Betrieb?

Lösung: a) Der AG ist auf Grund seiner Mitgliedschaften bei den Arbeitgeberorganisationen dem KollV der Holz- und jenem der Metallwirtschaft angehörig (§ 8 Z 1 ArbVG). Die AN sind entweder auf Grund einer Mitgliedschaft bei der abschließenden Gewerkschaft (§ 8 Z 1 ArbVG) oder infolge der gesetzlichen Außenseiterwirkung (§ 12 ArbVG) kollektivvertragsunterworfen. Der MalerKollV kommt mangels Mitgliedschaft des AG von vornherein nicht in Betracht.

Da der Betrieb in zwei Betriebsabteilungen iSd § 9 Abs 2 ArbVG getrennt ist, ist für die Abteilung Tischlerei der HolzKollV und für die Abteilung Schlosserei der MetallKollV anzuwenden.

b) Der AN unterliegt gem § 10 Abs 2 ArbVG dem branchenweit bevdeutsameren MetallerKollV.

c) Die Gestaltung ist unzulässig, weil auch die nicht der Gewerkschaft angehörenden AN nach § 12 ArbVG zwingend dem in ihrer Abteilung anzuwendenden KollV und dessen Mindeststandards unterliegen (vgl 11.6.2).

d) Nach Ablauf der Kündigungsfrist wirkt der MetallerKollV gem § 13 ArbVG nach (vgl 11.5.3.1). Die von ihm geregelten Entgelte bleiben daher für die im Erlöschenszeitpunkt in der Abteilung Metall tätigen AN relevant, sie können aber zB durch einen (neuen) Arbeitsvertrag auch unterschritten werden. Für Neueintritte gibt es keine Nachwirkung und keinen KollV. Eine Ausweitung des Geltungsbereichs des KollV der Holzwirtschaft auf die Abteilung Metallmöbel ist nicht statthaft.

11.8 Surrogate des KollV

11.8.1 Satzung

Durch die **Erklärung eines KollV zur Satzung** nach den §§ 18ff ArbVG wird dem **KollV** auch **außerhalb seines Geltungsbereiches** (vgl 11.5.2) **rechtsverbindliche Wirkung** zuerkannt.

Zweck der Satzungserklärung ist es, AN, die mangels Kollektivvertragsangehörigkeit ihres AG von keinem KollV erfasst werden, den Vorteil einer kollektiven Regelung zu verschaffen.

Für die Satzungserklärung zuständig ist das **Bundeseinigungsamt.** Voraussetzung ist ein entsprechender **Antrag** einer Partei desjenigen KollV, der zur Satzung erklärt werden soll (vgl §§ 18 Abs 1, 20 Abs 1 ArbVG). Gegenstand des Antrags können **alle oder einzelne Bestimmungen des KollV** sein (vgl § 18 Abs 2 ArbVG).

Materielle Voraussetzungen für eine Satzungserklärung sind gem § 18 Abs 3 ArbVG, dass

- der zu satzende KollV gehörig kundgemacht ist und **in Geltung** steht (Z 1),
- der KollV oder ein Teil davon **überwiegende Bedeutung** erlangt hat (Z 2),
- die von der Satzung zu erfassenden **Arbeitsverhältnisse** im Verhältnis zu jenen, die dem KollV unterliegen, im Wesentlichen **gleichartig** sind (Z 3),
- die zu erfassenden Arbeitsverhältnisse außer von einem allfälligen GeneralKollV **nicht** schon **durch** einen **KollV erfasst** sind (Z 4).

Aus der Praxis: Tritt eine Bank aus einem freiwilligen Arbeitgeberverband aus und in einen anderen derartigen Verband ein und haben beide Verbände KollV geschlossen, so ist eine Satzungserklärung nicht möglich, sind doch die Arbeitsverhältnisse jedenfalls von (irgend-)einem KollV erfasst.

KollV eines kollektivvertragsfähigen Vereins iSd § 4 Abs 3 ArbVG können nicht zur Satzung erklärt werden.

KollV setzen für ihren Geltungsbereich eine bestehende Satzung außer Kraft (§ 19 Abs 2 ArbVG).

Der zur Satzung erklärte KollV entfaltet auch in jenem Geltungsbereich, auf den seine Rechtswirkungen durch die Satzungserklärung erstreckt wurden, **dieselben Rechtswirkungen** wie in seinem unmittelbaren Geltungsbereich (einseitig zwingende Wirkung, zweiseitig zwingende Wirkung, dispositive Wirkung).

Die Satzung ist im vollen Wortlaut im „Amtsblatt zur Wiener Zeitung" kundzumachen (§ 21 Abs 1 ArbVG). Das Bundeseinigungsamt hat dem BMASK und jedem **ASG** eine **Ausfertigung** der Satzung mit Angabe des Datums der Kundmachung und der Katasterzahl zu übermitteln sowie auch das Erlöschen einer Satzung bekannt zu geben (vgl § 21 Abs 2 ArbVG).

Was die **Rechtsnatur der Satzung** anlangt, so stellt nach hA[26]) die **Satzungserklärung selbst** eine **V** dar, während der zur Satzung erklärte **KollV** seine **Rechtsform nicht ändert**[27]).

Die Qualifikation als V bedeutet, dass die Gesetzwidrigkeit von Satzungserklärungen mittels **Normenkontrollverfahrens iSd Art 139 B-VG** vom VfGH zu beurteilen ist.

---

[26]) *Löschnigg,* Arbeitsrecht[12] 138 f; *Strasser/Jabornegg,* Arbeitsrecht II[4] 168.

[27]) VfGH 29. 9. 1994, V 85, 86/92, DRdA 1936, 30 *(Rebhahn)* = ZAS 1995, 134 *(Tomandl).*

11.8.2 Mindestlohntarif

Im Gegensatz zur Satzung (vgl 11.8.1) ist der Mindestlohntarif das Ergebnis eigener verwaltungsbehördlicher Rechtsetzung. Durch einen Mindestlohntarif werden **Mindestentgelte** und **Mindestbeträge für den Ersatz von Auslagen** festgesetzt (vgl § 22 Abs 1 ArbVG).

Der Mindestlohntarif hat Mindeststandards für Entgeltarten zu bestimmen. Er ist nicht befugt, Entgelte dem Grunde nach festzusetzen.
Bei Bestimmung von Mindestentgelten und -beträgen ist insb auf deren Angemessenheit und die Entgeltbemessung in verwandten Wirtschaftszweigen Bedacht zu nehmen (vgl § 23 ArbVG).

Ein Mindestlohntarif darf gem § 22 Abs 3 ArbVG nur für Gruppen von AN festgesetzt werden, für die ein KollV nicht abgeschlossen werden kann,

- weil **kollektivvertragsfähige Körperschaften auf Arbeitgeberseite nicht bestehen** und
- sofern eine Regelung von Mindestentgelten und Mindestbeträgen durch die Erklärung eines KollV zur **Satzung nicht erfolgt** ist.

Entscheidung 172: Nicht abschlussbereiter Partner

Bereits der Bestand einer kollektivvertragsfähigen Körperschaft der AG allein ist ausschlaggebend dafür, dass eine Festsetzung von Mindestlohntarifen nicht mehr erfolgen kann, gleichgültig, ob auch tatsächlich ein KollV abgeschlossen wurde oder nicht[28]). Die behördliche Festsetzung eines Mindestlohntarifes soll nur einen fehlenden Kollektivvertragspartner auf Arbeitgeberseite ersetzen, nicht jedoch einen vorhandenen, aber nicht abschlussbereiten Partner zu Verhandlungen zwingen.

OGH 28. 1. 1999, 8 ObA 338/98h, DRdA 2000, 162 *(Weiß)* = ZAS 2000, 145 *(Strasser)*

Ein Fehlen der kollektivvertragsfähigen Körperschaft auf Arbeitgeberseite liegt etwa bei privaten Kindergärten, Hausgehilfen oder Privatlehrern vor, sodass für diese Arbeitsverhältnisse Mindestlohntarife bestehen.

Die Bestimmungen des gehörig kundgemachten Mindestlohntarifs (vgl § 25 Abs 6 ArbVG) sind unmittelbar **rechtsverbindlich** und mit **einseitig zwingender Wirkung** ausgestattet (vgl § 24 Abs 1 und 2 ArbVG).

Das Bundeseinigungsamt darf einen Mindestlohntarif nur für den Bereich **eines oder mehrerer Bundesländer** oder für das gesamte **Bundesgebiet** festsetzen (vgl § 25 Abs 1 ArbVG).

[28]) Ein bereits bestehender Mindestlohntarif erlischt aber erst bei tatsächlichem Abschluss eines KollV durch eine neu entstandene kollektivvertragsfähige Arbeitgeberkörperschaft; so OGH 23. 4. 2003, 9 ObA 236/02z, infas 2003 A 67.

Der Vorrang der autonomen Rechtssetzung kommt dadurch zum Ausdruck, dass sowohl **KollV** als auch **Satzungen** für ihren Geltungsbereich einen bestehenden **Mindestlohntarif außer Kraft setzen** (vgl § 24 Abs 3 ArbVG).

Der Mindestlohntarif hat nach seinem Erlöschen **Nachwirkung** (vgl § 24 Abs 4 ArbVG).

Das Verfahren zur Festsetzung von Mindestlohntarifen wird auf **Antrag einer kollektivvertragsfähigen Körperschaft der AN,** nicht jedoch der AG, eingeleitet.

Der Mindestlohntarif ist seiner **Rechtsnatur** nach als **V** zu qualifizieren. Wie bei der Satzungserklärung (vgl 11.8.1) ist daher die Gesetzwidrigkeit von Mindestlohntarifen mittels **Normenkontrollverfahrens iSd Art 139 B-VG** beim VfGH geltend zu machen.

Auch die Abänderung oder Aufhebung eines Mindestlohntarifs hat durch V zu erfolgen.

11.8.3 Sonstige Surrogate

Nach § 17 Abs 1 BAG gebührt dem Lehrling eine **Lehrlingsentschädigung.** Diese Lehrlingsentschädigung hat das **Bundeseinigungsamt** auf **Antrag** einer kollektivvertragsfähigen Körperschaft festzusetzen, wenn für den betreffenden Wirtschaftszweig **kein KollV** wirksam ist (vgl §§ 26 ff ArbVG).

Im Gegensatz zum Mindestlohntarif schließt nicht schon die bloße Existenz einer kollektivvertragsfähigen Körperschaft auf Arbeitgeberseite, sondern erst der **tatsächliche Kollektivvertragsabschluss** die behördliche Festsetzung der Lehrlingsentschädigung aus, und zwar **unabhängig davon,** ob der betreffende KollV eine **diesbezügliche Bestimmung enthält** oder nicht.

Ihrer **Rechtsnatur** nach ist die Lehrlingsentschädigung als **V** zu qualifizieren. Sie ist unmittelbar rechtsverbindlich und mit einseitig zwingender Wirkung ausgestattet. Sie weist **Nachwirkung** auf (vgl § 28 ArbVG).

Für **Heimarbeiter** können dem KollV nachgebildete **Heimarbeitsgesamtverträge** statuiert werden, zu deren Abschluss nur kollektivvertragsfähige juristische Personen befugt sind (vgl §§ 43 ff HeimAG).

Als Surrogat dazu kommt der sog Heimarbeitstarif in Frage (vgl §§ 34 ff HeimAG).

Für **ständige freie Mitarbeiter** in **Medienunternehmen oder -diensten** können von den kollektivvertragsfähigen Interessenvertretungen Gesamtverträge über die Honorarbedingungen und Aufwandersätze abgeschlossen werden (vgl §§ 17 ff JournG).

Kontrollfragen zu Kapitel 11.

1. Was versteht man unter der Doppelnatur des KollV? Wie verhalten sich die Inhalte eines KollV zu den verfassungsgesetzlich gewährleisteten Grundrechten?
2. Wie ist das Rechtsinstitut des KollV aus verfassungsrechtlicher Sicht zu beurteilen?

3. Welche Institutionen sind unter welchen Voraussetzungen kollektivvertragsfähig? Was ist der Unterschied zwischen einer gesetzlichen Interessenvertretung und einer freiwilligen Berufsvereinigung? Wie wirkt sich die fehlende Gegnerunabhängigkeit einer Standeskammer auf einen von ihr und dem ÖGB geschlossenen KollV aus?
4. Inwieweit kann ein KollV Normen für aus dem Arbeitsverhältnis ausgeschiedene Personen treffen?
5. Wie sind Verweisungen eines KollV auf einen anderen KollV rechtlich zu beurteilen?
6. Was sind Istlohnklauseln? Wie wirken diese? Können diese vorweg im Arbeitsvertrag außer Kraft gesetzt werden?
7. Von welchen Umständen hängt die Kollektivvertragsangehörigkeit eines AG ab?
8. Was bedeutet Nachwirkung, was bedeutet Außenseiterwirkung? Welches Rechtsinstitut ersetzt funktionell die fehlende Außenseiterwirkung auf Arbeitgeberseite?
9. Unter welchen Voraussetzungen ist eine Satzungserklärung möglich? Was ist die Rechtsnatur der Satzung? Wie ist der Rechtsschutz im Falle von Satzungserklärungen ausgestaltet?
10. Unter welchen Voraussetzungen ist ein Mindestlohntarif möglich? Was ist die Rechtsnatur des Mindestlohntarifs?

12. BV[1])

Obzwar das Recht der BV an sich als spezielle Materie in die Betriebsverfassung (vgl allg 13.) eingebettet ist, erscheint es wegen des engen sachlichen Zusammenhangs sinnvoll, auf die BV gleich nach Darstellung des Stufenbaus der Arbeitsrechtsordnung (vgl 10.4) bzw des KollV (vgl 11.) einzugehen.

12.1 Begriff

BV sind schriftliche Vereinbarungen, die vom BI einerseits und dem zuständigen Belegschaftsorgan andererseits in Angelegenheiten abgeschlossen werden, deren Regelung durch G oder KollV der BV vorbehalten ist (vgl § 29 ArbVG).

12.1.1 Schriftform

Erstes Merkmal der BV ist, dass die getroffenen Bestimmungen schriftlich niedergelegt werden müssen. Ohne Schriftform kann es keine rechtsgültige BV geben.

Wird aber zB das mündlich zwischen BI und BR Besprochene dauernd praktiziert, so kann ein Anspruch des einzelnen AN nach der Vertragsschablonentheorie (§ 863 ABGB; vgl 12.5) entstehen.

12.1.2 Vereinbarung

Die BV kommt durch übereinstimmende Willenserklärungen der Abschlussparteien iSd allgemeinen Zivilrechts (Anbot, Annahme; vgl § 861 ABGB) zustande.

Ausnahmsweise gilt die Entscheidung der Schlichtungsstelle als BV (§ 146 Abs 2 Satz 3 ArbVG; vgl auch 12.4.2, 12.4.3).

In Zusammenschau mit dem Gebot der Schriftform ergibt sich, dass die BV von den Betriebspartnern (BI bzw dessen befugter Vertreter, Vorsitzender des zuständigen Belegschaftsorgans) **ordnungsgemäß unterzeichnet** werden muss.

Erfordert beispielsweise die firmenmäßige Zeichnung die Unterfertigung durch zwei Geschäftsführer, so ist die Unterschrift nur eines der Geschäftsführer für die Gültigkeit der BV ausnahmsweise dann ausreichend, wenn die Belegschaftsvertretung nach den Grundsätzen des Vertrauens auf den äußeren Tatbestand davon ausgehen konnte, dass ein Geschäftsführer allein zum Abschluss der BV berechtigt ist.

---

[1]) *Löschnigg,* Arbeitsrecht[12] 144 ff; *Strasser/Jabornegg,* Arbeitsrecht II[4] 452 ff; *Marhold/Friedrich,* Arbeitsrecht[2] 680 ff; *Kietaibl,* Arbeitsrecht I[8] 258 ff; *Reissner* in ZellKomm[2] §§ 29 ff, §§ 96 ff ArbVG; *Reissner/Neumayr* (Hrsg), Zeller Handbuch Betriebsvereinbarungen (2014).

Die Unterschriften von Funktionären der Gewerkschaft oder eines Arbeitgeberverbandes – diese werden zuweilen in KollV vorgeschrieben – sind vom ArbVG und anderen ErmächtigungsG nicht vorgesehen und daher im Allgemeinen rechtlich unerheblich. Da es aber dem KollV selbst offen steht, eine Regelungsermächtigung an die BV aufschiebend oder auflösend bedingt zu erteilen (vgl allg 12.1.4), ist diesfalls wohl auch die Bindung der Gültigkeit der BV an die Zustimmung der kollektivvertragsschließenden Parteien zulässig.

Die BV zeichnet – wie den KollV (vgl 11.1.2) – eine **„Doppelnatur"** aus, dh das zwischen den Parteien Vereinbarte erlangt nach Maßgabe gesetzlicher Anordnung Normwirkung (vgl 12.3.1.2). Das Zustandekommen der BV richtet sich nach privatrechtlichen Kriterien (s oben) und unterliegt daher den allgemeinen Bestimmungen über Vertragsabschluss und Vertragsmängel.

12.1.3 Abschlussparteien

Als Abschlussparteien nennt § 29 ArbVG den BI auf der einen Seite (zu dessen Repräsentation vgl 12.1.2) und Belegschaftsorgane auf der anderen Seite.

Als **„zuständiges Belegschaftsorgan"** iSd G kommen BR, Betriebsausschuss, ZBR und Konzernvertretung in Frage (vgl allg 13.1.2). **Ohne Belegschaftsorgan** ist der Abschluss einer BV von vornherein **unmöglich.** Ist ein solcher für die gültige Regelung einer Materie notwendig – dies ist etwa im Bereich der §§ 96 und 96a ArbVG sowie im Arbeitszeitrecht der Fall –, so ist die (schriftliche) Einigung des BI mit jedem einzelnen AN im Allgemeinen rechtlich unerheblich und kann eine BV im technischen Sinn nicht ersetzen (zur notwendigen BV vgl 12.4.1, zur notwendigen BV mit Zwangsschlichtung 12.4.2).

Fall 70: Kompetenzkonflikt

Ein Unternehmen besteht aus mehreren Betrieben an verschiedenen Standorten. Einer der Betriebe muss aus wirtschaftlichen Gründen stillgelegt werden. Die Unternehmensleitung verhandelt mit dem ZBR über einen Sozialplan für die Belegschaft dieses Betriebs.

Der lokale BR ruft die Schlichtungsstelle an, weil er der Auffassung ist, dass über einen Sozialplan nur mit ihm verhandelt werden könne. Wie ist die Rechtslage?

Die **Abgrenzung der Zuständigkeitsbereiche** der Belegschaftsorgane wird in den §§ 113f ArbVG vorgenommen:

- Gem § 113 Abs 1 ArbVG werden die der Arbeitnehmerschaft zustehenden Befugnisse, soweit nicht anderes bestimmt ist, durch **BR** ausgeübt.
- Der **Betriebsausschuss,** also das vom Arbeiter- und vom AngestelltenBR gemeinsam gebildete Organ (vgl §§ 76f ArbVG; dazu allg 13.1.2.2), ist, **sofern** er **errichtet** ist, gem § 113 Abs 2 ArbVG insb für die „Mitwirkung in wirtschaftlichen Angelegenheiten gem §§ 109 bis 112 ArbVG" (Z 3 leg cit) und den „Abschluss, die Änderung und Aufhebung von

BV, deren Geltungsbereich alle im Betriebsausschuss vertretenen Arbeitnehmergruppen erfasst" (Z 4 leg cit) zuständig.

- In Betrieben mit **gemeinsamem BR** (vgl allg 13.1.2) übt dieser naturgemäß sowohl die Befugnisse der GruppenBR als auch jene des Betriebsausschusses aus (vgl § 113 Abs 3 ArbVG).
- In Unternehmen, in denen ein **ZBR** (vgl allg 13.1.2.3) **zu errichten ist,** werden von diesem gem § 113 Abs 4 ArbVG insb die Mitwirkungsrechte an „betriebs- und unternehmenseigenen Schulungs-, Bildungs- und Wohlfahrtseinrichtungen" (§§ 94f ArbVG) sowie bei „Betriebsänderungen gem § 109 ArbVG" ausgeübt, allerdings nur dann, wenn „nicht nur die Interessen der Arbeitnehmerschaft eines Betriebs berührt" sind (vgl § 113 Abs 4 Z 2 lit e und g ArbVG).

  Aus der Wortfolge „zu errichten ist" wird abgeleitet, dass bei Vorliegen der sonstigen Voraussetzungen der **einzelne BR** auch dann **unzuständig** ist, wenn die **Errichtung des ZBR unterbleibt.**

- In Konzernen, in denen eine **Konzernvertretung** (vgl allg 13.1.2.4) **errichtet** ist, übt diese gem § 113 Abs 5 ArbVG insb die Mitwirkungsrechte an „konzerneigenen Maßnahmen in Zusammenhang mit Schulungs-, Bildungs- und Wohlfahrtseinrichtungen (§§ 94f ArbVG)" aus, soweit die „Interessen der Arbeitnehmerschaft von mehr als einem Unternehmen im Konzern betroffen" sind (vgl § 113 Abs 5 Z 2 lit d ArbVG). Sind die „Interessen der AN mehr als eines Unternehmens im Konzern betroffen" und erfolgt überdies eine „einheitliche Vorgangsweise, insb durch Konzernrichtlinien", so besteht insb auch die Kompetenz zur „Mitwirkung an Betriebsänderungen gem § 109 ArbVG, mit der Maßgabe, dass § 109 Abs 3 ArbVG nur bei Betriebsänderungen iSd § 109 Abs 1 Z 1 bis 4 ArbVG anzuwenden ist" (§ 113 Abs 5 Z 3 lit b ArbVG).

  Letztere Passage bedeutet, dass die Kompetenz zum Abschluss von Sozialplänen (dazu allg 12.6.2) in gewissen Fällen auf die Konzernebene wandert (zB bei Standortverlegungen), in anderen Konstellationen allerdings auf den unteren Ebenen verbleibt (zB bei Einführung neuer Arbeitsmethoden).
  Von der Konzernvertretung abgeschlossene BV sind für jene Unternehmen des Konzerns verbindlich, deren Leitungen der Vereinbarung beigetreten sind (§ 113 Abs 5 letzter Satz ArbVG). Vertragspartner der Konzernvertretung ist im Regelfall des Unterordnungskonzerns das herrschende Unternehmen.

§ 114 ArbVG ermöglicht **Kompetenzübertragungen zwischen den Belegschaftsorganen.** So können etwa der BR und der Betriebsausschuss dem ZBR mit dessen Zustimmung die Ausübung ihrer Befugnisse **für einzelne Fälle** oder **für bestimmte Angelegenheiten** übertragen (Abs 1 Satz 1 leg cit). Kompetenzverlagerungen im Bereich des Abschlusses von BV nach den §§ 96ff ArbVG können unter bestimmten Voraussetzungen auch zur Konzernvertretung vorgenommen werden (vgl § 114 Abs 2 und 3 ArbVG). Von zentraler Bedeutung ist, dass sämtliche einschlägigen Beschlüsse der Belegschaftsorgane dem **BI** umgehend **mitzuteilen** sind und erst **mit der Verständigung Rechtswirksamkeit** erlangen (§ 114 Abs 4 ArbVG).

Die Übertragung kann jederzeit, hinsichtlich in Behandlung stehender Angelegenheiten jedoch nur aus wichtigem Grund, widerrufen werden (§ 114 Abs 1 Satz 2 sowie Abs 2 Satz 3 ArbVG).

Zu beachten ist, dass die Regelungen über die Zuständigkeitsbereiche der Belegschaftsorgane grundsätzlich nicht nur für das Betriebsvereinbarungsrecht, sondern allgemein für die Mitbestimmungsordnung (vgl 13.2) gelten.

12.1.4 Regelungsbefugnis

Eine Vereinbarung zwischen BI und Belegschaftsvertretung kann nur dann eine BV sein und die vollen vom ArbVG vorgesehenen Rechtswirkungen entfalten (vgl insb 12.3.1.2), wenn die Betriebspartner vom **G** oder vom **KollV** zur Schaffung einer BV ermächtigt sind. **Gesetzliche Ermächtigungstatbestände** finden sich in erster Linie in den §§ 96 ff ArbVG, daneben etwa im AZG (vgl 12.4.5). Der **KollV** kann Delegationen im Rahmen des ihm selbst vom G eingeräumten Pouvoirs (vgl insb § 2 Abs 2 Z 2 – 7 ArbVG; dazu 11.5.1.2) vornehmen und eine fakultative BV zum Thema ermöglichen.

Delegationen durch den KollV haben vor allem für Regelungen betreffend **allgemeine Entgelte** – für diese ist die BV nach dem G nicht zuständig – zentrale Bedeutung.

Entscheidung 173: Federnwerk

Durch den KollV Metallindustrie wurde der BV lediglich die Einführung neuer Lohnuntergruppen innerhalb der kollektivvertraglichen Lohngruppen ermöglicht, wobei die festzulegenden Entgelte nur innerhalb des vom KollV für die jeweilige Lohngruppe sowie des für die nächsthöhere Lohngruppe bestimmten Entgelts liegen können. Nur in diesem begrenzten Rahmen besteht eine Regelungsbefugnis durch BV. Wird diese überschritten, so ist die BV als solche nichtig.

Erklärt der AG nach einiger Zeit gegenüber den AN, dass eine Weiterarbeit nur zu schlechteren, unter jenen der BV liegenden Entgeltbedingungen in Betracht komme, so kommt ein Arbeitsvertrag zu den angebotenen Bedingungen zustande, wenn der AN zwar zuerst dagegen Widerspruch erhebt, in der Folge aber ohne weitere Einwände die Arbeit fortsetzt.

OGH 12. 10. 1988, 9 ObA 131/88, DRdA 1991, 45 *(Eypeltauer)* = ZAS 1990, 60 *(Valentic)*

Die im Judenburger Federnwerk abgeschlossene BV hat im vorliegenden Fall ihre vom KollV eingeräumte Regelungsbefugnis überschritten. Es liegt daher keine BV iSd ArbVG, sondern ein rechtlich vorerst völlig irrelevantes Schriftstück vor. Werden die in diesem Schriftstück niedergelegten Inhalte dauernd praktiziert, also zB das höhere Entgelt an die AN ausgeschüttet, so kann dieses Szenario zu einer konkludenten Arbeitsvertragsergänzung nach Maßgabe der Anforderungen des § 863 ABGB (vgl auch 5.2.2) führen. Das Papier wird dann sozusagen als Vertragsschablone verwendet, man spricht von der „Vertragsschablonentheorie“ (vgl 12.5).

Der KollV kann seine Ermächtigung nicht nur sachlich beschränken, sondern auch befristet oder bedingt erteilen. Ebenso kann er eine Delegation wieder rückgängig machen. **Fällt** der **Ermächtigungstatbestand weg,** so **geht** die darauf gestützte **BV** nachwirkungslos **unter** (zur Ausnahme im Betriebsübergangsrecht vgl 14.7).

12.2 Bekanntmachung

12.2.1 Hinterlegung

Eine formalisierte Hinterlegung wie beim KollV (vgl 11.3.1) besteht für die BV nicht, weil für diese die Hinterlegung nicht an die Kundmachung gekoppelt ist. Die BV ist erst nach ihrem Wirksamwerden vom BI den für den Betrieb **zuständigen gesetzlichen Interessenvertretungen** der AG und der AN in je einer Ausfertigung zu **übermitteln** (§ 30 Abs 3 ArbVG).

Auch für die Beendigung einer BV ist dieselbe Prozedur zu beachten (vgl § 32 Abs 4 ArbVG).

Es handelt sich hierbei um eine bloße **Ordnungsvorschrift,** deren Verletzung die Wirksamkeit der BV nicht beeinträchtigt und auch sonst sanktionslos ist.

Im Gegensatz zur Situation beim KollV (vgl 11.3.2) ist keine Vorsorge dafür getroffen, dass dem ASG abgeschlossene BV zukommen. Dennoch gilt auch hinsichtlich der normativ wirksamen Inhalte von BV der Grundsatz **„iura novit curia"** (vgl § 43 Abs 3 ASGG).

12.2.2 Kundmachung

BV sind von BI oder BR **im Betrieb aufzulegen** oder an sichtbarer, für alle AN zugänglicher Stelle **anzuschlagen** (§ 30 Abs 1 ArbVG). Werden diese Kundmachungsvorschriften verletzt, kann die BV nach hA nur schuldrechtliche Wirkung entfalten, sie begründet in diesem Fall nur vertragliche Rechte und Pflichten zwischen den Abschlussparteien. Der Eintritt der normativen Wirkung, also der unmittelbaren Rechtsverbindlichkeit für AN und AG, wird durch den Mangel der Kundmachung behindert (zu schuldrechtlicher und normativer Wirkung vgl allg 12.3.1).

Die nicht gehörige Kundmachung schließt nicht aus, dass die BV Grundlage für die Ergänzung der einzelnen Arbeitsverträge der betroffenen AN nach Maßgabe des § 863 ABGB werden kann[2]) (dazu allg 12.5).

Entscheidung 174: Auflegen

Nach dem Wortlaut des § 30 ArbVG stellt das „Auflegen" im Betrieb eine zulässige Kundmachungsform für BV dar. Die AN müssen in diesem Fall aber durch Anschlag darauf hingewiesen werden, dass über-

---

[2]) Vgl OGH 23. 10. 1991, 9 ObA 206/91, DRdA 1992, 201 *(Apathy).*

haupt eine solche BV aufliegt. Dies entspricht den allgemeinen Publikationserfordernissen für generell wirkende Normen.

Es wäre ein Wertungswiderspruch, wollte man eine hinweislose Hinterlegung einer BV dem Anschlag an sichtbarer, für alle AN zugänglicher Stelle ohne weiteres gleichsetzen. Um dieselbe Publizitätswirkung zu erlangen, ist es daher erforderlich, in geeigneter Form sowohl vom Abschluss einer BV als auch der örtlichen und zeitlichen Möglichkeit der Einsichtnahme informiert zu werden.

Rückblickend betrachtet liefert das Auflegen einer BV prima facie den – widerlegbaren – Beweis dafür, dass der Inhalt der BV der Belegschaft seinerzeit auch zur Kenntnis gelangt ist.

OGH 28. 1. 2009, 9 ObA 168/07g, DRdA 2010, 494 *(Reissner)*

Eine Pauschalkundmachung am schwarzen Brett, wonach „alle BV im Personalbüro aufliegen", genügt dem § 30 Abs 1 ArbVG nicht.

Auch die **Beendigung** der BV (vgl allg 12.3.2) ist entsprechend der Vorschrift des § 30 Abs 1 ArbVG im Betrieb kundzumachen (vgl § 32 Abs 4 ArbVG).

Die Einhaltung dieser Vorgabe ist im Gegensatz zur Situation im Bereich des § 30 Abs 1 ArbVG (s oben) nach hA[3]) keine Wirksamkeitsvoraussetzung für das Außerkrafttreten der BV.

12.3 Regelungsinhalte und Rechtswirkungen

Die BV ist nach allgemeinen Grundsätzen in den **Stufenbau der Arbeitsrechtsordnung** einzugliedern, steht also nach dem zwingenden G und dem KollV, aber noch vor dem Arbeitsvertrag (vgl 10.4.1). Im Gegensatz zum KollV kann die BV nur einseitig, nicht aber zweiseitig zwingend wirken; sie kann also **nicht** das **Ordnungsprinzip** verwenden (vgl 10.4.2.2). Die Frage, ob sich eine BV auch dispositive Wirkung zuerkennen kann, ist umstritten, wird aber bei Vorliegen einer sachlichen Rechtfertigung bejaht werden können (vgl 10.4.2.3).

12.3.1 Schuldrechtlicher und normativer Teil

Gem § 31 Abs 1 ArbVG sind die Bestimmungen einer BV, sofern sie nicht die Rechtsbeziehungen zwischen den Vertragsparteien regeln, innerhalb ihres Geltungsbereichs unmittelbar rechtsverbindlich. Wie beim KollV (vgl 11.5.1) gehören somit auch die Inhalte der BV einem schuldrechtlichen (vgl 12.3.1.1) oder einem normativen Teil (vgl 12.3.1.2) an.

[3]) *Strasser* in *Strasser/Jabornegg/Resch* (Hrsg), Kommentar zum Arbeitsverfassungsgesetz (2002 ff) § 32 Rz 11.

12.3.1.1 Schuldrechtlicher Teil

Beim schuldrechtlichen (obligatorischen) Teil einer BV handelt es sich um einen **zivilrechtlichen Vertrag zwischen BI und Belegschaftsorgan.**

Die obligatorischen Bestimmungen in einer BV begründen somit ausschließlich Rechte und Pflichten zwischen den beiden vertragsschließenden Parteien. Sie sind nach den §§ 914f ABGB zu interpretieren (zur Auslegung des normativen Teils vgl 12.3.1.2, zur analogen Situation beim KollV vgl 11.2.3).

Was die **Reichweite des schuldrechtlichen Teiles** anlangt, sind deutliche Strukturunterschiede im Verhältnis zum KollV zu konstatieren: Da im Falle der BV nicht beiden Parteien volle Rechtsfähigkeit zukommt, ist der Regelungsumfang der schuldrechtlichen Wirkung wesentlich geringer als beim KollV. Dies liegt daran, dass der BR und die an seiner Stelle zuständigen Belegschaftsvertretungen als „Organe der Belegschaft" nur im Rahmen der diesen vom ArbVG und sonstigen arbeitsrechtlichen G verliehenen Befugnisse handeln können. Im Gegensatz zu den den KollV schließenden Parteien (zB Wirtschaftskammer oder Arbeitgeberverein einerseits, Arbeiterkammer oder Gewerkschaft andererseits), die als juristische Personen voll rechtsfähig sind, ist das **Belegschaftsorgan** nur **teilrechtsfähig,** sodass dieses nicht nach Belieben zivilrechtlich handeln und Verträge abschließen kann. Agiert daher ein **BR außerhalb des** vom G eingeräumten **Pouvoirs,** so sind die von ihm geschlossenen **Vereinbarungen mangels Rechtsfähigkeit nichtig** (zur unzulässigen BV vgl 12.5).

Wie im Falle des KollV sind auch mit der BV allgemeine Pflichten verbunden, die idR automatisch mit der Rechtsnorm einhergehen. Zum einen gehört hierher die **Durchführungspflicht,** also die Pflicht der Abschlussparteien, die von ihnen festgelegten Inhalte in der Realität umzusetzen. Im Falle des BI ist die Durchführungspflicht eine **Selbstpflicht,** im Falle des BR handelt es sich um eine **Einwirkungspflicht,** dh die Pflicht, angemessen auf die einzelnen AN Einfluss zu nehmen, die Inhalte der BV zu beachten.

In diesem Sinne besteht zwischen den Betriebspartnern eine **Friedenspflicht,** das ist die Pflicht, Arbeitskämpfe zu unterlassen (zum KollV vgl 11.5.1.1, zum Arbeitskampf vgl 15.). Auf Seiten des BI ist diese immer Selbstpflicht, für den BR liegt zugleich eine Selbstpflicht und eine Einwirkungspflicht vor. Man unterscheidet wiederum zwischen **relativer** und **absoluter** Friedenspflicht; Erstere besteht von vornherein dort, wo betriebliche Rechtsbeziehungen durch BV verrechtlicht wurden bzw den Betriebspartnern eine rechtliche Instanz (vgl zB 12.4.1) oder eine Schlichtungsinstanz (vgl 12.4.2, 12.4.3) zur Verfügung steht, Letztere kann durch Vereinbarung zwischen den Betriebspartnern festgelegt werden und verbietet Arbeitskämpfe über die relative Friedenspflicht hinaus[4]).

[4]) Entgegen *Kietaibl* in *Tomandl* (Hrsg), Arbeitsverfassungsgesetz (2005ff) § 31 Rz 9 gibt es hier sehr wohl Anwendungsfelder, etwa bei Bestehen einer – ungenützten – kollektivvertraglichen Ermächtigung zur Entgeltregelung.

Zum schuldrechtlichen Teil gehören weiters zB Regelungen, die den **Abschluss und** die **Beendigung der BV** betreffen (Befristung, Kündigungsfristen und -termine, Kündigungsausschluss, Kündigungsgründe; vgl auch 11.5.1.1).

Mit bloß schuldrechtlicher Wirkung ausgestattet sein können auch Bestimmungen in einer BV, die von den Parteien zwar als Bestandteil des normativen Teils gedacht und hierfür an sich auch tauglich sind, die damit verbundene Wirkung jedoch aus verschiedenen Gründen nicht erlangen können (sog **komplettierende Wirkung des schuldrechtlichen Teiles**). Ein Beispiel dafür ist das Schicksal einer mit einem Kundmachungsmangel behafteten BV (vgl 12.2.2). Ebenfalls hierher gehört der „kompensatorische Sozialplan", bei dem sich die BV das ihr nicht zur Verfügung stehende Ordnungsprinzip (zweiseitig zwingende Wirkung) zulegt (vgl 10.4.2.2, 12.6.2). Zu beachten ist, dass die Lehre von der komplettierenden Wirkung bei der BV anders als beim KollV (vgl 11.5.1.1) **nicht** herangezogen werden kann, wenn die Abschlussparteien eine **Regelung** treffen wollen, die **von den übergeordneten Rechtsquellen** (G, KollV) **nicht der BV zugedacht** ist.

Im Falle des KollV kann man das Vereinbarte als zivilrechtlichen Vertrag zwischen den Sozialpartnern stehen lassen. Dies ist im Bereich der BV nicht möglich, weil dem Belegschaftsorgan keine volle Rechtsfähigkeit, sondern nur Teilrechtsfähigkeit zukommt.

12.3.1.2 Normativer Teil

Auch die BV hat – wie der KollV (vgl 11.5.1.2) – **Normwirkung,** wenn sie sich im Rahmen ihrer gesetzlichen oder vom KollV delegierten Regelungsbefugnisse bewegt.

Normative Bestimmungen einer BV schaffen objektives Recht. Sie sind als **G im materiellen Sinn** zu qualifizieren und wirken auf die Einzelarbeitsverhältnisse unmittelbar ein, ohne dass es zB einer Zustimmung der betroffenen AN bedarf.

Entscheidung 175: Interpretation von BV

Der normative Teil von BV ist nach den Regeln über die Gesetzesauslegung (§§ 6f ABGB) zu interpretieren.

Die Betriebspartner sind zu einer authentischen Interpretation einer in der Vergangenheit abgeschlossenen BV (§ 8 ABGB) befugt.

Aus § 3 Abs 3 BPG ist abzuleiten, dass der Gesetzgeber eine Befugnis der Betriebspartner zur Regelung des Ruhestandsverhältnisses verneint hat[5]).

OGH 25. 1. 1995, 9 ObA 10, 11/95, DRdA 1995, 499 *(Marhold)*

Wie beim KollV (vgl 11.2.3) ist auch bei der BV der normative Teil nach den §§ 6f ABGB und der schuldrechtliche Teil (vgl 12.3.1.1) nach den §§ 914f ABGB (Vertragsauslegung) zu interpretieren.

---

[5]) Dazu auch 12.3.1.2.2.

Die im normativen Teil einer BV regelbaren Inhalte (vgl im Detail auch 12.4, 12.6) können nach verschiedenen Kriterien eingeteilt werden (zum Problem der Einzelfallregelungen vgl 12.3.2, zu den sog Zulassungsnormen vgl 10.4.2.3.2):

12.3.1.2.1 Inhaltsnormen

Diverse Ermächtigungen betreffen die Schaffung von Inhaltsnormen, also von Bestimmungen, die den **typischen Inhalt des Arbeitsvertrags,** die gegenseitigen aus dem Arbeitsverhältnis entspringenden Rechte und Pflichten der AG und AN, betreffen (zum KollV vgl 11.5.1.2.1). Es geht zB um besondere Entgeltansprüche (vgl § 96 Abs 1 Z 4, § 97 Abs 1 Z 11, 15 und 21 ArbVG ua), um Aufwandsentschädigungen (§ 97 Abs 1 Z 12 ArbVG) oder um Regeln über die Beendigung (§ 97 Abs 1 Z 22 ArbVG).

Zu beachten ist, dass die BV grundsätzlich kein Instrument der Lohnpolitik ist. Dafür ist der KollV zuständig (vgl auch 11.). Die **BV** hat folglich **keine generelle gesetzliche Ermächtigung zur Regelung von Entgelten** (zum Entgeltbegriff vgl 5.1). Trifft sie – was in der Praxis häufig vorkommt – derartige Regelungen, so sind diese jedenfalls als BV nichtig (vgl allg 12.5).

Bei der Abgrenzung der Regelungszuständigkeit im Umfeld von Inhaltsnormen ergeben sich zum Teil ähnliche Problemlagen wie beim KollV (vgl 11.5.1.2.1 a – h):

a) Abschlussnormen

Die BV ist grundsätzlich nicht befugt, sog Abschlussnormen, also Normen betreffend das Zustandekommen von Arbeitsverhältnissen, zu statuieren. Die Ausnahme bilden die Wiedereinstellungsklauseln in Sozialplänen (vgl 12.3.1.2.3).

b) Verweisungsnormen

Vor allem im Zusammenhang mit Inhaltsnormen gibt es wiederum das Phänomen der Verweisungsnormen (vgl auch 11.5.1.2.1 f):

Entscheidung 176: Delegation an KollV

Eine Delegation der Rechtsetzungsbefugnisse der Betriebspartner im Wege einer dynamischen Verweisung an andere Rechtssubjekte (Kollektivvertragsparteien) ist unzulässig.

OGH 11. 10. 1995, 9 ObA 166/95, RdW 1996, 378

12.3.1.2.2 Normen bezüglich ausgeschiedener AN

Aus der unter 12.3.1.2 als E 175 wiedergegebenen Leitentscheidung ergibt sich, dass die BV in weiten Bereichen keine Befugnis zur Schaffung von Normen bezüglich ausgeschiedener AN hat (zum KollV vgl 11.5.1.2.2).

Eine Ausnahme wird hier nur für Sozialpläne gem § 97 Abs 1 Z 4 ArbVG angenommen: Diese können mit normativer Kraft Wiedereinstellungsklauseln festlegen.

BV können insb **nicht in** die von ihnen zugestandenen, **bereits angefallenen Betriebspensionsansprüche eingreifen.** Dies folgt ua aus einer systematischen Interpretation, bei der die Situation bei der BV in Kontrast zu den – begrenzten – Möglichkeiten des KollV gem § 2 Abs 2 Z 3 ArbVG gesehen wird: Das Recht der BV kennt keine dem § 2 Abs 2 Z 3 ArbVG entsprechende Bestimmung. Fraglich ist, welche Rechtsnatur der Betriebspensionsanspruch des ausgeschiedenen AN aufweist. Als hA[6]) ist die sog **Umwandlungstheorie** anzusehen: Der bis zu diesem Zeitpunkt normativ gem § 97 Abs 1 Z 18 ArbVG aus der BetriebspensionsBV zustehende Anspruch wandelt sich mit dem Ausscheiden des AN in einen solchen aus einem Einzelvertrag zwischen den ehemaligen Arbeitsvertragspartnern.

Fall 71: Verzicht auf die Betriebspension

Stefan bezieht auf Grund einer BV eine Firmenzuschusspension in Höhe von € 90,–. Eines Tages erhält S ein Schreiben der Personalabteilung, in dem alle Betriebspensionisten aufgefordert werden, einer Reduktion der Pension um 50% zuzustimmen, um eine Sanierung des wirtschaftlich angeschlagenen Unternehmens zu unterstützen.

S erteilt schriftliche seine Zustimmung. Bald darauf bereut er dies. Wie ist die Rechtslage?

Der **Eingriff** in ein durch BV geregeltes Betriebspensionssystem **durch** eine **neue BV** ist bezüglich der noch **aktiven AN** an sich **nach** den **allgemeinen Derogationsgrundsätzen** (Lex-posterior-Regel; vgl 10.4.2) möglich[7]). Die Rechtsprechung unterzieht derartige Vorgangsweisen der Abschlussparteien allerdings einer **Verhältnismäßigkeitsprüfung** gem § 879 ABGB:

Entscheidung 177: Vertrauenspositionen

Gegenüber aktiven AN kann eine ablösende BV gegenüber der früher geltenden eine dem Sachlichkeitsgebot und der Grundrechtsbindung genügende Verschlechterung der Pensionsanwartschaften wirksam vornehmen. Bei Minderung erworbener Rechte ist jedoch unter dem Gesichtspunkt der Gleichbehandlung der Vertrauensschutz zu berücksichtigen. Eine schematische Gleichbehandlung der von der plötzlichen Kürzung der Ruhegeldanwartschaften Betroffenen ohne Rücksicht auf die Dauer der Berufsausübung und die dadurch bedingten unterschiedlichen Vertrauenspositionen widerspricht schon grundsätzlich dem Gleichbehandlungsgrundsatz.

---

[6]) Vgl zB OGH 25. 1. 1995, 9 ObA 10, 11/95, DRdA 1995, 499 (krit *Marhold*); 13. 6. 1996, 8 ObA 239/95, DRdA 1997, 200 *(Eichinger)* = ZAS 1997, 108 *(Resch);* aA insb *Marhold/Friedrich,* Arbeitsrecht² 695 ff.

[7]) Beim KollV (vgl 11.5.1.2.1) ist die Rechtslage sowohl für aktive AN als auch für Pensionisten (§ 2 Abs 2 Z 3 ArbVG) analog zu sehen.

Eingriffe in wohlerworbene Rechte sind zwar prinzipiell gestattet, was aber nicht für Eingriffe jedweder Art und Intensität gilt. Gerade bei Einschnitten bei Versorgungsleistungen sind Übergangsfristen zu fordern, damit nicht plötzlich und unerwartet in die Rechts- und Vertrauenspositionen eingegriffen wird.

OGH 6. 9. 2000, 9 ObA 106/00 d, DRdA 2001, 310 *(Runggaldier)* = ZAS 2001, 111 *(Tomandl)*

12.3.1.2.3 Sozialplannormen

Durch § 97 Abs 1 Z 4 ArbVG wird der BV die Befugnis eingeräumt, Maßnahmen zur Verhinderung, Beseitigung oder Milderung der für die AN wesentlich nachteiligen Folgen einer Betriebsänderung iSd § 109 Abs 1 Z 1 – 6 ArbVG (sog **Sozialpläne**) mit normativer Wirkung festzulegen (vgl allg 12.6.2).

Sozialpläne können **Wiedereinstellungszusagen** für im Zusammenhang mit der Betriebsänderung ausscheidende AN enthalten und so gesehen normativ für ausgeschiedene AN wirkende Abschlussvorschriften enthalten (vgl auch 12.3.1.2.1 a, 12.3.1.2.2). Die erfassten Personen können bei Erfüllung der vorgesehenen Voraussetzungen (zB wirtschaftliche Erholung) aus dem Sozialplan unmittelbar auf Abschluss eines entsprechenden Arbeitsvertrags klagen, sodass den ehemaligen AG eine Kontrahierungspflicht trifft.

12.3.1.2.4 Betriebsnormen

Weitgehende Zuständigkeiten hat die BV im Bereich der sog Betriebsnormen. Darunter versteht man all jene Normen, deren einheitliche Anwendung im Betrieb von der Sache her unumgänglich und nicht lediglich aus Gleichheits- oder Rationalisierungsgründen wünschenswert ist.

Diese Normen werden unterteilt in

- **Solidarnormen,** das sind Regelungen, die Maßnahmen und Einrichtungen zu Gunsten der AN als Gesamtheit im Betrieb ins Leben rufen (zB Gesundheitsschutz, vgl § 97 Abs 1 Z 8 ArbVG; Wohlfahrtseinrichtungen, vgl §§ 95, 97 Abs 1 Z 5 und 19 ArbVG; zu letzteren vgl auch 12.6.3), und
- **Ordnungsnormen,** die der betrieblichen Ordnung dienen sollen (zB Kontrollmaßnahmen, vgl § 96 Abs 1 Z 3 ArbVG; Ordnungsvorschriften, vgl § 97 Abs 1 Z 1 ArbVG; dazu auch 12.6.1).

12.3.1.2.5 Betriebsverfassungsrechtliche Normen

Betriebsverfassungsrechtliche Normen, das sind Bestimmungen, die die gesetzlichen Regelungen über die Organisation der Belegschaft bzw die Mitbestimmung im Betrieb ändern oder ergänzen, fallen im Allgemeinen weder in die Kompetenz des KollV (vgl 11.5.1.2.4) noch in jene der BV.

Ausnahmen bestehen für die **BV** nur im Bereich des § 97 Abs 1 Z 5 (Mitwirkung des BR an der Verwaltung von betriebs- und unternehmenseigenen Schulungs-, Bildungs- und Wohlfahrtseinrichtungen; vgl 12.6.3) und des § 97 Abs 1 Z 19 ArbVG (Mitwirkung an der Planung und Durchführung von Maßnahmen der betrieblichen Berufsausbildung und betrieblicher Schulungs- und Bildungseinrichtungen).

Entscheidung 178: Keine Kündigung bei Widerspruch des BR

Die Mitbestimmungsrechte der Belegschaft in den Bestimmungen des ArbVG über die Betriebsverfassung sind abschließend und absolut zwingend geregelt. Die Regelung einer BV, wonach bei einem ausdrücklichen Widerspruch des BR gegen die beabsichtigte Kündigung diese nicht ausgesprochen wird, verstößt somit gegen absolut zwingendes Gesetzesrecht und ist nichtig.

OGH 24. 2. 2000, 8 ObA 338/99k, DRdA 2001, 170 *(Weiß)*

12.3.1.3 Geltungsbereich

Geltungsbereichsfragen stellen sich insb in objektiver, subjektiver und zeitlicher Hinsicht (letzterer Aspekt wird unter 12.3.2 abgehandelt; zur Auswirkung von Betriebsübergängen auf BV vgl 14.7).

Grundsätzlich steht es der BV frei, ihren Geltungsbereich autonom festzulegen, sofern sie dabei nicht gegen allgemeine gesetzliche Vorgaben, zB Diskriminierungsverbote, verstößt. Zu beachten ist aber, dass sich aus dem ArbVG bedeutende objektive und subjektive Einschränkungen des Geltungsbereichs ergeben. Zum einen sind hier die Regelungen über den **Betriebsbegriff** zu erwähnen (vgl §§ 33 ff ArbVG; allg dazu 13.1.1.1), zum anderen steht der **Arbeitnehmerbegriff** des § 36 ArbVG (iVm § 31 Abs 2 ArbVG) zur Diskussion (vgl allg 1.2).

Das bedeutet, dass beispielsweise zwar dauernd überlassene Arbeitskräfte (vgl auch 4.5.1 F 32), nicht aber Organmitglieder und leitende Angestellte mit Betriebsführungsaufgaben von BV erfasst werden.

Fall 72: Arbeitnehmerbegriff

Ein KollV enthält die Bestimmung, dass alle AN verpflichtet sind, Stempeluhren zur Kontrolle der Arbeitszeit zu benützen. Auf Grund dieser Bestimmung stempeln sämtliche AN eines Betriebs.

Im Zuge eines Neuabschlusses des KollV wird die Regelung über die Stempeluhr ersatzlos gestrichen. Daraufhin kommt es im Betrieb sofort zum Abschluss einer entsprechenden BV. In der Folge weigert sich der Einzelprokurist Theo, die Stempeluhr zu verwenden. Ist T im Recht?

Festzuhalten ist, dass die BV als kollektive Rechtsquelle des Arbeitsrechts und generelle Norm wesensmäßig keine auf einzelne AN abstellende Regelungen **(Einzelfallregelungen)** enthalten darf (zum KollV vgl 11.5.1.2.1 d).

Fall 73: Maserati

Umberto ist Besitzer eines alten Maserati mit 4000 ccm Hubraum. Da er bei BR und BI unbeliebt ist, wollen ihm diese einen Streich spielen. Im Zuge der Neuverhandlung der Parkordnung wird im Wissen, dass niemand sonst ein derart großes Auto fährt, festgelegt, dass Fahrzeuge mit Motoren über 3 l den unternehmenseigenen Parkplatz nicht benützen dürfen. U will sich gegen die Verweigerung der Parkmöglichkeit zur Wehr setzen. Wie ist die Rechtslage?

12.3.2 Geltungsdauer

Enthält die gehörig kundgemachte BV keine Vorschriften über ihren **Wirksamkeitsbeginn,** so tritt ihr normativer Teil mit dem auf den Tag der Unterzeichnung folgenden Tag in Kraft (vgl § 30 Abs 2 ArbVG). Das Wirksamwerden des schuldrechtlichen Teils richtet sich nach dem ABGB, da es sich in diesem Bereich um einen zivilrechtlichen Vertrag zwischen BI und Belegschaftsvertretung handelt (vgl auch 11.5.3).

Die BV bewirkt ein auf Dauer angelegtes Rechtsverhältnis und muss daher durch einen eigenen Akt beendet werden. Hierfür kommen **einvernehmliche Lösung, vorzeitige Lösung aus wichtigem Grund** sowie **Zeitablauf** in Betracht.

Im G ausdrücklich geregelt ist die **Kündigung** der **unbefristet abgeschlossenen BV:** Gem § 32 Abs 1 ArbVG ist mangels Vereinbarung von Kündigungsfristen und -terminen die schriftliche Kündigung unter Einhaltung einer Frist von drei Monaten zum Monatsletzten vorgesehen.

Zu beachten ist, dass im Falle der notwendigen BV mangels anderer Vereinbarung die Kündigung ohne Einhaltung von Kündigungszeiten möglich ist (vgl § 96 Abs 2 ArbVG; dazu 12.4.1). Im Falle von BV, für deren einseitige Änderung bzw Aufhebung eine Schlichtungsstelle anzurufen ist (vgl 12.4.2, 12.4.3), ist die Kündigung vom G her ausgeschlossen (§ 32 Abs 2 ArbVG). Strittig ist, ob bei diesen BV eine Kündigungsmöglichkeit vereinbart werden kann; man wird dies bejahen können[8]).

Eine **Sonderregelung** gibt es im Bereich der BV gem § 97 Abs 1 Z 18a bzw 18b ArbVG **(Betriebspension mittels Pensionskasse bzw betrieblicher Kollektivversicherung):** Gem § 97 Abs 4 ArbVG ist die Kündigung einer derartigen BV nur hinsichtlich jener Arbeitsverhältnisse wirksam, die nach dem Kündigungstermin begründet werden.

Kraft G **erlöschen** die BV, wenn der Betrieb untergeht. Durch die Stilllegung des Betriebs verliert eine BV die sachliche Grundlage.

12.3.2.1 Nachwirkung

Wie im Kollektivvertragsrecht (§ 13 ArbVG; dazu 11.5.3.1) gibt es auch im Recht der BV das Institut der Nachwirkung, allerdings nur in engen Gren-

[8]) AM zB *Strasser/Jabornegg,* Arbeitsrecht II[4] 474.

zen. Grundsätzlich enden die Rechtswirkungen einer BV mit ihrem Erlöschen (§ 32 Abs 3 Satz 1 ArbVG).

Ist eine BV **durch Kündigung erloschen,** so bleiben ihre Rechtswirkungen für **Arbeitsverhältnisse, die unmittelbar vor ihrem Erlöschen** durch sie **erfasst waren,** so lange aufrecht, als für diese Arbeitsverhältnisse nicht eine **neue BV** wirksam oder mit den betroffenen AN nicht eine **neue Einzelvereinbarung** geschlossen wird (§ 32 Abs 3 Satz 2 ArbVG).

Da bei der notwendigen BV die Nachwirkung ausdrücklich ausgeschlossen ist (§ 96 Abs 2 letzter Satz ArbVG; vgl 12.4.1) und bei Zuständigkeit einer Schlichtungsstelle die Kündigung grundsätzlich nicht in Betracht kommt (vgl 12.3.2, 12.4.2, 12.4.3), ist die Nachwirkungsregelung vor allem bei fakultativen BV bedeutsam (vgl 12.4.4, aber auch 12.4.5).

Wird zB bei Schlichtungsstellenzuständigkeit die Kündigungsmöglichkeit vereinbart (vgl 12.3.2), könnte mE auch eine Nachwirkung für den Fall einer derartigen Kündigung festgelegt werden. Auch bei der notwendigen BV können Parteien eine Nachwirkung **vereinbaren.**

12.4 Arten der BV

Man unterscheidet zwischen notwendigen BV (vgl 12.4.1), notwendigen BV mit Zwangsschlichtung (vgl 12.4.2), erzwingbaren BV (vgl 12.4.3) und fakultativen BV (vgl 12.4.4; zu Mischformen vgl 12.4.5, zur unechten BV vgl 12.5).

Klarzustellen ist, dass der Terminus „BV" in zwei Beziehungen verwendet werden kann. Es gibt den Begriff, den idR die beteiligten Parteien haben und der ein Schriftstück, in dem Regelungen für den Betriebsbereich getroffen werden, bezeichnet. Neben diesem **„faktischen" Verständnis** von BV ist aber auch – und dieses steht hier im Vordergrund – ein **rechtliches Verständnis** von BV vonnöten, welches die verschiedenen in der Realität getroffenen Regelungen gesetzlichen Ermächtigungstatbeständen und in weiterer Folge verschiedenen Arten von BV zuordnet.

12.4.1 Notwendige BV

Insb die in § 96 ArbVG angeführten Materien sind Gegenstand der notwendigen BV. Dass das Wort „BV" in § 96 ArbVG – wie auch in § 96a ArbVG (vgl 12.4.2) – nicht erwähnt wird, ist nach völlig hA irrelevant.

Folgende Maßnahmen des BI bedürfen zu ihrer Rechtswirksamkeit gem § 96 Abs 1 ArbVG der Zustimmung des BR:

- Einführung einer betrieblichen **Disziplinarordnung** (Z 1 leg cit);
- Einführung von **Personalfragebögen,** sofern in diesen nicht bloß die allgemeinen Angaben zur Person und Angaben über die fachlichen Voraussetzungen für die beabsichtigte Verwendung des AN enthalten sind (Z 2);
- Einführung von **Kontrollmaßnahmen** und technischen Systemen zur Kontrolle der AN, sofern diese Maßnahmen (Systeme) die Menschenwürde berühren (Z 3; vgl 12.6.1);
- Einführung und Regelung von **Akkordlöhnen** sowie akkordähnlichen Prämien und Entgelten, die auf statistischen Verfahren, Datenerfassungsverfahren, Kleinstzeitverfahren oder ähnlichen Entgeltfindungsmethoden beruhen, sowie

der maßgeblichen Grundsätze (Systeme und Methoden) für die Ermittlung und Berechnung dieser Entgelte (vgl Z 4 leg cit).

„Notwendig" bedeutet, dass eine Regelung zum Thema durch eine untergeordnete Rechtsquelle unzulässig und rechtsunwirksam ist.

Für den Ermächtigungstatbestand des § 96 Abs 1 Z 3 ArbVG gibt es wegen dessen großer praktischer Bedeutung eine Ausnahme: § 10 AVRAG ermöglicht bei Fehlen eines BR eine gültige Regelung zum Thema durch schriftliche Vereinbarung zwischen AN und AG (vgl auch 12.6.1).

Notwendige BV können mangels eigener Beendigungsregeln von jeder Abschlusspartei ohne Einhaltung von Fristen oder Terminen **gekündigt** werden. Sie haben **keine Nachwirkung** (vgl § 96 Abs 2 iVm § 32 Abs 3 Satz 2 ArbVG; zur Nachwirkung allg 12.3.2.1).

Die gegenständliche notwendige Mitbestimmung ist – wie auch die notwendige mit Zwangsschlichtung und die erzwingbare (vgl 12.4.2, 12.4.3) – **bedingt** dadurch, dass kein KollV die jeweilige Materie behandelt (arg § 96 Abs 1 Z 4 ArbVG). Besteht eine Regelung durch KollV, so geht der notwendige (etc) Charakter verloren, die BV wird iSd § 97 Abs 1 Z 24 ArbVG zur freiwilligen (vgl 12.4.4), die nur wirken kann, wenn sie für die AN günstiger als der KollV ist (zum Günstigkeitsprinzip vgl 10.4.2.1).

Fall 74: Schmuckwaren

In einer Schmuckwarenfabrik besteht der Verdacht, dass in der Produktion tätige AN Diebstähle verüben. Der BI schließt daher mit dem BR vorschriftsmäßig eine BV, wonach in allen Produktionsbereichen Überwachungskameras montiert werden dürfen. Über die Dauer der BV wird nichts vereinbart. Die Montage der Kameras löst bei der Belegschaft einen derartigen Sturm der Entrüstung aus, dass der BR die BV fristlos kündigt.

Der BI verwendet die Kameras dennoch mit dem Hinweis, dass ihre Anschaffung hohe Kosten verursacht habe. Der BR verlangt deren Abbau. Wie ist die Rechtslage?

Fall 75: Akkordregelung

Im Juli 2013 bietet der AG den AN einer Betriebsabteilung I eine Akkordregelung an, die von allen akzeptiert wird.

Im Jänner 2014 wird zwischen BR und BI eine schriftliche Vereinbarung abgeschlossen, welche die Akkordregelung, da sie sich als zu günstig erwiesen hat, dahingehend modifiziert, dass der Akkordrichtsatz gesenkt wird.

Ende November 2014 wird die BV vom BI unter Einhaltung der darin festgehaltenen Frist von einem Monat zum Monatsletzten, also zum 31. 12. 2014, gekündigt. Nach Ablauf der Kündigungsfrist beschäftigt der AG die AN der Abteilung im Zeitlohn, wobei der kollektivvertragliche Stundenlohn geringer ist als der vorher erarbeitete durchschnittliche Akkordverdienst.

Ein AN klagt im Jänner 2015 auf Entgeltnachzahlung mit der Behauptung, dass nach wie vor die im Juli 2013 festgelegte Akkordregelung maßgeblich sei. Wie ist die Rechtslage?

12.4.2 Notwendige BV mit Zwangsschlichtung

Die in § 96a ArbVG angeführten Materien sind Gegenstand der notwendigen BV mit Zwangsschlichtung.

Diese Materien sind gem § 96a Abs 1 ArbVG:

- Einführung von Systemen zur automationsunterstützten Ermittlung, Verarbeitung und Übermittlung von personenbezogenen Daten des AN, die über die Ermittlung von allgemeinen Angaben zur Person und fachlichen Voraussetzungen hinausgehen (sog **Personaldatensysteme**). Eine Zustimmung ist nicht erforderlich, soweit die tatsächliche oder vorgesehene Verwendung dieser Daten über die Erfüllung von Verpflichtungen nicht hinausgeht, die sich aus G, Normen der kollektiven Rechtsgestaltung oder Arbeitsvertrag ergeben (Z 1 leg cit);
- Einführung von Systemen zur Beurteilung von AN, sofern mit diesen Daten erhoben werden, die nicht durch die betriebliche Verwendung gerechtfertigt sind (sog **Mitarbeiterbeurteilung;** Z 2).

Wie bei der BV nach § 96 ArbVG besteht **„Notwendigkeit"**, was eine gültige Regelung der Materie durch nachgeordnete Rechtsquellen, insb den Arbeitsvertrag, ausschließt (vgl 12.4.1).

Im Gegensatz zur Situation bei der notwendigen BV kann die **Zustimmung** des BR zur Regelung durch Entscheidung der **Schlichtungsstelle** (vgl §§ 144ff ArbVG) ersetzt werden.

Diese Zwangsschlichtung ist, obzwar sie beim ASG stattfindet (dazu gleich), **Verwaltungstätigkeit** und unterliegt dem Legalitätsprinzip (Art 18 Abs 1 B-VG).

Die Schlichtungsstelle ist jeweils anlassbezogen auf Antrag eines der Streitteile zu errichten, und zwar grundsätzlich am Sitz des ASG, in dessen Sprengel der Betrieb liegt (vgl § 144 Abs 1 ArbVG). Das **Verfahren zur Errichtung** wird vom **Präsidenten** des zuständigen mit Arbeits- und Sozialrechtssachen in erster Instanz befassten **Gerichtshofs** im Rahmen der Justizverwaltung geführt. Gegen in diesem Verfahren ergehende Bescheide geht der Instanzenzug im Wege der **Beschwerde zum BVwG** (Art 131 Abs 2 B-VG, § 10 Abs 4 SchliSt-Geo). Soweit die Rechtssache nicht zur Zuständigkeit des **VfGH** gehört (Art 133 Abs 5 B-VG; dies ist gem Art 144 Abs 1 B-VG insb bei Verletzung in einem verfassungsgesetzlich gewährleisteten Recht sowie bei Anwendung eines verfassungswidrigen G oder einer gesetzwidrigen V der Fall), kann gegen das Erkenntnis des BVwG **Revision an den VwGH** erhoben werden (Art 133 Abs 1 Z 1 B-VG).

Die Schlichtungsstelle besteht aus einem Vorsitzenden und vier Beisitzern. Der **Vorsitzende** ist vom Präsidenten des Gerichtshofes auf einvernehmlichen Antrag der Streitteile aus dem Kreis der **Arbeits- und Sozialrichter** zu bestellen, mangels Einigung der Streitteile hat der Gerichtspräsident einen Richter auszuwählen. Jeder der Streitteile hat **zwei Beisitzer** namhaft zu machen, davon einen aus einer **Beisitzerliste,** den anderen aus dem Kreis der im **Betrieb Beschäftigten** (vgl §§ 144f ArbVG).

Bei der **Verhandlung** vor der Schlichtungsstelle müssen grundsätzlich alle fünf Mitglieder anwesend sein; nach einer ersten Vertagung wegen grundlosen Fehlens eines Beisitzers und neuerlichem unentschuldigtem Fehlen desselben oder des anderen von der gleichen Partei namhaft gemachten Beisitzers sind die Voraussetzungen für die Verhandlungs- und Beschlussfähigkeit insofern erleichtert, als die Anwesenheit des Vorsitzenden und mindestens eines Beisitzers ausreicht. Bei der **Beschlussfassung** hat sich der Vorsitzende zunächst der Stimme zu enthalten; kommt eine Stimmenmehrheit nicht zustande, so nimmt der Vorsitzende nach weiterer Beratung an der erneuten Beschlussfassung teil (vgl § 146 Abs 1 ArbVG).

Die Schlichtungsstelle hat den Antrag auf Entscheidung der Regelungsstreitigkeit **wegen fehlender sachlicher Zuständigkeit zurückzuweisen** oder **in der Sache zu entscheiden**[9]). Primär soll jedoch auf eine einvernehmliche Streitbeilegung hingewirkt werden. Die Schlichtungsstelle hat die Entscheidung „innerhalb der durch die Anträge der Parteien bestimmten Grenzen und unter Abwägung der Interessen des Betriebs einerseits und der Belegschaft andererseits zu fällen". Die Entscheidung der Schlichtungsstelle gilt als BV (vgl § 146 Abs 2 Satz 1 – 3 ArbVG).

Gegenüber den Verfahrensbeteiligten ist die Entscheidung der Schlichtungsstelle ein **Bescheid.** Gegen den Bescheid kann **Beschwerde an das BVwG** erhoben werden (§ 146 Abs 2 Satz 4 ArbVG). Danach kommt noch der Gang zu **VwGH** bzw **VfGH** in Frage (s schon oben). Überschreitet beispielsweise die Schichtungsstelle den Rahmen der Parteianträge, so sind die Betriebspartner in ihrem verfassungsgesetzlich gewährleisteten Recht auf den gesetzlichen Richter verletzt. Es kann der VfGH befasst werden.

Eine **einseitige,** von BI oder BR gewünschte **Änderung** kann ebenfalls nur durch Anrufung der Schlichtungsstelle herbeigeführt werden, eine Kündigung durch eine Vertragspartei ist nicht möglich (vgl aber 12.3.2, 12.3.2.1). Bei dieser Art von BV besteht **keine Nachwirkung** (vgl § 96a Abs 2 ArbVG).

12.4.3 Erzwingbare BV

Die in § 97 Abs 1 Z 1 – 6a ArbVG angeführten Materien sind Gegenstand der erzwingbaren BV (vgl § 97 Abs 2 ArbVG).

Diese Materien sind:

- Allgemeine Ordnungsvorschriften, die das Verhalten der AN im Betrieb regeln (§ 97 Abs 1 Z 1 ArbVG);
- Grundsätze der betrieblichen Beschäftigung von AN, die im Rahmen einer Arbeitskräfteüberlassung tätig sind (Z 1 a leg cit);
- Auswahl der Betrieblichen Vorsorgekasse nach dem BMSVG (Z 1 b; vgl auch 5.1.4.2.3.1);
- generelle Festsetzung des Beginns und Endes der täglichen Arbeitszeit, der Dauer und Lage der Arbeitspausen und der Verteilung der Arbeitszeit auf die einzelnen Wochentage (Z 2; vgl auch 4.4.2, 4.4.6);
- Art und Weise der Abrechnung und insb Zeit und Ort der Auszahlung der Bezüge (Z 3);
- Sozialpläne (vgl Z 4; dazu auch 12.6.2);
- Art und Umfang der Teilnahme des BR an der Verwaltung von betriebs- und unternehmenseigenen Schulungs-, Bildungs- und Wohlfahrtseinrichtungen (Z 5; vgl 12.6.3);
- Maßnahmen zur zweckentsprechenden Benützung von Betriebseinrichtungen und Betriebsmitteln (Z 6);

[9]) *A. Ritzberger-Moser* in ZellKomm² § 144 ArbVG Rz 5.

- Maßnahmen zur Verhinderung, Beseitigung, Milderung oder zum Ausgleich von Belastungen der AN durch Nachtschwerarbeit, einschließlich der Verhütung von Unfällen und Berufskrankheiten (Z 6 a).

Im Gegensatz zu den BV nach den §§ 96, 96 a ArbVG (vgl 12.4.1, 12.4.2) ist eine Regelung durch **nachgeordnete Rechtsquellen nicht ausgeschlossen.** Die gegenständlichen Materien können daher gültig auch durch Arbeitsvertrag oder allenfalls Weisung gestaltet werden.

Kommt eine Einigung über den Abschluss, die Änderung oder die Aufhebung einer erzwingbaren BV zwischen den Betriebspartnern nicht zustande, so entscheidet auf Antrag eines der Streitteile die **Schlichtungsstelle** (vgl § 97 Abs 2 iVm §§ 144 ff ArbVG; zur Schlichtungsstelle vgl 12.4.2).

Eine **Kündigung** ist daher **nicht möglich** (vgl § 32 Abs 2 ArbVG; zur Vereinbarung der Kündigungsmöglichkeit vgl 12.3.2). Es besteht grundsätzlich **keine Nachwirkung** (vgl § 32 Abs 3 Satz 2 iVm § 32 Abs 2 ArbVG; vgl aber 12.3.2.1).

Fall 76: Alkoholverbot

Als es in einem Gießereibetrieb zu einer Häufung von Arbeitsunfällen kommt, bei denen Alkohol im Spiel ist, wird im Wege einer BV jedweder Alkoholkonsum, also auch das bis dahin erlaubte Biertrinken, verboten. Diese BV erregt den Unwillen der Belegschaft derart, dass der BR, der diese Vereinbarung geschlossen hat, bei der nächsten Gelegenheit abgewählt wird. Der neue BR kündigt die BV sofort.

Nach Ablauf der Kündigungsfrist beginnt der Kl damit, sich sein Jausenbrot mit einer Flasche Bier aufzubessern. Er wird diesbezüglich einmal verwarnt und beim zweiten Mal entlassen. Zu Recht?

12.4.4 Fakultative BV

Insb die in § 97 Abs 1 Z 7 – 26 ArbVG angeführten Materien sind Gegenstand der fakultativen (freiwilligen) BV.

Wichtige Grundlagen für fakultative BV sind **beispielsweise:**
- Richtlinien für die Vergabe von Werkwohnungen (§ 97 Abs 1 Z 7 ArbVG);
- Grundsätze betreffend den Verbrauch des Erholungsurlaubs (Z 10; vgl auch 8.2.5.1);
- Entgeltfortzahlungsansprüche für den zur Teilnahme an Betriebsversammlungen erforderlichen Zeitraum und damit im Zusammenhang stehende Fahrtkostenvergütungen (Z 11; vgl auch 15.1 e F 88);
- Erstattung von Auslagen und Aufwendungen sowie Regelung von Aufwandsentschädigungen (Z 12);
- Anordnung der vorübergehenden Verkürzung oder Verlängerung der Arbeitszeit (Z 13; vgl auch 4.4.5);
- Gewährung von Zuwendungen aus besonderen betrieblichen Anlässen (Z 15);
- Systeme der Gewinnbeteiligung sowie leistungs- und erfolgsbezogener Entgelte (Z 16);

- Betriebspensionsregelungen (Z 18, 18 a, 18 b; vgl auch 5.1.5.1);
- Art und Umfang der Mitwirkung des BR an der Planung und Durchführung von Maßnahmen der betrieblichen Berufsausbildung und betrieblicher Schulungs- und Bildungseinrichtungen sowie die Errichtung, Ausgestaltung und Auflösung von betriebs- und unternehmenseigenen Schulungs-, Bildungs- und Wohlfahrtseinrichtungen (Z 19; vgl 12.6.3);
- Rechtsstellung der AN bei Krankheit und Unfall (Z 20; vgl auch 6.2.1);
- Feststellung der maßgeblichen wirtschaftlichen Bedeutung eines fachlichen Wirtschaftsbereichs für den Betrieb iSd § 9 Abs 3 ArbVG (Z 23; vgl auch 11.7);
- Festlegung des Beginns und Verlängerung der Frist für die vorübergehende Beibehaltung des Zuständigkeitsbereiches gem § 62 b ArbVG (Z 23 a; vgl auch 14.11).

Diese BV erzeugt **keinen Ausschluss nachgeordneter Rechtsquellen** (vgl auch 12.4.3). Sie kann **nicht** durch einen der beiden Betriebspartner gegenüber dem anderen **erzwungen** werden (vgl hingegen 12.4.2, 12.4.3).

Alle Arten der Auflösung, also auch **Kündigungen,** sind **möglich.** Im Falle einer **Kündigung** – und nur bei dieser Form der Beendigung – kommt es gem § 32 Abs 3 Satz 2 ArbVG zur **Nachwirkung** (vgl allg 12.3.2.1).

Entscheidung 179: Jährliche Treueprämie

Die Festlegung einer jährlich auszuzahlenden Treueprämie fällt nicht in die Kompetenz der BV gem § 97 Abs 1 Z 15 ArbVG[10]).

Da diese Treueprämie kein Jubiläumsgeld ist, ist sie auch bei Anordnung des Stichtagsprinzips in der „BV" bei Auflösung des Arbeitsverhältnisses zu aliquotieren[11]).

OGH 6. 7. 1998, 8 ObA 167/98 m, ARD 4962/15/98

Fall 77: Konflikte[12])

Sachverhalt: *Eine schriftliche und gehörig kundgemachte Abmachung zwischen BR und BI regelt ein Kilometergeld, ein Akkordsystem, die Einarbeitung von „Fenstertagen" zur Erreichung eines längeren Wochenendes sowie ein Gewinnbeteiligungsmodell. Im Laufe des Jahres 2015 kommt es zu Konflikten zwischen Arbeitnehmerseite und BI:*

a) Im März 2015 lösen BI und BR im Einvernehmen die im Oktober 2011 auf vier Jahre abgeschlossene Regelung auf, wonach für die Abteilung, in der die Kl Verena tätig ist, ein Kilometergeld von € 0,42 pro mit dem Privat-

[10]) Zur Behandlung von nicht durch einen Ermächtigungstatbestand gedeckter „BV" vgl 12.5.

[11]) Zur Behandlung von Sonderzahlungen bei Beendigung des Arbeitsverhältnisses vgl 5.1.3.

[12]) Ein ähnlicher Fall mit Musterlösung findet sich bei *Reissner,* Klausur Kurs Kollektivarbeitsrecht, JAP 2003/04, 105 ff.

fahrzeug gefahrenem km vorgesehen ist. V begehrt in einem Musterprozess die weitere Auszahlung, und zwar „jedenfalls bis Oktober 2015". Zu Recht?

Daraufhin kündigt der BI sämtliche andere mit dem BR auf unbefristete Dauer geregelten Inhalte auf. Die Arbeitnehmerseite verlangt

b) das Weiterbestehen des Akkordsystems,

c) die Aufrechterhaltung der Fenstertagspraxis. Zu Recht?

d) Der Angestellte Walter hält die Kündigung der Gewinnbeteiligungsregelung für rechtswidrig. W klagt auf Auszahlung einer Gewinnbeteiligung iSd bisherigen Gepflogenheiten. Wird er Recht bekommen?

Lösung: Es kann davon ausgegangen werden, dass hier eine BV iSd § 29 ArbVG vorliegt.

a) Die Regelung eines Kilometergeldes ist gem § 97 Abs 1 Z 12 ArbVG in der Regelungsmacht der fakultativen BV (Aufwandsentschädigung). Der Abschluss befristet auf vier Jahre schließt zwar nach allgemeinen Grundsätzen die vorherige Kündigung, nicht aber die einvernehmliche Aufhebung durch die Betriebspartner aus. Die BV erlischt, sie hat auch mangels Vorliegens einer Kündigung keine Nachwirkung (vgl § 32 Abs 3 Satz 2 ArbVG), sodass V ihre Forderung nicht auf diese Rechtsgrundlage stützen kann. Sie müsste sich auf einen KollV oder Arbeitsvertrag berufen können, allenfalls steht ihr ein Kilometergeld gem § 1014 ABGB analog zu (vgl 5.1).

b) Ein Akkordsystem ist Gegenstand der notwendigen BV gem § 96 Abs 1 Z 4 ArbVG. Mangels Regelung der Geltungsdauer ist eine nachwirkungs- und fristlose Kündigung möglich. Die AN haben keinen Anspruch.

c) Die Fenstertagsregelung ist eine erzwingbare BV gem § 97 Abs 1 Z 2 ArbVG. Erzwingbare BV können nicht gekündigt werden, für einseitige Änderungswünsche ist die Schlichtungsstelle zu bemühen. Die Kündigung ist rechtsunwirksam, die Regelung besteht aufrecht.

d) Systeme der Gewinnbeteiligung sind Gegenstand der fakultativen BV gem § 97 Abs 1 Z 16 ArbVG. Eine Kündigung ist möglich, führt allerdings zur Nachwirkung, sodass der AN die Gewinnbeteiligung aus diesem Grund weiter verlangen kann.

12.4.5 Mischformen

Neben den im ArbVG vorgesehenen Arten von BV gibt es Mischformen in SonderG:

- Im **Urlaubsrecht** beispielsweise ist in § 2 Abs 4 UrlG vorgesehen, dass durch BV an Stelle des Arbeitsjahres das Kalenderjahr oder ein anderer Jahreszeitraum als Urlaubsjahr vereinbart werden kann (vgl 8.2.3.1). Die Zustimmung des BR im Rahmen der BV ist durch Zustimmung der einzelnen AN nicht ersetzbar, es sei denn, es ist kein BR vorhanden. Insofern kann von Notwendigkeit der BV (vgl 12.4.1, 12.4.2) gesprochen werden. Die Bestimmung des § 2 Abs 4 UrlG findet sich allerdings nicht in der Aufzählung des § 96 ArbVG. Damit kommen nicht die Regelungen über die Beendigung notwendiger BV zur Anwendung, es gelten vielmehr die allgemeinen Beendigungsregeln inklusive der Bestimmung über die Nachwirkung (vgl 12.3.2, 12.3.2.1).

- Im **Arbeitszeitrecht** zB können gem § 4b AZG in Betrieben, in denen BR eingerichtet sind, Gleitzeitmodelle nur mit BV eingeführt werden. Da dies der allgemeinen Regelungskompetenz des § 97 Abs 1 Z 2 ArbVG („generelle Festsetzung des Beginns und Endes der täglichen Arbeitszeit, der Dauer und Lage der Arbeitspausen und der Verteilung der Arbeitszeit auf die einzelnen Wochentage") entspricht, ist eine Zuordnung zur erzwingbaren Mitbestimmung vorzunehmen (vgl 12.4.3). Zur Rechtswirksamkeit der Maßnahme bedarf es allerdings, sofern vorhanden, der Zustimmung des BR, womit ein Ausschluss nachgeordneter Rechtsquellen wie bei einer notwendigen BV gegeben ist (vgl 12.4.1). Im Ergebnis bedeutet dies einen nicht im ArbVG genannten Fall der notwendigen BV mit Zwangsschlichtung (vgl allg 12.4.2).

12.5 Unechte („freie") BV[13])

Unechte („freie", „unzulässige") BV entstehen dadurch, dass BI und BR miteinander Vereinbarungen schließen, deren Inhalte weder durch G noch durch KollV dem Regelungspouvoir der BV zugeordnet sind (vgl allg 12.3.1.2).

Dies trifft insb auf allgemeine Entgeltregelungen zu.

Derartige Regelungen entfalten zwar keine kollektivrechtliche Wirkung, sie können aber dadurch, dass sie dauernd angewendet werden, **konkludent Inhalt der Einzelarbeitsverträge** werden. Der AN hat wegen der stetigen Wiederholung der Zahlung keinen vernünftigen Grund daran zu zweifeln, dass der AG diesbezüglich einen Anspruch gewähren will (§ 863 ABGB; zur konkludenten Vertragsergänzung auf Grund dieser Bestimmung genauer 5.2.2). Das schriftlich Niedergelegte ist quasi als **Vertragsschablone** anzusehen, die in die einzelnen Arbeitsverträge „hineinvereinbart" wird.

Natürlich ist auch eine **ausdrückliche** Übernahme der Vertragsschablone in den einzelnen Arbeitsvertrag möglich.

Damit können „freie BV" **nicht auf kollektivem Wege abgeändert** werden; es muss **mit jedem einzelnen AN** eine **Änderung des individuellen Arbeitsvertrags** vereinbart werden.

Fall 78: Lohnzuschlag[14])

Eine BV sieht ua einen Zuschlag zum kollektivvertraglichen Lohn in Höhe von 7% vor. Wegen der schlechten wirtschaftlichen Lage will der AG den Zu-

[13]) *Reissner/Knallnig,* Unechte Betriebsvereinbarung, JAP 2005/06, 97 ff.

[14]) Nach *Pircher,* Repetitorium Arbeitsrecht (1999) 133 f. Zum Thema vgl auch 5.1 F 33.

schlag kürzen. Da es zu keiner Einigung mit dem BR kommt, kündigt er den Zuschlag rechtzeitig zum 31. 12. 2015.

a) Haben die AN ab dem 1. 7. Anspruch auf die Leistung?

b) Würde sich etwas ändern, wenn der KollV die BV ausdrücklich ermächtigt hätte, einen derartigen Zuschlag festzulegen?

Fraglich ist, ob die in „freien BV" vorgesehenen **Befristungen** bzw **Kündigungsmöglichkeiten** auch als **Inhalt der Einzelarbeitsverträge** rezipiert werden und damit dem AG ein einseitiges Abgehen von Teilen des Arbeitsvertrags möglich wird:

Entscheidung 180: Transformation

Ist eine freie BV durch schlüssiges Verhalten zum Bestandteil der vom AG mit den AN geschlossenen Einzelarbeitsverträge geworden, dann müssen die AN auch für sie ungünstige Vertragsbedingungen (wie zB die Widerrufbarkeit unter bestimmten Voraussetzungen oder Bedingungen) gegen sich gelten lassen. Dies gilt auch für den Fall einer vereinbarten Befristung.

Die Transformationswirkung, wonach die freie BV Inhalt der Einzelarbeitsverträge wurde, auf deren Anwendung und Gestaltung die Belegschaftsvertretung keinen unmittelbaren Einfluss mehr hat, bedingt auch eine der Parteienabsicht gerecht werdende Auslegung in dem Sinn, dass die Unterbrechung der Verlängerungsautomatik dem wahren Vertragspartner, also dem einzelnen AN gegenüber, in der vertraglich vorgesehenen Form erklärt wird.

OGH 9. 7. 1999, 9 ObA 81/99y, ZAS 2000, 78 *(Standeker)*

Es muss im Einzelfall beurteilt werden, auf welche Vertragsinhalte der jeweilige AN iSd § 863 ABGB vertraut hat. Dabei wird es Situationen geben, in denen dem AN die bloß befristete Gewährung einer Leistung nicht klar geworden ist, sodass die Zeitbegrenzung nicht als Vertragsinhalt angesehen werden kann. Werden dem AN die Inhalte der „freien BV" vor Augen geführt und dadurch im Detail erkennbar, so wird – wie in E 180 angesprochen – eine Befristung, ein Widerrufsvorbehalt oder eine Kündigungsmöglichkeit zum Teil des Vertrags[15]). Zu beachten ist, dass ein Kündigungsrecht nur dann in den Vertrag eingehen wird, wenn im Schriftstück eine autonome Regelung zum Thema getroffen wurde; auf den bloßen Umstand, dass BV nach § 32 ArbVG gekündigt werden können (vgl 12.3.2), kann sich der AG nicht berufen. Überdies muss auch die Einräumung einer Kündigungsmöglichkeit angesichts des für den Arbeitsvertrag bestehenden Teilkündigungsverbots (vgl 4.2.3.1) als Widerrufsvorbehalt ausgedeutet werden. Ein Widerrufsvorbehalt kann nur nach billigem Ermessen ausgeübt werden (vgl zB 4.4.5.2, 5.2).

---

[15]) Zur zeitlichen Begrenzung eines vertraglichen Anspruchs infolge einer „freien BV" mit dem Inkrafttreten eines „ablösenden" KollV vgl OGH 11. 5. 2005, 9 ObA 30/05k, ASoK 2005, 305; 11. 5. 2005, 9 ObA 31/05g, Arb 12.531.

12.6 Ausgewählte Rechtsfragen zu speziellen Inhalten von BV

Ohne Anspruch auf Vollständigkeit werden im Folgenden einige wichtige Regelungsbereiche von BV vertieft (vgl 12.6.1 – 12.6.3).

Auch in anderen Zusammenhängen wird immer wieder auf Betriebsvereinbarungsrecht eingegangen (vgl zB 4.4.2, 4.4.5, 4.4.6, 5.1.4.2.1.1 c, 5.1.4.2.3.1, 5.1.5.1, 8.2.5.1, 11.7).

12.6.1 Kontrollmaßnahmen, die die Menschenwürde berühren

Für die Einführung von Kontrollmaßnahmen, die die Menschenwürde berühren, ist eine notwendige BV gem § 96 Abs 1 Z 3 ArbVG vorgesehen.

Besteht kein BR, so können derartige Kontrollmaßnahmen mit Zustimmung jedes einzelnen AN statuiert werden (vgl § 10 AVRAG). Dies ist eine Ausnahme, im Allgemeinen sind die der notwendigen Mitbestimmung unterliegenden Materien nicht nur im Falle einer Weigerung des BR, eine entsprechende Regelung zu treffen, sondern auch bei völligem Fehlen eines BR blockiert.

Unter **Kontrollmaßnahmen bzw -systemen** sind von Seiten des BI veranlasste, auf Dauer angelegte Vorkehrungen zu verstehen, die es konkret ermöglichen, AN beim Betreten oder Verlassen des Betriebs oder bestimmter Betriebsteile, ferner während ihrer Arbeitsleistung oder überhaupt während ihres Aufenthalts im Betrieb zu irgendeinem Zweck zu überprüfen.

Im Einzelnen ist zum einen die Kontrolle mittels technischer Hilfen (zB Kameras, Durchgangskontrollen, Produktographen) gemeint, zum anderen ist die Kontrolle durch andere Personen (zB Arbeitskollegen, Detektive) vom Begriff erfasst.
Auch die aus den modernen Kommunikationstechnologien resultierenden Kontrollmöglichkeiten können dem § 96 Abs 1 Z 3 ArbVG unterfallen, etwa die Kontrolle der Aktivitäten des AN an seinem Computer-Endgerät dadurch, dass sich dieses in einem diesbezüglichen Netzwerk befindet und eine zentrale Aufzeichnung der Rechnerinhalte bzw der Zugriffs- und Bewegungsdaten des Endgeräts erfolgt, welche in der Folge eine Einsichtnahme von Vertretern der Arbeitgeberseite, allenfalls nach Entschlüsselung, ermöglicht. Auch die Verwendung von satellitengestützten Ortungssystemen oder Lokalisierungsfunktionen von Mobiltelefonen wird idR ein Mitbestimmungsfall nach § 96 Abs 1 Z 3 ArbVG sein[16]).

Die notwendige Mitbestimmung setzt nach dem G ein **„Berühren der Menschenwürde"** voraus. Der Begriff der **„Menschenwürde"** muss aus der Konkretisierung von Generalklauseln des Zivilrechts (insb § 879 ABGB) bzw Arbeitsrechts (insb Fürsorgepflicht iSd § 1157 ABGB, § 18 AngG; vgl allg 8., insb 8.1) gewonnen werden. Besondere Bedeutung kommt § 16 ABGB zu, wonach jeder Mensch über angeborene, natürliche Rechte (Persönlichkeitsrechte) verfügt. Diese Rechtskonkretisierung erweist sich als Anwendungsfall der mittelbaren Drittwirkung einer Reihe von verfassungsrechtlich verankerten Grundrechten[17]), wie zB des Schutzes des Briefgeheimnisses (Art 10 StGG,

---

[16]) *Reissner* in *Reissner/Neumayr* (Hrsg), Zeller Handbuch Betriebsvereinbarungen (2014) Rz 3.13 ff mwN.

[17]) OGH 20. 12. 2006, 9 ObA 109/06 d, DRdA 2008, 326 *(Mosler)* = infas 2007 A 21.

Art 8 EMRK), des Fernmeldegeheimnisses (Art 10a StGG), der Meinungsfreiheit (Art 13 StGG, Art 10 EMRK), des Schutzes vor unmenschlicher Behandlung (Art 3 EMRK), des Schutzes des Privat- und Familienlebens (Art 8 EMRK) sowie des Grundrechts auf Datenschutz (§ 1 DSG). Das Wort **„Berühren“** beschreibt nur einen gewissen Bereich gerade noch akzeptabler Eingriffe. Aus ihm folgt, dass es einerseits schwere Fälle einer Beeinträchtigung der Menschenwürde geben kann, bei denen von einer Verletzung derselben gesprochen werden muss. Ist dies gegeben, so bleibt zwar die Mitbestimmungspflicht iSd § 96 Abs 1 Z 3 ArbVG bestehen, der BR ist diesfalls aber zur Verweigerung der Zustimmung verpflichtet. Jede einschlägige Maßnahme, und zwar auch eine solche, der der BR beispielsweise irrtümlicherweise zugestimmt hat, ist jedoch gesetzwidrig und nichtig.

Die Judikatur hat beispielsweise eine („intelligente“) Telefonregistrieranlage[18]) und ein biometrisches System (Fingerscanner) zur Arbeitszeiterfassung[19]) als Kontrollmaßnahmen, die die **Menschenwürde berühren,** qualifiziert.

Kontrollmaßnahmen, die die **Menschenwürde verletzen,** sind etwa Leibesvisitationen, ständige Überwachung durch ausschließlich auf einen konkreten Arbeitsplatz gerichtete Kameras sowie Telefonabhöranlagen.

Es gibt auch Kontrollmaßnahmen, die die Menschenwürde nicht einmal berühren. Diese sind nach § 96 Abs 1 Z 3 ArbVG nicht mitbestimmungspflichtig, sie können aber durchaus als Ordnungsvorschriften iSd § 97 Abs 1 Z 1 ArbVG zu qualifizieren sein und unterliegen dann der erzwingbaren Mitbestimmung (vgl allg 12.4.3).

Ein Beispiel hierfür ist etwa die Anwesenheitsprotokollierung zur Arbeitszeitkontrolle (früher: „Stechuhr“).

Entscheidung 181: Personalausweis

Die Verpflichtung zum Tragen eines Ausweises im Betrieb ist keine die Menschenwürde beeinträchtigende Kontrollmaßnahme. Derartige Verpflichtungen stellen eine Ordnungsvorschrift iSd § 97 Abs 1 Z 1 ArbVG dar und sind somit Gegenstand einer erzwingbaren BV bzw der Schlichtung gem §§ 144 ff ArbVG.

VwGH 27. 5. 1993, 92/01/0927, ZAS 1994, 66 *(Beck-Mannagetta)*

Ist eine Kontrollmaßnahme unzulässigerweise wegen Fehlens einer BV gem § 96 Abs 1 Z 3 ArbVG errichtet, so steht dem BR ein **Beseitigungsanspruch** zu. Gegen eine erst geplante Einführung einer Kontrollmaßnahme kann der BR eine Klage auf **Unterlassung** einbringen.

---

[18]) OGH 13. 6. 2002, 8 ObA 288/01p, DRdA 2003, 365 *(Preiss)* = Arb 12.240.

[19]) OGH 20. 12. 2006, 9 ObA 109/06d, DRdA 2008, 326 *(Mosler)* = infas 2007 A 21.

12.6.2 Sozialplan[20])

Sozialpläne stellen eine **erzwingbare BV** gem § 97 Abs 1 Z 4 ArbVG iVm § 109 Abs 3 ArbVG dar. Wie immer ist die Erzwingbarkeit dadurch **bedingt,** dass kein KollV zum Thema (§ 2 Abs 2 Z 4 ArbVG) vorliegt.

Fall 79: Branchenweite Schwierigkeiten

Infolge branchenweiter Schwierigkeiten werden in einem KollV besondere Regelungen für den Fall getroffen, dass bei Einführung neuer Technologien zum Zwecke der Rationalisierung Arbeitsplätze abgebaut werden. So wird, um AN zur Auflösung des Arbeitsverhältnisses zu bewegen, ua festgelegt, dass diesen im Falle der einvernehmlichen Lösung eine Zusatzzahlung von drei Monatsgehältern gebührt. Im Betrieb A, der in den Geltungsbereich des erwähnten KollV fällt, wird ein neues Produktionsverfahren eingeführt. Der BR ist bestrebt, mit dem BI eine Vereinbarung abzuschließen, die den AN bei einvernehmlicher Lösung eine Zusatzzahlung von vier Monatsgehältern garantiert. Weiters soll für jene AN, die sich zu einer Umschulung bereit erklären, ein Kündigungsausschluss für die Dauer von drei Jahren festgelegt werden.

a) Ist der Inhalt des KollV durch die Rechtssetzungsbefugnis der Kollektivvertragsparteien gedeckt?

b) Wie ist die vom BR geplante Vereinbarung zu qualifizieren?

c) Wie ist die Rechtslage unter der Voraussetzung, dass

ca) der BI den Abschluss der genannten Vereinbarung ablehnt,

cb) es zwar zum Abschluss einer Vereinbarung kommt, der BI diese jedoch einen Monat später wieder aufkündigt,

cc) auf kollektivvertraglicher Ebene überhaupt keine Regelung existiert?

Die Voraussetzungen für die Möglichkeit, einen Sozialplan abzuschließen, ergeben sich aus § 109 Abs 3 ArbVG. Zum einen muss eine **Betriebsänderung iSd § 109 Abs 1 Z 1–6 ArbVG** vorliegen.

Es geht daher zB um die Einschränkung oder Stilllegung bzw die Verlegung des ganzen Betriebes oder von Betriebsteilen, um die Einführung neuer Arbeitsmethoden oder von Rationalisierungs- und Automatisierungsmaßnahmen von erheblicher Bedeutung. Eine Betriebsänderung iSd § 109 Abs 1 Z 7 ArbVG, also die Änderung der Rechtsform oder der Eigentumsverhältnisse an einem Betrieb, ermöglicht demnach keinen Sozialplan.

Weitere Voraussetzung ist, dass im Gefolge der Betriebsänderung **wesentliche Nachteile für alle oder erhebliche Teile der Arbeitnehmerschaft** eintreten.

Als **wesentliche Nachteile** können Arbeitsplatzverlust mit drohender längerer Arbeitslosigkeit, Entgeltverschlechterungen mit deutlich spürbaren Auswirkungen auf den gewohnten Lebensstandard oder massive Verschlechterungen sonstiger Arbeitsbedingungen genannt werden. Geringfügige Unannehmlichkeiten bleiben außer Betracht.

---

20) *Anzenberger,* Kriseninstrument Sozialplan in der Praxis, in *Reissner/Herzeg* (Hrsg), Arbeits- und sozialrechtliche Strategien zur Krisenbewältigung (2010) 215 ff.

Der Nachteil für die AN muss nicht im Zeitpunkt der Betriebsänderung eintreten, zumindest aber in Zukunft nach dem typischen, zu erwartenden Verlauf der Dinge höchstwahrscheinlich sein. Die relevanten Nachteile dürfen nicht auf Vermögenseinbußen reduziert, vielmehr müssen auch sonstige Benachteiligungen und Verschlechterungen beachtet werden.

Bei diesem Situationsvergleich geht es immer um die Situation **aller AN** oder **erheblicher Teile der Arbeitnehmerschaft,** Einzelschicksale bleiben außer Betracht. Was unter dem Passus „erheblicher Teil" zu verstehen ist, ist im konkreten Fall abzustecken. Ist ein Drittel der AN betroffen, wird von einem erheblichen Teil die Rede sein können[21]).

Die Möglichkeit, Sozialpläne abzuschließen, setzt eine bestimmte **Betriebsgröße** voraus. Sozialpläne kommen nur in Betrieben in Frage, in denen **dauernd mindestens 20 AN beschäftigt** sind.

Die **Inhalte** eines Sozialplanes sind vielfältig und hängen stark mit der Art der Betriebsänderung zusammen.

So wird etwa bei Betriebseinschränkungen ein Kündigungsverzicht des AG oder die Zusage einer freiwilligen Abfertigung für den Fall des einvernehmlichen Ausscheidens typischer Inhalt sein. Im Falle von Betriebsverlegungen wäre zB die Einrichtung eines Werksverkehrs in Betracht zu ziehen. Ebenfalls möglich sind Regelungen über vom AG zu finanzierende Umschulungs- bzw Qualifizierungsmaßnahmen sowie Arbeitsstiftungen.

Fall 80: Kompensation

Sachverhalt: *Durch die Vollautomatisierung der Lagerung und Lagerentnahme in einem Handelsbetrieb reduziert sich der Personalbedarf von 30 auf zehn AN. Ein Sozialplan sieht vor, dass sämtlichen AN für die nächsten zwei Jahre die Aufrechterhaltung des Arbeitsverhältnisses garantiert wird, dass aber gleichzeitig das Entgelt für diesen Zeitraum bis auf die kollektivvertraglichen Ansprüche reduziert wird.*

Fünf AN verlangen weiterhin ihren bisher bezogenen überkollektivvertraglichen Lohn und berufen sich auf ihre Arbeitsverträge. Wie ist die Rechtslage?

Lösung: Es liegt ein „kompensatorischer" Sozialplan vor, der die Regelungsgruppen „Beendigung durch den AG" und „allgemeines Entgelt" betrifft. Es ist ein Günstigkeitsvergleich (vgl 10.4.2.1.2) durchzuführen, welcher ergibt, dass die für die AN günstigere Regelung in der Gruppe Beendigung der in der BV vorgesehene Kündigungsausschluss ist, während in der Gruppe Entgelt der günstigere Arbeitsvertrag anzuwenden ist. Da der BV das Ordnungsprinzip nicht offen steht (vgl 10.4.2.2), kann sie das höhere Entgelt im Arbeitsvertrag nicht ausschließen. Die von ihr vorgesehene Herabsetzung des Entgelts wirkt nicht normativ, sondern ist bloß Teil der schuldrechtlichen Funktion der BV (s unten sowie allg 12.3.1.1). Die AN können die Entgeltdifferenz einfordern.

Damit droht das Konzept des Sozialplans zu scheitern. Der BI kann aus dem mit dem BR geschlossenen Vertrag Erfüllung verlangen, dh den BR zur

---

[21]) *Marhold/Friedrich,* Arbeitsrecht[2] 658 f.

Einwirkung auf die fünf AN anhalten. Sollte der BR nicht in der Lage sein, die Einhaltung der BV durch die AN zu gewährleisten, steht dem BI das Recht zur vorzeitigen Lösung der BV aus wichtigem Grund offen (vgl 12.3.2).

Enthält der Sozialplan Einschränkungen des subjektiven Geltungsbereichs, so dürfen diese zu keinem Verstoß gegen den allgemeinen **arbeitsrechtlichen Gleichbehandlungsgrundsatz** sowie zu keiner sonstigen **Diskriminierung,** etwa iSd GlBG, führen:

Entscheidung 182: Mütterdiskriminierung

Der Ausschluss von AN in Mutterschaftskarenz aus einem Sozialplan ist eine unmittelbare Diskriminierung auf Grund des Geschlechts.

OGH 3. 8. 2005, 9 ObA 76/05z, DRdA 2006, 53

12.6.3 Betriebliche Wohlfahrtseinrichtungen

Im Zusammenhang mit betrieblichen Wohlfahrtseinrichtungen (zB Betriebskantine, Werksbus, Urlaubsheim, Betriebskindergarten) sind zwei Mitbestimmungstatbestände für die BV, nämlich § 97 Abs 1 Z 5 einerseits und § 97 Abs 1 Z 19 ArbVG andererseits, zu unterscheiden.

Vorweg sind betriebliche Wohlfahrtseinrichtungen (§ 95 ArbVG) von den **Wohlfahrtseinrichtungen der AN** (§ 93 ArbVG) abzugrenzen. Letztere stehen im Alleinbestimmungsrecht der Belegschaft.

Was die **Verwaltung** von betrieblichen Wohlfahrtseinrichtungen betrifft, so ist hier nach den §§ 95 Abs 1, 97 Abs 1 Z 5 ArbVG **erzwingbare Mitbestimmung** vorgesehen.

Was hingegen die **Errichtung, Ausgestaltung** und **Auflösung** betrieblicher Wohlfahrtseinrichtungen betrifft, so besteht die Möglichkeit, eine **fakultative BV** nach den §§ 95 Abs 2, 97 Abs 1 Z 19 ArbVG abzuschließen.

Alle Fragen im Zusammenhang mit der betrieblichen Wohlfahrtseinrichtung, insb auch deren Auflösung, richten sich dann primär nach den Inhalten dieser BV. Der BR kann die Auflösung einer betrieblichen Wohlfahrtseinrichtung von Seiten des AG binnen vier Wochen beim ASG anfechten, wenn diese in einer BV vorgesehenen Auflösungsgründen widerspricht (§ 95 Abs 3 Z 1 ArbVG).

Ist eine **BV** zum Thema **nicht vorhanden,** so kann der BR eine Auflösung beim ASG **nur** dann **anfechten,** wenn der **Betriebsratsfonds oder** die **AN** zum Errichtungs- und Erhaltungsaufwand der Wohlfahrtseinrichtung **erheblich beigetragen** haben **und** die **Auflösung** unter Abwägung der Interessen der AN und des Betriebs **nicht gerechtfertigt** ist (§ 95 Abs 3 Z 2 ArbVG).

Hat also zB der AG die Einrichtung allein finanziert, so steht einer Auflösung durch ihn nichts entgegen. Nur dann, wenn die Belegschaft im Bereich der Infrastruktur mitfinanziert hat, kommt es zu einer Interessenabwägung und damit verbunden möglicherweise zu einer Beibehaltung der Einrichtung, allenfalls in adaptierter Form.

Fall 81: Wellnesszentrum[22])

Eine Versicherung betreibt ein sog Wellnesszentrum, welches nicht nur Versicherungskunden offensteht, sondern auch von den AN der Versicherung benützt werden darf. Wie ist die Rechtslage in den folgenden beiden Situationen:

a) Der BR verlangt Mitspracherechte bei der Verwaltung des Zentrums.

b) Der BI verkauft die Einrichtung. Die AN wollen diese weiter in Anspruch nehmen.

Betriebliche Wohlfahrtseinrichtungen spielen im Zusammenhang mit betrieblichen Übungen eine bedeutende Rolle (vgl 5.2.2).

Kontrollfragen zu Kapitel 12.

1. Wer ist auf Betriebsinhaberseite, wer auf Belegschaftsseite zum Abschluss einer BV befugt? Wie sind die Kompetenzen der diversen Belegschaftsorgane aufgeteilt? Kann diese Aufteilung verändert werden?
2. Wie ist die Rechtslage, wenn eine BV eine Entgelterhöhung vornimmt?
3. Warum kann der schuldrechtliche Teil einer BV viel weniger Materien regeln als jener des KollV?
4. Welche Möglichkeiten und Grenzen der Regelungsmacht der BV zeigen sich bei Betriebspensionen?
5. Was sind die Wesensmerkmale und zentralen Regelungsinhalte der notwendigen BV?
6. Was sind die Wesensmerkmale und zentralen Regelungsinhalte der notwendigen BV mit Zwangsschlichtung?
7. Was sind die Wesensmerkmale und zentralen Regelungsinhalte der erzwingbaren BV? Wie ist die Entscheidung der Schlichtungsstelle rechtlich auszudeuten?
8. Was versteht man unter einer „freien BV"? Wie kann der AG die Inhalte einer solchen außer Kraft setzen?
9. Nach welchen Bestimmungen können Kontrollmaßnahmen mitbestimmungspflichtig sein? Wann ist eine Kontrollmaßnahme auch mit Zustimmung des BR rechtsunwirksam?
10. Was ist ein Sozialplan? Wie ist er rechtlich zu qualifizieren? Unter welchen Voraussetzungen ist er möglich? Was kann er beinhalten?

[22]) Für die Falllösung notwendige Inhalte finden sich auch unter 5.2.2.

13. Organisation der Belegschaft – Mitwirkungsrechte

Kernpunkte des Betriebsverfassungsrechts, also des II. Teiles des ArbVG, sind die Regelungen über die Organisation (vgl 13.1) und über die Mitwirkungsrechte der Belegschaft (vgl 13.2).

13.1 Organisation der Belegschaft

13.1.1 Ansatzpunkte des Betriebsverfassungsrechts

Die subjektive Anknüpfung der Betriebsverfassung, nämlich deren Arbeitnehmerbegriff, wurde bereits unter 1.2 dargestellt. Hier ist auf die objektiven Ansatzpunkte des Rechtsgebiets (vgl 13.1.1.1 – 13.1.1.3) einzugehen[1]).

13.1.1.1 Betrieb

Gem § 33 Abs 1 ArbVG gilt das Betriebsverfassungsrecht für **„Betriebe aller Art"**.

In § 33 Abs 2 ArbVG sind einzelne Betriebe vom Geltungsbereich des G ausgenommen. Zu beachten sind weiters **besondere Betriebsarten,** für die nach den §§ 132 ff ArbVG spezielle Regelungen vorgesehen sind. Dazu gehören insb die sog **Tendenzbetriebe** (vgl 13.1.1.1.4).

13.1.1.1.1 Betriebsbegriff

§ 34 Abs 1 ArbVG enthält eine Definition des Begriffs des Betriebs. Demnach ist als Betrieb „jede Arbeitsstätte" zu verstehen, „die eine organisatorische Einheit bildet, innerhalb der eine physische oder juristische Person oder eine Personengemeinschaft mit technischen oder immateriellen Mitteln die Erzielung bestimmter Arbeitsergebnisse fortgesetzt verfolgt, ohne Rücksicht darauf, ob Erwerbsabsicht besteht oder nicht".

Die Betriebseigenschaft wird vor allem in der Einheit des BI, des Betriebszwecks und der Organisation gesehen. Maßgebend sei die arbeitsmäßige, technische und organisatorische Zusammenfassung von Arbeitskräften und Produktionsmitteln[2]); diese müsse auf Dauer angelegt sein[3]). Eine organisatorische Einheit in diesem Sinn wird aber erst dann zum Betrieb, wenn ihr ein **gewisses Maß an Selbständigkeit, insb in technischer Hinsicht,** eingeräumt

[1]) *Löschnigg,* Arbeitsrecht[12] 222 ff; *Strasser/Jabornegg,* Arbeitsrecht II[4] 270 ff; *Marhold/Friedrich,* Arbeitsrecht[2] 519 ff; *Kietaibl,* Arbeitsrecht I[8] 89 ff; *Tomandl* in *Tomandl* (Hrsg), Arbeitsverfassungsgesetz (2005 ff) § 34; *Windisch-Graetz* in ZellKomm[2] §§ 34 f ArbVG.

[2]) EA Linz 11. 2. 1960, Re 70/59 Arb 7202.

[3]) OGH 23. 2. 1994, 9 ObA 311 – 338/93, DRdA 1995, 48 = ZAS 1994, 158.

ist und auch dem **Ergebnis des Arbeitsvorgangs der Einheit** eine – wenn auch beschränkte – **Abgeschlossenheit oder Unabhängigkeit von anderen Unternehmensvorgängen** eigen ist[4]).

Es geht um die Verfolgung eines einheitlichen Zweckes, der vorrangig unmittelbar technisch, nicht jedoch kaufmännisch ausgerichtet ist. Die Einheit muss demnach einen mehr oder weniger abgegrenzten Aufgabenkreis erfüllen, rechtliche Selbständigkeit ist aber nicht erforderlich.

Der Betriebscharakter wird nicht berührt, wenn Personalangelegenheiten bzw sonstige **Aspekte der Betriebsführung** (zB Datenverarbeitung, Rechnungswesen) für mehrere Betriebe gemeinsam **von der Unternehmensspitze wahrgenommen** werden[5]). Werden aber alle wesentlichen Entscheidungen in der Zentrale getroffen, liegt kein selbständiger Betrieb vor[6]).

Filialen oder Zweigstellen sind nur dann eigene Betriebe, wenn sie vom Arbeitsergebnis betrachtet auch allein bestehen könnten[7]). Ob die einzelnen Betriebsabteilungen (Filialen) weit voneinander entfernt liegen oder nicht, ist – nicht zuletzt vor dem Hintergrund des § 35 ArbVG (vgl 13.1.1.1.3) – nur als im Zweifel einzusetzendes Hilfsargument von Bedeutung[8]); dabei ist auf den Zweck der Regelungen, eine funktionierende Belegschaftsvertretung zu gewährleisten, zu achten[9]).

Denkbar ist weiters ein **„Leitungsbetrieb"**, dessen Arbeitsaufgabe darin besteht, die Leitung und Verwaltung der übrigen (produktiven) Betriebe des Unternehmens zu besorgen[10]).

Auch der Umstand, dass **zwei oder mehrere selbständige Unternehmen** eine **einzige technisch-organisatorische Einheit** benützen, schließt nicht von vornherein die Betriebseigenschaft aus. Entscheidend ist in derartigen Fällen, dass Einheitlichkeit hinsichtlich der Organisation bzw der Leitung (zB durch übergreifende Weisungs- und Kontrollrechte) gegeben ist[11]).

Was die **Beschäftigung von AN** als Merkmal des Betriebsbegriffs anlangt, liegt jedenfalls auf der Hand, dass es einer Betriebsstätte ohne AN am zentralen arbeitsrechtlichen Anknüpfungspunkt mangelt. Im Übrigen ist aber die Beschäftigung von auch nur einem AN für die Begründung der Betriebseigenschaft ausreichend.

Für § 34 Abs 1 ArbVG ist die Anzahl der AN unerheblich. Die Beschäftigung von mindestens fünf AN spielt zwar für die Errichtung der Belegschaftsorgane eine entscheidende Rolle (vgl 13.1.2), nicht aber für die Charakterisierung eines Betriebs an sich.

---

[4]) Vgl zB OGH 27. 9. 1995, 9 ObA 143/95, DRdA 1996, 297 *(Runggaldier).*

[5]) Vgl zB OGH 27. 9. 1995, 9 ObA 143/95, DRdA 1996, 297 *(Runggaldier).*

[6]) OGH 28. 11. 2007, 9 ObA 147/07 v, ASoK 2008, 234 *(Marhold-Weinmeier).*

[7]) Vgl zB EA Linz 2. 12. 1977, Re 88/77, Arb 9655.

[8]) Vgl zB VwGH 3. 7. 1973, 217/73, Arb 9140; 4. 3. 1987, 86/01/0169.

[9]) OGH 27. 9. 1995, 9 ObA 143/95, DRdA 1996, 297 *(Runggaldier);* EA Klagenfurt 1. 7. 1985, Re 30/85, ZASB 1986, 6 = Arb 10.436.

[10]) VwGH 21. 10. 1969, 492/69, Arb 8674; vgl auch *Kietaibl,* Arbeitsrecht I[8] 90.

[11]) Vgl zB OGH 23. 2. 1994, 9 ObA 311–338/93, DRdA 1995, 48 = ZAS 1994, 158.

Entscheidung 183: Landesdirektionen

Den Landesdirektionen einer Versicherung, die die zentralen Aufgaben Inkasso und Schadensliquidation selbst durchführen, kommt Betriebseigenschaft iSd § 34 ArbVG zu.

VwGH 20. 12. 1984, 84/01/0176, DRdA 1985, 416

Zu verneinen ist der Betriebsbegriff allerdings bei der Landesdirektion einer Versicherung, die zwar Versicherungsanträge aufbringt, die Polizzenausstellung, das Inkasso und die Schadensbearbeitung allerdings der Generaldirektion überlässt[12]).

Betriebseigenschaft zuerkannt wurde weiters der Hauptanstalt einer Bank samt Filialen[13]), einer von einem Bundesland betriebenen Kinderheilstätte[14]), dem Kurheim eines Sozialversicherungsträgers[15]), einem gemeinsam von zwei GmbH betriebenen Ambulatorium[16]), selbständigen Schülerheimen[17]) sowie Autobahnmeistereien[18]).

Ändern sich Strukturen und Elemente eines Betriebs, so stellt sich die Frage nach der **Betriebsidentität,** also die Frage, ob noch ein und derselbe Betrieb vorliegt. Dabei ist eine Abwägung vorzunehmen: Die Hauptelemente des Betriebs (BI, Belegschaft, Betriebsmittel, Betriebszweck, Organisationsstruktur) sind herauszuarbeiten und qualitativ zu bewerten. Es muss dann geprüft werden, ob und inwieweit sich einzelne Elemente des Betriebsbegriffs verändert haben. Sind die **Veränderungen insgesamt erheblich,** so liegt eine **Betriebsstilllegung** vor.

Die Änderung eines der Merkmale wird idR nicht zum Verlust der Betriebsidentität führen.

Konsequenzen ergeben sich im Hinblick auf die Tätigkeitsdauer des BR (§§ 62 Z 1, 64 Abs 1 Z 1 ArbVG) sowie in der Folge für den besonderen Bestandschutz des Betriebsratsmitglieds (vgl §§ 120 Abs 3 letzter Satzteil, 121 Z 1 ArbVG; dazu allg 2.3.2.1.1 b).

Fall 82: Porzellan

Ein mit der Produktion von Porzellan befasstes Unternehmen umfasst außer der Zentrale in X noch zwei weitere Betriebe in Y und Z, wobei sich der Betrieb in Y auf die Herstellung von Tafelgeschirr und der in Z auf die Erzeugung von Elektroporzellan spezialisiert hat. Als der Betrieb in Z durch einen Großbrand vollständig vernichtet wird, erfolgt der Wiederaufbau aus Trans-

12) VwGH 3. 7. 1973, 217/73, Arb 9140; vgl auch EA Feldkirch 11. 4. 1975, Re 14/74, ZAS 1976, 1 = Arb 9364; EA Linz 20. 10. 1978, Re 46/78, Arb 9726.

13) Vgl zB EA Innsbruck 20. 5. 1986, Re 15/86, Arb 10.523 = RdW 1986, 315.

14) VwGH 18. 12. 1952, 1012/52, Arb 5583.

15) VwGH 16. 1. 1973, 501/72, Arb 9095 = JBl 1974, 329.

16) VwGH 15. 1. 1986, 84/01/0034, RdW 1986, 279 = VwSlgNF A 11.987.

17) OGH 25. 1. 1995, 9 ObA 246/94, DRdA 1995, 421 = ZASB 1995, 13.

18) OGH 28. 11. 2007, 9 ObA 147/07v, ASoK 2008, 234 *(Marhold-Weinmeier).*

portkostenüberlegungen nicht mehr in Z, sondern in A, wobei weiters die Erzeugung von Elektroporzellan auf Tafelgeschirr umgestellt wird und der Betrieb in Y in Hinkunft Elektroporzellan produziert.

Birgit, die sechs Monate Betriebsratsmitglied in Z war, wird nach der Verlegung nach A vom BI gekündigt. Sie wehrt sich dagegen mit der Begründung, dass für sie als Betriebsratsmitglied nach wie vor die besonderen Kündigungsschutzbestimmungen bestehen. Wie ist die Rechtslage?

13.1.1.1.2 Feststellungsverfahren

Die Betriebseigenschaft ist eine wesentliche Voraussetzung für die Betriebsratswahl und allgemein für die Geltung der Betriebsverfassung. Das Vorliegen eines Betriebs ist jedoch – nicht zuletzt wegen der Relativität der Merkmale des Betriebsbegriffs (vgl 13.1.1.1.1) – im Einzelfall oft strittig. Aus diesem Grund sieht § 34 Abs 2 und 3 ArbVG für Zweifelsfälle das sog Feststellungsverfahren vor. Gem § 34 Abs 2 Satz 1 ArbVG hat das **ASG** auf Grund einer Klage **festzustellen** hat, **ob** ein **Betrieb vorliegt** oder nicht.

Zur Klage sind bei Vorliegen eines rechtlichen Interesses der BI, der BR, mindestens so viele wahlberechtigte AN, als Betriebsratsmitglieder zu wählen wären, sowie die zuständige freiwillige Berufsvereinigung und die gesetzliche Interessenvertretung der AN berechtigt (vgl § 34 Abs 3 ArbVG).

Das **Urteil** des ASG hat so lange **bindende Wirkung,** als sich die **Voraussetzungen,** die für das Urteil maßgebend waren, nicht **wesentlich geändert** haben und dies **in einem neuerlichen Verfahren festgestellt** wird (§ 34 Abs 2 Satz 2 ArbVG).

13.1.1.1.3 Gleichstellungsverfahren

§ 35 ArbVG sieht die Möglichkeit vor, eine Arbeitsstätte, die an sich die Voraussetzungen des Betriebsbegriffs (vgl 13.1.1.1.1) nicht erfüllt, einem Betrieb gleichzustellen.

Während die Frage, ob ein Betrieb gegeben ist, im Feststellungsverfahren beantwortet werden soll, ist es bei Einleitung eines Gleichstellungsverfahrens klar, dass **kein Betrieb** vorliegt. Für Klagsberechtigte wäre so gesehen auch eine Kombination denkbar, in der vorerst ein Feststellungsverfahren und in eventu ein Gleichstellungsverfahren angestrengt wird.

Gem § 35 Abs 1 ArbVG hat das ASG auf Grund einer Klage eine **Arbeitsstätte,** in der **dauernd mehr als 50 AN** beschäftigt sind, einem selbständigen Betrieb gleichzustellen, wenn sie **räumlich vom Hauptbetrieb weit entfernt** ist und hinsichtlich Aufgabenbereich und Organisation eine **Eigenständigkeit** besitzt, **die der eines Betriebs nahekommt.**

Für die Gleichstellung gem § 35 ArbVG ist – im Gegensatz zur Situation beim Betriebsbegriff (vgl 13.1.1.1.1) – die **räumliche Entfernung** zwischen Arbeitsstätten von zentraler Bedeutung. Weitere wichtige Voraussetzung ist, dass die Arbeitsstätte eine Arbeitnehmerzahl von mindestens 50 Personen aufweist.

Zur Klage sind der BR, mindestens so viele AN, als Betriebsratsmitglieder zu wählen wären, die zuständige freiwillige Berufsvereinigung und die gesetzliche Interessenvertretung der AN berechtigt.

Das ASG hat die **Gleichstellung** auf Grund einer Klage **für beendet zu erklären,** wenn die **Voraussetzungen** einer Gleichstellung **nicht mehr gegeben** sind.

Die Gleichstellung wirkt also **konstitutiv.** Solange sie nicht durch neuerliches Urteil für beendet erklärt wird, gilt die Arbeitsstätte als einem Betrieb gleichgestellt. Klagsberechtigt ist in diesem Fall zusätzlich zu den ansonsten Aktivlegitimierten auch der BI.

Erklärt das ASG die Gleichstellung einer Arbeitsstätte für beendet, so führt dies gem § 62 Z 6 ArbVG zur vorzeitigen Beendigung der Tätigkeitsdauer des BR. Damit erlischt die Mitgliedschaft zum BR gem § 64 Abs 1 Z 1 ArbVG, in der Folge geht der AN des besonderen Bestandschutzes gem § 120 Abs 3 ArbVG verlustig.

Fall 83: Auslieferungslager[19])

Eine AG hat ihren Sitz in Wien und mehrere Auslieferungslager in den Bundesländern, die jedoch in personeller und wirtschaftlicher Hinsicht von der Zentrale geleitet werden.

Im Grazer Auslieferungslager werden Betriebsratswahlen durchgeführt. Die AN Claudia wird dabei zur Vorsitzenden gewählt. Die Gesellschaft steht jedoch auf dem Standpunkt, dass die Betriebsqualifikation nicht gegeben sei und leitet beim ASG ein Feststellungsverfahren ein. Das Gericht verneint in weiterer Folge das Vorliegen eines selbständigen Betriebs. Daraufhin wird C gekündigt.

Im Linzer Auslieferungslager entschließen sich die AN auf Grund der umstrittenen Betriebsqualifikation, vor Abhaltung der Betriebsratswahl ein Gleichstellungsverfahren einzuleiten. Als dem Begehren in weiterer Folge auch stattgegeben wird, versucht die Firmenleitung die Wahl dadurch zu unterbinden, dass sie die Arbeitnehmerzahl durch Versetzungen auf 49 senkt. Die Wahl wird trotzdem durchgeführt und die Betriebsratsmitglieder stellen sich unverzüglich bei der Firmenleitung als solche vor. Diese erkennt die Wahl jedoch nicht an und initiiert eine Wahlanfechtung. Wie ist die Rechtslage?

13.1.1.1.4 Tendenzbetrieb

§ 132 ArbVG sieht Abweichungen im Hinblick auf die Betriebsverfassung für sog Tendenzbetriebe vor:

- Gem § 132 Abs 1 ArbVG sind auf Unternehmen und Betriebe, die **unmittelbar politischen, koalitionspolitischen, konfessionellen, wissenschaftlichen, erzieherischen oder karitativen Zwecken** dienen, Regelungen über die **Mitwirkung in wirtschaftlichen Angelegenheiten** zum Großteil **nicht anzuwenden.**

[19]) Zu weiteren für die Falllösung relevanten Inhalten vgl 13.1.2.1.2 c.

Die §§ 110 – 112 ArbVG über die Mitwirkung der Belegschaft im Aufsichtsrat (vgl 13.2.2.1), den Einspruch gegen die Wirtschaftsführung und die staatliche Wirtschaftskommission sind überhaupt nicht heranzuziehen. § 108 (wirtschaftliche Informations-, Interventions-, und Beratungsrechte) und § 109 Abs 1 und 2 ArbVG (Betriebsänderungen) sind anzuwenden, soweit nicht die besondere Zweckbestimmung betroffen ist. § 109 ArbVG ist jedenfalls anzuwenden, soweit es sich um Betriebsänderungen iSd § 109 Abs 1 Z 1 a, 5 und 6 ArbVG (Auflösungen von Arbeitsverhältnissen, die das Kündigungsfrühwarnsystems auslösen, Einführung von neuen Arbeitsmethoden bzw von Rationalisierungs- und Automatisierungsmaßnahmen von erheblicher Bedeutung) handelt.

- Auf Unternehmen und Betriebe, die unmittelbar **Zwecken der Berichterstattung oder Meinungsäußerung** dienen, sind gem § 132 Abs 2 ArbVG die §§ 108 – 112 ArbVG (wirtschaftliche Mitbestimmung) insoweit nicht anzuwenden, als es sich um Angelegenheiten handelt, die die **politische Richtung** dieser Unternehmen und Betriebe **beeinflussen.**

§ 109 ArbVG ist jedenfalls anzuwenden, soweit es sich um Auflösungen von Arbeitsverhältnissen, die das Kündigungsfrühwarnsystems auslösen, sowie die Einführung von neuen Arbeitsmethoden bzw von Rationalisierungs- und Automatisierungsmaßnahmen von erheblicher Bedeutung handelt (s oben).

- Auf Unternehmen und Betriebe, die **konfessionellen Zwecken einer gesetzlich anerkannten Kirche oder Religionsgesellschaft** dienen, sind ganz allgemein die Bestimmungen der Betriebsverfassung nicht anzuwenden, soweit die Eigenart des Unternehmens oder des Betriebs dem entgegensteht (vgl § 132 Abs 4 ArbVG).

Jedenfalls sind die Bestimmungen über BV gem § 96 Abs 1 Z 1, 2 und 4 ArbVG (vgl 12.4.1) sowie die §§ 108 ff ArbVG über die wirtschaftliche Mitbestimmung nicht anzuwenden auf Betriebe und Verwaltungsstellen, die der Ordnung der inneren Angelegenheiten der gesetzlich anerkannten Kirchen und Religionsgesellschaften dienen.
Ausgenommen ist wiederum § 109 ArbVG, soweit es sich um Betriebsänderungen iSd Abs 1 Z 1 a, 5 und 6 leg cit handelt.

Entscheidung 184: Pastoralassistentin

Besondere praktische Bedeutung gewinnt die sich aus der Relativitätsklausel des § 132 Abs 4 ArbVG ergebende beschränkte Anwendbarkeit des ArbVG vor allem bei den Mitwirkungsrechten der Belegschaft in personellen Angelegenheiten, die jene AN betreffen, deren Aufgabe es ist, die konfessionelle Zwecksetzung unmittelbar zu verwirklichen („Tendenzträger").

Eine Pastoralassistentin der katholischen Kirche ist so gut wie ausschließlich in der Verkündung und Verbreitung von Heilswahrheiten und der Festigung des Glaubens tätig und daher „Tendenzträger". An einer diese AN betreffenden Kündigung hat der BR daher nicht nach § 105 ArbVG mitzuwirken, und zwar unabhängig davon, ob die Maßnahme schlechthin oder aus tendenzbedingten Gründen erfolgt.

OGH 6. 5. 1987, 14 ObA 29/87, infas 1988 A 109

13.1.1.2 Unternehmen

Das Unternehmen bildet im Gegensatz zum Betrieb, dessen Zweck in der Erzielung unmittelbarer technischer Arbeitsergebnisse besteht (vgl 13.1.1.1.1), den **wirtschaftlich-administrativen Rahmen.** Zuweilen wird auf die Definition in § 1 Abs 2 Satz 1 KSchG verwiesen[20]), wo das Unternehmen als „jede auf Dauer angelegte Organisation selbständiger wirtschaftlicher Tätigkeit, mag sie auch nicht auf Gewinn gerichtet sein" umschrieben ist.

Im gegebenen Zusammenhang wichtig ist die funktionelle Abgrenzung zum Terminus „Betrieb": Während in beiden Fällen eine organisatorische Einheit vorliegt, muss die Eigenständigkeit des Unternehmens in Bezug auf den „kaufmännisch-wirtschaftlichen" (oder ideellen) Zweck[21]) gegeben sein, der Betrieb hingegen konzentriert sich auf die Hervorbringung von Arbeitsergebnissen, durch welche die unternehmerischen Ziele erreicht werden sollen. Laut *Marhold/Friedrich*[22]) umfasst der Unternehmensbegriff daher nicht nur die technisch-organisatorischen, sondern auch die immateriellen Elemente wirtschaftlicher Tätigkeit[23]). Das Unternehmen muss im Gegensatz zum Betrieb „rechtlich selbständig" sein[24]). Es ist zumeist eine **„rechtliche Einheit"** iSd Unternehmensrechts oder nach den außerhalb desselben (zB vereinsrechtlich) bestehenden Vorschriften, also eine natürliche oder juristische Person. Ausnahmsweise können auch mehrere Rechtspersönlichkeiten – etwa im Falle der Gesellschaft bürgerlichen Rechts – ein Unternehmen bilden.

Ein Unternehmen kann aus **einem** oder **mehreren Betrieben** bestehen. Ein Betrieb ohne Unternehmen ist nicht denkbar – eine bloße wirtschaftliche Aktivität ohne rechtliche Hülle gibt es nicht.

Der Unternehmensbegriff ist wichtiger Anknüpfungspunkt für die Errichtung des ZBR (vgl 13.1.2.3).

13.1.1.3 Konzern

Der Begriff des Konzerns kommt aus dem Gesellschaftsrecht. Sowohl § 15 AktG als auch § 115 GmbHG sprechen dann von einem Konzern, wenn **rechtlich selbständige Unternehmen** zu wirtschaftlichen Zwecken unter **einheitlicher Leitung** zusammengefasst sind oder wenn ein rechtlich selbständiges Unternehmen auf Grund von Beteiligungen oder sonst unmittelbar oder mittelbar unter dem **beherrschenden Einfluss eines anderen Unternehmens** steht.

Der Konzernbegriff ist Anknüpfungspunkt für die sog Konzernvertretung (vgl §§ 88a f ArbVG; dazu 13.1.2.4).

13.1.2 Organe der Belegschaft[25])

Welche Organe auf Grund der Bestimmungen des Betriebsverfassungsrechts zu errichten sind, hängt von verschiedenen Komponenten ab: Neben

---

[20]) ZB *Marhold/Friedrich,* Arbeitsrecht[2] 527.

[21]) *Strasser/Jabornegg,* Arbeitsrecht II[4] 276.

[22]) Arbeitsrecht[2] 527.

[23]) Ähnlich *Kietaibl,* Arbeitsrecht I[8] 89 f.

[24]) *Strasser/Jabornegg,* Arbeitsrecht II[4] 276 ff.

[25]) *Löschnigg,* Arbeitsrecht[12] 823 ff; *Strasser/Jabornegg,* Arbeitsrecht II[4] 290 ff; *Marhold/Friedrich,* Arbeitsrecht[2] 542 ff; *Kietaibl,* Arbeitsrecht I[8] 107 ff.

der Anzahl der im Betrieb beschäftigten AN sind ua das Verhältnis zwischen Arbeitern und Angestellten, die Existenz mehrerer Betriebe, mehrerer Unternehmen oder eines Konzerns sowie die Art des Unternehmens selbst wesentlich (zur Kompetenzabgrenzung zwischen Belegschaftsorganen vgl auch 12.1.3).

In jedem **Betrieb,** in dem **dauernd mindestens fünf stimmberechtigte AN** beschäftigt werden, sind gem § 40 Abs 1 Satz 1 ArbVG Organe der Arbeitnehmerschaft zu bilden.

Unterlässt die Belegschaft die Errichtung der Organe, so steht dies unter keiner unmittelbaren Sanktion, die AN begeben sich allerdings ihrer Möglichkeiten aus der Betriebsverfassung.

Bei der geforderten **Mindestanzahl** von fünf AN sind gem § 40 Abs 1 Satz 2 ArbVG ua der Ehegatte des BI und verwandte oder verschwägerte Personen nicht zu berücksichtigen. Von vornherein außer Acht zu lassen sind naturgemäß Personen, die die Arbeitnehmereigenschaft iSd Betriebsverfassung nicht aufweisen (vgl 1.2).

Sind in einem Betrieb dauernd **weniger als fünf AN** beschäftigt, so **fällt** dieser **aus dem Geltungsbereich der Betriebsverfassung.** Dies gilt auch dann, wenn ein Betrieb, der vormals mehr als fünf AN hatte, auf Dauer unter diese Mindestanzahl sinkt. Laut OGH[26]) wird aber in diesem Fall die Tätigkeitsdauer eines bestehenden BR nicht vorzeitig beendet.

Weist sowohl die Gruppe der **Arbeiter** als auch die Gruppe der **Angestellten fünf oder mehr stimmberechtigte AN** auf, so sind gem § 40 Abs 2 ArbVG folgende Organe zu bilden:

- Betriebshauptversammlung,
- Gruppenversammlung der Arbeiter und Angestellten,
- Wahlvorstände für die Betriebsratswahl,
- BR der Arbeiter und der Angestellten,
- Betriebsausschuss,
- Rechnungsprüfer.

Belegschaftsversammlungen (Betriebshauptversammlung, Gruppenversammlung, Betriebsversammlung; zu Letzterer s unten) bestehen aus der Gesamtheit der AN des Betriebs oder der Arbeitnehmergruppe. Es gibt ordentliche und außerordentliche Versammlungen (vgl § 43 ArbVG), die Versammlungen sind insb für die Wahl des Wahlvorstands für die Betriebsratswahl oder für die Beschlussfassung über die Einhebung einer Betriebsratsumlage zuständig (vgl im Einzelnen § 42 ArbVG; zu weiteren Regelungen vgl §§ 44 ff ArbVG).

Für die **Zugehörigkeit zur Gruppe der Arbeiter** oder der **Angestellten** ist die auf G beruhende arbeitsvertragsrechtliche Stellung entscheidend (§ 41 Abs 3 Satz 1 ArbVG; vgl allg 1.4.1.1). Angestellte kraft Vertrages gehören bei Erfüllung der Voraussetzungen des § 41 Abs 3 Satz 2 ArbVG zur Angestelltengruppe (vgl 1.4.1.2).

Wahlvorstände haben die Aufgabe, die jeweilige Wahl vorzubereiten und durchzuführen (zur Betriebsratswahl vgl §§ 54 ff ArbVG).

Die **BR** sind jene Organe der Belegschaft, die im Allgemeinen die Mitbestimmungsrechte der AN auszuüben haben (vgl §§ 50 ff ArbVG).

---

[26]) OGH 7. 6. 2006, 9 ObA 90/05 h, ZAS 2007, 95 (krit *Spitzl*) = ASoK 2006, 396.

Der **Betriebsausschuss** stellt die Gesamtheit der Mitglieder der GruppenBR dar (vgl §§ 76f ArbVG; dazu 13.1.2.2).

Die **Rechnungsprüfer** sind zur betriebsinternen Überprüfung der Gebarung und Verwaltung von Belegschaftsfonds berufen (zum Betriebsratsfonds vgl 13.1.2.1.4).

Erfüllt **nur eine Gruppe** die Voraussetzungen, erfüllen sie **beide Gruppen nur in ihrer Gesamtheit** oder **beschließen** die Gruppenversammlungen in getrennten Abstimmungen mit erhöhtem Quorum (§ 49 Abs 2 Satz 3 ArbVG) die **Bildung eines gemeinsamen BR,** so sind folgende Organe zu bilden:

- Betriebsversammlung,
- Wahlvorstand für die Betriebsratswahl,
- BR,
- Rechnungsprüfer.

Umfasst ein **Unternehmen mehrere Betriebe,** die eine wirtschaftliche Einheit bilden und vom Unternehmen zentral verwaltet werden, so sind folgende Organe zu bilden:

- Wahlvorstand für die Zentralbetriebsratswahl,
- ZBR,
- Betriebsräteversammlung,
- Rechnungsprüfer.

Der Wahlvorstand ist hier aus dem Kreis der Betriebsratsmitglieder der einzelnen Betriebe (Betriebsräteversammlung) zu bestellen. Auch die Wahl erfolgt nur in diesem Kreis (vgl 13.1.2.3).

Liegt ein **Konzern** vor, so kann gem § 40 Abs 4a ArbVG eine Konzernvertretung iSd §§ 88a f ArbVG gebildet werden (vgl 13.1.2.4).

In **europaweit tätigen Unternehmen bzw Unternehmensgruppen** ist nach Maßgabe des V. Teiles des ArbVG ein besonderes Verhandlungsgremium einzusetzen und in der Folge ein Europäischer BR zu errichten oder ein Verfahren zur Unterrichtung und Anhörung der AN zu schaffen (vgl § 40 Abs 4b ArbVG). Ähnliches gilt für **Europäische Gesellschaften** und **Europäische Genossenschaften** (Abs 4c und 4d leg cit; dazu 13.1.2.5).

Daneben sind weitere besondere Vertretungen zu errichten. Bei mindestens fünf jugendlichen AN ist ein **Jugendvertrauensrat** (vgl §§ 125ff ArbVG), bei mindestens fünf begünstigten Behinderten sind **Behindertenvertrauenspersonen** zu wählen (vgl § 22a BEinstG).

13.1.2.1 BR

Der BR ist jenes Organ der Arbeitnehmerschaft, welches gem § 113 Abs 1 ArbVG die der Arbeitnehmerschaft zustehenden Befugnisse auszuüben hat, soweit nicht anderes bestimmt ist (vgl auch 12.1.3).

Der BR ist nur insoweit rechtsfähig, als ihm durch das ArbVG Rechtspersönlichkeit eingeräumt wird (**Teilrechtsfähigkeit;** vgl auch 12.3.1.1). Der BR ist in allen gerichtlichen und verwaltungsbehördlichen Verfahren **parteifähig** (§ 53 Abs 1 ASGG; zur Verlängerung der Partei- und Prozessfähigkeit vgl 13.1.2.1.2). Er ist jedoch **nicht vermögensfähig.**

Die volle Rechtspersönlichkeit kommt ausdrücklich nur den Belegschaftsfonds, nämlich dem Betriebsratsfonds (§ 74 Abs 1 ArbVG; vgl 13.1.2.1.4) und dem Zentralbetriebsratsfonds (§ 86 ArbVG), zu.

Da weder der Belegschaft noch dem BR mangels Rechtssubjektivität die Vermögensfähigkeit zukommt, besteht weder eine Organhaftung der Belegschaft für den BR als solchen noch eine derartige Haftung der Belegschaftsvertretung für ihre Mitglieder. Eine persönliche Haftung von Betriebsratsmitgliedern im Falle rechtswidriger Handlungen ist dadurch allerdings nicht ausgeschlossen.

13.1.2.1.1 Betriebsratswahl[27])

Der BR ist ein **Gremium,** wobei die Zahl der zu wählenden Betriebsratsmitglieder von der Anzahl der im Betrieb oder in der jeweiligen Arbeitnehmergruppe beschäftigten AN abhängt. Die **Zahl der zu wählenden Betriebsratsmitglieder** bestimmt sich nach § 50 ArbVG.

In Betrieben mit fünf bis neun AN ist ein Betriebsratsmitglied zu wählen, in Betrieben mit zehn bis 19 AN sind zwei Mitglieder zu wählen usw. Die Zahl steigt mit der Belegschaftsgröße, sodass etwa bei einer Zahl zwischen 1001 und 1400 AN 14 Betriebsratsmitglieder zu wählen sind (vgl § 50 Abs 1 ArbVG).

Stichtag für die Feststellung der Zahl der Belegschaftsangehörigen ist der Tag der Betriebsversammlung zur Wahl des Wahlvorstandes (vgl § 50 Abs 2 ArbVG).

a) Wahlgrundsätze und Wahlverfahren

Gem § 51 ArbVG werden die Mitglieder des BR auf Grund des **gleichen, unmittelbaren** und **geheimen Wahlrechts** von der jeweiligen Belegschaftsversammlung gewählt. Die Wahl hat durch **persönliche Stimmabgabe** oder ausnahmsweise durch Briefwahl zu erfolgen. Das Wahlergebnis ist nach den Grundsätzen des **Verhältniswahlrechts** bzw nach dem System von d'Hondt zu ermitteln[28]).

Für **Vorbereitung** und **Durchführung der Betriebsratswahl** sind detaillierte Bestimmungen sowohl in den §§ 54 ff ArbVG als auch in der BRWO vorgesehen. Zuständig hiefür ist der davor zu wählende **Wahlvorstand.**

Wurde dieser ordnungsgemäß bestellt, so hat er die Betriebsratswahl innerhalb von vier Wochen durchzuführen (§ 55 Abs 1 Satz 1 ArbVG). Der Wahlvorstand hat ua die Wählerliste zu verfassen und im Betrieb aufzulegen, die Wahl in Form einer Wahlkundmachung auszuschreiben, über gegen die Wählerliste vorgebrachte Einwendungen zu entscheiden sowie Wahlvorschläge entgegenzunehmen und über deren Zulassung zu befinden. Die Betriebsratswahl ist grundsätzlich mit einheitlichen Stimmzetteln durchzuführen, die der Wahlvorstand aufzulegen hat.

In Fällen, in denen nur ein Wahlvorschlag eingereicht wurde oder höchstens zwei Betriebsratsmitglieder zu wählen sind, ist eine vereinfachte Durchführung der Wahl möglich (vgl §§ 51 Abs 3, 58 ArbVG).

---

27) *Jabornegg/Naderhirn/Trost,* Die Betriebsratswahl[6] (2014).

28) Vgl dazu *K. Putzer/A. Putzer,* Verhältniswahl: das d'Hondtsche Verfahren, JAP 2007/08, 223; *Löschnigg,* Arbeitsrecht[12] 841 ff, jeweils mit Beispielen.

b) Aktives und passives Wahlrecht

Aktiv wahlberechtigt sind gem § 52 ArbVG alle AN ohne Unterschied der Staatsbürgerschaft, die am Tage der Betriebsversammlung zur Wahl des Wahlvorstandes das 18. Lebensjahr vollendet haben und an diesem Tag und am Tag der Wahl im Rahmen des Betriebs beschäftigt sind.

Werden getrennte BR gewählt, ist für die aktive Wahlberechtigung Gruppenzugehörigkeit erforderlich (zum passiven Wahlrecht s unten).

Das **passive Wahlrecht** haben gem § 53 ArbVG alle AN, die am Tag der Ausschreibung der Wahl das 18. Lebensjahr vollendet haben und seit mindestens sechs Monaten, ausgenommen bei neuen oder saisonal tätigen Betrieben, beschäftigt sind.

Ausdrücklich von der Wählbarkeit ausgeschlossen sind die in § 53 Abs 3 ArbVG genannten Personen, das sind ua Ehegatten oder eingetragene Partner von BI oder Organmitgliedern sowie gewisse mit diesen Personen verwandte oder verschwägerte AN.

Bei getrennten Wahlen sind auch **Angehörige der anderen Arbeitnehmergruppe** wählbar (§ 53 Abs 2 ArbVG).

Eine gleichzeitige Mitgliedschaft zum Arbeiter- und zum AngestelltenBR ist nicht möglich.

Weiters wählbar sind, sofern mindestens vier Betriebsratsmitglieder zu wählen sind, **Vorstandsmitglieder und Angestellte einer zuständigen freiwilligen Berufsvereinigung der AN** (vgl § 53 Abs 4 ArbVG).

In diesem Ausnahmefall haben Personen das passive Wahlrecht, die nicht AN des Betriebs, sondern Gewerkschaftsfunktionäre oder -angestellte sind.

c) Mangelhafte Betriebsratswahl

Bei der mangelhaften Betriebsratswahl ist zwischen anfechtbarer und nichtiger Wahl zu unterscheiden:

Die **anfechtbare Wahl** ist in § 59 ArbVG geregelt. Es gibt dabei zwei Gruppen von anfechtbaren Wahlen:

- Gem § 59 Abs 1 ArbVG kann die Betriebsratswahl beim ASG angefochten werden, wenn **wesentliche Bestimmungen des Wahlverfahrens** oder **leitende Grundsätze des Wahlrechts verletzt** wurden und hierdurch das **Wahlergebnis beeinflusst werden konnte.**

  Anfechtungsberechtigt sind hier die einzelnen Wahlberechtigten und jede wahlwerbende Gruppe. Die Anfechtung ist **binnen Monatsfrist** vom Tage der Mitteilung des Wahlergebnisses an gerechnet vorzunehmen. Anfechtungsgegner ist der BR in seiner Gesamtheit, nicht jedoch einzelne Betriebsratsmitglieder oder im BR vertretene Fraktionen.

  Es reicht, wenn entweder ein Verfahrensmangel oder eine Verletzung der Wahlgrundsätze vorliegt. Voraussetzung jeglicher Anfechtung ist, dass der Anfechtungswerber dartut, dass das **Wahlergebnis durch den Mangel beeinflusst werden konnte.** Die Beeinflussungsmöglichkeit ist nicht abstrakt, sondern nach Maßgabe der konkreten Umstände zu beurteilen. Es ist **nicht notwendig,** dass das Wahlergebnis **tatsächlich beeinflusst wurde,** es genügt vielmehr, dass eine Beeinflussung möglich gewesen wäre.

- Den zweiten Fall von anfechtbarer Betriebsratswahl bildet die **unzulässige Wahl** gem § 59 Abs 2 ArbVG. Eine Anfechtung ist hier möglich, wenn die Betriebsratswahl ihrer **Art** oder ihrem **Umfang** nach oder **mangels Vorliegens eines Betriebs nicht durchzuführen gewesen wäre.**

  Ihrer Art nach ist eine Betriebsratswahl zB nicht durchzuführen, wenn trotz Vorliegens von mehr als fünf Angestellten bzw Arbeitern ein gemeinsamer BR gewählt wird. Ihrem Umfang nach ist eine Betriebsratswahl mangelhaft, wenn von der Anzahl der gewählten Betriebsratsmitglieder her Fehler aufgetreten sind.

  Anfechtungsberechtigt sind in diesem Fall nicht nur die einzelnen Wahlberechtigten und jede wahlwerbende Gruppe, sondern **auch** der **BI.**

Wird die Anfechtung einer iSd § 59 ArbVG mangelhaften Wahl unterlassen, so bleibt der BR bis zum Ablauf der Tätigkeitsdauer (vgl 13.1.2.1.2) oder bis zur Neuwahl eines BR im Amt. Der **Wahlmangel** ist also **„saniert“.**

Aus der Praxis: Ein bundeslandesweit tätiges Elektrizitätsversorgungsunternehmen hat Zweigstellen in jeder Bezirkshauptstadt, die technisch und organisatorisch von der Zentrale gelenkt werden und sämtliche unternehmerische Entscheidungen nach deren Vorgaben zu treffen haben. Dennoch wird in jeder dieser Bezirksstellen ein eigener BR gewählt.
Erfolgt innerhalb der Monatsfrist gem § 59 ArbVG keine Anfechtung durch den BI wegen Vorliegens einer unzulässigen Wahl – es werden ja kaum Betriebe iSd § 34 ArbVG vorliegen –, so sind die einzelnen BR vier Jahre lang im Amt.

Im Falle einer erfolgreichen Anfechtung sind **Rechtshandlungen,** die der BR in der Zeit zwischen seinem Tätigkeitsbeginn und der Ungültigkeitserklärung setzt, trotz nachfolgender Aufhebung der Betriebsratswahl **nicht berührt** (§ 61 Abs 3 ArbVG).

Das bedeutet, dass zB abgeschlossene BV oder Widerspruchserklärungen gegen Kündigungen iSd § 105 ArbVG voll wirksam sind.

Auch die Bestimmungen über den **besonderen Schutz von Betriebsratsmitgliedern,** insb jene über den Kündigungs- und Entlassungsschutz nach den §§ 120ff ArbVG, kommen (vorläufig) zur Anwendung.

Die zweite Art einer mangelhaften Betriebsratswahl ist die **nichtige Wahl** gem § 60 ArbVG. Eine solche liegt dann vor, wenn die Wahlmängel in ihrer Qualität deutlich über die in § 59 ArbVG angesprochenen Kriterien hinausgehen. Die Rechtsprechung[29]) spricht vom **„Außerachtlassen der elementarsten Grundsätze einer Wahl im Allgemeinen und einer Betriebsratswahl im Besonderen“.**

Der Fall der absolut nichtigen Betriebsratswahl gem § 60 ArbVG ist daher auf krasse Ausnahmefälle beschränkt. Ein solcher ist etwa gegeben, wenn AN durch den

[29]) Vgl zB OGH 8. 4. 1975, 4 Ob 5, 6/75, Arb 9411; 11. 1. 1995, 9 ObA 240/94, DRdA 1996, 50 *(Gahleitner)* = Arb 11.347.

Wahlvorstand telefonisch befragt werden, ob sie mit der Wahl einer bestimmten Person zum BR einverstanden sind[30]).

Im Gegensatz zur zeitlich begrenzten Anfechtung kann die **Nichtigkeit** einer Betriebsratswahl **jederzeit geltend gemacht** werden, und zwar sowohl durch Klage auf Feststellung als auch einredeweise. Legitimiert ist jeder, der ein rechtliches Interesse daran hat.

Beispiel: Ein AN, welcher mit ausdrücklicher Zustimmung des „BR“ gem § 105 ArbVG gekündigt wurde, macht die Nichtigkeit im Rahmen einer Kündigungsanfechtung wegen Sozialwidrigkeit geltend (zum Sperrrecht des BR vgl 2.3.1.1.1 b).

Rechtshandlungen von Personen, die auf Grund eines nichtigen Wahlvorgangs als „BR“ bestellt wurden, sind ohne Rücksicht auf die Feststellung der Nichtigkeit durch das ASG **rechtsunwirksam.** Die betroffenen AN genießen auch **nicht** den **Schutz als Betriebsratsmitglieder.**

Entscheidung 185: Weitere Betriebsratswahl

Sachverhalt: Der Kl ist seit der Betriebsratswahl vom 10. 10. 1997 Mitglied des ArbeiterBR der Bekl, dessen Funktionsperiode sich bis 10. 10. 2001 erstreckt. In einer weiteren Betriebsratswahl wird am 27. 11. 1998 ein anderer BR gewählt. Diese Betriebsratswahl wird vom (alten) ArbeiterBR und den damals gewählten Mitgliedern, darunter auch dem Kl, angefochten. Mit Urteil vom 2. 6. 1999 wird festgestellt, dass die Betriebsratswahl vom 27. 11. 1998 nichtig ist. Der Kl wird am 31. 3. 1999 fristlos entlassen. Eine Zustimmung des ASG zum Ausspruch dieser Entlassung wurde nicht eingeholt.
Der Kl begehrt die Feststellung, dass sein Arbeitsverhältnis über den Tag der rechtsunwirkamen Entlassung vom 31. 3. 1999 hinaus aufrecht weiterbesteht.

Leitsätze: Während § 61 Abs 2 a ArbVG bei einem klagestattgebenden Urteil 1. Instanz im Falle der Anfechtung einer Betriebsratswahl nach § 59 Abs 1 ArbVG dahin Vorsorge trifft, dass der (fehlerhaft) gewählte BR seine Tätigkeit bis zur rechtskräftigen Entscheidung über die Anfechtungsklage längstens bis zum Ablauf seiner Funktionsdauer fortführt und die Gültigkeit seiner Rechtshandlungen auch durch die Bestätigung der Anfechtung der Betriebsratswahl nach § 61 Abs 3 ArbVG nicht berührt wird, ist bei Nichtigkeit einer Betriebsratswahl die Rechtsunwirksamkeit aller Rechtshandlungen, die der als BR bezeichnete Personenkreis zwischen der „Wahl“ und der Feststellung der Nichtigkeit getätigt hat, die Folge. In diesem Falle findet keine

30) Vgl EA Linz 20. 3. 1975, Re 2/75, Arb 9360.

rechtliche Beendigung der Tätigkeitsdauer statt, weil diese niemals wirksam begonnen hatte.

Die Feststellung der Nichtigkeit der Betriebsratswahl bewirkt, dass die bereits bestehende Rechtslage deklarativ beschrieben wird. Die Nichtigkeit besteht daher nicht nur vom Zeitpunkt der Wirksamkeit des Urteils an, sondern ab Beginn der Wahl. Die Rückwirkung ergibt sich somit schon aus dem materiellen Recht, sodass dem Klagebegehren stattzugeben ist.

OGH 4. 10. 2000, 9 ObA 206/00k, infas 2001 A 11

Fall 84: Wahlvorgänge

Eine neu gegründete Baufirma beschäftigt fünf Angestellte und 58 Arbeiter. Sowohl die Angestellten als auch die Arbeiter beschließen die Errichtung eines BR.

Die fünf Angestellten treffen sich zu diesem Zweck im Gasthaus und kommen gesprächsweise überein, die Angestellte Doris als BR einzusetzen. Sie schicken sofort eine diesbezügliche von allen unterschriebene Mitteilung an den BI.

Die Arbeiter halten eine Gruppenversammlung ab, in der sich vier Arbeiter als Kandidaten für eine Mitgliedschaft und weitere vier als Kandidaten für eine Ersatzmitgliedschaft im BR vorstellen. Der in der Versammlung gewählte Wahlvorstand führt eine Woche später die Wahl „der Einfachheit halber" so durch, dass jeder AN einen Zettel mit „ja" oder „nein" beschreibt und ihn gefaltet in eine aus einer Schachtel fabrizierte „Wahlurne" wirft. Der Wahlvorschlag wird auf diese Weise mit 30 Ja- gegen 28 Nein-Stimmen angenommen. Das Ergebnis wird dem BI unverzüglich mitgeteilt. In seiner konstituierenden Sitzung wählt der ArbeiterBR das Mitglied Erich zum Vorsitzenden.

Zwei Monate nach diesen Wahlvorgängen werden D und E gekündigt. Unter Berufung auf ihre Stellung als Betriebsratsmitglieder behaupten sie die Rechtsunwirksamkeit ihrer Kündigungen, da eine Zustimmung des ASG zu diesen nicht vorliege. Wie ist die Rechtslage?

13.1.2.1.2 Tätigkeitsdauer und Mitgliedschaft

Die **Tätigkeitsdauer des BR** beträgt **vier Jahre.** Sie beginnt **mit dem Tag der Konstituierung** oder mit Ablauf der Tätigkeitsdauer des früheren BR, wenn die Konstituierung vor diesem Zeitpunkt erfolgte.

Erklärt das ASG eine Betriebsratswahl auf Grund einer Anfechtung gem § 59 ArbVG für ungültig, so führt der frühere BR die laufenden Geschäfte bis zur Konstituierung des neu gewählten BR für höchstens drei Monate weiter (vgl § 61 Abs 2 ArbVG).

Zu einer **vorzeitigen Beendigung der Tätigkeitsdauer** kommt es gem § 62 ArbVG ua dann, wenn

- der Betrieb dauernd eingestellt wird,
- der BR dauernd funktionsunfähig wird, insb wenn die Zahl der Mitglieder unter die Hälfte der in § 50 Abs 1 ArbVG festgesetzten Mitgliederzahl (vgl 13.1.2.1) sinkt,
- die zuständige Belegschaftsversammlung die Enthebung des BR beschließt,
- der BR seinen Rücktritt beschließt,
- das Gericht die Betriebsratswahl für ungültig erklärt,
- das ASG die Gleichstellung der Arbeitsstätte gem § 35 Abs 2 ArbVG für beendet erklärt (vgl 13.1.1.1.3).

Endet die Tätigkeitsdauer des BR planmäßig nach Ablauf der Funktionsperiode oder wegen Betriebsstilllegung bzw dauernder Funktionsunfähigkeit (§§ 61, 62 Z 1 und 2 ArbVG) während eines Verfahrens vor Gericht oder einer Verwaltungsbehörde, in dem der BR Partei ist, so **besteht** seine **Partei- und Prozessfähigkeit in Bezug auf dieses Verfahren bis zu dessen Abschluss,** längstens jedoch bis zur Konstituierung eines neuen BR, weiter (zu den Fällen einer Beibehaltung des Zuständigkeitsbereichs im Falle von Umstrukturierungen, insb Betriebsübergängen gem §§ 62b, 62c ArbVG, vgl 14.11).

Nach Wiederaufnahme eines eingeschränkten oder stillgelegten Betriebs kann die zuständige Belegschaftsversammlung unter den Voraussetzungen des § 63 ArbVG an Stelle von Neuwahlen die **Fortsetzung der Tätigkeit des früheren BR** bis zur Beendigung seiner ursprünglichen Tätigkeitsdauer beschließen.

Von der Tätigkeitsdauer des BR als Gremium zu unterscheiden ist die Frage der **Mitgliedschaft des einzelnen Mandatsträgers zum BR.** Die Mitgliedschaft zum BR **beginnt** gem § 64 Abs 1 ArbVG **mit Annahme der Wahl** und **erlischt** insb dann, wenn

- die Tätigkeitsdauer des BR endet,
- das Mitglied zurücktritt,
- das Mitglied aus dem Betrieb ausscheidet,
- die Arbeitnehmergruppe, die das Mitglied in den BR gewählt hat, dieses wegen Verlustes der Zugehörigkeit zu dieser Gruppe binnen vier Wochen enthebt.

Im letzteren Fall stellt also der Wechsel von der Arbeiter- in die Angestelltengruppe oder umgekehrt einen Grund für die Enthebung des Betriebsratsmitglieds dar. Dies erscheint inkonsequent, sind doch Mitglieder einer anderen Arbeitnehmergruppe gem § 53 Abs 2 ArbVG wählbar (vgl 13.1.2.1.1 b).

Die Mitgliedschaft zum BR ist vom ASG auf Grund einer Klage abzuerkennen, wenn das Mitglied die **Wählbarkeit nicht** oder **nicht mehr besitzt** (§ 64 Abs 4 ArbVG).

Zur Klage sind der BR, jedes Betriebsratsmitglied und der BI berechtigt. Bei in den BR gewählten Gewerkschaftsangestellten oder -funktionären erlischt die Mitgliedschaft bei Ausscheiden aus der Gewerkschaft automatisch (§ 64 Abs 2 ArbVG).

Gem § 65 ArbVG treten im Falle des Ausscheidens von Betriebsratsmitgliedern **Ersatzmitglieder** an deren Stelle.

13.1.2.1.3 Geschäftsführung

Nach der Betriebsratswahl hat sich der BR zu konstituieren. Das an Lebensjahren älteste Mitglied des BR hat die Einberufung der gewählten Mitglieder zur Wahl der Organe des BR **(konstituierende Sitzung)** binnen zwei Wochen vorzunehmen (vgl § 66 Abs 1 ArbVG).

Die Einberufung hat die konstituierende Sitzung innerhalb von sechs Wochen nach Durchführung der Betriebsratswahl vorzusehen. Die Mitgliedschaft aller gewählten Personen zum BR erlischt, wenn die Konstituierung des BR nicht innerhalb von weiteren sechs Wochen nach Ablauf der Sechswochenfrist nach Durchführung der Betriebsratswahl erfolgt (vgl § 64 Abs 3 ArbVG).

Die **Sitzungen des BR** sind vom Vorsitzenden, bei dessen Verhinderung von dessen Stellvertreter mindestens einmal im Monat einzuberufen und zu leiten (vgl § 67 ArbVG). Der BR ist **beschlussfähig,** wenn mindestens die Hälfte der Mitglieder anwesend ist. Im Allgemeinen werden Beschlüsse mit Mehrheit der abgegebenen Stimmen gefasst. Gewisse Beschlüsse, so etwa jener über die Zustimmung zur Kündigung oder Entlassung eines AN nach den §§ 105 f ArbVG, bedürfen der Mehrheit von zwei Dritteln der abgegebenen Stimmen (vgl § 68 ArbVG).

Vertreter des BR nach außen ist der Vorsitzende, bei dessen Verhinderung der Stellvertreter (vgl § 71 ArbVG).

Gem § 72 ArbVG sind dem BR und dem Wahlvorstand zur ordnungsgemäßen Erfüllung ihrer Aufgaben Räumlichkeiten, Kanzlei- und Geschäftserfordernisse sowie sonstige **Sacherfordernisse** in einem der Größe des Betriebs und den Bedürfnissen des BR (Wahlvorstandes) angemessenen Ausmaß vom BI unentgeltlich zur Verfügung zu stellen. Der BI hat die Sacherfordernisse auch instand zu halten (zum Betriebsratsfonds vgl 13.1.2.1.4).

13.1.2.1.4 Betriebsratsfonds

Regelungen über den Betriebsratsfonds finden sich vor allem in den §§ 73 ff ArbVG sowie in der BRF-V (zum Zentralbetriebsratsfonds vgl insb §§ 86 ff ArbVG). Der Zweck der Bestimmungen liegt in der Schaffung eines vermögensfähigen Belegschaftsorgans, welches die finanziellen Belange des BR und der Belegschaft einschließlich ehemaliger AN des Betriebs betrifft. Der Betriebsratsfonds ist gem § 74 Abs 1 ArbVG ausdrücklich mit **eigener Rechtspersönlichkeit** ausgestattet.

Der Betriebsratsfonds hat in erster Linie für die Deckung der **Kosten der Geschäftsführung des BR** zu sorgen (zB Fahrtkostenvergütungen oder Bestreitung von Aufwendungen für die Schulung von Betriebsratsmitgliedern). Gemeint sind die Kosten der Geschäftsführung, die nicht gem § 72 ArbVG (diese Bestimmung betrifft bloß die Sacherfordernisse; vgl 13.1.2.1.3) vom BI zu tragen sind. Weiters dient der Betriebsratsfonds zB zur Finanzierung der Errichtung und Erhaltung von der Arbeitnehmerschaft gehörenden **Wohlfahrtsmaßnahmen bzw -einrichtungen** (§ 93 ArbVG).

Der Betriebsratsfonds bedarf **keines besonderen Errichtungsaktes.** Die Eingänge aus einer durch Beschluss der zuständigen Belegschaftsversammlung festgelegten Betriebsratsumlage, die Zuwendungen seitens des BI sowie sonstige Vermögenschaften bilden unmittelbar den Fonds (vgl § 74 Abs 1 ArbVG).

Die von der Belegschaftsversammlung beschlossene Betriebsratsumlage darf höchstens 0,5% des Bruttoarbeitsentgelts des jeweiligen AN betragen (vgl § 73 ArbVG).

Die **Verwaltung** des Betriebsratsfonds obliegt dem BR, die **Vertretung nach außen** dem Vorsitzenden des BR bzw dessen Stellvertreter (vgl § 74 Abs 2 ArbVG). Gem § 66 Abs 3 ArbVG hat der BR bei seiner Konstituierung auch einen **Kassaverwalter** für den Betriebsratsfonds zu wählen.

Eine **Auflösung** des Betriebsratsfonds hat dann zu erfolgen, wenn der Betrieb dauernd eingestellt wird (vgl § 74 Abs 7 ArbVG; zu Umstrukturierungen im Bereich von Betriebsratsfonds vgl § 74 Abs 8 – 11 ArbVG).

Auflösungen und Verschmelzungen von Betriebsratsfonds sind von der zuständigen gesetzlichen Interessenvertretung der AN, also der Arbeiterkammer, zu überwachen (vgl § 74 Abs 12 – 14 ArbVG).

Die **Arbeiterkammer** ist auch für die **außerbetriebliche Gebarungskontrolle** des Betriebsratsfonds zuständig (vgl § 74 Abs 6 ArbVG), während die **innerbetriebliche Kontrolle** dem **Betriebsratsvorsitzenden** und den **Rechnungsprüfern** zukommt (vgl § 75 ArbVG).

13.1.2.2 Betriebsausschuss

Der Betriebsausschuss ist aus der **Gesamtheit der Mitglieder der GruppenBR** (insb ArbeiterBR, AngestelltenBR) zu bilden (vgl § 76 Abs 1 ArbVG; zur Zuständigkeit des Betriebsausschusses vgl 12.1.3).

Der Betriebsausschuss wird folglich nicht gewählt, sondern **entsteht dadurch, dass er sich konstituiert.**

Die Sitzung zur Wahl des Vorsitzenden des Betriebsausschusses und dessen Stellvertreters ist von den Vorsitzenden der BR gemeinsam einzuberufen (vgl § 76 Abs 2 ArbVG). Bis zur Wahl des Vorsitzenden des Betriebsausschusses führt jener Betriebsratsvorsitzende die Sitzung, der die größere Arbeitnehmergruppe repräsentiert (vgl § 76 Abs 3 – 5 ArbVG).

13.1.2.3 ZBR

Der ZBR ist das Belegschaftsorgan für die Unternehmensebene. Er ist zu bilden, wenn **ein Unternehmen aus mehreren Betrieben** besteht (vgl § 40 Abs 4 ArbVG). Der ZBR ist **zu wählen** (s dazu unten).

Sind die Voraussetzungen für die Zentralbetriebsratswahl nicht gegeben, so ist eine dennoch durchgeführte Wahl nach den Grundsätzen anfechtbarer bzw nichtiger Wahlen (vgl 13.1.2.1.1 c) zu beurteilen. Eine Wahl ist insb dann unzulässig, wenn es trotz gewählter BR an der Betriebseigenschaft in den einzelnen Arbeitsstätten mangelt[31]). In einem mehrere Betriebe umfassenden Unternehmen ist auch dann kein ZBR zu wählen, wenn sich nur in einem dieser Betriebe ein BR konstituiert hat[32]).

[31]) VwGH 1. 7. 1981, 1881/80, Arb 9993.

[32]) OGH 14. 2. 1990, 9 ObA 370/89, DRdA 1991, 201 (krit *Floretta*).

Die **Zahl der Zentralbetriebsratsmitglieder** ergibt sich aus § 80 ArbVG. Sie ist von der Zahl der am Tag der Wahlausschreibung durch den Wahlvorstand für die Zentralbetriebsratswahl im Unternehmen beschäftigten AN abhängig.

Die Vorbereitung und Durchführung der **Zentralbetriebsratswahl** obliegt einem Wahlvorstand (vgl § 81 Abs 4 ArbVG). Aktiv und passiv **wahlberechtigt** sind **ausschließlich Betriebsratsmitglieder.** Die **Betriebsräteversammlung** wählt folglich aus ihrer Mitte die Zentralbetriebsratsmitglieder geheim, im Allgemeinen persönlich und nach den Grundsätzen des Verhältniswahlrechts (vgl § 81 Abs 1 und 2 ArbVG). Von einer Anwendung des Grundsatzes des gleichen Wahlrechts wie im Rahmen der Betriebsratswahl kann nicht gesprochen werden, weil das **Votum der Betriebsratsmitglieder unterschiedlich gewichtet** wird: Jedem wahlberechtigten Betriebsratsmitglied kommen nämlich so viele Stimmen zu, als der Zahl der bei der letzten Betriebsratswahl wahlberechtigten AN seines Betriebs, geteilt durch die Anzahl der Gewählten, entspricht (vgl § 81 Abs 1 ArbVG)[33]).

Die Bestimmungen über die Tätigkeitsdauer, die Geschäftsführung, den Aufwand und den Zentralbetriebsratsfonds (vgl § 82 ff ArbVG) orientieren sich an den einschlägigen Vorschriften im Bereich des BR (vgl 13.1.2.1).

13.1.2.4 Konzernvertretung

In einem Konzern (zum Begriff vgl 13.1.1.3), in dem **in mehr als einem Unternehmen BR** bestehen, kann eine Konzernvertretung zwecks Repräsentation der gemeinsamen Interessen der in diesem Konzern beschäftigten AN errichtet werden (vgl § 88 a Abs 1 ArbVG).

Die erstmalige Errichtung einer Konzernvertretung setzt einen **Errichtungsbeschluss** voraus, der der Zustimmung von mindestens zwei Drittel der einzelnen im Konzern errichteten ZBR bedarf, die zusammen mehr als die Hälfte der im Konzern beschäftigten AN repräsentieren.

Bei der Ermittlung der Zahl der im Konzern beschäftigten AN ist jeweils von den Zahlen der bei der letzten Zentralbetriebsratswahl im jeweiligen Unternehmen beschäftigten AN auszugehen.

Ist in einem Konzernunternehmen ein ZBR nicht zu errichten, geht die Zuständigkeit zur Beschlussfassung auf den Betriebsausschuss über. Besteht kein Betriebsausschuss, so kann der BR die Aufgaben wahrnehmen (vgl § 88 a Abs 8 ArbVG).

Die Konzernvertretung entsteht durch **Konstituierung.** Diese erfolgt in einer konstituierenden Sitzung der Delegierten durch die Wahl des Vorsitzenden bzw seiner Stellvertreter (vgl § 88 b Abs 1 und 2 ArbVG). Die Konzernvertretung besteht aus je zwei **Delegierten** und der erforderlichen Zahl von Ersatzdelegierten jedes im Konzern errichteten ZBR, sofern dieser nicht mehr als 500 AN vertritt.

Die Zahl der Delegierten steigt bei einer höheren Zahl von vertretenen AN (vgl § 88 a Abs 6 ArbVG).

---

[33]) Dazu *Löschnigg*, Arbeitsrecht[12] 872 f mit Beispiel.

13.1.2.5 Europäischer BR – SE-BR – SCE-BR

Die Europäische-BR-RL 2009/38/EG (wN s 10.2.5) wurde in Österreich durch die Einfügung eines mit dem Titel **„Europäische Betriebsverfassung"** versehenen V. Teiles in das ArbVG (§§ 171 ff leg cit) umgesetzt. Die entsprechenden Bestimmungen gelten für **Unternehmen** und **Unternehmensgruppen,** die **in die** allgemeine **Betriebsverfassung** des ArbVG **fallen,** deren **zentrale Leitung** (vgl § 171 Abs 3 und 4 ArbVG) **in Österreich** liegt und die **mindestens 1000 AN in den Mitgliedstaaten,** davon **jeweils mindestens 150 AN in mindestens zwei Mitgliedstaaten,** beschäftigen.

Die Anwendbarkeit der österreichischen Bestimmungen ist demnach nur bei **zentraler Leitung im Inland** gegeben. Ansonsten sieht § 172 ArbVG bloß Entsendungsmechanismen für die österreichischen Arbeitnehmervertreter in die ausländischen Gremien vor.

Die (im Inland liegende) zentrale Leitung hat die für die Einsetzung eines besonderen Verhandlungsgremiums sowie für die Errichtung eines Europäischen BR oder die Schaffung eines Verfahrens zur Anhörung der AN notwendigen Voraussetzungen zu schaffen und die erforderlichen Mittel bereitzustellen.

Das **besondere Verhandlungsgremium** ist auf Grund eines schriftlichen Antrags von mindestens 100 AN oder ihrer Vertreter aus mindestens zwei Betrieben oder Unternehmen in mindestens zwei verschiedenen Mitgliedstaaten oder auf Grund eines an die in den Betrieben des Unternehmens bzw Unternehmen der Unternehmensgruppe bestehenden Organe der Arbeitnehmerschaft gerichteten Vorschlags der zentralen Leitung zu errichten (vgl §§ 177 f ArbVG).

Die in das besondere Verhandlungsgremium zu entsendenden österreichischen Mitglieder werden durch Beschluss des zur Entsendung berechtigten Organs der Arbeitnehmerschaft aus dem Kreis der Betriebsratsmitglieder und der Funktionäre bzw AN der zuständigen freiwilligen Berufsvereinigung oder gesetzlichen Interessenvertretung der AN entsandt (vgl §§ 179 f ArbVG).

Die primäre **Aufgabe** des besonderen Verhandlungsgremiums besteht in der Entscheidung, ob die Errichtung eines Europäischen BR oder die Etablierung eines Verfahrens zur Unterrichtung und Anhörung der AN angestrebt werden soll (vgl §§ 187 ff ArbVG).

Die Einrichtung eines Europäischen BR liegt grundsätzlich in der Hand des besonderen Verhandlungsgremiums und der zentralen Leitung. Diese Institutionen können durch schriftliche Einigung einen **Europäischen BR kraft Vereinbarung** installieren (vgl § 189 ArbVG).

Gem § 191 ArbVG ist in drei Fällen „subsidiär" ein **Europäischer BR kraft G** zu errichten.

Die Pflicht dazu besteht zum einen dann, wenn die zentrale Leitung Verhandlungen von vornherein verweigert oder nicht ernstlich betreibt. Ein Europäischer BR ist auch dann zu bilden, wenn binnen drei Jahren nach Initiierung der Errichtung eines besonderen Verhandlungsgremiums keine Vereinbarung zustande kommt. Ein Europäischer BR kraft G ist schließlich dann vorgesehen, wenn zentrale Leitung und besonderes Verhandlungsgremium einen entsprechenden Beschluss fassen.

Die Zusammensetzungsvorschriften sind vom Grundsatz geprägt, dass aus jedem Mitgliedstaat, in dem AN beschäftigt werden, zumindest ein Vertreter zu entsenden ist. Höhere Anteile an AN als 10% der Gesamtbeschäftigtenzahl führen zur Entsendung weiterer Vertreter (vgl § 192 ArbVG).

Unabhängig davon, ob der Europäische BR in Österreich oder in einem anderen Mitgliedstaat errichtet wird, erfolgt die **Entsendung** der österreichischen Mitglieder durch die zuständigen Organe der Arbeitnehmerschaft. Ist in keinem österreichischen Betrieb des Unternehmens oder der Unternehmensgruppe ein BR errichtet ist, erfolgt die Entsendung durch die zuständige Arbeiterkammer (vgl § 193 ArbVG). Die Entsendung der ausländischen Mitglieder erfolgt nach ausländischem Betriebsverfassungsrecht.

Die **Tätigkeitsdauer** des Europäischen BR ex lege beträgt bei normalem Verlauf der Dinge vier Jahre ab Konstituierung oder Ablauf der Tätigkeitsdauer des VorgängerBR, wenn die Konstituierung früher erfolgt (dazu und zur Zugehörigkeit der einzelnen Mitglieder vgl §§ 194 ff ArbVG).

Dem Europäischen BR kommt ein **Informations- und Anhörungsrecht** in allen Angelegenheiten zu, die die wirtschaftlichen, sozialen, gesundheitlichen und kulturellen Interessen der AN mindestens zweier zum Unternehmen gehörender Betriebe oder mindestens zweier zur Unternehmensgruppe gehörender Unternehmen in verschiedenen Mitgliedstaaten betreffen (vgl §§ 198 ff ArbVG).

Als Alternative zur Errichtung eines Europäischen BR können das besondere Verhandlungsgremium und die zentrale Leitung auch die Schaffung eines oder mehrerer **Verfahren zur Unterrichtung und Anhörung der AN** vereinbaren.

Bei der Ausgestaltung dieses Verfahrens sind die Vertragsparteien weitgehend frei (vgl § 190 ArbVG).

Eine ähnliche Strategie der Beteiligung der AN enthalten der VI. und der VII. Teil des ArbVG (§§ 208 ff leg cit) über die Mitbestimmung in der **Europäischen Gesellschaft** (Societas Europaea – SE) sowie in der **Europäischen Genossenschaft** (Societas Cooperativa Europaea – SCE). Damit werden die RL 2001/86/EG und 2003/72/EG[34]) umgesetzt. Im VIII. Teil des ArbVG findet sich schließlich in Umsetzung von Regelungen in der VerschmelzungsRL 2005/56/EG[35]) die Mitbestimmung der AN bei einer **grenzüberschreitenden Verschmelzung** von Kapitalgesellschaften.

[34]) RL 2001/86/EG des Rates vom 8. 10. 2001 zur Ergänzung des Statuts der Europäischen Gesellschaft hinsichtlich der Beteiligung der AN, ABl L 294 vom 10. 11. 2001, 22, sowie RL 2003/72/EG des Rates vom 22. 7. 2003 zur Ergänzung des Statuts der Europäischen Genossenschaft hinsichtlich der Beteiligung der AN, ABl L 207 vom 18. 8. 2003, 25.

[35]) RL 2005/56/EG des Europäischen Parlaments und des Rates vom 26. 10. 2005 über die Verschmelzung von Kapitalgesellschaften aus verschiedenen Mitgliedstaaten, ABl L 310 vom 25. 11. 2005, 1.

13.1.3 Rechtsstellung von Belegschaftsvertretern[36])

Im Folgenden werden zwei Aspekte der Rechtsstellung von Belegschaftsvertretern besprochen (vgl 13.1.3.1, 13.1.3.2; zum besonderen Kündigungs- und Entlassungsschutz vgl 2.3.2.1.1, zum Widerspruchsrecht bei Betriebsübergang vgl 14.9.2.3).

Allgemein ist festzuhalten, dass das Mandat des Betriebsratsmitglieds gem § 115 Abs 1 Satz 1 ArbVG ein **Ehrenamt** ist, welches grundsätzlich neben den Berufspflichten auszuüben ist (zu den Freistellungsansprüchen vgl 13.1.3.2). Die Mitglieder des BR sind gem § 115 Abs 2 ArbVG bei Ausübung ihrer Tätigkeit an keinerlei Weisungen gebunden **(Prinzip des freien Mandats),** es besteht (nur) politische Verantwortlichkeit gegenüber der Belegschaft (zum Enthebungsrecht der Belegschaftsversammlung vgl 13.1.2.1.2).

Belegschaftsvertreter trifft eine besondere **Verschwiegenheitspflicht** (§§ 115 Abs 4, 122 Abs 1 Z 4 ArbVG; zum einschlägigen Entlassungszustimmungsgrund vgl 2.3.1.1.1 c, zu den Verschwiegenheitspflichten des AN allg 7.3).

13.1.3.1 Beschränkungs- und Benachteiligungsverbot

Gem § 115 Abs 3 Satz 1 ArbVG dürfen die Mitglieder des BR in der Ausübung ihrer Tätigkeit nicht beschränkt und wegen dieser, insb hinsichtlich des Entgelts und der Aufstiegsmöglichkeiten, nicht benachteiligt werden.

Unter **Beschränkung** versteht man Behinderungen der Mandatsausübung faktischer Natur, mit **Benachteiligung** ist etwas Rechtliches, nämlich die Schlechterstellung in Rechtspositionen wegen der Betriebsratstätigkeit, gemeint.

Ein Betriebsratsmitglied darf zB nicht wegen seiner Tätigkeit aus dem Betrieb gewiesen werden; dies ist eine verbotene Beschränkung. Ein freigestelltes Betriebsratsmitglied darf nicht dadurch benachteiligt werden, dass es von den üblichen Vorrückungen im Gehalt, wie sie vergleichbare AN machen, ausgeschlossen wird.

Entscheidung 186: Freiwillige Zulage

Eine Verletzung des Benachteiligungsverbotes des § 115 Abs 3 ArbVG ist dann anzunehmen, wenn dem Betriebsratsmitglied aus dem durch diese Gesetzesbestimmung missbilligten Motiv eine bisher gewährte freiwillige Zulage entzogen oder das Betriebsratsmitglied bei Zuteilung von besonderen Zuwendungen nicht berücksichtigt wird. Hierbei genügt in Analogie zu § 105 Abs 5 ArbVG die Glaubhaftmachung des Motivs.

OGH 14. 9. 1988, 9 ObA 238/88, DRdA 1990, 463 *(Trost)*

---

[36]) *Löschnigg,* Arbeitsrecht[12] 909 ff; *Strasser/Jabornegg,* Arbeitsrecht II[4] 477 ff; *Marhold/Friedrich,* Arbeitsrecht[2] 601 ff; *Kietaibl,* Arbeitsrecht I[8] 128 ff; *Mosler* in ZellKomm[2] §§ 115 ff ArbVG.

Ein Verstoß gegen das Beschränkungs- oder Benachteiligungsverbot ist gem § 879 ABGB **rechtsunwirksam.**

Was **Beschränkungen** anlangt, kann das Betriebsratsmitglied daher zB die Befolgung einschlägiger Weisungen verweigern. Wird der Zutritt zum Betrieb nicht gewährt, so kann vorbeugend mit **Unterlassungsklage** vorgegangen werden, ansonsten kann die **Duldung der betriebsrätlichen Tätigkeit,** allenfalls auch **Beseitigung** entsprechender Hindernisse, durchgesetzt werden.

Bei **Benachteiligungen** kann – wie etwa in der Konstellation der E 186 – insb mit **Leistungsklage** vorgegangen werden.

Das Benachteiligungsverbot ist nicht zuletzt wegen der absolut zwingenden Wirkung der Betriebsverfassung und der Ehrenamtlichkeit der Betriebsratstätigkeit zugleich auch ein **Privilegierungsverbot.** Ein Betriebsratsmitglied darf also wegen dieser Funktion nicht besser gestellt werden als vergleichbare AN ohne Mandat.

13.1.3.1.1 Versetzungsschutz

§ 101 ArbVG wird – wie auch die arbeitsvertragsrechtlichen Regeln des Versetzungsschutzes – auf Betriebsratsmitglieder ebenso wie auf andere AN angewendet (vgl allg 4.2). Darüber hinaus ist § 115 Abs 3 Satz 2 ArbVG zu beachten, wonach das **Beschränkungs- und Benachteiligungsverbot** auch **hinsichtlich der Versetzung** eines Betriebsratsmitglieds gilt. Im Falle der Behinderung der Betriebsratstätigkeit durch eine Versetzung genießt daher das Betriebsratsmitglied neben dem allgemeinen Versetzungsschutz auch den zusätzlichen Schutz des § 115 Abs 3 Satz 2 ArbVG.

Die Judikatur hat zB die Versetzung eines Betriebsratsmitglieds zur Schichtarbeit als rechtsunwirksam qualifiziert, weil dieses dann den Kollegen nicht mehr im gewohnten Umfang und Rhythmus zur Verfügung stehen hätte können[37]). Auch die Versetzung eines Betriebsratsmitglieds von Graz nach Wien wurde als Verstoß gegen § 115 Abs 3 Satz 2 ArbVG angesehen, wenn es dem Betriebsratsmitglied dadurch unmöglich wird, seinen gesetzlichen Aufgaben bezüglich der zum Großteil in Graz verbleibenden AN nachzukommen[38]).

13.1.3.2 Freistellung von der Arbeitsleistung

Es sind vier Arten von Freistellungen (iwS) zu unterscheiden:

a) Freizeitgewährung

Gem § 116 ArbVG ist den Betriebsratsmitgliedern die **zur Erfüllung ihrer Obliegenheiten notwendige Freizeit** unter **Fortzahlung des Entgelts** zu gewähren.

Zur Verfügung zu stellen ist die **erforderliche Freizeit** (zB für Sitzungen, Einholung von Rechtsauskünften, Vorbereitung und Durchführung von Belegschaftsversammlungen). Was darunter im Einzelfall zu verstehen ist, hat das Betriebsratsmitglied zu beurteilen. Nach § 39 Abs 3 ArbVG haben Belegschaftsorgane ihre Tätigkeit tun-

---

[37]) EA Wiener Neustadt 11. 3. 1976, Re 4/76, Arb 9482.

[38]) EA Graz 26. 6. 1985, Re 79/84, Arb 10.422 = RdW 1985, 351.

lichst ohne Störung des Betriebs zu bewerkstelligen. Die Sanktion bei missbräuchlicher Inanspruchnahme von Freizeit besteht darin, dass der Entgeltfortzahlungsanspruch entfällt und der Kündigungszustimmungsgrund des § 121 Z 3 ArbVG verwirklicht wird (vgl 2.3.1.1.1 b).

Das Betriebsratsmitglied hat einen **Entgeltfortzahlungsanspruch.** Dieser ist nach dem **Ausfallsprinzip** zu bestimmen. Der AN erhält also das, was er bekommen hätte, wenn er gearbeitet hätte (vgl auch 6.2.1.3).

b) Freistellung ieS

Die Freistellung von einzelnen Betriebsratsmitgliedern – allenfalls auch Zentralbetriebsrats- oder Konzernvertretungsmitgliedern – richtet sich nach § 117 ArbVG. Grundsätzlich sind gem § 117 Abs 1 ArbVG **auf Antrag des BR** in Betrieben mit mehr als **150 AN** ein, in Betrieben mit mehr als 700 AN zwei und in Betrieben mit mehr als 3.000 AN drei **Mitglieder des BR** von der Arbeitsleistung **unter Fortzahlung des Entgelts freizustellen.**

Für je weitere dreitausend AN ist ein weiteres Mitglied des BR freizustellen. Bei getrennten BR gelten die Zahlen für die jeweilige Arbeitnehmergruppe (vgl § 117 Abs 2 ArbVG). Entscheidend ist die **Beschäftigtenzahl zur Zeit des Antrags;** die Mindestanzahl an AN muss dauernd erreicht werden. Bei nachhaltigem Absinken der Beschäftigtenzahl unter die maßgebliche Grenze geht der Anspruch verloren, ein vorübergehendes Absinken ist irrelevant. Die Entgeltfortzahlung folgt dem **Ausfallsprinzip** (vgl a).

c) Bildungsfreistellung

Unabhängig von der Freistellung von Betriebsratsmitgliedern zwecks Mandatsausübung gibt es nach ArbVG die Bildungsfreistellungen (vgl auch d). Die allgemeine Bildungsfreistellung enthält § 118 ArbVG. **Jedes Mitglied des BR** hat demnach gem Abs 1 leg cit grundsätzlich Anspruch auf **Freistellung von der Arbeitsleistung** zur **Teilnahme an Schulungs- und Bildungsveranstaltungen** bis zum **Höchstausmaß von drei Wochen innerhalb einer Funktionsperiode** unter **Fortzahlung des Entgelts.**

Im Gegensatz zur erweiterten Bildungsfreistellung steht der Anspruch nicht dem BR, sondern dem einzelnen **Betriebsratsmitglied** zu. In Betrieben, in denen dauernd weniger als 20 AN beschäftigt sind, besteht kein Entgeltfortzahlungsanspruch. Bei besonderem Interesse kann der Anspruch auf bis zu fünf Wochen ausgedehnt werden (vgl § 118 Abs 2 ArbVG). Die erweiterte Bildungsfreistellung schließt den Anspruch aus (vgl § 118 Abs 5 ArbVG). Die Inanspruchnahme ist rechtzeitig bekannt zu geben (vgl § 118 Abs 4 ArbVG).

Die **Schulungs- und Bildungsveranstaltungen** müssen nach § 118 Abs 3 ArbVG **geeignet** sein.

Sie müssen daher von kollektivvertragsfähigen Körperschaften der AN oder der AG veranstaltet sein oder von diesen übereinstimmend als geeignet anerkannt werden und vornehmlich die Vermittlung von Kenntnissen zum Gegenstand haben, die der Ausübung der Funktion als Mitglied des BR dienen.

d) Erweiterte Bildungsfreistellung

In **Betrieben mit mehr als 200 AN** kommt neben der Bildungsfreistellung nach § 118 ArbVG auch die erweiterte Bildungsfreistellung iSd § 119

ArbVG in Frage. Auf **Antrag des BR** ist **ein weiteres Betriebsratsmitglied** für die Teilnahme an geeigneten Schulungs- und Bildungsveranstaltungen bis zum **Höchstausmaß eines Jahres** gegen **Entfall des Entgelts** von der Arbeitsleistung **freizustellen.**

Der Anspruch steht dem **BR als Gremium** einmal pro Funktionsperiode zu. Die Berechnung der Belegschaftszahl, die rechtzeitige Antragstellung udgl orientieren sich an den allgemeinen Bestimmungen (vgl b, c).

Es kommt teilweise zu **Eingriffen in die arbeitsvertragsrechtliche Stellung:** Nicht nur der Entgeltanspruch entfällt, auch das Urlaubsentgelt und die Sonderzahlungen werden aliquotiert (vgl § 119 Abs 2 und 3 ArbVG).

Die Freistellung ist allerdings auf die Dauer der Dienstzeit voll anzurechnen (vgl § 119 Abs 4 ArbVG).

13.2 Mitwirkungsrechte

In den §§ 89 ff ArbVG sind die „Befugnisse der Arbeitnehmerschaft", dh die diversen Mitwirkungsrechte der Belegschaft aus der Betriebsverfassung, geregelt. Im Folgenden werden diese Mitwirkungsrechte nach Intensität (vgl 13.2.1) und Inhalt (vgl 13.2.2) systematisiert.

Neben den Mitwirkungsrechten hat die Belegschaft auch **Alleinbestimmungsrechte,** so etwa gem § 93 ArbVG in Bezug auf belegschaftseigene Wohlfahrtseinrichtungen (vgl auch 12.6.3).

13.2.1 Struktur der Mitwirkungsrechte[39])

13.2.1.1 Überwachungsrechte

Dieses schwächste Mitwirkungsrecht ermöglicht es der Belegschaft bzw ihren Organen, gewisse für die AN bedeutsame Aspekte im Betrieb zu kontrollieren. Nach dem in § 89 Satz 1 ArbVG niedergelegten **allgemeinen Überwachungsrecht** hat der BR das Recht, die Einhaltung der die AN des Betriebs betreffenden Rechtsvorschriften zu überwachen. Dazu treten beispielhaft aufgezählt **spezielle Überwachungsrechte** ua in Bezug auf

- Einsichtnahme in die Lohn- und Gehaltslisten (vgl Z 1 leg cit),
- Einhaltung der für den Betrieb geltenden KollV, der BV und sonstiger arbeitsrechtlicher Vereinbarungen (vgl Z 2),
- Einsichtnahme in den Personalakt mit Zustimmung des AN (vgl Z 4).

Zu beachten ist, dass das – naturgemäß besonders heikle – Einsichtsrecht in den **Personalakt** von der **Zustimmung** des betroffenen AN abhängt, während die Einsichtnahme in die Lohn- und Gehaltslisten auch gegen den Willen von AN möglich ist.

Das Überwachungsrecht an sich gibt nicht die Möglichkeit, auf Abhilfe von festgestellten Missständen zu dringen. Derartiges muss aus anderen Vorschriften abgeleitet werden (s unten).

---

[39]) *Löschnigg,* Arbeitsrecht[12] 925 ff; *Marhold/Friedrich,* Arbeitsrecht[2] 617 ff.

13.2.1.2 Interventionsrechte

Der BR hat gem § 90 Abs 1 ArbVG das Recht, in allen Angelegenheiten, die die Interessen der AN berühren, beim BI und erforderlichenfalls bei den zuständigen Stellen außerhalb des Betriebs entsprechende Maßnahmen zu beantragen und die Beseitigung von Mängeln zu verlangen. Der BR ist demnach ua berechtigt, Maßnahmen zur Einhaltung und Durchführung der die AN des Betriebs betreffenden Rechtsvorschriften in Ergänzung zu § 89 Z 2 ArbVG (vgl 13.2.1.1) zu beantragen (Z 1 leg cit).

In engem Zusammenhang damit steht das **Recht auf Gehör,** welches den BI verpflichtet, den BR auf dessen Verlangen in allen Angelegenheiten, die die Interessen der AN berühren, anzuhören (§ 90 Abs 2 ArbVG).

13.2.1.3 Informationsrechte

Anders als beim Anhörungsrecht (vgl 13.2.1.2) muss der **BI** hier **aktiv** werden.

Der BI ist gem § 91 Abs 1 ArbVG verpflichtet, dem BR über alle Angelegenheiten, welche die wirtschaftlichen, sozialen, gesundheitlichen oder kulturellen Interessen der AN des Betriebs berühren, Auskunft zu erteilen. Dieses sog (allgemeine) **Auskunftsrecht** besteht nur dann, wenn der BR vom BI die Auskunft verlangt.

Im Gegensatz dazu ist der BI beim **echten Informationsrecht** verpflichtet, dem BR von sich aus gewisse Informationen zukommen zu lassen. Ein Beispiel bietet § 92 Abs 1 ArbVG, wonach der BI den BR im Vorfeld des allgemeinen Beratungsrechts (vgl 13.2.1.4) entsprechend zu informieren hat.

Weitere Informationsrechte sind über die gesamte Mitwirkungsordnung verstreut. Häufig sind sie mit Mitwirkungsrechten höherer Stufe kombiniert (vgl zB § 101 ArbVG; dazu 4.2.2).

Durchsetzungsmöglichkeiten bestehen darin, dass der BR einerseits auf Information klagen kann, andererseits sind in gewissen Fällen Verwaltungsstrafen vorgesehen (vgl § 160 Abs 1 ArbVG).

Entscheidung 187: Mystery Flyers

Sachverhalt: Eine Fluglinie beauftragt ein externes Unternehmen mit der Ausarbeitung eines Projekts zur Qualitätsüberprüfung („Mystery flyers"). Dabei sollen Personen, die der Crew als solche nicht erkennbar sind, bestimmte Flüge begleiten und anschließend die Qualität in verschiedener Hinsicht auf einem Fragebogen beurteilen. Der BR fühlt sich unzureichend informiert und verlangt vom AG Antwort auf acht Fragen.

Leitsätze: Der BR kann seine Auskunfts- und Informationsrechte nach § 50 Abs 2 ASGG vor Gericht durchsetzen.

Der BI ist nach § 91 Abs 1 ArbVG auf Verlangen des BR verpflichtet, diesen über alle Angelegenheiten zu informieren, die die wirtschaftlichen, sozialen, gesundheitlichen oder kulturellen Interessen der AN berühren. „Berühren" meint, dass die Angelegenheit geeignet sein muss, sich auf diese Interessen der AN auszuwirken. Erforderlich sind eine zureichende und aktuelle Beziehung zu diesen Interessen und eine hinreichend konkrete Anfrage, die erkennen lässt, dass Arbeitnehmerinteressen betroffen sind. Auch von externen Unternehmen erstellte Qualitätsberichte können die wirtschaftlichen und sozialen Interessen der AN berühren, da nach den gegebenen Informationen nicht auszuschließen ist, dass mit dem Fragebogen auch Tatsachen individuell erfasst werden, die die Menschenwürde der AN berühren (zB Gepflegtheit, Sauberkeit der Kleidung, Abwesenheit).

Folgende Fragen sind geeignet, den Anschein zu beseitigen, dass Arbeitnehmerinteressen betroffen sind, und müssen daher beantwortet werden: Welche konkreten Daten werden erfasst, welche konkrete Fragen enthält der Fragebogen? Wer wertet die Fragebögen aus, wie sieht diese Auswertung aus, was geschieht nach der Verarbeitung der Daten und an wen werden welche Daten vom durchführenden Unternehmen übermittelt?

Zu beantworten ist auch die Frage, ob die Datenanwendung beim Datenverarbeitungsregister gemeldet ist, weil sich aus ihrer positiven Beantwortung die Vermutung erhärten würde, dass personenbezogene Daten erfasst werden.

Kein Auskunftsanspruch besteht hingegen zu den Fragen, welche Flüge von diesem Projekt betroffen und wer die „Mystery Flyers" sind. Hier ist nicht ersichtlich, welche speziellen Mitwirkungsrechte damit in Zusammenhang stehen sollten. Zudem würde die Beantwortung die Effizienz der Qualitätskontrollen trotz der Verschwiegenheitspflicht des BR gefährden.

OGH 22. 10. 2010, 9 ObA 135/09 g, DRdA 2012, 388 *(Heilegger)*

13.2.1.4 Beratungsrechte

Beratungsrechte verpflichten den BI zum Meinungsaustausch mit der Belegschaftsvertretung. Der BI ist verpflichtet, mit dem BR mindestens vierteljährlich und auf Verlangen des BR monatlich gemeinsame Beratungen über laufende Angelegenheiten, allgemeine Grundsätze der Betriebsführung in sozialer, personeller, wirtschaftlicher und technischer Hinsicht sowie über die Gestaltung der Arbeitsbeziehungen abzuhalten (**allgemeines Beratungsrecht;** vgl § 92 ArbVG).

Ähnlich wie die Informationsrechte (vgl 13.2.1.3) sind Beratungsrechte über die gesamte Betriebsverfassung verstreut. Der BR kann auf Beratung klagen, gem § 160 Abs 1 ArbVG sind auch Verwaltungsstrafen möglich.

13.2.1.5 Imparitätische Mitentscheidung

Bei der imparitätischen Mitentscheidung wirken Belegschaftsvertreter im Gegensatz zu den bisher erwähnten Mitwirkungsrechten (vgl 13.2.1 - 13.2.4) an Entscheidungen mit, die nach landläufigem Verständnis „Unternehmersache“ sind. Dabei sind sie zwar grundsätzlich gleichberechtigt, **zahlenmäßig** aber **in der Minderheit.**

Typisches Beispiel ist die Mitwirkung im Aufsichtsrat gem § 110 ArbVG (vgl 13.2.2.3.1).

13.2.1.6 Paritätische Mitentscheidung

Unter paritätischer Mitwirkung **(Mitbestimmung)** versteht man die Befugnis, in gleichberechtigter Weise mit dem BI Entscheidungen treffen zu können. Dies ist die stärkste Form der Mitwirkung.

Die Mitbestimmung kann wiederum **nach ihrer Intensität unterteilt** werden, und zwar - beginnend mit der stärksten Form - orientiert an den verschiedenen Arten von BV (vgl 12.4) in

- notwendige Mitbestimmung,
- notwendige Mitbestimmung mit Zwangsschlichtung,
- erzwingbare Mitbestimmung,
- fakultative Mitbestimmung.

Eine weitere Unterscheidung kann bei der Mitbestimmung nach der **Art des Verhaltens des BR,** welches zur Beeinflussung einer Maßnahme vonnöten ist, getroffen werden: Kann der BR passiv bleiben, um die Maßnahme zu verhindern, spricht man vom **Zustimmungsprinzip** (vgl §§ 96, 101 ArbVG; dazu 12.4.1, 4.2.2). Muss er aktiv werden, so ist die Mitbestimmung nach dem **Einspruchsprinzip** konstruiert (vgl zB §§ 105 f ArbVG; dazu 2.3.1.1.1, 2.3.1.2).

Beim Zustimmungsprinzip kann es **Rechtskontrolle** geben (vgl § 101 ArbVG) oder nicht geben (vgl § 96 ArbVG). Zuweilen ist es auch mit **Zwangsschlichtungsmechanismen** kombiniert (vgl § 96 a ArbVG; dazu 12.4.2).

13.2.2 Einteilung der Mitwirkungsrechte nach inhaltlichen Kriterien

13.2.2.1 Mitwirkung in sozialen Angelegenheiten

Auf Mitwirkungsrechte in sozialen Angelegenheiten (vgl §§ 94 ff ArbVG) wurde bereits insb bei der Behandlung der BV eingegangen (vgl 12., insb 12.4, 12.6.3).

13.2.2.2 Mitwirkung in personellen Angelegenheiten

Die Mitwirkung in personellen Angelegenheiten (vgl §§ 98 ff ArbVG) fand etwa im Zusammenhang mit dem Versetzungsschutz (vgl 4.2, insb 4.2.2) und dem allgemeinen Kündigungs- und Entlassungsschutz (vgl 2.3.1) Beachtung.

13.2.2.3 Mitwirkung in wirtschaftlichen Angelegenheiten

Die Mitwirkung in wirtschaftlichen Angelegenheiten (vgl §§ 108 ff ArbVG) ist im Allgemeinen nicht sonderlich stark ausgeprägt. Die Interessen der Arbeitnehmerschaft werden hier vor allem dann besonders berücksichtigt, wenn wirtschaftliche Krisen auftreten, die für sie von Nachteil sind. In diesem Zusammenhang hervorzuheben ist der Schutz bei Betriebsänderungen, insb das Rechtsinstitut des **Sozialplans,** welches erzwingbare Mitbestimmung darstellt (vgl 12.4.3, 12.6.2).

Die §§ 111 f ArbVG (Einspruch gegen die Wirtschaftsführung, Staatliche Wirtschaftskommission) enthalten letztlich nichts anderes als Modelle **freiwilliger Schlichtung** im Falle von Betriebsänderungen und anderer wirtschaftlicher Maßnahmen, die wesentliche Nachteile für die AN bringen.

Eine unmittelbare Auswirkung zeitigen die Bestimmungen immerhin dadurch, dass im Falle des **Einspruchs** des BR **gegen eine geplante Betriebsstilllegung** gem § 111 Abs 2 ArbVG eine **aufschiebende Wirkung** für einen Zeitraum von längstens vier Wochen, gerechnet vom Tag der an den BR gegebenen Mitteilung des BI über die geplante Stilllegung, eintritt.

Eine rechtswirksame Stilllegung vor Ablauf dieser Frist ist somit nicht möglich, was insb Auswirkungen auf die Tätigkeitsdauer des BR (vgl 13.1.2.1.2) und die Beendigung der Arbeitsverhältnisse von besonders geschützten AN (vgl 2.3.2.1) hat.

Davon abgesehen sieht der Abschnitt über Mitwirkung im wirtschaftlichen Bereich in § 108 ArbVG **Informations-, Interventions- und Beratungsrechte** (vgl allg 13.2.1.2 – 13.2.1.4) vor, wobei das Recht auf Übermittlung des Jahresabschlusses in größeren Betrieben gem Abs 3 leg cit hervorzuheben ist.

Bedeutsam und daher gesondert zu behandeln ist die Mitwirkung der Belegschaft im Aufsichtsrat gem § 110 ArbVG:

13.2.2.3.1 Mitwirkung der Belegschaft im Aufsichtsrat[40])

Die Mitwirkung im Aufsichtsrat ist in Form eines **imparitätischen Mitentscheidungsrechts** ausgestaltet (vgl a sowie allg 13.2.1.5).

Damit das gegenständliche Mitwirkungsrecht schlagend wird, ist naturgemäß eine Unternehmensform erforderlich, bei der ein **Aufsichtsrat vorgesehen** ist. Dies ist der Fall bei

- **AG** (vgl § 87 AktG),
- **GmbH** (vgl § 29 GmbHG),
- **Versicherungsvereinen auf Gegenseitigkeit** (vgl §§ 43, 47 VAG),
- **Genossenschaften,** die dauernd **mindestens 40 AN** beschäftigen (vgl § 24 GenG, § 110 Abs 5 Z 4 ArbVG),
- **Sparkassen** iSd SpG (vgl §§ 14, 17 leg cit).

Bei der **GmbH** ist der Aufsichtsrat in gewissen Fällen größerer Unternehmen **obligatorisch,** in anderen Fällen **fakultativ** auf Grund des Gesellschaftsvertrags. Die Entsendung von Arbeitnehmervertretern findet bei beiden Arten von Aufsichtsräten statt.

---

[40]) *Löschnigg,* Arbeitsrecht[12] 1000 ff; *Strasser/Jabornegg,* Arbeitsrecht II[4] 432 ff; *Marhold/Friedrich,* Arbeitsrecht[2] 668 ff; *Kietaibl,* Arbeitsrecht I[8] 164 ff.

Der **Sparkassenrat** iSd § 17 SpG ist als Aufsichtsrat anzusehen.

Die Drittelbeteiligung gilt auch für **„Konzernmütter"** (vgl § 110 Abs 6, 6a und 6b ArbVG) und die **GmbH & Co KG** (vgl § 110 Abs 7 ArbVG).

Die Besonderheit der Mitwirkung im Aufsichtsrat einer GmbH, die persönlich haftender Gesellschafter einer KG ist (GmbH & Co KG), liegt darin, dass in diesen Aufsichtsrat der GmbH neben Arbeitnehmervertretern der GmbH auch solche der KG entsandt werden.

a) Drittelparität

Gem § 110 Abs 1 ArbVG ist für je zwei Anteilseignervertreter im Aufsichtsrat ein Arbeitnehmervertreter zu entsenden. Ist die Zahl der Anteilseignervertreter eine ungerade, so ist ein weiterer Arbeitnehmervertreter zu nominieren.

Beispiel: Bei sechs Kapitaleignervertretern sind drei Arbeitnehmervertreter zu entsenden, zu sieben Kapitaleignervertretern treten vier Arbeitnehmervertreter hinzu.

b) Entsendungsverfahren

Die Arbeitnehmervertreter, die in den Aufsichtsrat entsandt werden, müssen aus dem Kreis der **Betriebsratsmitglieder** kommen und **aktiv wahlberechtigt** sein (vgl § 110 Abs 1 Satz 1 ArbVG).

Vorstandsmitglieder und Angestellte von Gewerkschaften, die gem § 53 Abs 4 ArbVG in den BR gewählt wurden (vgl 13.1.2.1.1 b), kommen daher als Arbeitnehmervertreter im Aufsichtsrat nicht in Frage.

Beim Entsendungsvorgang ist zwischen einer formellen und einer materiellen Seite zu unterscheiden:

- Zur Entsendung ist der ZBR oder, sofern nur ein Betrieb besteht, der BR bzw Betriebsausschuss zuständig (vgl § 110 Abs 1 Satz 1 ArbVG; **formelles Entsendungsrecht**).

  Wird trotz Vorliegens mehrerer Betriebe kein ZBR errichtet, so kann eine Mitwirkung im Aufsichtsrat nicht ausgeübt werden (vgl allg 12.1.3).

- Jede wahlwerbende Gruppe hat das Recht, entsprechend ihrer Stärke durch einfachen Mehrheitsbeschluss Arbeitnehmervertreter für die Entsendung in den Aufsichtsrat zu nominieren (vgl § 110 Abs 2 ArbVG; **materielles Entsendungsrecht**). Die Stärke des Nominierungsrechts einer Fraktion bestimmt sich nach dem Verhältnis der in den ZBR bzw BR gewählten Mitglieder dieser Fraktion zur Zahl aller Mitglieder des ZBR bzw BR **(Proportionalsystem).** Fraktionen können ihr Nominierungsrecht auch gemeinsam ausüben **(Listenkoppelung).**

Dies soll eine weitestgehende Repräsentation der Gruppierungen innerhalb der Belegschaft im Aufsichtsrat sicherstellen.

Übt eine Listenkurie ihr Nominierungsrecht nicht aus, so geht dieses auf das formell entsendungsberechtigte Belegschaftsorgan über.

Im Konzern nehmen an der Entsendung in das herrschende Unternehmen auch die Belegschaften der beherrschten aufsichtsratspflichtigen Unternehmen teil, sofern die Konzernmutter diese entweder durch einheitliche Leitung oder auf Grund einer unmittelbaren Beteiligung von mehr als 50% beherrscht und bei ihr höchstens halb so viele AN beschäftigt werden wie in allen beherrschten Unternehmen zusammen. Dem Mutterunternehmen stehen so viele Mandate zu, als es dem Verhältnis der im Mutterunternehmen und in den Tochterunternehmen beschäftigten AN entspricht. Das Mutterunternehmen kann jedenfalls einen Arbeitnehmervertreter entsenden, außer es ist auf die Verwaltung von Unternehmensanteilen beschränkt. Das formelle Entsendungsrecht wird von der Konzernvertretung ausgeübt, sofern eine solche vorhanden ist (vgl allg 12.1.3), wobei das Vorschlagsrecht von den Delegierten des Mutterunternehmens und der Tochterunternehmen verhältnismäßig wahrgenommen wird.

c) Funktionsperiode

Was die Tätigkeitsdauer der Arbeitnehmervertreter im Aufsichtsrat anlangt, so ist diese **grundsätzlich zeitlich unbeschränkt.** Der ZBR (BR) kann jedoch jederzeit ohne Angabe von Gründen die in den Aufsichtsrat entsandten Mitglieder **abberufen.**

Er ist hierbei an Mehrheitsbeschlüsse der in Betracht kommenden Fraktionen gebunden. Mit dem Abberufungsbegehren hat die Fraktion tunlichst gleichzeitig einen neuen Vorschlag zu unterbreiten.

Das Belegschaftsorgan ist **zur Abberufung verpflichtet,** wenn sich die **Zahl der Anteilseignervertreter** im Aufsichtsrat **ändert.**

Sonstige Endigungsgründe sind der Rücktritt des Aufsichtsratsmitglieds oder die Beendigung seines Betriebsratsmandats.

Im beherrschenden Unternehmen und in der GmbH & Co KG endet die Funktionsperiode nach vier Jahren.

d) Rechtsstellung der Arbeitnehmervertreter im Aufsichtsrat

Grundsätzlich kommen den Arbeitnehmervertretern im Aufsichtsrat die **gleichen Rechte und Pflichten** zu wie den Anteilseignervertretern (vgl § 110 Abs 3 Satz 6 ArbVG).

Dies gilt insb für die gesellschaftsrechtlichen Haftungsmaßstäbe und Verschwiegenheitspflichten.

Eine Einschränkung der Arbeitnehmervertreter ergibt sich im Zusammenhang mit der Bestellung und Abberufung eines Vorstandsmitglieds sowie des Aufsichtsratsvorsitzenden und dessen ersten Stellvertreters. In diesen Fällen bedarf die Beschlussfassung im Gremium neben den unternehmensrechtlichen Erfordernissen auch der Zustimmung der Mehrheit der Kapitalseignervertreter (sog **Aktionärsschutzklausel;** § 110 Abs 3 Satz 4 und 5 ArbVG).

Es ist hier also eine **„doppelte Mehrheit"**, dh eine Mehrheit im Aufsichtsrat als Ganzem und eine Mehrheit der Anteilseignervertreter, erforderlich. Es kann somit nicht eine Anteilseignerminderheit zusammen mit den Belegschaftsvertretern die Anteilseignervertreter überstimmen.

Bereits **zwei Arbeitnehmervertreter** sind befugt, vom Vorstand der AG einen **Bericht über Angelegenheiten der Gesellschaft** einschließlich ihrer Beziehungen zu Konzernunternehmen zu verlangen (vgl § 110 Abs 3 Satz 3 ArbVG iVm § 95 Abs 2 AktG).

Die Arbeitnehmervertreter üben ihre Funktion ehrenamtlich aus (vgl allg 13.1.3). Sie haben nur Anspruch auf Ersatz der Barauslagen (zB Sitzungsgelder, Fahrtspesen), nicht jedoch auf Tantiemen (vgl § 110 Abs 3 Satz 1 ArbVG).

Aus der Praxis: Ob ein Rechtsstreit im Zusammenhang mit Aufsichtsratsangelegenheiten vor dem ASG oder dem Handelsgericht auszutragen ist, bestimmt sich nach der Natur der Angelegenheit: Handelt es sich um eine betriebsverfassungsrechtliche Streitigkeit (zB Entsendung oder Abberufung von Arbeitnehmervertretern), ist das ASG zuständig, geht es dagegen um die Befugnisausübung gegenüber dem Vorstand (zB Durchsetzung der Berichtspflicht), ist dies unternehmensrechtlicher Natur.

Kontrollfragen zu Kapitel 13.

1. Wie ist der Betrieb arbeitsrechtlich zu definieren, wie das Unternehmen? Unter welchen Voraussetzungen kann eine Filiale ein Betrieb sein?
2. Worin liegt der Unterschied zwischen dem Feststellungsverfahren gem § 34 Abs 2 und 3 ArbVG und dem Gleichstellungsverfahren gem § 35 ArbVG? Wie ist die Rechtslage, wenn die Voraussetzungen für die Gleichstellung der Arbeitsstätte mittlerweile weggefallen sind?
3. Wie kommt es zu einem BR, wie zu einem Betriebsausschuss und wie zu einem ZBR? Kann ein ZBR gebildet werden, wenn nur in einem Betrieb des Unternehmens ein BR besteht?
4. Welche Fälle mangelhafter Betriebsratswahl gibt es? Wie sind diese von ihren Rechtsfolgen her zu unterscheiden? Wer kann einen Wahlmangel wie lange aufgreifen?
5. Wie wirkt sich das Ende der Tätigkeitsdauer des BR auf dessen Partei- und Prozessfähigkeit aus?
6. Was ist der Betriebsratsfonds? Wie kommt ein solcher zustande? Wer kontrolliert seine Gebarung?
7. Was sind die Grundzüge der „Europäischen Betriebsverfassung“?
8. Welche Arten einer Freistellung von Betriebsratsmitgliedern gibt es?
9. Wie werden die Mitwirkungsrechte der Belegschaft nach ihrer Intensität gegliedert? Was ist bei der Mitbestimmung aus der Sicht der AN stärker: das Zustimmungsprinzip oder das Einspruchsprinzip?
10. Wie ist die Mitwirkung der AN im Aufsichtsrat gestaltet? Was heißt „Drittelparität“? Für welche Unternehmen gilt das Mitwirkungsrecht? Wie ist das Entsendungsrecht formell bzw materiell ausgestaltet? Was bedeutet „Aktionärsschutzklausel“?

14. Betriebsübergang[1])

14.1 Rechtsquellensituation

Einer der wichtigsten Schritte der Umsetzung arbeitsrechtlicher Vorgaben der EU (vgl auch 10.2, 3.1.5, 4.6, 5.3.3.2, 8.5.1) ist in den **§§ 3–6 AVRAG** enthalten. Diese Bestimmungen transferieren die sog **BetriebsübergangsRL** 2001/23/EG (wN s 10.2.3) ins österreichische Recht. Um die Arbeitnehmeransprüche auch bei Inhaberwechsel zu gewährleisten, ordnet diese RL eine **Ex-lege-Übertragung bestehender Arbeitsverhältnisse vom Veräußerer auf den Erwerber** auf Grund des Überganges an. Diese Vorgabe ist der früheren österreichischen Rechtslage – welche bei Betriebsübergängen in der Insolvenz nach wie vor zum Tragen kommt (vgl 14.5) – völlig entgegengesetzt.

Neben dem AVRAG ist für die Thematik auch das **ArbVG** für einige Probleme kollektivarbeitsrechtlicher Natur relevant (vgl 14.6, 14.7, 14.11).

14.2 Geltungsbereich der §§ 3–6 AVRAG

Gem § 1 Abs 1 AVRAG gilt dieses G für „Arbeitsverhältnisse, die auf einem privatrechtlichen Vertrag beruhen". Diese Formulierung dient zum einen der Abgrenzung gegenüber öffentlich-rechtlichen Dienstverhältnissen, zum anderen bringt sie zum Ausdruck, dass hinsichtlich des persönlichen Geltungsbereichs des AVRAG die **Arbeitnehmereigenschaft iSd Arbeitsvertragsrechts** (vgl 1.1) zu prüfen ist.

Personen, die Arbeiten auf Grund **anderer Vertragsverhältnisse** leisten, unterliegen somit **nicht** dem **Betriebsübergangsrecht des AVRAG.** Dies gilt insb für freie DN, Werkunternehmer, Arbeitsgesellschafter und Familienmitarbeiter (vgl 1.1.1.1 bis 1.1.1.6). Auch arbeitnehmerähnliche Personen (vgl 1.1.2.2) fallen nicht unter das AVRAG. Bei Organmitgliedern von juristischen Personen ist danach zu unterscheiden, ob sie im Innenverhältnis Arbeitnehmereigenschaft aufweisen oder nicht (vgl 1.1.2.1).

14.2.1 Ausnahmen vom Geltungsbereich

Gem § 1 Abs 2–4 AVRAG sind insb folgende Arbeitsverhältnisse vom Geltungsbereich des G ausgeschlossen:

- § 1 Abs 2 Z 1 AVRAG betrifft **Arbeitsverhältnisse zu Ländern, Gemeindeverbänden und Gemeinden.**

---

[1]) *Löschnigg,* Arbeitsrecht[12] 795 ff; *Marhold/Friedrich,* Arbeitsrecht[2] 277 ff; *Windisch-Graetz,* Arbeitsrecht II[8] 334 ff; *Holzer/Reissner,* Arbeitsvertragsrechts-Anpassungsgesetz[2] (2006) §§ 1, 3 ff; *Binder,* Arbeitsvertragsrechts-Anpassungsgesetz[2] (2010) §§ 1, 3 ff; *Gahleitner* in ZellKomm[2] §§ 3 ff AVRAG; *Reissner,* Ausgliederung von Unternehmensfunktionen aus arbeitsrechtlicher Sicht, JAP 2004/05, 34.

Diese Regelung hat kompetenzrechtliche Gründe (vgl Art 21 B-VG; dazu 10.3.3). Die unionsrechtlichen Umsetzungsverpflichtungen für diese Arbeitsverhältnisse treffen den Landesgesetzgeber.

- § 1 Abs 2 Z 2 AVRAG grenzt die **Land- und Forstarbeiter** vom Geltungsbereich des G aus.

  Diese Regelung hat ebenfalls verfassungsrechtliche Gründe (vgl Art 12 Abs 1 Z 6 B-VG; dazu 10.3.2). Die den §§ 3–6 AVRAG entsprechenden Bestimmungen sind im einschlägigen GrundsatzG des Bundes, nämlich in den §§ 39a – 39d LAG, niedergelegt. Ihre Wirkung entfalten diese Bestimmungen durch die Umsetzung in den AusführungsG der Bundesländer.

- (Privatrechtliche) **Arbeitsverhältnisse zum Bund** fallen gem § 1 Abs 2 Z 3 AVRAG aus dem Geltungsbereich, wenn für sie **dienstrechtliche Vorschriften** gelten, die den Inhalt des Arbeitsvertrags **zwingend** regeln.

  Das bedeutet, dass vom VBG erfasste Arbeitsverhältnisse nicht dem AVRAG unterliegen (vgl auch § 1 Abs 2 Z 4 AVRAG), dieses G aber für jene AN des Bundes gilt, auf die das VBG nicht anzuwenden ist. Diese Ausnahme von Bundesbediensteten ist „tendenziell unionsrechtswidrig" insofern, als der Bund bei jeder einzelnen „Privatisierung" gesondert die BetriebsübergangsRL beachten müsste.

- Gem § 1 Abs 4 AVRAG finden ua die §§ 3–6 leg cit auch für **Hausgehilfen und Hausangestellte** iSd HGHAngG, die **bei physischen Personen beschäftigt** sind, keine Anwendung.

  Auch diese Ausnahme ist nicht unionsrechtskonform, die Hinweise in den Materialien auf die häufig kleinbetriebliche Struktur ist kein Differenzierungsgrund.

Die dargestellten Ausnahmeregelungen für den staatlichen Bereich, die angesichts zahlreicher „Privatisierungen" von einiger praktischer Bedeutung sind, werfen **unionsrechtliche Probleme** auf:

Entscheidung 188: Henke

Die BetriebsübergangsRL findet auch Anwendung auf öffentliche Unternehmen, die wirtschaftliche Tätigkeiten ausüben. Nicht erfasst ist jedoch die Übertragung von Verwaltungsaufgaben von einer Behörde auf eine andere.

EuGH 15. 10. 1999, C-298/94 Slg 1996, I-4989 = ZASB 1997, 8

Diese E besagt, dass Betriebsübergangsrecht auch bei Übergängen im öffentlichen Sektor zu beachten ist, sofern wirtschaftliche Einheiten (zB Stadtwerke) und nicht hoheitliche Einheiten (zB Zusammenlegung von vorrangig mit Raumordnungs- und Baurechtsangelegenheiten befassten Gemeinden) betroffen sind.

Entscheidung 189: Collino/Telecom Italia

Die BetriebsübergangsRL findet auf Personen Anwendung, die als AN nach nationalem Arbeitsrecht geschützt sind. Auf Personen, die nicht in diesem Sinne geschützt sind, ist die RL nicht anwendbar, und zwar

unabhängig von der Art der Tätigkeiten, die sie ausüben. Haben im Zuge einer Privatisierung die Beschäftigten den Status von öffentlich-rechtlichen Bediensteten und nicht von AN, können sie sich nicht auf die BetriebsübergangsRL stützen.

Ein durch staatliche Entscheidungen initiierter entgeltlicher Übergang eines Unternehmens von einer unmittelbar staatlichen öffentlichen Einrichtung auf eine privatrechtliche Gesellschaft, die von einer anderen öffentlichen Einrichtung gegründet worden ist, die alle ihre Aktien hält, fällt in den Geltungsbereich der BetriebsübergangsRL, wenn die privatrechtliche Gesellschaft auf Grund einer Verwaltungskonzession mit der Tätigkeit, die Gegenstand des Übergangs ist, betraut wird.

EuGH 14. 9. 2000, C-343/98 Slg 2000, I-6659 = ZASB 2000, 48

In dieser E anlässlich der Privatisierung der italienischen Telefonpost hält der EuGH fest, dass vom Übergang wirtschaftlicher Einheiten betroffene Beamte – die keine AN sind – anders als zB Vertragsbedienstete nicht dem Betriebsübergangsrecht unterliegen).

Entscheidung 190: Tiroler Musikschulen

Auf die Übernahme von auf Vereinsbasis betriebenen Musikschulen durch ein Bundesland kommt die BetriebsübergangsRL zur Anwendung. Das Land ist daher bei Übernahme der Musikschule verpflichtet, sämtliche dort tätige Musikschullehrer mit allen Rechten und Pflichten zu übernehmen, auch wenn das AVRAG für Dienstverhältnisse zu Ländern, Gemeinden oder Gemeindeverbänden nicht gilt.

Die BetriebsübergangsRL hat zwar in aller Regel nicht Rechte gegen den Staat, sondern Rechte und Pflichten der Arbeitsvertragsparteien zum Gegenstand, sodass dadurch eine unmittelbare Anwendbarkeit weitgehend ausscheidet. Anders ist es jedoch dann, wenn Arbeitsvertragspartner der „Staat“ selbst ist. In diesem Fall kann die RL unmittelbare Wirkung zwischen Individuum und Staat entfalten.

Der Begriff des „Staates“ ist im weitesten Sinn zu verstehen. Trifft die Gesetzgebungskompetenz nicht die Republik, sondern ein Bundesland, ist dieses säumig und sind die betroffenen AN des Landes nicht hauptsächlich mit hoheitsrechtlichen Verwaltungsaufgaben betraut, können sich diese auf die aus der RL resultierenden Rechte unmittelbar berufen, weil es sich um Ansprüche gegen staatliche Stellen handelt.

An dieser zwingenden Rechtsfolge kann der Umstand nichts ändern, dass vielleicht Zielsetzungen des „Musikschulwerks“ nicht verwirklicht werden können, weil nicht alle zu übernehmenden Lehrer über die nach dem Tiroler MusikschulG erforderliche Qualifikation verfügen. Hätte das Land die Rechtsfolgen des Betriebsübergangsrechts vermeiden wollen, hätte es eben eine andere Organisation aufziehen müssen

und die Musikschule nicht – wie im MusikschulG vorgesehen – „von einem anderen Erhalter übernehmen" lassen dürfen.

OGH 15. 4. 1999, 8 ObA 221 /98b, DRdA 2000, 134 *(Wachter)* = ZAS 2000, 108 *(Jöst)*

Diese E, die auch ein bezeichnendes Licht auf die Gesetzgebungstätigkeit der Bundesländer wirft – diese hatten zum Teil für ihren Bereich das Betriebsübergangsrecht viele Jahre lang nicht umgesetzt –, ist ein Lehrstück zum Unionsrecht.

14.3 Ex-lege-Übergang der Arbeitsverhältnisse bei Betriebsübergang

§ 3 Abs 1 AVRAG bestimmt für den Fall, dass ein Unternehmen, Betrieb oder Betriebsteil auf einen anderen Inhaber übergeht, dass dieser als AG mit allen Rechten und Pflichten in die im Zeitpunkt des Übergangs bestehenden Arbeitsverhältnisse eintritt.

Diese Regelung statuiert einen **Arbeitgeberwechsel kraft G.** Der neue Inhaber tritt in die bestehenden Arbeitsverhältnisse ein, der Veräußerer scheidet kraft G aus diesen Arbeitsverhältnissen aus. Im Folgenden ist die Reichweite dieser sog **Eintrittsautomatik** genauer festzulegen:

14.3.1 Im Zeitpunkt des Übergangs bestehende Arbeitsverhältnisse

Als **„Zeitpunkt des Übergangs"** ist jener Termin anzusehen, zu dem der **faktische Übergang der unternehmerischen Dispositionsbefugnisse,** insb der Weisungsbefugnisse gegenüber den AN, stattfindet.

Dieser Zeitpunkt wird in vielen Fällen **mit den rechtlichen Vorgängen** (etwa dem Wirksamwerden einer gesellschaftsrechtlichen Maßnahme) **zusammenfallen.** Bei Auseinanderfallen ist die **faktische Übernahme** maßgeblich.

Unsicherheiten für die AN werden auch durch **Informationspflichten des AG** abgeschwächt (vgl § 3a AVRAG; zur Anzeigepflicht bei ausnahmsweiser Änderung von Arbeitsbedingungen vgl 14.9.1).

Zu den **„bestehenden Arbeitsverhältnissen"** gehören jene, die sich **am Stichtag in Vollzug** befinden (zum relevanten Arbeitnehmerbegriff vgl 14.2) oder zumindest begründet sind – und zwar egal, ob Voll- oder Teilzeitbeschäftigung vorgesehen ist –, daneben auch solche, bei denen der Leistungsaustausch nur infolge von Leistungsstörungen (zB Suspendierung, Krankenstand udgl; vgl 6.) oder wegen Karenzierung (vgl 4.3) nicht stattfindet. Auch Arbeitsverhältnisse im Kündigungsstadium bestehen für die restliche Vertragszeit fort (vgl aber auch 14.4.1).

Ein **Arbeitsplatzbewerber,** der mit dem Veräußerer in Vertragsverhandlungen steht, hat keinen Anspruch darauf, dass der Betriebserwerber die Verhandlungen fortsetzt und einen Arbeitsvertrag schließt. Auf Probe Beschäftigte stehen hingegen in einem vollwertigen Arbeitsverhältnis, welches sich nur durch eine besonders leichte Lösbarkeit innerhalb eines bestimmten Zeitraums auszeichnet (vgl 3.2.3.2).

Überlassene Arbeitskräfte sind zwar in die Organisation eines Beschäftigerbetriebs eingegliedert und den Weisungen der dortigen Führungskräfte unterworfen, haben aber einen Arbeitsvertrag nur mit dem Überlasser, nicht jedoch mit dem Beschäftiger (vgl allg 4.5.1). Ein Übergang des Beschäftigerbetriebs wirkt sich daher rechtlich auf diese Arbeitsverhältnisse nicht aus[2]).

Personen, die bei Betriebsübergang bereits als **ehemalige AN** anzusehen sind, sind von der Eintrittsautomatik nicht erfasst.

Dies betrifft zB Betriebspensionisten, allgemein aber all jene, die noch Ansprüche gegenüber ihrem ehemaligen AG, etwa auf Zahlung der Abfertigung oder einer Kündigungsentschädigung, haben (zur Mithaftung des Erwerbers vgl 14.10.2.2).

14.3.2 Begriff des Betriebsübergangs

„Betriebsübergang" ist ein vom EuGH in Interpretation der BetreibsübergangsRL geprägter arbeitsrechtlicher Fachausdruck, der gewisse Umstrukturierungsvorgänge im Bereich von Unternehmen bezeichnet. Gemeint ist das Faktum, dass eine

- **wirtschaftliche Einheit**
- **von einem Inhaber zu einem anderen Inhaber** wechselt und
- dabei **ihre Identität bewahrt**[3]).

14.3.2.1 Wirtschaftliche Einheit

Dieser Begriff ist sehr weit:

- **„Wirtschaftlich"** ist vor allem funktionell gemeint und bedeutet, dass die Einheit zumindest eine in gewisser Weise abgeschlossene, von anderen Tätigkeiten zu unterscheidende wirtschaftliche Aufgabe im Unternehmen erledigt.
- **„Einheit"** bedeutet, dass eine gewisse, auf Dauer angelegte Organisation iS einer Zusammenfassung materieller und immaterieller Betriebsmittel vorliegen muss; naturgemäß muss – es geht ja um arbeitsrechtliche Schutzvorschriften – im Bereich der letzteren auch zumindest ein AN (iSd innerstaatlichen Rechts) vorhanden sein.

14.3.2.2 Inhaberwechsel

Durch den Betriebsübergang wird ein **anderer Inhaber,** dh eine andere natürliche oder juristische Person, in die Lage versetzt, in Bezug auf die wirtschaftliche Einheit Verfügungen zu treffen.

Wie dies **herbeigeführt** wird, dh wie die wirtschaftliche Einheit übertragen wird, ist **sekundär** (zu den Übergangsvorgängen s unten). Ebenso ist der rechtliche Status des neuen und auch des alten Inhabers in Bezug auf die wirtschaftliche Einheit weniger bedeutsam: Der neue Inhaber muss keineswegs Ei-

---

[2]) Anders kann dies bei ständiger Überlassung im Rahmen eines Konzerns sein; vgl EuGH 21. 10. 2010, C-242/09, *Albron Catering.*

[3]) Diese Prüfformel wurde erstmals vom EuGH 18. 3. 1986, Rs 24/85, *Spijkers,* Slg 1986, 1119 aufgestellt. Auch der OGH verwendet sie in stRsp; vgl zB OGH 1. 9. 1999, 9 ObA 192/99x, DRdA 2000, 389 *(Binder).*

gentümer werden, es genügt die Position als **rechtlich gesicherter oder tatsächlicher Inhaber mit Leitungsmacht.**

Entscheidend ist, dass eine **andere natürliche oder juristische Person** in die Position des (abstrakten) AG tritt, unabhängig davon, welche Abläufe diese Veränderung auslösen. **Kein Inhaberwechsel** und damit kein Fall der §§ 3ff AVRAG ist etwa bei einer organisatorischen Maßnahme gegeben, welche ohne gesellschaftsrechtlichen Hintergrund zB die Betriebsstrukturen und in der Folge auch die Arbeitsbedingungen betrifft; hier könnten allenfalls betriebsverfassungsrechtliche Konsequenzen (bezüglich Belegschaftsvertretung, Bestand von BV) eintreten (vgl 13.1.1.1.1, 14.7). Zu keiner Änderung der Inhaberschaft kommt es weiters bei einer bloßen Standortverlegung, ebenso wenig ist dies grundsätzlich bei Veränderungen in der Eigentümerstruktur von (nach außen unverändert bleibenden) juristischen Personen (zB durch Übertragung von Aktien, GmbH-Geschäftsanteilen) der Fall. Der (abstrakte) AG bleibt hier genauso derselbe wie bei „formwechselnden Umwandlungen" (vgl auch 14.3.2.1) und dann, wenn sich die Zusammensetzung der die Arbeitgeberfunktion konkret ausübenden natürlichen Personen (zB Geschäftsführer) verschiebt.

Taugliche **„Übergangsvorgänge"** sind alle Akte, durch die die unternehmerischen Dispositionsbefugnisse in Bezug auf ein Übergangsobjekt von einem Verantwortlichen auf einen anderen übertragen werden.

Diese weite Formulierung bedeutet ua, dass nicht auf eine unmittelbare rechtsgeschäftliche Beziehung zwischen altem und neuem Inhaber abgestellt wird, sondern der **faktische Übergang in einem rechtlichen Rahmen** als ausreichend angesehen wird:

Entscheidung 191: Daddy's Dance Hall

Die BetriebsübergangsRL findet Anwendung, wenn nach Beendigung eines Pachtverhältnisses der Eigentümer des Unternehmens dieses an einen neuen Pächter vergibt, der das Unternehmen ohne Unterbrechung mit demselben Personal, dem zuvor bei Beendigung des ersten Pachtverhältnisses gekündigt wurde, weiterführt.

EuGH 10. 2. 1988, Rs 324/86 Slg 1988, 739

Vorauszusetzen ist in derartigen Fällen immer, dass der neue Inhaber maßgebliche wirtschaftliche Werte vom alten Inhaber zur Verfügung hat (vgl 14.3.2.3).

Im Bereich **rechtsgeschäftlicher Übertragungsakte** sind sowohl solche **mit** als auch solche **ohne Gegenleistung** erfasst, es werden einerseits **Veräußerungen** und andererseits Begründungen von bloßen **Nutzungsrechten** dinglicher oder schuldrechtlicher Art einbezogen. Weiters können nicht nur Rechtsgeschäfte **unter Lebenden,** sondern auch solche **von Todes wegen** (und zwar einseitiger oder zweiseitiger Natur) den Rechtstitel für den Betriebsübergang bilden. Selbst **richterliche, verwaltungsrechtliche** und **gesetzliche** Übertragungsakte werden in Umsetzung der BetriebsübergangsRL von der offenen Bestimmung des § 3 Abs 1 AVRAG aufgefangen (zum Insolvenzfall vgl aber 14.5).

Sowohl Übergangsvorgänge, die **Universalsukzessionen,** als auch solche, die **Singularsukzessionen** nach sich ziehen, sind erfasst:

„Universalsukzession" (Gesamtrechtsnachfolge) ist die kraft besonderer gesetzlicher Vorschriften angeordnete Rechtsnachfolge in die gesamte Rechtsstellung des Vorgängers. Der Gesamtrechtsnachfolger übernimmt durch ein und denselben Übertragungsvorgang sämtliche Rechte und Pflichten, wie sie in der Person des Vorgängers bestanden haben, und setzt so seine Rechtsstellung in vermögensrechtlicher Hinsicht fort.

Im Zuge einer Universalsukzession kommt es somit automatisch auch zu einer Übernahme sämtlicher Arbeitsverhältnisse in ihrer bestehenden Form durch den Rechtsnachfolger. Die von § 3 Abs 1 AVRAG angeordneten Rechtsfolgen sind daher diesfalls von vornherein gegeben, sodass das AVRAG als bloß deklarativ angesehen werden kann. Das G ist jedoch auch bei Universalsukzessionen zu beachten, zumal es für diese in speziellen Fällen besondere Rechtsfolgen anordnet (vgl 14.8).

- Gem § 547 ABGB ist die Übertragung einer wirtschaftlichen Einheit von Todes wegen im Zuge der **Erbfolge** Gesamtrechtsnachfolge, welche im Zeitpunkt der Einantwortung eintritt. Zwischen Erbanfall und Einantwortung rückt der ruhende Nachlass in die Arbeitgeberposition.
- Weitere Universalsukzessionen finden sich im Unternehmensrecht. Zu nennen sind insb **Verschmelzungen** von Organisationen mit eigener Rechtspersönlichkeit (vgl zB §§ 219 ff AktG). Auch **Spaltungen** iSd SpaltG sind (partielle) Universalsukzessionen. Ebenfalls hierher gehören sog **übertragende Umwandlungen** nach dem UmwG (zB Umwandlung einer Kapitalgesellschaft in eine OG oder KG).

  Daneben gibt es die sog **formwechselnden Umwandlungen** (OG wird zu KG, AG zu GmbH und umgekehrt), durch die die rechtliche Identität der Gesellschaft nicht berührt wird, sodass weder Universalsukzession noch Betriebsübergang vorliegt.

„Singularsukzession" ist Rechtsnachfolge in bloß einzelne Rechtspositionen.

§ 3 Abs 1 AVRAG ist insofern eine Sonderregelung, als von dieser Bestimmung erfasste Arbeitsverhältnisse auch im Falle einer Singularsukzession automatisch, dh ohne individuelle Übertragungsakte, auf den neuen Inhaber übergehen.

Zu den Singularsukzessionen zählen insb **Verkauf** und **Verpachtung,** daneben **Tausch, Schenkung** und **Einräumung von Fruchtgenussrechten.**

Im Zuge von Neuverpachtungen findet ein Betriebsübergang grundsätzlich nur zwischen Altpächter und Neupächter statt. Der Verpächter ist ausnahmsweise dann in das Schutzsystem des AVRAG einzubeziehen, wenn er die tatsächliche wirtschaftliche Verfügungsmacht für einen erheblichen Zeitraum zurückerlangt.

> **Beispiel:** Der Eigentümer eines Gasthauses sucht nach Ende einer Verpachtung einen Neupächter. Da sich der Abschluss mit einem solchen verzögert, betreibt der Eigentümer in der Zwischenzeit das Gasthaus selbst.

14.3.2.3 Bewahrung der Identität

Diese ist im Einzelfall nach den sog **Spijkers-Kriterien** (erstmals EuGH in der E „Spijkers" aus dem Jahre 1986[4]) zu beurteilen. Bei der Prüfung, ob eine wirtschaftliche Einheit im Zuge des Überleitungsvorgangs „ihre Identität bewahrt hat", ist abzustellen auf

- die Art der organisatorischen Zusammenfassung des zu übertragenden Elements,
- den **Übergang** oder Nichtübergang **von materiellen** und **immateriellen Aktiven,**
- die **Übernahme von Belegschaft(steilen),**
- die **Fortführung einer ähnlichen Tätigkeit** wie vor der Veräußerung,
- die Dauer einer eventuellen **Unterbrechung dieser Tätigkeit.**

Derartige Umstände sind „global zu bewerten". Die Begriffselemente müssen daher nicht kumulativ gegeben sein, vielmehr wird ein qualitatives Überwiegen der für einen Betriebsübergang sprechenden Aspekte als ausreichend angesehen.

Berühmte E des EuGH betreffen die Grenzen des Betriebsübergangsbegriffs am Beispiel der Reinigungsbranche:

Entscheidung 192: Christel Schmidt

Überträgt ein Unternehmer einem anderen durch Vertrag die Verantwortung für die Erledigung der früher von ihm selbst wahrgenommenen Reinigungsaufgaben und soll im Zuge dieses Vorgangs die bisher damit befasste Reinigungskraft mit übergeleitet werden, so unterliegt dies der BetriebsübergangsRL.

Der Umstand, dass die Aufgaben vor der Übertragung nur von einer einzigen AN erledigt wurden, hindert nicht die Annahme des Übergangs einer ihre Identität wahrenden wirtschaftlichen Einheit.

EuGH 14. 4. 1994, C-392/92, DRdA 1994, 348 *(Kirschbaum)* = EAS RL 77/187/EWG Art 1 Nr 9 *(Franzen)* = ZIP 1994, 1036 *(Hanau)*

Entscheidung 193: Ayse Süzen

Die BetriebsübergangsRL gilt nicht für den Fall, dass ein Auftraggeber, der die Reinigung von Räumlichkeiten einem Unternehmer übertragen hat, den Vertrag mit diesem kündigt und zur Durchführung ähnlicher Arbeiten einen neuen Vertrag mit einem anderen Unternehmer schließt, sofern dieser Vorgang weder mit einer Übertragung relevanter materieller oder immaterieller Betriebsmittel von dem einen auf den anderen Unternehmer noch mit der Übernahme eines nach Zahl und Sachkunde wesentlichen Teils des von dem einen Unternehmer

[4]) EuGH 18. 3. 1986, Rs 24/85, *Spijkers,* Slg 1986, 1119.

zur Durchführung des Vertrags eingesetzten Personals durch den anderen Unternehmer verbunden ist.

EuGH 11. 3. 1997, C-13/95, DRdA 1997, 305 *(Kirschbaum)* = EAS RL 77/187/EWG Art 1 Nr 13 *(Stefan)*

In der Reinigungsbranche läuft es idR – nämlich dort, wo ein Einsatz größerer Maschinen nicht sinnvoll ist – darauf hinaus, dass der **zentrale** in einer wirtschaftlichen Einheit angelegte **Wert** jener der **„menschlichen Arbeitskraft"** ist. Dabei ist das Know-how bei derart einfachen Arbeiten in der Verlässlichkeit der betroffenen Mitarbeiter und im Faktum, dass diese eingearbeitet sind, zu erblicken. Wird daher die in der wirtschaftlichen Einheit tätige Belegschaft in einem erheblichen Ausmaß auf den neuen Inhaber übergeleitet, so ist daraus auf einen Transfer maßgeblicher wirtschaftlicher Ressourcen zu schließen, womit ein Betriebs(teil)übergang gegeben ist. Dies ist in der E „Christel Schmidt" von den Unternehmern geplant, daher ist diese E auch zutreffend und nach wie vor ein Baustein in der Judikatur des EuGH zum Betriebsübergangsbegriff, wenngleich die klarstellende E in der Rs „Süzen" die eigentliche Leitentscheidung zum Thema ist. Der Umstand der Belegschaftsüberleitung ist demnach einerseits ein Aspekt bei der Prüfung des **Betriebsübergangstatbestands:** Je mehr AN mit Know-how übergeleitet werden, desto eher liegt ein Betriebsübergang vor. Andererseits ist der Übergang der gesamten Belegschaft mit allen Rechten und Pflichten auch die zentrale **Rechtsfolge** des Betriebsübergangsrechts. Man könnte daher sagen, dass ein Unternehmer dann, wenn er die Schlüsselkräfte haben will, möglicherweise auch die anderen AN nehmen muss.

Zu prüfen ist zudem – dies zeigt sich auch im kaum mehr zu überbietenden Extremfall der „Christel Schmidt"-Konstellation – immer die Frage, ob eine Aufgabe überhaupt durch eine **eigene, „abgrenzbare" Einheit** erledigt wird. Als Beispiel für das Fehlen einer abgrenzbaren wirtschaftlichen Einheit sei ein kleiner Gewerbebetrieb genannt, in dem es einem Teil der AN – etwa abwechselnd oder immer einigen der dienstjüngeren Mitarbeiter – obliegt, gegen Arbeitsschluss die Betriebsstätte zu reinigen. Genauso kann die Organisation eines Reinigungsunternehmens so geartet sein, dass keine fixe Arbeitsgruppe für die Erfüllung eines bestimmten Auftrags besteht, sondern zB ohne genaue Vorplanung jeweils im Einzelfall verschiedene Mitarbeiter dazu eingeteilt werden.

Bei anderen Tätigkeiten spielen wiederum materielle Betriebsmittel bzw deren (Nicht-)Überleitung eine größere Rolle:

Entscheidung 194: Abler

Die BetriebsübergangsRL ist auf eine Situation anwendbar, in der ein Auftraggeber, der einen ersten Unternehmer vertraglich mit der gesamten Verpflegung in einem Krankenhaus betraut hatte, diesen Vertrag beendet und über dieselbe Leistung einen neuen Vertrag mit einem zweiten Unternehmer abschließt, wenn der zweite Unternehmer zuvor von dem ersten Unternehmer benutzte und beiden nacheinander vom Auftraggeber zur Verfügung gestellte wesentliche materielle Betriebsmittel – nämlich die Spitalsküche – benutzt. Dies auch dann, wenn der zweite Unternehmer zum Ausdruck gebracht hat, dass er die AN des ersten Unternehmers nicht übernehmen will.

EuGH 20. 11. 2003, C-340/01, ZESAR 2004, 135 *(Reissner)* = infas 2004 E 1

Insb bei Betriebsteilübergängen kann die Frage auftreten, **welche Arbeitsverhältnisse dem von der Übertragung betroffenen Tätigkeitsbereich zuzuordnen** sind. Laut EuGH[5]) bezieht sich die Eintrittsautomatik nur auf die im übergehenden Betriebsteil **unmittelbar beschäftigten AN.** Außenstehende AN, mögen sie auch bestimmte Tätigkeiten in der übertragenen Einheit verrichten, sind nicht erfasst.

14.3.3 Die Rechtsfolgen im Einzelnen

§ 3 Abs 1 AVRAG bestimmt den Eintritt des neuen Inhabers „mit allen Rechten und Pflichten". Das bedeutet, dass die **arbeitsvertragsrechtliche Position des AN durch den Betriebsübergang nicht tangiert** wird.

Art und Umfang der Arbeits- bzw Interessenwahrungsverpflichtung bleiben genauso aufrecht wie der Arbeitsort oder alle Nebenzusagen (zB Beförderungen), selbst wenn diese bloß konkludent erfolgten. Daher binden auch gem § 863 ABGB in den Einzelvertrag eingegangene „Betriebsübungen" (vgl 5.2.2) oder unechte („freie") BV (vgl 12.5) den neuen Inhaber. Die absolvierten Dienstzeiten gelten als beim Übernehmer zugebracht, auch Vordienstzeitenanrechnungen sind beachtlich, weder der Lauf des Arbeitsjahres (zB bezüglich Krankenstandszeiten) noch jener des Urlaubsjahres ändert sich.

Zu beachten ist, dass **Abweichungen vom Grundsatz der vollinhaltlichen Übernahme** bestehender Arbeitsbedingungen dann eintreten können, wenn es durch den Betriebsübergang zur Ablöse des KollV bzw von BV oder zur Einstellung von Pensionszusagen kommt (vgl 14.6, 14.7, 14.8).

Die Eintrittsautomatik wirkt im Allgemeinen unabhängig vom Wollen des bisherigen und des neuen Inhabers ebenso wie des betroffenen AN. Eine einvernehmliche Nichtübernahme des Arbeitsverhältnisses ist aber nicht ausgeschlossen (vgl 14.4.2).

Fall 85: Bierlokal

Ein Bierlokal im Universitätsviertel wird mit 1. 1. 2015 neu verpachtet. Der Eigentümer verlängert den Ende 2014 auslaufenden Pachtvertrag mit dem bisherigen Pächter nicht, sondern vergibt das voll eingerichtete Gasthaus an einen anderen Unternehmer. Dieser führt das Lokal mit einem ähnlichen Konzept weiter, er übernimmt vom Altpächter die Speisekarte und die Bierkarte, auch werden die Bierbezugsverträge mit einigen Brauereien auf den Neupächter übergeleitet, andere Bezugsverträge für Bier, Wein und sonstige Getränke laufen allerdings beim Altpächter aus. Die Arbeitsverträge der Mitarbeiter werden vom Altpächter gekündigt, nur der Chefkoch wird vom neuen Pächter unter Berücksichtigung sämtlicher Vordienstzeiten weiter beschäftigt.

---

[5]) EuGH 7. 2. 1985, Rs 186/83, *Botzen,* Slg 1985, 519.

Die Kl, die 13 Jahre lang als Kellnerin tätig war und zum 31. 12. 2014 unter Auszahlung der Abfertigung abgerechnet wurde, erhält im Jänner 2015 vom neuen Inhaber das Angebot, bei ihm wieder als Kellnerin zu beginnen. Bei der Lohnabrechnung für Februar 2015 bemerkt sie, dass sie vom AG als Neueintritt behandelt wird und um € 140,– pro Monat weniger „Fixum" erhält als beim früheren Gastwirt. Zu ihrem Ärger sind ihre Entgelteinbußen damit beträchtlich, weil sie beim alten AG überdies eine freiwillige Erschwerniszulage von € 90,– bezogen hat. Sie begehrt vom nunmehrigen AG eine entsprechende Aufzahlung. Zu Recht?

14.4 Beendigung des Arbeitsverhältnisses bei Betriebsübergang

Die Eintrittsautomatik des § 3 Abs 1 AVRAG läuft Gefahr, durch vom AG ausgehende Beendigungsformen umgangen zu werden.

14.4.1 Arbeitgeberkündigung

14.4.1.1 Kündigung wegen des Betriebsübergangs

Eine Arbeitgeberkündigung wegen des Betriebsübergangs ist rechtlich bedenklich, weil sie den Ex-lege-Übergang des Arbeitsverhältnisses vereitelt. Zu fragen ist, wann von einer Kündigung **wegen des Betriebsübergangs** die Rede sein kann. Erforderlich ist hierfür ein **innerer Zusammenhang** zwischen Betriebsübergang und Kündigung, welcher insb **bei großer zeitlicher Nähe zu vermuten** ist.

Was die Beweislast betrifft, hat daher vorerst der AN das zeitliche Naheverhältnis von Kündigung und Betriebsübergang darzutun, danach liegt es am AG, diesen Prima-facie-Beweis zu entkräften, indem er beispielsweise plausibel macht, dass die Kündigung im Verhalten des Gekündigten begründet ist.

Entscheidung 195: Jäger

Wird ein Jäger im unmittelbaren zeitlichen Zusammenhang mit der Neuverpachtung des Jagdreviers gekündigt, weil er sich trotz mehrmaliger Abmahnung immer wieder im alkoholisierten Zustand mit Jagdgästen und Arbeitskollegen überwirft, so ist diese Kündigung nicht wegen des Betriebsübergangs, sondern personenbezogen erfolgt und daher zulässig.

OGH 22. 10. 1997, 9 ObA 274/97b, DRdA 1998, 347 *(Reissner)*

Es wird hier auf das qualitative Überwiegen des erlaubten gegenüber dem verbotenen Motiv ankommen.

Eine verpönte **Kündigung vor Betriebsübergang** ist ein Umgehungsgeschäft und daher gem § 879 ABGB **rechtsunwirksam.** Diese Nichtigkeit ist als

relative auszudeuten, sodass sich nur der AN, keinesfalls aber der AG auf sie berufen kann. Das soeben Gesagte gilt jedenfalls für die **endgültige** Arbeitgeberkündigung vor Betriebsübergang. Kommt es nach einer solchen Kündigung hingegen zu einer **Neuanstellung** beim Betriebsübernehmer, so ist dies dann nicht rechtswidrig, wenn das Ergebnis des Vorgangs als iS von § 16 AVRAG günstiger für den AN beurteilt werden kann.

Im Einzelnen ist dabei anhand eines Gruppenvergleichs vorzugehen (vgl allg 10.4.2.1.2). Wird die Situation für den AN ungünstiger, so liegt ein Verstoß gegen § 3 Abs 1 AVRAG vor. Eine Neuanstellung zu schlechteren Bedingungen belässt es somit bei der Rechtsfolge der Nichtigkeit der vorsorglichen Kündigung.

Entscheidung 196: Aufgriffsobliegenheit

Der Fortsetzungsanspruch des unwirksam wegen des Betriebsübergangs gekündigten AN kann nicht unbefristet geltend gemacht werden, sondern muss im Interesse der Rechtssicherheit und der Klarstellung gegenüber dem Vertragspartner ohne unnötigen Aufschub erhoben werden. Die Frist zur Geltendmachung ist fließend nach den Umständen des Einzelfalles unter Abwägung der Klarstellungsinteressen des AG und den Schwierigkeiten für den AN, den Anspruch geltend zu machen, zu bestimmen.

Der neue AG konnte auf Grund seiner Weigerung, den Übergang der Dienstverhältnisse anzuerkennen, wie auch der sonstigen Umstände (Auflösung der Arbeitsverhältnisse durch den Vorpächter, diesbezügliche Anfechtungsverfahren) erwarten, dass die AN Klagen einbringen werden. Das Zuwarten von rund sechs Monaten bis zur Geltendmachung ist gerade noch kein Verstoß gegen die Aufgriffsobliegenheit.

OGH 27. 5. 2004, 8 ObA 48/04y, ARD 5537/7/2004

Eine derartige Aufgriffsobliegenheit spielt auch in anderen Fällen nichtiger Erklärungen des AG eine Rolle (vgl 2.3.3, 2.3.4).

Lange Zeit unsicher war die Behandlung der **Arbeitgeberkündigung nach Betriebsübergang.** Hinsichtlich der rechtlichen Beurteilung derartiger Kündigungen ist festzuhalten, dass der Gesetzgeber den Art 4 Abs 1 Satz 1 BetriebsübergangsRL nicht ausdrücklich ins österreichische Recht umgesetzt hat. Diese Bestimmung besagt, dass der **Betriebsübergang für den Veräußerer oder den Erwerber keinen Grund zur Kündigung** darstellt. Auch eine Kündigung nach Betriebsübergang muss daher als **nichtige Umgehung** des Betriebsübergangsrechts qualifiziert werden, wenn sie **wegen des Betriebsübergangs** erfolgt und **nicht** einer der **Rechtfertigungsgründe der RL** (vgl 14.4.1.2) gegeben ist[6]).

[6]) OGH 5. 6. 2002, 9 ObA 97/02h, DRdA 2003, 323 *(Binder);* 1. 2. 2007, 9 ObA 16/06b, infas 2007 A 37.

Allgemein stellt sich die Frage, für wie lange der Kündigungsschutz nach Betriebsübergang zu gewähren ist. Es ist hier auf die Umstände des Einzelfalles abzustellen, eine fixe Zeitangabe kann dogmatisch nicht begründet werden. Kern der Sache ist, dass die **entscheidende Motivation** für die Kündigung **nicht der Betriebsübergang** sein darf. Es läuft dies auf eine Beweisfrage wie bei der Kündigung vor Betriebsübergang (s oben) hinaus.

14.4.1.2 Rechtfertigungsgründe für die Arbeitgeberkündigung

Der im österreichischen Recht zur Konkretisierung heranzuziehende Art 4 Abs 1 Satz 1 BetriebsübergangsRL besagt, dass unbeschadet des prinzipiell gegebenen Verbots der Kündigung wegen des Betriebsübergangs (vgl 14.4.1.1) **Kündigungen aus wirtschaftlichen, technischen oder organisatorischen Gründen,** die **Änderungen im Bereich der Beschäftigung** mit sich bringen, **möglich** sind. Zu fragen ist, wie diese Rechtfertigungsgründe zu interpretieren sind:

- Was die **„technischen" Gründe** betrifft, so wird dies auf Phänomene zu beziehen sein, in denen es auf Grund eines technischen Fortschritts, der im Zuge des Betriebsübergangs wirksam wird, zu Rationalisierungsmöglichkeiten im Bereich des Faktors Arbeit kommt. Dies kann etwa bei verstärktem Maschineneinsatz von Seiten des neuen Inhabers, der zu weniger Personalbedarf führt, der Fall sein.
- Analog ist die **„organisatorische" Ebene** zu betrachten. Hier scheinen Fälle angesprochen zu werden, in denen der Betriebsübergang etwa das Zusammentreffen zweier Abteilungen nach sich zieht, die sich mit derselben Aufgabenstellung beschäftigen. Werden etwa zwei Gratiszeitungen und deren Redaktionen zu einer gleich konzipierten Zeitung bzw einer Redaktion zusammengelegt, so wird der neue Inhaber nach Betriebsübergang[7]) den Personalüberhang unter Beachtung des allgemeinen Kündigungsschutzes (und allfälliger besonders nach MSchG bzw VKG, BEinstG etc bestandgeschützter AN) abbauen können. Das Betriebsübergangsrecht steht dem nicht entgegen[8]).
- Werden **„wirtschaftliche Gründe"** für einen Personalabbau in einer von einem Betriebsübergang betroffenen wirtschaftlichen Einheit ins Treffen geführt, so wird die Arbeitgeberseite entsprechende Einschränkungen der Substanz materieller (zB [Teil-]Stilllegung von Maschinen) oder immaterieller Natur (zB Aufgabe gewisser Kundengruppen) darzulegen haben. Es kann sogar sein, dass die Substanz der wirtschaftlichen Einheit

---

[7]) Der alte Inhaber darf mit dem Personalabbau aber nicht bereits beginnen, wenn die Zusammenlegung erst nach Betriebsübergang erfolgt. Dies wäre die vom OGH 28. 8. 1997, 8 ObA 91/97h, DRdA 1998, 284 *(Wagnest)* = ZAS 1998, 143 *(Winkler)* für unzulässig erklärte „vorsorgliche Rationalisierungskündigung".

[8]) Bedauerlicherweise hat der OGH 29. 4. 2009, 9 ObA 22/09i, DRdA 2011, 126 (krit *Binder*) = infas 2009 A 51 im konkreten Fall zu Unrecht bereits das Vorliegen von Betriebsübergängen verneint, sodass die hier interessierenden Fragestellungen nur von den Untergerichten – mE auch zutreffend – bearbeitet wurden.

nicht angetastet wird, die Arbeitgeberseite aber das Konzept verfolgt, die wirtschaftliche Einheit zahlenmäßig mit weniger Personal auszustatten, weil damit der wirtschaftliche Erfolg der Einheit verbessert oder optimiert wird (zB Diskont- statt Vier-Sterne-Hotel). Insb in derartigen Konstellationen wird der AG entsprechende betriebswirtschaftliche Belege auf den Tisch zu legen haben.

14.4.2 Einvernehmliche Lösung

Eine einvernehmliche Lösung, die mit **keinem Neuabschluss** eines Arbeitsverhältnisses beim Betriebsübernehmer gekoppelt ist, unterliegt nur den allgemeinen, insb vertragsrechtlichen Schranken solcher Vereinbarungen (vgl zB § 104a ArbVG, § 10 Abs 7 MSchG, § 16 APSG etc; dazu 2.1.1). Dem AN steht nämlich selbstverständlich die Möglichkeit offen, den Ex-lege-Übergang seines Arbeitsverhältnisses nicht in Anspruch zu nehmen.

Unwirksam ist allerdings eine Vertragsklausel, die von vornherein für den Fall eines Betriebsübergangs eine einvernehmliche Lösung festschreibt. Sie würde gegen § 937 ABGB verstoßen, welcher „allgemeine, unbestimmte Verzichtsleistungen" als nichtig qualifiziert.

Erfolgt nach der einvernehmlichen Lösung eine **Neuanstellung** beim Betriebsübernehmer, ist wiederum zu prüfen, ob nicht eine Umgehung von § 3 Abs 1 AVRAG gegeben ist (vgl 14.4.1.1).

14.5 Insolvenz des Veräußerers

§ 3 Abs 2 AVRAG bestimmt, dass § 3 Abs 1 AVRAG nicht „im Fall eines Sanierungsverfahrens ohne Eigenverwaltung oder eines Konkursverfahrens des Veräußerers" gilt („Konkursprivileg", „Insolvenzausnahme"). Die Eintrittsautomatik kann folglich dann nicht Platz greifen, wenn ein Inhaberwechsel **nach Eröffnung der genannten Insolvenzverfahren über das Vermögen des alten Inhabers** (Sanierungsverfahren ohne Eigenverwaltung, Konkursverfahren) stattfindet.

Kommt § 3 Abs 1 AVRAG nicht zur Anwendung, so bedeutet dies, dass die Arbeitsverhältnisse nicht infolge des Betriebsübergangs auf den neuen Inhaber übertragen werden, der jeweilige AN vielmehr im Arbeitsverhältnis mit dem bisherigen AG verbleibt, sofern dieses nicht gelöst wird (vgl dazu insb 2.4). Abgesehen vom – seltenen – Fall einer Universalsukzession erfolgt die **Überleitung eines AN** nur im Falle einer **rechtsgeschäftlichen Abstimmung zwischen AN, bisherigem AG (bzw Insolvenzverwalter) und neuem Inhaber,** entweder durch Vertragsübernahme oder durch Beendigung des alten und Abschluss eines neuen Arbeitsverhältnisses.

Der AN kann daher ebenso wie der neue Inhaber die Weiterbeschäftigung ablehnen.

Unklarheit besteht zum Teil über die von § 3 Abs 2 AVRAG erfassten Konstellationen.

Diese Interpretationsfrage ist praktisch sehr wichtig, weil die Sistierung der Eintrittsautomatik die Sanierungschancen erhöht, was in den meisten Fällen im Endeffekt auch der Arbeitnehmerseite wegen des dadurch möglichen Erhalts zumindest eines Teils der Arbeitsplätze zum Vorteil gereicht.

- Vom G klargestellt ist, dass die Insolvenzausnahme nicht nur das **Konkursverfahren ieS** erfasst. Vielmehr können Betriebsübergänge auch im **Sanierungsverfahren ohne Eigenverwaltung** ohne die hohen Hürden des arbeitsrechtlichen Betriebsübergangsrechts stattfinden.
- Für das **Sanierungsverfahren mit Eigenverwaltung** – wie auch für die **Geschäftsaufsicht** iSd §§ 82 ff BWG – ist **keine Ausnahme** vorgesehen, sodass es bei allfälligen Übertragungsvorgängen im Zuge solcher Verfahren zur Eintrittsautomatik nach § 3 Abs 1 AVRAG kommt.

  Diese Rechtslage ist aus rechts- bzw wirtschaftspolitischer Sicht auf Kritik gestoßen, kann jedoch schon aus unionsrechtlichen Gründen[9]) nicht überwunden werden.
- Wird die **Insolvenzverfahrenseröffnung mangels kostendeckenden Vermögens abgelehnt,** so liegt kein einschlägiges „Verfahren" vor, sodass ein in der Folge stattfindender Betriebsübergang von der Eintrittsautomatik des § 3 Abs 1 AVRAG erfasst ist.

  Die Übernahme einer derart darniederliegenden wirtschaftlichen Einheit ist im Regelfall ohnehin suspekt.
- § 3 Abs 1 AVRAG gilt auch für bloß wirtschaftlich mit Insolvenzverfahren verwandte Phänomene wie zB den Betriebs(teil)übergang im Wege der **Einzelzwangsvollstreckung,** also durch Zwangsverwaltung (§ 334 EO) oder Zwangsverpachtung (§ 340 EO) eines Unternehmens iSd § 341 Abs 1 EO.

14.6 Betriebsübergang und KollV

Hinsichtlich der Auswirkungen von Betriebsübergängen auf den anzuwendenden KollV sind die allgemeinen Regelungen über die Kollektivvertragsangehörigkeit in § 8 ArbVG (vgl auch 11.6.1) sowie die speziellen Vorschriften in § 4 Abs 1 und Abs 2 Satz 1 AVRAG zu beachten[10]) (zur Sonderregelung des § 4 Abs 2 Satz 2 AVRAG vgl 14.6.1). Zu unterscheiden sind insb folgende Fälle:

- Der KollV kann **nach Betriebsübergang derselbe** bleiben, und zwar dann, wenn der **neue AG** bei derselben kollektivvertragsschließenden Arbeitgeberorganisation **Mitglied** ist wie der **alte AG,** was zB bei einem Branchenkollektivvertrag einer Unterorganisation der Wirtschaftskammer der Fall ist. Dieses Prinzip, dass der KollV nach der Mitgliedschaft

---

[9]) EuGH 12. 3. 1998, C-319/94, *Dethier Équipement,* Slg 1998, I-1061 = RdW 1998, 214.

[10]) Mit diesen Regelungen ist den unionsrechtlichen Vorgaben in Art 3 Abs 3 BetriebsübergangsRL entsprochen.

des AG bei einer entsprechenden Sozialpartnerorganisation bestimmt wird, ergibt sich aus § 8 Z 1 ArbVG (vgl 11.6).

Beispiel: Eine Friseurunternehmerin geht in Pension und übergibt ihr Unternehmen an ihren Neffen, der Friseurmeister ist.
Sowohl die in Pension gehende Unternehmerin als auch ihr Nachfolger benötigen für die Führung des Unternehmens eine entsprechende Gewerbeberechtigung. Durch diese sind sie gesetzlich verpflichtet, der Wirtschaftskammer, und zwar der Unterorganisation der Friseurinnung, anzugehören. Die Friseurinnung hat mit dem ÖGB einen KollV geschlossen. Kraft Mitgliedschaft erfasst dieser KollV sowohl die alte Inhaberin als auch den neuen Inhaber. Es ändert sich also bei diesem Betriebsübergang nichts hinsichtlich des anzuwendenden KollV.

- Ist der **alte AG** einem **KollV** unterworfen, **nicht aber** (zB mangels Mitgliedschaft) **der neue,** so bleibt **Letzterer** normativ und zeitlich unbegrenzt[11]) **an den KollV des Veräußerers gebunden** (§ 8 Z 2 ArbVG).

Dass der KollV „normativ" gilt, bedeutet vor allem, dass auch nach Betriebsübergang **neu eintretende AN erfasst** werden. Die **Inhalte des KollV** sind allerdings mit Betriebsübergang **„eingefroren";** wird der KollV durch die Abschlussparteien überarbeitet – es wird zB eine Entgelterhöhung vereinbart –, so betrifft dies die von § 8 Z 2 ArbVG einbezogenen AG und AN nicht.

Beispiel: Eine Versicherung, für die der „KollV Innendienst" kraft Mitgliedschaft beim freien Arbeitgeberverein Versicherungsverband gilt, gründet eine Tochter-GmbH und bringt in diese ihre Werbeaktivitäten ein.
Wird die Tochtergesellschaft gewerberechtlich als Werbeagentur qualifiziert, so müsste man hinsichtlich des KollV wiederum auf die entsprechende Zuordnung zu einer Unterorganisation der Wirtschaftskammer schauen. Es sei jetzt angenommen, dass die Wirtschaftskammer in Anwendung der gesetzlichen Vorgaben die Zuordnung zu einer ihrer Sektionen vornimmt, diese Sektion aber für Werbeagenturen (noch) keinen KollV mit dem ÖGB abgeschlossen hat.
In dieser Konstellation greift § 8 Z 2 ArbVG. Wie ausgeführt bleibt der KollV Innendienst in Geltung, auch für Neueintritte, er wird aber im Betriebsübergangszeitpunkt „eingefroren".

Eine eigenständige Bedeutung von **§ 4 Abs 1 AVRAG** neben § 8 Z 2 ArbVG ist nur beschränkt gegeben. Sie besteht zum einen darin, dass die nach § 8 Z 2 ArbVG verneinte **Bindung von Zweit- und Folgeerwerbern** nach § 4 Abs 1 AVRAG gegeben ist.

---

[11]) Die zeitliche Begrenzung des § 4 Abs 1 AVRAG spielt demnach keineswegs eine Rolle.

- Hat der neue AG eine andere Sozialpartnermitgliedschaft als der alte, so **gilt nach Betriebsübergang der der Mitgliedschaft des neuen AG entsprechende KollV ohne Rücksicht auf Günstigkeitsüberlegungen.** Um eine allfällige Schlechterstellung des AN durch einen derartigen **Wechsel des KollV** abzufedern, legt § 4 Abs 2 Satz 1 AVRAG fest, dass **dem AN das vor dem Betriebsübergang in der Normalarbeitszeit gebührende regelmäßige Entgelt nicht geschmälert werden darf.** Dieses gilt nach dem in § 4 Abs 2 Satz 1 AVRAG hineinzulesenden Grundsatz des § 4 Abs 1 AVRAG zwingend ein Jahr lang weiter (dazu auch unten).

Standardbeispiel für diesen Fall ist die Ausgliederung oder „Austöchterung“ von nicht das Kerngeschäft darstellenden Unternehmensfunktionen.
Der in § 4 Abs 2 Satz 1 AVRAG enthaltene Hinweis auf die **„Normalarbeitszeit“** schließt einerseits die Sicherung von Entgelten für Überstundenarbeit aus, betrifft aber wohl auch solche Entgelte, die in keinem unmittelbaren Zusammenhang mit der Normalarbeitszeit stehen, wie Jubiläumsgelder, Abfertigungen oder Betriebspensionen. Von der Entgeltgarantie erfasst sein werden hingegen die regelmäßigen Sonderzahlungen (vgl 5.1.3).

Das **Normalarbeitsentgelt** wird im Übergangszeitpunkt **eingefroren** und **folgt** in seinem zukünftigen Schicksal dem **KollV des Erwerbers.**

Dies gilt einerseits für allfällige Biennalsprünge, die keinesfalls mehr nach den Regeln des VeräußererKollV zustehen, aber auch für Istlohnerhöhungen.

Fraglich ist, ob es sich bei der Entgeltgarantie um eine besondere Art der Nachwirkung des VeräußererKollV handelt (**Nachwirkungstheorie**[12])) oder ob das Entgelt fortan zum Inhalt des Einzelarbeitsvertrages gezählt wird (**Umwandlungstheorie**[13])).

Nachwirkung bedeutet im gegebenen Zusammenhang eine zeitlich unbegrenzte Festschreibung des garantierten Entgelts auf normativer Basis, sodass Abweichungen auf der Ebene des Arbeitsvertrags für den AN im Verhältnis dazu günstiger sein müssen. **Umwandlung** heißt Transformation in einen einzelvertraglichen Anspruch, der allerdings schon aus Gründen der unionsrechtskonformen Interpretation (vgl Art 3 Abs 3 letzter Satz BetriebsübergangsRL) ein Jahr lang analog zur Schutzfrist des § 4 Abs 1 AVRAG unangreifbar ist.
ME entspricht die **Umwandlung in einen einzelvertraglichen Anspruch** dem gesetzgeberischen Plan. Dies ergibt sich zum einen deutlich aus den Materialien[14]). Weiters ist das Ergebnis iS einer systematischen Interpretation aus dem zweiten Satz des § 4 Abs 2 AVRAG abzuleiten, wo es sprachlich notwendig war, die einzelvertragliche Weiterführung von Inhalten genau zum Ausdruck zu bringen. Demgegenüber geht es nur in § 4 Abs 1 AVRAG um den KollV selbst, und in einem solchen Bereich entspricht eher die Anordnung einer Nachwirkung dem dogmatischen Umfeld. Dass diese auf ein Jahr ab Betriebsübergang beschränkt ist und dieser Umstand auch in § 4 Abs 2 Satz 1 AVRAG umzusetzen ist (s oben),

---

12) Vgl *Schrammel*, Rechtsfragen des Betriebsüberganges, ZAS 1996, 10; *Wachter*, DRdA 1996, 401.

13) Vgl *Grillberger*, Betriebsübergang und Arbeitsverhältnis – Neuregelung durch das AVRAG, wbl 1993, 311; *Holzer/Reissner*, Arbeitsvertragsrechts-Anpassungsgesetz^2 (2006) § 4 Rz 8.

14) ErlRV 1077 BlgNR 18. GP 12.

sodass sich die Konsequenzen der Regelungen diesbezüglich sehr nahe kommen, spricht wiederum, und zwar aus teleologischen Überlegungen, gegen die skizzierte Nachwirkungstheorie, würde diese doch ein sehr starres Festhalten an Entgeltbedingungen bewirken, die im Umfeld nicht die Mindeststandards sind, womit die übernommenen AN unverhältnismäßig besser gestellt wären.

Entscheidung 197: Schillingmäßige Höhe

Findet durch den Betriebsübergang ein Kollektivvertragswechsel statt und sind die Entgelte des „alten" KollV höher, so liegt in der Folge ein „Istlohn" gegenüber dem „neuen" KollV vor, der nicht geschmälert werden darf und der normativen Gestaltung durch den nunmehrigen KollV unterliegt.

§ 4 Abs 2 Satz 1 AVRAG erfasst jene Fälle, die durch § 3 Abs 1 AVRAG nicht ausreichend geschützt sind, weil das Entgelt vor dem Betriebsübergang nicht einzelvertraglich abgesichert, sondern nur durch Verweisung auf den normativ anzuwendenden KollV bestimmt ist.

Da mit § 4 Abs 2 Satz 1 AVRAG kein mit dem normativ anzuwendenden KollV konkurrierendes „normatives" Entgelt geschaffen werden sollte, ist von der umfassenden Geltung des beim Betriebsnachfolger gem ArbVG anzuwendenden KollV auszugehen. Soweit dieser KollV anordnet, dass Überzahlungen in ihrer schillingmäßigen Höhe gegenüber den erhöhten kollektivvertraglichen Mindest- oder Istentgelten aufrecht zu erhalten sind, sind diese Bestimmungen auf das gem § 4 Abs 2 Satz 1 AVRAG gebührende, aus dem „alten" KollV herüber genommene Entgelt ohne Einschränkung anzuwenden. Dies trifft auch auf Sachbezüge zu, zumal auch die „Zusammensetzung" des Entgelts auf Grund des Betriebsübergangs nicht geändert werden darf.

OGH 11. 10. 1995, 9 ObA 97/95, DRdA 1996, 396 *(Wachter)*

Fall 86: Bierführer

Eine Brauerei-AG will die Kosten der Bierauslieferung senken. Zu diesem Zweck wird eine Tochtergesellschaft, die Biervertriebs-GmbH, gegründet, die eine Berechtigung für die Ausübung des Frächtereigewerbes erhält. Der Fuhrpark und die für die Auslieferung sonst notwendigen Betriebsmittel sowie die Lkw-Fahrer und Beifahrer werden der Biervertriebs-GmbH zugeordnet.

Der Kl ist seit neun Jahren als Beifahrer tätig. Bald erkennt er, dass ihm sein neuer AG weder das Grundentgelt von € 2.000,– noch den 15. bzw 16. Monatslohn laut BrauereiKollV bezahlen will, außerdem kommt der Kl nicht mehr in den Genuss von weiteren in diesem KollV vorgesehenen Leistungen, nämlich Bierdeputat und Schmutzzulage. Die Biervertriebs-GmbH begründet ihre Vorgangsweise damit, dass sie in Hinkunft generell den FrächterKollV anwenden wird, der ein Grundentgelt von € 1.600,– enthält und die anderen Ansprüche nicht vorsieht.

a) Der Kl begehrt die Differenz zum bisherigen Grundentgelt, die genannten Sonderzahlungen sowie Bierdeputat und Schmutzzulage. Zu Recht?

b) Würde sich etwas ändern, wenn der Kl erst nach Gründung der Biervertriebs-GmbH von dieser aufgenommen worden wäre?

14.6.1 Kollektivvertraglicher Bestandschutz

§ 4 Abs 2 Satz 2 AVRAG ordnet an, dass kollektivvertragliche Regelungen über den Bestandschutz **Inhalt des Arbeitsvertrags zum Erwerber** werden, wenn das **Unternehmen des Veräußerers** im Zusammenhang mit dem Betriebsübergang **nicht weiterbesteht.**

Unter **„Bestandschutz"** sind im gegebenen Zusammenhang nur solche kollektivvertragliche Regelungen zu verstehen, die die Kündigungsfreiheit des AG über das gesetzlich vorgegebene Ausmaß hinaus effektiv beschränken. Eine bloße Verlängerung von Kündigungszeiten ist nicht als Bestandschutz zu werten. Gemeint sind vielmehr Regelungen, die die Kündigung des AN an Gründe binden oder dem Kündigungsvorgang ein Disziplinarverfahren vorschalten (kollektivvertragliche „Definitivstellungen").

Bleibt das **Unternehmen des Veräußerers bestehen** und führt der Betriebsübergang zu einem Wechsel der Kollektivvertragsangehörigkeit, wird es häufig der Fall sein, dass der neue gem § 8 Z 1 ArbVG zuständige KollV **keinen Bestandschutz** enthält. In dieser Konstellation kann der AN den Bestandschutz durch seinen **Widerspruch** (vgl 14.9.2.1) erhalten, eine Sonderregelung wie § 4 Abs 2 Satz 2 oder der dahinter stehende § 4 Abs 1 AVRAG ist nicht notwendig.

14.7 Betriebsübergang und BV

Im Falle von Arbeitsbedingungen, die auf BV beruhen, ist im Hinblick auf deren Weiterbestehen die Frage der **Betriebsidentität** (vgl allg 13.1.1.1.1) von einiger Bedeutung.

- Wird die **Betriebsidentität** durch den Betriebsübergang **nicht berührt, ändert** sich auch **am Bestand der BV nichts** (§ 31 Abs 4 ArbVG).

  Dies gilt iS einer unionsrechtskonformen Auslegung auch für BV, die auf einer kollektivvertraglichen Ermächtigung beruhen, und zwar selbst dann, wenn sich die Kollektivvertragsangehörigkeit ändert und der neue KollV eine solche Ermächtigung nicht enthält. Im Allgemeinen würde hier die BV untergehen (vgl 12.1.4).

- Die **Geltung von BV** für Betriebsteile, die rechtlich verselbständigt werden **(Identitätsgewinn),** bleibt gem § 31 Abs 5 ArbVG ebenfalls **unberührt.**
- Werden Betriebe oder Betriebsteile mit anderen derart zusammengeschlossen, dass ein neuer Betrieb entsteht **(Identität durch Verschmelzung),** dann kommen die **BV für die vorher erfassten AN weiterhin zur Anwendung** (§ 31 Abs 6 ArbVG).

Für ein und dieselbe Angelegenheit können in diesem Fall unterschiedliche BV in einem Betrieb existieren.

- Die Geltung von BV bleibt für AN von Betrieben oder Betriebsteilen, die von einem anderen Betrieb aufgenommen werden **(Verlust der Identität)**, insoweit **unberührt,** als sie **Angelegenheiten** betreffen, die **von den BV des aufnehmenden Betriebes nicht geregelt** werden (§ 31 Abs 7 Satz 1 ArbVG).

  Finden sich Regelungen im Bereich des Betriebs des neuen Inhabers, so gelten diese nach allgemeinen Grundsätzen (Normwirkung der BV; vgl 12.3) auch für die neu hinzukommenden AN. Nur dort, wo eine bestimmte Materie in den BV des aufnehmenden Betriebs nicht angesprochen wird, nimmt der vom Betriebsübergang betroffene AN die diesbezügliche BV mit **(„lückenfüllende personenbezogene Weitergeltung“).**

  BV über **betriebliche Pensionsleistungen** (§ 97 Abs 1 Z 18–18b ArbVG) können allerdings für die von einem Verlust der Betriebsidentität betroffenen AN **vom Betriebsveräußerer** unter Einhaltung einer einmonatigen Kündigungsfrist **gekündigt** werden (§ 31 Abs 7 Satz 2 ArbVG).

  Diese Kündigung betrifft im Gegensatz zur sonst geltenden Rechtslage (§ 97 Abs 4 ArbVG) nicht nur neu eintretende AN, die Nachwirkung der BV (s gleich unten) wird durch diese Sonderform einer Kündigung jedoch nicht berührt.

  Gem § 32 Abs 3 Satz 2 ArbVG **wirken gekündigte BV nach** (vgl allg 12.3.2.1, 12.4.4). Eine die Nachwirkung aufhebende neue **Einzelvereinbarung** kann **zum Nachteil des AN** im Falle der Kündigung einer BV nach dem Übergang, der rechtlichen Verselbständigung, dem Zusammenschluss oder der Aufnahme eines Betriebs(teiles) gem § 31 Abs 4–7 ArbVG **nicht vor Ablauf eines Jahres** nach dem Übergang etc abgeschlossen werden (§ 32 Abs 3 Satz 3 ArbVG).

14.8 Betriebsübergang und betriebliche Pensionszusage

§ 5 AVRAG befasst sich mit den Auswirkungen von Betriebsübergängen auf betriebliche Pensionszusagen. Die Regelung betrifft nur **anwartschaftsberechtigte AN** iSd AVRAG.

Bereits leistungsberechtigte Pensionisten fallen schon aus der Grundanordnung des § 3 Abs 1 AVRAG heraus (vgl 14.2, 14.3.1.1).

14.8.1 Ablehnungsrecht des Erwerbers

Gem § 5 Abs 1 AVRAG wird eine auf Einzelvereinbarung beruhende Pensionszusage Inhalt des Arbeitsvertrags zwischen AN und Erwerber, wenn letzterer Gesamtrechtsnachfolger ist; liegt keine Gesamtrechtsnachfolge vor, kann der Erwerber durch rechtzeitigen Vorbehalt die Übernahme einer solchen betrieblichen Pensionszusage ablehnen.

§ 5 Abs 1 AVRAG setzt nicht an der Konstruktion der Betriebspension an, sondern stellt auf die Rechtsgrundlage ab: Erfasst sind alle **einzelvertraglichen Zusagen,** egal ob diese direkt, mittels Lebensversicherung oder – zB bei betriebsratslosen Betrieben und bei leitenden Angestellten gem § 36 Abs 2 Z 3 ArbVG – mittels Pensionskasse oder betrieblicher Kollektivversicherung zu erfüllen sind (vgl allg 5.1.5.1, 5.1.5.2).

Nicht anzuwenden ist die Bestimmung bei Betriebspensionen aus KollV (vgl dazu allg 14.6), aus BV (vgl 14.7) sowie auf Grund einer betrieblichen Wohlfahrtseinrichtung (sog Unterstützungs- oder Hilfskassen; vgl § 15 BPG, §§ 93, 95 ArbVG).

Das **Ablehnungsrecht** des Erwerbers besteht **nur dann,** wenn der Betriebsübergang **keine Gesamtrechtsnachfolge** (vgl 14.3.2.1) darstellt.

Die Ablehnungserklärung ist eine **einseitige empfangsbedürftige Willenserklärung** des Erwerbers. Sie muss **„rechtzeitig"** abgegeben werden.

Letzteres Erfordernis ist erfüllt, wenn sie vor dem Betriebsübergang (zB im Zuge der Übernahmsverhandlungen oder unmittelbar nach Feststehen des Erwerbs) oder innerhalb jener „angemessenen" Frist getätigt wird, die der AN im Falle der Nichtäußerung des Erwerbers zwecks Klarstellung einer etwaigen Widerspruchsmöglichkeit (vgl 14.9.2.2) zu setzen hat. Zu beachten ist, dass im Falle einer derartigen Fristsetzung ausnahmsweise auch ein Schweigen des Erwerbers als Ablehnung gilt.

14.8.2 Folgen der Ablehnung einer betrieblichen Pensionszusage

Bei gültiger Ablehnung durch den Erwerber **endet mit** dem **Betriebsübergang** der **Erwerb neuer Pensionsanwartschaften** (§ 5 Abs 2 Satz 1 AVRAG). Dem AN steht gegenüber dem Veräußerer ein **Anspruch auf Abfindung** der erworbenen Anwartschaften zu, wobei diese als Unverfallbarkeitsbetrag iSd BPG (vgl 5.1.5.3 a) zu berechnen ist.

Über den errechneten Betrag kann der AN nach den Grundsätzen des BPG verfügen, das Verlangen nach Auszahlung ist unabhängig von dessen Höhe möglich (vgl § 5 Abs 2 Satz 2–7 sowie Abs 3 BPG).

Davon abgesehen steht dem AN ein **Widerspruchsrecht** zu (vgl 14.9.2.2).

14.9 Abwehrrechte des AN im Falle der Änderung von Arbeitsbedingungen

Ausgangspunkt für das Widerspruchsrecht (vgl 14.9.2) und die begünstigte Kündigung des AN (vgl 14.9.3) ist die Anzeigepflicht des Erwerbers (vgl 14.9.1).

14.9.1 Anzeigepflicht des neuen Inhabers

Vom Grundsatz, dass bei Betriebsübergang die Arbeitsbedingungen unverändert aufrechtbleiben, gibt es drei Ausnahmen: Erstens kann eine Änderung durch den **Wechsel der Kollektivvertragsangehörigkeit** eintreten (vgl 14.6), zweitens ist es möglich, dass die Bestimmungen über die **Weitergeltung von BV** zu anderen Arbeitsbedingungen führen (vgl 14.7), und drittens kann der Erwerber die Übernahme gewisser **betrieblicher Pensionszusagen** ablehnen (vgl 14.8).

In den genannten Fällen hat der **Betriebserwerber** die **Änderung der Arbeitsbedingungen** den betroffenen AN **unverzüglich anzuzeigen** (§ 3 Abs 3 AVRAG).

Unterlässt dies der Erwerber, so können ihm Nachteile dadurch erwachsen, dass sich in der Folge der Lauf jener Fristen, innerhalb derer der AN die Möglichkeit eines Widerspruchs (vgl 14.9.2) oder einer begünstigten Kündigung (vgl 14.9.3) hat, verzögern kann.

14.9.2 Widerspruchsrecht

Der Ex-lege-Übergang des Arbeitsverhältnisses führt zu einer weitreichenden Einschränkung der Privatautonomie des AN, der dem Ablauf völlig ausgeliefert ist, während die Arbeitgeberseite auf die gegebenen Rahmenbedingungen beispielsweise im Zuge der Übernahmeverhandlungen Bedacht nehmen kann.

Der Gesetzgeber hat daher dem AN in zwei Konstellationen ein Widerspruchsrecht eingeräumt. Greift der AN dieses Recht auf, **bleibt** sein **Arbeitsverhältnis zum Veräußerer aufrecht.**

14.9.2.1 Nichtübernahme eines kollektivvertraglichen Bestandschutzes

Der AN kann dem Übergang seines Arbeitsverhältnisses widersprechen, wenn der Erwerber den kollektivvertraglichen Bestandschutz nicht übernimmt (§ 3 Abs 4 Satz 1 Fall 1 AVRAG).

Entgegen dem gesetzlichen Wortlaut kommt es nicht auf eine rechtsgeschäftliche Willenserklärung des Betriebsübernehmers an, vielmehr ist der Verlust eines Bestandschutzes infolge eines **Wechsels der Kollektivvertragsangehörigkeit** (vgl 14.6, insb 14.6.1) gemeint.

Enthält der neue, nach Betriebsübergang anzuwendende KollV **überhaupt keinen Bestandschutz,** ist das Widerspruchsrecht jedenfalls gegeben. Kommt es zwar nicht zum gänzlichen Wegfall, wohl aber zu einem **erheblichen Qualitätsverlust des Bestandschutzes,** etwa zu einer deutlichen Vermehrung der Kündigungsgründe zu Gunsten des AG, wird dieses ebenfalls zuzugestehen sein.

Zu beachten ist im gegebenen Zusammenhang § 4 Abs 2 Satz 2 AVRAG, wonach der kollektivvertragliche Bestandschutz Inhalt des Arbeitsvertrags zwischen AN und Erwerber wird, wenn das Unternehmen des Veräußerers im Zusammenhang mit dem Betriebsübergang nicht weiter besteht (vgl 14.6.1). In diesem Fall existiert naturgemäß kein Widerspruchsrecht.
Dasselbe gilt ganz allgemein auch dann, wenn ein Erwerber von sich aus die vertragliche Übernahme des entsprechenden Bestandschutzes anbietet.

Das Widerspruchsrecht ist ein **einseitiges empfangsbedürftiges Gestaltungsrecht,** welches formfrei **innerhalb eines Monats ab Betriebsübergang** auszuüben ist. Legt der Erwerber den Kollektivvertragswechsel nicht offen, verlängert sich die Frist entsprechend (vgl 14.9.1). Wer als **Erklärungsempfänger** in Betracht kommt, ist im AVRAG nicht näher ausgeführt; es wird genügen, wenn der AN seinen Widerspruch einem der beteiligten AG fristgerecht zukommen lässt.

Sicherheitshalber sollten allerdings beide AG einbezogen werden.

14.9.2.2 Nichtübernahme einer einzelvertraglichen Pensionszusage

Gem § 5 Abs 1 AVRAG kann der Erwerber dann, wenn keine Universalsukzession vorliegt, die Übernahme einer auf Einzelvereinbarung beruhenden Betriebspensionszusage ablehnen (vgl 14.8). Macht der Erwerber von dieser Möglichkeit Gebrauch, so kann der AN gem § 3 Abs 4 Satz 1 Fall 2 AVRAG dem Übergang des Arbeitsverhältnisses binnen einer **Frist von einem Monat ab Zugang der Ablehnungserklärung** widersprechen. Hat der **Erwerber** zum Zeitpunkt des Übergangs noch **keine Äußerung** abgegeben, kann ihm der AN hierzu eine **angemessene Frist** setzen, deren **fruchtloses Verstreichen** als **„Ablehnung"** gilt (vgl auch 14.8.1).

14.9.2.3 Weitere Widerspruchsrechte

Nach österreichischer Rechtslage ist die Annahme eines **allgemeinen Widerspruchsrechts** des AN, wie dies in Deutschland vorgesehen ist (vgl § 613a Abs 6 dBGB), wegen der ausdrücklichen Regelung zweier Widerspruchsfälle in § 3 Abs 4 AVRAG **nicht möglich.** Das Fehlen eines allgemeinen Widerspruchsrechts könnte allerdings durchaus Anlass zu verfassungsrechtlichen und unionsrechtlichen Bedenken geben. Vor diesem Hintergrund sollte insb überlegt werden, in Analogie zu § 3 Abs 4 AVRAG **besonders bestandgeschützten Personen** (vgl allg 2.3.2.1) aus berücksichtigungswürdigen Gründen ein Widerspruchsrecht einzuräumen:

Entscheidung 198: Widerspruchsrecht des Betriebsratsmitglieds

Ein AG könnte sich durch Ausgliederung eines Betriebsteils, in dem ein ihm unangenehmes Betriebsratsmitglied beschäftigt ist, von diesem erfolgreich trennen. Da aber § 115 ArbVG das Mandat des BR vor einseitigen Beschränkungen und Benachteiligungen des BI schützt, ist davon auszugehen, dass im Falle der Betriebsteilausgliederung einem in diesem Betriebsteil beschäftigten Betriebsratsmitglied ein Widerspruchsrecht zukommt und es damit sein Mandat aufrechterhalten kann.

OGH 23. 5. 1997, 8 ObA 105/97 t, DRdA 1998, 106 *(Runggaldier)*

14.9.3 Begünstigtes Kündigungsrecht

§ 3 Abs 5 AVRAG ermöglicht es dem AN, in bestimmten Fällen übergangsbedingter rechtlicher Verschlechterungen seines Arbeitsverhältnisses innerhalb eines gewissen Zeitraums eine begünstigte Kündigung unter Wahrung von Ansprüchen vorzunehmen.

Das Kündigungsrecht steht nur bei **zwei Arten von Verschlechterungen** zu, nämlich bei solchen, die **durch** den **nach Betriebsübergang anzuwenden-**

den KollV oder die nach Betriebsübergang **anzuwendende BV** ausgelöst sind. Es muss demnach auf Grund des Übergangs zu Änderungen im Bereich dieser kollektiven Rechtsquellen gekommen sein (vgl 14.6, 14.7).

Die **Verschlechterung** der kollektivrechtlichen Arbeitsbedingungen des AN muss **wesentlich** sein, um die begünstigte Kündigung zu rechtfertigen.

Dies wird kaum der Fall sein, wenn eine Verschlechterung durch eine Verbesserung in anderen Bereichen kompensiert wird, wobei die diesbezügliche Beurteilung anhand von Gruppenvergleichen durchzuführen ist. Bei zentralen Arbeitsbedingungen (zB Entgeltregelungen) wird eine wesentliche Verschlechterung schon bei verhältnismäßig geringen Änderungen vorliegen.

Da die notwendige Bewertung für die Arbeitnehmerseite nicht immer leicht durchzuführen sein wird, gibt § 3 Abs 6 AVRAG die Möglichkeit, diese Frage zum Gegenstand von **Feststellungsklagen** zu machen.

Hat das Gericht eine wesentliche Verschlechterung der Arbeitsbedingungen festgestellt, kann der AN innerhalb eines Monats ab Rechtskraft des Urteils das Arbeitsverhältnis nach § 3 Abs 5 AVRAG auflösen (§ 3 Abs 6 Satz 3 AVRAG).

Die **Begünstigung** bei der gegenständlichen Lösung des Arbeitsverhältnisses liegt darin, dass alle von der Auflösung betroffenen Arbeitnehmerrechte und -pflichten **so zu beurteilen** sind, **als hätte der AG gekündigt.**

Dies gilt zB für die Abfertigung (vgl 5.1.4.1.1.3, 5.1.4.2.4.1) oder für die Beurteilung der Bindung an eine Konkurrenzklausel (vgl 7.6.2.3.3).

Das begünstigte Kündigungsrecht besteht **auch bei befristeten Arbeitsverhältnissen** (zu Befristung und Kündigung vgl allg 3.2.1.1.3).

Der AN hat jene **Kündigungsmodalitäten** einzuhalten, die für ihn **beim Erwerber,** zB auf Grund des bei diesem anzuwendenden KollV, gelten, zumal auch die Lösungserklärung an diesen zu richten ist. Das Kündigungsrecht steht nur **innerhalb eines Monats** ab dem Zeitpunkt zu, ab dem der **AN** die **Verschlechterung erkannte oder erkennen musste.**

Hier wird wiederum die Verständigungspflicht des AG gem § 3 Abs 3 AVRAG eine gewichtige Rolle spielen (vgl 14.9.1).

14.10 Haftung bei Betriebsübergang[15])

§ 6 Abs 1 AVRAG legt fest, dass Veräußerer und Erwerber für sog Altschulden gegenüber dem AN solidarisch haften (vgl 14.10.2). Für Neuschulden hingegen hat grundsätzlich nur der Erwerber einzustehen, eine Haftung des Veräußerers ist ausnahmsweise im Rahmen des § 6 Abs 2 AVRAG vorgesehen (vgl 14.10.3). Vorweg ist klarzustellen, nach welchen Kriterien das Vorliegen von Altschulden bzw Neuschulden zu prüfen ist (vgl 14.10.1).

---

[15]) Ein Fall mit Musterlösung zum Thema findet sich bei *Reissner,* Klausur Kurs Individualarbeitsrecht, JAP 2003/04, 169f.

14.10.1 Unterscheidung zwischen Altschulden und Neuschulden

Unter „**Altschulden**" sind jene Schulden zu verstehen, die dem Grunde nach vor dem Übergangszeitpunkt **entstanden** sind. Eine spätere Fälligkeit der Forderung bleibt außer Betracht (vgl auch 5.4.1). „**Neuschulden**" sind jene Forderungen, die nach dem Übergangszeitpunkt entstehen.

Nur bei **Betriebspensionen** erklärt § 6 Abs 2 AVRAG nicht das Entstehen, sondern den **Leistungsanfall** für maßgeblich.

Der Anspruch des AN auf **laufendes Entgelt** entsteht mit der Leistungserbringung. Altschulden sind demgemäß Entgeltforderungen für Arbeitsleistungen, die vor dem Übergangszeitpunkt erbracht werden. Entgeltforderungen, die sich aus Arbeitsleistungen nach dem Übergangszeitpunkt ergeben, sind Neuschulden.

Ähnlich ist die Rechtslage auch bei erfolgsorientierten Entgeltarten; beim **Akkord** ist zB der Fertigungszeitpunkt der jeweiligen Leistungseinheit ausschlaggebend. Für **Provisionen** gilt, dass mangels abweichender Vereinbarung die anspruchsbegründenden Geschäftsabschlüsse, bei Verkaufsgeschäften allerdings die eingehenden Zahlungen maßgebend sind (§ 10 Abs 3 und 4 AngG).

Die **Ansprüche aus der Beendigung des Arbeitsverhältnisses** (Abfertigung [alt], Kündigungsentschädigung, Urlaubsersatzleistung) entstehen im Zeitpunkt der **rechtlichen Beendigung** des Arbeitsverhältnisses.

Dieser Zeitpunkt ist somit der im gegebenen Zusammenhang maßgebliche Stichtag.

Aufwandsentschädigungen (zB Diäten, Kilometergelder; vgl allg 5.1) entstehen in jenem Zeitpunkt, in dem der entsprechende Aufwand getätigt wird.

14.10.2 Haftung für Altschulden

14.10.2.1 Haftung des Veräußerers

Die mit dem Betriebsübergang verbundene Arbeitsvertragsübernahme durch den Erwerber brächte es mit sich, dass der Veräußerer, der ja aus dem Vertragsverhältnis ausscheidet, für Altschulden nicht haften würde. § 6 Abs 1 AVRAG legt allerdings eine **höhenmäßig und zeitlich unbegrenzte Haftung des Veräußerers** fest.

Damit wird der Schutz der AN vor dem Verlust bereits verdienter Ansprüche infolge eines Vertragspartnerwechsels auf einen AG mit geringerer Bonität besonders betont.

14.10.2.2 Haftung des Erwerbers

Besondere Interpretationsprobleme wirft die gesetzliche Vorschrift über die Erwerberhaftung für Altschulden auf. § 6 Abs 1 AVRAG bestimmt, dass der Veräußerer und der Erwerber für Altschulden zur ungeteilten Hand haften, „wobei hinsichtlich der Haftung des Erwerbers § 1409 ABGB anzuwenden ist".

Diese Regelung muss nicht zuletzt aus unionsrechtlichen Gründen folgendermaßen verstanden werden:

Entscheidung 199: Erwerberhaftung für Altschulden

Die scheinbar im Umfang der Haftung widersprüchlichen Bestimmungen des § 3 Abs 1 und § 6 Abs 1 AVRAG lassen sich bei der gegebenen Notwendigkeit richtlinienkonformer Auslegung iSd überwiegenden Literaturmeinung harmonisieren. Eine Einschränkung der Haftung des Erwerbers iSd § 1409 ABGB kann sich daher nur auf nicht auf Grund des § 3 Abs 1 AVRAG übernommene Verpflichtungen beziehen, sohin auf solche aus zum Zeitpunkt des Übergangs nicht mehr bestehenden Arbeitsverhältnissen.

OGH 17. 11. 1999, 9 ObA 213/99k, DRdA 2000, 528 *(Wagnest)*

Bei auf den Erwerber **übergegangenen Arbeitsverhältnissen** besteht somit **volle Haftung** gem § 6 Abs 1 iVm § 3 Abs 1 AVRAG.

Die nach Maßgabe des § 1409 ABGB **beschränkte Erwerberhaftung** greift nur für Altschulden aus **nicht übergegangenen Arbeitsverhältnissen.**

Das G selbst bietet für diese Kategorie von Altschulden ein Beispiel, indem es die Leistungen aus betrieblichen Pensionszusagen des Veräußerers, die im Zeitpunkt des Betriebsübergangs bereits erbracht werden, erwähnt (§ 6 Abs 1 Satz 2 AVRAG). Ein weiterer Anwendungsfall wären die Beendigungsansprüche aus vor dem Betriebsübergang gelösten Arbeitsverhältnissen.

Rechtlich gesehen wird der **Haftungstatbestand** durch einen Betriebsübergang nach § 3 Abs 1 AVRAG erfüllt, der **Haftungsumfang** richtet sich hingegen nach § 1409 ABGB, sodass der Erwerber nur begrenzt auf die übernommenen Aktiven und für jene Altschulden, die er kannte oder kennen musste, einzustehen hat.

14.10.3 Haftung für Neuschulden

14.10.3.1 Haftung des Erwerbers

Der Übergang des Arbeitsverhältnisses gem § 3 Abs 1 AVRAG bedingt, dass der Erwerber für Neuschulden **uneingeschränkt** als Vertragspartner des AN haftet.

14.10.3.2 Haftung des Veräußerers

Die mit dem Betriebsübergang einhergehende Arbeitsvertragsübernahme durch den Erwerber führt zu einem Ausscheiden des Veräußerers aus diesem Schuldverhältnis. Für **Neuschulden** müsste somit der Veräußerer überhaupt **nicht einstehen.** § 6 Abs 2 AVRAG normiert diesbezüglich **Ausnahmen in**

zwei Richtungen: Der Veräußerer haftet einerseits für Abfertigungs- und andererseits für Betriebspensionsansprüche.

- Entsteht für einen übergegangenen AN **innerhalb von fünf Jahren nach dem Betriebsübergang** ein **Abfertigungsanspruch,** so haftet der Veräußerer für diesen mit jenem Betrag, der dem **fiktiven Abfertigungsanspruch im Zeitpunkt des Betriebsübergangs** entspricht (§ 6 Abs 2 Satz 1 AVRAG; zu den Abweichungen bei Vorhandensein von Rückstellungen s unten).

  Nach dieser Bestimmung wird eine Haftung somit nur unter der Voraussetzung schlagend, dass tatsächlich ein Abfertigungsanspruch gegen den Erwerber entstanden ist.
  Kommt es im weiteren Verlauf des Arbeitsverhältnisses zu weiteren Betriebsübergängen, so bleibt der jeweilige Veräußerer für seinen Abfertigungsanteil und seine Fünfjahresfrist haftbar.
  Dem Veräußerer steht im Zusammenhang mit dem Betriebsübergang die Möglichkeit offen, mit dem übergehenden AN aus diesem Anlass eine **Zwischenabfertigung** zu vereinbaren, die allerdings einem Günstigkeitsvergleich standhalten muss. Keinesfalls kann eine solche Zwischenabfertigung vom Veräußerer zurückgefordert werden, wenn sich in der Folge herausstellt, dass der AN beim Erwerber ohne Abfertigungsanspruch aus dem Arbeitsverhältnis ausscheidet.

- Fällt beim Erwerber **nach dem Betriebsübergang** eine **Betriebspension** zur Zahlung an, so haftet der Veräußerer für diese fünf Jahre nach dem Betriebsübergang mit jenem Betrag, welcher der **Anwartschaft im Zeitpunkt des Betriebsübergangs** entspricht (§ 6 Abs 2 Satz 2 AVRAG; zu den Abweichungen bei Vorhandensein von Rückstellungen s unten).

Sofern zum Zeitpunkt des Betriebsübergangs **Rückstellungen** für Abfertigungs- bzw Pensionsanwartschaften mit der dafür nach § 14 Abs 5 EStG oder § 11 BPG im gesetzlichen Ausmaß zu bildenden **Wertpapierdeckung** oder **gleichwertige Sicherungsmittel** (zB Rückdeckungsversicherungen) **auf den Erwerber übertragen** werden, **haftet** der **Veräußerer** abweichend von den Grundregeln des § 6 Abs 2 Satz 1 und 2 AVRAG nur für eine **allfällige Differenz** zwischen dem Wert der übertragenen Sicherungsmittel und dem Wert der fiktiven Ansprüche im Zeitpunkt des Betriebsübergangs. Diese Haftung **endet ein Jahr nach Betriebsübergang** (vgl § 6 Abs 2 Satz 3–7 AVRAG).

Der Veräußerer hat die betroffenen AN von der Übertragung der Sicherungsmittel zu informieren. Der Erwerber hat die übertragene Wertpapierdeckung oder die Sicherungsmittel zumindest fünf Jahre ab Betriebsübergang in seinem Vermögen zu halten. Wertpapierdeckung oder Sicherungsmittel dürfen während dieses Zeitraums nur zur Befriedigung von Abfertigungs- oder Betriebspensionsansprüchen der AN vermindert werden. Die übertragene Wertpapierdeckung darf während dieses Zeitraums auf die Verpflichtung des Erwerbers nach § 14 Abs 5 oder 7 EStG nicht angerechnet werden. Werden Wertpapiere oder Sicherungsmittel entgegen der letztgenannten Bestimmungen vom Erwerber veräußert, so lebt die Haftung des Veräußerers entsprechend § 6 Abs 2 Satz 1 bzw 2 AVRAG wieder auf.

Fraglich ist, ob die Regelung des § 6 Abs 2 AVRAG analog auf **andere dienstzeitabhängige Ansprüche** anzuwenden ist.

Eine Ausweitung der Spezialregelung wird von der Rechtsprechung[16]) bei Urlaubsabgeltungen anerkannt. An eine Gleichbehandlung mit Abfertigungsansprüchen zu denken ist weiters im Falle von Jubiläumsgeldern.

14.10.4 Regress zwischen Veräußerer und Erwerber

Der AN kann es sich auf Grund der solidarischen Haftung gem § 6 AVRAG bei offenen Ansprüchen aussuchen, ob er Veräußerer oder Erwerber in Anspruch nimmt. Dementsprechend muss dann zwischen Veräußerer und Erwerber ein Regress nach § 896 ABGB möglich sein:

Entscheidung 200: Regress

Im Falle eines Betriebsüberganges ohne ausdrückliche Vereinbarung zwischen Erwerber und Veräußerer gilt der Grundsatz, dass demjenigen AG die endgültige Tragung der Leistung von Arbeitnehmeransprüchen auferlegt werden soll, der auch den Nutzen davon hatte.

OGH 9. 6. 2004, 9 Ob 17/04x, ARD 5537/2/2004

Fall 87: Küchengehilfin

Die Kl ist seit 6. 5. 2013 bei Franziska F, die gemeinsam mit ihrem Gatten von Gerhard G ein Gasthaus gepachtet hat, als Küchengehilfin beschäftigt. Am 31. 1. 2015 wird der Pachtvertrag zwischen dem Ehepaar F und Gerhard G aufgelöst. Das Dienstverhältnis der Kl wird nicht gekündigt, sie wird aber bei der GKK abgemeldet. G verpachtet nunmehr das Gasthaus der Bekl, die das Lokal am 1. 2. 2015 übernimmt. Am Betrieb des Gasthauses ändert sich nach der Übernahme durch die Bekl nichts. Die Vorpächter haben zwar die Lebensmittel weitestgehend aufgebraucht, das Inventar (eingerichteter Gastraum samt Schank und Espressomaschine, vollkommen eingerichtete Küche) verbleibt aber zur Gänze im Lokal und wird von der Bekl übernommen. Auch am Angebot des Gasthauses ändert sich nichts.

Absprachen zwischen der Bekl und den Vorpächtern werden nicht getroffen. Die Kl wird von der Bekl zu unveränderten Konditionen weiterbeschäftigt; an ihrer Tätigkeit ändert sich nichts. Neben der Kl sind zum Zeitpunkt der Neuverpachtung noch ein Koch sowie ein Sohn der Bekl (als Kellner) beschäftigt. Dieser Sohn arbeitet auch nach der Übernahme weiter im Gasthaus.

Das Arbeitsverhältnis der Kl endet am 22. 6. 2015 durch Arbeitgeberkündigung. Aus der Zeit der Tätigkeit der Kl für die Vorpächter haften Entgeltansprüche in der Höhe des Klagebetrags unberichtigt aus. Die Kl macht diese Entgeltansprüche klagsweise geltend. Wie ist die Rechtslage?

[16]) OGH 26. 5. 2004, 9 ObA 17/04x, infas 2004 A 72 = ARD 5537/1/2004.

14.11 Betriebsübergang und Belegschaftsvertretung

Das Schicksal der Belegschaftsvertretung bei Betriebsübergang hängt – ähnlich wie jenes von BV (vgl 14.7) – stark mit der Frage der Betriebsidentität (vgl allg 13.1.1.1.1) zusammen. Bleibt die **Betriebsidentität** im Zuge eines Betriebsübergangs **unberührt,** so dauert die Funktion des in der wirtschaftlichen Einheit gewählten **BR wie ursprünglich vorgesehen** bis zum Ablauf von dessen Tätigkeitsdauer.

Sonderbestimmungen gelten für verschiedene Arten von Umstrukturierungen:

- Für den Fall der **rechtlichen Verselbständigung von Betriebsteilen** gilt § 62b ArbVG. **Der BR bleibt** in derartigen Fällen bis zur Neuwahl eines BR in diesen Teilen, längstens aber bis zum Ablauf von **vier Monaten** nach der organisatorischen Verselbständigung, zur Vertretung der Interessen der AN **zuständig,** es sei denn, im verselbständigten Betriebsteil ist ein BR nicht zu errichten (§ 62b Abs 1 ArbVG).

  Das bedeutet, dass vorübergehend ein **BR aus einem anderen Unternehmen** für die AN eines (nunmehr eigenständigen) Unternehmens zuständig ist.
  Details über die Beibehaltung des Zuständigkeitsbereichs, zB eine Verlängerung dieses Zustands, können durch BV (§ 97 Abs 1 Z 23a ArbVG) festgelegt werden (vgl § 62b Abs 2 ArbVG).
  Führt die rechtliche Verselbständigung von Betriebsteilen zur dauernden Einstellung des Betriebs oder zum Ausscheiden von Betriebsratsmitgliedern aus dem Betrieb, so treten für die Dauer der vorübergehenden Beibehaltung des Zuständigkeitsbereichs entgegen allgemeinen Grundsätzen (vgl §§ 62 Z 1, 64 Abs 1 Z 3 ArbVG) die Beendigung der Tätigkeitsdauer des BR bzw das Erlöschen der Mitgliedschaft zum BR nicht ein (§ 62b Abs 3 ArbVG).

- § 62c ArbVG behandelt den **Zusammenschluss von Betrieben oder Betriebsteilen zu einem neuen Betrieb** iSd § 34 ArbVG (vgl allg 13.1.1.1.1). Kommt es zu einem derartigen Zusammenschluss, so bilden die BR (Betriebsausschüsse) bis zur Neuwahl eines BR, längstens aber bis zum Ablauf **eines Jahres** nach dem Zusammenschluss, ein Organ der Arbeitnehmerschaft **(einheitlicher BR).**

  Der einheitliche BR hat sich unter sinngemäßer Anwendung des § 66 ArbVG unverzüglich zu konstituieren (vgl § 62c Abs 1 Satz 2 ArbVG). Der Beginn der Tätigkeitsdauer des einheitlichen BR kann durch BV (§ 97 Abs 1 Z 23a ArbVG) festgelegt werden. Die Beendigung der Tätigkeitsdauer gem § 62 Z 1 ArbVG und das Erlöschen der Mitgliedschaft zum BR gem § 64 Abs 1 Z 3 ArbVG treten nicht ein (s auch oben).

Gem § 82 Abs 6 ArbVG sind die §§ 62b und 62c ArbVG **sinngemäß** auf den **ZBR** anzuwenden.

Kontrollfragen zu Kapitel 14.

1. Inwieweit ist die BetriebsübergangsRL bei Privatisierungen heranzuziehen?
2. Wie ist die Rechtslage, wenn ein AN von einem Betriebsübergang betroffen ist? Was versteht man unter einem Betriebsübergang? Warum ist in der

„Christel Schmidt"-Entscheidung des EuGH, nicht aber in der „Süzen"-Entscheidung ein Betriebsübergang anzunehmen?

3. Was ist die Konsequenz, wenn ein AN wegen des Betriebsübergangs gekündigt wird? Wann ist eine Kündigung wegen des Betriebsübergangs nach Betriebsübergangsrecht gerechtfertigt?
4. Wie ist die Rechtslage im Falle eines Betriebsübergangs in der Insolvenz des bisherigen Inhabers?
5. Wie ist die Rechtslage, wenn es im Zuge eines Ausgliederungsvorgangs zu einem Wechsel des KollV und einer schlechteren Entgeltsituation für die AN kommt?
6. Wie ist die Rechtslage, wenn ein AN im Zuge eines Ausgliederungsvorgangs wegen des Wechsel des KollV seinen Bestandschutz verliert?
7. Wie wirkt sich ein Betriebsübergang auf BV aus?
8. Was versteht man unter Widerspruchsrecht, was ist die begünstigte Kündigung? Unter welchen Voraussetzungen können derartige Abwehrrechte schlagend werden?
9. Für welche arbeitsrechtlichen Schulden haftet der Erwerber eines Unternehmens? Unter welchen Voraussetzungen haftet der Veräußerer für Neuschulden?
10. Welche Auswirkungen hat die rechtliche Verselbständigung von Betriebsteilen auf die Belegschaftsvertretung? Was ist ein „einheitlicher BR"?

15. Arbeitskampf[1])

15.1 Begriff des Arbeitskampfes

Unter Arbeitskampf versteht man die planmäßige, kollektive Unterbindung des normalen Arbeitsablaufs im Arbeitsleben zur Erreichung eines bestimmten Zwecks.

Planmäßigkeit bedeutet, dass beispielsweise die Arbeitseinstellung oder der Entzug des Arbeitsplatzes zum Zweck der Druckausübung auf den sozialen Gegenspieler kalkuliert wird.

Kollektivität ist auf Arbeitnehmerseite immer dadurch gegeben, dass eine Gewerkschaft oder eine spontan entstandene Arbeitnehmergruppe einen Arbeitskampf führt. Auf Arbeitgeberseite muss kein Kollektiv agieren, es kommt vielmehr auch ein einzelner AG in Betracht, dessen Maßnahme sich jedoch gegen eine Mehrzahl von AN richten muss.

Hinsichtlich der Zwecksetzung ist zwischen einer „äußeren" und einer „inneren" Seite zu unterscheiden: Der **äußere Zweck** ist die Druckausübung mit den typischen Mitteln des Arbeitskampfes. Der **innere Zweck** ist jenes Ziel, um dessentwillen der Arbeitskampf geführt wird **(Kampfziel).**

Allgemeine Unterscheidungen im Bereich des Arbeitskampfbegriffs können danach getroffen werden, ob eine Arbeitskampfmaßnahme als erste Aktion oder als Antwort auf eine von der anderen Seite begonnene Handlung gesetzt wird. Im ersten Fall spricht man von **Offensivarbeitskampf** (Offensivstreik, Offensivaussperrung), im zweiten Fall ist von **Defensivarbeitskampf** (Defensivstreik, Defensivaussperrung) die Rede.

Überdies kann eine Arbeitskampfmaßnahme das Arbeitsverhältnis unmittelbar zur Auflösung bringen **(resolutiver** oder lösender **Arbeitskampf)** oder bloß ein Ruhen der arbeitsvertragsrechtlichen Hauptpflichten anstreben **(suspensiver Arbeitskampf).**

15.1.1 Streik

Unter Streik versteht man den planmäßigen Entzug der Arbeitskraft durch eine Mehrzahl von AN bis zur Erreichung oder Vereitelung des angestrebten Zwecks.

Wie groß die **Zahl der Streikteilnehmer** sein muss, kann nicht generell gesagt werden. Es kommt auf den Effekt der Druckausübung an.

Das Mittel des Streiks ist **gemeinsame Arbeitsniederlegung,** wobei das Arbeitsverhältnis idR nicht gelöst wird. Es ist aber ein Streik auch unter Lösung von Arbeits-

---

[1]) *Löschnigg,* Arbeitsrecht[12] 1021 ff; *Marhold/Friedrich,* Arbeitsrecht[2] 491 ff; *Kietaibl,* Arbeitsrecht I[8] 378 ff.

verhältnissen denkbar; dies werden die AN zB dann machen, wenn sie keine Kündigungszeiten einhalten müssen oder Austrittsgründe zur Verfügung haben.

Der Entzug von Arbeitskraft kann dadurch effektiver gestaltet werden, dass bestreikte Wirtschaftseinheiten besetzt werden, zB um allfälligen Streikbrechern den Zugang zu verwehren. Bei Besetzungen spricht man auch von **Sitzstreiks.**

Im Detail können Streiks nach verschiedenen Kriterien eingeteilt werden:

a) Totaler Streik und Teilstreik

Diese Differenzierung wird nach dem **Umfang des Streikgeschehens** getroffen. Beim totalen Streik wird in einem bestimmten Bereich lückenlos gestreikt. Der Teilstreik hingegen besteht darin, dass nur ein Teil der AN die Arbeit niederlegt, während sich der andere Teil zur Leistung bereit findet (vgl dazu auch 15.4.2).

Ein Teilstreik kann dadurch zustande kommen, dass eine Arbeitskampfaktion **von den AN nur teilweise befolgt** wird.

Häufiger kommt es jedoch vor, dass der Teilstreik **Strategie des Arbeitskampfes** ist, weil der Effekt der Druckausübung durch die teilweise Arbeitsniederlegung genauso oder sogar noch besser erreicht wird. Es werden Schlüsselstellen im Betrieb (zB Abteilungen) oder in der Branche (zB Zulieferbetriebe) bestreikt, um damit den gesamten Betrieb oder die gesamte Branche lahm zu legen. In diesem Zusammenhang wird zuweilen auch von **Schwerpunktstreik** gesprochen.

b) Gewerkschaftlicher und wilder Streik

Diese nach dem **Urheber des Arbeitskampfes** getroffene Unterscheidung stellt darauf ab, ob der Streik von der Gewerkschaft autorisiert ist oder aber eine spontane Aktion darstellt.

Mit dieser Differenzierung ist über die Rechtmäßigkeit eines Streiks nichts ausgesagt (dazu allg 15.3). Ein wilder Streik ist keineswegs von vornherein rechtswidrig.

c) Arbeitsrechtlicher und politischer Streik

Diese Differenzierung richtet sich nach dem **eigentlichen Streikadressaten.** Formell geht der Streik immer gegen den AG.

Beim politischen Streik allerdings ist der tatsächliche Streikadressat der **Staat** oder ein **Dritter,** auf dessen Organe eingewirkt werden soll.

Es werden zB die allgemeinen politischen Kräfte unter Druck gesetzt, weil von ihnen unerwünschte legistische Maßnahmen (zB Steuererhöhungen) erwartet werden.

Festzuhalten ist, dass der politische Arbeitskampf verboten ist (dazu 15.3.2).

Beim arbeitsrechtlichen Streik wird hingegen eine Veränderung der Arbeitsbedingungen beim **AG** angestrebt.

Auch beim **Sympathiestreik** ist der eigentliche Gegner ein Dritter, der zB durch Entzug von Rohstoffen oder Halbfabrikaten getroffen werden soll.

d) Kampfstreik und Demonstrationsstreik

Diese Differenzierung wird vom **Kampfziel** her geprägt. Beim Kampfstreik geht es um die Erringung eines konkreten Ziels, während der Demonstrationsstreik darauf gerichtet ist, eine Einstellung zu einer bestimmten Frage zu manifestieren.

IdR wird dem AG beim Demonstrationsstreik ein in seiner Sphäre liegendes Kampfziel nachhaltig vor Augen geführt. Typisch hierfür ist der – regelmäßig von vornherein befristete – **Warnstreik,** der weitere Kampfmaßnahmen ankündigt.

e) Offener und verschleierter Streik

Ein offener Streik liegt vor, wenn die **Arbeitskampfmaßnahme** offen **als solche deklariert** wird. Es gibt aber auch verschleierte Formen von Streiks, etwa **passive Resistenz** oder „Dienst nach Vorschrift", wo langsam und übergenau gearbeitet und damit die Arbeitspflicht nur zum Schein erfüllt wird.

Fall 88: Protestversammlung

Die H-AG ist ein Unternehmen der Elektroindustrie. Sie beabsichtigt, die Motorenproduktion von ihrem Wiener in ihr steirisches Teilwerk zu verlegen. Für eine diesbezügliche Entscheidung ist für den Vormittag des 23. 3. 1988 eine Aufsichtsratssitzung am Sitz der Zentrale in Wien angesetzt. Da durch die Verlegung des Motorenbaus ein erheblicher Teil der Arbeitsplätze der AN im Teilwerk Wien in Verlust zu gehen droht und einige Aussprachen mit dem Vorstand bereits ergebnislos geblieben sind, beschließt der BR des Teilwerks Wien über Verlangen zahlreicher Belegschaftsmitglieder am Abend des 22. 3. 1988, zugleich mit der Aufsichtsratssitzung eine Protestversammlung abzuhalten. Der BR kündigt die Versammlung in Flugblättern an, in denen er zur „Protestaktion gegen die Verlegung der Motorenproduktion von Wien in die Steiermark" am 23. 3. 1988 vor der Zentrale der H-AG aufruft und auf die Abfahrt mit Bussen um 8 Uhr sowie auf eine Rückfahrt um ca 10.30 Uhr hinweist. Diese Flugblätter werden am Morgen des 23. 3. 1988 ab 6 Uhr an die AN verteilt. Der Leiter des Teilwerkes wird von der geplanten Versammlung erst zwischen 6.30 Uhr und 7 Uhr verständigt. Gegen 8 Uhr fährt ein Großteil der AN mit Autobussen zur Zentrale, wo von etwa 8.30 Uhr – 9 Uhr die Protestversammlung stattfindet. Gegen 10.45 Uhr treffen die AN wieder im Teilwerk Wien ein und nehmen dort ihre Arbeit auf. Die Versammlung, für die es außer der Protestaktion keine Tagesordnung gibt, leitet der Vorsitzende des AngestelltenBR. Weiters sprechen der Vorsitzende des ArbeiterBR, der Bürgermeister der Stadt Wien und der Vorsitzende des Aufsichtsrates der H-AG. Auch AN der Zentrale nehmen aus Solidarität an dieser Versammlung teil.

In der Gehaltsabrechnung für April 1988 wird jenen Angestellten des Teilwerkes Wien, die an der Versammlung teilgenommen haben, darunter auch den Mitgliedern des BR, das anteilige Entgelt für zwei Stunden unter der Bezeichnung „unbezahlter Urlaub" vom Gehalt abgezogen. Der BR begehrt die Feststellung, dass dieser Abzug unberechtigt sei, weil es sich bei der Versammlung um eine Betriebsversammlung gehandelt habe. Wie ist die Rechtslage?

(Nach OGH 17. 1. 1990, 9 ObA 347/89, ZAS 1994, 20 *[Aigner]*)

15.1.2 Aussperrung

Aussperrung ist der von einem oder mehreren AG vorgenommene Entzug von Arbeit und Entgelt gegenüber einer größeren Zahl von AN, bis der verfolgte Zweck erreicht oder vereitelt ist.

Die ausgesperrten AN brauchen nicht durch gemeinsame Gewerkschaftszugehörigkeit verbunden zu sein. Das kollektive Moment liegt darin, dass das **Kampfziel gruppenbezogen** ist.

Was den **Entzug von Arbeit und Entgelt** anlangt, kann der AG zwischen vertragslösender und bloß suspendierender Aussperrung entscheiden (vgl schon 15.1).

In der Realität wird die Aussperrung eher selten eingesetzt, weil die Gefahr der Abwanderung von Stammarbeitnehmern droht und der AG fürchten muss, dass er neben dem Produktionsausfall zur Entgeltfortzahlung wegen Arbeitsbereitschaft ausgesperrter AN verhalten wird (vgl 15.4.2).

Zu unterscheiden ist zwischen Offensivaussperrung einerseits und Defensivaussperrung andererseits. Bei der **Offensivaussperrung** wird der AG selbst initiativ, um mit dieser Maßnahme das Niveau der Arbeits- und Entgeltbedingungen zu senken, bei der **Defensivaussperrung** reagiert der AG auf Streikaktionen der AN.

Die Offensivaussperrung ist selten, zumal dem AG andere Mittel zur Erreichung derartiger Ziele offen stehen, so etwa die Drohung mit einer Kündigung oder die Änderungskündigung (vgl allg 4.2.3).

Die Abwehraussperrung hat praktische Bedeutung insb beim Teilstreik in Bezug auf arbeitswillige AN oder nicht bestreikte Verbandsbetriebe (vgl 15.4.2).

15.1.3 Boykott

Boykott ist die an den Gegner im Arbeitsleben gerichtete planmäßige Ächtung.

Die Aufforderung, den Boykottierten zu meiden, geht meist von einem Arbeitgeber- oder Arbeitnehmerverband aus und richtet sich an dessen Mitglieder.

Kampfmittel des arbeitsrechtlichen Boykotts ist die Verhinderung, dass der Boykottierte Arbeitskräfte erhält **(Zuzugssperre)** bzw dass Arbeitssuchende einen Arbeitsplatz bekommen **(Einstellungssperre).**

Gegenüber dem AG spielen auch Kunden- und Absatzsperren eine Rolle, etwa dann, wenn eine Aufforderung an die Allgemeinheit ergeht, von bestimmten AG keine Waren zu beziehen.

Der Boykott stößt dann auf rechtliche Grenzen, wenn er unter **Verbreitung falscher Tatsachen** erfolgt (§ 1330 ABGB) oder als **sittenwidrige Schädigung** zu qualifizieren ist (§ 1295 Abs 2 ABGB, § 1 UWG).

Schikane iSd § 1295 Abs 2 ABGB liegt vor, wenn der Boykottierte in seinem Bestand bedroht oder die Zweck-Mittel-Relation unverhältnismäßig ist.

15.2 Die Stellung des Arbeitskampfes in der Rechtsordnung

Die Behandlung des Arbeitskampfes ist eine staatspolitisch brisante Frage. In pluralistischen Demokratien ist grundsätzlich ein freies Spiel verschiedener Partikulärinteressen vorgesehen, orientiert an gemeinsamen außer Streit gestellten grundlegenden Wertvorstellungen. Dementsprechend erfolgt in derartigen politischen Systemen auch die Behandlung des Arbeitskampfes.

In Österreich wird der **Arbeitskampf** als Institution rechtlich **geduldet** (vgl im Einzelnen 15.2.1, 15.2.2). Man spricht von **Arbeitskampffreiheit,** zumal es kein kodifiziertes Kampfrecht gibt.

Der Arbeitskampf als solcher ist weder ausdrücklich erlaubt noch verboten und daher Ausfluss der natürlichen **Handlungsfreiheit** des Menschen. Da diese Handlungsfreiheit durch die Rechtsordnung nicht schrankenlos gewährt wird, sagt sie letztlich nichts über die rechtliche Zulässigkeit eines Arbeitskampfes im Einzelfall aus. Trotz Kampffreiheit wird die **Rechtsordnung** durch den Arbeitskampf **nicht außer Kraft gesetzt,** sodass die möglichen Folgen eines nach **allgemeinen Vorschriften** insb des Strafrechts, des Zivilrechts oder des Arbeitsrechts rechtswidrigen Verhaltens von den am Arbeitskampf Beteiligten durchaus zu gewärtigen und einzukalkulieren sind.

Das Fehlen eines „StreikG" ist für die Arbeitnehmerseite durchaus günstig, enthält doch ein solches typischerweise spezielle Beschränkungen der Kampffreiheit.

Bis 1870 waren Arbeitskämpfe in Österreich generell verboten und unter Strafe gestellt. Das **KoalG** hob die strafgesetzlichen Verbotsbestimmungen auf (§ 1 KoalG), erklärte jedoch koalitionsmäßige Abreden der AG bzw AN für rechtsunwirksam.

Das bedeutet, dass derartige Abmachungen vor staatlichen Gerichten nicht durchgesetzt werden können.

Das KoalG, welches die angesprochene Arbeitskampffreiheit unterstreicht, ist ein AusführungsG zu einem liberalen Grundrecht, das seit 1867 Bestandteil der österreichischen Rechtsordnung ist, nämlich zum **Grundrecht auf Koalitionsfreiheit** (vgl 15.2.1).

15.2.1 Verfassungsrechtliche Ausgangslage

Zu prüfen ist, wie sich das Grundrecht auf Koalitionsfreiheit zum Arbeitskampf verhält. Rechtsgrundlagen der Koalitionsfreiheit sind Art 12 StGG und Art 11 EMRK.

Unter einer **Koalition** versteht man einen Zusammenschluss, der sich auf freiwilliger Basis konstituiert hat und dessen Zweck die Förderung der Arbeits- und Wirtschaftsbedingungen seiner Mitglieder ist.

Zum einen wird das Grundrecht als **Sonderfall der Vereins- und Versammlungsfreiheit** gem **Art 12 StGG** behandelt, wonach alle österreichischen Staatsbürger das Recht haben, sich zu versammeln und Vereine zu bilden. Die Ausübung dieser Rechte wird durch besondere G geregelt.

Dieser **exekutive Gesetzesvorbehalt** ist so gestaltet, dass die Effizienz des Grundrechts von vornherein durch ein AusführungsG bedingt ist. Der wesentliche Kern des Grundrechtsgehalts darf aber durch ein derartiges G nicht angetastet werden. Art 12 StGG wurde in erster Linie durch das VerG ausgeführt. Auch das KoalG ist ein AusführungsG zu Art 12 StGG (vgl 15.2).

Die zweite Verfassungsrechtsgrundlage bildet **Art 11 EMRK,** der festlegt, dass alle Menschen das Recht haben, sich friedlich zu versammeln, sich frei mit anderen zusammenzuschließen und **zum Schutz ihrer Interessen Gewerkschaften zu bilden** sowie **diesen beizutreten.**

Dass diese Norm nur von Gewerkschaften (trade unions) spricht, lässt nicht den Schluss zu, dass den Arbeitgeberverbänden der Schutz der Verfassung verwehrt bliebe.

In der EMRK wird weiters festgelegt, dass **Einschränkungen nur möglich** sind, wenn das G sie vorsieht und diese Maßnahmen im Interesse der nationalen und öffentlichen Sicherheit, der Aufrechterhaltung der Ordnung und der Verbrechensverhütung, des Schutzes der Gesundheit und der Moral sowie des Schutzes der Rechte und Freiheiten Anderer notwendig sind.

Es handelt sich hier um einen sog **restriktiven Gesetzesvorbehalt.** Die Verfassung selbst steckt den Rahmen ab, innerhalb dessen sich ein einschränkendes G zu bewegen hat. Ergeht kein solches, so ergibt sich die Frage, ob das Grundrecht unmittelbar anwendbar ist. Dies wird im Falle des Art 11 EMRK zu bejahen sein.

Bemerkenswert ist, dass durch die EMRK die Bildung von freiwilligen Berufsvereinigungen der AN und der AG sowie die Betätigung in solchen Institutionen verfassungsrechtlich gewährleistet wird. Es wird dem **Gesetzgeber** damit **verwehrt, in die Gewerkschaftsfreiheit** (bzw die **Freiheit** der Gründung von und Betätigung in **Arbeitgeberverbänden) unverhältnismäßig einzugreifen.** Im Gegensatz zu den freiwilligen Berufsvereinigungen sind die gesetzlichen Interessenvertretungen der AN und der AG (vgl insb 11.4) nicht in dieser Art und Weise verfassungsrechtlich abgesichert[2]).

Die Koalitionsfreiheit besteht zum einen darin, Vereinigungen zur Wahrung und Förderung von Arbeitnehmer- bzw Arbeitgeberinteressen zu bilden, diesen beizutreten, zwischen Koalitionen zu wählen und sich koalitionsmäßig zu betätigen **(positive Koalitionsfreiheit).**

Der so formulierten positiven Seite der Koalitionsfreiheit ist eine sog **negative Koalitionsfreiheit,** also das Recht, vom Beitritt zu Koalitionen und von koalitionsmäßiger Tätigkeit Abstand zu nehmen, gegenüberzustellen. Auch die negative Koalitionsfreiheit ist nach der EMRK verfassungsrechtlich gewährleistet.

Die negative Koalitionsfreiheit wird in Österreich auf Gesetzesebene vom ATerrG angesprochen. So sind nach diesem G sog Organisationsklauseln, die den AG binden sollen, nur organisierte AN einzustellen, verboten (vgl dazu 11.5.1.2.1 b).

Im gegebenen Zusammenhang ist die Frage von Interesse, ob mit dem Koalitionsrecht auch der Arbeitskampf verfassungsrechtlich verankert ist. Diese Frage wird traditionellerweise mit Nein beantwortet. Gerade das AusführungsG zu Art 12 StGG, das KoalG, bringt zum Ausdruck, dass der **Staat** den **Arbeitskampf nicht garantiert,** sondern sich zu diesem politischen Phänomen neutral verhält. Bemerkenswert ist, dass sich in der Judikatur des

[2]) Immerhin finden diese aber ausdrücklich in Art 120 a B-VG Erwähnung. Nach Abs 1 dieser Bestimmung können Personen zur selbständigen Wahrnehmung öffentlicher Aufgaben, die in ihrem ausschließlichen oder überwiegenden gemeinsamen Interesse gelegen und geeignet sind, durch sie gemeinsam besorgt zu werden, durch G zu Selbstverwaltungskörpern zusammengefasst werden. Gem Abs 2 leg cit anerkennt die Republik die Rolle der Sozialpartner. Sie achtet deren Autonomie und fördert den sozialpartnerschaftlichen Dialog durch die Einrichtung von Selbstverwaltungskörpern.

EGMR zu Art 11 EMRK unter Umständen ein extensiveres Verständnis in Richtung eines Rechts auf Streik durch entsprechende Interpretation des Passus „ zum Schutz ihrer Interessen“ (zum Wortlaut des Art 11 EMRK s oben) abzeichnet. Unter Hinweis auch auf andere internationale Rechtsquellen wie die ESC (zu dieser auch 8.3.1) hält der Gerichtshof[3]) fest, dass das Recht auf Streik eine untrennbare Folge des Rechts auf gewerkschaftliche Vereinigung darstellt.

Dazu tritt auch der als gleichrangiger Teil des Primärrechts der EU zu qualifizierende (vgl Art 6 Abs 1 EUV) **Art 28 GRC.** Nach dieser Bestimmung haben die AN sowie die AG oder ihre jeweiligen Organisationen nach dem Unionsrecht und den einzelstaatlichen Rechtsvorschriften und Gepflogenheiten das Recht, Tarifverträge auf den geeigneten Ebenen auszuhandeln und zu schließen sowie bei Interessenkonflikten **kollektive Maßnahmen zur Verteidigung ihrer Interessen, einschließlich Streiks,** zu ergreifen.

Die GRC gilt gem Art 51 Abs 1 leg cit allerdings für die Mitgliedstaaten nur bei der Durchführung des Unionsrechts. Nach Abs 2 leg cit dehnt sie den Geltungsbereich des Unionsrechts nicht über die Zuständigkeit der Union hinaus aus und ändert nicht die im Primärrecht festgelegten Zuständigkeiten und Aufgaben. Art 153 Abs 5 AEUV bestimmt jedoch, dass das Arbeitskampfrecht allein in der Kompetenz der Mitgliedstaaten liegt (dazu allg 10.2.5). Schon im Vorfeld der GRC hat der EuGH[4]) das Recht auf Durchführung einer kollektiven Maßnahme einschließlich des Streikrechts als Grundrecht anerkannt, dieses allerdings insofern eingeschränkt, als die Ausübung nicht gegen die guten Sitten, gegen das innerstaatliche Recht oder gegen das Gemeinschaftsrecht verstoßen darf. Es ist damit jedenfalls an den Grundfreiheiten wie der Dienstleistungsfreiheit zu messen und unterliegt dem Gebot der Verhältnismäßigkeit.

15.2.2 Neutralität des Staates

Im **KoalG** kommt die neutrale Haltung des Staates zum Arbeitskampf zum Ausdruck (vgl 15.2). Es gibt in der österreichischen Rechtsordnung jedoch auch einige Hinweise für eine über die bloße Duldung des Arbeitskampfes hinausgehende **„aktive Neutralität“** des Staates:

- Ein derartiger Hinweis findet sich im Recht der Arbeitslosenversicherung. Im Allgemeinen ist für den Anspruch auf Arbeitslosengeld ua die Arbeitswilligkeit Voraussetzung, dh der Arbeitslose muss bereit sein, eine zumutbare Beschäftigung anzunehmen (vgl § 9 Abs 1 AlVG). Gem § 9 Abs 4 AlVG gilt allerdings die **Annahme einer Beschäftigung in** einem von Streik oder Aussperrung **betroffenen Betrieb** als **nicht zumutbar.**

Der **Arbeitsmarkt** spielt im Arbeitskampf eine zentrale Rolle. Es soll daher **nicht** von Seiten des AMS **durch Vermittlung von Arbeitskräften in das Arbeitskampfgeschehen eingegriffen** werden.

---

[3]) EGMR 21. 4. 2009, Bsw Nr 68.951/01, *Enerji Yapi-Yol Sen.*

[4]) EuGH 11. 12. 2007, C-438/05, *Viking,* Slg 2007, I-10779; vgl weiters EuGH 18. 12. 2008, C-341/05, *Laval,* Slg 2008, I-11767.

- Gem § 13 AlVG gebührt, wenn die Arbeitslosigkeit unmittelbare Folge eines durch **Streik** verursachten Betriebsstillstandes ist, während dessen Dauer **kein Arbeitslosengeld.** Das Gleiche gilt für den Fall einer **Aussperrung** in einem Betrieb, sofern sie als **Abwehrmaßnahme** gegen einen Teilstreik, eine passive Resistenz oder eine sonstige, die Fortführung der Arbeiten in diesem Betrieb vereitelnde Kampfmaßnahme ist.

  Der Zweck des G ist eindeutig: Es entspricht der Neutralität des Staates, den **Arbeitskampf nicht** aus der staatlich organisierten Sozialversicherung **zu finanzieren.**
  Bemerkenswert ist, dass eine durch **Offensivaussperrung** bewirkte Arbeitslosigkeit von § 13 AlVG **nicht betroffen** wird, sodass in einem solchen Fall ein Anspruch auf Arbeitslosengeld gegeben ist.

- Gem § 9 AÜG ist eine **Überlassung von Arbeitskräften** in Betriebe, die von Streik oder Aussperrung betroffen sind, **untersagt.**

  Auch hier soll verhindert werden, dass durch gezielte Vermittlung von Arbeitskräften das Kampfziel des Gegners vereitelt wird.

- Gem § 10 AuslBG dürfen für die Beschäftigung auf Arbeitsplätzen in einem bestreikten oder von Aussperrung betroffenen Betrieb **keine Beschäftigungsbewilligungen** nach diesem G erteilt werden.

  Auch durch Ausländerbeschäftigungsrecht soll das Gleichgewicht der Arbeitskampfgegner nicht beeinflusst werden.

Der Neutralität des Staates entspricht es auch, dass Arbeitskämpfe **nicht zwangsweise geschlichtet** werden können.

15.3 Rechtliche Beurteilung der Gesamtaktion

Im Mittelpunkt der Diskussion steht die Frage, unter welchen Voraussetzungen Arbeitskämpfe als **rechtswidrig** anzusehen sind und in der Folge **Schadenersatz- oder Unterlassungsansprüche** auslösen können.

Für die Unternehmerseite ist dabei in der Praxis besonders interessant, ob und inwieweit eine Haftung einer zum Streik aufrufenden Gewerkschaft für Streikschäden in Betracht kommt (vgl 15.3.2).

15.3.1 Strafrecht

Auch strafbares Verhalten bedeutet naturgemäß Rechtswidrigkeit iSd Schadenersatzrechts (vgl 15.3, 15.3.2).

Eine Strafgesetzwidrigkeit von Arbeitskämpfen **scheidet regelmäßig aus.** Dies ergibt sich schon aus der Tendenz des KoalG, durch das spezielle Strafbestimmungen beseitigt wurden (vgl 15.2).

Der **Nötigungstatbestand** gem § 105 StGB käme nur dann in Betracht, wenn nach Abs 2 leg cit eine gefährliche Drohung als Mittel zum angestrebten Zweck den guten Sitten widerstreitet, was im gegebenen Zusammenhang praktisch nie der Fall ist[5]).

[5]) Vgl auch AB 959 BlgNR 13. GP 24.

Noch weniger relevant wird der Tatbestand der gefährlichen Drohung (§ 107 StGB) oder – mangels Bereicherungsvorsatzes – jener der Erpressung (§ 144 StGB).

Besondere Strafbestimmungen enthalten allerdings zwei arbeitsrechtliche G, nämlich

- das **KoalG,** welches in § 3 leg cit das Zustandekommen, Verbreiten oder zwangsweise Durchführen von Arbeitskampfabreden durch Mittel der Einschüchterung oder Gewalt verbietet, sowie
- das **ATerrG,** welches in § 4 leg cit die Ausübung von positivem oder negativem Koalitionszwang durch Mittel der Einschüchterung oder Gewalt unter Strafe stellt.

Zu beachten ist, dass **einzelne Übergriffe** in einem als solchen nicht rechtswidrigen Arbeitskampfgeschehen ohne weiteres strafrechtsrelevant sein können (zB Sachbeschädigungen, Körperverletzungen, Freiheitsentziehungen).

15.3.2 Zivilrecht

Von zentralem Interesse sind hier – neben der Frage des Bestehens von Unterlassungs- bzw Beseitigungsansprüchen – allfällige **Schadenersatzansprüche.** Zu prüfen sind dabei die Voraussetzungen der **Verschuldenshaftung** iSd §§ 1293 ff ABGB (vgl auch 9.1). Kern der Sache ist die Rechtmäßigkeit oder Rechtswidrigkeit der Gesamtaktion. Ist diese nämlich **rechtswidrig,** so kommt eine Haftung der Organisatoren des Arbeitskampfes für Arbeitskampfschäden in Betracht.

Beim gewerkschaftlichen Streik müsste also die Gewerkschaft für Streikschäden bei den bestreikten AG einstehen.

Die **Rechtswidrigkeit der Gesamtaktion** kann sich aus folgenden Umständen ergeben:

- Der Arbeitskampf verstößt gegen eine kollektivvertragliche oder betriebsvereinbarungsmäßige **Friedenspflicht** (vgl dazu 11.5.1.1, 12.3.1.1).

  Um einen aus dieser Perspektive rechtmäßigen Arbeitskampf führen zu können, müsste die Verpflichtung aus der kollektiven Rechtsquelle zuerst durch Auflösung derselben beendet werden.

- Ein Arbeitskampf ist rechtswidrig, wenn für die Beilegung einer Streitigkeit auf Berufsverbandsebene eine **Schiedsstelle** vorgesehen ist.
- Es kann ein Verstoß gegen das **betriebsverfassungsrechtliche Kampfverbot** vorliegen. Dieses ist überall dort anzunehmen, wo das G die Beziehungen zwischen den Betriebspartnern insofern verrechtlicht hat, als es zur Beilegung von Rechtsstreitigkeiten eine **rechtsprechende** bzw zur Beilegung von Regelungsstreitigkeiten eine **obligatorische schlichtende Instanz** vorgesehen hat (vgl allg 12., insb 12.4.2 und 12.4.3, 13.2).

  Der Unterschied zwischen **Rechtsstreitigkeiten** und **Regelungsstreitigkeiten** ist allgemein darin zu sehen, dass es bei den ersteren um die **Ausdeutung des geltenden Rechts** und bei den letzteren um die **Schaffung neuen Rechts** (zB einer BV) geht.

Es ist auch unzulässig, für die Erweiterung der (zweiseitig zwingend geregelten) Betriebsverfassung zu streiken.

Aus betriebsverfassungsrechtlichen Kampfverboten ist nicht abzuleiten, dass es Betriebsratsmitgliedern verboten wäre, an Streikaktionen teilzunehmen.

- **Politische Arbeitskämpfe** sind stets rechtswidrig, zumal einerseits der formelle Adressat des Arbeitskampfes zur Erfüllung der aufgestellten Forderungen nichts beitragen kann und andererseits die geordnete Willensbildung der Staatsorgane zu sichern ist. **Sympathiearbeitskämpfe** sind jedenfalls dann rechtswidrig, wenn der formelle Adressat nicht in der Lage ist, der eigentlichen Kampfforderung nachzugeben[6]). Gegebenenfalls ist ein Verstoß gegen das Schikaneverbot anzunehmen (s gleich unten).

Diese Begriffe dürfen allerdings nicht überspitzt werden: Es reicht, dass irgendein relevanter Zusammenhang mit den Arbeitsbedingungen bzw Arbeitsplätzen der Kämpfenden besteht und der Arbeitskampf grundsätzlich geeignet ist, dem betreffenden Anliegen zu dienen.

Aus der Praxis: Es liegt mE kein politischer Arbeitskampf vor, wenn AN streiken, weil der AG das mit ihnen vereinbarte Arbeitsvertragsrecht gegen ihren Willen zu ändern versucht, indem er die Politik zu einem gesetzlichen Eingriff in die im Unternehmen bestehenden Arbeitsverträge gewinnen will. Das war grob gesprochen die Situation beim Streik der AN der ÖBB im Jahre 2003[7]).

- Es liegt ein Verstoß gegen das **Schikaneverbot** gem § 1295 Abs 2 ABGB vor.

Es geht hier um das Verbot **sittenwidriger Schädigung.** Zu beachten ist, dass der Arbeitskampf im Allgemeinen eine Vermögensbeeinträchtigung nach sich zieht, die allerdings – da das Vermögen selbst kein absolut geschütztes Rechtsgut ist – nicht zur Rechtswidrigkeit gem § 1295 Abs 1 ABGB führt.

Sittenwidrige Schikane ist gegeben, wenn ein **grobes Missverhältnis zwischen** den **durch die Handlung verletzten und** den durch **sie geförderten Interessen** besteht. Dies ist zB der Fall, wenn dem Ziel des Arbeitskampfs jeder sachliche Zusammenhang mit dem Arbeitsleben fehlt.

Betriebswirtschaftliche Entscheidungen mit nachteiligen Auswirkungen auf die AN gehören sehr wohl ins Arbeitsleben, sodass ein diesbezüglicher Streik nicht ohne weiteres sittenwidrig ist.

Eine Sittenwidrigkeit liegt dann vor, wenn **planmäßig rechtswidrige Begleitmaßnahmen** (zB wahrheitswidrige Propagandaaktionen, Sachbeschädigungen) gesetzt werden.

---

[6]) *Strasser/Jabornegg,* Arbeitsrecht II⁴ 207 f.

[7]) Zu einem im Zuge dieses Streiks aufgetretenen Rechtsproblem vgl auch F 90.

15.3.2.1 Schadenersatz infolge der Gesamtaktion

Eine **Haftung der Organisatoren** (Gewerkschaft, Arbeitgeberverband) kommt als **Vertragshaftung** nur bei Verstoß gegen entsprechende Vertragspflichten (zB Friedenspflicht) in Frage. Sonst geht es um **deliktische Haftung** nach Maßgabe der hierfür erforderlichen allgemeinen Voraussetzungen (vgl 15.3.2).

Unter der Voraussetzung der Rechtswidrigkeit der Gesamtaktion haften die Organisatoren als **Bestimmungstäter** gem § 1295 Abs 1 (bei Vertragshaftung) oder Abs 2 (bei Sittenwidrigkeit) iVm §§ 1301 f ABGB, wobei **mehrere Organisatoren** (zB mehrere AN beim wilden Streik) **solidarisch** verantwortlich sind.

Bei rechtmäßiger Gesamtaktion ist eine Haftung der Organisatoren nicht gegeben.

Ein Verband haftet für seine **Gehilfen** (zB Gewerkschaftsfunktionäre) bei vertragswidrigem Arbeitskampf nach § 1313 a ABGB, bei deliktisch rechtswidrigem Arbeitskampf hingegen nur gem § 1315 ABGB (zu diesen Bestimmungen allg 9.1.2).

Eine Haftung nach den §§ 1313 a, 1315 ABGB setzt Gehilfenstellung voraus. Nicht jeder Funktionär oder gar jedes Mitglied einer Organisation erfüllt diesen Begriff.

Eine deliktische Haftung **einzelner streikender AN** im Hinblick auf die Gesamtaktion kommt bei rechtmäßiger Gesamtaktion nicht in Betracht, bei rechtswidriger Gesamtaktion nur insoweit, als auch ein Verstoß gegen den individuellen Arbeitsvertrag vorliegt (vgl 15.4.1). Zu beachten sind hier allerdings die Lehren von der **minimalen Kausalität.**

Nach der Äquivalenztheorie ist der Beitrag des einzelnen AN für den eingetretenen Streikschaden kausal (conditio sine qua non). Eine Solidarhaftung, dh die Haftung des Einzelnen für den vollen Schaden im Außenverhältnis, erscheint allerdings völlig **inadäquat.** Es wird daher gesagt, der Gesamtschaden sei anteilig auf alle AN aufzuteilen, sodass jeder AN nur für seinen Anteil einzustehen habe[8]).

Fall 89: Bananenprozess

Am 21. 6. 1961 brach ein Streik der Handelsarbeiter aus, der ua zur Besetzung des Betriebsgeländes eines Lebensmittelhandelsunternehmens am Wiener Südbahnhof führte. Am 22. und 23. 6. trafen insgesamt 19 Güterwaggons, beladen mit vom Unternehmen bestellten Bananen, ein. Nicht streikende Arbeiter des Unternehmens waren bereit, die Bananen zu entladen und in Kühlräume zu bringen; die Streikposten verlangten jedoch von ihnen, diese Arbeiten sogleich einzustellen. Daraufhin telefonierte ein Vertreter des Unternehmens mit einem Sekretär des ÖGB, der meinte, die Bananen dürften wohl entladen, nicht jedoch vom Gelände fortgeschafft werden. Der „Kommandoführer“ verlangte, selbst mit dem ÖGB telefonieren zu dürfen, und behauptete in der Folge, der Sekretär habe betont, die Bananen dürften nicht ausgeladen werden. Letztend-

[8]) *Bydlinski,* Probleme der Schadensverursachung (1977) 111.

lich konnte ein Abtransport der Früchte weder durch arbeitsbereite Arbeiter noch durch nicht vom Streik betroffene Angestellte des Unternehmens bewerkstelligt werden.

Das Unternehmen verlangt vom ÖGB Schadenersatz für die völlig verdorbenen Bananen. Wie ist die Rechtslage?

(Nach OGH 14. 5. 1963, 8 Ob 75/63, ZAS 1966, 161 = Arb 7747)

15.4 Rechtliche Beurteilung der individuellen Kampfteilnahme

Was die arbeitsvertragsrechtliche Beurteilung von Arbeitskämpfen betrifft, so wird in Österreich traditionell die sog **Trennungstheorie** vertreten. Diese besagt, dass die individualarbeitsrechtliche Seite des Arbeitskampfes getrennt von der kollektivarbeitsrechtlichen Seite zu beurteilen ist.

Auch ein kollektivrechtlich rechtmäßiger Arbeitskampf (vgl 15.3) ändert daher zB nichts daran, dass der kämpfende AN oder AG den Arbeitsvertrag verletzt.

Die Gegenposition dazu ist die – zB in Deutschland seit langem herrschende – **„Einheitstheorie"**, nach der bei kollektivrechtlich rechtmäßigem Handeln auch auf individualarbeitsrechtlicher Ebene keine Rechtswidrigkeit vorliegt.

Wegen der jüngeren Entwicklungen im Grundrechtsbereich, insb bei der Interpretation von Art 11 EMRK, wird vor allem für den Fall der Entlassung von AN wegen der Teilnahme an einem als Gesamtaktion rechtmäßigen Streik die Trennungstheorie aufzugeben und insoweit die Einheitstheorie anzuwenden sein (vgl 15.4.1).

Im Folgenden sind die Auswirkungen des Arbeitskampfes einerseits auf den Bestand des Arbeitsverhältnisses (vgl 15.4.1) und andererseits auf den Entgeltanspruch zu behandeln (vgl 15.4.2). Weiters ist auf eine allfällige Schadenersatzpflicht wegen Kampfbeteiligung einzugehen (vgl 15.4.3).

15.4.1 Bestand des Arbeitsvertrags

Zu fragen ist hier zuerst, ob es durch die jeweilige Arbeitskampfmaßnahme selbst zu einer Beendigung des Arbeitsverhältnisses kommt. Ist dies zu verneinen, so ist zu prüfen, welche Beendigungsmöglichkeiten in Betracht kommen bzw ob die Arbeitskampfmaßnahme einen wichtigen Grund zur vorzeitigen Lösung des Arbeitsverhältnisses darstellt.

Ob ein **AN,** der die Arbeit niederlegt, damit auch sein Arbeitsverhältnis löst, ist im Einzelfall zu prüfen. Eine diesbezügliche Willenserklärung wird im Normalfall kaum vorliegen. Ist eine solche gegeben, ist zu fragen, ob sie als Kündigung oder vorzeitige Lösung auszudeuten ist. Ersteres kommt dann in Betracht, wenn der AN keine Kündigungszeiten einzuhalten hat. Für einen Austritt wird meistens kein wichtiger Grund vorliegen, ein solcher ist aber auch nicht ausgeschlossen (zB Entgeltvorenthaltung als Begleitmaßnahme einer Aussperrung).

Der **AG** kann bloß suspensiv aussperren, was allerdings die Entgeltfortzahlung gem § 1155 ABGB auslöst, wenn der AN leistungsbereit ist (vgl 15.4.2). Er hat aber auch die Möglichkeit, die Aussperrung mit einer Auflösung des Arbeitsverhältnisses zu verbinden (resolutive Aussperrung). Als Beendigungsart kommen hier Kündigungen in Betracht – diese sind allerdings mit Fristen verbunden und bringen Abfertigungsansprüche zum Entstehen. Im Falle von Entlassungen ist zu fragen, ob der AG für diese einen wichtigen Grund hat. Hierfür ist insb bei Abwehraussperrungen die erhebliche Arbeitspflichtverletzung (§ 27 Z 4 AngG, § 82 lit f GewO 1859; vgl 2.1.3.1.1 c) als Tatbestand tauglich. Erheblichkeit wird allerdings erst bei längerem Streikgeschehen, nicht unbedingt aber zB bei Warnstreiks gegeben sein. Ein derartiger **Entlassungsgrund** ist angesichts des verfassungsrechtlich gem Art 11 EMRK gewährleisteten Rechts auf Streik (dazu 15.2.1) dann von vornherein **ausgeschlossen,** wenn der **AN im Rahmen einer rechtmäßigen Gesamtaktion** (dazu 15.3.2) die Arbeit niederlegt. Insofern ist das Szenario kollektiv- und individualrechtlich einheitlich zu beurteilen[9]) („Einheitstheorie"; vgl 15.4).

Der besondere Bestandschutz insb von **Betriebsratsmitgliedern** wird durch Streik nicht außer Kraft gesetzt. Einschlägig ist insb der Kündigungszustimmungsfall des § 121 Z 3 ArbVG (vgl allg 2.3.1.1.1 b), welcher auf Grund des relativ hohen Zeitaufwandes für die Bewerkstellung der Kündigung für die Arbeitgeberseite nicht sonderlich interessant erscheint. Ob das Kündigungszustimmungsverfahren letztendlich durchgezogen wird, hängt nicht unwesentlich von der Rechtmäßigkeit und vom Ergebnis der Arbeitskampfvorgänge ab.

15.4.2 Entgeltanspruch

Streikende AN haben **keinen Entgeltanspruch,** weil sie sich in einem nicht gerechtfertigten und daher nicht entgeltfortzahlungspflichtigen Schuldnerverzug befinden (vgl allg 6., 6.2).

Werden **arbeitsbereite AN** ausgesperrt, ohne dass das Arbeitsverhältnis gelöst wird **(Suspensivaussperrung),** behalten sie ihren **Entgeltanspruch gem § 1155 ABGB** (vgl allg 6.1) und können, falls dieser nicht erfüllt wird, gem § 26 Z 2 AngG, § 82 a lit d GewO 1859 austreten (vgl allg 2.1.3.2.1 b).

Hinsichtlich der Behandlung des **Entgeltanspruchs arbeitswilliger AN bei Teilstreik** ist von **§ 1155 ABGB** auszugehen. Nach dieser Bestimmung gebührt trotz Unterbleibens der Arbeitsleistung das Entgelt, wenn der AN zur Leistung bereit ist und Umstände auf Seiten des AG die Dienstverhinderung verursacht haben. Zu prüfen sind die beiden Tatbestandsmerkmale „Umstände auf Seiten des AG" und „Leistungsbereitschaft".

Was die **Umstände auf Seiten des AG** betrifft, so wird dieser Passus im Allgemeinen so interpretiert, dass jeder Arbeitsverhinderungsgrund, der den Betrieb als solchen trifft, den Tatbestand erfüllt, es sei denn, er ist so allge-

[9]) Vgl zB *Felten,* Im Spannungsfeld zwischen Gewerkschaftsfreiheit und Gewerkschaftsrecht. Zur Rechtsstellung der Gewerkschaften im kollektiven Arbeitsrecht, in Wissenschaft über Gewerkschaft – Analysen und Perspektiven (2013) 227 ff, insb 242 ff mwN; *Krejci,* Inwieweit kippt das Grundrecht auf Streik Österreichs tradierte Arbeitskampfdoktrin? ASoK 2015, 282 ff.

mein, dass er neben dem AG in vergleichbarer Weise auch die Allgemeinheit angeht (neutrale Sphäre; vgl 6.1, 6.3). So gesehen ist bei einem Teilstreik ein Fall der Arbeitgebersphäre gegeben, es ist dessen **Organisationsrisiko** angesprochen.

Eine Interpretation dieses Tatbestandselements in dem Sinn, dass aus einem **Solidaritätsgedanken,** welcher alle AN verbindet, oder dem **Kampfziel,** welches vielleicht allen AN zugute kommt, von vornherein abzuleiten sein soll, dass dem leistungsbereiten AN kein Entgeltanspruch gebührt, weil die Risikosphäre der AN insgesamt angesprochen sei, ist abzulehnen. Das Argument, dass durch die Entgeltzahlungspflicht des AG eine **Störung der Kampfparität** zu seinen Lasten eintrete, ist allenfalls für den Rechtsetzer, nicht aber für den Rechtsanwender von Belang[10]).

Die Lösung des gegenständlichen Rechtsproblems sollte mE auf der Ebene der **Leistungsbereitschaft** gesucht werden. Auszugehen ist davon, dass der AN, verlangt er Entgeltfortzahlung nach § 1155 ABGB, die Voraussetzungen für seinen Anspruch belegen muss. Er muss also beweisen, dass er sich leistungsbereit erklärt hat. Dies wird dadurch erfolgen, dass er seine Anwesenheit im Betrieb dartut. Fraglich ist allerdings, ob die Erklärung der Leistungsbereitschaft – diese ist eine Willenserklärung (vgl allg 6.1) – **ernstlich iSd § 869 ABGB** erfolgt ist. Diesen Umstand hat prozessual betrachtet der AG durch Einrede, deren Berechtigung er auch unter Beweis zu stellen hat, einzubringen. Ist die Ernstlichkeit nicht gegeben, so entfällt der Entgeltfortzahlungsanspruch. Es läuft dies auf eine Frage der Beweislastverteilung hinaus. Einer Umkehr der Beweislast ist zwar nicht das Wort zu reden, dass aber Anscheinsbeweise im gegebenen Zusammenhang eine gewisse Rolle spielen werden, ist genauso einleuchtend.

Ist also der AN zB bei jener Versammlung zugegen, in der die Streiktaktik besprochen wird, so wird daraus zu schließen sein, dass er seine Leistungsbereitschaft zwecks Umsetzung des Streikkonzepts erklärt und daher nicht ernstlich handelt.

Fall 90: Streikbrecher

Der Kl ist seit 7. 1. 1983 bei der Bekl als Zugbegleiter beschäftigt. Am 4. 11. sowie vom 12. 11. – 14. 11. 2003 fand wegen der von der Regierung vorgelegten Gesetzesentwürfe zu Eingriffen in die privatrechtlichen Dienstverträge der Eisenbahner und wegen der von der Regierung geplanten Umstrukturierung der Bekl ein von der Gewerkschaft der Eisenbahner organisierter Streik statt, der zu einem völligen Erliegen des Zugverkehrs führte. Der Kl trat am 4. 11. 2003 seinen Dienst um 1.18 Uhr zeitgerecht an und meldete sich beim Fahrdienstleiter zum Dienstantritt. Da seit Streikbeginn (Mitternacht) keine Züge mehr fuhren, konnte er seinen Dienst nicht versehen. Er wartete daher auf Anordnung des Vorgesetzten im Aufenthaltsraum für Zugbegleiter auf das mittags eintretende Streikende. Sein Dienst hätte um 7.47 Uhr geendet. Am 14. 11. 2003 trat der Kl seinen Dienst planmäßig um 5.27 Uhr an und trug sich in ein Anwesenheitsbuch ein. Anschließend wartete er wiederum im Aufenthalts-

[10]) *Strasser/Reischauer,* Der Arbeitskampf (1972) 68.

raum der Zugbegleiter auf sein Dienstende (12.47 Uhr). Er meldete sich auch bei beiden Gelegenheiten beim Streikposten als arbeitsbereit, was dieser in eine Liste eintrug.

Der Kl ist kein Gewerkschaftsmitglied. Er begehrt € 183,40 brutto, die ihm die Bekl von seinem Lohn wegen der beiden Streiktage abgezogen hat. Die Bekl wendet ein, es sei ihr nicht möglich gewesen, den Kl zu beschäftigen. Dieser von der Gewerkschaft initiierte Streik sei nicht ihrer Sphäre zuzurechnen. Zudem habe der Kl nachweislich vom Streik profitiert: Die Streikmaßnahmen hätten tatsächlich bewirkt, dass die Bundesregierung ihr Gesetzesvorhaben zurückgezogen habe. Wie ist die Rechtslage?

(Nach OGH 19. 12. 2005, 8 ObA 23/05y, DRdA 2007, 107 *[Jabornegg]* = ZAS 2006, 183 *[Tomandl]*)

15.4.3 Schadenersatz wegen Kampfbeteiligung

Schadenersatz wegen Teilnahme an einer rechtswidrigen Gesamtaktion ist bei dazu tretender individueller Vertragsverletzung nach allgemeinen Grundsätzen möglich (vgl auch 15.3.2.1, 15.4.1).

So wird zB der aus wichtigem Grund entlassene AN schadenersatzpflichtig gem § 28 AngG, § 1162a ABGB (vgl allg 2.1.3.1.3 a).

Davon abgesehen ist hinsichtlich der Verursachungsfrage wiederum auf die Lehren über die minimale Kausalität zu verweisen. Eine Anwendung des **DHG** kommt im gegebenen Zusammenhang **nicht in Frage,** weil die Schäden nicht durch die „Erbringung der Arbeitsleistung" verursacht werden (vgl allg 9.1).

Für **individuelle Übergriffe** (zB Sachbeschädigungen) ist naturgemäß nach allgemeinen Grundsätzen des deliktischen Schadenersatzrechts einzustehen.

Kontrollfragen zu Kapitel 15.

1. Was versteht man unter Teilstreik, unter wildem Streik und unter politischem Streik? Wie ist letzterer rechtlich zu beurteilen?
2. Was sind die Rechtsgrundlagen und die Inhalte des Grundrechts auf Koalitionsfreiheit? Was versteht man unter positiver, was unter negativer Koalitionsfreiheit?
3. Ist aus der österreichischen Rechtsordnung ein Recht auf Arbeitskampf abzuleiten? Was bedeutet „Arbeitskampffreiheit"?
4. In welchen Bestimmungen äußert sich die Neutralität des Staates hinsichtlich des Arbeitskampfes?
5. Welche Straftatbestände können bei Arbeitskämpfen relevant werden?
6. Wann sind Arbeitskämpfe als Gesamtaktionen rechtswidrig?
7. Inwieweit müssen Gewerkschaften als Organisatoren von Arbeitskämpfen für ihre Funktionäre bzw Mitglieder einstehen?

8. Welche Fragen ergeben sich hinsichtlich einer Schadenersatzpflicht des einzelnen Streikteilnehmers?
9. Was bedeutet die sog Trennungstheorie, was die sog Einheitstheorie? Ist das Mitstreiken im Rahmen einer rechtmäßigen Gesamtaktion ein Entlassungsgrund? Was ist bei rechtswidriger Gesamtaktion?
10. Wie ist der Entgeltanspruch von Streikenden bzw Ausgesperrten zu beurteilen? Haben Arbeitswillige bei Teilstreik einen Entgeltanspruch?

Stichwortverzeichnis

A

Abdingung 366
Abfertigung 42, 64, 71, 75, 187
- alt 200 ff
- Auflösung des Unternehmens 203 f
- Bauarbeiter 200
- Betriebsübergang 490
- Fälligkeit 239
- Höhe 200 f
- im Todesfall 203
- Mutterschaft 203
- Nettolohnvereinbarung 202
- neu 200 ff
- Übergangsbestimmungen 206
- Verfügungsmöglichkeiten 212
- Verfügungssperre 64, 71, 211
- Verlust 203 f
- Verzicht 32 f
- Voraussetzungen 200 ff
Abhängigkeit
- Lohn- 4
- persönliche 3 f, 7, 14, 20 f
- wirtschaftliche 4
Ablaufhemmung 133, 301
Abschlussnorm 120, 382, 384, 413
Abschlussvertreter 192
Abwehraussperrung 497
Adäquanztheorie 330
Affekthandlung 59
Akkord 187, 191 f, 418 f, 488
Aktiengesellschaft 18
Aktionärsschutzklausel 462
Alkoholverbot 422
Alleinbestimmungsrecht 431, 456
Allergie 52
All-In-Vereinbarung 177
Alter 118
Altersabfertigung 203
Altschulden 488 ff
Amtshaftung 330
Änderungskündigung 162 f
Angestellter
- Begriff 23 ff
- Betriebsrat 441
- Entgeltfortzahlung 251 ff
- höherer 26
- Kanzlei 27
- kaufmännischer 25
- Konkurrenzverbot 277 f
- kraft Gesetzes 24 f
- kraft Vertrages 27 f
- Kündigungsfrist 38
- Kündigungstermin 39
- leitender 20 f, 28 ff
- nach Betriebsverfassungsrecht 28
Animateur 351
Anlassfallprinzip 258
Anlernling 101
Annahmeverzug 248, 310
Anrechnung
- Entgeltfortzahlung 249 f
- Kündigungsentschädigung 41, 73
Anspruch
- auf Beschäftigung 309 ff
- gesicherter 237 f
Anwältin für Gleichbehandlungsfragen 233
Anwartschaftsprinzip 198
Anwesenheitsprämie 194
Anzeige gegen den Arbeitgeber 271
Anzeigepflicht 270 f
Apothekerkammer 374
Äquivalenztheorie 330, 504
Arbeiter
- Begriff 23, 28
- Betriebsrat 440
- Konkurrenzverbot 278
- Kündigungsfrist 38
- Kündigungstermin 39
Arbeiterkammer 374, 449
Arbeitgeber
- Entgeltfortzahlung 254 ff
- rechtswidrige Disposition des 247
- Tod des 73
Arbeitnehmer
- ausgeschiedener 388 f
- nach Arbeitnehmerschutzrecht 21 f
- nach Arbeitsvertragsrecht 2 ff

- nach Betriebsübergangsrecht 464 f
- nach Betriebsverfassungsrecht 20 f, 28 f, 79, 416
- nach Sozialversicherungsrecht 4 f
- Sportler 15 f
- Tod des 73

Arbeitnehmerähnlichkeit 18, 127, 180, 330, 464
Arbeitnehmerschutzrecht 1, 21, 316 ff
- Fürsorgepflicht 293 ff

Arbeits- und Sozialgericht 19
Arbeitsbedingungen, sonstige 159, 163
Arbeitsbereitschaft 173
Arbeitserfolg 3, 6
Arbeitsergebnis 4, 196 f
Arbeitsgesellschafter 13, 464
Arbeitsinspektorat 316
Arbeitsjahrprinzip 257 f
Arbeitskampf
- Arbeitskräfteüberlassung 501
- Arbeitsvertrag 505 f
- Ausländerbeschäftigung 501
- Begriff 494 ff
- Betriebsverfassung 502
- Duldung 498
- Freiheit 498
- Neutralität des Staates 500 f
- politischer 503
- resolutiver 494
- Schadenersatz 504 f, 508
- Strafrecht 501 f, 498
- suspensiver 494
- Zivilrecht 502 f

Arbeitskollisionsrecht 350 ff
Arbeitskräfteüberlassung 21, 180 ff
- Arbeitnehmerähnlichkeit 19 f, 181
- Arbeitskampf 501
- Arbeitsverhinderung 249
- Arbeitszeit 182 f
- Befristung 132
- Begriff 180 ff
- Betriebsübergang 468
- Betriebsverfassung 21, 183, 416
- Schutzbestimmungen 180 ff

Arbeitsleistung
- bei Erbringung der 330
- Freistellung 455
- höchstpersönliche 73
- Zurückbehaltung 247 f, 296
- zweckverfehlende 243 f

Arbeitsmediziner 108, 320 f
Arbeitsmittel 4, 318
Arbeitsort 153, 270, 351
Arbeitspflicht 61, 152 ff, 270 f, 303
Arbeitsplatz 318 f
Arbeitsrecht
- Begriff 1
- dispositives 364 f
- Kodifikation 22 f
- Kompetenzverteilung, verfassungsrechtliche 357 f
- Land und Forstwirtschaft 357 f
- Stufenbau 28, 358 ff

Arbeitsruhe 28 f, 178 f
Arbeitsschutzausschuss 321
Arbeitsstätte 317 f, 436
Arbeitsstiftung 390, 430
Arbeitsstoffe 318, 323
Arbeitsunfähigkeit 59 ff, 91, 253
Arbeitsunfall 100, 252, 256, 345
Arbeitsverhältnis, s auch Arbeitsvertrag
- auf Lebenszeit einer Person 132, 139
- auf Probe 72, 142
- Beendigung 31 ff
- befristetes 6 f, 129 ff
- Begriff 1
- bestehendes 467 f
- Ehegatte 17
- unentgeltliches 5
- zum vorübergehenden Bedarf 144
- zur Probe 142

Arbeitsverhinderung 245 ff
Arbeitsvermittlung 180
Arbeitsvertrag, s auch Arbeitsverhältnis
- Ausländer 127 f
- Arbeitskampf 506
- Form 119 f
- Geschäftsfähigkeit 120 ff
- Gesellschaft 14
- gesetzwidriger 124 f
- konkludenter 120
- nichtiger 124 f
- Rücktritt vom 72 f
- sittenwidriger 124 f
- Willensmangel 120

Arbeitsvertragsrecht 1 f
Arbeitsvertragsstatut 351
Arbeitsvorgänge 318 f
Arbeitszeit 28 f
- Angestellter, leitender 28 f
- Arbeitskräfteüberlassung 182 f
- Aufzeichnung 242

- Begriff 173 f
- Betriebsvereinbarung 425
- gleitende 175
- Höchstgrenze 175
- Jugendlicher 123 f
- Lage, Änderung 174
- Rechtsgrundlagen 172
- Verteilung 175

Arbeitszeugnis 77 f
Arztbesuch 262
Ärztekammer 374
Aufgriffsobliegenheit 108, 475
Aufhebungsvertrag 31
Auflösungsinteressen 48
Aufrechnung, Beschränkungen 228 f, 339
Aufsaugen 386
Aufseher im Betrieb 345 f
Aufsichtsrat 460
Aufstiegschance 162
Aufwandsentschädigung 187, 488
- Rechtsgrundlagen 188 f

Ausbildungsdiener 22, 32, 97, 208
Ausbildungsinteresse 311
Ausbildungskostenklausel 64, 72, 75, 144 ff
- Begriff 144 f
- Bindungsdauer 148 f
- Form 147 f
- Geltendmachungsgrenzen 149 f

Ausfallsprinzip, fiktives 257, 307, 455
Ausgleichstaxe 128 f
Auskunftsrecht 457
Ausländerbeschäftigung 19, 127 f, 501
Auslieferungslager 437
Außendienstmitarbeiter 277 f
Außendienstzulage 232 f
Außenseiterwirkung 384, 394 f
Aussetzung 166 ff
Aussperrung 497, 500 f
Austauschkündigung 85
Austritt 47
- Begriff 67 ff
- bei Insolvenz 112 f
- bei Vaterkarenz 203
- gerechtfertigter 71
- Gestaltungsmöglichkeiten 70 f
- Gründe 67 ff
- Rechtsfolgen 71 ff
- ungerechtfertigter 71 f
- wegen Mutterschaft 203

Ausweichklausel 352
Autobuschauffeur 279
Autokauf 65

B

Bäckereiarbeiter 1, 22
Bananenprozess 504 f
Bankenverband 377
Bankfilialleiter 30
Barzahlungsgebot 190
Baumschule 253
Baustelle 317
Bauwirtschaft 1, 26, 248
Beamter 20
Beauftragter, verantwortlicher 29
Bedienstetenverrat 272 f
Bedingung 37, 140 ff
Beendigung
- Arten 31
- bei Betriebsübergang 474 ff
- bei Insolvenz des Arbeitgebers 109 ff
- kraft Gesetzes 73 f
- sonstige Rechtsfolgen 74 ff

Befristung
- Arbeitskräfteüberlassung 132
- Arten 131
- auflösende 129 ff
- aufschiebende 140 f
- Diskriminierungsverbot 136
- Kündigung 45, 136 f
- lang dauernde 132
- Mutterschutzrecht 133 f

Begleitungsfreistellung 264 f
Behaltezeit 102
Behindertenausschuss 100 f
Behindertenvertrauensperson 91
Behinderter, begünstigter
- Begriff 22, 98 ff
- Bestandschutz 99, 132
- Diskriminierungsverbot 118 f
- Einstellung 128 f
- Sachwalterschaft 122

Beistandspflicht 17, 36, 153, 270
Beitrittsvertrag 210
Belästigung, sexuelle 295
Belegschaft
- Kompetenzen 406
- Mitwirkungsrechte 431 ff
- Organe 406 ff, 434

Belegschaftsversammlung 440
Belegschaftsvertreter

- Bestandschutz 90 ff
- Betriebsübergang 492
- Rechtsstellung 453
Benachteiligungsverbot 453
Beratungsrecht 458, 457
Berichtstagsatzung 110
Berufskrankheit 252, 345
Berufssportler 15 f, 26
Berufsvereinigung, freiwillige 376 ff
Berufsverfassungsrecht 2
Beschäftiger 180
Beschäftigung 21
Beschäftigungsbewilligung 127
Beschäftigungsverbot nach MSchG 133 f, 322 ff
Beschränkungsverbot 453 f
Besorgungsgehilfe 337
Bestandschutz, s auch Kündigungsschutz, Entlassungsschutz
- kollektivvertraglicher 482, 485 f
Bestechung 273 f
Betätigung, anderweitige 276 ff
Betätigungsinteresse 311
Betreuungsfreistellung 264
Betrieb
- Begriff 433 ff
- betriebsratpflichtiger ohne Betriebsrat 87
Betriebliche Vorsorgekasse, s Vorsorgekasse, betriebliche
Betriebsänderung 429
Betriebsarzt 7
Betriebsausschuss 406, 440, 449, 461
Betriebseinstellung 90
Betriebsgeheimnis 271
Betriebsidentität 435, 482, 492
Betriebskantine 225, 431
Betriebskindergarten 431
Betriebsnorm 415
Betriebspension
- Arten 214 f
- Beitragsleistung des Arbeitnehmers 216
- Betriebsübergang 483 f, 490
- Betriebsvereinbarung 414, 417, 483
- Gleichbehandlungsgebot 216 f
- Rechtsnatur 187
- Unverfallbarkeit 65, 72, 75, 214 f
- Verzicht 414
- Widerruf 216
Betriebsrat
- Beschränkungs- und Benachteiligungsverbot 453 f
- Bestandschutz 90 ff
- einheitlicher 492
- Entlassung 92
- Ersatzmitglied 91
- Europäischer 441, 451 f
- Freistellung 454 ff
- gemeinsamer 407, 444
- Geschäftsführung 448
- Mitgliedschaft 446 ff
- Partei- und Prozessfähigkeit 441, 447
- Rechtsfähigkeit 411, 441 f
- Sacherfordernis 448
- Sitzung 448
- Sperrrecht 81
- Stellungnahme 79 f, 87
- Tätigkeitsdauer 446 f
- und Arbeitnehmerschutz 321
- Vermögensfähigkeit 442
- Versetzungsschutz 158 ff
- Verständigung 79, 87
- Vertretung 448
- Wahlrecht 442 f
- Wahlwerber 90
- Zuständigkeit 406 f
Betriebsräteversammlung 441
Betriebsratsfonds 431, 441, 448 f
Betriebsratsmitglied 447, s auch Betriebsrat
Betriebsratswahl 442 ff
Betriebsspionage 272
Betriebsstilllegung 74, 91, 97, 435, 447, 460
Betriebsstörung 247
Betriebsteil 467, 492
Betriebstreue 363
Betriebsübergang
- Abfertigung 490
- Abwehrrechte des Arbeitnehmers 484 ff
- Anzeigepflicht des neuen Inhabers 484 f
- Beendigung des Arbeitsverhältnisses 474 ff
- Begriff 468 ff
- Belegschaftsvertretung 492
- Betriebsvereinbarung 482 f
- Betriebspension 483 f, 490
- Einheit, wirtschaftliche 468, 471
- Haftung 487 ff

- Inhaberwechsel 468 ff
- Insolvenz 477 f
- Kollektivvertrag 478 ff
- Kündigung, begünstigte 486 f
- Rechtsfolgen 473 f
- Rechtsgrundlagen 464 f
- Widerspruchsrecht 485 f
- Zeitpunkt 467 f
Betriebsurlaub 304 f
Betriebsvereinbarung
- Abschluss 406, 413
- Arten 418 ff
- ausgeschiedener Arbeitnehmer 413 f
- Beendigung 412
- Begriff 405 ff
- Bekanntmachung 409 f
- Betriebspension 414, 417, 483
- Betriebsübergang 482 f
- betriebsverfassungsrechtliche Norm 415 f
- dispositive 365
- Doppelnatur 359, 406
- Einzelfallregelung 416
- erzwingbare 421 f, 429, 459
- fakultative 422 ff, 459
- Form 405
- freie 225, 425 f, 473
- Geltungsbereich 416
- Hinterlegung 409
- Interpretation 412
- Kundmachung 409 f
- Mischformen 424 f
- Nachwirkung 417 f, 422 ff, 483
- normativer Teil 410 ff
- notwendige 418 ff, 424 f, 459
- notwendige mit Zwangsschlichtung 420 f, 459
- Ordnungsprinzip 364, 410 ff
- Rechtswirkung 410 ff
- Regelungsbefugnis 408 f, 412
- schuldrechtlicher Teil 410 ff
- Untergang 409
Betriebsverfassung
- Arbeitskampfverbot 502 f
- Begriff 2, 433 ff
- Europäische 451
- Geltungsbereich 20 f, 23, 79, 440
Betriebsverlegung 429
Betriebsversammlung 441
Betriebszahnarzt 225
Bettglocke 57
Bezugsprinzip 256 ff, 306
Bierführer 481 f
Bierlokal 473 f
Bildschirmarbeit 318 f
Bildungsfreistellung 299, 455 f
Bildungskarenz 108, 170 f, 297
Bildungsteilzeit 171
Blaumachen 245
Blumenverkäuferin 25 f
Bodenleger 308
Bosman 284
Bossing 294
Boykott 497
Briefmarkendieb 271
Briefträger 35
Brunnenbau 220 f
Bruttoentgelt 217, 348
Bundeseinigungsamt 370, 378, 401 f
Bundesheer 97
Burgschauspieler 311
Butterschmalz 133

C

Call-Center 10
Chefbuchhalter 164
Chirurg 312
Collino 465 f
Computerarbeit 27
Computerprogramm 196 f
culpa in contrahendo 116
Culpakompensation 65 ff

D

Daddy's Dance Hall 469
Darlehen 234
Datenschutzklausel 283
Dauerschuldverhältnis 2, 7, 11
Dauerzustand 52, 68
Defensivarbeitskampf 494, 497
Defrenne 230 f
Demonstrationsstreik 495 f
Deputat 189 f
Derogationsregel 360
Detektiv 427
Diäten 188
Dienste
- höhere 26
- kaufmännische 25
Diensterfindung 194 ff

Dienstfahrt 331
Dienstgeber, s Arbeitgeber
Dienstgeberhaftungsprivileg 296, 345 ff
Dienstleistungsfreiheit 357
Dienstnehmer, s Arbeitnehmer
Dienstnehmerhaftpflicht 19, 329 ff, 508
Dienstreise 173
Dienstverhältnis, s Arbeitsverhältnis
Dienstverhinderung, s Arbeitsverhinderung
Dienstvertrag, s Arbeitsvertrag
Dienstvertrag, freier 7
Dienstwagen 331
Dienstwohnung 14 f, 190 f
Dienstzettel 125 ff
Dienstzeugnis, s Arbeitszeugnis
Differenzierungsklausel 384
Diözese 24
Direktgeschäft 192
Diskriminierung, mittelbare 232
Diskriminierungsverbot 136
Dispositionsrecht 13
Dissens 119
Disziplinarwesen, betriebliches 418
Doppelnatur
- Betriebsvereinbarung 359, 406
- Kollektivvertrag 359, 370 f
Dreisäulenmodell 212
Drittelparität 461
Drittverursachung 247
Drittwirkung der Grundrechte 233, 360
Drucktheorie 167, 226, 367
Durchführungspflicht 381, 411
Durchschnittsprinzip 256 ff, 306

E

E-Mail 35
EDV-Betreuer 19
Ehegatte 17
Ehrenamt 453, 463
Ehrenangestellter 28
Einfrieren 207, 393, 479
Eingliederungstheorie 20
Eingriffsnorm 352 f
Einheit, wirtschaftliche 468, 471
Einheitstheorie 505
Einjahresgrenze 286
Einkommensteuer 4
Einrichtungsgarantie 314
Einschreibbrief 35
Einschulungskosten 146
Einspruch gegen Wirtschaftsführung 460
Einspruchsprinzip 459
Einstellungssperre 497
Eintrittsautomatik 467, 474
Einwirkungspflicht 380 f, 411
Einzelvergleich 362
Einzelzwangsvollstreckung 478
Eisenbahn 24
Eishockeyspieler 16
Elektriker 143 f
Elektrizitätswerk 396
Elternkarenz
- aufgeschobene 326
- Bestandschutz 93 ff
- geteilte 325 f
- Inanspruchnahme 297, 324 ff
Empfangsbedürftigkeit 33 f, 48, 484 f
Entfertigungserklärung 368
Entgelt
- angemessenes 243
- Begriff 187 f
- bei Arbeitsverhinderung 251 ff
- bei Betriebsübergang 480 f
- betriebliche Wohlfahrtseinrichtung 224 f
- Entstehung 488
- erfolgsabhängiges 191 ff
- Feiertag 180
- Festlegung 217 ff
- Gleichbehandlung 229 ff
- Schmälern bzw Vorenthalten 69 f, 480 f
- Sicherung 225 ff
- Stehenlassen 238
- Verfall 239 ff
- Verjährung 239 ff
- Zession 236
Entgeltbedingungen 158 f
Entgeltferne 223 f
Entgeltfortzahlung
- Arbeitgebersphäre 246 ff
- Arbeitskampf 506 f
- Arbeitsunfall 252
- Berufskrankheit 252
- Betriebsratsmitglied 455
- Erholungsaufenthalt 252
- Freizeit während Kündigungsfrist 75 ff
- Krankheit 23, 251 ff
- Kuraufenthalt 252
- Pflegefreistellung 264 ff

- Schadenersatz 348 f
- sonstige wichtige Gründe 23, 261 ff
- Unfall 251 ff

Entlassung 47
- Anfechtung 88
- Arbeitsmediziner 108
- Begriff 54
- Bildungskarenz 108
- Diskriminierungsschutz 107 f
- gerechtfertigte 64
- Gestaltungsmöglichkeit 63 f
- Gründe 54 ff
- Rechtsfolgen 64 ff
- Sicherheitsfachkraft 108
- Sicherheitsvertrauensperson 108
- ungerechtfertigte 64 f, 87
- Zustimmung 92

Entlassungsschutz
- allgemeiner 79, 87 ff
- Arten 78
- Ausbildungsdiener 97 f
- Befristung 78
- begünstigter Behinderter 101
- Belegschaftsvertreter 92
- besonderer 32, 90 ff
- individueller 107 ff
- Kleinbetrieb 79
- Lehrling 103
- Mütter 96 f
- Präsenzdiener 98
- Probearbeitsverhältnis 78
- Väter 96 f
- Zivildiener 98

Entlastungsmaßnahmen 69
Entsendung 184 f, 351 f
Entsendungsrecht 461 f
Erbfolge 470
Erfüllungsgehilfe 337
Erholungsaufenthalt 252
Ersatzarbeitsplatz 69, 85, 91, 101
Ersatzmitglied 448
Ersatzruhe 179 f
Erscheinungsbild, äußeres 276
Erschwerniszulage 188
Erschwerung, unbillige 279, 286 f
Ersparnisanrechnung 41
Erstattungsbetrag 258
EU-Entsendebestätigung 127
Existenzminimum 226, 229

F

Fahrerflucht 57 f
Fahrlässigkeit 329 f
Fahrradunfall 344
Fälligkeit
- Abfertigung 240
- Entgelt 239 ff
- Kündigungsentschädigung 42
- Provision 188, 233
- Sonderzahlung 192 f, 240
- Urlaubsentgelt 307

Familienhospizkarenz 103, 171 f, 299
Familienmitarbeit 16 f, 464
Federnwerk 408
Fehlgeldzulage 335
Fehlleistung, entschuldbare 331 f
Feiertagsruhe 180
Fenstertag 305
Feststellungsverfahren 436
Fiktionstheorie 371
Filiale 434
Firmenkollektivvertrag 376, 378, 391 f
Fiskalgeltung 233
Fixgeschäft 72
Fixum 6, 187
Flughafen 262
Flugzeugtyp 135
Folgeverhinderung 257
Forderungsqualifikation, insolvenzrechtliche 235 f
Formenmissbrauch 6
Formvorbehalt 120
Fortbildungskurs 152
Fortlaufshemmung 98, 301
Fragerecht des Arbeitgebers 117 f
Franchisenehmer 19
Frauennachtarbeit 321 f
Freistellung 454 ff
Freizeit
- des Betriebsratsmitglieds 454 f
- während Kündigungsfrist 75 ff

Freizügigkeit der Arbeitnehmer 354 f
Fremdenrecht 127 f
Fremdgeschäftsführer 19
Fremdvergleich 16
Friedenspflicht 381, 411, 502
Friseur 241
Frühkarenz 323
Fürsorgepflicht
- Arbeitnehmerschutzrecht 295

- Begriff 4, 293 f
- Treuepflicht 293
- Verletzung 296
Fußball-Bundesliga 378
Fußballer 15 f, 26, 283 ff, 310
Fußballerisches Niveau 312 f
Fußballtrainer 16

G

Gaberl 333 f
Gasthaus 13
Gebietsschutz 192
Gefahrenbereich 296
Gefangenenhauswart 119 f
Gegnerunabhängigkeit 375, 377
Gehalt 187
Gehaltsvorschuss 229
Geheimnisschutzklausel 282 f
Geldakkord 191 f
Generalkollektivvertrag 369 f
Genossenschaft 18
Gesamtaktion 501 ff
Gesamtrechtsnachfolge, s Universalsukzession
Gesamtvergleich 362
Gesamtvertrag 403
Geschäftsaufsicht 478
Geschäftsfähigkeit 32, 120 ff
Geschäftsführer 18 f
Geschäftsgeheimnis 271
Geschäftszweiggrenze 286
Geschenkannahmeverbot 273 f
Gesellschafter-Geschäftsführer 14, 18 f
Gesellschaftsvertrag 13
Gesetzesauslegung 372, 412
Gestaltungspflicht, soziale 85 f
Gesundheitsgefährdung 68
Gesundheitsüberwachung 320
Gewerbebetrieb, Aufhören des 74
Gewerkschaft 377, 499, 501
Gewinnbeteiligung 13, 187, 193
Gießkannenprinzip 229
Gleichbehandlung
- Beendigung des Arbeitsverhältnisses 107 f
- Begründung des Arbeitsverhältnisses 118 f
- beruflicher Aufstieg 315 f
- Betriebspension 216 f
- Entgelt 229 ff, 355
- Europarecht 355
- Rechtsgrundlagen 229
Gleichbehandlungsfragen, Anwältin für 233
Gleichbehandlungsgrundsatz, arbeitsrechtlicher 229 f
Gleichbehandlungskommission 233
Gleichheitssatz, verfassungsrechtlicher 233 f
Gleichstellungsverfahren 436 f
Gleitzeit 425
GmbH 18
Grünberg'sche Formel 26
Grund
- sonstiger wichtiger 261 ff
- wichtiger 48, 53, 72
Grundrecht 233, 314, 360, 498 f
Gruppenarbeitsverhältnis 184
Gruppenvergleich 362
Gruppenversammlung 440 f
Günstigkeitsneutralität 362
Günstigkeitsprinzip 28, 361 f, 383
Günstigkeitsvergleich 362 ff
Gutgläubigkeit 227

H

Hall in Tirol 157 f
Hausbesorger 190 f
Haushaltszulage 363 f
Hausverwalter 165
Heilungskosten 347
Heimarbeiter 7, 19, 236 f
Heimarbeitsgesamtvertrag 403
Henke 465
Hinterbliebene 73, 236 f
Hinterlegung
- Betriebsvereinbarung 409
- Kollektivvertrag 373
Hochwasser 267
Hochzeit 261
Holzarbeiten 131
Holzeinkäufer 59
Hotelprojekt 353 f
Hundebiss 345

I

Identitätsgewinn bzw -verlust 482 f
Industriellenvereinigung 377
Informationspflicht bei Mutterschaft 94 f

Informationsrecht 457, 460
Inhaberwechsel 468 ff
Inhaltsnorm
- Begriff 383
- Betriebsvereinbarung 413
- Kollektivvertrag 383 ff
Insolvenz des Arbeitgebers
- Beendigung 109 ff
- Betriebsübergang 477 f
- Entgeltsicherung 235, 236 ff
Insolvenz-Entgeltsicherung 236 ff
Insolvenzforderung 235 f
Insolvenzrichtlinie 236, 355
Institutionsnorm 390
Integritätsabgeltung 346
Interessenbeeinträchtigung 83
Interessenvertretung, gesetzliche 374, 379
Interessenwahrungspflichten 269
Interventionsrecht 457, 460
Irrtum 44
Istlohnklausel 386

J

Jagdprüfung 262
Jäger 474
Journalist(in) 9, 22
Jubiläumsgeld 187, 197, 423
Judikat
- 26 neu 367
- 33 neu 19, 227
Jugendlicher 123 f
Jugendvertrauensrat 91, 441

K

Kaffeekonditorei 397
Kamera 427 f
Kammer 374
Kampfparität 507
Kampfstreik 495 f
Kampfteilnahme 505
Kampfziel 495, 507
Kanzleiarbeiten 27
Karenz 22, 165 ff, 297, 467
Karenzabgeltung 289
Kaskoversicherung 343
Kassenabgang 335
Katalogfotograf 271
Kausalität, minimale 504, 508
Kautionsschutz 19, 234 f, 353 f
Kellnerpool 10
Kettenarbeitsvertrag 134 f
Kilometergeld 188, 343
Kind 121, 123 f, 264 f
Kinderarbeit 123 f
Kinderbetreuungsgeld 133, 208, 324
Kinderzulage 379 f
Kirche 438
Kleinbetrieb 79
Koalition 377, 498
Koalitionsfreiheit 379, 384, 498 f
Koalitionszwang 502
Kollektivarbeitsrecht 2, 22 f
Kollektivvertrag
- Abschluss 371, 380
- Auflegung im Betrieb 374
- ausgeschiedener Arbeitnehmer 388 f
- Auslegung 372 f
- Beendigung 392
- Begriff 369 f
- Bekanntmachung 373 f
- Bestandschutz 482, 485
- Betriebsübergang 478 ff
- dispositiver 365 f
- Doppelnatur 359, 370
- Einzelfallregelung 384 f
- Form 370
- Geltungsbereich 391 f, 410
- Hinterlegung 373
- Kollision 395 ff
- Mindestlohntarif 402 f
- Nachwirkung 393
- normativer Teil 371, 382 f
- Ordnungsprinzip 364
- Parteien 370 f
- Rechtsnatur 371 f
- Regelungsbefugnis 371, 380 ff
- Satzung 400 f
- schuldrechtlicher Teil 371 f, 380 ff
- Surrogat 400
- Verfallsklausel 241
- Verfassung 372
- Verweisungsnorm 387 f
- Zweck 369
Kollektivvertragsangehörigkeit 393 f, 478, 484
Kollektivvertragsdispositivität 77, 331, 365
Kollektivvertragsfähigkeit 374 ff, 392
Kollektivvertragskollision 395 ff

Kollektivvertragsunterworfenheit 393 ff
Kolporteur 10
Kommanditist 14
Kompetenzverteilung 357 f
Kompensation, s Aufrechnung
Kongruenz 348
- zeitliche 249
Königskette 276
Konkludenz 115, 119 f, 425, 473
Konkretisierungstheorie 295 f
Konkurrenzklausel
- Beendigung 65, 276, 289 f
- Begriff 279 f
- Einjahresgrenze 286
- Entgeltgrenze 287 f
- Geltendmachungsgrenzen 288 f
- Geschäftszweiggrenze 286
- Interessenabwägung 286 f
- Interpretation 285
- Karenzabgeltung 289
- Rechtsquellen 279 f
- Verstoß 290 f
- Zulässigkeitsgrenzen 285 ff
Konkurrenzklauselverhältnis 289 f
Konkurrenzverbot 276 ff
Kontrollmaßnahmen 418, 427 f
Kontrollrechte 13
Konventionalstrafe 46, 226, 290 f
Konversionstheorie 43
Konzern 439, 441, 462
Konzernvertretung 407, 441, 450
Konzipient 342 f
Kooperationsprinzip 13, 15
Krankenanstalt 35 f
Krankengeld 208, 251
Krankenpflegefreistellung 264
Krankenpflegeschüler 147
Krankenschwester 57
Krankenstand 62 f, 140, 259, 301
Krankheit
- Entgeltfortzahlung 251 ff
- Entlassung 55, 60
- Kündigung 259 f
- langdauernde 197, 201
- psychische 122
- Urlaub 306 f
Krankmeldung 63
Kreditwesen 56 f
Kulturwissenschaftlerin 50 f
Kundenschutzklausel 280 f
Kündigung
- Arbeitsmediziner 108
- außerordentliche des Insolvenzverwalters 109 ff
- Bedingung 37, 163
- Befristung 136 f, 139
- Begriffsmerkmale 33 ff
- Betriebsübergang 474 ff, 486 f
- Betriebsvereinbarung 417 f
- Bildungskarenz 108
- Diskriminierungsschutz 107 f
- Drohung mit 163
- durch Arbeitgeber 41 ff
- durch Arbeitnehmer 45 ff
- Fristengleichheitsgebot 38, 40
- Gründe 90 ff
- Krankheit 259 f
- Sicherheitsfachkraft 108
- Sicherheitsvertrauensperson 108
- sittenwidrige 37, 109
- unter Abwesenden 34 f
- Urlaub 308
- Widerruf 37
- Willensmängel 37
- zeitwidrige 40 ff
- Zugang 34 ff
- Zustimmung 91 ff
Kündigungsanfechtung 79 ff, 87
Kündigungsausschluss 139 f
Kündigungsbeschränkungen, gesetzliche 111, 113
Kündigungsentschädigung
- Anrechnung 41
- Begriff 40 ff
- Behinderter, begünstigter 106
- bei Austritt 71
- bei Befristung 136
- bei Entlassung 64 f
- bei Rücktritt 73
- Betriebsratsmitglied 104
- Fälligkeit 42
- freier Dienstvertrag 11
- lange 104 ff
- Mutter 106
- Verfall 42, 242
- Verkürzung, rechtswidrige 41
Kündigungsfrist 38
- Freizeit während 75 ff
Kündigungsfrühwarnsystem 111
Kündigungsgleichheitsgebot 40, 138
Kündigungsgrund 37

Kündigungsmotiv, verpöntes 81 f
Kündigungsrecht, begünstigtes 486 f
Kündigungsschutz
- allgemeiner 79 ff, 164
- Arten 78
- Ausbildungsdiener 97 f
- Befristung 134
- begünstigter Behinderter 100 f
- Belegschaftsvertreter 91 f
- besonderer 32, 90 ff
- individueller 107
- Kleinbetrieb 79
- Lehrling 102 f
- Lösung, einvernehmliche 78
- Mutter 96
- Präsenzdiener 98
- Probearbeitsverhältnis 78
- Vater 96
- Zivildiener 98
Kündigungstermin 39
Kündigungsvereinbarung 138 f
Kündigungszeit 37 f
- Rechtsgrundlagen 45 f
- rechtswidrige Verkürzung 40
- Vereinbarung der 40
Kundmachung
- Betriebsvereinbarung 409 f
- Kollektivvertrag 373 f
Kuraufenthalt 252

L

Ladner 26
Land- und Forstarbeiter 166, 465
Landesdirektion 435
Landesliga 15
Lebensgemeinschaft 16, 243 f
Lebensversicherung 214
Lehrer 358
Lehrfreiheit 9
Lehrling, s auch Lehrverhältnis
- Anspruch auf Beschäftigung 311
- Auflösung, außerordentliche 103
- Bestandschutz 101 f
- Geschäftsfähigkeit 121
- Konkurrenzklausel 285
- Probezeit 142
Lehrlingsentschädigung 403
Lehrverhältnis
- Ausbildungskostenklausel 149
- Beendigung 31, 102 f, 121 f
- Erlöschen 74
Lehrzeugnis 77
Leichtlohngruppe 231 f
Leistungsbereitschaft 246, 506
Leistungsentgelt 6
Leistungskondiktion 243
Leistungsstörung 245
Leitungsbetrieb 434
Listenkoppelung 461
Lohn 187
Lohnabhängigkeit 4
Lohnbefriedigungserklärung 366
Lohnfortzahlungsschaden 348
Lohnpfändung 226
Lohnschema 217 f
Lohnsteuer 4
Lohnstopp 364
Lohnwucher 219
Lohnzuschlag 188, 425 f
Lokalisierungstheorie 246
Losentscheid 183
Lösung, einvernehmliche
- bei Betriebsübergang 477
- Bestandschutz 78
- Form 31
- Freizeit 75
- Vereinbarungssperre 32
Lösung, vorzeitige
- bedingte 49 f
- befristete 49
- Begriffsmerkmale 47 ff
- begründete 48
- Lösungsfrist 48
- Überlegungsfrist 51
- unbegründete 48
- Unverzüglichkeit 50
- Zugang 48
Lotto-Toto-Einschulung 345

M

Mächtigkeit, soziale 377
Mandantenschutzklausel 280 f
Mandat, freies 453
Mandatsschutzklausel 92
Mankohaftung 334
Marschall 316
Maserati 417
Masseforderung 235
Mäßigungsrecht, richterliches 46 f, 290, 332 f

Maturaniveau 116
Maurer 247, 261
Mehrarbeit 176
Mehrarbeitszuschlag 176
Mehrheit, doppelte 462
Mehrpersonenverhältnis 180 ff
Menschenwürde 427 f
Messfehler 336
Mietvertrag 14 f, 191
Milchprodukte 134
Minderjähriger, mündiger 121, 123 f
Mindestlohntarif 402 ff
Mischbetrieb 396
Mitarbeiter, freier 7, 10, 403
Mitarbeiterbeurteilung 420
Mitarbeiterschutzklausel 281
Mitarbeitervorsorge, betriebliche 206 ff, s auch Vorsorgekasse, betriebliche
Mitbestimmung 452
Mitentscheidung, imparitätische 459
Mithaftungstatbestand 336
Mitverschulden 330, 346
Mitwirkungsrechte
- Aufsichtsrat 460 f
- Begriff 433 ff
- inhaltliche Einteilung 459 ff
- personelle 459
- soziale 459
- Struktur 456 ff
- wirtschaftliche 460
Mobbing 294
Möbelproduzent 399 f
Motiv, verpöntes 81, 87, 109
Musiker 26
Mutter(schutz) 22, 93 ff
- Abfertigung 203
- Befristung 133 f
- Beschäftigungsverbot 322 ff
- Bestandschutz 22, 93 ff, 322 ff
- Informationspflicht 94 f
- Karenz 324 ff
- Verwendungsschutz 321 ff

N

Nachbarschaftshilfe 18
Nachfrist 69, 73
Nachhilfelehrerin 7
Nachschieberecht 53
Nachtarbeitnehmer 322
Nachwirkung
- Betriebsvereinbarung 417 f, 483
- Kollektivvertrag 379, 391
Nachwirkungstheorie 480
Nächtigungsgeld 188
Naturalentgelt 187, 189 ff, 239
Naturalwohnung 15, 190 f
Naturereignis 262
Nebenerwerbslandwirt 161 f
Nebengeschäft, abträgliches 278
Nebentätigkeit 278
Nebentätigkeit, kaufmännische 25
Nettolohnvereinbarung 202, 217
Neuschulden 487 ff
Nichtigkeit 124 f
Nichtraucherschutz 317
Nichtverlängerungserklärung 130
Nierenkolik 258 f
Norm, betriebsverfassungsrechtliche 390, 415 f
Normalarbeitszeit 171, 174 f
Normenkontrollverfahren 233, 359, 401
Normenpyramide 359 f
Normenvertrag 371
Normwirkung 359, 370, 412
Notariatskammer 374
Nutzen, verschaffter 243

O

Offensivarbeitskampf 494, 497
ÖGB 377, 380
Opernsänger 249
Ordensmitglied 17
Ordnungsprinzip 364, 383, 410
Ordnungsvorschrift 421, 428
Organhaftung 330
Organisationsklausel 354
Organmitglied 7, 18, 20, 464
Orientierung, sexuelle 118

P

Partieführer 26
Pastoralassistentin 275, 438
Pauschalabdingung 250
Pendeln 68
Pensionsabfertigung 203
Pensionskasse 212, 213, 417
Pensionszuschuss 222
Personalakt 456
Personalausweis 428

Personalchef 30
Personaldatensystem 420
Personalfragebogen 418
Personalkantine 225
Personengesellschaft 13
Personenschaden 296, 329, 345 ff
Persönlichkeitsrechte 117, 274, 427
Pflegefreistellung 264 f, 303, 306
Pflegekarenz 108, 172
Pflegeteilzeit 172
Pflegeurlaub 303
Pflichtmitgliedschaft 374
Pflichtverletzung, beharrliche 60, 91
Pilot 148
Planbarkeit 84
Polier 26
Porzellan 435 f
Potestativbedingung 163
Praktikant 101
Prämie 187, 193 f
Präsenzdiener 22, 32, 97 f, 208
Privatisierung 465
Privatleben, abträgliches 274 ff
Privatpilotenschein 145 f
Privatrecht, internationales 350 ff
Privilegierungsverbot 454
Probearbeitsverhältnis 72, 78, 142 ff, 149
Programmsatz 314
Proportionalsystem 461
Protestversammlung 496
Provision 187, 192 f, 240, 488
Prüfungszeugnis 77
Psychotherapeut 231
Publikumsinteresse 311

Q

Quartalskündigung 39
Querschnittslähmung 60 f
Quotenregelung 315
Quotenvorrecht 348

R

Rationalisierungserfordernis 85
Rauchpause 318
Rauchverbot 362
Rechnungsprüfer 440
Recht
- auf Arbeit 314 f
- auf Beschäftigung 309 ff
- auf Gehör 457
Rechtsangleichung 355
Rechtsanwalt 7, 24
Rechtsanwaltskammer 374
Rechtsetzungsmonopol, staatliches 372
Rechtsnachfolge 73, 236
Rechtsnormentheorie 371
Rechtsstreitigkeit 502
Rechtsunwirksamkeitstheorie 137
Rechtswahl 351
Rechtswidrigkeit
- nach Schadenersatzrecht 329
- objektive 70
Reduktionsklausel, wirtschaftliche 204
Regalbetreuer 26
Regelungsstreitigkeit 502
Regress 491
Reinigungsbranche 472
Reisebüro 146
Reisezeit 173
Religion 118, 230, 315
Remuneration 197 ff
Risikoerhöhung 341
Rosinentheorie 362
Rückforderungssperre 227 f
Rückstellungen 490
Rücktritt 72 f
Ruhepause 178 f
Ruhezeit 179 f

S

Saisonarbeitsverhältnis 138
Satzung
- Begriff 395, 400 f
- Kollektivvertrag 400 f
- Mindestlohntarif 402
- Rechtsnatur 401
- Rechtswirkung 401
- Voraussetzungen 401
- Zweck 400
Satzungserklärung 400
Schadenersatz
- Arbeitskampf 502 f, 508
- Aufrechnung 339
- Gleichbehandlungsverletzung 118 f
- im Arbeitsrecht 329 ff
- insolvenzrechtlicher 112
- rechtswidrige Kündigung 40 ff, 45 f
- rechtswidrige Lösung 75
- weitergehender 40 ff

Schadenersatzprinzip, s Schadenersatztheorie
Schadenersatztheorie 40, 45, 137
Schadenhaftung
- des Arbeitgebers 340 ff
- des Arbeitnehmers 329 ff
- des Organmitglieds 330
- nach Entgeltfortzahlung 348 f
- unter Arbeitskollegen 347 f
- Verfall 340
- Verjährung 340
Schalthebel 332
Schauspieler 311
Scheck 52
Schenkung 470
Schidepot 331
Schiedsgerichtsklausel 388
Schikaneverbot 503
Schilehrer 12, 26
Schischuh 337
Schlaganfall 303 f
Schlechtwetter 248
Schlichtung 460
Schlichtungsklausel 388
Schlichtungsstelle 405, 420 f, 424
Schmidt, Christel 471
Schmuckwaren 419
Schmutzzulage 188 f
Schneefall 262, 267
Schriftform 120
Schuldnerverzug 245, 310
Schutzausrüstung, persönliche 318
Schwangerschaft
- Beginn 93
- Fragerecht 97, 117
- Vermutung 95
- Wissen 93
Schweißcomputer 82
Seitensprung 276
Seitenstapler 347
Selbständiger, neuer 5
Selbstpflicht 380, 411
Sicherheitsfachkraft 108, 320
Sicherheitsvertrauensperson 108, 320
Sicherungstatbestand 237 ff
Singularsukzession 470
Sitzstreik 495
SMS 35
Solidarnorm 415
Sonderangebot 63
Sonderzahlung 64, 71, 187, 197 ff, 219, 235 f, 239, 456
Sonntagszuschlag 180
Sozialdumping 184
Sozialplan
- Betriebsvereinbarung 415 ff, 429 ff
- Inhalt 429
- Kollektivvertrag 389
- kompensatorischer 412, 430
- Voraussetzungen 429
Sozialvergleich 85 f
Sozialwidrigkeit 82, 87
Sozialzulage 188
Spaltung 470
Sparkasse 18
Sparkassenrat 461
Sperrrecht 81, 87
Sperrzeit 290
Sphäre
- des Arbeitgebers 246 ff
- des Arbeitnehmers 251 ff
- des Erklärungsgegners 34
- neutrale 266 f
Spielervertrag 129 f
Spijkers-Kriterien 471
Sportler 15, 283 f
Sportschuhe 195 f
Sprachlehrer 9
Sprechtage 60
Springerproblem 399
Standeskammer 375 f
Standortverlegung 469
Staplerfahrer 346
Stechuhr 428
Stellenbewerber 115
Steuerberater 7, 280 f
Stichtagsprinzip 198
Stillzeit 323
Stoeckel 322
Strafgefangener 17
Streik
- Arbeitslosengeld 501
- arbeitsrechtlicher 495
- Begriff 494 ff
- gewerkschaftlicher 495, 502
- offener 496
- politischer 495, 503
- totaler 495
- verschleierter 496
- wilder 495
Streikbrecher 507

Streitverkündung 337
Stufenbau der Arbeitsrechtsordnung 28, 358 ff, 410
Stundenbuchhalter 7
Stundung 69
Subordinationsprinzip 13
Subsidiaritätsprinzip 356
Suspendierung 51, 248, 250, 467
Suspensivaussperrung 506
Süzen, Ayse 471 f
Sympathiearbeitskampf 503
Systemspezialist 218

T

Tankstelle 397
Tankstellenpächter 19
Tausch 470
Teamarbeit 193
Teilkündigung 37, 163
Teilnichtigkeit 124
Teilrechtsfähigkeit 412, 441
Teilstreik 495
Teilzeitbeschäftigung bei Elternschaft 324 ff
Telefonreparatur 262
Tendenzbetrieb 275, 433, 437 f
Territorialitätsprinzip 354
Theaterbrand 249
Tierarzt 7
Tod einer Vertragspartei 73
Todesfall 203, 263
Traktorzug 340
Transfersystem 283
Transportunternehmer 19 f
Trennungstheorie 505
Treuepflicht
- Begriff 4, 153, 269 ff
- Fürsorgepflicht 293
- nachwirkende 269, 273
Triebfahrzeugführer 160 f
Trinkgeld 187, 208
Truckverbot 190, 226

U

Überbezug 227 f
Übergangsobjekt 469
Übergangsvorgang 469 f
Überlasser 180
Überlegungsfrist 51
Überstunde 175 ff, 270
Überstundenpauschale 177 f
Übertrittsvereinbarung 207
Überwachungskamera 427
Überwachungsrecht 456
Übung, betriebliche 221 ff
Umsatzbeteiligung 193
Umwandlung
- formwechselnde 469 f
- übertragende 470
Umwandlungstheorie 414, 480
Unentgeltlichkeit 5, 220
Unfall 56, 60, 251 f, 307
Unionsrecht 354 ff
Universalsukzession 469 f, 486
Universitätsviertel 335 f
Unmöglichkeit, nachträgliche 248
Unmündiger 121
Unpünktlichkeit 61
Unselbständigkeit, wirtschaftliche 19
Unternehmen
- Begriff 434, 439, 468
- Betrieb 439
Unternehmensinsolvenz 109
Unternehmerrisiko 4, 6
Untreue 54 ff, 273
Unverbindlichkeitsvorbehalt 219 f, 222
Unverfallbarkeit 214
Unzumutbarkeit 48
Urheberrecht 196
Urlaub
- Arbeitsverhinderung 307
- Ausmaß 297 ff
- Begriff 297
- Elternkarenz 297
- Erwerb 299
- Krankheit 307
- Kündigung 308
- Rechtsgrundlagen 297
- tageweiser 305 f
- Unterbrechung 307
- Verbrauch 301 ff
- Verjährung 300 f
Urlaubsabfindung 309
Urlaubsablöse 297
Urlaubsadresse 37
Urlaubsantritt, einseitiger 303
Urlaubsbegriff, kalendarischer 298 f
Urlaubsentgelt 306 f, 456
Urlaubsentschädigung 309

Urlaubsersatzleistung 42, 64, 71, 75, 297, 309
Urlaubsheim 431
Urlaubsjahr 297, 424
Urlaubsvereinbarung 301 f, 306
Urlaubsvertretung 62
Urlaubszuschuss 199, 306

V

Vater(schutz) 22, 93 ff
- Abfertigung 203
- Bestandschutz 93 ff
- Karenz 324 f
Verdienstentgang 347
Verein 23
Vereinbarungssperre 32
Vereins- und Versammlungsfreiheit 498
Vereinsmitarbeit 15 f
Verfall
- Begriff 240 ff
- Dienstnehmerhaftung 340
- Entgelt 240 f
- Kündigungsentschädigung 42, 242
Verfallsklausel 242, 383
Verfügungssperre 64, 71
Vergeltungskündigung 82
Verhältniswahlrecht 442
Verhältniszahlenklausel 382
Verhandlungsgremium, besonderes 451
Verhinderungskarenz 325
Verjährung
- Begriff 240 f
- Dienstnehmerhaftung 340
- Entgelt 240 f
- Hemmung bzw Unterbrechung 241, 300 f
- Urlaub 300 f
Verkauf 470
Verkehrsbetrieb 396
Verkehrsstörung 267
Verkehrsverbindung 156
Verlassen der Arbeit, unbefugtes 61
Vermittlungsvertreter 192
Verpachtung 470
Verschmelzung 470, 452, 482
Verschulden 329
Verschuldensteilung, s Culpakompensation
Verschwiegenheitspflicht 271 ff, 453
Versehen 332
Versetzung
- Änderungskündigung 157
- Begriff 155
- direktorial 155 f
- rechtsunwirksame 160
- verschlechternde 158 f
- vertragsändernde 155 f
- zustimmungspflichtige 158 f
Versetzungsschutz
- arbeitsvertragsrechtlicher 155 ff
- Betriebsratsmitglied 454
- betriebsverfassungsrechtlicher 158 ff, 459
Versicherung 24
Versicherungsverband 379
Versicherungsvertreter 135
Vertragsabschluss 115 ff
Vertragsangestellter 27 f
Vertragsauslegung 168, 372, 412
Vertragsbediensteter 18, 466
Vertragsgestaltung 129 ff
Vertragsschablone 425
Vertragsstrafe, s Konventionalstrafe
Vertragstheorie 20
Vertrauensunwürdigkeit 54, 56 ff
Vertreter 7, 19
Vertreter des Arbeitgebers 345, 347
Vertretungsmöglichkeit 3
Verweisungsnorm 387, 413
Verwendungsschutz 321 ff
Verwirkung 50
Verzicht 50, 366 f, 387
Volksoper 136
Volontär 101
Vorarbeiter 26
Vorarlberg 147
Vorausvereinbarung 304 f
Vorbereitungshandlung 278
Vorgabezeit 192
Vorsatz 332
Vorsorgekasse, betriebliche 64, 71, 205, 209 ff
- Anspruch 210 f
- Auswahl der 209 f
- Begriff 205
- Beitritt 210
Vorstandsmitglied 18
Vorstellungskosten 115
Vorstellungstermin 76
Vorstrafe 118

Vorteilsausgleichung 41, 66
Vorverfahren 79 f, 87

W

Wahlrecht 103 f, 137
Wahlvorstand 440 ff
Walzwerk 266 f
Wartefrist 258
Wartezeit 214, 300
Wegunfall 252
Wegzeit 173
Weihnachtszuschuss 197
Weisungsrecht 3, 6, 154, 360
Weiterbildungsgeld 171
Wellnesszentrum 432
Weltanschauung 118
Werksbus 221, 431
Werkskantine 224
Werkswohnung 15, 190
Werkstatt, geschützte 18
Werkvertrag 2, 6
Wertpapierdeckung 490
Wespenstich 62
Widerrufsvorbehalt 165, 219 f, 222
Widerspruch
- ausdrücklicher 80
- bei Betriebsübergang 486
- bei Kündigung 80
- schlichter 80
Wiedereinstellungsklausel 384, 413
Wiedereinstellungszusage 167
Wiederverhinderungsregel 258
Willensbedingung 141
Willenserklärung 33, 48, 119, 367
Willensmangel
- Arbeitsvertrag 120
- Kollektivvertrag 370
- Kündigung 37
Wirkung, komplettierende 381, 412
Wirtschaftskammer 374
Wirtschaftstreuhänder 24, 281
Wissenserklärung 367
Wissenserklärungstheorie 43
Wochen(end)ruhe 179 f
Wochengeld 133, 208, 323
Wohlfahrtseinrichtung 421
- arbeitnehmereigene 213, 431, 448
- betriebliche 213, 224, 431
Wohnung 14 f, 190 f
Wohnungswechsel 36
Wurst- und Selchwaren 399

Z

Zahntechniker 241
Zeitakkord 192
Zeitausgleich 176
Zeitlohn 191
Zeitungsausträger 10
Zentralbetriebsrat 441 f, 449 f, 455, 492
Zentralbetriebsratsfonds 448
Zielschuldverhältnis 6
Zivildiener 22, 32, 97 f, 208
Ziviltechniker 24, 277
Zufallsbedingung 141, 163
Zugangsfiktion 35 f
Zugangsvereitelung 36
Zugehörigkeit, ethnische 107, 118, 230, 315
Zulage 187, 218
Zulässigkeitsvoraussetzung 159
Zulassungsnorm 172, 365
Zurechnungstheorie 246
Zurückbehaltung der Arbeitsleistung 247 f, 296
Zuspätkommen 61
Zustimmungsprinzip 459
Zuzugssperre 497
Zwischenabfertigung 490
Zwischenarbeitsverhältnis 250